ISBN 978-1-332-46615-3
PIBN 10367267

Forgotten Books is a registered trademark of FB &c Ltd.
Copyright © 2018 FB &c Ltd.
FB &c Ltd, Dalton House, 60 Windsor Avenue, London, SW19 2RR.
Company number 08720141. Registered in England and Wales.

For support please visit www.forgottenbooks.com

English
Français
Deutsche
Italiano
Español
Português

www.forgottenbooks.com

Mythology Photography **Fiction**
Fishing Christianity **Art** Cooking
Essays Buddhism Freemasonry
Medicine **Biology** Music **Ancient**
Egypt Evolution Carpentry Physics
Dance Geology **Mathematics** Fitness
Shakespeare **Folklore** Yoga Marketing
Confidence Immortality Biographies
Poetry **Psychology** Witchcraft
Electronics Chemistry History **Law**
Accounting **Philosophy** Anthropology
Alchemy Drama Quantum Mechanics
Atheism Sexual Health **Ancient History**
Entrepreneurship Languages Sport
Paleontology Needlework Islam
Metaphysics Investment Archaeology
Parenting Statistics Criminology
Motivational

CORRESPONDANCE

DE

NAPOLÉON Iᴱᴿ

PUBLIÉE

PAR ORDRE DE L'EMPEREUR NAPOLÉON III.

TOME CINQUIÈME.

PARIS

HENRI PLON,	J. DUMAINE,
ÉDITEUR DES OEUVRES DE L'EMPEREUR,	LIBRAIRE-ÉDITEUR DE L'EMPEREUR,
RUE GARANCIÈRE, 8.	RUE DAUPHINE, 30.

MDCCCLX.

CORRESPONDANCE

DE

NAPOLÉON PREMIER.

3365. — PROCLAMATION A L'ARMÉE.

Quartier général, au Caire, 1er vendémiaire an VII (22 septembre 1798).

Soldats !

Nous célébrons le premier jour de l'an VII de la République.

Il y a cinq ans, l'indépendance du peuple français était menacée ; mais vous prîtes Toulon : ce fut le présage de la ruine de nos ennemis.

Un an après, vous battiez les Autrichiens à Dego.

L'année suivante, vous étiez sur le sommet des Alpes.

Vous luttiez contre Mantoue, il y a deux ans, et vous remportiez la célèbre victoire de Saint-Georges.

L'an passé, vous étiez aux sources de la Drave et de l'Isonzo, de retour de l'Allemagne.

Qui eût dit alors que vous seriez aujourd'hui sur les bords du Nil, au centre de l'ancien continent ?

Depuis l'Anglais, célèbre dans les arts et le commerce, jusqu'au hideux et féroce Bédouin, vous fixez les regards du monde.

Soldats ! votre destinée est belle, parce que vous êtes dignes de ce que vous avez fait et de l'opinion que l'on a de vous. Vous mourrez avec honneur, comme les braves dont les noms sont inscrits sur cette pyramide, ou vous retournerez dans votre patrie couverts de lauriers et de l'admiration de tous les peuples.

Depuis cinq mois que nous sommes éloignés de l'Europe, nous avons été l'objet perpétuel des sollicitudes de nos compatriotes. Dans ce jour, quarante millions de citoyens célèbrent l'ère des gouvernements représentatifs, quarante millions de citoyens pensent à vous. Tous disent : C'est à leurs travaux, à leur sang que nous devrons la paix générale, le repos, la prospérité du commerce et les bienfaits de la liberté civile.

Dépôt de la guerre.   BONAPARTE.

3366. — AU GÉNÉRAL DUGUA.

Quartier général, au Caire, 2 vendémiaire an VII (23 septembre 1798).

Je fais partir, Citoyen Général, le 1er bataillon de la 75e avec une chaloupe canonnière. Mon aide de camp Duroc, sur l'aviso *le Pluvier,* et le 3e bataillon de la 2e d'infanterie légère, qui sont partis avant-hier, doivent être arrivés.

J'attends à chaque instant des nouvelles des opérations du général Damas; s'il n'a que 300 ou 400 hommes, il est un peu faible.

A Myt-el-Khaouly, le lundi 1er complémentaire, à neuf heures du matin, on a égorgé 15 Français qui étaient sur un bateau qui venait de Damiette. Les cinq villages qui sont immédiatement après Myt-el-Khaouly se sont réunis pour cette opération. Les habitants de Myt-el-Khaouly ont trois ou quatre mauvaises pièces de canon; ils ont fait quelques retranchements. La première chose que vous aurez faite sans doute aura été de vous emparer de ces canons, de détruire ces retranchements et de désarmer ces villages; celui de Myt-el-Khaouly a plus de quatre-vingts fusils.

J'imagine qu'à l'heure qu'il est vous êtes arrivé à Damiette. Il faut demander des otages dans tous les villages qui se sont mal comportés, et avoir sur le lac Menzaleh des djermes armées avec des pièces de 5 ou 3 que j'ai envoyées à Damiette. Si une chaloupe canonnière pouvait y naviguer, il faudrait l'y faire entrer. Il faut s'emparer de toutes les îles du lac, avoir des otages, et en être enfin parfaitement maître. Mettez-vous en correspondance avec le général Lagrange, qui commande à Sàlheyeh. Il faut ne point se disséminer et faire une proclamation; vous ne manquerez point de copistes à Damiette. Vous leur ferez sentir qu'ils sont la dupe des propos imbéciles d'Ibrahim-Bey, qui les expose à être massacrés, tandis que lui reste très-tranquille à Gaza. Il faut tâcher d'avoir les chefs dans vos mains, en faisant semblant de ne pas les connaître. Mais surtout désarmez le plus possible. Envoyez au Caire tous les otages que vous prendrez; j'ai le logement préparé dans la citadelle. Il faut avoir soin surtout que les villages qui sont près de la mer et qui peuvent avoir une influence sur l'embouchure du Nil soient entièrement désarmés, et que vous ayez en otage les principaux chefs de ces villages. Enfin, il faut tout mettre en usage pour s'assurer des deux provinces de Mansourah et de Damiette; il paraît que l'on n'a encore rien fait pour cela.

Tout ici va fort bien. BONAPARTE.

Dépôt de la guerre.

3367. — AU GÉNÉRAL MARMONT [1].

Quartier général, au Caire, 2 vendémiaire an VII (23 septembre 1798).

J'ai lu, non sans beaucoup blâmer le général Menou et vous, votre dernière lettre. Quand on veut marcher tout seul, il ne faut pas avoir avec soi une escorte.

Je compte que vous êtes arrivé à El-Rahmànyeh, que les eaux sont bien près d'Alexandrie, et que vous y aurez déjà fait passer du blé et activer les objets les plus nécessaires.

Il faut cependant mettre en ligne de compte, comme objet le plus essentiel, 500, ou 600,000 cartouches. On en a fait de si mauvaises au parc d'artillerie que, sur dix coups, huit manquaient. J'ai ordonné aux divisions qui en avaient reçu de les mettre de côté; mais par là nous nous trouvons presque au dépourvu.

BONAPARTE.

Collection Napoléon.

3368. — AU GÉNÉRAL RAMPON [2].

Quartier général, au Caire, 2 vendémiaire an VII (23 septembre 1798).

Je vous prie, Général, d'activer le plus qu'il vous sera possible la rentrée des chevaux dans votre province, et de les envoyer, à mesure que vous en recevrez, à Boulâq.

Votre province devait fournir 50 chevaux; faites-moi connaître combien il vous en reste à recevoir.

J'ai reçu votre dernière lettre avec les renseignements que vous me donnez sur les Mameluks. A l'heure qu'il est, le général Desaix doit être dans le Fayoum, à la poursuite de Mourad-Bey.

BONAPARTE.

Collection Napoléon.

3369. — AU CITOYEN POUSSIELGUE.

Quartier général, au Caire, 2 vendémiaire an VII (23 septembre 1798).

Je vous préviens, Citoyen, que tous ceux qui voudront voir les Pyramides aillent coucher ce soir à Gyzeh, d'où l'on partira demain 3, à six heures précises du matin.

L'adjudant général Grezieu est chargé d'escorter ceux qui voudront s'y rendre.

Par ordre du général en chef.

Comm. par Mme de la Morinière.

---

[1] Commandant une colonne mobile dans la province de Bahyreh.
[2] Commandant la province d'Atfyeh.

3370. — AU GÉNÉRAL MENOU , a rosette.

Quartier général, au Caire, 3 vendémiaire an VII (24 septembre 1798).

J'ai reçu, Citoyen Général, vos différentes lettres des jours complémentaires; j'ai vu avec la plus grande peine les dangers que vous avez courus. Vous avez tous, tant que vous êtes, été un peu imprudents; il est vrai qu'il est bien dur de ne pas supposer quelquefois que l'on est au milieu de bonnes gens.

Je vous envoie un cheval pour vous; il est très-difficile d'en trouver de passables; il vous sera au moins une preuve de bonne volonté et du désir que j'ai de vous donner une marque d'estime.

Attelez vos pièces de 12; c'est le seul moyen de pouvoir foudroyer les villages en épargnant le sang.

Envoyez-nous le plus de cartouches que vous pourrez; nous nous étions fiés sur la poudre du pays, mais elle est très-mauvaise.

Il me tarde d'apprendre que votre batterie est armée.

BONAPARTE.

Dépôt de la guerre.

3371. — AU GÉNÉRAL MENOU.

Quartier général, au Caire, 3 vendémiaire an VII (24 septembre 1798).

Vous voudrez bien, Citoyen Général, envoyer un fort détachement avec un officier d'état-major, pour reconnaître le long de la mer, le lac Bourlos et le port de ce nom. Vous y joindrez un officier du génie ou un ingénieur géographe.

BONAPARTE.

Dépôt de la guerre.

3372. — AU GÉNÉRAL MARMONT.

Quartier général, au Caire, 3 vendémiaire an VII (24 septembre 1798).

Si vous ne pouvez vous procurer dans votre province que des juments, il vaut mieux cela que rien. Ainsi, complétez le plus promptement possible la levée des chevaux de votre province.

J'avais déjà reçu du général Desaix, il y a longtemps, les nouvelles que vous m'envoyez; mais j'en attends de plus fraîches avec quelque impatience.

J'ai lu les détails de votre fête : je l'ai trouvée fort belle.

BONAPARTE.

Collection Napoléon.

3373. — Au . . . .

Quartier général, au Caire, 3 vendémiaire an VII (24 septembre 1798).

Il est arrivé de Damiette deux bâtiments venant de Chypre. Je vous prie de vous rendre vous-même à bord, d'interroger les patrons pour avoir des nouvelles de Chypre et de Constantinople, et savoir d'une manière positive si quelques vaisseaux de guerre anglais se sont présentés dans les ports de cette île.

J'ai écrit fort au long au général Andréossy, au général Dugua et au général Vial.

Mon intention n'est point que vous alliez avec le général Andréossy jusqu'à Peluse.

Reconnaissez les différentes batteries et forts qui doivent défendre l'entrée du Nil, les différents points de la rade. Faites une course à deux ou trois lieues dans le lac en le sondant plusieurs fois.

Prenez tous les renseignements possibles sur la route, par terre et par canaux, de Damiette à Rosette, sur celle de Damiette à Sàlheyeh, et revenez sur-le-champ me rejoindre, ayant soin de partir par une diligence où il y ait une pièce de canon et une bonne escorte. Mon intention n'est pas que vous séjourniez plus de quatre à cinq jours à Damiette.

BONAPARTE.

Collection Napoléon.

3374. — AU GÉNÉRAL DUGUA.

Quartier général, au Caire, 3 vendémiaire an VII (24 septembre 1798).

Je reçois, Citoyen Général, votre lettre du 1er vendémiaire; je suis fâché que vous n'y ayez pas joint le rapport du général Damas. Dans des circonstances comme celles-ci, le moindre retard peut être très-préjudiciable. Je suis peu satisfait de ce que le général Damas ne soit point allé à El-Menzaleh; il devait sentir combien cela était essentiel. Toute cette attaque de Damiette n'eût point eu lieu, si vous eussiez, conformément à mon ordre du 17 et du 20 fructidor, fait reconnaître les canaux et pris des mesures pour soumettre la province.

Vous aurez vu par ma lettre d'hier différentes mesures que je vous ai prescrites concernant le désarmement et pour prendre des otages dans les différents villages révoltés.

Faites passer dans le lac Menzaleh quatre ou cinq djermes armées de canons que vous avez à Damiette, et, si vous pouvez, une chaloupe canonnière; enfin, armez le plus de bateaux que vous pourrez, pour être entièrement maître du lac.

Tàchez d'avoir Hassan-Toubàr dans vos mains, et, pour cela faire, employez la ruse, s'il le faut.

Sur-le-champ, faites partir une forte colonne pour s'emparer d'El-Menzaleh; faites-en partir une autre pour accompagner le général Andréossy et s'emparer de toutes les îles du lac. J'imagine que vous aurez donné une leçon sévère au gros village de Myt-el-Khaouly. Mon intention est qu'on fasse tout ce qui est nécessaire pour être souverainement maître du lac Menzaleh, et, dussiez-vous y faire marcher toute votre division, il faut que le général Andréossy arrive à Peluse.

Je vous ai écrit, dans une de mes lettres, de faire une proclamation; faites-la répandre avec profusion dans le pays.

Il faut faire des exemples sévères; et, comme votre division ne peut pas être destinée à rester dans les provinces de Damiette et de Mansourah, il faut profiter du moment pour les soumettre entièrement; pour cela, il faut le désarmement, des têtes coupées et des otages.

BONAPARTE.

Collection Napoléon.

3375. — AU GÉNÉRAL ANDRÉOSSY.

Quartier général, au Caire, 3 vendémiaire an VII (24 septembre 1798).

J'ai appris, Citoyen Général, avec plaisir votre arrivée à Damiette. Il paraît que vous y êtes arrivé à temps pour aider le général Vial de vos conseils et rendre un nouveau service à l'armée.

Vous devez, à l'heure qu'il est, avoir beaucoup de troupes à Damiette, où le général Dugua doit se trouver. Je lui donne l'ordre de s'emparer d'El-Menzaleh; de faire entrer le plus de djermes possible, armées, dans le lac, et des bateaux armés de petites pièces de canon. Je lui ai ordonné de visiter les différentes îles du lac Menzaleh, de prendre des otages de tous les villages qui se seraient mal comportés; enfin de faire tout ce qui est nécessaire :

1° Pour être souverain maître du lac Menzaleh;

2° Pour que vous arriviez à Peluse; mes propres mots sont ceux-ci : « Dussiez-vous y faire marcher toute votre division, il faut » que le général Andréossy arrive à Peluse. »

Je crois que l'Égypte ne peut être attaquée que par le lac Menzaleh, que nous ne pouvons attaquer la Syrie que par le lac Menzaleh. Ainsi, pour l'offensive comme pour la défensive, c'est de votre reconnaissance que tout dépend; il faut donc la faire lentement et n'avancer que des choses bien sûres; car une fausse donnée pourrait me faire faire de faux calculs.

1° Combien de barques y a-t-il dans le lac Menzaleh ?

2° Combien chacune peut-elle contenir de monde ?

3° Quel est le fond du lac ?

4° Un aviso, une chaloupe canonnière, une djerme comme *la Carsiole,* peut-il y naviguer ?

5° Quelle est la profondeur des trois bouches ?

6° Une chaloupe canonnière, une tartane peut-elle y entrer ?

7° Quelle est la population, l'étendue des îles du lac ?

8° Comment communique-t-on de Damiette au lac ?

9° Les troupes qui longeraient entre la mer et le lac, comment feraient-elles pour passer les bouches ?

10° L'eau du lac est-elle saumâtre ou salée ?

N'allez à Peluse qu'avec de grandes forces ; ayez au moins six bateaux armés chacun d'une pièce de canon.

S'il n'y a point d'autre moyen, ne serait-il pas possible de faire passer des djermes dans le lac Menzaleh en franchissant les 1,200 toises ?

Enfin, ne partez point de Damiette que vous n'ayez 4 ou 500 hommes et six bateaux armés de pièces de canon.

Emportez de l'eau et des vivres pour pouvoir rester à Peluse cinq ou six jours, et même jusqu'à dix, s'il est nécessaire (ayez avec vous une pièce de canon de 3) :

1° Pour en bien connaître les ruines ;

2° Pour pouvoir tracer un fort capable de contenir 7 à 800 hommes et servir de dépôt à l'armée (de quoi pourra-t-on en faire le revêtement ?) ;

3° Faire des essais pour reconnaître si, en creusant, on ne trouve pas d'eau douce ; en général, nous avons reconnu que, dans le désert, on a toujours de l'eau douce en creusant.

Envoyez-moi aussi des notes sur tout ce que vous pourrez recueillir de la reconnaissance de Damiette à El-Menzaleh et d'El-Menzaleh à Sâlheyeh, ainsi que tout ce qui est relatif à Damiette, au Nil et à la défense de la rade.

BONAPARTE.

Collection Napoléon.

_____

3376. — AU GÉNÉRAL VIAL.

Quartier général, au Caire, 3 vendémiaire an VII (24 septembre 1798).

L'attaque que vous avez faite, Citoyen Général, du village d'El-Choa'rah, fait autant d'honneur à vous qu'aux troupes.

Toute la division du général Dugua doit se trouver dans ce moment-ci à Damiette. Pour le mettre à même d'envoyer des forces partout où il en serait besoin, je lui ai donné le commandement des deux provinces [1]; vous conserverez cependant le détail de l'administration de celle de Damiette.

Il me tarde d'apprendre que nous occupons le village d'El-Menzaleh, que nous avons cinq ou six djermes armées sur le lac et que nous avons pris ou tué Hassan-Toubâr. J'écris fort en détail là-dessus au général Dugua.

Faites pousser vigoureusement les fortifications et les batteries du Boghâz, et protégez de tous vos moyens le départ du général Andréossy. Il faudrait avoir sur le lac Menzaleh deux ou trois petites pièces de canon, et, à côté, ramasser le plus grand nombre de bateaux possible.

BONAPARTE.

Comm. par M. Laverdet.

3377. — AU GÉNÉRAL BERTHIER.

Quartier général, au Caire, 3 vendémiaire an VII (24 septembre 1798).

Vous donnerez l'ordre au général Lanusse de partir aujourd'hui avec le 3e bataillon de la 25e demi-brigade; de se rendre à Menouf; de faire évacuer ses malades sur le Caire, en gardant seulement à Menouf une ambulance et ceux qui seraient peu indisposés; de faire évacuer sur Damiette tous les hommes de la 75e qui se trouvent dans la province de Menouf, sur le Caire tous les chevaux de cavalerie qu'il a, avec les hommes du 18e qui ont des chevaux. A mesure qu'il aura 10 hommes montés, il devra les faire passer au Caire.

BONAPARTE.

Dépôt de la guerre.

3378. — ORDRE.

Quartier général, au Caire, 3 vendémiaire an VII (24 septembre 1798).

.ARTICLE 1er. — Le citoyen Champy est nommé directeur des fabriques de poudre en Égypte.

ART. 2. — Il fera tous les règlements nécessaires pour l'extraction du salpêtre et pour l'établissement des magasins de charbon, de soufre et autres objets nécessaires à la fabrication de la poudre.

ART. 3. — La maison de campagne d'Ibrahim-Bey sera uniquement destinée à l'établissement d'une fabrique de poudre.

ART. 4. — Le citoyen Norry, architecte, sera chargé de la direction de tous les travaux et de toutes les dispositions pour le local; le citoyen Conté le sera de la confection de toutes les machines. L'un

[1] De Damiette et de Mansourah.

et l'autre correspondront avec le citoyen Champy, et recevront de lui les fonds qui leur seront nécessaires.

ART. 5. — Le citoyen Champy me fera, dans le plus court délai, un rapport, et me proposera les mesures à prendre pour pouvoir réunir dans les magasins de la République tout le soufre existant en Égypte. Il me proposera un règlement sur la salpêtrière et sur la fabrique actuellement existantes.

BONAPARTE.

Dépôt de la guerre.

3379. — AU CITOYEN POUSSIELGUE.

Quartier général, au Caire, 3 vendémiaire an VII (24 septembre 1798).

Je reçois les notes que vous m'envoyez sur l'Égypte, de concert avec l'intendant : elles se rapportent toutes à des provinces de la haute Égypte, dont effectivement nous n'avons pas encore commencé l'organisation.

Le village qui a assassiné les intendants coptes le payera cher.

BONAPARTE.

Comm. par Mme de la Morinière.

3380. — ORDRE DU JOUR.

Quartier général, au Caire, 3 vendémiaire an VII (24 septembre 1798).

Une partie des Arabes de la province de Charqyeh, renforcés par les Arabes de Derne et de tous ceux du lac Menzaleh, sous la conduite de Hassan-Toubàr, ont attaqué, à minuit de la nuit du 29 au 30 fructidor, la garnison de Damiette. On a bientôt été sous les armes et on a repoussé l'ennemi de tous côtés.

Le 30, le village d'El-Choa'rah, situé à une portée de canon de Damiette, se révolta, et tous les Arabes s'y réunirent et en firent leur quartier général. Les 1er et 2e complémentaires, ils reçurent beaucoup de renforts par le lac Menzaleh.

La garnison de Damiette reçut également un renfort d'un bataillon de la 25e. Le général Vial se décida, le 4e complémentaire, à la pointe du jour, d'attaquer le village d'El-Choa'rah. Le général Andréossy prit le commandement de la flottille et vint débarquer au delà du village d'El-Choa'rah. L'ennemi était rangé sur un seul rang et occupait tout l'espace depuis le Nil jusqu'au lac Menzaleh, au nombre de plus de 10,000 hommes. Le général Vial envoya une compagnie de grenadiers de la 25e pour attaquer la droite de l'ennemi et lui couper la retraite par le lac Menzaleh, dans le temps qu'il attaquait de front, au pas de charge, cette nuée d'ennemis, qui fut culbutée dans l'inondation du Nil et dans le lac.

Le village d'El-Choa'rah fut emporté et livré aux flammes. Il y a plus de 1,500 Arabes tués ou noyés. On leur a pris deux très-belles pièces de canon de bronze de 4, et trois drapeaux, qui ont été pris par les citoyens Jaussoux, grenadier dans la 2ᵉ compagnie de la 25ᵉ demi-brigade de bataille, Pampeno, dragon de la 4ᵉ compagnie du 18ᵉ régiment, Lefort, sergent au 3ᵉ bataillon de la 13ᵉ demi-brigade. Nous n'avons eu qu'un homme de tué et quatre de blessés.

Ainsi, 10,000 ou 12,000 Arabes ont été attaqués et battus par 400 ou 500 Français.

De nombreuses colonnes mobiles parcourent tous les villages des provinces de Damiette et de Mansourah, pour punir sévèrement les chefs des révoltés, et tirer une vengeance exemplaire de ces malheureux, qui ont été égarés par les écrits et les fausses promesses d'Ibrahim-Bey.

Par ordre du général en chef.

Dépôt de la guerre.

3381. — AU GÉNÉRAL MARMONT.

Quartier général, au Caire, 3 vendémiaire an VII (24 septembre 1798).

Le payeur avait calculé, Citoyen Général, que votre demi-brigade serait payée à Rosette ; puisque cela n'a pas été fait, je donne ordre au payeur d'envoyer à El-Rahmànyeh les fonds nécessaires pour la payer ; vous les aurez incessamment.

Disséminez-vous le moins que vous pourrez. Pourquoi les 200 hommes que vous avez destinés à rester à Damanhour ne resteraient-ils pas sur le canal? Cela renforcerait votre surveillance et cela n'exposerait pas ce poste, qui me paraît un peu faible. Ce qui vous oblige à tenir 400 hommes à El-Rahmànyeh, c'est sans doute le dépôt de barques qui s'y trouve. Si une centaine de Mameluks venait dans le Bahyreh émeuter les Arabes et les habitants, voyez les villages et les positions que l'inondation permet de parcourir, et, dans ce cas-là, donnez l'ordre à vos différents commandants afin de réunir promptement votre troupe. Avec les 1,500 hommes que vous avez et quatre pièces de canon, vous n'avez rien à craindre de la cavalerie.

Vous aurez vu, par le détail que vous aura envoyé l'état-major, que le général Vial a battu 15,000 Arabes qui s'étaient réunis dans les provinces de Charqyeh, de Damiette et de Mansourah. Il en a fait une boucherie ; il a pris trois drapeaux et deux belles pièces de bronze de 4. Les Arabes s'étaient rangés en bataille et occupaient une lieue et demie d'espace sur une seule ligne : ils étaient à pied.

BONAPARTE.

Collection Napoléon.

3382. — AU GÉNÉRAL DUPUY.

Quartier général, au Caire, 4 vendémiaire an VII (25 septembre 1798).

Bonaparte, général en chef, vu les intelligences que la femme d'Osman-Bey a continué d'avoir avec le camp de Mourad-Bey, et vu aussi l'argent qu'elle y a fait et voulait encore y faire passer, ordonne que la femme d'Osman-Bey restera en prison jusqu'à ce qu'elle ait versé dans la caisse du payeur de l'armée 10,000 talari.

BONAPARTE.

Collection Napoléon.

3383. — AU CITOYEN POUSSIELGUE.

Quartier général, au Caire, 4 vendémiaire an VII (25 septembre 1798).

Je vous prie d'envoyer chez les marchands de café, les Coptes et les marchands de Damas, des gardes, si dans la journée de demain ils n'ont pas payé ce qu'ils doivent de leurs contributions.

Si la femme de Mourad-Bey n'a pas versé, dans la journée de demain, les 8,000 talari qu'elle doit, sa contribution sera portée à 10,000.

Si les 15,000 talari imposés sur le sâghâ, il n'en a encore été perçu que 1,055 : il en reste 13,945, dont 3,945 seront versés dans la journée de demain, et les 10,000 restants, 1,000 par jour.

Faites verser dans la caisse du payeur, dans la journée d'aujourd'hui, l'argent que vous auriez des morts sans héritiers, des cotons et des cafés, ou de tout autre objet, la caisse se trouvant absolument dépourvue de fonds et l'armée ayant de grands besoins.

BONAPARTE.

Comm. par Mme de la Morinière.

3384. — AU CONTRE-AMIRAL PERRÉE.

Quartier général, au Caire, 4 vendémiaire an VII (25 septembre 1798).

Vous avez, Citoyen Général, cinq canots de vaisseaux à Rosette : je vous prie d'en faire partir trois pour le Caire; deux resteront pour la surveillance du Boghâz de Rosette.

Écrivez à Alexandrie pour que l'on vous fasse passer, s'il est possible, quatre ou cinq canots de vaisseaux.

Collection Napoléon.

BONAPARTE.

3385. — AU GÉNÉRAL DUGUA, a DAMIETTE.

Quartier général, au Caire, 5 vendémiaire an VII (26 septembre 1798).

Soit par terre, soit par le canal, il faut absolument, Citoyen Général, parvenir à El-Menzaleh. Faites-y marcher votre avant-garde en la renforçant de ce que vous jugerez nécessaire.

Je désire qu'elle prenne position à El-Menzaleh, en réunissant la quantité de bateaux nécessaires pour pouvoir se porter rapidement soit à Damiette, soit à Sàlheyeh, soit à Mansourah. Essayez de prendre par la ruse Hassan-Toubàr, et, si jamais vous le tenez, envoyez-le-moi au Caire. Désarmez le plus que vous pourrez; n'écoutez point ce qu'ils pourraient vous dire, que, par le désarmement, vous les exposez aux incursions des Arabes; tous ces gens-là s'entendent. Surtout, il faut que le village de Myt-el-Khaouly vous fournisse au moins 100 armes et des pièces de canon. Ils les ont cachées, mais je suis sûr qu'ils en ont. Concertez-vous avec le général Vial pour faire désarmer Damiette, et faites arrêter tous les hommes suspects.

Prenez des otages; exigez que les villages vous remettent leurs fusils; tàchez d'avoir leurs canons, et faites entrer dans le lac Menzaleh des djermes armées, ou armez leurs bateaux.

Envoyez un officier du génie à El-Menzaleh, afin de bien établir sa position par rapport à Damiette, à Mansourah et surtout à Sàlheyeh.

Faites faire des reconnaissances le long de la mer, à droite et à gauche, jusqu'au cap Bourlos, d'un côté, et aussi loin que vous pourrez, de l'autre.

Ordonnez aussi que la troupe soit casernée.

Je vous ai envoyé une djerme armée, *la Carniole;* vous devez en avoir deux à Damiette; je vous ai envoyé deux avisos; il y avait une chaloupe canonnière : cela vous fait six bàtiments armés.

BONAPARTE.

Dépôt de la guerre.

3386. — AU GÉNÉRAL VIAL.

Quartier général, au Caire, 5 vendémiaire an VII (26 septembre 1798).

Profitez, Citoyen Général, des jours où la division du général Dugua peut rester à Damiette pour désarmer la ville, arrêter les hommes suspects et les envoyer au Caire, désarmer les villages, prendre des otages et vous emparer absolument du lac Menzaleh. Tant que vous ne serez pas maître de ce lac, vous ne pourrez pas être sûr dans Damiette.

J'écris au général Dugua pour qu'il fasse reconnaître les bords de la mer, jusqu'au cap Bourlos d'un côté, de l'autre jusqu'à Peluse.

Envoyez au Caire tous les otages que vous aurez; joignez-y des notes sur chacun d'eux.

Tâchez de savoir le nom de la frégate anglaise, et si vous appreniez qu'ils débarquent quelque part pour faire des provisions, laissez-les débarquer pendant quelques jours, afin d'avoir le temps de leur tendre une embuscade.

La province de Damiette devrait déjà avoir fourni les chevaux qu'elle doit fournir.

BONAPARTE.

Comm. par M. Laverdet.

3387. — AU GÉNÉRAL BERTHIER.

Quartier général, au Caire, 5 vendémiaire an VII (26 septembre 1798).

Je vous prie de faire connaître au général Dugua et au général Vial que mon intention est que toute la troupe qui est à Damiette soit casernée, les nuits étant trop fraîches pour bivouaquer.

Vous donnerez l'ordre au général Murat de s'embarquer ce soir avec le 3e bataillon de la 88e, une pièce de 3 et les trois compagnies de grenadiers de la 19e. Il se rendra vis-à-vis Menouf, où il attendra le général Lanusse, auquel vous donnerez l'ordre de s'embarquer avec toutes ses forces et de rejoindre le général Murat, pour lui porter secours dans l'attaque qu'il va faire des Arabes de Derne. Le général Murat emmènera la djerme *la Styrie*. Si le pont que j'avais demandé au général Dommartin est fait, vous lui donnerez l'ordre de le faire embarquer ce soir, à la suite de la division du général Murat. Vous donnerez l'ordre aux grenadiers et au bataillon de la 88e de se procurer 60 cartouches par homme; et, indépendamment de cela, le général Murat en emmènera 10,000 avec lui.

Le général Murat attaquera les Arabes de Derne partout où il les trouvera. Il leur fera tout le mal possible; mon intention est de les détruire. S'il avait besoin de secours, il en demanderait au général commandant à Mansourah [1], au général Fugière, commandant à Mehâllet-el-Kebyr [2]. Mon intention est qu'il mette le moins de délai possible à finir cette affaire. Si, après avoir détruit une partie des Arabes de Derne, l'autre partie demande à traiter, il exigera pour conditions 200 chevaux, 900 fusils et 30 otages des principaux. Il aura, du reste, bien soin d'étudier le pays et de connaître où il s'engage. Il aura, à la suite de sa colonne, des hommes portant des

[1] Dugua. — [2] Province de Gharbyeh.

poutrelles, pour pouvoir jeter un pont sur les canaux, au moins pour le passage des hommes à pied.

Faites partir de suite l'ordre pour le général Lanusse, par un officier d'état-major. Cet officier accompagnera le général Murat dans son expédition de Myt-Ghamar, et viendra m'en rendre compte lorsqu'elle sera finie.

BONAPARTE.

Dépôt de la guerre.

3388. — AU GÉNÉRAL BERTHIER.
(POUR METTRE A L'ORDRE DE L'ARMÉE.)

Quartier général, au Caire, 5 vendémiaire an VII (26 septembre 1798).

Le général en chef a ordonné plusieurs fois que les sous-officiers fussent armés de fusils. Il voit avec peine que, dans plusieurs compagnies, les sous-officiers négligent l'exécution dudit ordre. En conséquence, il recommande aux généraux et chefs de corps de tenir la main à ce que les sous-officiers soient armés de fusils; rien n'est plus préjudiciable au service que d'avoir le cinquième, quelquefois le quart, et l'élite des corps sans armes. Effectivement, un petit briquet ne vaut pas un bâton de paysan.

BONAPARTE.

Dépôt de la guerre.

3389. — ORDRE DU JOUR.

Quartier général, au Caire, 5 vendémiaire an VII (26 septembre 1798).

L'armée est prévenue qu'à compter du 1er vendémiaire pour les places du Caire et arrondissement, et à compter du 15 pour les autres places de l'Égypte, il a été passé par l'ordonnateur en chef avec l'agent des subsistances un abonnement pour la manutention du pain, à raison de 2 sous 8 deniers par ration [1].

Il a également été passé des marchés pour assurer, à compter des mêmes époques, les services de la viande, du bois de chauffage et de l'huile ou beurre fondu pour assaisonner les riz et les légumes en remplacement de viande.

La ration de viande sera délivrée de trois jours l'un; elle sera de demi-livre, poids de marc, dont trois quarts buffle, et un quart mouton.

La ration de viande, pour les hôpitaux, sera de trois quarts de livre, poids de marc, et composée de deux tiers buffle et un tiers mouton.

[1] Voir pièce n° 3408.

Les rations de légumes, en remplacement de la viande, seront délivrées dans les proportions déterminées par l'ordre du jour du 3ᵉ jour complémentaire.

La ration de pain de munition sera composée de 24 onces, poids de marc, fabriquée avec de la farine de pur froment, blutée avec distraction de 20 livres de son par quintal.

La ration de pain d'hôpital sera de 24 onces, poids de marc, blutée avec distraction de 25 livres de son par quintal.

D'après ces mesures, les intendants des provinces n'auront à faire fournir par réquisition que les grains, les légumes, les fourrages et la grenaille pour les chevaux.

A la fin de chaque mois, il sera fait aux différents corps ou parties prenantes de l'armée des décomptes de fournitures, et, en cas qu'ils aient pris au delà de ce que la loi leur accorde, la retenue en sera exercée sur la solde et dans les proportions suivantes, par ration :

La ration de pain, à 5 sous ;

La ration de viande, à 3 sous 6 deniers pour la troupe, 4 pour les hôpitaux ;

La ration de fourrage, à 15 sous ;

La ration de riz, de deux onces, à 8 deniers ;

La ration de légumes, à 4 deniers ;

Le beurre fondu ou l'huile, à 1 livre 4 sous la livre ;

La ration de bois, demi-livre, à 3 deniers.

Il a été passé par l'ordonnateur en chef un abonnement avec l'agent des hôpitaux pour la fourniture des aliments légers, médicaments, linges à pansement, entretien de fournitures et gages des sous-employés, à raison de 16 sous la journée de malade, à compter du 4 vendémiaire.

Le général en chef recommande aux généraux commandant les provinces de tenir la main à ce que les intendants coptes ne mettent aucune contribution en argent. Jusqu'à cette heure, c'était sous le prétexte de la fourniture de la viande à l'armée que les intendants coptes convertissaient en argent les réquisitions en nature.

Les payeurs particuliers auront soin d'envoyer au payeur général le bordereau de toutes les sommes qu'ils payeront aux différents agents de l'administration.

Le payeur général donnera en payement, aux différents entrepreneurs, ce que leurs agents auront reçu dans les provinces.

Toutes les fois que le service des divisions manquera, le commissaire des guerres sera autorisé à le faire faire au compte des agents.

Les généraux auront soin que les denrées prises à l'ennemi soient constatées par un procès-verbal, dont copie sera envoyée à l'état-major général ; le commissaire des guerres l'enverra à l'ordonnateur en chef.

Dans tous les états de situation qui seront envoyés à l'état-major général, l'adjudant général chef de l'état-major mettra en observation si la division a été nourrie par les entrepreneurs.

Le général en chef a été satisfait de la tenue des troupes dans la journée du 1er vendémiaire, et spécialement de celle de la 13e demi-brigade, ce qui est dû aux soins du chef de brigade Delgorgues.

Les commandants des corps auront soin de faire écrire en lettres d'or, dans le plus court délai, sur les drapeaux de leurs corps, ce qui leur a été donné ou envoyé à la fête du 1er vendémiaire.

Par ordre du général en chef.

Dépôt de la guerre.

_____

3390. — AU GÉNÉRAL REYNIER, A BELBEYS.

Quartier général, au Caire, 6 vendémiaire an VII (27 septembre 1798).
11 heures du matin.

J'ai pris cinq ou six Arabes, Citoyen Général, pour pouvoir correspondre promptement avec vous ; je vous en expédie un.

Vous aurez su l'attaque de Damiette par une partie des Arabes de la province de Charqyeh et de la province de Damiette. Ils ont été repoussés par une poignée de nos gens, et ont perdu une grande quantité de monde, ou tués ou noyés.

J'ai ordonné au général Dugua, qui s'est rendu à Damiette, de tenir son avant-garde à El-Menzaleh, afin qu'il pût correspondre avec vous, vous faire passer une grande quantité de riz, et qu'à tout événement une partie de sa division se trouvât à mi-chemin pour vous soutenir.

Le général Murat est parti ce matin pour se rendre à Myt-Ghamar. Il est probable que, le 8 ou le 9, il attaquera les Arabes de Derne qui restent à Dondeyt, village à une lieue de Myt-Ghamar. Si l'inondation vous permet d'envoyer un bataillon pour leur faire du mal et tomber sur les fuyards, je vous prie de le faire. Myt-Ghamar est, je crois, le point du Nil le plus près de Belbeys.

Je désirerais que ce chemin fût bien reconnu. Il doit y avoir des canaux dans lesquels de petites barques doivent passer, ou quelque digue qui permette à des détachements à pied de s'y rendre. Je vous engage donc à bien faire reconnaître toute la province de Charqyeh, et surtout tout le pays qui vous sépare de Myt-Ghamar et d'El-Menzaleh.

Il faut que vos quatre pièces de campagne, qui forment l'artillerie de votre division, soient indépendantes de l'organisation de Sâlheyeh. Vous devez les avoir avec vous à Belbeys. Passez-en la revue pour vous assurer qu'elles sont en état, approvisionnées à 150 coups chacune, bien attelées; procurez-vous les attelages qui vous manqueraient, ainsi que ceux pour un obusier et une pièce de 8 qu'on va vous envoyer incessamment.

Vous n'avez pas encore monté les 60 hommes du 7e de hussards et du 22e de chasseurs. Je vous recommande d'achever promptement votre opération et d'avoir les 300 chevaux que doit fournir votre province.

Vous monterez d'abord les hommes à pied des deux régiments, et vous enverrez les autres chevaux, à mesure que vous vous en serez procuré 20 ou 30, à Boulâq, où sont les selles. Vous sentez combien il est essentiel que nous ayons un peu de cavalerie.

Faites-moi connaître si Sâlheyeh est suffisamment fortifié et approvisionné pour pouvoir se maintenir seul une quinzaine de jours. S'il arrivait que vous eussiez des nouvelles certaines qu'une armée de Syrie marche sur vous, vous devriez, en m'en prévenant, en prévenir aussi le général Dugua à El-Menzaleh.

Faites-moi savoir si vous avez des nouvelles de Syrie; on dit qu'Ibrahim a réuni à lui quelques milices du pays formant ensemble 2 à 3,000 hommes.

Tenez note de l'heure à laquelle l'Arabe vous remettra ma lettre.

BONAPARTE.

Il est parti à onze heures du matin, aujourd'hui 6.

Il serait bon que vous prissiez aussi de votre côté quelques Arabes à solde pour communiquer plus facilement avec Sâlheyeh et El-Menzaleh.

Dépôt de la guerre.

_____

3391. — AU GÉNÉRAL BERTHIER.

Quartier général, au Caire, 6 vendémiaire an VII (27 septembre 1798).

Je vous prie, Citoyen Général, de faire faire par un officier de l'état-major la visite de la citadelle, et de me faire connaître combien il y a de pièces en batterie, quel est l'approvisionnement des pièces; la situation des magasins; combien il y a d'otages, comment ils sont tenus; si toutes les portes sont fermées; combien il y a d'ouvriers qui travaillent à la citadelle, et combien le commandant de la place

a d'hommes de service. La garnison a-t-elle de l'eau autant qu'elle en
a besoin ? Quels sont les dépôts des demi-brigades qui sont à la cita
delle, et combien pourrait-on en placer ?

. Je vous prie de vous faire donner par le commandant du château
les noms de tous les Turcs qui restent à la citadelle.

BONAPARTE.

Dépôt de la guerre.

3392. — AU GÉNÉRAL DUPUY.

Quartier général, au Caire, 6 vendémiaire an VII (27 septembre 1798).

Faites couper la tête aux deux espions, et faites-la promener dans
la ville avec un écriteau, pour faire connaître que ce sont des espions
du pays. Faites connaître à l'aga que je suis très-mécontent des propos que l'on tient dans la ville contre les chrétiens. Il doit y avoir
en ce moment des otages de Menouf à la citadelle.

BONAPARTE.

Collection Napoléon.

3393. — AU CITOYEN POUSSIELGUE.

Quartier général, au Caire, 6 vendémiaire an VII (27 septembre 1798).

Nous avons chez le payeur pour 30,000 talari de diamants;
10,000 ont été donnés à l'agent en chef de l'habillement : il en reste
20,000. Je désirerais en faire deux loteries, chacune de 10,000 talari, et mettre à chaque loterie des maisons du Caire, de Boulâq et
du Vieux-Caire, petites et jolies, pour la même somme. La seconde
loterie se formerait un mois après la première.

La loterie serait donc formée de 2,000 billets, chacun de 10 talari. Comme c'est un trop petit objet pour que le Gouvernement paraisse, il faudrait que ce fût une compagnie, composée de Turcs et
de Francs, qui se chargeât de cette loterie. Voyez de me remettre un
projet là-dessus.

Beaucoup de personnes se présentent à la Monnaie pour faire convertir leur argenterie ou leurs bijoux en monnaie : ne pourrions-
nous pas faire, sur la caisse de la Monnaie, des bons de 50 livres
remboursables dans deux mois? Ces billets seraient reçus dans la
caisse du payeur comme argent comptant. Ils seraient conçus en ces
termes :

» Moi, directeur de la Monnaie, reconnais avoir reçu la somme
» de . . . . que, vu les travaux de la Monnaie,
» je ne pourrai rembourser qu'à telle époque. »

Il serait possible, par là, d'introduire pour 2 à 300,000 livres de billets et d'augmenter de beaucoup notre gain sur la Monnaie.

BONAPARTE.

Comm. par Mᵐᵉ de la Morinière.

3394. — AU GÉNÉRAL CAFFARELLI.

Quartier général, au Caire, 7 vendémiaire an VII (28 septembre 1798).

Je donne ordre, Citoyen Général, au commandant de la place de fournir, tous les jours, 500 hommes du pays pour les travaux de la citadelle. Ces 500 hommes seront à votre disposition.

L'adjudant général chargé de la visite de la citadelle m'instruit qu'il n'y a trouvé hier que 250 ouvriers, parmi lesquels il y avait des femmes et des enfants.

Je désirerais, le 11 vendémiaire, pouvoir faire une tournée à la citadelle : faites-moi connaître si vous croyez que j'y trouverai un changement considérable depuis ma dernière visite.

Le rapport que j'ai sur Gyzeh est que les portes et les brèches ne sont pas murées.

Quand commencera-t-on à faire une muraille pour fermer les brèches de la citadelle ? Il ne manque pas de maçons ici.

BONAPARTE.

Dépôt de la guerre.

3395. — AU GÉNÉRAL DOMMARTIN.

Quartier général, au Caire, 7 vendémiaire an VII (28 septembre 1798).

Le rapport que vous m'avez envoyé, Citoyen Général, sur les affûts de Mameluks, ne m'a pas paru satisfaisant. Je vous prie de donner l'ordre pour qu'on envoie, dans la journée, à la place Ezbekyeh le meilleur affût de Mameluks, avec la meilleure pièce de 4 ou de 5 qui se trouve à Gyzeh, les deux plus forts chameaux que vous avez au parc, les harnais nécessaires, 150 coups à tirer, soit à mitraille, soit à boulets, et les canonniers nécessaires pour servir cette pièce, mon intention étant de me servir de cette pièce, demain, dans le désert.

Je crois que l'essai que l'on fait au parc, pour faire traîner un caisson au chameau, est sans utilité : la nature de cet animal est de porter et non de traîner, et on ne doit le faire traîner que lorsqu'on ne peut faire autrement ; et puis, l'embarras et les frais de fabrication de ces nouveaux caissons seraient absolument en pure perte.

BONAPARTE.

Dépôt de la guerre.

2.

3396. — AU GÉNÉRAL DOMMARTIN.

Quartier général, au Caire, 7 vendémiaire an VII (28 septembre 1798).

Le directeur du parc fait une mauvaise plaisanterie en renvoyant les chevaux que le chef de brigade des guides lui a envoyés. Je viens de voir les trois mulets qu'il a renvoyés : ils sont très-beaux et bien constitués. On a choisi ces animaux en en refusant trois fois autant. Quant aux chevaux, ce sont ceux que montaient les guides. Si je pouvais avoir 200 ou 300 mules comme celles que l'on a renvoyées, je les payerais un tiers de plus que ne porte l'estimation du chef de brigade. Bessières.

BONAPARTE.

Dépôt de la guerre.

3397. — AU CHEF DE BRIGADE BESSIÈRES.

Quartier général, au Caire, 7 vendémiaire an VII (28 septembre 1798).

Je vous prie, Citoyen, de vous procurer les chameaux nécessaires pour que, dans la journée de demain, vos six pièces d'artillerie et leurs munitions, à 150 coups par pièce, soient prêtes à partir. Vous passerez demain, à huit heures après midi, la revue du général d'artillerie. Faites la demande de tous les objets de rechange dont vous auriez besoin.

BONAPARTE.

Comm. par M. le duc d'Istrie.

3398. — ORDRE DU JOUR.

(EXTRAIT.)

Quartier général, au Caire, 7 vendémiaire an VII (28 septembre 1798).

Hier, quelques soldats se sont permis d'insulter publiquement des femmes du pays, dans le quartier dit El-Mousky, où leur violence a répandu l'effroi. En attendant qu'on puisse reconnaître et punir les coupables, et afin d'éviter à l'avenir que de pareilles choses se renouvellent, il est ordonné aux chefs des corps en garnison au Caire de désigner, chaque jour, deux sous-officiers qui se porteront alternativement dans les quartiers les plus fréquentés de la ville; ils veilleront à ce qu'il ne se commette rien contre l'ordre public, et ils feront arrêter, s'il est possible, ceux qui le troubleront, ou du moins ils tâcheront de les connaître, afin de les faire punir.

Par ordre du général en chef.

Collection Napoléon.

3399. — ARRÊTÉ.

Quartier général, au Caire, 8 vendémiaire an VII (29 septembre 1798).

ARTICLE 1ᵉʳ. — Il y aura un bureau de santé et de salubrité pour la ville du Caire, qui correspondra directement avec le commandant de la place.

ART. 2. — Il sera composé des citoyens Blanc, ordonnateur des lazarets, François Rosetti, Louis Frank, médecin, Pierre Clapier.

ART. 3. — Ce bureau sera spécialement chargé de commander toutes les mesures, et d'en surveiller l'exécution, pour la salubrité de la ville du Caire, afin de prévenir la peste et autres maladies épidémiques.

ART. 4. — Le commandant de la place désignera un local pour ce bureau de santé; les membres se réuniront dans la journée de demain.

BONAPARTE.

Dépôt de la guerre.

3400. — AU GÉNÉRAL DUGUA.

Quartier général, au Caire, 8 vendémiaire an VII (29 septembre 1798).

Je suis extrêmement mécontent, Citoyen Général, du commandant du 1ᵉʳ bataillon de la 75ᵉ, qui a laissé en arrière une djerme avec 30 hommes [1] qui, à ce qu'on m'assure, ont été assassinés par les Arabes. C'est un degré de négligence bien grand et bien coupable de la part d'un chef de corps et d'un commandant de convoi. Au reste, je n'ai pas encore le rapport officiel de cet événement.

Je vous ai écrit, par un officier de mes guides, pour vous faire connaître l'absolue nécessité de s'emparer du lac Menzaleh et de favoriser la reconnaissance sur Peluse.

Le général Murat est, dans ce moment-ci, avec le général Lanusse, à Myt-Ghamar. J'espère qu'ils nous délivreront une bonne fois de ces Arabes de Derne. J'attends avec impatience de vous savoir à El-Menzaleh et à Mataryeh, et d'être instruit de l'arrivée du général Andréossy à Peluse. J'apprends que ce général est parti pour Peluse en longeant les bords de la mer; dès l'instant que vous aurez quelques bateaux dans le lac, il sera nécessaire de le faire soutenir.

BONAPARTE.

Dépôt de la guerre.

[1] Voir pièce nº 2434.

3401. — AU GÉNÉRAL DUGUA.

Quartier général, au Caire, 8 vendémiaire an VII (29 septembre 1798).

Lorsque vos troupes, Citoyen Général, seront arrivées à El-Menzaleh, vous m'enverrez l'état de situation exact des forces que vous aurez à Mansourah, à Damiette et à El-Menzaleh, et alors je vous enverrai des ordres ultérieurs sur la position que doit prendre votre division.

Votre division est composée dans ce moment-ci et doit rester composée de trois bataillons de la 2e d'infanterie légère, de deux bataillons de la 25e et de deux bataillons de la 75e. Les 120 hommes du 1er bataillon de la 75e sont, dans ce moment-ci, à Myt-Ghamar avec le général Lanusse; ils vont rejoindre leur bataillon à Damiette.

BONAPARTE.

Collection Napoléon.

3402. — AU GÉNÉRAL ANDRÉOSSY.

Quartier général, au Caire, 8 vendémiaire an VII (29 septembre 1798).

Je reçois, Citoyen Général, votre lettre du 3 vendémiaire. Je crains que vous ne puissiez pas parvenir à Peluse en suivant la plage de la mer. S'il est possible de faire entrer des bateaux par le passage de Dybeh, il faudra faire passer deux djermes, sur des rouleaux, du Nil dans le lac. C'est le seul moyen qui puisse nous mettre à même de nous emparer du lac et de faire la reconnaissance à Peluse; celle que vous faites le long de la mer servira toujours d'autant.

BONAPARTE.

Collection Napoléon.

3403. — AU GÉNÉRAL VIAL, A DAMIETTE.

Quartier général, au Caire, 8 vendémiaire an VII (29 septembre 1798).

Je crains, Citoyen Général, que le général Andréossy ne puisse parvenir à Peluse par le chemin qu'il a pris; en tout cas, dès l'instant que vous serez maître du lac Menzaleh, il faut envoyer des bateaux par le lac pour le suivre et le soutenir, s'il en avait besoin.

BONAPARTE.

Faites reconnaître les bords de la mer jusqu'au lac Bourlos.

Comm. par M. Laverdet.

3404. — AU GÉNÉRAL BELLIARD, A GYZEH.

Quartier général, au Caire, 9 vendémiaire an VII (30 septembre 1798).

Le service de l'artillerie me paraît un peu fort, parce qu'il faut qu'il fournisse aux travaux. Réduisez à 13 hommes, officiers et sous-officiers compris, le poste de la porte de Gyzeh; à 7, celui de la mosquée ; à 5, celui de la porte du Nil. Diminuez également, autant que cela sera possible, les autres petits postes. Envoyez demain un espion aux pyramides de Saqqàrah et un aux grandes pyramides.

BONAPARTE.

Le général Desaix a dû arriver hier à El-Làhoun.

Dépôt de la guerre.

3405. — AU GÉNÉRAL BERTHIER.

Quartier général, au Caire, 9 vendémiaire an VII (30 septembre 1798).

Le 11, à midi, vous ferez partir de Boulàq le convoi d'artillerie et de vivres avec un officier du génie, pour se rendre à Sàlheyeh, sous l'escorte de deux petites djermes armées, *la Corcyre* et *l'Albanie*.

Vous nommerez un officier supérieur pour commander ledit convoi. Le général du génie donnera l'itinéraire de la route qu'il faut suivre. Vous lui donnerez pour escorte tous les hommes de la division du général Reynier qui se trouvent au dépôt.

Le convoi ira jusqu'à l'endroit où il doit quitter le Nil pour entrer dans le canal qui conduit à Sàn, et vous donnerez l'ordre au général Murat de l'escorter avec toutes ses forces jusqu'à Sàn.

Il sera recommandé aux djermes composant le convoi de marcher réunies, en ordonnant à celles qui sont le plus en avant d'attendre les autres.

BONAPARTE.

Dépôt de la guerre.

3406. — ORDRE DU JOUR.

Quartier général, au Caire, 9 vendémiaire an VII (30 septembre 1798).

Les nommés Jean-Baptiste Lenati, Benedite et François Sala, accusés et convaincus d'avoir coupé des grappes de dattes dans un jardin turc, ont été condamnés, d'après le titre VI de la loi du 21 brumaire [1], à être promenés, deux fois dans un jour, dans le camp, la garde assemblée, au milieu d'un détachement, portant ostensiblement les grappes de dattes, leur habit retourné et portant sur la poitrine un écriteau sur lequel était écrit : *Maraudeur*.

Par ordre du général en chef.

Dépôt de la guerre.

[1] An V.

3407. — AU CITOYEN LE ROY.

Quartier général, au Caire, 10 vendémiaire an VII (1er octobre 1798).

Je suis extrèmement satisfait, Citoyen Ordonnateur, du compte que vous me rendez de la frégate *la Junon*. Réunissez vos efforts pour l'armer le plus promptement possible.

Il ne faut pas désarmer les flûtes, mais il faut prendre dessus l'artillerie et les agrès qui pourraient vous être nécessaires pour armer les bâtiments de guerre.

Puisque vous pensez que *la Courageuse,* notre meilleure marcheuse, à ce que je crois, est en état de faire une traversée dans la Méditerranée, vous trouverez ci-joint l'ordre de l'armer avec seize pièces de 8, et, si vous le jugez à propos, deux de 12.

Placez sur les bâtiments armés en guerre les meilleurs officiers.

Quand je vous ai écrit que le quart seul des fonds mis à votre disposition serait pour le personnel, je ne comprenais pas les hôpitaux ni les vivres comme personnel.

Les 7,240 livres que vous avez données à l'ordonnateur Blanc pour les lazarets doivent être défalquées de ce que vous avez à lui remettre. Désormais, on lui fera des fonds séparés.

Si, d'ici à quelques mois, vous êtes content des services du citoyen Boyer, garde-magasin, on lui donnera l'avancement qu'il demande.

Le citoyen Coraubon est maître de s'en retourner en France.

Vous trouverez ci-joint l'ordre par lequel le citoyen Tropez-Cauvin est nommé capitaine du port marchand de Malte. Il jouira des appointements d'enseigne de vaisseau depuis le moment de sa sortie de Malte jusqu'à ce qu'il entre en exercice de sa place.

BONAPARTE.

Collection Napoléon.

3408. — ORDRE DU JOUR.

Quartier général, au Caire, 10 vendémiaire an VII (1er octobre 1798).

Il s'est glissé une erreur dans l'ordre du jour du 5 vendémiaire concernant la manutention du pain, dont le prix est annoncé être fixé à 2 sous 8 deniers, au lieu qu'il est réellement fixé à 28 deniers ou 2 sous 4 deniers.

Les corps sont prévenus que le général en chef a décidé qu'on supprimerait le sous-pied du pantalon-guêtre de l'infanterie. En conséquence, on recommande aux soins du capitaine chargé de l'habillement l'économie d'étoffe qui résultera de ce changement, qui peut suppléer en partie à la demi-guêtre.

Les employés d'administration étant sous les ordres immédiats de leur agent en chef, les commissaires des guerres ne doivent point s'opposer à l'exécution des ordres donnés aux préposés qui sont sous leur police, soit pour changement de résidence, soit pour tout autre besoin du service.

Le général en chef est prévenu que la plupart des soldats que les corps ont fournis pour infirmiers dans les hôpitaux servent comme domestiques d'un côté et d'autre; il sait également qu'on engage des soldats sortant des hôpitaux à servir de même.

En conséquence, le général en chef ordonne que tout soldat, hussard, dragon ou chasseur, qui serait employé auprès de quelque individu, ait à rejoindre son corps ou autre destination où il est provisoirement employé, soit comme infirmier ou boulanger; que tout individu qui, à dater du 10 du présent mois, conserverait auprès de lui un soldat, dragon, hussard ou chasseur pour le servir ou lui être attaché de quelque manière que ce soit, éprouvera, sur ses appointements, une retenue d'un louis pour autant de jours qu'il aura gardé ledit militaire, pour être affectée à la masse d'entretien. Le militaire, rentré à son corps, y éprouvera une peine correctionnelle, et, suivant qu'il y aurait lieu, serait jugé comme déserteur, et celui qui l'aurait retenu ou caché, comme embaucheur.

Aucune permission donnée à un soldat pour être employé provisoirement comme infirmier, boulanger, etc., ne sera valable que lorsqu'elle sera donnée par le général en chef, signée du général chef de l'état-major général, ou portée à l'ordre du jour.

Les chefs de corps sont spécialement chargés, ainsi que les officiers et sous-officiers, de suivre les dispositions du présent ordre, pour en donner connaissance à l'état-major général, chargé de l'exécution.

Les nuits étant très-humides et la saison étant celle des brouillards, le général d'artillerie donnera des ordres pour que les caissons renfermant des munitions soient couverts de prélarts toute la nuit.

Par ordre du général en chef.

Dépôt de la guerre.

3409. — AU GÉNÉRAL MARMONT.

Quartier général, au Caire, 10 vendémiaire an VII (1er octobre 1798).

Je reçois, Citoyen Général, vos lettres des 4 et 5 et la note du 6 vendémiaire. Je vous prie de m'envoyer un plan du canal d'El-Rahmànyeh à Alexandrie, en y marquant toutes les positions que vous occupez, tous les villages qui peuvent s'y trouver. Il serait nécessaire, pour l'intelligence des dispositions que vous avez faites, que l'on eût le plan de deux lieues en avant du canal; cela pourra servir pour une autre fois. Ayez soin surtout de marquer exactement les distances et l'inondation.

Tenez-moi instruit de toutes les nouvelles d'Alexandrie.

Le moyen que vous me proposez pour retenir l'eau du canal à son plus grand niveau me paraît devoir être utile.

Quel est l'éloignement du camp de Lelohâ d'Alexandrie?

BONAPARTE.

Collection Napoléon.

_____

3410. — AU GÉNÉRAL BERTHIER.

Quartier général, au Caire, 11 vendémiaire an VII (2 octobre 1798).

Vous voudrez bien, Citoyen Général, donner l'ordre au commandant à Alexandrie [1] de profiter du moment où le canal est navigable pour faire passer à El-Rahmânyeh le plus de cartouches et d'objets d'artillerie qu'il sera possible, et surtout les selles et objets de cavalerie.

Vous écrirez au général Manscourt qu'il ne fasse partir la légion nautique que lorsque les citernes seront remplies, et que la plus grande partie des effets que nous attendons sera expédiée.

Recommandez-lui de décombrer la ville d'Alexandrie de tous les individus inutiles, soit en faisant rejoindre l'armée à ceux qui doivent y être, soit en faisant partir de nuit, sur des bâtiments neutres, les blessés ou autres individus qui sont intéressés à partir, soit en faisant enrôler dans la légion maltaise les Napolitains, les Grecs et les Liguriens, et autres Italiens qui voudraient s'y engager.

BONAPARTE.

Dépôt de la guerre.

_____

3411. — AU GÉNÉRAL DUGUA.

Quartier général, au Caire, 11 vendémiaire an VII (2 octobre 1798).

J'ai reçu votre lettre du 6 vendémiaire. J'attends, Citoyen Général, avec impatience la nouvelle que vous êtes maître du lac Menzaleh, que vous avez un grand nombre de barques à votre disposition, que vous vous êtes emparé des villages d'El-Menzaleh, de Mataryeh, et que le général Andréossy est parti.

_____

[1] Le général Manscourt, par intérim.

Le général Murat doit, dans ce moment-ci, être aux trousses des
Arabes de Derne.

BONAPARTE.

Collection Napoléon.

3412. — AU GÉNÉRAL MARMONT.

Quartier général, au Caire, 11 vendémiaire an VII (2 octobre 1798).

Je reçois, Citoyen Général, votre lettre du 7 vendémiaire, dans
laquelle vous m'apprenez que l'eau est arrivée à la colonne de Pompée, et que le convoi de 60 barques est près d'y arriver. Profitez du
moment pour faire entrer à Alexandrie le plus de blé qu'il vous sera
possible, en le prenant dans les villages les plus voisins du canal,
et leur disant qu'on le leur rendra de celui qui vient du Caire.
6,000 quintaux sont partis pour El-Rahmânyeh. Vous sentez de
quelle importance il est de forcer le plus possible l'approvisionnement
d'Alexandrie.

Envoyez-moi la note de tous les effets d'artillerie qui nous viendront par le canal; nous sommes absolument dépourvus. Nous com-
mençons cependant à avoir des mules, et il est essentiel que presque
tout notre équipage de campagne nous arrive.

BONAPARTE.

Collection Napoléon.

3413. — AU GÉNÉRAL BERTHIER.

Quartier général, au Caire, 12 vendémiaire an VII (3 octobre 1798).

Je vous prie, Citoyen Général, de donner l'ordre à 30 hommes du
7e de hussards et à 15 hommes du 22e de chasseurs à pied, à 30 hommes du 20e de dragons, tous à pied, sous les ordres d'un officier
supérieur de cavalerie, de se rendre à Beny-Soueyf pour y prendre
tous les chevaux que le général Desaix va y envoyer, et de les faire
filer au Caire dès qu'il y en aura dix de montés.

Vous préviendrez le général Desaix qu'il faut faire filer tous les
chevaux qui doivent monter la cavalerie, sur Boulâq, où sont tous
les dépôts de cavalerie de l'armée.

Vous ferez connaître au général Desaix que je désire qu'il se tienne
dans une position à pouvoir éloigner Mourad-Bey du Caire, jusqu'à
ce que nous ayons des nouvelles de son arrivée à El-Lâhoun, et du
parti qu'aura pris Mourad-Bey. Je désire, si le général Desaix se
trouve encore dans le Fayoum, qu'il y reste, en établissant ses communications avec nous par terre et par eau. Si le général Desaix a
déjà remonté jusqu'à Dârout-el-Cherif, je désire qu'il établisse son

quartier général à Minyeh [1], et que de là il organise les provinces et nous fasse passer du blé et des chevaux; car le Nil commence à baisser, et notre cavalerie n'est point encore montée. Pendant ce temps-là, nous aurons les détails de ce qui peut lui arriver à El-Làhoun, de ce qu'a fait Mourad-Bey, et je lui ferai passer de nouveaux ordres.

Recommandez-lui de faire rétrograder sur le Caire quelques bâtiments de guerre.

BONAPARTE.

Dépôt de la guerre.

3414. — AU CITOYEN POUSSIELGUE.

Quartier général, au Caire, 12 vendémiaire an VII (3 octobre 1798).

Je vous envoie ci-joint, Citoyen, copie d'un ordre du général en chef relatif à l'assemblée des notables, et à l'exécution duquel vous voudrez bien veiller en ce qui vous concerne.

Le général en chef désire qu'il soit fourni du café aux membres de cette assemblée. Vous voudrez bien donner vos ordres en conséquence, et recommander que le café soit bon et bien préparé.

Par ordre du général en chef.

Comm. par Mme de la Morinière.

3415. — ARRÊTÉ.

Quartier général, au Caire, 12 vendémiaire an VII (3 octobre 1798).

ARTICLE 1er. — L'assemblée des notables d'Égypte prendra le nom de divan général.

ART. 2. — Les citoyens Monge et Berthollet sont nommés commissaires pour assister aux séances du divan général.

ART. 3. — Le divan général tiendra sa première séance le 14 de ce mois dans la maison de. . . . . .

ART. 4. — L'administrateur des finances subviendra à toutes les dépenses que pourrait occasionner l'arrangement de la salle d'assemblée, et nommera un intendant chargé du détail.

BONAPARTE.

Dépôt de la guerre.

3416. — ARRÊTÉ.

Quartier général, au Caire, 12 vendémiaire an VII (3 octobre 1798).

ARTICLE 1er. — Il sera créé, au Caire, dix compagnies de gardes nationales.

ART. 2. — Ces compagnies seront formées de tous les employés et

[1] Minyet-Ibn-Khasym.

individus quelconques à la suite de l'armée, et en général de tous les Européens qui se trouvent au Caire, qui sont tenus de se faire inscrire, quarante-huit heures après la publication du présent ordre, chez le commandant de leur quartier.

Art. 3. — Le commandant de la place donnera les ordres aux commandants des quartiers pour l'organisation de ces compagnies, conformément à la loi sur la garde nationale.

Art. 4. — Il sera distribué aux individus composant la garde nationale des fusils provenant du désarmement, et chacun sera tenu d'avoir toujours 50 cartouches du calibre du fusil.

Art. 5. — Les compagnies de garde nationale ne feront pas de service; il leur sera désigné le poste qu'elles doivent occuper en cas de générale.

BONAPARTE.

Dépôt de la guerre.

3417. — ARRÊTÉ.

Quartier général, au Caire, 12 vendémiaire an VII (3 octobre 1798).

Article 1er. — Le directeur de la Monnaie fera des reçus, en bons remboursables sur la Monnaie dans un mois, jusqu'à la somme de 60,000 francs, conformément au bordereau qui lui sera remis par l'administrateur des finances.

Art. 2. — Le directeur de la Monnaie fera des reçus pour une somme égale de 60,000 francs, payables dans deux mois.

Art. 3. — Tous ces reçus seront remis dans la caisse du payeur.

Art. 4. — Le payeur mettra ces reçus dans une caisse séparée, dont lui seul aura la clef. Il aura soin que personne ne prenne connaissance de la quantité de billets qu'il a en caisse. Il parafera tous les billets avant de les donner.

Art. 5. — Ils seront reçus dans sa caisse, comme argent comptant, en acquit des contributions ordinaires et extraordinaires.

Art. 6. — L'administrateur des finances, le directeur de la Monnaie, le payeur général, garderont le plus grand secret sur le contenu du présent ordre.

BONAPARTE.

Comm. par Mme de la Morinière.

3418. — AU GÉNÉRAL KLEBER, A ALEXANDRIE.

Quartier général, au Caire, 13 vendémiaire an VII (4 octobre 1798).

Le général Caffarelli, Citoyen Général, m'a fait connaître votre désir.

Je suis extrêmement fâché de votre indisposition. J'espère que l'air du Nil vous fera du bien, et, sortant des sables d'Alexandrie, vous trouverez peut-être notre Égypte moins mauvaise qu'on peut le croire d'abord.

Nous avons eu différentes petites affaires avec les Arabes de la province de Charqyeh et du lac Menzaleh; ils ont été battus à Damiette et avant-hier à Myt-Ghamar.

Desaix a été jusqu'à Syout. Il a poussé les Mameluks dans le désert; une partie d'entre eux a gagné les oasis.

Ibrahim-Bey est à Gaza; il nous menace d'une invasion : il n'en sera rien; mais nous qui ne menaçons pas, nous pourrions bien le déloger de là.

Croyez au désir que j'ai de vous voir promptement rétabli et au prix que j'attache à votre estime et à votre amitié. Je crains que nous ne soyons un peu brouillés; vous seriez injuste si vous doutiez de la peine que j'en éprouverais. Sur le sol d'Égypte, les nuages, lorsqu'il y en a, passent dans six heures; de mon côté, s'il y en avait eu, ils seraient passés dans trois. L'estime que j'ai pour vous est égale au moins à celle que vous m'avez quelquefois témoignée.

J'espère vous voir sous peu de jours au Caire, comme vous le mande le général Caffarelli.

Je vous salue et vous aime.   BONAPARTE.

Dépôt de la guerre.   _____

3419. — AU GÉNÉRAL BERTHIER.

Quartier général, au Caire, 13 vendémiaire an VII (4 octobre 1798).

Je vous prie, Citoyen Général, d'ordonner qu'on envoie à Myt-Ghamar, pour être à la disposition du général Murat, 600 paires de souliers et 300 culottes; et, s'il n'y a pas de ces dernières en magasin, d'ordonner aux dépôts des 88e et 25e de faire passer de suite à Myt-Ghamar chacun 150 pantalons à leur bataillon respectif.

Vous donnerez l'ordre au général Murat d'employer tous ses moyens et toutes ses forces; de tâcher d'atteindre encore une fois les Arabes de Derne et de les détruire; et si, comme je le pense, la présence du général Lanusse, avec le bataillon de la 25e, n'est plus nécessaire à Myt-Ghamar, vous lui donnerez l'ordre de s'en retourner à Menouf, en laissant sous les ordres du général Murat les 120 hommes de la 75e. Vous l'autoriserez cependant à rester encore quelques jours à Myt-Ghamar, si, pendant ce peu de jours, le général Murat pense pouvoir entreprendre une nouvelle expédition contre les Arabes.

BONAPARTE.

Dépôt de la guerre.

3420. — AU GÉNÉRAL MURAT.

Quartier général, au Caire, 13 vendémiaire an VII (4 octobre 1798).

J'ai reçu, Citoyen Général, la relation de l'expédition que vous avez faite contre les Arabes de Derne. Il paraît que vous leur avez fait beaucoup de mal, mais pas encore autant que ces coquins le méritaient. Ces Arabes avaient dix djermes, sur lesquelles ils ont été brûler le village de Hanoud; je regarde qu'il serait très-essentiel de leur enlever ces dix djermes.

Faites passer à Gyzeh les deux pièces de canon que vous avez prises. S'il vous est possible de pouvoir encore tomber sur ces Arabes, faites-le; mais, s'ils étaient passés de l'autre côté de la rivière pour se réunir une seconde fois aux débris des Arabes de Sonbât, écrivez-en au général Fugière, en lui annonçant que vous lui donnerez tous les secours dont il pourrait avoir besoin pour attaquer, affaiblir et détruire, autant qu'on pourra, ces gens-là. S'ils demandent à faire la paix, qu'ils donnent des otages, des chevaux et des armes.

L'état-major donne l'ordre au général Lanusse de rejoindre la province et de vous laisser les 120 hommes de la 75e. Si cependant vous aviez en vue quelque expédition et que vous ayez besoin de lui, il peut encore rester quelques jours. Je vous envoie 600 paires de souliers.

BONAPARTE.

Collection Napoléon.

3421. — AU GÉNÉRAL BERTHIER.

Quartier général, au Caire, 13 vendémiaire an VII (4 octobre 1798).

Je vous prie, Citoyen Général, de faire partir, avec les hommes de cavalerie qui vont à Beny-Soueyf, le général Zajonchek, pour prendre le commandement de cette province; vous en préviendrez le général Desaix. Le général Zajonchek continuera d'être sous les ordres du général Desaix; ce qui ne l'empêchera pas de correspondre directement avec moi pour me mettre au fait de tous les événements de la province.

BONAPARTE.

Dépôt de la guerre.

3422. — AU GÉNÉRAL DESAIX.

Quartier général, au Caire, 13 vendémiaire an VII (4 octobre 1798).

Je reçois, Citoyen Général, votre lettre du 1er vendémiaire. Voilà treize jours que vous êtes entré dans le canal de Joseph; ainsi, vous ne devez pas être loin d'El-Làhoun. J'attends avec intérêt de vos nouvelles.

L'état-major vous écrit [1] pour que vous restiez à El-Làhoun ou dans tout autre point du Fayoum, si vous y êtes encore, ou bien d'établir votre quartier général à Minyeh, si vous êtes déjà remonté.

Envoyez-nous du blé et des chevaux.

J'envoie le général Zajonchek pour commander la province de Beny-Soueyf.

Vous avez la plus grande partie de notre flottille sous vos ordres; faites descendre un bâtiment ou deux, afin de pouvoir correspondre plus sûrement avec nous.

Aucune nouvelle d'Europe.

Toujours de petits combats dans les provinces de Gharbyeh et de Mansourah. Les Arabes perdent toujours du monde et des troupeaux, nous en viendrons à bout.

Beaucoup de dégoût à Gaza; Ibrahim est peu à peu abandonné par son monde; ce qui ne l'empêche pas de répandre une grande quantité de lettres et de nous menacer d'une prochaine invasion.

Je vous salue et vous aime.

BONAPARTE.

Comm. par M. Pauthier.

3423. — AUX COMMISSAIRES FRANÇAIS [2]
PRÈS LE DIVAN GÉNÉRAL.

Quartier général, au Caire, 13 vendémiaire an VII (4 octobre 1798).

Le but de la convocation du divan général, Citoyens, est un essai pour accoutumer les notables d'Égypte à des idées d'assemblée et de gouvernement.

Vous devez leur dire que je les ai appelés pour prendre leurs conseils et pour savoir ce qu'il faut faire pour le bonheur du peuple, et ce qu'ils feraient eux-mêmes s'ils avaient le droit que nous a donné la conquête.

Le divan général vous fera connaître :

1° Quelle serait la meilleure organisation à donner aux divans des provinces, et quels appointements il faudrait définitivement fixer ;

[1] Pièce n° 3413. — [2] Monge et Berthollet.

2° Quelle organisation il faut établir pour la justice civile et criminelle;

3° Quelles lois il trouverait à propos de faire pour assurer l'hérédité et faire disparaître tout l'arbitraire qui existe dans ce moment-ci;

4° Quelles idées d'amélioration il peut vous donner, soit pour l'établissement des propriétés, soit pour la levée des impositions.

Vous lui ferez connaître que nous désirons faire tout ce qui peut contribuer au bonheur du pays, qui est beaucoup plus chargé et vexé par le mauvais système des impositions que par ce qu'il paye véritablement.

Vous ferez organiser l'assemblée ainsi qu'il suit : un président, un vice-président, deux secrétaires interprètes, trois scrutateurs; le tout au scrutin et avec la plus grande cérémonie. Dans toutes les discussions, vous prendrez note de ceux qui se distingueront, soit par l'influence qu'ils auront, soit par les talents qu'ils montreront.

BONAPARTE.

Collection Napoléon.

3424. — AU GÉNÉRAL BERTHIER.
(POUR METTRE A L'ORDRE DE L'ARMÉE.)

Quartier général, au Caire, 14 vendémiaire an VII (5 octobre 1798).

Le général en chef est mécontent de la conduite du chef de bataillon Camut, de la 75° demi-brigade, qui est parti le 2 vendémiaire de Boulàq avec son bataillon, embarqué sur dix djermes, pour se rendre à Damiette; il en a laissé une en route sur laquelle étaient dix hommes de son bataillon; cette djerme, seule en arrière, a été attaquée, et les dix hommes égorgés par les Arabes.

Le général en chef prévient les officiers qui commanderaient des détachements qu'il fera traduire au conseil de guerre ceux dont la sollicitude ne se porterait pas sur tous les hommes qui sont sous leurs ordres. On doit attendre les traîneurs, et le soin d'un chef est de marcher avec tout son monde réuni.

BONAPARTE.

Dépôt de la guerre.

3425. — AU GÉNÉRAL BERTHIER.

Quartier général, au Caire, 15 vendémiaire an VII (6 octobre 1798).

Vous donnerez l'ordre, Citoyen Général, au général Manscourt de faire partir pour le Caire les marchands des Mameluks arrivés à Alexandrie : on vérifiera si ces marchands ont reçu des avances, ou non, pour les Mameluks.

Vous lui donnerez l'ordre de faire saisir les biens de Hassan-Allah, pour se faire payer des 40,000 médins qu'il doit à Koraïm ; quant au frère de Koraïm, ses biens ne doivent pas être confisqués, puisqu'il n'est encore accusé de rien.

BONAPARTE.

Dépôt de la guerre.

3426. — AU GÉNÉRAL REYNIER, A BELBEYS.

Quartier général, au Caire, 15 vendémiaire an VII (6 octobre 1798).

Le général Dugua doit être ce soir à El-Menzaleh. J'ai nouvelle que, le 12, le général Andréossy, avec 300 hommes embarqués sur douze bateaux, était au milieu du lac Menzaleh.

L'on m'assure qu'Ibrahim-Bey a fait embarquer un corps de troupes pour l'envoyer, par le lac Menzaleh, au secours des Arabes, et qu'en même temps il menace d'un mouvement sur Sâlbeyeh. Envoyez des Arabes au général Lagrange, pour avoir promptement des nouvelles, avec ordre de pousser deux journées en avant et d'envoyer des espions. Répondez-moi promptement à cette lettre, en me faisant connaître la date de vos dernières nouvelles de Sâlbeyeh et tous les renseignements que vous avez de Gaza, etc.

Desaix a vigoureusement battu Mourad-Bey ; on assure qu'il a tué quatre beys.

L'eau est arrivée à Alexandrie. Le canal d'El-Rahmànyeh est couvert de 200 bateaux qui portent des blés à Alexandrie et ramènent des outils, notre artillerie et nos bagages.

BONAPARTE.

Dépôt de la guerre.

3427. — AU GÉNÉRAL BERTHIER.

Quartier général, au Caire, 15 vendémiaire an VII (6 octobre 1798).

Vous voudrez bien, Citoyen Général, donner l'ordre à l'adjudant général Sornet de se rendre à Alexandrie, pour y remplir les fonctions de chef de l'état-major.

Vous donnerez l'ordre au 2e bataillon de la 69e de se rendre à Rosette, et au 3e bataillon de la 85e de se rendre à Alexandrie.

Pour ne dégarnir aucune des deux places trop à la fois, le général Menou commencera par envoyer quatre compagnies du 3e bataillon de la 85e à Alexandrie, et, le même jour, quatre compagnies du 2e bataillon de la 69e se rendront à Rosette ; le jour suivant, le reste du mouvement s'effectuera. Vous donnerez l'ordre au général Manscourt et au général Menou de caserner leurs troupes, les nuits étant trop fraîches pour camper. Vous autoriserez le général Manscourt à prendre, s'il n'en a pas d'autre, l'emplacement de la grande mosquée qui est auprès du fort Triangulaire. Il ne doit pas manquer de maisons à Alexandrie, puisque la maison du consul de France seule pouvait contenir 1,200 hommes..

BONAPARTE.

Dépôt de la guerre.

3428. — ORDRE.

Quartier général, au Caire, 15 vendémiaire an VII (6 octobre 1798).

ARTICLE 1er. — Il sera établi sur la pointe de Dybeh, sur la côte de Damiette, une tour en briques, pierres, ou terre sèche, capable de contenir quinze hommes. Il y aura un mât pour l'établissement des signaux. Il sera établi, pour la défense de cette tour et celle du passage de Dybeh, une pièce de 8 et deux pièces de 3.

ART. 2. — Il sera établi, à deux points intermédiaires à la tour qui défend le boghâz de Damiette, deux autres tours plus petites, où il n'y aura pas de canons, capables de contenir chacune huit hommes, et un mât pour les signaux.

ART. 3. — Il sera attaché à chacun de ces signaux deux marins, et chacun de ces petits postes sera approvisionné en eau et toute espèce de vivres pour huit jours.

ART. 4. — La surveillance et la direction de ces signaux dépendra du directeur du génie, qui se concertera, à cet effet, avec le commandant des armes à Damiette.

ART. 5. — Le général du génie donnera les ordres en conséquence.

BONAPARTE.

Dépôt de la guerre.

3429. — AU GÉNÉRAL DOMMARTIN.

Quartier général, au Caire, 15 vendémiaire an VII (6 octobre 1798).

Vous aurez sans doute reçu les bonnes nouvelles d'Alexandrie et d'El-Rahmânyeh.

Recommandez au citoyen Faultrier qu'on nous fasse passer de suite, immédiatement après notre équipage de campagne, 3,000 fusils, six pièces de 24, tous les petits mortiers de 5 pouces, six mortiers de 8 pouces, quatre mortiers de 12 pouces à grande portée.

Faites ramasser de suite, au Vieux-Caire, à Gyzeh, à Boulâq, toutes les demi-djermes; mettez-y un officier d'artillerie intelligent,

3.

et envoyez-lès à El-Rahmànyeh. Si cela pouvait partir demain, cela nous rendrait un grand service et nous mettrait à notre aise.

BONAPARTE.

P. S. A mesure qu'il vous arrive de l'artillerie ici, faites-m'en passer une note.

Dépôt de la guerre.

_____

3430. — AU GÉNÉRAL DUGUA.

Quartier général, au Caire, 15 vendémiaire an VII (6 octobre 1798).

J'espère, Citoyen Général, qu'à l'heure qu'il est vous êtes à El-Menzaleh; vous y aurez marché avec la plus grande partie de votre division; vous aurez épargné du pillage ce beau village, en le désarmant et punissant seulement les chefs.

Faites bien reconnaître la route d'El-Menzaleh à Sàn, et mettez-vous, le plus promptement possible, en correspondance avec le général Lagrange, qui est à Sàlheyeh.

J'attends avec quelque impatience de vos nouvelles et si le général Andréossy s'est emparé de tout le lac.

BONAPARTE.

Dépôt de la guerre.

_____

3431. — AU GÉNÉRAL DUGUA.

Quartier général, au Caire, 15 vendémiaire an VII (6 octobre 1798).

S'il arrivait, Citoyen Général, que le général Dàmas éprouvât des obstacles à El-Menzaleh, ou qu'arrivé dans cette place, lui ou le général Andréossy eussent besoin de renfort, à raison des secours que l'on dit que les Arabes attendent par mer, vous donneriez l'ordre au général Fugière de partir avec tout son monde et de se rendre à Mansourah; et, si les renforts qu'auraient reçus les ennemis étaient nombreux, en m'en prévenant, vous en préviendriez le général Murat, qui est à Myt-Ghamar et à qui je donne ordre de partir dans ce cas. Vous préviendrez également le général Lanusse, qui est à Menouf, pour qu'il se tienne prêt à partir, parce qu'il devrait recevoir de moi l'ordre de marcher.

J'ai fait partir aujourd'hui pour Damiette la cange *l'Albanie* et le canot *le Rhône*, qui ne tirent que deux pieds d'eau.

BONAPARTE.

Dépôt de la guerre.

3432. — AU GÉNÉRAL DUGUA.

Quartier général, au Caire, 15 vendémiaire an VII (6 octobre 1798).

Je suis fâché, Citoyen Général, de ce que l'on n'a pas encore désarmé les cinq villages qui se sont si mal conduits, et dont le principal est Myt-el-Khaouly. Veuillez bien faire investir ce village, et exigez qu'il vous remette 80 fusils, les canons et dix otages des principaux. Vous en ferez autant des cinq villages dont je vous ai envoyé les noms.

BONAPARTE.

Dépôt de la guerre.

3433. — AU GÉNÉRAL DUGUA.

Quartier général, au Caire, 15 vendémiaire an VII (6 octobre 1798).

J'approuve fort, Citoyen Général, ce que vous me dites, de ne pas brûler les villages, mais seulement punir les chefs, qui effectivement sont les seuls coupables.

J'approuve le projet que vous avez de correspondre avec moi par des Arabes; c'est ainsi que je communique depuis longtemps avec Sâlheyeh et le général Reynier : cette manière est aussi sûre qu'expéditive.

Vous pouvez recevoir les juments que vous croirez propres à l'artillerie, sur le nombre de chevaux que doit fournir la province. Faites-moi connaître quand vous en aurez suffisamment pour atteler trois autres pièces, car une division comme la vôtre est bien faible avec trois.

BONAPARTE.

Dépôt de la guerre.

3434. — AU GÉNÉRAL MURAT.

Quartier général, au Caire, 15 vendémiaire an VII (6 octobre 1798).

Je reçois, Citoyen Général, la nouvelle de votre seconde attaque. Il est malheureux que l'inondation vous empêche de les joindre. Tant que vous n'en aurez pas tué ou fait prisonniers 5 ou 600, ces gens-là ne seront pas soumis.

Négociez avec eux, délivrez ces malheureux officiers, mais ne leur accordez rien qu'ils ne vous délivrent une partie de leurs armes, dix-huit otages et une partie de leurs chevaux.

Restez à Myt-Ghamar jusqu'à nouvel ordre, à moins que le général Dugua ne vous prévienne qu'il a besoin de vous; dans ce cas, vous m'en donnerez avis, et vous partirez de suite pour Mansourah. Vous auriez soin de ne laisser aucun Français à Myt-Ghamar.

BONAPARTE.

Collection Napoléon.

3435. — AU GÉNÉRAL VIAL.

Quartier général, au Caire, 15 vendémiaire an VII (6 octobre 1798).

Je reçois votre lettre, Citoyen Général, par laquelle vous m'annoncez que vous tenez en prison les chefs des cinq villages qui ont assassiné un bateau français; j'espère que vous les ferez passer sous bonne et sûre escorte au Caire, pour rester en otage. Il est temps de mettre de la sévérité dans votre province. Prenez des otages, comme je vous l'ai ordonné, et envoyez-les au Caire.

Je n'approuve pas les barrières que vous proposez ni aucune fortification dans la ville de Damiette, mon projet étant de concentrer toute la défense de la ville et le refuge de la garnison à l'embouchure du Nil.

BONAPARTE.

Comm. par M. Laverdet.

3436. — AU GÉNÉRAL VIAL.

Quartier général, au Caire, 15 vendémiaire an VII (6 octobre 1798).

Tâchez de faire retourner la masse des habitants d'El-Choa'rah et de Lesbé [1], en leur accordant un pardon général.

J'imagine qu'à l'heure qu'il est le général Dugua est enfin arrivé à El-Menzaleh et qu'Andréossy sera en pleine possession du lac.

Je vous envoie la cange l'*Albanie* et une chaloupe de vaisseau, que vous pourrez faire entrer dans le lac; l'une et l'autre sont montées par des équipages français, armées d'un bon pierrier, et ne tirent pas plus de deux pieds d'eau.

Faites sortir *le Sans-Quartier*, qui est un très-bon aviso, pour savoir s'il y a des bâtiments anglais au large de Damiette, et faites en sorte qu'il pousse jusque sur les côtes de Syrie, pour s'informer des mouvements qu'il pourrait y avoir.

Je désire que vous fassiez interroger tous les bâtiments de la Caramanie, de Chypre et du pachalik de Tripoli, pour savoir de quelle manière y sont traités les Français, les consuls, etc., et enfin pour avoir des nouvelles de Constantinople.

A combien de toises du rivage a mouillé la frégate anglaise? Vous avez, en ce moment, un grand nombre de bâtiments armés, et vous

[1] E'zbet-el-Borg.

devez être au fait de tout ce qui se passe à douze ou quinze lieues en mer de Damiette.

Les deux bâtiments que je vous envoie entreront très-facilement dans toutes les passes du lac Menzaleh : ainsi, il leur sera facile de sortir du lac et de faire une pointe dans la haute mer, pour aller interroger les bâtiments qui viendraient de Syrie. Établissez à la pointe de Dybeh une tour ou corps de garde retranché. Établissez-y des signaux et mettez-y deux petites pièces de 3 et une de vos pièces turques de 8. Par ce moyen, vos chaloupes et vos petites djermes seront protégées contre des corsaires et pourront courir toute la côte et vous tenir exactement informé de tout ce qui se passerait. En établissant deux postes intermédiaires pour répéter les signaux, vous serez instruit dans un quart d'heure de tout ce qui se pourrait passer bien loin de vous. Il faut choisir, parmi les Français que vous avez à Damiette, six marins pour faire le service des signaux. Cinq canonniers et dix hommes d'infanterie me paraissent suffire à votre poste de Lesbé, surtout en ayant soin qu'il y ait toujours près de là une ou deux barques armées. Cinq hommes à chacun des postes intermédiaires me paraissent également suffire.

BONAPARTE.

Comm. par M. Laverdet.

3437. — AU CHEF DE BRIGADE BESSIÈRES.

Quartier général, au Caire, 15 vendémiaire an VII (6 octobre 1798).

Je n'adopte pas, Citoyen, la demande que vous me faites de vous ôter le commandement des guides à pied. Mon intention est que ces deux corps continuent à n'en faire qu'un. Ma confiance en vous est proportionnée à la connaissance que j'ai de vos talents militaires, de votre bravoure et de votre amour de l'ordre et de la discipline.

BONAPARTE.

Comm. par M. le duc d'Istrie.

3438. — ORDRE.

Quartier général, au Caire, 15 vendémiaire an VII (6 octobre 1798).

Les compagnies de janissaires seront soldées par l'intendant de la province, qui en fera la retenue, conformément à l'instruction de l'intendant général, sur l'imposition du mois :

Le capitaine aura . . . . 80 livres	}	par mois.
Le lieutenant 50		

Les sergents . . . . 16 médins ⎫
Les caporaux. 12   ⎬ par jour.
Les soldats 8   ⎭

Dans les provinces où il n'y a pas assez de chevaux propres à monter la cavalerie, pour remplir le nombre de ceux que chaque province doit fournir, le général en chef autorise les commandants à recevoir des juments fortes et propres au service de l'artillerie.

Pour Rosette, ces juments seront employées à atteler les deux pièces de 12; à Damiette, pour atteler les deux pièces de 8; pour la province de Gharbyeh, il en sera gardé 24 pour atteler deux pièces de 8; le surplus sera envoyé au parc, à Gyzeh.

Pour Mansourah, il en sera gardé 48 pour atteler trois pièces, une forge de campagne et une prolonge; et le surplus sera envoyé au parc, à Gyzeh.

Pour Menouf, il en sera gardé 24 pour atteler deux pièces, et le surplus envoyé au parc, à Gyzeh.

Dans la province de Bahyreh, il en sera envoyé 48 à Alexandrie, pour le service de quatre pièces de campagne destinées au service de la place et des places environnantes.

Celles qui proviendraient de la province de Gyzeh seront envoyées au parc, à Gyzeh.

L'intention du général en chef est que les sous-officiers aient des fusils de préférence aux soldats. A dater du 20 vendémiaire, tout sous-officier qui montera la garde sans fusil, ou qui se présentera sous les armes sans fusil, sera cassé. Les tambours-majors et les tambours-fourriers porteront en bandoulière un mousqueton.

Les lieutenants et sous-lieutenants d'infanterie légère doivent être armés de fusils; les maréchaux des logis de dragons doivent être armés de fusils; les maréchaux des logis des chasseurs ou hussards doivent être armés de carabines.

Le général en chef désire également que les aides de camp, les adjoints à l'état-major et les officiers du génie soient armés d'une carabine. Ils doivent sentir combien cela est essentiel, et, en attendant que nos magasins soient arrivés, ils doivent chercher à s'en procurer.

BONAPARTE.

Dépôt de la guerre.

_____

3439. — AU DIRECTOIRE EXÉCUTIF.

Quartier général, au Caire, 16 vendémiaire an VII (7 octobre 1798).

Nous avons célébré le 1ᵉʳ vendémiaire; notre fête civique au Caire a été fort belle.

Je vous expédie mon frère[1], avec les drapeaux pris aux Turcs et aux Mameluks. Vous trouverez ci-joint :

1° La copie de tout ce que je vous ai écrit depuis mon départ ;

2° Un rapport sur les événements qui se sont succédé ;

3° Quelques notes propres à vous faire connaître la situation des finances et les ressources qu'offre ce pays.

Il nous arrive des caravanes de l'intérieur de l'Afrique ; une vient d'arriver avec 2,000 esclaves noirs à vendre.

Les mœurs de ce pays sont si loin des nôtres, qu'il faudra bien du temps pour que ce peuple s'y accoutume ; cependant tous les jours il nous connaît davantage.

La Porte a nommé Djezzar, pacha d'Acre, général en chef de toute la Syrie. Il n'a répondu à aucune ouverture que je lui ai fait faire. Nos consuls sont partout en arrestation, et tout retentit du bruit de la guerre dans l'empire ottoman. La Porte ni notre ministre à Constantinople n'a répondu à aucune de mes lettres. Vous trouverez ci-joint copie de ce que j'ai écrit à notre envoyé[2] et au vizir[3]. Je ne sais si Talleyrand y est. Au reste, vous devez en savoir plus que moi sur les intentions de la Porte ; il est impossible que les lettres de la Porte ou de notre ministre aient été interceptées par les Anglais.

Ce pays-ci est circonvenu d'Arabes féroces, nombreux et braves. Toutes les tribus réunies font un total de 12,000 hommes de cavalerie et de 50,000 hommes d'infanterie.

La populace de l'intérieur est composée d'espèces différentes, toutes accoutumées à être battues ou battant, tyrans ou tyrannisées. Le sol est le plus beau de la terre, sa position aussi intéressante que décisive pour l'Inde. La puissance européenne qui est maîtresse de l'Égypte l'est à la longue de l'Inde.

Depuis Lesimple[4], c'est-à-dire depuis le 18 messidor, je n'ai plus de nouvelles d'Europe. Si la paix de Rastadt n'est pas faite, il peut être avantageux à la République de faire de la conquête de l'Égypte un moyen de paix glorieuse avec l'Angleterre. Alors il faut prendre la chose sur le temps et vivement.

Si l'empereur de Constantinople nous fait la guerre, que l'empereur d'Allemagne et celui de Russie ne se décident pas, nous pourrons être attaqués par mer par les Anglais et les Turcs, et par terre dans l'intérieur.

L'Espagne nous trahit donc, puisqu'elle laisse les Anglais maîtres absolus de la Méditerranée ?

---

[1] Louis Bonaparte. — [2] Pièce n° 2777. — [3] Pièce n° 3076. — [4] Courrier du général Bonaparte.

Villeneuve, qui monte *le Guillaume-Tell*, accompagné du *Généreux* et des frégates *la Diane* et *la Justice*, m'écrit du cap Kelidonia, le 20 thermidor, qu'il se rendait à Malte. Il n'y était pas arrivé le 8 fructidor : peut-être a-t-il changé d'avis et est-il allé à Corfou.

Je crois qu'il faudrait que, dans l'hiver, les trois vaisseaux de guerre vénitiens que vous avez à Toulon, avec les trois frégates approvisionnées pour quatre ou cinq mois en vivres et pour deux mois en eau, se rendissent à Corfou; que les trois vaisseaux que nous avons à Ancône s'y rendissent de leur côté : cela nous ferait, avec celui qui est à Corfou et les deux vaisseaux et les deux frégates de Villeneuve, douze vaisseaux de guerre et six frégates. Ils en imposeraient aux Turcs et obligeraient les Anglais à avoir une grande escadre pour nous bloquer à Alexandrie; ce qu'ils font actuellement avec quatre vaisseaux et deux frégates. Et si nos armements de Brest, de Cadix, de la Hollande, les mettaient hors état de tenir à Alexandrie une aussi forte escadre, ils seraient obligés de nous laisser libres. De Corfou, notre escadre pourrait surveiller la marine des Turcs et leur en imposer; elle pourrait correspondre avec nous par Damiette. Il serait nécessaire que les vaisseaux qui partiraient de Toulon et d'Ancône eussent des équipages complets, triple garnison et de l'argent pour pouvoir vivre à Corfou. Ils pourraient également porter des canons, des affûts, des armes, pour armer en guerre *le Dubois*, les frégates *la Carrère, la Montenotte, la Leoben, la Mantoue* (qui sont désarmés dans notre port d'Alexandrie, faute d'artillerie), et des feuilles de cuivre pour doubler *la Carrère;* les feuilles que l'on avait apportées pour cette frégate ont été données à *la Junon.*

Si le Turc, comme il serait très-possible, se fâche, il faut que vous fassiez passer Bernadotte à Corfou avec quatre demi-brigades, deux régiments de hussards avec leurs selles, quelques compagnies d'artillerie, de l'argent et des vivres. Là, avec l'escadre ci-dessus, il en imposera au Turc, et, au pis aller, lui enlèvera la Morée. Cette diversion nous sera très-favorable et partagera les forces de la Porte.

Si vous ne pouvez rien faire en Irlande, peut-être serait-il convenable de porter dans la Méditerranée toute la guerre maritime. Cette guerre serait plus difficile et plus coûteuse pour l'Angleterre; il faudrait qu'elle nourrît trente vaisseaux au fond de l'Archipel, tandis que l'Égypte, Corfou, Malte, l'Italie nous donnent mille moyens.

Je ne crois pas qu'il soit politique de rester dans la Méditerranée avec si peu de vaisseaux.

Vous trouverez ci-joint le plan des sondes d'Alexandrie. L'escadre aurait pu y entrer; que de regrets cela n'ajoute-t-il pas à nos pertes !

Il faut communiquer avec nous par Damiette, en expédiant dès bâtiments d'Ancône et de Cività-Vecchia. Les avisos qui se présenteront devant Alexandrie se feront prendre par les corsaires anglais, qui restent constamment devant ce port.

Faites la paix avec le Portugal : cela fera cinq vaisseaux de guerre que nous aurons de moins contre nous.

Quant au convoi de Toulon, il serait bien essentiel qu'il nous arrivât. Un homme habile devrait pouvoir le faire parvenir pendant l'hiver. Au reste, cela dépend de la quantité de bâtiments ennemis qui sont dans la Méditerranée.

Vous n'abandonnerez pas l'armée que vous avez en Égypte; vous lui ferez passer des secours, des nouvelles, et vous prendrez toutes les mesures que je sollicite de vous pour avoir une escadre nombreuse dans ces mers.

Vous enverrez par Vienne un ambassadeur à Constantinople; cela est très-essentiel; Talleyrand doit s'y rendre et tenir sa parole; et, si la Porte veut la guerre, vous aurez un armement à Corfou qui tiendra en échec la Grèce, l'Albanie et la Morée, et envahira même la Morée.

Nous avons peu de malades; ceux qui le sont, le sont des yeux.

Faites-nous passer, si vous le pouvez, 1,500 hommes de hussards ou de chasseurs, avec leurs selles et brides, bien armés, 10,000 fusils, 2,000 sabres, 3,000 paires de pistolets, 2,000 selles et 3,000 carabines de hussards.

L'hiver, et sous la conduite de quelques bons marins, tout cela arrivera. Je vous le répète, si les Anglais sont devant Alexandrie, je crois que le plus sûr est d'aller droit à Damiette, quoique la rade soit mauvaise. Les avisos doivent arriver de nuit et, s'ils aperçoivent des bâtiments de guerre, se jeter à la côte, à l'embouchure de Damiette; nous y avons des vigies, des batteries et des gardes.

Si la Porte négocie, comme elle le fera une portion de l'hiver, faites-moi passer des lettres en chiffres, par triplicata, par Constantinople, en recommandant qu'on les expédie par des Tartares.

Faites-moi passer des quadruplicata et des gazettes par Tripoli; notre consul les enverra à Derne par mer, et de là par terre, par des Arabes. Ce n'est qu'en employant tous ces moyens que je parviendrai à avoir de vos nouvelles.

Lorsque je saurai le parti définitif que prendra la Porte, et que le pays sera plus assis et nos fortifications plus avancées, ce qui ne tardera pas, je me résoudrai à passer en Europe; surtout, si les premières nouvelles me font penser que le continent n'est point encore pacifié, je me résoudrai à passer.

Nous ne manquons de rien ici; nous fortifions les points les plus essentiels, et nous sommes pleins de force, de santé et de gaieté.

Faites six copies de chacune de vos dépêches, toutes en chiffres, avec six collections de gazettes depuis notre départ :

Envoyez la première par Ancône, d'où un petit bâtiment neutre se portera sur Damiette;

Par Toulon ou Gênes, la seconde, qui viendra droit à Damiette;

La troisième, à Naples, par terre : le ministre expédiera un bâtiment à Tripoli, d'où on expédiera un bâtiment à Derne, d'où on expédiera un Arabe par le désert;

La quatrième, pour Constantinople, par terre, d'où on l'expédiera par un Tartare à Alep, et de là à Latakieh, et de là par un bâtiment à Damiette;

La cinquième, par une corvette légère, pour entrer dans Alexandrie par un temps frais et ayant des pratiques du port;

La sixième, une frégate dirigée sur Damiette : apprend-elle que les ennemis y sont, elle a soin de se précautionner d'un grand canot ponté et voilé, ayant un obusier et quatre pièces; elle se présente, à neuf heures du soir, à quatre lieues de Damiette, jette son canot à la mer, lui remet sa dépêche, reprend le large, disparaît, revient plus de dix jours après sur le cap Bourlos, où, l'attendant, on lui remet la réponse.

BONAPARTE.

Collection Napoléon.

_____

3440. — AU GÉNÉRAL MENOU, a rosette.

Quartier général, au Caire, 16 vendémiaire an VII (7 octobre 1798).

En mettant des pièces de 24 sur des porte-corps, Citoyen Général, elles arriveront à Rosette, et, en cas que cela ne soit pas possible, envoyez des bœufs pour prendre deux mortiers.

Nous aurons besoin à Rosette d'un million de rations de biscuit.

Le citoyen Martin [1] a été traduit au conseil de guerre. Faites-moi passer l'interrogatoire, que vous recevrez, sur la djerme chargée de biscuit français.

Je voudrais non-seulement que les familles des 200 Grecs qui sont à Rosette arrivassent, mais encore que chacune pût emmener

_____

[1] Ingénieur civil.

avec elle une trentaine de familles. Faites là-dessus ce que vous pourrez.

BONAPARTE.

Dépôt de la guerre.

3441. — AU GÉNÉRAL VIAL, a DAMIETTE.

Quartier général, au Caire, 16 vendémiaire an VII (7 octobre 1798).

Il est temps, Citoyen Général, d'établir à Damiette une administration comme dans le reste de l'armée : c'est le seul endroit où l'on ne fasse pas de pain, où l'on se plaigne de ce que les ordres de l'ordonnateur en chef et de l'administration des finances ne soient pas exécutés.

Le général du génie écrit à l'officier du génie sur les travaux arrêtés et à faire; il faut s'y conformer.

BONAPARTE.

Collection Napoléon.

3442. — AU GÉNÉRAL MARMONT, a LELOHA.

Quartier général, au Caire, 16 vendémiaire an VII (7 octobre 1798).

Je reçois, Citoyen Général, vos lettres des 10 et 12 vendémiaire. Je vois avec plaisir les bonnes nouvelles que vous me donnez. Votre première lettre m'apprendra sans doute que les citernes d'Alexandrie sont pleines; que les 15,000 quintaux de blé, partis il y a quatre jours d'El-Rahmânyeh, sont arrivés à Alexandrie; que nos soixante pièces de campagne, nos fusils, notre poudre, notre bibliothèque, nos instruments de physique et de chimie, sont arrivés à El-Rahmânyeh, et qu'enfin ces fréquentes caravanes d'Alexandrie à Rosette et à El-Rahmânyeh, qui fatiguent tant nos troupes et occupent tant de monde, ne seront plus nécessaires.

Le général Desaix a eu le bonheur de joindre Mourad-Bey. Je n'en ai pas encore le détail circonstancié, mais il paraît qu'il a tué trois ou quatre beys, 3 ou 400 Mameluks, et que les soldats ont pris beaucoup de bagages.

Renforcez vos attelages de vos deux pièces d'artillerie; procurez-vous des attelages pour un caisson d'infanterie qui suivrait votre brigade.

La première fois que vous irez à Alexandrie, voyez en détail toutes les batteries et les forts de terre, et faites-moi connaître en détail leur situation et la force que devrait avoir la garnison de chacun.

J'ai demandé à Alexandrie des pièces de 24 et de gros mortiers. S'il arrivait que les bateaux qui doivent les porter ne pussent arriver qu'à trois ou quatre lieues d'Alexandrie, ce ne serait pas une raison pour déclarer impossible leur transport par le canal.

Choisissez dans les bateaux les plus forts, envoyez-les à Faultrier, et qu'il nous fasse passer les pièces.

BONAPARTE.

Collection Napoléon.

3443. — ORDRE.

Quartier général, au Caire, 17 vendémiaire an VI (8 octobre 1798).

ARTICLE 1er. — Le village de Lesbé sera retranché de manière à pouvoir être défendu par 3 ou 400 Français et en contenir le double.

ART. 2. — Il y aura une batterie de canons fermée à l'extrémité de la barre, de manière à pouvoir protéger le mouillage d'El-Boghâfeh.

Il y aura une batterie sur le lac, diagonalement en arrière de Lesbé.

Il y aura une batterie à la tour du Boghâz, de manière à pouvoir défendre le passage du Nil et protéger le mouillage.

ART. 3. — Il y aura à Dybeh une tour pour les signaux, avec des tours intermédiaires pour les répéter, conformément à l'ordre que j'ai donné.

ART. 4. — Il y aura à la batterie du Boghâz deux pièces de gros calibre, deux pièces de petit calibre, un gril à rougir les boulets.

Il y aura à la batterie de la barre quatre pièces de gros calibre, deux mortiers à grande portée, trois pièces de petit calibre, un gril à rougir les boulets.

Il y aura à Lesbé, pour la défense du Nil, deux pièces de gros calibre, deux mortiers de 8 pouces ; pour l'armement du village, dix pièces de petit calibre, dont cinq d'un calibre supérieur à 8, et cinq pièces d'un calibre inférieur à 8, deux petits mortiers de 8 pouces ou obusiers.

ART. 5. — Il n'y aura à Damiette ni hôpital, ni magasin d'artillerie, ni du génie, ni d'aucune espèce. Tous ces établissements seront transportés à Lesbé. Il y aura seulement à Damiette deux fours pour nourrir journellement la garnison qui restera à Damiette.

ART. 6. — Il y aura à Lesbé un hôpital de 200 lits, un magasin de biscuit, de farine, de bois ou de racines de safranum, de riz, etc., capable de nourrir 2,000 hommes pendant un mois.

ART. 7. — Aucun Turc ne pourra demeurer à Lesbé. Toutes les maisons sont propriétés nationales.

ART. 8. — Le lazaret sera placé entre Lesbé et la tour Carrée, à une position désignée.

ART. 9. — Tous les bois, fers, charbon, chaux, plâtre, briques, cordages et matériaux, de quelque nature qu'ils soient, propres à l'artillerie, au génie et à la marine, et appartenant soit aux Mameluks, soit à des particuliers, seront requis et réunis dans les magasins de Lesbé.

Il sera dressé un procès-verbal de tout ce qui sera remis à chaque administration par le commissaire des guerres et l'agent français.

Ces deux administrateurs donneront un reçu de tous les matériaux qui seraient pris, appartenant à des particuliers.

ART. 10. — Le commandant de la province fournira les ouvriers qui seront demandés par l'officier du génie, en les requérant dans la province de Damiette.

ART. 11. — Toutes les mesures seront prises pour qu'au premier coup de tambour tous les Français puissent se transporter à Lesbé et ne rien laisser d'intéressant à Damiette.

BONAPARTE.

Dépôt de la guerre.

3444. — AU GÉNÉRAL CAFFARELLI.

Quartier général, au Caire, 17 vendémiaire an VII (8 octobre 1798).

Je vous préviens, Citoyen Général, que j'ai donné l'ordre que l'on mît à votre disposition, le 1er brumaire, l'okel du riz à Boulàq; cet okel est destiné à caserner la cavalerie. Je vous prie d'y faire faire les travaux nécessaires pour cet objet. D'après la reconnaissance que j'ai faite hier, il m'a paru que cet okel pouvait tenir 500 chevaux. Je désirerais que l'on fît des logements pour les hommes et même pour les officiers, en pratiquant un bon corps de garde à la porte et quelques petits créneaux pour la défendre.

BONAPARTE.

Dépôt de la guerre.

3445. — ORDRE.

Quartier général, au Caire, 18 vendémiaire an VII (9 octobre 1798).

ARTICLE 1er. — Il sera établi une batterie de deux pièces de gros calibre et deux mortiers à la pointe du Meqyàs. Il lui sera donné un commandement et un tracé de manière qu'elle puisse :

1° Défendre Gyzeh et battre tout le quai de cette ville;

2° Battre le Vieux-Caire et une portion considérable du canal.

ART. 2. — Il sera construit une batterie de deux pièces de canon, à l'extrémité nord de l'île de Roudah.

ART. 3. — Il sera placé deux ou trois pièces de canon sur la mosquée située au milieu de l'île de Roudah.

ART. 4. — Il sera établi un pont près de la prise d'eau de l'aqueduc. Il sera construit une tête de pont à laquelle le réservoir de l'aqueduc servira de réduit. Il sera placé deux pièces de canon d'un calibre supérieur à 12 et quatre d'un calibre inférieur et deux obusiers audit réservoir, et quatre pierriers ou fusils de rempart à l'extrémité de la partie occupée de l'aqueduc.

ART. 5. — Il sera établi un hôpital, avec tous les magasins et la principale pharmacie de l'armée, à la maison de campagne d'Ibrahim-Bey.

ART. 6. — Tous les ateliers et magasins du génie et du citoyen Conté seront établis à la maison des Pèlerins, et, s'il est nécessaire, on affectera à cet effet les bâtiments les plus voisins de la maison d'Ibrahim-Bey.

ART. 7. — On bouchera toutes les portes de l'enceinte de la maison d'Ibrahim-Bey, hormis une devant laquelle on construira une demi-lune revêtue en maçonnerie.

ART. 8. — La petite maison à côté de celle d'Ibrahim-Bey, donnant sur le grand chemin, formera un saillant environné de fossés, destiné à flanquer les deux fronts.

ART. 9. — On établira, sur la face de gauche de l'enceinte de la maison d'Ibrahim-Bey, un terre-plein pour pouvoir y placer cinq ou six pièces de canon et flanquer le front jusqu'à la rivière.

ART. 10. — Toutes les maisons, murailles, etc., situées entre la maison d'Ibrahim-Bey et l'aqueduc, et à 300 toises sur la gauche le long de la rivière, seront abattues. On laissera cependant exister les arbres, excepté ceux qui seraient trop près de l'enceinte.

ART. 11. — Il sera construit sur la plus grande hauteur, entre le Nil et la citadelle, un ouvrage capable de contenir 80 hommes et quelques pièces de canon. On écrêtera toutes les hauteurs voisines, de manière que le pont situé sur le Khalyg, entre cette hauteur et la maison d'Ibrahim-Bey, soit parfaitement découvert, et que de cette hauteur on puisse battre tous les revers que le fort de l'aqueduc, ou l'enceinte de la maison d'Ibrahim-Bey, ou le fort de l'Institut ne pourraient pas battre. Ce fort s'appellera le fort Mireur.

ART. 12. — Il sera établi sur la hauteur de l'Institut un ouvrage capable de contenir 100 hommes, quatre mortiers et quatre pièces de canon. On fera tous les travaux nécessaires pour que tous les ponts sur le Khalyg soient bien aperçus de cette hauteur. Ce fort s'appellera fort de l'Institut.

Art. 13. — Il sera établi sur la première hauteur, en sortant du Caire pour aller à Qelyoub, un ouvrage capable de contenir 30 hommes et deux pièces de canon. Ce fort s'appellera le fort Camin.

Art. 14. — Il sera établi sur le minaret de la mosquée Dâher Beybars [1] deux pièces de canon, et une sur chaque angle de ladite mosquée. Les portes seront bouchées, à l'exception d'une, et on fera à cet ouvrage tout ce qui peut être nécessaire pour pouvoir le défendre facilement. On couvrira les bâtiments de la mosquée de manière qu'ils puissent servir d'écuries pour 300 chevaux.

Art. 15. — On prendra des mesures pour que les chemins qui sortent du Caire par les deux portes les plus voisines des forts Mireur, Camin, de l'Institut et de la mosquée de Dâher Beybars, passent tout près à découvert, au plus loin à trente toises desdits forts. Il y aura un grand chemin qui conduira en droite ligne de chacun de ces forts aux deux portes les plus voisines.

Art. 16. — Il y aura au fort Mireur deux pièces d'un calibre supérieur à 12, deux obusiers; au fort de l'Institut, quatre mortiers de 12 pouces à la Gomer, deux pièces supérieures à 12, deux pièces inférieures; au fort Camin, deux pièces de 6; sur les points les plus essentiels de l'enceinte de la maison d'Ibrahim-Bey, quatre pièces de canon; à la mosquée de Dâher Beybars, quatre ou cinq pièces de canon.

Art. 17. — Il y aura dans chacun de ces forts un magasin de biscuit, d'eau, etc., capable de nourrir le nombre d'hommes nécessaire à leur défense, pendant quinze jours.

Art. 18. — Il sera fait de Boulâq au Caire, du fort Mireur à la mosquée, du fort Mireur au fort de l'Institut, du fort de l'Institut à la maison d'Ibrahim-Bey, de la maison d'Ibrahim-Bey à l'aqueduc, de l'aqueduc en droite ligne à une porte du Caire, la plus près du fort Mireur, deux chaussées droites, ombragées d'arbres à droite et à gauche, de manière que la cavalerie, l'artillerie, les voitures puissent se promener sur ces différentes chaussées sans avoir rien à craindre des Arabes, se trouvant toujours sous la protection des forts.

Art. 19. — Le général du génie, le général d'artillerie, l'ordonnateur en chef, prendront les mesures pour l'exécution du présent ordre, chacun en ce qui le concerne.

BONAPARTE.

Dépôt de la guerre.

[1] Gama el-Dâher.

3446. — AU CAPITAINE LAVALLETTE [1].

Quartier général, au Caire, 18 vendémiaire an VII (9 octobre 1798).

Vous partirez aujourd'hui, Citoyen, sur *la Petite-Cisalpine;* vous aurez avec vous la cange *la Corcyre* et le canot *le Rhône.*

Vous conduirez le convoi destiné pour Sàlheyeh jusqu'à Myt-Ghamar, où il sera sous les ordres du général Murat, qui sera chargé de le faire passer.

Vous continuerez votre route avec les bâtiments armés ; vous vous rendrez à Mansourah ; vous y verrez le général Dugua, pour connaître ce qu'il pourrait y avoir de nouveau, soit à Damiette, soit à El-Menzaleh. Vous continuerez votre route pour Damiette. Vous prendrez à bord des trois bâtiments toutes les troupes qu'ils pourront porter, et vous irez, avec, rejoindre le général Andréossy, afin de remonter sa flottille. Vous suivrez ce général dans sa reconnaissance de Peluse.

Vous m'écrirez de Mansourah, de Damiette ; s'il y a des bâtiments dans la rade de Damiette qui soient arrivés depuis peu, vous irez les interroger et vous me ferez passer le rapport.

BONAPARTE.

Mémoires de Lavallette.

3447. — AU GÉNÉRAL VIAL, A DAMIETTE.

Quartier général, au Caire, 18 vendémiaire an VII (9 octobre 1798).

J'envoie la chaloupe canonnière *la Petite-Cisalpine* qui porte une pièce de 12, avec la cange *la Corcyre* et le canot *le Rhône,* pour renforcer la flottille du lac Menzaleh. J'ai déjà envoyé, il y a quelques jours, la cange *l'Albanie* et le canot *la Seine.*

Augmentez votre flottille sur le lac autant qu'il sera possible, et faites partir vos djermes armées et même un aviso pour soutenir cette croisière aux trois embouchures du lac, afin de prendre les bateaux des ennemis lorsqu'ils se trouveront obligés d'évacuer le lac Menzaleh.

BONAPARTE.

Comm. par M. Laverdet.

3448. — AU CONTRE-AMIRAL PERRÉE.

Quartier général, au Caire, 18 vendémiaire an VII (9 octobre 1798).

Vous trouverez, Citoyen Général, une instruction que j'ai fait rédiger pour *la Revanche,* sur laquelle vous ferez embarquer mon aide

[1] Aide de camp du général en chef.

de camp Louis Bonaparte, et que vous ferez partir le plus tôt possible. Si vous avez quelque chose à ajouter à l'instruction, que vous signerez et remettrez au capitaine, vous pourrez le faire. Mon intention est qu'il ne s'approche d'aucune île turque, afin de ne pas s'exposer à être pris.

Vingt-quatre heures après que *la Revanche* sera partie, et que vous n'aurez plus d'inquiétude sur elle, vous retournerez au Caire.

BONAPARTE.

Collection Napoléon.

3449. — AU CITOYEN POUSSIELGUE.

Quartier général, au Caire, 18 vendémiaire an VII (9 octobre 1798).

Il est indispensable, Citoyen, de faire de l'argent le plus promptement possible, afin de subvenir à la solde de la 3ᵉ décade de vendémiaire.

1° Faites verser dans la caisse du payeur le reste de la valeur du coton.

2° Faites vendre le café provenant des négociants qui avaient des intérêts aux beys.

3° Faites vendre, en argent comptant, l'encens, la mousseline, les dents d'éléphants, qui ont été trouvés dans la maison qu'on a dernièrement inventoriée.

Enfin, voyez de presser la rentrée des contributions que l'on doit encore.

BONAPARTE.

Comm. par Mᵐᵉ de la Morinière.

3450. — AU CITOYEN POUSSIELGUE.

Quartier général, au Caire, 18 vendémiaire an VII (9 octobre 1798).

Toute l'île de Roudah doit appartenir à la République : je vous prie de prendre des mesures pour acquérir les parties qui ne lui appartiendraient pas.

Il y a, à côté de la maison de campagne d'Ibrahim-Bey, une maison appartenant à des pèlerins : je crois que ces mêmes gens en ont une autre au Vieux-Caire. Faites-moi un rapport sur cette maison; elle nous est nécessaire pour nos établissements militaires. Ne pourrait-on pas réunir les pèlerins qui s'y trouvent à leur maison du Vieux-Caire?

BONAPARTE.

Comm. par Mᵐᵉ de la Morinière.

4.

3451. — AU CITOYEN POUSSIELGUE.

Quartier général, au Caire, 18 vendémiaire an VII (9 octobre 1798).

Je vous prie de vous concerter avec l'intendant général, afin qu'il soit semé dans les provinces une quantité de trèfle suffisante pour subvenir à la subsistance de la cavalerie.

BONAPARTE.

Comm. par Mme de la Morinière.

3452. — ORDRE.

Quartier général, au Caire, 19 vendémiaire an VII (10 octobre 1798).

Le général en chef, voulant donner au général de brigade Davout un témoignage de la satisfaction du Gouvernement pour les services qu'il a rendus dans les armées de la République;

Voulant également récompenser les services de Charles Davout, son frère, qui, depuis l'âge de seize ans, a servi comme volontaire dans le 3e bataillon de l'Yvonne et le 9e de hussards et s'est toujours conduit avec zèle, moralité et intelligence,

Nomme ledit citoyen Charles Davout sous-lieutenant au 20e de dragons.

Par ordre du général en chef.

Dépôt de la guerre.

3453. — AU GÉNÉRAL MURAT.

Quartier général, au Caire, 20 vendémiaire an VII (11 octobre 1798).

Il est inutile, Citoyen Général, de faire aucun arrangement avec les Arabes, s'ils ne donnent pas d'otages; ce serait perdre son temps et s'exposer à de nouveaux événements. Ainsi, dès que votre interprète et votre aide de camp seront arrivés, vous leur ferez dire que, s'ils veulent vivre en bonne intelligence avec nous, il faut qu'ils m'envoient quinze otages, en les assurant qu'il ne leur sera fait aucun mal; sans quoi, ces brigands égorgeront, à la première occasion, les barques sur le Nil. D'ailleurs, il peut se faire que nous ne laissions point de troupes dans cette province, étant employées ailleurs.

Si vous croyez ne plus avoir besoin des 120 hommes de la 75e, envoyez-les à Mansourah.

BONAPARTE.

Collection Napoléon.

3454. — AU CITOYEN POUSSIELGUE.

Quartier général, au Caire, 20 vendémiaire an VII (11 octobre 1798).

Je désirerais, Citoyen, récompenser les bons services que nous ont rendus, dans la province d'Atfyeh, les nommés Rodoan et Selmi, membres du divan de ladite province. Je vous prie de vous concerter avec l'intendant général sur la quantité de qyrât de terre à donner à chacun d'eux pour faire leur fortune, en prenant des biens qui les mettent le plus en opposition avec les Mameluks.

BONAPARTE.

Comm. par Mme de la Morinière.

3455. — AU GÉNÉRAL CAFFARELLI.

Quartier général, au Caire, 21 vendémiaire an VII (12 octobre 1798).

Vous trouverez ci-joint copie de l'ordre que je donne à l'état-major pour l'évacuation du camp d'Abou-Seyfeny. Ordonnez que l'on place les pièces au Meqyàs comme on pourra, mais qu'elles soient en batterie et battent le Nil et Gyzeh.

Faites que d'ici au 30 les travaux soient en grande activité au fort de la prise d'eau et à la maison d'Ibrahim-Bey; que surtout les murailles et les maisons qui doivent être abattues le soient, et que les pièces puissent bien découvrir et bien tirer.

Faites-moi connaître positivement où en seront tous les travaux au 10 du mois prochain; comprenez dans vos travaux la citadelle.

Faites-moi connaître également où vous croyez que vous en serez au 20.

Souvenez-vous que désormais toutes les opérations de l'armée sont réglées sur les vôtres, et ce n'est pas à vous qu'il faut dire que le mois de novembre n'est pas le mois d'août.

BONAPARTE

Dépôt de la guerre.

3456. — AU GÉNÉRAL MANSCOURT.

Quartier général, au Caire, 21 vendémiaire an VII (12 octobre 1798).

J'ai appris, Citoyen Général, par votre lettre du 14, le remplissage des citernes d'Alexandrie. Vous ne pouviez pas m'annoncer une nouvelle plus agréable ni plus intéressante.

Mourad-Bey, qui précédemment avait perdu tous ses bateaux, s'était retiré dans un couvent copte, à l'extrémité du désert; il a été atteint, enveloppé par le général Desaix, qui a fait une grande boucherie des Mameluks.

Activez, par tous les moyens qui sont en votre pouvoir, l'arrivage de toute notre artillerie et des effets appartenant à l'armée. Il serait très-heureux que, passé ces quinze jours, vous n'eussiez plus rien à envoyer, et que vous eussiez reçu la quantité de blé qui peut vous être nécessaire. Plus de 15,000 ardebs de blé sont partis du Caire; veillez à ce qu'on ne le dilapide pas. Visitez les magasins et envoyez-moi leur état de situation. Veillez à ce que les garde-magasins aient leurs états en règle.

BONAPARTE.

Collection Napoléon.

_____

3457. — AU CITOYEN DUMANOIR.

Quartier général, au Caire, 21 vendémiaire an VII (12 octobre 1798).

Il faut faire attention, Citoyen, que des soldats qui n'auraient pas de permission ne profitent des neutres pour s'en aller. Il faut avoir soin également que les bâtiments neutres ou français qui s'en iront n'aient que l'équipage nécessaire. Je désirerais que vous engageassiez des jeunes gens parmi les équipages neutres, pour les incorporer dans la légion maltaise.

Recevez tous les parlementaires que les Anglais vous enverront, mais ne répondez à aucun. Tenez le bâtiment que vous avez préparé pour la France prêt à partir. Par la première diligence, je ferai partir un courrier pour Paris.

BONAPARTE.

Collection Napoléon.

_____

3458. — ORDRE.

Quartier général, au Caire, 21 vendémiaire an VII (12 octobre 1798).

Le citoyen Beauvoisins (Calmet), adjoint, ayant quitté le poste qu'il avait à l'avancée et tenu des propos propres à décourager le soldat, sera provisoirement destitué et renvoyé en France par la première occasion. Il sera tenu en arrestation, au Caire et à Alexandrie, jusqu'à son embarquement.

BONAPARTE.

Dépôt de la guerre.

_____

3459. — INSTITUT D'ÉGYPTE,

SÉANCE DU 21 VENDÉMIAIRE AN VII.

Au Caire, 21 vendémiaire an VII (12 octobre 1798).

Le citoyen Bonaparte a appelé l'attention de l'Institut sur plusieurs objets qui tendent à augmenter les avantages de la possession de l'Égypte, qui peuvent contribuer au progrès des sciences et qui en offrent des applications utiles. Il a indiqué une série de questions et proposé de nommer différentes commissions pour les examiner ou en donner la solution. L'Institut a discuté les questions et ordonné la formation des commissions suivantes :

1° Une commission est chargée de recueillir les renseignements les plus exacts sur les moyens de cultiver la vigne dans cette contrée, et elle désignera les parties du territoire qui conviennent le mieux à cette espèce de culture. Les commissaires sont les citoyens Delille, Dolomieu, Geoffroy, Gloutier, Monge et Savigny.

2° L'aqueduc qui porte les eaux du Nil jusqu'à la citadelle a éprouvé des dégradations considérables; le service de cet aqueduc est maintenant interrompu, et, auparavant, les forces mal employées de plus de 150 bœufs ne fournissaient qu'une quantité d'eau assez médiocre : on a proposé d'accorder un prix à celui qui présenterait le meilleur projet et le plus économique pour l'approvisionnement d'eau de la citadelle.

Une commission, composée des citoyens Caffarelli, Costaz, Fourier, Lepère, Norry et Say, est chargée de la rédaction du programme.

3° Une commission, composée des citoyens Delille, Geoffroy, Gloutier, Lepère, Malus et Norry, examinera si on peut employer utilement cet immense amas de décombres qui forme en quelque sorte l'enceinte du Caire.

4° Le citoyen Bonaparte insiste sur l'utilité d'un observatoire et propose les moyens d'en accélérer l'établissement. Le citoyen Norry se réunira au citoyen Caffarelli et aux astronomes de l'Institut pour choisir un emplacement convenable. Le rapport doit être fait dans la prochaine séance.

5° Le Meqyàs ou nilomètre peut donner lieu à des recherches intéressantes sous le double rapport de la géographie ancienne et de l'usage public : une commission est chargée de décrire exactement ce monument, de rappeler les faits historiques dont il est l'objet, d'indiquer les changements qu'il a éprouvés, ou ceux qui seraient dus à l'élévation du fond même du fleuve; en même temps, elle examinera si on pourrait placer avec avantage dans cet endroit des machines mues par les courants d'eau. Les citoyens Costaz, Dolomieu, Dutertre, Lepère, Norry et Tallien composeront cette commission.

6° On propose de commencer le plus promptement possible une suite non interrompue d'observations thermométriques et hygrométriques, et des expériences sur les mouvements lents et les oscillations de l'aiguille aimantée. Les citoyens Costaz, Beauchamp et Nouet prépareront un travail à ce sujet.

7° Deux commissions composées, l'une, des citoyens Desgenettes, Dolomieu et Say, l'autre, des citoyens Descotils, Malus et Savigny, sont chargées de faire creuser des puits dans divers endroits du désert voisin, afin d'examiner avec soin la nature des eaux et toutes les circonstances accessoires.

8° Il existe dans le voisinage de l'aqueduc une quantité assez considérable de colonnes qui semblent avoir été destinées autrefois à décorer un édifice public : les citoyens Denon, Norry et Rigo se concerteront pour examiner ces colonnes et faire un rapport à ce sujet.

Collection Napoléon.

_____

3460. — AU GÉNÉRAL MARMONT.

Quartier général, au Caire, 22 vendémiaire an VII (13 octobre 1798).

J'ai reçu, Citoyen Général, votre lettre du 16, qui renfermait beaucoup de bonnes nouvelles. Faites que, dans dix ou douze jours, tout nous arrive, et qu'il n'y ait plus rien à El-Rahmànyeh.

Le 16, Mourad-Bey, qui avait escarmouché le 14 et le 15 avec le général Desaix, l'a défié en bataille rangée[1]. Il a eu 400 hommes tués, parmi lesquels plusieurs beys; tous ses bagages sont pris, et les Arabes se sont dispersés, et lui, à ce que l'on assure, se dirige sur les oasis.

Le général Andréossy, après avoir eu un combat naval sur le lac Menzaleh contre une centaine de bateaux, s'est emparé de tout le lac et doit être dans ce moment-ci à Peluse.

BONAPARTE.

Dépôt de la guerre.

_____

3461. — AU GÉNÉRAL BERTHIER.

Quartier général, au Caire, 22 vendémiaire an VII (13 octobre 1798).

Écrivez au général Lanusse que la province de Menouf a encore fourni fort peu de chevaux, qu'il est indispensable qu'il les fasse livrer le plus tôt possible, puisque nos selles sont arrivées, que les eaux vont baisser, et qu'il est extrêmement urgent d'avoir un corps de cavalerie imposant.

Donnez ordre qu'on lui fasse passer 200 paires de souliers. J'ai ordonné qu'on envoyât dans la province de Menouf un ingénieur géographe, pour lever le plan de l'embranchement du Delta et des principaux canaux; il y a six semaines que je n'en ai entendu parler; faites-moi connaître ce qu'il est devenu.

BONAPARTE.

Dépôt de la guerre.

[1] Combat de Sédiman.

3462. — AU GÉNÉRAL BERTHIER.

Quartier général, au Caire, 22 vendémiaire an VII (13 octobre 1798).

Je vous ai envoyé l'ordre, Citoyen Général, de faire reconnaître comme sous-lieutenant dans la légion maltaise un officier maltais [1], à la recommandation du général Reynier. Mon intention est que vous lui ordonniez qu'il rejoigne son corps, ne voulant pas qu'il y ait dans l'état-major ni dans les états-majors particuliers aucun officier étranger, ni aucun officier français qui n'aurait pas fait plusieurs campagnes, à moins que ce ne soient de jeunes officiers qui entreraient actuellement au service, et, dans ce cas, il est nécessaire que leur civisme soit bien constaté.

BONAPARTE.

Dépôt de la guerre.

3463. — AU GÉNÉRAL BERTHIER.

Quartier général, au Caire, 22 vendémiaire an VII (13 octobre 1798).

Je suis informé que deux chevaliers de Malte portent l'uniforme d'aide de camp sans en avoir reçu l'ordre du ministre ni de vous : veuillez bien vérifier le fait, et les faire arrêter. L'on assure que ces aides de camp sont attachés au général Dumuy.

BONAPARTE.

Dépôt de la guerre.

3464. — AU GÉNÉRAL BERTHIER.
(POUR METTRE A L'ORDRE DE L'ARMÉE.)

Quartier général, au Caire, 23 vendémiaire an VII (14 octobre 1798).

ARTICLE 1er. — L'administrateur général des finances et l'intendant général feront un état, par province, de ce que chaque village doit payer, tant pour le myry que pour le feddàn et autres impositions territoriales.

ART. 2. — L'intendant général enverra ledit état en arabe à l'intendant de la province; l'administrateur des finances enverra ledit état à l'agent français, qui en fera une copie pour lui et donnera l'original au général commandant et au payeur général, qui en fera part à ses préposés, chacun en ce qui le concerne.

ART. 3. — Les sommes seront versées entre les mains des préposés du payeur général, par les intendants, dans les vingt-quatre heures du recouvrement. L'intendant spécifiera de quel village provient la contribution.

[1] Dubuat, chevalier de Malte.

ART. 4. — Les payeurs particuliers donneront avis au payeur général des sommes qu'ils auront reçues; ils ne pourront disposer d'aucuns fonds sans son autorisation.

ART. 5. — L'agent français fera, tous les cinq jours, au commandant de la province, un rapport des villages qui seraient en retard pour le payement des contributions. Le général commandant la province prendra sur-le-champ les mesures qu'il jugera nécessaires pour faire rentrer les impositions. Toutes les fois qu'il sera obligé de faire marcher de la troupe, il sera accordé aux soldats, en gratification, une double solde, qui sera extraordinairement perçue sur le village en retard.

BONAPARTE.

Collection Napoléon.

3465. — ARRÊTÉ.

Quartier général, au Caire, 23 vendémiaire an VII (14 octobre 1798).

ARTICLE 1er. — Il sera formé deux bureaux, composés chacun de deux interprètes français et de deux écrivains coptes, qui se tiendront auprès de l'administrateur des finances et seront uniquement chargés de traduire le cadastre qui a été rédigé par les coptes.

ART. 2. — Ces deux bureaux devront, tous les deux jours, avoir fait chacun une province.

BONAPARTE.

Comm. par Mme de la Morinière.

3466. — AU GÉNÉRAL CAFFARELLI.

Quartier général, au Caire, 23 vendémiaire an VII (14 octobre 1798).

Mon intention, Citoyen Général, est qu'on ne fasse aucune espèce de baraques ou autres dépenses pour caserner les troupes à Alexandrie. On peut faire comme nous avons fait au Caire, prendre une ou deux grandes mosquées et deux des plus grandes maisons européennes. Il me semble que, dans le temps, vous me dîtes que la seule maison du consul de France pouvait contenir 1,200 hommes. S'il n'y a pas à Alexandrie des maisons de Mameluks, il y en a d'autres, telles que celle de Koraïm, etc., qui peuvent encore contenir beaucoup de monde. Je vous prie donc de faire connaître au commandant du génie que mon intention est que la garnison du Phare soit logée dans la mosquée du Phare, s'il n'y a pas d'autre local.

Du côté du fort Triangulaire, il y a une grande mosquée qui pourra loger une grande partie des troupes; enfin la maison du consul de France, ou du consul de Venise, ou des négociants qui ont émigré, pourrait loger le reste. Faites-moi connaître votre opinion là-dessus.

BONAPARTE.

Dépôt de la guerre.

3467. — AU GÉNÉRAL BERTHIER.

Quartier général, au Caire, 23 vendémiaire an VII (14 octobre 1798).

Vous voudrez bien, Citoyen Général, donner l'ordre au général Dugua de se transporter à Damiette avec sa division. Vous donnerez l'ordre au général Vial de se porter à Mansourah pour prendre le commandement de cette province; le général Dugua prendra celui de la province de Damiette.

Vous ordonnerez au général Dugua de laisser, pour la garde de Mansourah et de la province, le 3ᵉ bataillon de la 2ᵉ demi-brigade d'infanterie légère.

Le village d'El-Menzaleh fera partie, avec ses dépendances, de la province de Damiette.

Vous donnerez l'ordre au 3ᵉ bataillon de la 13ᵉ demi-brigade de rejoindre au Vieux-Caire sa division.

Le général Dugua laissera à Mansourah, avec le 3ᵉ bataillon de la 2ᵉ, deux pièces de 3, qui y resteront jusqu'à ce que le général Dommartin ait fait passer au général Vial, à Mansourah, deux pièces de canon.

L'artillerie, le commissaire des guerres, qui sont à Damiette, resteront dans cette place.

Le général Dugua aura soin de ne pas confondre les deux pièces de 8 qui sont à Damiette, comme faisant partie de sa division, ces deux pièces étant attachées à la place.

Vous recommanderez au général Dugua :

1° De tenir son avant-garde au village d'El-Menzaleh; d'avoir un ou deux bateaux armés, croisant près de Mataryeh; de faire arranger les chemins d'El-Menzaleh à Mataryeh, de manière que les troupes et l'artillerie puissent se porter rapidement d'El-Menzaleh à Mataryeh; il fera cantonner les troupes qu'il jugera à propos de laisser à El-Menzaleh dans la maison d'Hassan-Toubàr et autres maisons des particuliers; il prendra, s'il ne peut faire autrement, les mosquées, ayant soin d'en laisser une pour le service public;

2° De favoriser de tous ses moyens la reconnaissance de Peluse;

3° D'activer de tous ses moyens les travaux que vient d'ordonner le général du génie;

4° D'avoir sur le lac Menzaleh une assez grande quantité de bateaux pour pouvoir, s'il était nécessaire, se porter rapidement sur Sâlheyeh.

BONAPARTE.

Dépôt de la guerre.

3468. — AU GÉNÉRAL DUGUA.

Quartier général, au Caire, 23 vendémiaire an VII (14 octobre 1798).

L'état-major a dû vous envoyer l'ordre, Citoyen Général, de vous rendre à Damiette avec votre division, et de prendre le commandement de la province de Damiette.

Mon intention serait d'augmenter la province de Damiette et de la rendre la plus considérable qu'il serait possible.

Rendez-vous à Damiette le plus tôt possible. L'officier du génie vous fera connaître le plan que j'ai arrêté pour la fortification de l'embouchure du Nil et mettre à l'abri le peu de troupes que j'y laisserais, si les circonstances me forçaient de réunir toute l'armée sur un seul point.

Je préfère que les troupes que vous laisserez pour assurer les communications avec Sâlheyeh restent à El-Menzaleh, où elles auront de l'eau et seront plus commodément. Puisque Mataryeh est une île, on peut y laisser une barque armée.

J'ai envoyé, pour être mis sur le lac Menzaleh, les canges *l'Albanie* et *la Corcyre*, les canots *la Seine* et *le Rhône ;* ces quatre bâtiments sont armés de pierriers. J'ai envoyé également *la Petite-Cisalpine*, qui ne tire que trois pieds d'eau et qui porte une pièce de 12. Je ferai partir demain deux autres canges armées de petites pièces de 2, et successivement je vous en enverrai jusqu'à 10. Mon intention est de ne rien épargner pour être souverainement maître de ce lac.

Le général Dommartin m'assure qu'il vous a envoyé 5 à 600 coups de 3 à tirer : je viens de lui donner ordre de vous en envoyer encore 200 coups.

Peut-être vous sera-t-il possible d'armer quelques-uns des plus gros bateaux que vous trouverez dans le lac Menzaleh, avec les pièces de 3 que vous avez.

BONAPARTE.

Dépôt de la guerre.

3469. — AU GÉNÉRAL MURAT, a QELVOUB.

Quartier général, au Caire, 23 vendémiaire an VII (14 octobre 1798).

Nous sommes maîtres, Citoyen Général, du lac Menzaleh ; ainsi, vous ne devez plus vous occuper que de faire passer le convoi à Sâlheyeh. Faites-moi connaître où en sont vos négociations avec les Arabes de Derne. Il serait nécessaire que l'on en finît avec ces gens-là, afin qu'ils ne recommencent plus leurs brigandages.

Je n'ai plus entendu parler des trois officiers français qui ont dû vous être rendus.

BONAPARTE.

Collection Napoléon.

3470. — ORDRE DU JOUR.

(EXTRAIT.)

Quartier général, au Caire, 23 vendémiaire an VII (14 octobre 1798).

Le général en chef accepte la démission que lui offre le citoyen Beauvais, adjudant général : un officier qui, se portant bien, offre sa démission au milieu d'une campagne, ne peut pas être venu dans l'intention d'acquérir de la gloire et de concourir au grand but de la paix générale; il a été conduit ici par tout autre motif, et dès lors n'est point digne des soldats que je commande.

BONAPARTE.

Dépôt de la guerre.

3471. — ORDRE.

Quartier-général, au Caire, 23 vendémiaire an VII (14 octobre 1798).

Tous les jours, à neuf heures, l'ordonnateur en chef, l'administrateur des finances et l'intendant général se rendront chez le général en chef, pour tenir un conseil d'administration.

BONAPARTE.

Collection Napoléon.

3472. — CONSEIL D'ADMINISTRATION.

Quartier général, au Caire, 24 vendémiaire an VII (15 octobre 1798).

1° Les intendants ont perçu des contributions sur les villages sous un prétexte et sur un ordre quelconque. Savoir combien ils ont reçu en argent, combien ils en ont envoyé à l'intendant général, combien ils ont en caisse, et combien il est encore possible de percevoir sur ces contributions.

2° Il a été arrêté que l'intendant général [1] enverrait, dans deux jours, dans la caisse du payeur, 46,000 talari, savoir : 16,000

---

[1] Girgès-el-Goubary.

comme lui restant en caisse de contributions mises, et dont il donnera le compte général, et 30,000 talari comme avances qu'il retiendra sur les premières rentrées du myry.

3° L'intendant général et l'administrateur général des finances se concerteront pour présenter, dans la séance du 26, un moyen pour activer la perception du myry, en envoyant des agents turcs, et en coordonnant cette mesure avec l'organisation de l'armée.

4° L'intendant remettra, demain à la séance, la note de ce que tous les villages de la province de Rosette doivent payer, avec les lettres qu'il est d'usage d'écrire en pareille circonstance.

L'administrateur des finances se concertera avec lui pour proposer un projet d'ordre à donner aux intendants et aux agents français, pour coïncider avec la disposition ci-dessus.

Collection Napoléon.

_____

3473. — ORDRE.

Quartier général, au Caire, 24 vendémiaire an VII (15 octobre 1798).

ARTICLE 1ᵉʳ. — Il sera mis en construction, à Damiette, un bateau plat portant une pièce de 12, deux pièces de 6 et 100 hommes de transport, ne tirant au plus que deux pieds d'eau, et propre à la navigation du lac Menzaleh.

ART. 2. — Il en sera mis un pareil en construction au Caire. Il sera pris, soit dans les magasins de la République, soit chez les particuliers, tous les bois, fers et autres objets nécessaires pour activer la construction desdits bateaux, qui devront être prêts le 15 brumaire. Le citoyen Féraud, ingénieur de la marine, fera le plan dudit bateau, qu'il enverra à l'ingénieur à Damiette.

BONAPARTE.

Dépôt de la guerre.

_____

3474. — ORDRE.

Quartier général, au Caire, 24 vendémiaire an VII (15 octobre 1798).

Les six canges qui sont en armement porteront les noms suivants : *la Marseillaise*, *la Niçarde*, *la Lyonnaise*, *la Parisienne*, *la Bordelaise* et *la Nantaise*.

BONAPARTE.

Collection Napoléon.

3475. — AU GÉNÉRAL DUGUA, a DAMIETTE.

Quartier général, au Caire, 24 vendémiaire an VII (15 octobre 1798).

Vous partiez le 22, Citoyen Général, pour vous rendre à Damiette, et je vous écrivais le 23 de vous y rendre. Damiette est, après le Caire, la ville qui a le plus de ressources; ainsi, j'espère que votre division en trouvera, et que vous pourrez pousser de front les fortifications et tout ce qui regarde le lac. Je vois, par les rapports qui me sont faits, que tout est à créer à Damiette.

Le général Caffarelli a donné ses ordres à ses officiers du génie, à Damiette, pour les travaux qui doivent y être faits. Mon intention est de concentrer toute la défense de Damiette au village de Lesbé, où je désire que, dès ce moment, vous placiez l'hôpital et les divers établissements; bien entendu que les troupes peuvent rester à Damiette tant que vous y aurez des forces imposantes; mais il faut que, vingt-quatre heures après la réception de l'ordre à votre division de rejoindre l'armée, tous les établissements puissent se trouver à Lesbé, avec une garnison de 2 ou 300 hommes, et être à l'abri de toute attaque. Il faut donc tout disposer pour obtenir ce but.

Le canal d'Alexandrie est en pleine navigation. Notre artillerie et les effets de l'armée arrivent tous les jours au Caire.

Je crois vous avoir mandé que Mourad-Bey a été totalement détruit par le général Desaix, qui lui a tué 400 Mamelucks d'élite et quatre beys.

BONAPARTE.

Dépôt de la guerre.

3476. — AU GÉNÉRAL VIAL, a MANSOURAH.

Quartier général, au Caire, 24 vendémiaire an VII (15 octobre 1798).

Je suis fâché, Citoyen Général, qu'on ait pillé le village de Myt-el-Khaouly : il suffisait de lui faire rendre les armes. J'ai appris avec plaisir que vous leur avez enlevé des canons.

BONAPARTE.

Collection Napoléon.

3477. — AU GÉNÉRAL MARMONT.

Quartier général, au Caire, 24 vendémiaire an VII (15 octobre 1798).

Votre lettre du 19, Citoyen Général, m'apprend de bonnes nouvelles; elle est arrivée à propos, car on m'assurait déjà de tous côtés que le canal [1] n'était plus navigable.

[1] D'Alexandrie à El-Rahmânyeh.

Mes dernières lettres doivent vous avoir appris la victoire que le général Desaix a remportée sur Mourad-Bey.

Les fortifications de Sâlheyeh avancent au point que je regarde 500 hommes dans ce poste comme inexpugnables contre toutes les forces des Turcs.

Le général Andréossy était à cinq ou six lieues de Peluse, naviguant avec 60 barques portant 1,000 hommes.

BONAPARTE.

Collection Napoléon.

3478. — AU GÉNÉRAL FUGIÈRE, a MEHALLET-EL-KEBYR.

Quartier général, au Caire, 24 vendémiaire an VII (15 octobre 1798).

Il est nécessaire, Citoyen Général, que vous portiez le plus grand respect au village de Tant, qui est un objet de vénération pour les mahométans. Il faut surtout éviter de faire tout ce qui pourrait leur donner lieu de se plaindre que nous ne respectons pas leur religion et leurs mœurs.

BONAPARTE.

Collection Napoléon.

3479. — AU GÉNÉRAL MURAT.

Quartier général, au Caire, 24 vendémiaire an VII (15 octobre 1798).

J'ai reçu, Citoyen Général, votre lettre de l'embouchure du canal [1]. Je vous ai déjà fait connaître l'importance que j'attache à ce que le convoi arrive à Sâlheyeh. S'il ne peut arriver à Sâlheyeh, qu'il arrive au moins à Sàn, d'où l'on transportera les effets par terre. Je regarderai comme un service important que vous me rendrez, de faire parvenir ce convoi à Sâlheyeh, ou au moins à cinq lieues. Le général Lagrange, qui est prévenu de son arrivée, fera tout ce qui est nécessaire pour le transport des effets à Sâlheyeh. Employez à obtenir ce but toutes les forces que vous commandez.

BONAPARTE.

Collection Napoléon.

3480. — AU CITOYEN ESTÈVE.

Quartier général, au Caire, 25 vendémiaire an VII (16 octobre 1798).

ARTICLE 1er. — A partir du 1er floréal dernier, les membres et employés de la commission des sciences et arts recevront le traitement ci-après fixé, savoir :

[1] De Moueys.

Par mois.

Ceux de 1re classe.	500	livres.	
Ceux de 2e classe.	416	13 sous	4 deniers.
Ceux de 3e classe.	333	06	8
Ceux de 4e classe.	250	00	0
Ceux de 5e classe.	200	00	0
Ceux de 6e classe.	166	13	4
Ceux de 7e classe.	125	00	0
Ceux de 8e classe.	100	00	0
Ceux de 9e classe.	75	00	0
Ceux de 10e classe.	50	00	0

Art. 2. — Les interprètes et imprimeurs engagés à Rome seront rangés dans une des classes ci-dessus.

Ils recevront cependant, pour floréal et messidor, savoir :

Don Elias Fatalla . . . . 324 livres.
Joseph Mesabki, prote. 135
Et tous les autres 108

Art. 3. — Le payeur général de l'armée soldera ces différents traitements d'après un état, en forme de revue, qui lui sera remis tous les mois.

Cet état sera nominatif·et énoncera la classe et la résidence de chacun des membres et employés de la commission ; il sera certifié du général commandant l'arme du génie, et arrêté par le commissaire ordonnateur en chef.

Art. 4. — Le payeur général fera solder par ses préposés les membres et employés de la commission qui ne résideraient pas au Caire.

Art. 5. — Les membres et employés de la commission des sciences et arts seront payés du traitement accordé à leur classe par l'article 1er, comme les officiers de l'armée, à la même époque et pour le même temps.

BONAPARTE.

Dépôt de la guerre.

3481. — ORDRE.

Quartier général, au Caire, 25 vendémiaire an VII (16 octobre 1798).

Article 1er. — Le capitaine et quatre matelots du bâtiment grec qui a parlé avec les Anglais seront envoyés séparément et sous bonne escorte au Caire, où ils seront consignés au commandant de la place.

Art. 2. — Le général commandant à Alexandrie et le commandant des armes sont chargés de l'exécution du présent ordre.

BONAPARTE.

Dépôt de la guerre.

3482. — AU GÉNÉRAL MANSCOURT,
COMMANDANT PAR INTÉRIM A ALEXANDRIE.

Quartier général, au Caire, 25 vendémiaire an VII (16 octobre 1798).

Les généraux du génie et d'artillerie doivent fournir à ces deux armes les dépenses qui leur sont nécessaires.

Les agents, à Alexandrie, des transports, des subsistances, des hôpitaux et des lazarets, doivent également recevoir de l'argent des chefs qui sont au Caire.

Quant à l'argent pour la solde, le payeur va en faire passer pour subvenir à la solde de vendémiaire.

La décade qui a été soldée aux troupes de la garnison d'Alexandrie et les quinze jours que vous avez donnés aux officiers doivent être comptés pour le courant. Je vous prie de me faire passer le rapport des officiers supérieurs qui ont dit qu'il se murmurait une insurrection dans la garnison. Si une demi-brigade sous mes ordres se soulevait, je casserais le corps et ferais fusiller tous les officiers qui n'auraient pas maintenu l'ordre. Je veux croire qu'on a calomnié la 69e en vous faisant ce rapport.

BONAPARTE.

Collection Napoléon.

3483. — AU GÉNÉRAL MARMONT.

Quartier général, au Caire, 25 vendémiaire an VII (16 octobre 1798).

Je reçois, Citoyen Général, votre lettre du 21 vendémiaire. Les états que l'on m'envoie d'El-Rahmànyeh ne portent pas qu'il soit encore arrivé grand'chose de l'équipage de campagne. Si le canal n'a pas plus d'activité, depuis le 21 jusqu'à l'époque où il cessera d'être navigable, qu'il n'en a eu jusqu'à ce jour, nous nous trouverons fort embarrassés. Il paraît qu'il n'est arrivé que trois pièces de 8 et quatre obusiers de 6 pouces.

BONAPARTE.

Collection Napoléon.

3484. — AU GÉNÉRAL FUGIÈRE.

Quartier général, au Caire, 25 vendémiaire an VII (16 octobre 1798).

J'ai appris avec peine, Citoyen Général, ce qui est arrivé à Tant :

je désire que l'on respecte cette ville, et je regarderais comme le plus grand malheur qui pût arriver, de voir ravager ce lieu, saint aux yeux de tout l'Orient. J'écris aux habitants de Tant [1], et je vais faire écrire par le divan général : je désire que tout se termine par la négociation.

Quant aux Arabes, tâchez de les faire se soumettre et qu'ils vous donnent des otages; écrivez-leur à cet effet, et, s'ils ne se soumettent pas, tâchez de leur faire le plus de mal que vous pourrez.

BONAPARTE.

Collection Napoléon.

3485. — AU GÉNÉRAL BERTHIER.

Quartier général, au Caire, 25 vendémiaire an VII (16 octobre 1798).

Vous voudrez bien donner l'ordre au général Dumas de partir sur-le-champ avec les 15e et 20e régiments de dragons, pour faire une patrouille d'ici à El-Khànqah, et enlever les chameaux et autres convois d'une tribu d'Arabes qui a paru, il y a une heure, près d'El-Mataryeh.

Il protégera également l'arrivée d'un convoi qu'on attend de Belbeys; il passera la nuit avec sa cavalerie à El-Mataryeh ou à El-Merg; il cherchera à tomber sur les Arabes et restera toute la journée de demain; il me rendra compte de ce qu'il aura vu, et je lui enverrai des ordres.

Vous commanderez 25 hommes du 7e de hussards ou du 18e de dragons, pour escorter un convoi qui partira à la pointe du jour pour porter du pain à sa troupe.

Par ordre du général en chef.

Dépôt de la guerre.

3486. — ARRÊTÉ.

Quartier général, au Caire, 25 vendémiaire an VII (16 octobre 1798).

Bonaparte, général en chef, voulant déterminer le mode d'exécution de l'article 4 de l'arrêté du 29 fructidor [2] dernier, en ce qui concerne l'enregistrement des maisons, ordonne :

ARTICLE 1er. — Le droit d'enregistremen des maisons, okels, bains, boutiques, cafés, moulins, etc., au Caire, à Boulàq et au Vieux-Caire, est fixé ainsi qu'il suit :

------

[1] Cette lettre n'a pas été retrouvée.
[2] 30 fructidor an VI, pièce no 3320.

5.

	1re CLASSE.	2e CLASSE.	3e CLASSE.	4e CLASSE.
	talari.	talari.	talari.	talari.
1° Okels	18	9	4	
2° Bains	15	10	5	
3° Moulins à huile.	8	4	1	
4° Moulins pour sésame	3	1		
5° Moulins à grains	2	1		
6° Places et cours.	2	1		
7° Boutiques	2	1	1/2	
8° Cafés	2	1		
9° Fours à chaux et à plâtre. .	2	1		
10° Maisons et appartements . .	8	4	2	1

ART. 2. — Ce droit sera payé par moitié, en deux termes : le premier, dans le courant de brumaire, et le deuxième, dans le courant de messidor.

ART. 3. — L'administrateur des finances nommera six architectes du pays, dont quatre pour le Caire, un pour Boulâq et un pour le Vieux-Caire, qui seront chargés de classer les maisons d'après leur valeur et conformément à la division établie dans l'article précédent.

ART. 4. — Ils parcourront, à cet effet, toutes les rues, escortés de deux soldats français et de deux soldats turcs, et, d'après l'inspection de l'extérieur de chaque maison ou autre édifice, ils les marqueront du numéro de la classe dans laquelle ils jugeront qu'ils doivent être rangés.

ART. 5. — Les architectes doivent avoir terminé leur opération dans les huit jours de leur nomination.

ART. 6. — Le recouvrement du droit d'enregistrement sera fait par des écrivains coptes, entre lesquels seront partagés les divers quartiers du Caire; chacun d'eux se fera accompagner du chef de la rue et sera escorté de deux soldats turcs et de deux soldats français.

ART. 7. — Les écrivains coptes commenceront leur perception en même temps que les architectes commenceront leurs visites.

ART. 8. — Ils remettront à chaque propriétaire une quittance imprimée de la somme qu'ils auront perçue, et qui servira en même temps de titre de propriété; ils devront garder un double de cette quittance, après l'avoir remplie des noms du propriétaire, de la nature de la propriété, du numéro qu'elle portera, de la rue et du quartier où elle sera située, et de la somme payée.

ART. 9. — L'administration de l'enregistrement fera imprimer un nombre de quittances suffisant, d'après le modèle qui lui sera envoyé par l'administrateur général des finances ; elle les signera et en remettra à chaque écrivain la quantité qui lui sera nécessaire d'après l'arrondissement dont il sera chargé.

ART. 10. — Chaque jour, les percepteurs devront verser dans la caisse de l'enregistrement les sommes qu'ils auront recouvrées, et en retireront un reçu. Il leur est défendu de retenir aucune somme par devers eux.

ART. 11. — Ils remettront aussi, tous les jours, à l'administration, les doubles des quittances qu'ils auront délivrées.

ART. 12. — L'administration fera successivement enregistrer toutes ces quittances sur un registre ouvert exprès.

ART. 13. — S'il est porté des plaintes pour cause de surtaxes, l'administration de l'enregistrement enverra les architectes vérifier si elles sont fondées ; dans ce cas, ils examineront l'intérieur des maisons, et, d'après leur rapport, l'administration statuera.

ART. 14. — Elle en agira de même dans le cas où on lui dénoncerait des maisons ou édifices qui n'auraient pas été assez imposés.

ART. 15. — Les écrivains coptes devront avoir terminé le recouvrement dans deux mois à dater du jour où ils l'auront commencé.

ART. 16. — Les maisons et fondations affectées aux mosquées et aux œuvres pies sont assujetties, comme les autres, aux dispositions du présent arrêté ; les mosquées seules en sont exemptes.

ART. 17. — Le droit d'enregistrement établi par l'article 1er sera perçu dans les villes d'Alexandrie, Rosette, Foueh et Damiette ; mais la quotité en est réduite à moitié pour ces villes : en conséquence, toute autre contribution cessera d'avoir son effet, et ce qui aurait été perçu de ces contributions sera déduit dans le payement du présent droit d'enregistrement.

ART. 18. — Le présent arrêté servira de règle pour en déterminer la proportion et en faire le recouvrement.

BONAPARTE.

Comm. par Mme de la Morinière.

3487. — ARRÊTÉ.

Quartier général, au Caire, 25 vendémiaire an VII (16 octobre 1798).

Bonaparte, général en chef, voulant déterminer le mode d'exécution de l'article 4 de l'arrêté du 29 fructidor [1] dernier, en ce qui concerne l'enregistrement des terres de l'Égypte, ordonne :

[1] 30 fructidor an VI, pièce n° 3320.

ARTICLE 1er. — Le droit d'enregistrement sera établi d'après le produit annuel des terres multiplié par vingt.

ART. 2. — Le myry seul ne sera pas compté dans ce produit; mais toutes les autres contributions quelconques, et sous quelque dénomination qu'elles existent, entreront dans le calcul du capital des terres.

ART. 3. — Aucuns biens, même ceux affectés aux mosquées et aux œuvres pies, ne seront exempts du droit d'enregistrement.

BONAPARTE.

Comm. par Mme de la Morinière.

3488. — AU DIRECTOIRE EXÉCUTIF.

Quartier général, au Caire, 26 vendémiaire an VII (17 octobre 1798).

Citoyens Directeurs, je vous fais passer le détail de quelques combats qui ont eu lieu à différentes époques et en différents lieux contre les Mameluks, diverses tribus d'Arabes et quelques villages révoltés.

COMBAT DE GHAMREYN.

Le général de brigade Fugière, avec un bataillon de la 18e demi-brigade, est arrivé à Menouf, dans le Delta, le 28 thermidor, pour se rendre à Mehallet-el-Kebyr, capitale de la province de Gharbyeh. Le village de Ghamreyn lui refusa le passage. Après une heure de combat, il repoussa les ennemis dans le village, les investit, les força, en tua 200 et s'empara du village. Il perdit trois hommes et eut quelques blessés. Le citoyen Chesnet, sous-lieutenant à la 18e, s'est distingué.

COMBAT DE GEMYLEH.

Le général Dugua envoya, le 1er complémentaire, le général Dumas, avec un bataillon de la 75e, reconnaitre le canal d'Achmoun et soumettre les villages qui refusaient obéissance. Arrivé au village de Gemyleh, un parti d'Arabes, réuni aux fellahs ou habitants, attaqua nos troupes. Les dispositions furent bientôt faites et les ennemis repoussés. Le chef de bataillon du génie Cazals s'est spéciale ment distingué.

COMBAT DE MYT-GHAMAR.

Les Arabes de Derne occupaient le village de Dondeyt; environnés de tous côtés par l'inondation, ils se croyaient inexpugnables et infestaient le Nil par leurs pirateries et leurs brigandages. Les généraux de brigade Murat et Lanusse eurent l'ordre d'y marcher, et arrivèrent le 7 vendémiaire. Les Arabes furent dispersés après une légère fusillade. Nos troupes les suivirent pendant cinq lieues, ayant de l'eau jusqu'à la ceinture.

Leurs troupeaux, chameaux et effets sont tombés en notre pouvoir. Plus de 200 de ces misérables ont été tués ou noyés. Le citoyen Netherwood, adjoint à l'état-major, s'est distingué dans ce combat.

Les Arabes sont à l'Égypte ce que les Barbets sont au comté de Nice, avec cette grande différence, qu'au lieu de vivre dans les montagnes, ils sont tous à cheval et vivent au milieu des déserts. Ils pillent également les Turcs, les Égyptiens et les Européens. Leur férocité est égale à la vie misérable qu'ils mènent, exposés des jours entiers, dans des sables brûlants, à l'ardeur du soleil, sans eau pour s'abreuver. Ils sont sans pitié et sans foi. C'est le spectacle de l'homme sauvage le plus hideux qu'il soit possible de se figurer.

Le général Desaix est parti du Caire le 8 fructidor, pour se rendre dans la haute Égypte avec une flottille de deux demi-galères et six avisos. Il a remonté le Nil et est arrivé à Beny-Soueyf le 14 fructidor. Il mit pied à terre et se porta par une marche forcée à Behnesé, sur le canal de Joseph. Mourad-Bey évacua à son approche. Le général Desaix prit quatorze barques chargées de bagages, de tentes, et quatre pièces de canon.

Il rejoignit le Nil le 21 fructidor, et arriva à Syout le 29 fructidor, se trouvant alors à plus de cent lieues du Caire, poussant devant lui la flottille des beys, qui se réfugia du côté de la cataracte.

Le 5e jour complémentaire, il retourna à l'embouchure du canal de Joseph. Après une navigation difficile et pénible, il arriva le 12 vendémiaire à Behnesé.

Les 14 et 15, il y eut diverses escarmouches qui préludèrent à la journée de Sédiman.

BATAILLE DE SÉDIMAN [1].

Le 16, à la pointe du jour, la division du général Desaix se mit en marche et se trouva bientôt en présence de l'armée de Mourad-Bey, forte de 5 à 6,000 chevaux, la plus grande partie arabes, et un corps d'infanterie qui gardait les retranchements de Sédiman, où il avait quatre pièces de canon.

Le général Desaix forma sa division, toute composée d'infanterie, en bataillon carré, qu'il fit éclairer par deux petits carrés de 200 hommes chacun.

Les Mameluks, après avoir longtemps hésité, se décidèrent et chargèrent avec d'horribles cris et la plus grande valeur le petit

[1] Sedment-el-Gebel.

peloton de droite que commandait le capitaine de la 21ᵉ, Valette.
Dans le même temps, ils chargèrent la queue du carré de la division,
où était la 88ᵉ, bonne et intrépide demi-brigade.

Les ennemis furent reçus partout avec le même sang-froid. Les
chasseurs de la 21ᵉ ne tirèrent qu'à dix pas et croisèrent leurs
baïonnettes.

Les braves de cette intrépide cavalerie vinrent mourir dans le
rang, après avoir jeté masses et haches d'armes, fusils, pistolets, à
la tête de nos gens. Quelques-uns, ayant eu leurs chevaux tués, se
glissèrent, le ventre contre terre, pour passer sous les baïonnettes
et couper les jambes de nos soldats : tout fut inutile; ils durent
fuir. Nos troupes s'avancèrent sur Sédiman malgré quatre pièces de
canon, dont le feu était d'autant plus dangereux que notre ordre
était profond. Mais le pas de charge fut comme l'éclair, et les retranchements, les canons et les bagages nous restèrent.

Mourad-Bey a eu trois beys tués, deux blessés et 400 hommes
d'élite sur le champ de bataille. Notre perte se monte à 36 hommes
tués et 90 blessés.

Ici, comme à la bataille des Pyramides, les soldats ont fait un
butin considérable. Pas un Mameluk sur lequel ont n'ait trouvé 4 ou
500 louis.

Le citoyen Conroux, chef de la 61ᵉ, a été blessé; les citoyens
Rapp, aide de camp du général Desaix; Valette et Sacrost, capitaines de la 21ᵉ; Sauneville, de la 61ᵉ; Jérôme, sergent de la 88ᵉ,
se sont particulièrement distingués.

Le général Friant a soutenu, dans cette journée, la réputation
qu'il avait acquise en Italie et en Allemagne.

Je vous demande le grade de général de brigade pour le citoyen
Robin, chef de la 21ᵉ demi-brigade. J'ai avancé les différents officiers et soldats qui se sont distingués; je vous en enverrai l'état par
la première occasion.

BONAPARTE.

Dépôt de la guerre.

3489. — AU GÉNÉRAL BERTHIER.

Quartier général, au Caire, 26 vendémiaire an VII (17 octobre 1798).

Vous mettrez à l'ordre que les citoyens Girard, caporal de la 21ᵉ,
Petitjean, Chatelain, Claude, Tissot, Claude Des Acoules et Julien
Marchand, chasseurs de la 21ᵉ, ont montré beaucoup de valeur à la
bataille de Sédiman; extrait de l'ordre sera envoyé à leurs communes.

Dépôt de la guerre.   BONAPARTE.

3490. — AU GÉNÉRAL REYNIER, A BELBEYS.

Quartier général, au Caire, 26 vendémiaire an VII (17 octobre 1798).

J'ai appris ,avec peine, Citoyen Général, la mort de votre interprète; on va vous en chercher un, que l'on vous enverra sur-le-champ.

Les Arabes de Thor n'étant point encore venus, je diffère mon voyage de Suez. J'en envoie prendre possession par une compagnie de Turcs qui feront une provision d'eau; après quoi nous pourrons y faire une tournée. Ainsi rien ne doit vous empêcher de faire votre reconnaissance sur Peluse.

Le général Andréossy a dû partir le 23 de Mataryeh. Je compte qu'il doit être aujourd'hui à Peluse. Cette reconnaissance est très-nécessaire.

BONAPARTE.

Dépôt de la guerre.

3491. — AU GÉNÉRAL MARMONT.

Quartier général, au Caire, 26 vendémiaire an VII (17 octobre 1798).

L'intrigant Abdallah, intendant de Mourad-Bey, est passé, il y a trois jours, à El-Choa'rah, avec 30 Arabes; on croit qu'il se rend dans les environs d'Alexandrie : je désirerais que vous pussiez le faire prendre; je donnerais bien 1;000 écus de sa personne; ce n'est pas qu'elle les vaille, mais ce serait pour l'exemple; c'est le même qui était à bord de l'amiral anglais. Si l'on pouvait parler à des Arabes, ces gens-là feraient beaucoup de choses pour 1,000 sequins.

BONAPARTE.

Collection Napoléon.

3492. — AUX COMMISSAIRES [1] PRÉS LE DIVAN GÉNÉRAL.

Quartier général, au Caire, 27 vendémiaire an VII (18 octobre 1798).

J'ai reçu la réponse que m'a faite le divan aux différentes questions que je lui avais proposées [2]. Remerciez le divan du zèle qu'il a mis dans ce travail.

Dites au divan qu'il serait bon de faire un règlement pour déterminer, d'une manière invariable, les droits que les cadis et leurs subalternes doivent retirer des procès. Priez-le de nommer une commission pour proposer ce règlement.

Faites-lui connaître que je désirerais qu'il fît une adresse aux habitants du pays, pour leur faire sentir combien il est essentiel

[1] Monge et Berthollet. — [2] Pièce n° 3423.

qu'ils ne prêtent pas l'oreille à des propos vagues et semés à dessein par leurs ennemis sur l'arrivée des Mameluks : cela ne sert qu'à irriter les Français et à causer la ruine des villages. Qu'il leur conseille de fermer l'oreille à ces bruits perfides et sans fondement; qu'ils prêtent obéissance, vivent en bonne harmonie avec les Français, et réunissent tous leurs efforts aux leurs pour réprimer les Arabes voleurs et les empêcher de dévaster les campagnes et de vexer les malheureux fellahs; on ne peut se promettre cet heureux résultat que de la bonne harmonie avec les Français. Qu'il leur dise aussi que nous sommes des gens justes; que nous n'avons en vue que le bien du pays et d'y mettre en vigueur le règne de la justice.

Les deux secrétaires peuvent se charger de rédiger cette adresse et l'envoyer demain à l'assemblée; si elle est adoptée, les membres du divan pourront retourner à leurs affaires.

Faites-lui connaître que j'ai adopté la plupart des demandes qu'il m'a faites dans ses réponses à mes questions.

BONAPARTE.

Collection Napoléon.

3493. — AU GÉNÉRAL DOMMARTIN.

Quartier général, au Caire, 27 vendémiaire an VII (18 octobre 1798).

Je désirerais, Citoyen Général, que vous nommassiez le citoyen d'Anthouard directeur de l'artillerie à Damiette. Ce poste si intéressant a besoin d'un officier de distinction. Indépendamment de l'armement des différentes batteries, il faut qu'il établisse un atelier de cartouches et qu'il ait de quoi fournir à l'armement de la flottille du lac Menzaleh.

Faites choisir à Gyzeh huit à dix petites pièces de canon d'un calibre inférieur à 3, et mettez-les à la disposition du commandant d'armes à Boulâq, avec les boulets du calibre que vous aurez; nous en avons le plus grand besoin pour armer les bateaux pour le lac Menzaleh.

BONAPARTE.

Dépôt de la guerre.

3494. — AU GÉNÉRAL DUGUA, A DAMIETTE.

Quartier général, au Caire, 27 vendémiaire an VII (18 octobre 1798).

Le général Murat me mande, Citoyen Général, qu'il part pour Damiette avec un convoi de riz, de biscuit, de pièces de canon et de munitions de guerre, destiné pour Sâlheyeh. Procurez-lui toutes les facilités qui sont en votre pouvoir pour le faire arriver à Sân.

Les canges *le Méandre* et *la Marseillaise* partent ce soir pour Damiette : faites votre possible pour les faire passer promptement dans le lac Menzaleh, pour rejoindre le général Andréossy.

Faites tout ce que vous pourrez pour vous mettre en communication directe avec Sâlheyeh et y envoyer le plus de riz qu'il vous sera possible.

Je vais envoyer un capitaine [1] de frégate pour commander toute la marine du lac Menzaleh.

BONAPARTE.

Dépôt de la guerre.

_____

3495. — AU GÉNÉRAL DESAIX.

Quartier général, au Caire, 27 vendémiaire an VII (18 octobre 1798).

J'ai lu, Citoyen Général, votre lettre et le détail de l'affaire brillante que vous avez eue, avec le plus grand intérêt. J'attends à chaque moment de vos nouvelles pour connaître le parti définitif que les Mameluks ont pris.

J'ai envoyé le général Zajonchek pour organiser la province de Beny-Soueyf. Organisez le Fayoum et la province de Minyeh. J'ai envoyé au général Zajonchek à peu près 200 hommes de cavalerie à pied; procurez-nous des chevaux.

Vous devez avoir reçu des souliers.

Si vous jugez à propos, envoyez la 88° ou la 61° au Caire, où elle se reposera. Je suppose que les Mameluks se sont tellement éloignés que vous n'avez plus rien à craindre d'eux.

Envoyez ici, le plus tôt possible, le chebec *le Cerf*.

Le moment de la baisse des eaux approche, et vous pourrez difficilement vous passer de cavalerie.

Le général Dommartin va vous envoyer deux pièces de 8, un obusier, une forge de campagne et une prolonge, avec des harnais et des charretiers. Procurez-vous des mulets ou des juments. A mesure que vous pourrez vous procurer dix chevaux de cavalerie, faites-les embarquer et envoyez-les à Boulâq, où est le dépôt général.

Le général Andréossy, avec une trentaine de barques, s'est emparé du lac Menzaleh, après quelques petits événements contre les Arabes et quelques Mameluks d'Ibrahim-Bey. Il est dans ce moment-ci à Peluse.

Le canal d'El-Rahmànyeh à Alexandrie, qui sera encore navigable pendant quelques jours, nous a amené presque toute notre artillerie et nos bagages. Nous sommes ici dans des projets de fortifications.

[1] Stendelet.

Ibrahim-Bey est toujours à Gaza. La Porte a chassé son grand vizir.

Aucune espèce de nouvelles de France.

BONAPARTE.

Collection Napoléon.

3496. — AU GÉNÉRAL BERTHIER.

Quartier général, au Caire, 28 vendémiaire an VII (19 octobre 1798).

Vous trouverez ci-joint, Citoyen Général, une lettre du général Fugière. Vous en donnerez communication au général Lanusse, avec ordre de marcher aux endroits où se trouvent les Arabes de Sonbât et de les détruire. Le général Lanusse aura le commandement non-seulement des troupes de la province de Menouf, mais encore de celles qui sont aux ordres du général Fugière. Il enverra des ordres au général Fugière pour qu'il marche de son côté, de manière à se trouver au même instant devant ces villages.

Vous direz au général Lanusse que mon intention est qu'il poursuive les Arabes de Sonbât jusqu'à ce qu'ils aient donné huit ou dix otages des principaux d'entre eux et une partie de leurs armes. Il doit cependant commencer, avant de négocier, par chercher à les surprendre et par leur faire tout le mal qu'il pourra.

BONAPARTE.

Dépôt de la guerre.

3497. — AU GÉNÉRAL LANUSSE, a menouf.

Quartier général, au Caire, 28 vendémiaire an VII (19 octobre 1798).

Faites toujours passer à Boulâq, Citoyen Général, tous les chevaux que vous avez : c'est là seulement que la cavalerie peut s'équiper. Lorsque les eaux seront retirées tout à fait, je vous enverrai un régiment de cavalerie tout entier, et dans le cas de faire un bon service. Les ateliers sont établis à Boulâq, et il y a moyen d'y rétablir la sellerie et l'armement, sans quoi la cavalerie n'est rien.

BONAPARTE.

Collection Napoléon.

3498. — AU GÉNÉRAL BERTHIER.

Quartier général, au Caire, 28 vendémiaire an VII (19 octobre 1798).

Vous voudrez bien, Citoyen Général, donner l'ordre à l'adjudant général Leturcq de se rendre à El-Rahmânyeh, pour y prendre le commandement de la province de Bahyreh, et activer l'arrivée à Alexandrie des blés qui ont été envoyés de Rosette et du Caire, et l'arrivée au Caire de tous les objets d'artillerie et effets de l'armée. Il sera provisoirement sous les ordres du général de brigade Marmont, qui commande dans ce moment à toutes les forces qui sont sur le canal.

Vous donnerez l'ordre au général de brigade Destaing de se rendre à la division du général Desaix;

Au général de brigade Robin, de se rendre au Caire;

Au citoyen Moreau, chef de bataillon de la 75e, de prendre le commandement du 3e bataillon, vacant par la retraite du citoyen Barrère, et vous me présenterez les états de service de trois personnes que le chef de brigade croit les plus propres à être promues au grade de chef de bataillon, chargé de l'administration de la demi-brigade.

Je vous prie de me présenter les états de service de tous les chefs de brigade qui sont à la suite dans les demi-brigades de l'armée, afin de pouvoir nommer un chef de brigade à la 85e demi-brigade.

BONAPARTE.

Dépôt de la guerre.

3499. — AU GÉNÉRAL DOMMARTIN.

Quartier général, au Caire, 28 vendémiaire an VII (19 octobre 1798).

Ayant disposé des quatre affûts de ma djerme pour armer les bateaux qui sont sur le lac Menzaleh, je vous prie, Citoyen Général, de faire délivrer quatre affûts au commandant des armes à Boulàq, pour le réarmement de ma djerme.

BONAPARTE.

Dépôt de la guerre

3500. — ORDRE.

Quartier général, au Caire, 28 vendémiaire an VII (19 octobre 1798).

L'émir-hadji est autorisé à requérir les tentes, outres, sacs et biscuits des Mameluks, pour l'usage de la caravane. Il m'enverra tous les cinq jours l'état de ce qu'aura procuré cette réquisition.

BONAPARTE.

Collection Napoléon.

3501. — AU CAPITAINE DE FRÉGATE BARRÉ, A ALEXANDRIE.

Quartier général, au Caire, 29 vendémiaire an VII (20 octobre 1798).

J'ai reçu, Citoyen, le travail sur les passes d'Alexandrie que vous m'avez envoyé. Vous avez dû, depuis, vous confirmer davantage dans les sondes que vous aviez faites. Je vous prie de me répondre à la question suivante :

Si un bâtiment de 74 se présente devant le port d'Alexandrie, vous chargez-vous de l'y faire entrer?

BONAPARTE.

Collection Napoléon.

3502. — AU GÉNÉRAL CAFFARELLI.

Quartier général, au Caire, 29 vendémiaire an VII (20 octobre 1798).

Pour communiquer, Citoyen Général, d'Alexandrie à El-Rahmànyeh, il faudrait, toutes les cinq lieues, avoir une bonne redoute capable d'être défendue par 50 hommes et d'en contenir jusqu'à 200. On choisirait l'emplacement de manière qu'elle pût protéger les travailleurs du canal et que chacune eût dans son enceinte un bon puits.

Une simple muraille de trois ou quatre toises de haut, avec deux bonnes plates-formes pour deux pièces de canon, un hangar pour servir de corps de garde, et un petit hangar ou bâtiment pour servir de magasin, c'est, je crois, tout ce qu'il faudrait.

Ce travail est absolument préliminaire à celui du canal : il faudrait que vous donnassiez vos ordres pour que l'on commençât à y travailler de suite; que l'officier du génie d'El-Rahmànyeh ou d'Alexandrie choisisse, de concert avec le général Marmont, tous les emplacements; je m'en rapporte à tout ce qu'ils feront. Ajoutez-y seulement que, si on peut en construire une de manière à battre le lac Ma'dyeh et contenir les pêcheurs, il n'y aura plus qu'à déterminer le nombre de pouces d'eau que devront tirer les barques armées que l'on devra tenir sur ce lac.

J'attache toujours une grande importance à la redoute d'El-Rahmànyeh. Donnez seulement une telle modification à son tracé ou à son profil qu'une soixantaine d'hommes s'y trouvent à l'abri.

BONAPARTE.

Dépôt de la guerre.

3503. — AU CITOYEN LE ROY.

Quartier général, au Caire, 29 vendémiaire an VII (20 octobre 1798).

Je vous prie, Citoyen Ordonnateur, de me faire un rapport sur le vaisseau *le Dubois,* la frégate *la Carrère,* et celle des corvettes *la Mantoue* et *la Leoben* qui est en meilleur état. Que vous faudrait-il pour armer cette 2e division? Il n'y a que les canons qui peuvent vous manquer, car, pour le reste, nous devrions pouvoir en venir à bout. Auriez-vous des feuilles de cuivre pour doubler *la Carrère* et la corvette? Quels sont les canons qui vous manqueraient pour cet armement?

BONAPARTE.

Collection Napoléon.

3504. — AU CITOYEN DUMANOIR, A ALEXANDRIE.

Quartier général, au Caire, 29 vendémiaire an VII (20 octobre 1798).

Il arrive souvent à Derne et à Benghazy des bâtiments de Provence. Je désirerais que vous fissiez partir une felouque avec un officier intelligent, pour Derne et Benghazy, qui porterait le paquet ci-joint pour le bey de Tripoli [1].

Il s'aboucherait avec les commandants des différents bâtiments qu'il y trouverait, et nous rapporterait les nouvelles d'Europe qu'il aurait apprises.

BONAPARTE.

Collection Napoléon.

3505. — AU CITOYEN CROIZIER,
CHEF D'ESCADRON, AIDE DE CAMP DU GÉNÉRAL EN CHEF.

Quartier général, au Caire, 29 vendémiaire an VII (20 octobre 1798).

Vous voudrez bien partir ce soir par la diligence, pour vous rendre à Alexandrie. Vous débarquerez à El-Rahmànyeh. Vous m'enverrez d'El-Rahmànyeh l'état de l'artillerie qui s'y trouve et de celle qui y a passé, l'état de situation des transports, et la note du blé qui s'y trouve et qui y a passé.

De là vous suivrez le canal jusqu'au quartier général du général Marmont. Vous me ferez connaitre la quantité d'eau qui est dans le canal et le nombre de jours qu'il sera encore navigable.

Vous resterez sept à huit jours à Alexandrie, et vous y verrez dans le plus grand détail toutes les batteries, l'armement de tous les forts, la situation de chacun des bâtiments de guerre.

Vous visiterez tous les postes où la garnison monte la garde, et vous prendrez la note des hommes.

Vous visiterez également les casernes où les troupes sont casernées.

Vous aurez soin surtout de bien voir si le fort que l'on construit à la batterie des Bains domine le terrain du côté du Marabout de manière que l'ennemi ne puisse s'établir à 7 ou 800 toises.

Vous vous rendrez compte de l'état dans lequel se trouve le fort du Marabout.

Vous reviendrez ensuite par Aboukir et Rosette.

[1] De Barbarie.

Voyez tout dans le plus grand détail et prenez des notes, afin que vous puissiez répondre à toutes les questions que je pourrais vous faire. Vous verrez surtout l'état dans lequel se trouvent les magasins d'approvisionnement de siége.

BONAPARTE.

Collection Napoléon.

3506. — AU GÉNÉRAL MENOU, a rosette.

Quartier général, au Caire, 29 vendémiaire an VII (20 octobre 1798).

L'état-major vous enverra l'ordre, Citoyen Général, de prendre le commandement des provinces de Bahyreh et d'Alexandrie. Cela contrariera le désir que vous avez de revenir au Caire; mais le bien de l'armée, à laquelle vous avez déjà rendu des services si essentiels, exige encore, pour quelque temps, votre présence dans le nord.

BONAPARTE.

Dépôt de la guerre.

3507. — AU GÉNÉRAL BERTHIER.

Quartier général, au Caire, 29 vendémiaire an VII (20 octobre 1798).

La ville d'Alexandrie et la province de Bahyreh feront partie du commandement du général, Menou, qui transportera son quartier général, selon les circonstances, à Rosette, à Alexandrie, à El-Rahmànyeh. Le général commandant la province de Bahyreh et d'Alexandrie correspondra directement avec lui.

BONAPARTE.

Dépôt de la guerre.

3508. — AU GÉNÉRAL MENOU.

Quartier général, au Caire, 29 vendémiaire an VII (20 octobre 1798).

Un de vos premiers soins, Citoyen Général, doit être de faire faire un croquis de la route d'Alexandrie à El-Rahmànyeh et un autre de celle d'Alexandrie à Rosette, et de déterminer laquelle des deux nous devons conserver.

BONAPARTE.

Dépôt de la guerre.

3509. — CONSEIL D'ADMINISTRATION.

Quartier général, au Caire, 29 vendémiaire an VII (20 octobre 1798).

L'intendant général a apporté les lettres pour les recouvrements à faire dans les provinces de Charqyeh, Bahyreh et Atfyeh. La continuation est remise à demain, et cependant il a donné le détail des sommes demandées dans chaque province, savoir :

PROVINCES.	MYRY D'ÉTÉ.		MYRY D'HIVER.	TOTAL.	
	pataques [1]. méd.		pataques.	pataques. méd.	
Gharbyeh.........	17,064	54	82,500 / 500	100,064	54
Atfyeh	»		8,300	8,300	00
Menouf.	»		71,850	71,850	00
Rosette.	84,352 / 739	00 / 00	9,500	94,591	00
Damiette.	194,248	00	5,700	199,948	00
Mansourah...,.....	128,212	00	34,600	162,812	00
Bahyreh.	5,542	28	12,800	18,342	28
Qelyoub.	»		30,100	30,100	00
Gyzeh.	»		13,800	13,800	00
Charqyeh.	»		43,100	43,100	00
Behnesé	»		28,750	28,750	00
			Total général....	771,657	82

Dans trois jours, l'intendant général remettra l'état des demandes à faire à Minyeh et au Fayoum.

Les états détaillés par village des sommes ci-dessus ont été envoyés en français aux agents, les 13, 14 et 15 brumaire, pour en donner copie aux généraux commandants; ceux de Charqyeh et de Gharbyeh ont été adressés directement aux généraux commandants.

SURPLUS DES PROVINCES.

Minyeh . . . .   10,000 pataques.
Fayoum   16,300
Manfaloutyeh   6,000

Premier total   32,300
Deuxième total des provinces ci-dessus. 771,657   82 médins.

Total général des quatorze provinces. . 803,957   82

L'intendant général présentera le travail général de ce qui est à exiger de Gizeh, après-demain, avec toutes les formalités d'usage.

Ce travail contiendra ce que les villages doivent pour le myry, le feddân, les droits extraordinaires, ainsi que ceux exigés des villages qui appartenaient aux Mameluks, aux femmes des Mameluks, etc.

L'intendant général fera prévenir les propriétaires des différents villages que, s'ils ne se dépêchent d'avoir l'impôt, ils perdront leurs propriétés.

[1] La pataque valait 90 médins; le médin, 3 centimes 1/2.

v.   6

Les demandes aux villages contiendront la totalité de ce qu'ils doivent payer en différents termes; mais ils ne devront acquitter tout de suite que le tiers de la totalité, y compris ce qui a déjà été demandé.

Collection Napoléon.

3510. — ORDRE.

Quartier général, au Caire, 29 vendémiaire an VII (20 octobre 1798).

Le nommé Dimian, premier écrivain de Solyman-Aga, est condamné à une contribution de 15,000 pataques pour n'avoir pas déclaré le dépôt fait entre les mains de Kassem-Aga par ledit Solyman, et dont il avait des preuves.

BONAPARTE.

Collection Napoléon.

3511. — AU GÉNÉRAL DOMMARTIN.

Quartier général, au Caire, 29 vendémiaire an VII (20 octobre 1798).

Le général Reynier me presse, Citoyen Général, de lui envoyer des munitions d'infanterie, des munitions pour ses pièces de 3, sa pièce de 8 et son obusier. Voyez si vous pouvez faire partir tout cela demain. Comme le convoi qui est parti par eau a dû passer par Damiette, pour de là se rendre à Sàn, faites partir pour Sàlheyeh les deux pièces que vous aviez fait préparer pour Suez; que les chameaux reviennent, et préparez-nous deux autres pièces pour Suez.

BONAPARTE.

Dépôt de la guerre.

3512. — AU GÉNÉRAL CAFFARELLI.

Quartier général, au Caire, 29 vendémiaire an VII (20 octobre 1798).

En attendant, Citoyen Général, que les chaussées que nous voulons établir soient faites, il est absolument nécessaire d'ouvrir une communication entre la place Ezbekyeh, Boulàq et El-Qobbeh, ou la mosquée de Dàher-Beybars, de manière que l'artillerie y circule sans difficulté. Je désirerais que cette communication fût faite dans quatre ou cinq jours. S'il est nécessaire de jeter quelques masures par terre, il faudra le faire.

BONAPARTE.

Dépôt de la guerre.

3513. — AU GÉNÉRAL CAFFARELLI.

Quartier général, au Caire, 29 vendémiaire an VII (20 octobre 1798)

Je désirerais, Citoyen Général, savoir où en sont les ateliers [1] du citoyen Conté, et quand nous aurons un moulin.

BONAPARTE.

Dépôt de la guerre.

3514. — AU GÉNÉRAL BERTHIER.

Quartier général, au Caire, 29 vendémiaire an VII (20 octobre 1798).

Vous trouverez, Citoyen Général, ci-joint une lettre du général Belliard, qui vous mettra au fait d'une discussion qui existe à Gyzeh.

Je vous prie de remédier sur-le-champ aux inconvénients qu'entraîne cette discussion, puisque cela regarde les objets les plus importants de l'armée, et que cela peut nuire à la formation de l'équipage de campagne, dont nous avons un besoin si urgent.

Le directeur du parc ne dépend que du général d'artillerie, et cependant le citoyen Songis a eu tort de ne pas donner au général commandant la place l'état de situation du personnel attaché au parc. Le général Belliard a eu tort de mettre le directeur du parc aux arrêts pour un objet de cette nature. Il devait en porter plainte à l'état-major ou au général d'artillerie. De tout temps, le directeur du parc de l'armée a été indépendant des généraux de division dans l'arrondissement desquels il se trouve, et le général d'artillerie est toujours censé présent au parc.

Les règlements, qui sont les résultats de l'expérience, ont fait, et avec raison, du parc général de l'armée une organisation indépendante et séparée de tout le reste de l'armée.

BONAPARTE.

Dépôt de la guerre.

3515. — ORDRE.

Quartier général, au Caire, 29 vendémiaire an VII (20 octobre 1798).

ARTICLE 1ᵉʳ. — Il sera payé tous les ans, par le général du génie, 11,000 médins à l'intendant du puits de Joseph, pour faire aller les eaux de ce puits. Il payera depuis le 1ᵉʳ fructidor.

ART. 2. — Le puits de Joseph sera sous l'inspection immédiate du général du génie, et il devra être considéré comme faisant partie des eaux du château.

Dépôt de la guerre.   BONAPARTE.

[1] Destinés aux arts mécaniques.

6.

3516. — ARRÊTÉ.

Quartier général, au Caire, 29 vendémiaire an VII (20 octobre 1798).

ARTICLE 1ᵉʳ. — Il y aura au Caire un divan composé de vingt-cinq membres, savoir : neuf de la ville du Caire, un député de chacune des seize provinces, deux secrétaires interprètes, deux huissiers, dix bâtonniers.

Il sera composé, le tiers en cheiks-el-beled, le tiers en négociants, le tiers en hommes de loi. Il s'assemblera toutes les fois qu'il sera convoqué par le général en chef. Il choisira aussi neuf personnes pour composer le divan permanent, qui sera tenu de résider toujours dans la capitale où il sera employé [1].

ART. 2. — Le général en chef se réserve spécialement la nomination des membres qui doivent composer ce divan.

ART. 3. — Il y aura, dans chaque province, un divan composé de neuf membres, qui seront nommés par une assemblée de tous les cheiks-el-beled de la province et par les principaux chérifs ou imams, et par les principaux négociants ou fabricants. Les chérifs ou imams, les négociants, les fabricants qui doivent composer l'assemblée, seront désignés par le général commandant la province.

ART. 4. — Les assemblées provinciales pour la nomination du divan auront lieu le 15 brumaire pour les provinces d'Alexandrie, Rosette, Damiette, Gyzeh et Mansourah, et le 1ᵉʳ frimaire pour toutes les autres provinces. Elles seront convoquées par le général commandant la province et le divan actuel.

ART. 5. — L'assemblée une fois organisée, on y procédera, au scrutin, à la nomination du divan. Elle présentera une liste de dix-huit membres, sur laquelle le général commandant la province en choisira neuf, qui seront proclamés membres du divan.

ART. 6. — La première opération du divan sera de se nommer un président, un secrétaire, deux secrétaires interprètes, deux huissiers et dix bâtonniers. Le président et le secrétaire devront être pris dans son sein. Les secrétaires interprètes et les huissiers seront pris hors de son sein.

Le procès-verbal de la nomination et de l'installation du divan sera envoyé au divan du Caire.

ART. 7. — Le divan du Caire est supérieur à tous les autres divans, comme ceux-ci le sont à tous les cheiks-el-beled, cadis, effendis, etc.

ART. 8. — Les membres du divan du Caire auront 80 talari par

---

[1] Paragraphe ajouté de la main du général Bonaparte.

mois; le président, 150; les secrétaires interprètes, 25 talari par mois; les deux huissiers, 60 médins par jour; les dix bâtonniers, 15 médins; les membres des autres divans auront 100 médins par jour; les secrétaires interprètes, 80 médins par jour; les huissiers, 40 médins, et les bâtonniers, 15 médins.

BONAPARTE.

Collection Napoléon.

3517. — AU GÉNÉRAL REYNIER, A BELBEYS.

Quartier général, au Caire, 29 vendémiaire an VII (20 octobre 1798).

Vous pouvez garder, Citoyen Général, le temps que vous jugerez nécessaire, l'officier de la légion maltaise. La mesure que j'ai prise est générale. La troupe ne peut voir qu'avec peine des officiers maltais près des généraux.

BONAPARTE.

Collection Napoléon.

3518. — AU CITOYEN DUROC, AIDE DE CAMP DU GÉNÉRAL EN CHEF.

Quartier général, au Caire, 29 vendémiaire an VII (20 octobre 1798).

Vous voudrez bien, Citoyen, partir aujourd'hui pour vous rendre auprès du général Desaix. Vous lui porterez la lettre ci-jointe, par laquelle je lui ordonne d'attaquer Mourad-Bey partout où il serait, afin qu'avant que l'inondation finisse Mourad-Bey soit obligé de prendre un parti. Vous resterez à la division du général Desaix le temps nécessaire pour connaître la situation où elle se trouve, et pouvoir me dire, à votre retour, si la division est fatiguée et si le général Desaix désire que je la fasse remplacer par une autre pour achever la course dans la haute Égypte, ou si la division est dans le cas de continuer son opération.

Vous verrez le général Zajonchek à El-Zàouyeh, et vous lui ferez sentir combien il est urgent qu'il accélère la levée des chevaux, que je trouve singulier qu'il demande toujours des troupes, lorsqu'il a plus de 200 hommes et des bâtiments armés.

Vous aurez soin de prendre des notes sur les routes d'ici au Fayoum, à El-Lâhoun.

BONAPARTE.

Collection Napoléon.

3519. — AU DIRECTOIRE EXÉCUTIF.

Quartier général, au Caire, 30 vendémiaire an VII (21 octobre 1798).

Mon frère est parti, il y a plusieurs jours; il s'est embarqué à

Rosette sur le brick *la Revanche*. Dans le cas qu'il n'arrive pas, je vous expédie un de mes courriers par Alexandrie, avec le duplicata des lettres en chiffres que porte mon frère.

Vous trouverez ci-joint les relations des différents avantages que nous avons remportés sur les ennemis. Voici les dernières nouvelles que j'ai de Syrie : le vizir de Constantinople a été chassé et remplacé par Jusuf-Pacha; le pacha de Damas a été nommé séraskier, c'est-à-dire général en chef.

Nous sommes ici dans la même position; l'armée s'habille, se repose; les équipages d'artillerie se forment, nos fortifications s'élèvent, et le pays s'organise.

Les Anglais ont brûlé quinze bâtiments napolitains et toscans qui retournaient chez eux; je les avais fait licencier d'Alexandrie; ils ont envoyé les équipages à Alexandrie. Je vais faire un corps de tous les matelots étrangers; cela augmentera nos forces de 5 à 600 hommes.

Je vous enverrai incessamment une belle carte d'Alexandrie, du Caire et d'Égypte, que je fais faire. Tout le monde travaille; personne ne perd son temps. Le Nil n'a jamais été si beau que cette année depuis cent ans; il couvre toute l'Égypte; il diminue cependant. Le général Andréossy a soumis le lac Menzaleh et est sur les ruines de Peluse. L'armée turque se rassemble à Damas; elle sera de 60,000 hommes, à ce que l'on dit.

Je n'ai aucune nouvelle de France depuis le 18 messidor. J'ai fait partir le corsaire *la Cisalpine* pour Ancône le 11 fructidor; il y a donc cinquante-quatre jours; si elle n'a pas été prise, elle devrait être de retour. J'ai fait partir quatre avisos d'Alexandrie à différentes époques; je ne sais s'ils seront arrivés.

J'enverrai à Corfou ou à Ancône 400 matelots pour compléter les équipages de nos trois bâtiments de guerre. Envoyez de l'argent à Ancône, à Corfou, à Malte. Nous aurions besoin ici de 5 à 600 charpentiers, forgerons, menuisiers, ébénistes, maçons, etc.

Nos lazarets sont en pleine activité. Ordonnez que les bâtiments qui auront patente nette ne soient pas sujets à la quarantaine, pas plus que ceux du reste de l'Europe : car nous sommes ici fort sévères, et les précautions sont prises de tous les côtés.

BONAPARTE.

Collection Napoléon.

3520. — AU GÉNÉRAL BON.

Quartier général, au Caire, 30 vendémiaire an VII (21 octobre 1798).

Ordre au général Bon d'envoyer une partie de sa division bivouaquer à la place du Château et une autre à la place Ezbekyeh;

De faire faire de nombreuses patrouilles pour protéger les hôpitaux et la manutention;

D'ordonner aux commandants de sections d'envoyer des rapports précis au général en chef.

Par ordre du général en chef.

Dépôt de la guerre.

3521. — AU COMMANDANT DU BATAILLON DE LA 22e LÉGÈRE.

Quartier général, au Caire, 30 vendémiaire an VII (21 octobre 1798).

Ordre au commandant de la 22e, à El-Qobbeh, de venir occuper les hauteurs entre le Caire et El-Qobbeh. Le mouvement qui a eu lieu ce matin nécessite le rapprochement des troupes.

Par ordre du général en chef.

Dépôt de la guerre.

3522. — AU GÉNÉRAL DESAIX.

Quartier général, au Caire, 30 vendémiaire an VII (21 octobre 1798).

L'on m'assure que Mourad-Bey est encore à Garâh [1]. Je désire, Citoyen Général, que vous marchiez à lui, ce qui peut le décider à se jeter dans les oasis. S'il y était obligé, il serait à peu près détruit; les Arabes ne manqueraient pas de l'abandonner, ainsi qu'une partie des Mameluks; au lieu que, s'il parvient à se cantonner sur les bords du désert pendant quinze à vingt jours, la baisse des eaux lui permettra de se porter où il voudra.

Tâchez de lever quelques chevaux dans la province du Fayoum et de Beny-Soueyf. Notre cavalerie est encore bien loin d'être montée.

BONAPARTE.

Dépôt de la guerre.

3523. — AU GÉNÉRAL LANNES.

Quartier général, au Caire, 1er brumaire an VII (22 octobre 1798).

Je vous préviens, Citoyen Général, que je viens de donner l'ordre au bataillon que vous avez placé hier sur la hauteur de l'Institut, de se rendre au quartier général pour être à la disposition du général Dommartin.

[1] Medynet el-Gharaq ou Garâh.

Le général en chef vous ordonne de prendre, si vous le pouvez, du pain pour deux jours, et de partir, avec tout ce que vous aurez de disponible, pour vous porter à la pointe du jour sur les hauteurs, derrière le quartier général du général en chef, hors la ville. Vous ferez passer une patrouille de 2 à 300 hommes par Boulâq, qui, après avoir traversé cette ville et s'être assurée qu'il n'y a rien de nouveau, vous rejoindra à votre position.

Vous mènerez avec vous un obusier et une pièce de 3. Vous laisserez le reste de l'artillerie avec le détachement que vous laisserez au Vieux-Caire, pour sa garde, ainsi que pour celle de la maison d'Ibrahim-Bey.

Vous donnerez l'ordre à l'une des trois compagnies que vous avez envoyées à Gyzeh de repasser le Nil pour vous rejoindre.

Vous donnerez l'ordre que la batterie du Meqyàs, de la pointe nord de l'île de Roudah, et celle située sur la prise des eaux, soient approvisionnées en canonniers et en munitions de guerre.

Par ordre du général en chef.

Dépôt de la guerre.

3524. — AU GÉNÉRAL BON.

Quartier général, au Caire, 1ᵉʳ brumaire an VII (22 octobre 1798), 2 heures.

Le général en chef me charge de vous dire, Citoyen Général, qu'il est extrêmement urgent d'attaquer le quartier insurgé; faites bombarder la mosquée; placez les obusiers dans l'endroit le plus favorable pour pouvoir faire le plus d'effet.

Faites passer l'ordre au général Dommartin de faire la même chose et de s'emparer de la porte et des principales maisons qui conduisent à la mosquée. Sous la protection de ce feu, vous ferez entrer vos bataillons. Vous ordonnerez au général Dommartin de faire la même chose au même moment.

Le général en chef ordonne que vous fassiez passer au fil de l'épée tous ceux que l'on rencontrera dans les rues, armés.

Vous ferez publier que toutes les maisons qui jetteront dans les rues des pierres seront sur-le-champ brûlées, et pardon aux autres.

Exterminez tout ce qui sera dans la mosquée et établissez de fortes patrouilles. Pendant la nuit, exigez que toutes les maisons éclairent.

Vous ordonnerez au général Dommartin que, pendant la nuit et demain à la pointe du jour, il y ait sur les hauteurs qu'il occupe des forces imposantes.

Comme il est deux heures, il n'y a pas un instant à perdre.

Par ordre du général en chef.

Dépôt de la guerre.

3525. — AU GÉNÉRAL DUMAS.

Quartier général, au Caire, 2 brumaire an VII (23 octobre 1798).

Ordre au général Dumas de monter à cheval au jour et de faire une patrouille jusqu'à El-Qobbeh, avec 200 hommes de cavalerie; il prendra au quartier général une pièce de canon, qu'il fera passer par Boulâq.

Par ordre du général en chef.

Dépôt de la guerre.

3526. — AU GÉNÉRAL BON.

Quartier général, au Caire, 2 brumaire an VII (23 octobre 1798).

Ordre au général Bon de faire jeter à terre, pendant la nuit, la grande mosquée, en brisant quelques colonnes, si cela est possible; de tenir un fort poste dans la mosquée, et de lui faire faire des patrouilles dans le quartier; de maintenir libre la communication : à cet effet, de jeter à terre les barrières, portes, etc., qui obstrueraient les rues. Il aura soin surtout de maintenir libre sa communication avec le général Vèaux.

Le général Bon aura soin de faire parcourir les rues du Caire et de faire faire par tous les commandants des quartiers et principaux de la ville des patrouilles et des proclamations. De la place de Caranuse [1], il fera faire des patrouilles sur le Vieux-Caire, pour dissiper les attroupements que les paysans pourraient avoir formés, et tenir éloignés les Arabes. Il tiendra les troupes en bonne discipline, et fera conduire tous les prisonniers au château, où ou les mettra au cachot jusqu'à nouvel ordre. Le général Bon ne fera point tirer, même contre les Arabes, à moins qu'ils ne soient en nombre extraordinaire : les habitants, s'ils entendaient le canon, auraient peur, et les villages environnants croiraient que tout est encore en guerre et en révolte.

Par ordre du général en chef.

Dépôt de la guerre.

3527. — AU GÉNÉRAL BERTHIER.

Quartier général, au Caire, 2 brumaire an VII (23 octobre 1798).

Vous voudrez bien, citoyen Général, donner l'ordre au commandant de la place de faire couper le cou à tous les prisonniers qui ont été pris les armes à la main. Ils seront conduits cette nuit aux bords

[1] Qarâmeydan.

du Nil, entre Boulàq et le Vieux-Caire; leurs cadavres sans tête seront jetés dans la rivière.

BONAPARTE.

Dépôt de la guerre.

3528. — AU CITOYEN LOUIS BONAPARTE.

Quartier général, au Caire, 2 brumaire an VII (23 octobre 1798).

Vous trouverez ci-joint l'ordre pour que le commandant des armes à Alexandrie vous fasse partir vingt-quatre heures après votre arrivée, si le temps le permet, sur un bon brick, *le Vif* ou *l'Indépendant.* Vous suivrez les mêmes instructions. Cependant les citoyens Perrée et Ganteaume m'assurent que *la Revanche* est un très-bon bâtiment.

Il est nécessaire que vous ayez avec vous une copie des instructions qu'avait *la Revanche,* afin que Dumanoir les donne au bâtiment sur lequel vous devez vous embarquer.

Vous trouverez ci-joint plusieurs exemplaires de la dernière relation imprimée.

Nous avons été, ces deux jours-ci, occupés à calmer une révolte dans la ville du Caire, survenue par une rixe où Dupuy, passant dans une rue, fut tué. J'ai été obligé de faire tirer des bombes et des obus sur un quartier où les rebelles s'étaient barricadés. Il y a eu un millier de Turcs de tués. Sulkowski, à la tête de quelques guides, a été tué hier matin. Aujourd'hui tout est parfaitement calme et le bon ordre est rétabli. Adieu, bon voyage, bonne santé.

BONAPARTE.

Comm. par M. le prince Ladislas Czartoryski.

3529. — AU GÉNÉRAL DESAIX.

Quartier général, au Caire, 3 brumaire an VII (24 octobre 1798).

Je reçois, Citoyen Général, votre lettre du 29 vendémiaire. Votre aide de camp vous donnera des détails de ce qui est arrivé au Caire; la tranquillité se trouve actuellement parfaitement rétablie.

Prenez la position qui vous sera la plus commode pour reposer votre division et tenir en respect le Fayoum, la province de Beny-Soueyf et, si vous le pouvez, celle de Minyeh. Tâchez de lever des chevaux dans les trois provinces. Procurez-vous aussi des chevaux non-seulement pour pouvoir atteler les trois pièces d'artillerie que vous avez, mais les trois autres que l'on est prêt à vous envoyer. Communiquez le plus souvent qu'il vous sera possible avec le quartier général. Il est essentiel que votre hôpital se trouve dans un point d'où il puisse communiquer facilement avec le Caire ; il serait bon que ce fût sur le Nil.

Les trois dépôts de votre division vont vous envoyer tous les habits et pantalons qu'ils ont de faits. Ils ont reçu de quoi confectionner :

La 61e. . . . . . . 800 habits, 1,600 pantalons.
La 88e. 600   1,200
La 21e. 900   1,800

Faites-moi envoyer par un officier du génie une reconnaissance, avec croquis, du Fayoum et de toute la partie que vous avez parcourue.

Toutes les fois qu'il y aura au dépôt de votre division 50 hommes de disponibles, on vous les enverra.

Donnez-moi le plus souvent possible des nouvelles des Mameluks.

BONAPARTE.

Collection Napoléon.

_____

3530. — AU GÉNÉRAL BERTHIER.

Quartier général, au Caire, 5 brumaire an VII (26 octobre 1798).

Je vous prie, Citoyen Général, de m'envoyer l'état des individus arrêtés hier et cette nuit, et conduits à la citadelle, avec l'interrogatoire suivant :

Pourquoi ils ont été arrêtés ?
Pourquoi ils pillaient les quartiers ?
Pourquoi ils ont pris les armes contre les Français ?
Qui leur avait donné des fusils, des lances, etc. ?
Leur profession ?
La rue et la maison qu'ils habitent ; quel quartier ?
Où ils ont été pendant la révolte ?

BONAPARTE.

Dépôt de la guerre.

_____

3531. — AU GÉNÉRAL BERTHIER.

Quartier général, au Caire, 5 brumaire an VII (26 octobre 1798).

Vous donnerez l'ordre au citoyen Barthélemy, chef de bataillon de la garde turque, de partir demain avec sa compagnie de janissaires et quatre compagnies du bataillon de la 22e, qui est à El-Qobbeh. Il parcourra les dix villages les plus près du Caire ; il verra les cheiks-el-beled et se fera remettre la copie des lettres qui leur ont été écrites dans la nuit de l'insurrection, par lesquelles on les engageait à venir au Caire secourir les révoltés. Il prendra tous les renseignements qu'il pourra sur la position qu'occupent les Arabes, sur ce qu'ils font et sur ce qu'il pourrait y avoir de nouveau soit à Belbeys, soit à Suez. Il ira jusqu'à El-Khânqah.

Vous le ferez accompagner par un adjoint de l'état-major et 50 hommes de cavalerie.

BONAPARTE.

Dépôt de la guerre.

3532. — ORDRE.

Quartier général, au Caire, 5 brumaire an VII (26 octobre 1798).

ARTICLE 1er. — Le commandant du quartier Ezbekyeh, accompagné de deux notables turcs et d'un officier commis à cet effet par le général du génie, prendra la note des maisons qu'il est nécessaire d'abattre pour établir la communication du quartier général à Boulâq, et du quartier général au fort Sulkowski, de manière que deux voitures d'artillerie puissent y passer de front.

ART. 2. — On travaillera dès demain avec la plus grande activité à ladite communication.

ART. 3. — Le commandant de la section remettra, ce soir, au citoyen Poussielgue la note des maisons qu'on doit abattre et des habitants qui s'y trouvent. Il sera désigné des maisons de Mameluks pour indemniser les particuliers dont on abattra les maisons.

BONAPARTE.

Comm. par M. le comte Caffarelli.

3533. — AU GÉNÉRAL CAFFARELLI.

Quartier général, au Caire, 5 brumaire an VII (26 octobre 1798).

Le chemin actuel d'ici à Boulâq n'est encombré que par une grande mosquée ruinée. Je désirerais que vous la fissiez abattre et en transporter les débris sur la hauteur où doit être situé le fort Camin. Ce sera plus de la moitié de la besogue pour la construction de ce fort.

Les débris de la petite mosquée et des maisons que vous ferez abattre pour la nouvelle communication de Boulâq et pour la communication au fort Sulkowski pourraient nous servir à faire une belle rampe pour joindre la chaussée des Coptes à la place, de manière que l'artillerie y passe facilement. On pourrait réserver le reste des débris et les transporter à l'endroit où l'on doit passer le canal, pour y construire un pont.

BONAPARTE.

Comm. par M. le comte Caffarelli.

3534. — AU GÉNÉRAL CAFFARELLI.

Quartier général, au Caire, 5 brumaire an VII (26 octobre 1798)[1].

Il faudrait loger convenablement le commandant de la place à la citadelle, y avoir la manutention pour le journalier de la garnison du Caire, soit 12,000 rations; des logements pour deux bataillons, soit 1,200 hommes; pour l'artillerie, le génie de la citadelle; le directeur du génie et celui de l'artillerie, le commissaire des guerres de la place; un hôpital de cent lits; tous les dépôts de l'armée.

Si l'on était embarrassé pour les dépôts, l'on pourrait mettre ceux d'une division à Gyzeh. Une division est à Damiette; restent trois dépôts à placer dans le château.

On laisserait l'hôpital n° 1 dans la ville, en l'isolant et le fortifiant.

On disposerait la mosquée, du côté de l'île de Roudah, pour servir de magasins à l'habillement et aux transports; le magasin général des subsistances au Meqyàs; l'artillerie à Gyzeh; le génie à la maison des Pèlerins; tous les magasins des hôpitaux à la maison d'Ibrahim-Bey.

A Gyzeh, un hôpital de cent lits.

Tous les Français tenant au quartier général, à la place Ezbekyeh.

Faire du quartier de l'Institut un quartier français.

Les officiers de santé et employés au service de santé, logés aux hôpitaux.

Et, s'il est difficile de pouvoir remplir ces buts dans les lieux désignés, discuter ce qu'il vaut mieux garder de Boulâq ou du Vieux-Caire, et ce qu'il faudrait faire pour y parvenir.

BONAPARTE.

Comm. par M. le comte Caffarelli.

3535. — AU GÉNÉRAL LANUSSE.

Quartier général, au Caire, 5 brumaire an VII (26 octobre 1798).

Je vous fais mon compliment, Citoyen Général, sur la mort d'Abou-Cha'yr; c'est une véritable victoire de nous avoir défaits de ce brigand.

Vous devez avoir reçu les lettres que je vous ai écrites au commencement et à la fin de la révolte du Caire; tout est depuis deux jours dans l'ordre ordinaire.

Je vous presse toujours pour des chevaux. Voici les eaux qui se retirent de tous côtés, et une grande partie de notre cavalerie est encore à pied.

[1] Date présumée.

Envoyez à Gyzeh les canons et les fusils de rempart que vous avez trouvés dans la maison d'Abou-Cha'yr.

BONAPARTE.

Collection Napoléon.

3536. — AU CITOYEN POUSSIELGUE.

Quartier général, au Caire, 5 brumaire an VII (26 octobre 1798).

Il est nécessaire que vous donniez les ordres les plus stricts pour qu'on ne marque pas les maisons du peuple ni des pauvres; il ne faut marquer que celles des riches.

BONAPARTE.

Comm. par Mᵐᵉ de la Morinière.

3537. — ORDRE DU JOUR.

Quartier général, au Caire, 5 brumaire an VII (26 octobre 1798).

Le général en chef est instruit que, malgré la défense qu'il a faite qu'aucun Français ne donne des armes à nettoyer ou à raccommoder aux armuriers turcs, plusieurs Français ont éludé cet ordre : il ordonne, en conséquence, aux chefs des différents corps et à tous autres, de rendre compte à l'état-major général des armes qui auraient pu être données aux armuriers du pays et qui n'auraient pas été restituées, afin que l'aga les fasse rendre et qu'il ne puisse en rester aucune entre les mains des Turcs.

Le général en chef témoigne, par la voie de l'ordre du jour, aux commandants des dépôts des 9ᵉ et 85ᵉ demi-brigades, son mécontentement sur l'état de dénûment dans lequel ils ont laissé partir, avant-hier, les hommes disponibles qui allaient rejoindre la division du général Reynier.

Le général en chef recommande la plus grande activité dans la confection des objets d'habillement; les effets donnés sont faits pour vêtir le soldat, et non pour rester dans les magasins.

Les chefs des différents corps et d'administrations, les chefs des dépôts dont les corps ne sont pas au Caire, rendront compte s'il leur manque quelques hommes depuis le jour de l'insurrection; ils enverront leurs noms au quartier général.

Les commandants des différentes sections rendront également compte à l'état-major, des Turcs qu'ils sauraient avoir été tués dans leur arrondissement.

Par ordre du général en chef.

Collection Napoléon.

3538. — AU DIRECTOIRE EXÉCUTIF.

Quartier général, au Caire, 6 brumaire an VII (27 octobre 1798).

Le 30 vendémiaire, à la pointe du jour, il se manifesta quelques rassemblements dans la ville du Caire.

A sept heures du matin, une population nombreuse s'assembla à la porte du cadi Ibrahim-Ekhtem-Effendi, homme respectable par son caractère et ses mœurs. Une députation de vingt personnes des plus marquantes se rendit chez lui et l'obligea à monter à cheval, pour tous ensemble se rendre chez moi. On partait, lorsqu'un homme de bon sens observa au cadi que le rassemblement était trop nombreux et trop mal composé pour des hommes qui ne voulaient que présenter une pétition. Il fut frappé de l'observation, descendit de cheval et rentra chez lui. La populace, mécontente, tomba sur lui et sur ses gens à coups de pierres et de bâton, et ne manqua pas cette occasion pour piller sa maison.

Le général Dupuy, commandant la place, arriva sur ces entrefaites; toutes les rues étaient obstruées.

Un chef de bataillon turc, attaché à la police, qui venait deux cents pas derrière, voyant le tumulte et l'impossibilité de le faire cesser par la douceur, tira un coup de tromblon. La populace devint furieuse; le général Dupuy la chargea avec son escorte, culbuta tout ce qui était devant lui, s'ouvrit un passage. Il reçut sous l'aisselle un coup de lance qui lui coupa l'artère; il ne vécut que huit minutes.

Le général Bon prit le commandement. Les coups de canon d'alarme furent tirés, la fusillade s'engagea dans toutes les rues; la populace se mit à piller les maisons des riches. Sur le soir, toute la ville se trouva à peu près tranquille, hormis le quartier de la grande mosquée, où se tenait le conseil des révoltés, qui en avaient barricadé les avenues.

A minuit, le général Dommartin se rendit, avec quatre bouches à feu, sur une hauteur, entre la citadelle et El-Qobbeh, qui domine à cent cinquante toises la grande mosquée. Les Arabes et les paysans marchaient pour secourir les révoltés. Le général Lannes fit attaquer par le général Veaux 4 à 5,000 paysans, qui se sauvèrent plus vite qu'il n'aurait voulu. Beaucoup se noyèrent dans l'inondation.

A huit heures du matin, j'envoyai le général Dumas, avec de la cavalerie, battre la plaine. Il chassa les Arabes au delà d'El-Qobbeh.

A deux heures après midi, tout était tranquille hors des murs de la ville.

Le divan, les principaux cheiks, les docteurs de la loi s'étant présentés aux barricades du quartier de la grande mosquée, les révoltés leur en refusèrent l'entrée; on les accueillit à coups de fusil.

Je leur fis répondre à quatre heures par les batteries de mortiers de la citadelle et les batteries d'obusiers du général Dommartin. En moins de vingt minutes de bombardement, les barricades furent levées, le quartier évacué, la mosquée entre les mains de nos troupes, et la tranquillité fut parfaitement rétablie.

On évalue la perte des révoltés de 2,000 à 2,500 hommes; la nôtre se monte à 16 hommes tués en combattant, un convoi de 21 malades, revenant de l'armée, égorgés dans une rue, et à 20 hommes de différents corps et de différents états.

L'armée sent vivement la perte du général Dupuy, que les hasards de la guerre avaient respecté dans cent occasions.

Mon aide de camp Sulkowski, allant, à la pointe du jour, le 1er brumaire, reconnaître les mouvements qui se manifestaient hors de la ville, a été, à son retour, attaqué par toute la populace d'un faubourg; son cheval ayant glissé, il a été assommé. Les blessures qu'il avait reçues au combat de Sâlheyeh n'étaient pas encore cicatrisées. C'était un officier des plus grandes espérances.

BONAPARTE.

Dépôt de la guerre.

3539. — AU GÉNÉRAL REYNIER, a BELBEYS.

Quartier général, au Caire, 6 brumaire an VII (27 octobre 1798).

J'ai reçu, Citoyen Général, votre lettre du 4 brumaire, avec différents extraits des lettres du général Lagrange.

Vous devez avoir reçu un convoi avec des cartouches et quatre pièces de canon, dont deux pour votre équipage de campagne, deux pour Sâlheyeh, dans le cas que l'équipage par eau tardât à y arriver.

La tranquillité est parfaitement rétablie au Caire. Notre perte, au Caire, se monte exactement à 8 hommes tués dans les différents combats, 25 hommes malades qui, revenant de votre division, ont été assassinés en route, et une vingtaine d'autres personnes de différentes administrations et de différents corps assassinées isolément. Les révoltés ont perdu une couple de milliers d'hommes; toutes les nuits, nous faisons couper une trentaine de têtes, et beaucoup des chefs; cela, je crois, leur servira d'une bonne leçon.

Ibrahim-Bey ne tardera pas, je crois, à se jeter dans le désert. Si quelques Arabes ont été le rejoindre, cela a été pour lui porter du blé et autres provisions. Il paraît qu'il y a à Gaza une grande disette. Au reste, si nous pouvions être prévenus à temps, il n'échapperait que difficilement.

Pour le moment, tenez-vous concentré à Sàlheyeh et à Belbeys. Punissez les différentes tribus arabes qui se sont révoltées contre vous. Tàchez d'en obtenir des chevaux et des otages.

Faites activer par tous les moyens possibles les travaux de Belbeys. afin que l'on puisse y confier, d'ici à quelques jours, quelques pièces de canon. Approvisionnez Sàlheyeh le plus qu'il vous sera possible. La meilleure manière de punir les villages qui se sont révoltés, c'est de prendre le cheik-el-beled et de lui faire couper le cou, car c'est de lui que tout dépend.

Le général Andréossy est parti de Peluse le 28. Il y a trouvé de très-belles colonnes et quelques camées.

BONAPARTE.

Dépôt de la guerre.

3540. — AU GÉNÉRAL LANUSSE.

Quartier général, au Caire, 6 brumaire an VII (27 octobre 1798).

La diligence de Damiette a été attaquée, Citoyen Général, et, à ce qu'il paraît, égorgée par les villages de Ramleh et Benhà-el-A'sel, de la province de Qelyoub, et par ceux de Bata [1] et Mychref, de celle de Menouf.

Tàchez de saisir les chefs et faites-leur couper le cou. On assure qu'il y avait de l'argent venant de Damiette. Faites votre possible pour vous faire rendre une vingtaine de chevaux qui venaient par convoi de Mehallet-el-Kebyr.

BONAPARTE.

Collection Napoléon.

3541. — AU GÉNÉRAL BERTHIER.

Quartier général, au Caire, 6 brumaire an VII (27 octobre 1798).

Vous donnerez l'ordre au capitaine Omar de se porter au village de El-Ekhsàs, d'arrêter le cheik-el-beled, et de le conduire ici; et, en cas qu'il se soit sauvé, d'arrêter quatre des principaux habitants; ce village a tiré sur nos barques; il est vis-à-vis la pointe du Delta. Vous lui ferez donner assez de bateaux pour embarquer 100 hommes, et pour deux jours de vivres.

BONAPARTE.

Dépôt de la guerre.

[1] El-Batanoun?

3542. — ORDRE.

Quartier général, au Caire, 6 brumaire an VII (27 octobre 1798).

ARTICLE 1er. — Il sera formé trois compagnies grecques, de 100 hommes chacune : une au Caire, une à Damiette, une à Rosette.

ART. 2. — Ces compagnies seront exclusivement chargées des escortes des diligences.

ART. 3. — Les généraux commandant au Caire, à Rosette et à Damiette, sont chargés de la formation de ces compagnies. Ils nommeront pour les commander des hommes connus par leur attachement pour les Français.

BONAPARTE.

Dépôt de la guerre.

3543. — AU GÉNÉRAL BERTHIER.

Quartier général, au Caire, 6 brumaire an VII (27 octobre 1798).

La compagnie grecque qui doit être formée au Caire, en vertu de l'ordre ci-dessus, sera confiée au capitaine Nicolo[1], qui s'est bien montré dans cette dernière affaire. Elle sera casernée à Boulâq. Comme elle ne pourra pas être fournie pour les diligences qui partent demain, les escortes desdites diligences seront fournies par deux détachements de la compagnie des janissaires, mon intention étant de décharger entièrement les troupes françaises de l'escorte des diligences sur le Nil. Écrivez également à Rosette et à Damiette que, jusqu'à ce que les compagnies soient fournies, les généraux fassent escorter les diligences par des détachements de la compagnie des janissaires de ces deux villes.

BONAPARTE.

Dépôt de la guerre.

3544. — ORDRE DU JOUR.

Quartier général, au Caire, 6 brumaire an VII (27 octobre 1798).

Quelques Français ont été tués le jour de la rébellion, et plusieurs de ces hommes sont au nombre de ceux qui n'exécutent pas les ordres qui ont été donnés, et qui ont l'imprudence de s'écarter de leurs quartiers, seuls et sans armes. C'est aux chefs des corps, aux chefs des administrations, à veiller à ce que, hors du service, les Français ne s'exposent pas, et surtout sans armes.

Le plus grand ordre, la plus grande discipline doivent être maintenus parmi les troupes. Tout Français doit être bien armé, avoir

[1] Nicolo Marco.

ses armes en état et les munitions nécessaires. En cas de mouvement dans la ville, chacun doit se rendre à son corps ou se réunir à son administration, pour attendre les ordres qui peuvent leur être envoyés, suivant les circonstances.

C'est dans le moment que la tranquillité règne qu'on doit avoir la sagesse de ne pas se livrer à trop de sécurité, de se tenir toujours sur ses gardes et de porter ses armes.

Le général en chef est instruit que plusieurs soldats se permettent de s'insinuer dans les maisons et y pillent. Il est ordonné au commandant de la place et aux chefs des corps de prendre des mesures telles, que le soldat se tienne dans les bornes de ses devoirs, et que quelques mauvais sujets ne compromettent pas leurs camarades et la tranquillité publique.

Par ordre du général en chef.

Dépôt de la guerre.

3545. — AU GÉNÉRAL BERTHIER.

Quartier général, au Caire, 7 bramaire an VII (28 octobre 1798).

Il doit être arrivé de Menouf deux frères d'Abou-Cha'yr, avec trois nègres et trois négresses. Faites interroger ces personnes séparément :

Pour connaître où sont cachés les trésors d'Abou-Cha'yr ;

Pourquoi ils ont assassiné des Français qui passaient tranquillement sur le Nil ;

Enfin pourquoi ils exerçaient toutes sortes de vexations dans la province de Menouf.

Vous me remettrez leur interrogatoire. BONAPARTE.

Dépôt de la guerre.

3546. — AU CONTRE-AMIRAL PERRÉE.

Quartier général, au Caire, 7 brumaire an VII (28 octobre 1798).

S'il n'y a pas un aviso qui croise devant El-Rahmânyeh, je vous prie, Citoyen Général, d'y envoyer sur-le-champ une djerme armée ou un aviso, qui prendra les ordres du commandant d'El-Rahmânyeh.

Vu l'augmentation des forces que les ennemis viennent de recevoir devant Alexandrie, je désire que vous restiez encore à Rosette, que vous les observiez, et que vous me fassiez passer, le plus souvent qu'il vous sera possible, des rapports sur votre position.

BONAPARTE.

Collection Napoléon.

3547. — AU GÉNÉRAL MENOU, a rosette.

Quartier général, au Caire, 7 brumaire an VII (28 octobre 1798).

Je reçois, Citoyen Général, vos lettres des 1ᵉʳ et 2 brumaire. La tranquillité est parfaitement rétablie au Caire.

J'ai reçu du commandant des armes d'Alexandrie une lettre du 2 brumaire, qui me mande l'augmentation des croiseurs devant ce port.

Le général Marmont me mande, en date du 30, qu'il part avec toutes les forces qui composent sa colonne mobile, pour se rendre à Alexandrie; ainsi la communication par El-Rahmànyeh devient impossible. Je ne puis donc plus avoir des nouvelles d'Alexandrie que par Rosette. Si vous êtes à Rosette, faites-moi parvenir, le plus tôt possible et dans le plus grand détail, toutes les nouvelles que vous recevrez d'Alexandrie. Si vous êtes à Alexandrie, recommandez à l'adjudant général qui commande à Rosette de m'instruire de tout dans le plus grand détail.

Il serait essentiel d'avoir à Rosette deux mortiers et deux ou trois pièces de gros calibre. Si l'on tentait un débarquement à Aboukir, la garnison de Rosette, avec les deux pièces de 12, pourrait faire une diversion avantageuse à l'attaque que ferait celle d'Alexandrie.

Il est bien essentiel surtout d'occuper à Alexandrie la batterie des Bains, puisque c'est de ce point que l'on peut empêcher les ennemis de prendre, entre le Marabout et le fort Triangulaire, une position pour brûler notre escadre.

BONAPARTE.

Dépôt de la guerre.

3548. — AU GÉNÉRAL MANSCOURT, commandant a alexandrie.

Quartier général, au Caire, 7 brumaire an VII (28 octobre 1798).

Je ne réponds pas encore au parlementaire anglais, jusqu'à ce que j'aie des nouvelles positives qui me fassent connaître ce que me veulent tous ces croiseurs. Continuez cependant à donner de bonnes paroles au capitaine de la caravelle.

BONAPARTE.

Dépôt de la guerre.

3549. — AU GÉNÉRAL MARMONT.

Quartier général, au Caire, 7 brumaire an VII (28 octobre 1798).

J'ai reçu fort tard, Citoyen Général, votre lettre du 30. Je ne pense pas que tout cela puisse être bien dangereux. Au reste, j'approuve beaucoup le parti que vous avez pris; par ce moyen, Alexandrie se trouve suffisamment garnie de troupes. Le général Menou, qui en a le commandement, s'y sera sans doute rendu au premier bruit, et, au premier indice que j'aurais qu'il y eût des troupes de débarquement, j'enverrais des troupes à El-Ramânyeh.

Il paraît que vous m'avez écrit le 2 brumaire et que votre lettre a été perdue. Il ne m'est parvenu qu'une lettre du commandant des armes.

BONAPARTE.

Dépôt de la guerre.

3550. — AU· GÉNÉRAL DOMMARTIN.

Quartier général, au Caire, 7 brumaire an VII (28 octobre 1798).

Vous voudrez bien, Citoyen Général, faire partir ce soir pour Alexandrie votre chef d'état-major, avec deux capitaines et deux lieutenants les plus distingués par leur courage et leurs connaissances dans le service des batteries, et surtout pour tirer à boulets rouges. Ils resteront à Alexandrie jusqu'à nouvel ordre.

BONAPARTE.

Dépôt de la guerre.

3551. — AU GÉNÉRAL DESAIX.

Quartier général, au Caire, 7 brumaire an VII (28 octobre 1798).

Je viens de recevoir le duplicata de votre lettre du 29 vendémiaire. Votre aide de camp, qui vous a porté ma réponse, vous aura appris les événements du Caire; tout est parfaitement tranquille et dans l'ordre.

Nous faisons tous les jours couper quelques têtes.

Nous avons dans les mains une trentaine des véritables chefs de la révolte.

Donnez-moi de vos nouvelles un peu plus souvent.

BONAPARTE.

Collection Napoléon.

3552. — AU GÉNÉRAL ZAJONCHEK, a beny-soueyf.

Quartier général, au Caire, 7 brumaire an VII (28 octobre 1798).

Je vous prie, Citoyen Général, de prendre des moyens actifs pour monter les hommes à pied que vous avez avec vous. Les eaux baissent de tous côtés, et bientôt la cavalerie nous sera extrêmement essentielle. Faites-moi connaître si vous vous êtes procuré les vingt-quatre chevaux pour atteler notre artillerie.

Envoyez tous les cinq jours votre état de situation à l'état-major, et donnez-moi de vos nouvelles et de celles du général Desaix le plus souvent qu'il vous sera possible.

BONAPARTE.

Collection Napoléon.

_____

3553. — AU GÉNÉRAL DOMMARTIN.

Quartier général, au Caire, 8 brumaire an VII (29 octobre 1798).

Les bâtiments de guerre qui sont dans le port d'Alexandrie ont dans leurs cales une grande quantité de canons de bronze de gros calibre. Il y en a qui sont inutiles à la marine et qui pourraient servir à l'armement des forts d'Alexandrie ou du Caire. Ordonnez au citoyen Faultrier de se concerter avec le citoyen Vavasseur pour cet objet.

BONAPARTE.

Dépôt de la guerre.

_____

3554. — AU GÉNÉRAL MANSCOURT, A ALEXANDRIE.

Quartier général, au Caire, 8 brumaire an VII (29 octobre 1798).

Les parents de Koraïm qui sont arrêtés à Alexandrie seront mis en liberté. Ils devront, sous vingt-quatre heures, quitter la ville d'Alexandrie et se rendre dans la ville du Caire, ou toute autre, à dix lieues à la ronde.

BONAPARTE.

Dépôt de la guerre.

_____

3555. — AU GÉNÉRAL DESAIX.

Quartier général, au Caire, 8 brumaire an VII (29 octobre 1798).

Il est indispensable, Citoyen Général, que vous vous procuriez des chevaux ; tâchez d'en trouver dans la province de Fayoum et de Beny-Soueyf. Envoyez-les à Boulâq au fur et à mesure que vous en aurez. Le parti que vous avez pris de monter les dragons que j'ai envoyés au général Zajonchek ne vous donnera que de la très-mauvaise cavalerie ; il faut qu'ils viennent auparavant à Boulâq pour s'organiser en tout. Du moment que la cavalerie pourra aller par terre, je verrai à vous envoyer quelques pièces de canon ; cherchez à les atteler.

Les croiseurs anglais se sont considérablement augmentés devant Alexandrie ; il y a même quelques bâtiments de transport. Si la fortune voulait qu'ils aventurassent 4 ou 5,000 hommes, cela nous vengerait un peu de l'événement de thermidor.

Marmont s'y trouve avec 15 ou 1600 hommes, indépendamment de la garnison.

BONAPARTE.

Collection Napoléon.

3556. — ORDRE.

Quartier général, au Caire, 8 brumaire an VII (29 octobre 1798).

Le demi-chebec qui est en construction se nommera *la Fortune*.

BONAPARTE.

Collection Napoléon.

3557. — AU GÉNÉRAL BERTHIER.

Quartier général, au Caire, 8 brumaire an VII (29 octobre 1798).

Les musiciens et les chefs ouvriers des corps seront armés d'un fusil.

Le général en chef recommande aux soldats de ne pas aller en che-
mise et d'avoir soin de se bien couvrir; c'est le seul moyen d'éviter
les maux d'yeux.

BONAPARTE.

Dépôt de la guerre.

3558. — AU GÉNÉRAL BERTHIER.

(POUR METTRE A L'ORDRE DE L'ARMÉE.)

Quartier général, au Caire, 8 brumaire an VII (29 octobre 1798).

Le général en chef a fait la visite de l'hôpital du Vieux-Caire; il a
été peu satisfait de sa tenue; il ordonne à tous les directeurs des
hôpitaux de faire faire, sous cinq jours, des lits turcs d'osier, afin
qu'aucun matelas ne soit par terre. L'ordonnateur en chef fera solder,
sur le compte de l'entrepreneur, le montant desdits lits.

Le général en chef s'est aussi aperçu que les matelas avaient besoin
d'être refaits.

Il a été satisfait de la tenue de la pharmacie.

BONAPARTE.

Dépôt de la guerre.

3559. — AU GÉNÉRAL MURAT.

Quartier général, au Caire, 9 brumaire an VII (30 octobre 1798).

Vous partirez, Citoyen Général, avec les trois compagnies de la
19e, le bataillon de la 75e et deux pièces d'artillerie.

Vous vous rendrez à El-Rahmânyeh, où vous trouverez l'adjudant
général Leturcq.

Le 3 brumaire, l'escadre anglaise a canonné le fort du Phare et le
fort d'Aboukir. On peut penser qu'ils ont des projets ultérieurs. Vous
apprendrez à El-Rahmânyeh les tentatives qu'ils auraient faites, et
vous vous réglerez en conséquence.

Si la ville de Rosette était mise en insurrection et que l'insurrection ne fût pas calmée, vous marcherez au secours des Français à Rosette. S'il n'y a rien de nouveau à Rosette, ce que vous apprendrez à El-Rahmànyeh, et qu'au contraire tout soit tranquille, vous débarquerez à El-Rahmànyeh, longerez la digue du canal, et vous vous rendrez à grandes journées à Alexandrie.

Si à El-Rahmànyeh vous apprenez qu'il n'y a rien de nouveau à Alexandrie, et qu'à la faveur d'une insurrection qu'ils auraient tramée à Rosette les ennemis se soient emparés de cette ville, vous prendrez position à El-Rahmànyeh, en faisant prévenir la garnison d'Alexandrie de votre arrivée à El-Rahmànyeh, en vous mettant en communication avec elle et en faisant tous les mouvements nécessaires pour protéger la retraite de la garnison de Rosette.

Vous m'expédierez d'El-Rahmànyeh l'officier d'état-major qui vous accompagne, pour me faire connaître les nouvelles que vous aurez apprises et le parti que vous aurez pris.

Je fais préparer des bateaux pour porter deux bataillons que je fais partir demain au soir.

J'espère, dans la journée de demain, avoir d'autres renseignements sur ce qui s'est passé dans la journée du 5 à Aboukir et à Alexandrie, qui me décideront sur le parti que je devrai prendre.

Vous trouverez à El-Rahmànyeh le citoyen Picot, capitaine du génie, qui connaît parfaitement la route d'El-Rahmànyeh à Alexandrie et tout le système du canal.

BONAPARTE.

Collection Napoléon.

3560. — AU GÉNÉRAL DOMMARTIN.

Quartier général, au Caire, 9 brumaire an VII (30 octobre 1798).

Faites embarquer sur-le-champ un obusier et une pièce de 8, avec canonniers, attelage et approvisionnement complet. Ces pièces sont destinées à partir à minuit avec le général Murat, qui partira à cette heure de Boulàq. Comme le commandant des armes a beaucoup de peine à se procurer des djermes, faites prendre indistinctement les djermes qui sont à Gyzeh. Faites-y mettre 5 à 6,000 cartouches. L'exécution de cet ordre est très-pressée.

BONAPARTE.

Dépôt de la guerre.

3561. — AU CITOYEN BRASWICH, CHANCELIER INTERPRÈTE.

Quartier général, au Caire, 9 brumaire an VII (30 octobre 1798).

Vous vous embarquerez, Citoyen, avec Ibrahim-Aga; vous vous

rendrez avec lui à bord de la caravelle. Vous tàcherez de prendre tous les renseignements possibles sur notre situation avec la Porte, et sur celle de notre ambassadeur à Constantinople et de l'ambassadeur ottoman à Paris.

Vous ferez connaître à l'officier qui commande la flottille turque le désir que j'aurais qu'il m'envoyât au Caire un officier distingué, pour conférer avec lui d'objets importants; que, si les Anglais ne les laissent pas entrer à Alexandrie ni à Rosette, il peut envoyer une frégate à Damiette, et j'en profiterai pour écrire à Constantinople des choses également avantageuses aux deux puissances.

Je compte, pour cette mission importante, sur votre zèle et sur votre capacité.

BONAPARTE.

Collection Napoléon.

3562. — AU GÉNÉRAL MANSCOURT, a ALEXANDRIE.

Quartier général, au Caire, 9 brumaire an VII (30 octobre 1798).

Vous ferez sortir, Citoyen Général, deux parlementaires : l'un sera le canot de la caravelle, sur lequel sera embarqué le Turc Ibrahim-Aga et le citoyen Braswich, qui s'habillera à la turque, s'il ne l'est pas; le second portera un officier de terre.

Vous ferez commander le canot par un officier de marine intelligent, qui puisse tout observer, sans se mêler de rien.

Ces deux parlementaires sortiront en même temps du port; l'un portera pavillon tricolore et pavillon blanc, l'autre pavillon turc et pavillon blanc.

Sortis du port, le parlementaire français ira aborder l'amiral anglais, le parlementaire turc ira aborder l'amiral turc.

Vous écrirez à l'amiral anglais une lettre dans laquelle vous lui direz que vous vous êtes empressé d'envoyer au Caire la lettre qu'il vous a écrite en date du 19 octobre; que la caravelle qui est à Alexandrie étant à la disposition du pacha d'Égypte, elle suivra les ordres que lui donnera ledit pacha; que, celui-ci ayant jugé à propos d'envoyer un de ses officiers à bord de l'amiral turc avant de donner ledit ordre, vous avez autorisé la sortie du parlementaire que porte la chaloupe de la caravelle.

Vous aurez bien soin qu'aucun individu de la caravelle ne s'embarque sur son parlementaire, hormis les rameurs, qui devront être matelots.

L'officier de terre que vous enverrez à bord de l'amiral anglais se comportera avec la plus grande honnêteté. Il remettra à l'amiral, comme par hasard, quelques journaux d'Égypte, et cherchera à tirer toutes les nouvelles possibles du continent. Il lui dira que je l'ai spécialement chargé de lui offrir tous les rafraîchissements dont il pourrait avoir besoin.

Dans la nuit, le général Murat partira avec une partie de la 75ᵉ; il se rendra à El-Rahmànyeh, et de là à Rosette; de là à Aboukir et à Alexandrie. Je juge cet accroissement de forces nécessaire pour vous mettre à même de vous opposer à toutes les entreprises que pourraient tenter les ennemis. Je fais tenir d'autres bâtiments prêts, pour vous envoyer d'autres troupes et m'y porter moi-même, si les nouvelles que je recevrai demain me le font penser nécessaire.

BONAPARTE.

Dépôt de la guerre.

3563. — AU GÉNÉRAL MANSCOURT.

Quartier général, au Caire, 9 brumaire an VII (30 octobre 1798).

S'il se présente des officiers parlementaires anglais ou turcs, ou de toute autre nation, vous leur ferez connaître que, m'étant réservé le droit de correspondre avec les ennemis, ils sont les maîtres de se rendre au Caire; et, dans ce cas, vous auriez soin de les faire embarquer à Rosette sur une djerme ou sur leur canot, avec des officiers français, et de les envoyer au Caire, sans qu'ils prennent terre nulle part, en les traitant avec les plus grands égards.

BONAPARTE.

Collection Napoléon.

3564. — AU GÉNÉRAL DUGUA, A DAMIETTE.

Quartier général, au Caire, 10 brumaire an VII (31 octobre 1798).

Je reçois, Citoyen Général, votre lettre du 5 brumaire, par un exprès que vous m'avez envoyé.

Faites passer 5 ou 600 quintaux de riz à Sàlheyeh, en profitant des eaux du canal.

Moyennant *la Cisalpine* et les barques armées que vous avez du lac Menzaleh, vu d'ailleurs les nouvelles de Syrie, qui paraissent extrêmement pacifiques, je désire que vous ne teniez que très-peu de monde à El-Menzaleh. Peut-être même penserez-vous que 100 hommes embarqués sur *la Cisalpine* et sur les différentes barques que vous avez, qui se feraient voir alternativement à El-Menzaleh, à Mataryeh, à Sàn, rempliraient le même but qu'un poste fixe à El-Menzaleh, pourvu qu'au moins une fois par décade ils passent vingt-quatre heures à El-Menzaleh. Par ce moyen, votre division se trouvera toute réunie à Damiette et vous mettra à même de pouvoir envoyer et tenir à poste fixe, à Bourlos, 3 à 400 hommes.

L'officier du génie et celui d'artillerie qui sont à Damiette s'occuperont de suite à rétablir le fort et à réorganiser la batterie. Envoyez deux djermes avec quelques bateaux chargés de vivres pour parcourir ce lac jusque tout près de Rosette. Faites-le sonder partout avec le plus grand soin. Les Anglais, qui se sont considérablement renforcés devant Alexandrie, ont canonné, le 3 et le 4, le fort d'Aboukir avec beaucoup d'opiniâtreté. Il est donc essentiel que, s'il y avait à Rosette ou à Alexandrie quelque événement ultérieur, vous puissiez y envoyer une partie de vos forces. Ainsi, l'officier que vous enverrez à Bourlos sera chargé,

1° De reconnaître ce lac, d'en sonder et mesurer la passe;

2° De réunir promptement tous les moyens pour pouvoir, en cas d'événement, le passer et débarquer le plus près possible de Rosette.

Cette reconnaissance est extrêmement urgente. Recommandez aussi qu'on reconnaisse bien le canal qui conduit de Semennoud au lac.

BONAPARTE.

Dépôt de la guerre.

3565. — AU GÉNÉRAL BERTHIER.

Quartier général, au Caire, 11 brumaire an VII (1er novembre 1798).

Vous donnerez l'ordre au général Lannes de partir demain, à la pointe du jour, avec 400 hommes, et de se rendre au village d'El-Qatâh, branche de Rosette, pour punir les habitants d'avoir arrêté ce matin deux djermes chargées d'artillerie. Il tâchera de prendre le cheik-el-beled et, à son défaut, une douzaine des principaux habitants; il fera tout ce qui lui sera possible pour nous faire restituer baïonnettes, canons, fusils, etc., qu'ils ont pillés. Les barques lui seront fournies à Gyzeh par le général d'artillerie, avec les canonniers et les patrons des deux djermes pillées. Vous donnerez l'ordre au général Dommartin de se rendre, demain de bon matin, à Gyzeh, pour délivrer au général Lannes les djermes et lui procurer les canonniers.

BONAPARTE.

Dépôt de la guerre.

3566. — AU GÉNÉRAL BERTHIER.

Quartier général, au Caire, 12 brumaire an VII (2 novembre 1798).

Vous voudrez bien, Citoyen Général, écrire aux généraux commandant les provinces qu'immédiatement après la réception du présent ordre ils aient à réunir chez eux l'intendant de la province et l'agent français. L'intendant de la province remettra la note des villages de la province auxquels l'intendant a fait une demande d'un à-compte sur le myry; cela se monte, pour chaque province, aux sommes portées dans l'état ci-joint.

Vous ferez sentir aux généraux que, comme la subsistance de l'armée est basée sur ces prompts recouvrements, il est indispensable que, sous huit jours, les villages aient versé, en envoyant une colonne mobile à ceux qui n'auraient pas payé. Cet argent, conformément à l'ordre, doit être versé dans les mains du payeur de la province, ou, pour celles qui n'auraient pas de payeur, dans les mains d'un quartier-maître, qui en fera les fonctions.

Vous ferez sentir spécialement aux généraux Dugua, Menou et Reynier que le prêt du courant de brumaire de leurs divisions doit être soldé sur ces recouvrements.

BONAPARTE.

Dépôt de la guerre.

_____

3567. — AU GÉNÉRAL DESAIX.

Quartier général, au Caire, 12 brumaire an VII (2 novembre 1798).

Vos malades, Citoyen Général, se guériront difficilement dans vos ambulances; envoyez-nous tous ceux que vous avez. Nous nous servirons du retour des djermes pour vous envoyer autant d'hommes bien portants, ce qui vous mettra à même de pouvoir achever votre opération dans la haute Égypte. Si le nombre de vos malades ne passe pas 8 à 900, envoyez-nous quelques barques de plus, afin que nous puissions vous envoyer jusqu'à 1,000 hommes. Faites-moi connaître si vous avez reçu l'artillerie que vous a envoyée le général Dommartin, et si vous avez pu trouver de quoi l'atteler. Envoyez-nous aussi des chevaux. Toutes nos djermes sont employées au service d'Alexandrie et de Rosette; il est donc indispensable que vous nous en fassiez passer, pour que nous vous envoyions des secours.

Dès l'instant que vous aurez fait prendre à votre division une position stable, et que vous serez arrivé au Nil, comme il paraît que c'est votre projet, vous laisserez le commandement au général Friant et vous viendrez au Caire, si toutefois les événements vous le permettent.

Pendant ce temps-là vos secours arriveront, et vous pourrez, à votre retour, vous trouver en mesure.

Les Anglais sont venus se présenter devant Aboukir avec deux vaisseaux, une frégate et quelques chaloupes canonnières; ils ont canonné le 3; après quoi ils ont voulu descendre, mais les batteries du fort leur ont coulé bas deux chaloupes. Ils ont recommencé le 6, à sept heures du matin; vingt-cinq chaloupes portant 7 à 800 hommes se sont approchées assez près de terre; les trois premières ont débarqué; mais, malheureusement, 50 hommes de la 19e, étant survenus, les ont chargés, ce qui les a fait rembarquer sans que nous ayons fait un prisonnier.

BONAPARTE.

Comm. par M. Pauthier.

3568. — AU GÉNÉRAL MANSCOURT, A ALEXANDRIE.

Quartier général, au Caire, 12 brumaire an VII (2 novembre 1798).

Je vous ai expédié, il y a deux heures, un courrier; je vous envoie cette lettre par un Arabe de Terrâneh; l'un ou l'autre vous parviendra. Dans tous les cas, écrivez-moi par le retour du premier qui arrivera, et n'expédiez le second que vingt-quatre heures après, à moins que vous n'ayez quelque chose d'important à me communiquer; marquez-moi le nombre d'heures que vous aurez gardé cet Arabe, pour que je les diminue sur le temps qu'il a promis de mettre à aller et venir. Demain, dans la journée, je vous expédierai deux autres Arabes, et cela vous mettra à même de m'informer toutes les vingt-quatre heures, et promptement, de ce qui pourrait être arrivé dans votre place.

Tout est ici parfaitement tranquille. Le général Murat doit en ce moment être arrivé avec les forces qu'il commande.

Nous espérons que vous nous enverrez quelque officier anglais prisonnier, s'ils ont la sottise de mettre pied à terre.

BONAPARTE.

Dépôt de la guerre.

3569. — ORDRE.

Quartier général, au Caire, 12 brumaire an VII (2 novembre 1798).

ARTICLE 1er. — Il sera désormais nommé des commissions spéciales pour juger les délits et infractions aux lois sanitaires. Ces commissions seront nommées par les généraux divisionnaires commandants, dans l'arrondissement desquels les délits auront été commis.

ART. 2. — Les administrations sanitaires rempliront les fonctions de jury auprès desdites commissions; elles auront à prononcer si le délit est de première ou de seconde classe.

Art. 3. — Les délits seront de trois classes.

DÉLITS DE PREMIÈRE CLASSE.

Les délits graves seront de 1ʳᵉ classe et punis de mort.

Seront délits graves de 1ʳᵉ classe :

1° Les vols dans les lazarets et dans les maisons mises en réserve pour cas de peste;

2° L'évasion des individus des lazarets ou des maisons mises en réserve dans le temps de la quarantaine;

3° Les fausses déclarations des capitaines et autres personnes pour cacher des objets susceptibles de peste, et aussi pour diminuer la quarantaine;

4° Toute rébellion à main armée dans les navires mis en quarantaine, les lazarets ou les maisons mises en réserve;

5° Toute infraction aux règlements approuvés par le général en chef, par lesquels la peine de mort est indiquée;

6° Tout défaut de surveillance des employés aux lazarets ou maisons mises en réserve, qui serait dans le cas de compromettre la santé publique.

DÉLITS DE SECONDE CLASSE.

Art. 4. — Les délits de 2ᵉ classe seront punis d'une amende déterminée suivant les cas, et de trois mois de prison.

Seront délits de 2ᵉ classe :

1° Toute fausse déclaration qui ne portera pas sur des faits qui pourraient compromettre la santé publique;

2° Toute infraction aux règlements qui pourrait compromettre la santé publique;

3° Le défaut de surveillance des employés aux lazarets, qui, sans compromettre la santé publique, aurait pu occasionner quelques vols;

4° Toute infidélité des agents des administrations sanitaires, soit pour des sommes reçues illicitement, soit pour des permissions accordées sans autorisation, par écrit, du président des administrations sanitaires.

DÉLITS DE TROISIÈME CLASSE.

Art. 5. — Les délits de 3ᵉ classe seront punis correctionnellement par les administrations sanitaires.

Seront délits de 3° classe :

1° Toute légère infraction aux mesures ordonnées pour la méthode et l'ordre qui doivent régner dans les lazarets et les administrations ;

2° Toutes querelles de propos et autres insubordinations que celles énoncées dans les délits de 1re et de 2° classe ;

3° Toute négligence dans l'exactitude à remplir ses devoirs.

Art. 6. — Toutes les pièces de procédure, tant pour délits graves de 1re classe que pour ceux de 2° et de 3° classe, seront communiquées immédiatement à l'ordonnateur des lazarets.

Art. 7. — L'appel des jugements des délits de 1re et de 2° classe aura lieu par-devant les tribunaux criminels ou commissions militaires existant avait le jugement au Caire, Alexandrie et Damiette. Le premier jugement n'étant pas confirmé, il en sera référé au général en chef avant l'exécution du second jugement.

BONAPARTE.

Dépôt de la guerre.

3570. — AU GÉNÉRAL LANNES.

Quartier général, au Caire, 13 brumaire an VII (3 novembre 1798).

Le général en chef me charge de vous dépêcher un adjoint de l'état-major, Citoyen Général, pour vous prévenir qu'il est informé qu'au village d'El-Negyleh et à celui d'El-Ghârym il y a des rassemblements qui inquiètent la navigation du Nil et qui fusillent toutes les barques qui montent et descendent. En conséquence, le général en chef vous ordonne, dès l'instant que votre opération sera finie à El-Qatàh et que vous aurez fait rentrer une partie des effets d'artillerie qui ont été volés, de vous rendre avec votre détachement à El-Negyleh, de dissiper les attroupements, d'arrêter le cheik-el-beled, de prendre les principaux en otage, en faisant connaître au village que, la première fois qu'une barque sera insultée, on brûlera le village et on coupera le cou aux otages.

L'intention du général en chef est que, si vous apprenez que les rassemblements continuent à El-Ghârym, vous vous y rendiez pour faire la même opération.

Par ordre du général en chef.

Dépôt de la guerre.

3571. — ORDRE.

Quartier général, au Caire, 13 brumaire an VII (3 novembre 1798).

ARTICLE 1er. — Les nommés :

Cheik Ismaïl el-Beràouy,
Cheik Jusuf el-Mousàlhy,
Cheik Abd-el-Ouâhab el-Chebraouy,.
Cheik Soliman el-Giousaky,
Cheik Ahmed el-Cherqàouy,
Cheik El-Seïd Abd-el-Kerym,

} aujourd'hui détenus à la citadelle ou chez le cheik El-Bekry,

Cheik El-Bedr el-Kodsy,
Abd-ul-Salam el-Merakieri,
Abd-ul-Kerim el-Khayàt,
El-Seïd Idris ibn-Thessandàn,
El-Gianny, Ben-Saïd, Mohammed Zagzoug
et Chenaouân,

} contumax,

étant reconnus comme les auteurs de la révolte qui a eu lieu au Caire le 30 vendémiaire, sont condamnés à mort.

ART. 2. — Leurs biens, meubles et immeubles, seront confisqués au profit de la République.

BONAPARTE.

Comm. par Mme de la Morinière.

3572. — AU GÉNÉRAL BERTHIER.

Quartier général, au Caire, 14 brumaire an VII (4 novembre 1798).

Vous donnerez l'ordre au général Dumuy de se rendre à Aboukir; il partira aujourd'hui; il prendra le commandement de la légion nautique; il sera sous les ordres du général Menou. Il organisera cette légion en neuf compagnies et une de grenadiers. Il donnera à cette légion la même organisation qu'à l'infanterie de ligne. Je donne ordre au général de division Dumanoir de fournir de quoi porter cette légion à 1,000 hommes. On prendra parmi ceux qui avaient été faits prisonniers par les Anglais.

BONAPARTE.

Dépôt de la guerre.

3573. — AU GÉNÉRAL MARMONT.

Quartier général, au Caire, 14 brumaire an VII (4 novembre 1798).

Je reçois, Citoyen Général, vos lettres des 6 et 7. Puisque les Anglais ne tentaient leur descente qu'avec une vingtaine de chaloupes, il était évident qu'ils ne pouvaient débarquer que 8 ou 900 hommes : c'eût donc été une bonne affaire de les laisser débarquer; vous nous auriez envoyé quelque colonel anglais prisonnier, qui nous aurait donné quelques nouvelles du continent.

Il est bien évident que les Anglais ne veulent tenter leur débarquement à Aboukir qu'en conséquence de quelque projet mal ourdi, où Mourad-Bey ou de nombreuses cohortes d'Arabes, ou peut-être même des habitants, devaient combiner leurs mouvements avec le leur. Puisque rien de tout cela n'est arrivé, et que cependant ils tentaient de débarquer, c'était une bonne occasion dont on pouvait profiter. J'espère toujours que si le 9 ils ont voulu descendre, vous aurez eu le temps de vous préparer : vous pourrez les attirer dans quelque embuscade et leur faire un bon nombre de prisonniers.

Quant au fort d'Aboukir, ayant une enceinte et un fossé, il est à l'abri d'un coup de main, quand même les Anglais auraient effectué leur débarquement; 100 hommes s'y renfermeraient dans le temps que l'on marcherait d'Alexandrie et de Rosette pour écraser les Anglais.

J'ai reçu des nouvelles de Constantinople. La Porte se trouve dans une position très-critique, et il s'en faut beaucoup qu'elle soit contre nous. L'escadre russe a demandé le passage par le détroit, la Porte le lui a refusé avec beaucoup de décision.

BONAPARTE.

Collection Napoléon.

3574. — AU GÉNÉRAL BERTHIER.

(POUR METTRE A L'ORDRE DE L'ARMÉE.)

Quartier général, au Caire, 14 brumaire an VII (4 novembre 1798).

Le général en chef, vu l'intercession du divan du Caire en faveur des habitants du village d'El-Rahmânyeh sur le Nil, qui ont fui ce village lorsqu'il a été puni pour avoir tiré sur une barque française, pardonne auxdits habitants, lesquels ont une sauvegarde pour rentrer dans leurs foyers et reprendre la culture de leurs terres. Il sera, en conséquence, assuré protection au village d'El-Rahmânyeh, tant qu'il se conduira bien envers l'armée française.

Par ordre du général en chef.

Dépôt de la guerre.

3575. — ORDRE DU JOUR.

Quartier général, au Caire, 14 brumaire an VII (4 novembre 1798).

Plusieurs cheiks-el-beled et cheiks d'Arabes ont remis au général

v.   8

en chef différents originaux de firmans de Djezzar, pacha de Syrie,
d'Ibrahim-Bey et même de la Porte. Tous ces firmans sont faux. Ils
ont été fabriqués par les gens d'Ibrahim-Bey, afin de soulever le
peuple. Il y a de ces firmans qui ont une date de deux mois, dans
lesquels on annonce que l'armée ottomane marche contre nous; dans
d'autres, on assure que l'escadre anglaise est déjà maîtresse d'Alexandrie. C'est avec le secours de ces impostures que l'on a perdu Hassan-Toubàr et que l'on est parvenu à faire soulever différents villages,
qui tous ont été sévèrement punis. Les hommes les moins experts
doivent facilement s'apercevoir de la fausseté de ces firmans; la
Porte écrit toujours en turc, et ces firmans sont en arabe; ils sont
toujours signés de quatre personnes, ceux-ci ne le sont que de deux;
enfin plusieurs formalités essentielles manquent, parce que ceux qui
les ont rédigés étaient des ignorants.

Bien loin de publier des firmans contre nous, la Porte a désavoué
la conduite du pacha du Caire, qui a quitté cette ville lors de notre
arrivée, et qui, depuis ce temps, était resté à Gaza; il a été destitué,
et Ibn-Adm-Abd-Ullah, ci-devant pacha de Damas, a été nommé
pacha d'Égypte.

Le général en chef désire que les commandants des provinces
éclairent par une proclamation les peuples des différentes communes,
et engagent les cheiks-el-beled à faire arrêter et à envoyer au chef-
lieu de la province les porteurs de ces faux firmans.

BONAPARTE.

Dépôt de la guerre.

3576. — AU GÉNÉRAL MENOU, a ROSETTE.

Quartier général, au Caire, 15 brumaire an VII (5 novembre 1798).

Vous trouverez ci-joint, Citoyen Général, copie de différents ordres que j'ai donnés depuis longtemps pour Alexandrie. Les tentatives des Anglais ont sans doute empêché que l'on s'occupât de leur
exécution; comme j'y attache une grande importance, je vous prie
de prendre des mesures pour que non-seulement on n'y apporte
aucun empêchement, mais qu'ils soient promptement et strictement
exécutés.

Je vous ai envoyé le général de brigade Murat avec un fort bataillon de la 75ᵉ et trois bonnes et belles compagnies de grenadiers de la
19ᵉ. Il est nécessaire que vous profitiez du retour des djermes pour
envoyer ici les détachements qui se trouvent à Alexandrie et à Rosette; vous en avez, entre autres, un très-fort de la 32ᵉ et de la 25ᵉ.

Voyez, je vous prie, de donner les ordres les plus positifs pour que tous les détachements rejoignent enfin : rien n'est plus préjudiciable au service et à la comptabilité que le morcellement où se trouve aujourd'hui l'armée.

Mon intention est que le fond de la garnison d'Alexandrie soit formé des 3ᵉˢ bataillons des 61ᵉ, 75ᵉ et 85ᵉ; que la garnison de Rosette soit formée de la 19ᵉ, y compris les grenadiers; que la garnison d'El-Rahmânyeh soit formée d'un bataillon de la 69ᵉ; que le général Murat ait sous son commandement les deux bataillons de la 69ᵉ, et le général Marmont, la 4ᵉ demi-brigade d'infanterie légère, chacun avec l'artillerie qu'il a.

Vous enverrez ces deux colonnes partout où vous le jugerez utile.

BONAPARTE.

Dépôt de la guerre.

3577. — AU GÉNÉRAL MENOU.

Quartier général, au Caire, 15 brumaire an VII (5 novembre 1798).

Le commandant d'Aboukir a exposé assez ridiculement la chaloupe de *l'Orient,* en la mettant entre l'ennemi et son camp; je suis étonné que l'ennemi ne l'ait pas prise ou coulée bas. Ordonnez que cette chaloupe rentre dans le lac. On doit avoir des pièces de campagne pour la défense de la côte.

Le général Dugua me mande qu'il a envoyé une forte reconnaissance au lac Bourlos; envoyez-en une de votre côté, en longeant la côte; il n'y a point d'inondation à craindre. Il est bien essentiel de savoir à quoi s'en tenir et de connaître les sondes, d'avoir des bâtiments armés dans le lac et des batteries à l'embouchure. C'est du lac Bourlos que les Anglais tirent depuis longtemps toute espèce de rafraîchissements.

BONAPARTE.

Dépôt de la guerre.

3578. — AU GÉNÉRAL DOMMARTIN.

Quartier général, au Caire, 15 brumaire an VII (5 novembre 1798).

Les Arabes du mont Sinaï amènent cinquante dromadaires chargés de charbon; voyez si vous en avez besoin, et, dans ce cas, adressez-vous ou au commandant de la place, afin que, dès l'instant qu'ils arrivent, un de vos agents l'achète de suite, ou bien aux moines grecs de Sainte-Catherine, qui sont leurs agents au Caire.

BONAPARTE.

Dépôt de la guerre.

3579. — AU GÉNÉRAL CAFFARELLI.

Quartier général, au Caire, 16 brumaire an VII (6 novembre 1798).

Les travaux que nous avons arrêtés à Sâlheyeh doivent être bientôt terminés. Je vous prie de me faire un rapport sur ce que l'on doit faire à Sâlheyeh :

1° Pour augmenter la solidité et la force des ouvrages ;

2° Pour que cette place acquière, d'ici à trois mois, un second degré de force, de manière que, dans les trois mois suivants, on puisse lui donner un troisième degré de force ; toujours avec la condition que, bien loin d'exiger plus de troupes, il en faudra moins pour la garder à son second degré de force, et moins encore à son troisième ; et que cependant l'hôpital, les principaux magasins, le magasin d'artillerie, et, s'il est possible, le logement de 5 ou 600 hommes, soient établis à son second degré de force, et entièrement achevés comme ils doivent être à son troisième. Il ne faudra pas non plus oublier surtout un logement pour le général, un pour le commissaire des guerres, et un pour les officiers d'artillerie et du génie ; bien entendu que ce doit être simplement quelque chose de meilleur qu'une bonne baraque.

BONAPARTE.

Dépôt de la guerre.

_____

3580. — AU GÉNÉRAL MANSCOURT, A ALEXANDRIE.

Quartier général, au Caire, 16 brumaire an VII (6 novembre 1798).

Les dernières nouvelles que j'ai d'Alexandrie, Citoyen Général, sont du 7. J'ai appris par le général Menou que le débarquement que les Anglais avaient tenté à Aboukir n'avait pas réussi. Je désire connaître positivement s'ils avaient de grosses chaloupes canonnières, ou seulement si c'étaient des chaloupes de vaisseaux armées.

Je vous ai expédié trois lettres par terre en différentes occasions ; j'imagine qu'elles vous seront arrivées.

Tout est ici parfaitement tranquille.

Faites-moi connaître le nombre d'heures que vous retiendrez l'exprès qui vous portera cette lettre.

BONAPARTE.

Dépôt de la guerre.

_____

3581. — AU GÉNÉRAL DUGUA, A DAMIETTE.

Quartier général, au Caire, 16 brumaire an VII (6 novembre 1798).

Je vous expédie, Citoyen Général, cette lettre, par un homme de la poste ordinaire du pays. Faites-moi connaître le nombre d'heures que vous l'aurez retenu, afin que je puisse voir combien de jours il mettra pour aller et revenir.

Le citoyen Stendelet, capitaine de frégate, est parti hier par la diligence, avec deux canges, pour se rendre à Damiette.

Je vous recommande toujours de faire reconnaître le lac Bourlos et de faire occuper le château.

Les Anglais ont tenté, pendant quatre jours de suite, un débarquement à Aboukir. Ils ont été repoussés et on leur a coulé bas plusieurs chaloupes canonnières. C'était, au reste, fort peu de chose; il n'y avait que 800 hommes de débarquement. Si les Anglais tentaient quelque chose à Bourlos, il faudrait prendre des mesures pour leur faire quelques prisonniers.

BONAPARTE.

Dépôt de la guerre.

3582. — AU GÉNÉRAL BERTHIER.

Quartier général, au Caire, 16 brumaire an VII (6 novembre 1798).

Vous donnerez l'ordre au général Veaux de partir aujourd'hui avec le 20e régiment de dragons, un bataillon de la 22e et une pièce de 3, pour se rendre à Menouf, où il sera sous les ordres du général Lanusse.

Il ira aujourd'hui coucher à Qelyoub. Il passera le Nil vis-à-vis le village d'El-Fara'ounyeh. Il enverra, avant d'arriver à Qelyoub, la lettre ci-jointe au cheik du village de Qelyoub, qui lui donnera tous les renseignements qu'il pourra désirer.

Il tiendra note du nom de tous les villages par où il passera. Il écrira d'El-Fara'ounyeh au moment où il passera le Nil.

Vous écrirez au général Lanusse que j'envoie sous ses ordres le général Veaux, avec un régiment de cavalerie et un bataillon de renfort. Comme la présence de ce général ne peut être que très-momentanée dans sa province, il est nécessaire qu'il profite des huit ou dix jours qu'il y restera pour lever le plus de chevaux possible. Il ira avec de grandes forces à Tant. Comme c'est un endroit très-révéré des musulmans, il aura soin qu'on ne fasse aucun outrage aux tombeaux et aux mosquées. Il prendra des otages de tous les endroits qui sont suspects.

BONAPARTE.

Dépôt de la guerre.

3583. — AU GÉNÉRAL BERTHIER.

Quartier général, au Caire, 16 brumaire an VII (6 novembre 1798).

Vous donnerez l'ordre au général Belliard de partir demain avec le 3ᵉ bataillon de la 88ᵉ et une pièce de 8. Il se rendra par terre à Medynet-el-Fayoum pour rejoindre la division du général Desaix. La troupe prendra pour quatre jours de pain, et aura, sur des chameaux, pour quatre jours de biscuit.

Le général Belliard tiendra note de tous les villages par où il passera, ainsi que de leur distance. Il fera partir sur-le-champ un courrier du pays pour le Fayoum, pour annoncer au général Desaix son arrivée.

BONAPARTE.

Dépôt de la guerre.

3584. — AU GÉNÉRAL DESAIX.

Quartier général, au Caire, 16 brumaire an VII (6 novembre 1798).

Ayant appris que Mourad-Bey paraissait vouloir faire des mouvements sur vous, je m'empresse de faire partir le général Belliard avec 5 ou 600 hommes. J'espère que, dès l'instant que vous vous serez un peu remis dans le Fayoum, vous repousserez vigoureusement Mourad-Bey.

BONAPARTE.

Comm. par M. Pauthier.

3585. — AU GÉNÉRAL DESTAING,
COMMANDANT DE LA PLACE DU CAIRE.

Quartier général, au Caire, 17 brumaire an VII (7 novembre 1798).

Le général en chef, Citoyen Général, vous ordonne de désigner l'endroit où doit camper la tribu arabe venue du Sinaï; cet endroit est Qâyd-bey, à deux portées de fusil de la citadelle.

L'intention du général en chef est que vous fassiez placer, près du camp des Arabes, un piquet de cavalerie et un drogman, afin d'empêcher qu'aucun individu de l'armée ou autre ne vienne les inquiéter.

Toutes les fois que les Arabes voudront aller chercher de l'eau ou venir pour leur commerce en ville, l'officier du poste les fera conduire par un homme, afin qu'ils soient reconnus et non regardés comme Arabes ennemis.

Par ordre du général en chef.

Dépôt de la guerre.

3586. — AU GÉNÉRAL LANUSSE.

Quartier général, au Caire, 18 brumaire an VII (8 novembre 1798).

Le général Veaux, Citoyen Général, est parti hier avec le 20ᵉ régiment de dragons, un bataillon de la 22ᵉ et une pièce de canon. Il a dû coucher hier à Qelyoub. Il se rend à Menouf pour être sous vos ordres ; il passera le Nil vis-à-vis El-Fara'ounyeh. Comme je ne puis laisser des forces si considérables que fort peu de jours à votre disposition, je vous prie de ne pas perdre un instant pour tomber sur les Arabes de Sonbât, pour soumettre la ville de Tant, ayant bien soin de respecter tout ce qui est relatif à la religion, et enfin pour lever le plus de chevaux que vous pourrez et faire rentrer les impositions.

Je vous prie de faire passer de suite tous les chevaux que vous avez, avec tous les hommes du 18ᵉ de dragons qui sont à Menouf, car il est essentiel de ne pas perdre un instant pour augmenter notre cavalerie.

Je vous envoie la djerme *la Véronaise,* qui restera à votre disposition jusqu'à ce que votre opération soit finie ; mais je vous prie de faire partir, aussitôt la réception de la présente lettre, tous les chevaux que vous avez ; on m'assure qu'il y en a plus de 80, ce qui nous serait d'un très-bon secours.

BONAPARTE.

Collection Napoléon.

3587. — AU GÉNÉRAL BERTHIER.

Quartier général, au Caire, 18 brumaire an VII (8 novembre 1798).

Vous donnerez l'ordre, Citoyen Général, au dépôt de la 69ᵉ demi-brigade de se rendre au Caire, et au général Murat de se rendre à Rosette avec son artillerie et deux bataillons de la 69ᵉ. Le général Menou donnera sur-le-champ les ordres pour faire réunir à Alexandrie tous les détachements des 61ᵉ, 75ᵉ et 85ᵉ demi-brigades, à Rosette toute la 19ᵉ demi-brigade, à El-Rahmânyeh un bataillon de la 69ᵉ.

Vous préviendrez le général Murat qu'il recevra incessamment ordre pour son départ de Rosette.

Le général Marmont, avec la 4ᵉ et son artillerie, réunira tous ses postes à Alexandrie et se tiendra prêt à partir vingt-quatre heures après la réception de l'ordre qui lui en sera donné.

BONAPARTE.

Dépôt de la guerre.

3588. — ORDRE.

Quartier général, au Caire, 18 brumaire an VII (8 novembre 1798).

ARTICLE 1er. — Il y aura à la citadelle un hôpital capable de contenir 150 à 200 malades. On aura soin qu'il soit abondamment pourvu de tout ce qui est nécessaire, et qu'il y ait une pharmacie abondamment approvisionnée.

ART. 2. — Il sera établi à la citadelle une manutention, avec laquelle on nourrira habituellement la garnison et tous les individus qui y seront logés.

ART. 3. — Il y aura quatre fours et des approvisionnements assez considérables en farine, en bois, en biscuit, en riz, pour pouvoir nourrir tous les individus qui sont au Caire pendant plusieurs décades, dans un cas extraordinaire, et ce, indépendamment de l'approvisionnement ordinaire de siége.

BONAPARTE.

Comm. par M. le comte Caffarelli.

3589. — ORDRE.

Quartier général, au Caire, 18 brumaire an VII (8 novembre 1798).

ARTICLE 1er. — Le général commandant le génie et le commandant de la place se concerteront pour établir tous les dépôts de l'armée à la citadelle.

On désignera une place pour les ateliers, les magasins, les ouvriers, les officiers des demi-brigades, et il doit y avoir une place pour 100 hommes convalescents par demi-brigade.

ART. 2. — Ils remettront, sous deux jours, le travail qu'ils auront fait.

BONAPARTE.

Collection Napoléon.

3590. — AU CITOYEN SUCY.

Quartier général, au Caire, 18 brumaire an VII (8 novembre 1798).

Je vous prie, Citoyen Ordonnateur, de réitérer vos ordres à toutes les administrations, pour que tous les individus qui les composent se logent dans l'enceinte de la place Ezbekyeh ou à Gyzeh; pour que tous les magasins soient transférés à la citadelle, à la maison d'Ibrahim-Bey, au Meqyàs, dans l'enceinte de la place Ezbekyeh ou à Gyzeh.

Ceux qui, sous dix jours, se trouveront en contravention au présent ordre seront sévèrement punis.

BONAPARTE.

Collection Napoléon.

3591. — A L'ADJUDANT GÉNÉRAL LETURCQ, a EL-RAHMANYEH.

Quartier général, au Caire, 19 brumaire an VII (9 novembre 1798).

Il est très-essentiel, Citoyen Commandant, d'organiser promptement le divan de la province de Bahyreh, de faire payer les contributions et lever les chevaux que doit cette province. Il est bon aussi de vous assurer de la ville de Damanhour, et, s'il est vrai qu'elle entretient des intelligences avec les Anglais, il faut prendre des otages.

BONAPARTE.

Collection Napoléon.

3592. — ORDRE.

Quartier général, au Caire, 19 brumaire an VII (9 novembre 1798).

ARTICLE 1er. — Le fort d'Aboukir sera déblayé de toutes ses ruines et armé de quatre pièces de gros calibre, avec un gril à boulets rouges, quatre pièces de petit calibre et deux mortiers.

ART. 2. — Il sera établi un magasin de biscuit, de riz, auquel il ne sera pas touché, sous quelque prétexte que ce soit, à moins de siége, et capable de nourrir 200 hommes pendant quinze jours.

ART. 3. — Il sera établi, sur l'extrémité de la passe du lac Ma'dyeh, du côté de Rosette, une redoute, où il sera placé deux pièces de 8 pour défendre la passe du lac; elle devra pouvoir être défendue par 30 hommes. Il y aura également un petit corps de garde et un petit magasin, avec les vivres pour 50 hommes pendant dix jours. Cette redoute sera de la direction de Rosette.

ART. 4. — Les généraux du génie et d'artillerie et l'ordonnateur prendront, chacun en ce qui le concerne, des mesures pour l'exécution du présent ordre.

BONAPARTE.

Dépôt de la guerre.

3593. — AU GÉNÉRAL MARMONT.

Quartier général, au Caire, 19 brumaire an VII (9 novembre 1798).

Je reçois, Citoyen Général, votre lettre du 11 brumaire. Je vous prie de me faire faire par le génie le plan du fort d'Aboukir, et d'y faire travailler; j'ai donné les ordres en conséquence au général du génie. Faites-y mettre aussi quatre bonnes pièces de canon et deux mortiers en batterie, de manière que des avisos ne puissent pas impunément s'embosser devant, et faites déblayer toutes ces ruines qui l'encombrent. Il faut qu'une centaine d'hommes puissent s'y enfermer

des Français, jusqu'à El-Rahmànyeh. Les hommes composant cette croisière seront nourris des magasins de Rosette et auront toujours pour quinze jours de vivres.

Art. 2. — La canonnière *l'Espérance,* la djerme *la Piémontaise* et la felouque *le Nil* établiront leur croisière à El-Rahmànyeh. Elles escorteront les diligences, bâtiments d'artillerie et autres où il y aurait des Français, jusqu'à Terrâneh. Les hommes composant cette croisière seront nourris des magasins de Rosette et auront toujours pour quinze jours de vivres.

Art. 3. — La djerme *la Vénitienne,* la djerme *la Styrie* et une cange établiront leur croisière à Terrâneh. Elles escorteront les diligences, les bâtiments d'artillerie et autres où il y aurait des Français, jusqu'à Boulâq. Les hommes composant cette croisière seront nourris des magasins de Boulâq et auront toujours pour quinze jours de vivres.

Art. 4. — L'aviso *la Capricieuse, le Sans-Quartier,* la canonnière *l'Hélène,* la djerme *la Carniole,* établiront leur croisière à Damiette. Ils escorteront les diligences et autres bâtiments où il y aura des Français, jusqu'à Mansourah. Les hommes composant cette croisière seront nourris des magasins de Damiette et auront toujours pour quinze jours de vivres.

Art. 5. — Les djermes *la Milanaise* et *la Génoise* et une cange établiront leur croisière à Mansourah. Elles escorteront les diligences et autres bâtiments où il y aura des Français, jusque vis-à-vis Myt-Ghamar. Les hommes composant cette croisière seront nourris des magasins de Mansourah et auront toujours pour quinze jours de vivres.

Art. 6. — Les djermes *la Véronaise* et *la Carinthie* et la cange *la Parisienne* établiront leur croisière à Myt-Ghamar. Elles escorteront les diligences et autres bâtiments où il y aura des Français, jusqu'à Boulâq. Les hommes composant cette croisière seront nourris des magasins de Menouf et auront toujours pour quinze jours de vivres.

Art. 7. — Chacune de ces croisières sera commandée par un officier de marine, qui sera chargé de la police de la navigation du Nil dans son arrondissement. Il enverra au général commandant la marine, par toutes les occasions, le rapport de ce qui pourrait s'y être passé de nouveau. Il sera responsable de tous les événements qui pourraient arriver. Les bâtiments qui sont sous ses ordres seront constamment en activité. Il s'étudiera à connaître tous les cheiks-el-beled des différentes communes.

Art. 8. — Le contre-amiral Ganteaume nommera les officiers de marine qui doivent commander ces différentes croisières, et expédiera les ordres et instructions nécessaires pour leur navigation.

BONAPARTE.

Dépôt de la guerre.

_____

3599. — AU GÉNÉRAL ZAJONCHEK, A BENV-SOUEYF.

Quartier général, au Caire, 20 brumaire an VII (10 novembre 1798).

Vous trouverez ci-joint, Citoyen Général, une lettre de l'administrateur des finances. Je vous prie d'envoyer sur-le-champ des bâtiments armés et des troupes pour faire arrêter le sultan Ibn-Behitta-el-Assioulti.

BONAPARTE.

Collection Napoléon.

_____

3600. — AU GÉNÉRAL BERTHIER.

Quartier général, au Caire, 20 brumaire an VII (10 novembre 1798).

Plusieurs soldats, marins, sapeurs, infirmiers, charretiers, ouvriers, se sont faits domestiques. La facilité de s'en procurer a porté plusieurs officiers et administrateurs à en augmenter le nombre, et ce, au détriment de l'armée.

En conséquence, le général en chef ordonne :

ARTICLE 1ᵉʳ. — Les officiers et administrateurs qui ont amené des domestiques d'Europe ont seuls le droit d'avoir des domestiques européens. Ceux qui n'en ont pas amené ou qui veulent en augmenter le nombre doivent les prendre parmi les naturels du pays.

ART. 2. — Tout individu qui, au moment du débarquement, était soldat, marin, sapeur, infirmier, charretier, ouvrier, etc., est tenu, au plus tard cinq jours après la publication du présent ordre, de rejoindre un des corps ci-dessous, savoir :

Ceux qui sont à Alexandrie . . . . . la 4ᵉ d'infanterie légère ou le 3ᵉ bataillon de la 61ᵉ ou le 3ᵉ bataillon de la 85ᵉ.

Ceux qui sont à Rosette. . . . . . la 19ᵉ demi-brigade.

Ceux qui sont à Damiette. . . . . la 2ᵉ d'infanterie légère ou la 25ᵉ de ligne.

Ceux qui sont au Caire, Boulâq, le Vieux-Caire ou Gyzeh. . . . . . . la 18ᵉ de ligne ou la 22ᵉ d'infanterie légère.

ART. 3. — Ceux qui auraient des domestiques qui seraient dans le cas de l'article 2 sont tenus de le communiquer à leurs domestiques douze heures après la publication du présent ordre, d'en faire

part au commandant de la place au plus tard quarante-huit heures
après la publication du présent ordre.

ART. 4. — Ceux qui mettraient du retard dans l'exécution du présent ordre seront condamnés à payer à la caisse du corps autant
d'écus de six francs qu'ils mettront de jours de retard; et si dix jours
après la publication du présent ordre, ils ne l'avaient point exécuté,
le commandant de la place les ferait arrêter.

ART. 5. — Le commandant de la place et même les chefs des corps
ci-dessus nommés sont autorisés à faire arrêter tous les domestiques
qu'ils soupçonneraient être dans le cas de l'article 2.

ART. 6. — Il y aura à Alexandrie un bureau composé d'un officier
de la 4e d'infanterie légère, de la 61e et de la 85e;

Au Caire, un bureau composé de deux officiers de la 18e et de
deux officiers de la 22e, présidés par un adjudant-major de place.

ART. 7. — Tous les domestiques qui seraient arrêtés seront sur-le-
champ amenés dans ce bureau, qui prononcera s'ils sont ou non dans
le cas de l'article 2.

ART. 8. — Le général en chef recommande l'exécution du présent
ordre spécialement aux officiers commandant les places et aux officiers supérieurs des corps où lesdits hommes doivent être incorporés.

ART. 9. — Le général en chef défend expressément aux corps qui
sont à Alexandrie de se recruter parmi les individus qui font partie
des équipages.

BONAPARTE.

Dépôt de la guerre.

3601. — INSTITUT D'ÉGYPTE.

SÉANCE DU 21 BRUMAIRE.

Au Caire, 21 brumaire an VII (11 novembre 1798).

. . . . Le citoyen Bonaparte propose de créer une commission pour examiner les procédés que suivent les habitants du pays
dans la culture du blé, et les comparer avec ceux qui sont en usage
dans l'Europe.

Cette proposition est adoptée, et les citoyens Dolomieu, Gloutier
et Delille sont désignés pour composer cette commission. . . . . . .

Collection Napoléon.

3602. — AU GÉNÉRAL CAFFARELLI.

Quartier général, au Caire, 21 brumaire an VII (11 novembre 1798).

Le général Andréossy, qui nous a fait reconnaître le lac Menzaleh
et en a dressé la carte, vient de nous rendre un véritable service.

Donnez ordre à l'officier des ponts et chaussées et à l'ingénieur géographe qui étaient avec lui de se rendre à Damiette, d'où ils partiront, pour se rendre à Bourlos, avec le chef de bataillon du génie chargé de cette reconnaissance par le général Dugua. On lèvera le plan de ce lac avec la même exactitude que celui du lac Menzaleh.

Donnez ordre qu'il soit fait la même chose au lac Ma'dyeh. J'ordonne au général Andréossy d'y envoyer un officier de pontonniers, pour faire tout ce qui sera nécessaire pour assurer le passage.

Chargez un ingénieur des ponts et chaussées et un ingénieur géographe de faire une carte avec les sondes du lac Ma'dyeh.

Il sera nécessaire de s'assurer surtout de la situation du canal qui est marqué sur la carte comme embouchant dans le Nil à Deyrout.

BONAPARTE.

Comm. par M. le comte Caffarelli.

3603. — AU GÉNÉRAL CAFFARELLI.

Quartier général, au Caire, 21 brumaire an VII (11 novembre 1798).

Je désirerais, Citoyen Général, que des astronomes se rendissent à Belbeys, à Sâlheyeh, à la bouche d'Omm-Fàreg, dans le lac Menzaleh, pour déterminer la position de ces différents points. Si quelques membres de la commission des arts veulent profiter de cette circonstance pour se rendre à Peluse, ils s'embarqueront jusqu'à Damiette, où on donnera des ordres pour leur voyage à Peluse.

BONAPARTE.

Comm. par M. le comte Caffarelli.

3604. — AU GÉNÉRAL MENOU, A ROSETTE.

Quartier général, au Caire, 21 brumaire an VII (11 novembre 1798).

S'il se présentait, Citoyen Général, une ou deux frégates turques pour entrer dans le port d'Alexandrie, vous devez les laisser entrer.

S'il se présentait plusieurs bâtiments de guerre turcs pour entrer dans le port d'Alexandrie, vous ferez connaître à celui qui les commande qu'il est nécessaire que vous me fassiez part de sa demande; vous pourrez même l'engager à envoyer quelqu'un au Caire; et, s'il persistait, vous vous servirez de la force pour les empêcher d'entrer.

Si une escadre turque vient croiser devant le port et qu'elle communique directement avec vous, vous serez à même de prendre toute espèce d'information; vous lui ferez toute espèce d'honnêtetés.

Si elle ne communique avec vous que par des parlementaires anglais, vous ferez connaître à celui qui la commande combien cela est

indécent et contraire à la dignité que l'on doit au Sultan, et vous
l'engagerez à communiquer avec vous directement, sans parlementaires anglais, lui faisant connaître que vous regarderiez comme nulles
toutes les lettres qui vous viendraient par des parlementaires anglais.

BONAPARTE.

Dépôt de la guerre.

3605. — AU GÉNÉRAL BERTHIER.

Quartier général, au Caire, 21 brumaire an VII (11 novembre 1798).

L'usage barbare de faire bâtonner les hommes prévenus d'avoir
des secrets importants à révéler doit être aboli. Il a été reconnu de
tout temps que cette manière d'interroger les hommes, en les mettant
à la torture, ne produit aucun bien. Les malheureux disent tout ce
qui leur vient à la tête et tout ce qu'ils voient qu'on désire savoir.
En conséquence, le général en chef défend d'employer un moyen que
réprouvent la raison et l'humanité. Ce qui n'empêche pas les agas
d'infliger la bastonnade, mais seulement comme punition.

BONAPARTE.

Dépôt de la guerre.

3606. — AU GÉNÉRAL MARMONT, a ALEXANDRIE.

Quartier général, au Caire, 22 brumaire an VII (12 novembre 1798).

Dans la lettre que vous m'avez écrite le 14 brumaire, Citoyen
Général, j'ai remarqué la phrase suivante :

« La muraille dont vous avez ordonné la construction, depuis la
» montagne de l'Observation jusqu'à la mer, est nécessaire sans
» doute; mais ce but ne serait-il pas rempli avec plus d'économie et
» de promptitude en se servant de l'enceinte des Arabes qui ferme
» l'isthme? »

Oui, si dans l'enceinte de l'isthme les magasins d'artillerie, les
hôpitaux et les citernes sont contenus; mais, si le contraire existe,
qu'inférer de votre majeure?

Une place maritime, lorsque l'ennemi est maître de la mer, doit
éloigner tous les établissements de ses bords. On ne peut donc pas
les placer dans la presqu'île des Figuiers. Les maisons de la ville n'y
sont pas davantage propres. On est donc dans la nécessité de placer
les magasins d'artillerie, les hôpitaux en dehors de la muraille de
l'isthme.

La plus grande partie des citernes de la ville, pour ne pas même
dire toutes, sont en dehors de l'isthme; voyez, je vous prie, où vous
arriverez : vous vous enfermerez dans une enceinte, et vous laisserez

aux ennemis vos hôpitaux, vos magasins d'artillerie et toutes vos citernes.

Les forts des Bains, de Pompée, de l'Observation et de Cléopâtre sont tous éloignés de 800 toises au moins de la muraille de l'isthme, et, dès lors, ne se coordonnent d'aucune manière avec ladite enceinte. Ils sont livrés à leurs propres forces et seront attaqués isolément. Ils ne sont susceptibles de jouer un rôle médiocre que lorsqu'ils seront, par la capacité, le tracé et le profil, de véritables forts.

Nous avons pensé que, si la résistance que doivent offrir les forts de Pompée et de l'Observation reste constante dans ces deux projets, la quantité d'ouvrages qu'il faudrait y faire, dans le projet où ils ne seraient qu'ouvrages extérieurs de l'enceinte de l'isthme, ne pourrait pas être faite en quinze mois de temps; tandis que, dans le projet où ces forts ne sont que des flèches fermées avec une enceinte très-rapprochée, ils se coordonnent tellement avec ladite enceinte que le dixième de travail et de temps suffit.

Je vous le répète, le fort Pompée et celui de l'Observation ne sont, dans notre projet, que des avancées de 100 à 150 toises soutenues par toute l'artillerie, toute la garnison et tout le moral de la place.

Quant à l'idée que vous avez de garder la portion de l'enceinte depuis le fort de l'Observation jusqu'au fort Triangulaire, et de ne point la fermer du côté de la mer, cela ne forme pas un raisonnement.

Souvenez-vous qu'au siége de Toulon nous passions à 150 toises du fort Malbousquet, et nous nous approchions jusqu'à 100 toises des remparts de Toulon. S'il y avait eu des citernes à combler, des magasins à brûler, des enceintes à tourner, ne doutez pas que nous eussions été toucher les remparts mêmes de la ville. Cela est si vrai, que je me souviens d'avoir formé le projet d'enlever l'enceinte d'un coup de main, parce que les forts étaient éloignés de 1,000 à 1,200 toises de l'enceinte.

Vous devrez donc rester convaincu que le plan qu'a envoyé le général du génie a été très-longtemps discuté, et que je ne l'ai adopté que parce qu'il était le meilleur dans un système de fortification permanente, comme dans un système de demi-fortification, qui est tout ce que nous pouvons faire d'ici à la prochaine campagne.

Je vous recommande, jusqu'à ce que l'enceinte et le système que nous avons adoptés à Alexandrie soient exécutés, de rapprocher les réserves et quelques pièces des forts de l'Observation et de Cléopâtre; isolés, ils ne sont rien.

BONAPARTE.

3607. — AU GÉNÉRAL CAFFARELLI.

Quartier général, au Caire, 22 brumaire an VII (12 novembre 1798).

Vous trouverez ci-joint, Citoyen Général, une note qui m'a été remise par le général Manscourt. Mon intention est que l'on ne se départe d'aucune manière du plan qui a été adopté ; je n'entends pas ordonner par là de défaire la redoute de Cléopâtre, qui, à l'heure qu'il est, doit être faite. On doit, en ce moment, avoir tracé l'enceinte depuis le fort de l'Observation à la mer. Mon intention est qu'on y travaille sur-le-champ, ainsi qu'aux principaux forts, et surtout au fort de l'Observation. Ce poste pris, Alexandrie ne peut plus tenir ; faites bien sentir à l'officier du génie qui commande à Alexandrie que ce fort ne peut être défendu que par le secours de l'enceinte.

Je vous prie de me rendre compte quand l'on croit positivement que ladite enceinte sera fermée.

Faites-moi aussi connaître l'état de situation de l'enceinte qui ferme l'isthme. Elle peut être considérée comme la retraite de la garnison, et dès lors il est bon que je connaisse sa situation et les travaux qu'il y aurait à faire, afin que je puisse les ordonner, si on les croit nécessaires, mais toujours après que le système de défense sera achevé.

BONAPARTE.

Dépôt de la guerre.

3608. — AU GÉNÉRAL MENOU.

Quartier général, au Caire, 22 brumaire an VII (12 novembre 1798).

Je suis très-mécontent, Citoyen Général, de la réponse qu'a faite le citoyen Dumanoir au parlementaire anglais. Il était bien évident que les Anglais, en envoyant ce parlementaire, voulaient savoir si nous avions ou non des prisonniers anglais, et qu'ils avaient des raisons pour le savoir. Le citoyen Dumanoir ne devait donc rien répondre, puisque je l'avais ordonné, et il devait en faire part au commandant de la place, et le commandant de la place lui-même devait répondre de manière que les Anglais ne fussent point satisfaits dans le but de leur parlementaire, qui était de savoir si nous avions de leurs prisonniers. Il fallait, par exemple, leur répondre que, comme on en avait plusieurs, il fallait qu'ils désignassent les noms et grades de ceux qu'ils demandaient. Vous voudrez donc bien réitérer l'ordre que j'ai donné.

BONAPARTE.

Dépôt de la guerre.

3609. — AU GÉNÉRAL DESAIX.

Quartier général, au Caire, 22 brumaire an VII (12 novembre 1798).

Le citoyen Denon, qui est curieux de voyager dans la haute Égypte, vient vous voir.

Le général Belliard doit, à l'heure qu'il est, vous avoir joint. On parle ici, depuis hier, d'une escarmouche qui aurait eu lieu entre quelques-uns de vos postes et quelques kâchefs de Mourad-Bey, dans laquelle ils auraient eu quelques bagages de pris.

BONAPARTE.

Collection Napoléon.

3610. — ORDRE.

Quartier général, au Caire, 22 brumaire an VII (12 novembre 1798).

Les jardins d'Osman-Bey el-Tanbourgy, de Hassan, kâchef d'Ibrahim-Bey el-Aouâly, de Moustafa, kâchef d'Ibrahim le Grand, d'Omar, kâchef el-Douaddâr, le birket ou étang Abou-Châmât, seront mis à la disposition de l'administration de l'Institut.

BONAPARTE.

Collection Napoléon.

3611. — AU CITOYEN SUCY.

Quartier général, au Caire, 22 brumaire an VII (12 novembre 1798).

L'ordonnateur fera livrer, par mois, 52 ardebs de fèves et 16 d'orge et de paille, pour la ménagerie de l'Institut.

BONAPARTE.

Collection Napoléon.

3612. — AU GÉNÉRAL DUGUA.

Quartier général, au Caire, 23 brumaire an VII (13 novembre 1798).

Je vous envoie, Citoyen Général, la djerme *la Padouane,* qui ne tire que deux pieds d'eau, et que je vous prie de faire passer sur-le-champ dans le lac. Mon intention n'est point de désarmer *la Cisalpine;* ainsi, si elle ne peut plus servir à la navigation du lac, faites-la sortir et faites-la rentrer dans le Nil. La chaloupe napolitaine que l'on a retrouvée dans le lac me paraît très-suspecte; je vous prie de m'envoyer, sous bonne et sûre escorte, tous les individus qui étaient dans ledit canot.

Recommandez qu'il y ait toujours des barques en croisière devant les deux bouches.

Puisque El-Menzaleh est d'un mauvais air, il faut bien vite en re-

9.

tirer vos troupes; il suffira que de temps en temps un détachement embarqué sur la flottille s'y présente.

J'imagine que vos troupes, à Damiette, sont casernées.

BONAPARTE.

Dépôt de la guerre.

3613. — AU GÉNÉRAL CAFFARELLI.

Quartier général, au Caire, 23 brumaire an VII (13 novembre 1798).

Il paraît, d'après le compte que m'a rendu le général Reynier, que sous peu de jours la citadelle de Belbeys sera dans une situation respectable et à l'abri de toute atteinte des Arabes et des paysans. Le général Dommartin va y faire passer, sous peu de jours, six pièces de 8; par ce moyen, notre hôpital, notre manutention, nos magasins d'artillerie et de vivres se trouvent à l'abri de tout événement. Ne serait-il pas nécessaire d'ordonner la construction de deux corps de caserne, l'un capable de loger un bataillon, l'autre de loger des détachements d'artillerie, de sapeurs ou de cavalerie? Car je vois avec peine que, pour profiter d'une maison qui se trouve éloignée d'un quart de lieue de la ville, la division ne tient qu'un détachement à Belbeys.

BONAPARTE.

Dépôt de la guerre.

3614. — AU GÉNÉRAL CAFFARELLI.

Quartier général, au Caire, 23 brumaire an VII (13 novembre 1798).

Je désirerais, Citoyen Général, que vous fissiez faire cinq ou six jeux de boules, et que vous les envoyassiez à Sàlheyeh, aux troupes qui sont à Belbeys et au général Desaix.

BONAPARTE.

Comm. par M. le comte Caffarelli.

3615. — AU CONTRE-AMIRAL GANTEAUME, a ALEXANDRIE.

Quartier général, au Caire, 24 brumaire an VII (14 novembre 1798).

J'ai lu vos observations, Citoyen Général, sur le Dubois. Je persiste cependant toujours à l'armement de ce vaisseau.

Je voudrais diviser les forces navales d'Alexandrie en trois divisions :

1re division : la Junon, l'Alceste, la Courageuse, la Salamine, le Lodi;

2e division : la Muiron, le Causse, l'Alerte, le Rivoli;

3e division : la Carrère, le Dubois, la Négresse, la Foudre.

Je consentirais au désarmement de la Montenotte, du Leoben, de *la Mantoue,* avec les conditions expresses que chacun de ces trois bâtiments puisse servir de transport et être armé en flûte.

Je désirerais que la 1re division pût être prête dans les premiers jours de frimaire. Je voudrais qu'à dater du 1er frimaire elle fût traitée comme une division en rade, en donner le commandement au contre-amiral Perrée, et que l'armement, les vivres et les équipages de cette 1re division fussent en bon état. Elle aurait deux mois de vivres et trente ou quarante jours d'eau.

On pourrait donner le commandement de la 2e division au capitaine Trullet, et celui de la 3e au chef de division Dumanoir.

La 2e division serait censée entrer en rade le 1er nivôse.

La 3e serait censée entrer en rade le 1er pluviôse.

Je voudrais que, dès l'instant qu'une division entre en rade, ni les matelots ni les officiers ne pussent plus communiquer avec la terre.

A mesure que l'on entrera en rade, les matelots seront habillés avec un uniforme. Chaque bâtiment formerait un conseil d'administration, auquel il serait accordé, toutes les décades, une solde; personne ne jouirait de la solde du grade qu'il a, mais bien des fonctions qu'il remplit; alors je considérerais chacun des bâtiments comme un bataillon. Je désirerais donc avoir votre opinion sur le contenu de ces présentes dispositions, et que vous fissiez, pour la 1re division, un projet d'organisation pour chaque frégate, avec la solde et le décompte de ce qu'il faudrait accorder à chacun.

Faites-moi aussi la minute des différents ordres qu'il faudrait donner à Alexandrie en conséquence de ces dispostions.

BONAPARTE.

Collection Napoléon.

3616. — AU GÉNÉRAL LECLERC, A QELYOUB.

Quartier général, au Caire, 24 brumaire an VII (14 novembre 1798).

Je vous adresse, Citoyen Général, Soliman, ouekil du cheik El-Bekry, du village d'El-Qarâdy-myt-Abou-Ouàhab, qui se plaint de ce que les Arabes empêchent les habitants des environs du village de Myt-Ghamar d'ensemencer leurs terres. Prenez les mesures nécessaires pour punir ces Arabes et pour qu'ils ne portent aucun préjudice à l'agriculture.

BONAPARTE.

Collection Napoléon.

3617. — AU GÉNÉRAL REYNIER, A BELBEYS.

Quartier général, au Caire, 24 brumaire an VII (14 novembre 1798).

Je vous prie, Citoyen Général, de faire réunir à Boulàq les détachements des 7e et 23e qui se trouvent être encore à Sàlheyeh et à Belbeys, car il est très-essentiel de tenir les régiments réunis. Voyez, je vous prie, de prendre les mesures efficaces pour avoir des chevaux. La province de Charqyeh est celle qui en devrait fournir le plus : c'est celle qui en fournit le moins. La saison approche où sans cavalerie nous ne pourrons rien faire nulle part.

BONAPARTE.

J'ai donné ordre au payeur de vous faire toucher 3,000 francs pour dépenses secrètes.

Dépôt de la guerre.

3618. — AU GÉNÉRAL CAFFARELLI.

Quartier général, au Caire, 24 brumaire an VII (14 novembre 1798).

Le bataillon de la 22e qui est en garnison au fort Sulkowski fournira, tous les jours, vingt-cinq hommes de travail. L'officier du génie leur fera faire une esplanade de 25 toises tout autour du fort Sulkowski, et leur fera faire un grand chemin large et droit qui conduise à El-Qobbeh.

Le citoyen Lepère fera ouvrir le plus tôt possible le chemin qui va du quartier général au fort Sulkowski; depuis quinze jours il n'est pas encore ouvert, et une pièce de canon ne peut pas y passer.

Le citoyen Lepère jalonnera une chaussée depuis le pont du quartier général à la maison d'Ibrahim-Bey. La compagnie d'artillerie des guides fournira, tous les jours, vingt-cinq hommes de travail pour cette communication, afin qu'une pièce de canon puisse se rendre en ligne directe de la maison d'Ibrahim-Bey au quartier général. Je désirerais que dans la journée de demain ces trois ouvrages fussent en pleine activité.

BONAPARTE.

Comm. par M. le comte Caffarelli.

3619. — AU CITOYEN POUSSIELGUE.

Quartier général, au Caire, 24 brumaire an VII (14 novembre 1798).

Vous trouverez ci-joint un règlement de société qui m'est présenté par plusieurs négociants. Faites-leur connaître que mon intention est d'encourager ladite société, et, comme ce commerce doit être extrêmement lucratif, je désire qu'ils y intéressent la caisse de l'armée pour dix actions. Comme administrateur des finances, c'est à vous de représenter ces dix actions.

BONAPARTE.

Comm. par Mme de la Morinière.

3620. — AU CHEF DE BRIGADE BESSIÈRES.

Quartier général, au Caire, 24 brumaire an VII (14 novembre 1798).

J'ai ordonné que l'on vous donnât chez moi le logement qu'occupait Junot. Si vous préférez aller à Gyzeh, toute la maison est à votre service. Je ne désire qu'une chose, c'est que vous vous dépêchiez de guérir.

BONAPARTE.

Comm. par M. le duc d'Istrie.

3621. — ORDRE DU JOUR.

Quartier général, au Caire, 24 brumaire an VII (14 novembre 1798).

L'armée est prévenue qu'au 1er frimaire l'ordonnateur d'Aure remplira les fonctions d'ordonnateur en chef.

Par ordre du général en chef.

Dépôt de la guerre.

3622. — AU GÉNÉRAL BERTHIER.

Quartier général, au Caire, 25 brumaire an VII (15 novembre 1798).

Faites passer 1,000 paires de souliers à la division du général Desaix.

Donnez ordre au général Dommartin qu'il envoie une forge de campagne; au général du génie, qu'il envoie 40 sapeurs; à l'ordonnateur en chef, qu'il envoie des objets pour l'ambulance.

Réitérez l'ordre au général Desaix d'envoyer à Boulâq tous les chevaux qu'il aura, dix par dix, par le Nil, et en les faisant suivre par les hommes à pied que je lui ai envoyés. Je n'approuve pas la mesure proposée par l'adjudant général de cette division de faire suivre les hommes à pied avec leurs selles. Il vaut mieux ne pas avoir de cavalerie que d'en avoir une mauvaise. Tous les ateliers sont montés à Boulâq.

Réitérez l'ordre au général Desaix d'envoyer tous ses malades au Caire.

Le général Belliard a mené avec lui une pièce de 8; je donnerai incessamment l'ordre pour qu'on en envoie une seconde.

Le général Desaix peut prendre une compagnie de 50 sapeurs égyptiens; ils seront soldés par le Caire. J'ai mis dernièrement 3,000 livres à sa disposition; j'ordonne au payeur d'en mettre 3,000 autres.

BONAPARTE.

Dépôt de la guerre.

3623. — SAUVEGARDE ACCORDÉE A NICOLAS PAPADOPOULO.

Quartier général, au Caire, 25 brumaire an VII (15 novembre 1798).

Les postes de l'armée française en Égypte laisseront librement passer Nicolas Papadopoulo, qui s'est distingué à Damiette lorsque cette ville a été attaquée par les Arabes d'Hassan-Toubàr, et qui a été, pendant sept ans, amiral de la flottille de Mourad-Bey.

Les postes de l'armée française laisseront également passer les matelots grecs qui abandonneraient la flottille de Mourad-Bey. Le général en chef accorde amnistie et promet récompense à ces matelots.

Le général en chef promet également à Nicolas Papadopoulo 1,000 talari par chaloupe canonnière armée et appartenant aux Mameluks qu'il remettrait à l'armée française.

Par ordre du général en chef.

Dépôt de la guerre.

3624. — ORDRE.

Quartier général, au Caire, 25 brumaire an VII (15 novembre 1798).

ARTICLE 1er. — Le contre-amiral Ganteaume est nommé commandant des forces navales de la République en Égypte, soit dans la Méditerranée, soit sur le Nil, soit dans la mer Rouge.

ART. 2. — Les forces navales de la République dans la rade d'Alexandrie seront divisées en trois divisions.

ART. 3. — La 1re division sera composée des frégates *la Junon*, *l'Alceste*, *la Courageuse*, des bricks *le Lodi*, *l'Alerte*.

Cette division sera commandée par le contre-amiral Perrée.

ART. 4. — La 2e division sera composée du vaisseau *le Causse*, de la frégate *la Muiron*, des bricks *le Salamine*, *le Rivoli*.

Cette division sera commandée par le chef de division Dumanoir.

ART. 5. — La 3e division sera composée du vaisseau *le Dubois*, de la frégate *la Carrère*, des avisos *la Foudre*, *la Négresse*.

Cette division sera commandée par le capitaine Trullet.

ART. 6. — L'ordonnateur de la marine et le commandant des armes à Alexandrie prendront toutes les mesures pour qu'au 10 frimaire la 1re division soit en rade et prête à lever l'ancre, ayant pour trois mois de vivres et quarante jours d'eau. On sacrifiera tout pour l'armement de cette 1re division : on aura soin qu'elle ne manque ni de canons, ni de caronades, ni des approvisionnements qu'elle doit avoir.

ART. 7. — *La Muiron* sera armée de pièces de 18. *La Carrère* sera armée de pièces de 18. Il sera pourvu à l'armement du *Dubois* avec les pièces de 24 et de 18 qui resteraient.

ART. 8. — La 2e division sera tenue prête à pouvoir partir le 10 nivôse; jusqu'à cette époque, le chef de division Dumanoir continuera à remplir les fonctions de commandant des armes du port.

ART. 9. — La 3e division sera tenue prête à pouvoir partir le 1er pluviôse.

ART. 10. — A dater du 10 frimaire, la 1re division sera sans communication avec la terre.

ART. 11. — Il sera accordé à la 1re division un mois de solde, chacun selon le grade dont il remplit les fonctions, de sorte qu'il n'y aura de payés comme sous-officiers que le nombre que l'ordonnance accorde à une frégate.

ART. 12. — La solde ne sera également payée, pour les sous-officiers et matelots, que moitié de ce qui leur a été accordé, l'autre étant pour les familles, dont il leur sera fait le décompte à Toulon.

BONAPARTE.

Comm. par Mme la comtesse Ganteaume.

3625. — ORDRE.

Quartier général, au Caire, 25 brumaire an VII (15 novembre 1798).

ARTICLE 1er. — Les dépôts des demi-brigades de la division du général Lannes seront établis dans l'île de Roudah, dans une des maisons près du Meqyâs.

ART. 2. — Les dépôts des demi-brigades de la division du général Reynier seront établis à la citadelle.

ART. 3. — Les dépôts des demi-brigades de la division du général Desaix seront établis dans la mosquée de l'île de Roudah.

ART. 4. — Les dépôts des demi-brigades de la division du général Bon seront établis à la citadelle.

ART. 5. — Le présent ordre sera communiqué, dans la journée de demain, au général du génie et au commandant de la place, qui fixeront les locaux de manière que les différents dépôts aient l'emplacement nécessaire pour loger les officiers, les différents magasins, les différents ateliers et 100 hommes par demi-brigade.

ART. 6. — Le général du génie prendra ses mesures de manière que, le 1er frimaire, les différents locaux soient prêts.

ART. 7. — Le commandant de la place donnera ses ordres pour que, le 10 frimaire, tous ces différents dépôts soient placés conformément au présent ordre. Il fera effectuer ces mouvements successivement, afin que cela ne donne point d'inquiétude aux habitants. Il aura soin de prévenir l'administration de l'enregistrement de mettre des gardiens dans les maisons des différents dépôts, afin qu'elles ne soient point détériorées.

BONAPARTE.

Dépôt de la guerre.

3626. — AU GÉNÉRAL CAFFARELLI.

Quartier général, au Caire, 25 brumaire an VII (15 novembre 1798).

Tous les Français ont eu l'ordre de venir se loger aux environs de la place Ezbekyeh, ce qui rend beaucoup plus nécessaire encore l'établissement du fort Camin. Je désirerais que nous en arrêtassions le plan dans la journée de demain, et qu'il pût être tracé après-demain. Ce fort, qui commande toute la campagne extérieure, est extrêmement essentiel.

Je goûte beaucoup le projet que vous m'avez présenté aujourd'hui pour Sâlheyeh. Je désire que vous en ordonniez le plus tôt possible l'exécution, et qu'en même temps on mette la main à la construction des casernes. Je vous prie de me faire connaître si, au 15 frimaire, les deux fours que je vous ai demandés à Sâlheyeh seront construits.

BONAPARTE.

Dépôt de la guerre.

3627. — ARRÊTÉ.

Quartier général, au Caire, 25 brumaire an VII (15 novembre 1798).

ARTICLE 1er. — Il sera formé une commission de trois membres pour faire le recensement de tous les biens nationaux, tels que terres, jardins et maisons de campagne existant dans la ville du Caire et dans les environs, à deux lieues à la ronde.

ART. 2. — La commission sera accompagnée par un inspecteur interprète de l'administration de l'enregistrement et des domaines, et escortée par dix dragons que lui fera donner l'état-major général.

ART. 3. — Elle commencera ses opérations par l'extérieur de la ville; elle s'informera de l'origine de chaque bien, du nom du propriétaire avant l'arrivée de l'armée, du nom de celui qui en jouit maintenant, des revenus que produit le bien, si on en a rendu compte, et à qui; elle décrira le bien en déterminant sa nature, son étendue et sa position, avec le plus de précision qu'il sera possible; elle le numérotera; elle fera apposer à l'entrée une affiche portant : *Propriété nationale*.

ART. 4. — Tous les jours elle remettra à l'administration de l'enregistrement son travail de la veille, d'après lequel l'administration pourvoira sur-le-champ à l'administration des biens, soit en les affermant, soit en les faisant régir, et elle se fera rendre compte des arrérages.

ART. 5. — Les citoyens Parseval, Raige et Villoteau composeront ladite commission.

ART. 6. — Il leur sera alloué à chacun 45 médins par jour, pour frais de courses.

ART. 7. — Il sera formé à Damiette une commission chargée du même objet pour les domaines de cette ville et des environs. Les membres en seront nommés par le citoyen Barras, directeur des domaines à Damiette, de qui ils recevront des instructions et à qui ils rendront compte de leurs travaux.

ART. 8. — L'administrateur général des finances veillera à l'exécution du présent arrêté.

BONAPARTE.

Collection Napoléon.

3628. — AU GÉNÉRAL CAFFARELLI.

Quartier général, au Caire, 25 brumaire an VII (15 novembre 1798).

J'ai été voir aujourd'hui la citadelle; puis-je compter que, le 15 frimaire, la manutention et les quatre fours seront établis?

Je désirerais que l'on établît une batterie à embrasures de quatre pièces de canon contre le Moqattam. Je désirerais que cette batterie fût placée sur une espèce de cavalier qui servirait de traverse à la place, et que tous les merlons des embrasures fussent en terre. Les embrasures seraient ouvertes de manière que deux pièces pussent battre depuis le point du Moqattam le plus près jusqu'à la mosquée du Moqattam, et deux pièces jusqu'au mamelon le plus près du fort.

Je vous prie de m'apporter après-demain un rapport sur la tour des Janissaires : doit-on la faire sauter, oui ou non? Il est instant de prendre un parti sur cet objet. Quelle est la porte de la citadelle par laquelle on peut communiquer le plus facilement avec le fort Dupuy? Le citoyen Malus m'a dit qu'au fort Dupuy votre intention était de placer la citerne dans une des tours : ne vaudrait-il pas mieux y placer le bâtiment qui servirait de logement au commandant du fort, et placer la citerne, ainsi que les magasins de vivres, tout le long de l'enceinte du fort?

Il m'a paru que les créneaux n'étaient placés qu'à huit pieds du niveau du terrain : au lieu donc de faire une banquette en terre, ne pourrait-on pas bâtir quelques piliers, y jeter dessus quelques palmiers, en dessous faire lesdits magasins?

Je croirais utile que la tour qui était destinée à former la citerne eût au moins vingt pieds de hauteur, afin de défiler tout le fort, du sommet de la montagne. J'ai écrit au commandant de la place pour qu'il procure à la citadelle une plus grande quantité d'ouvriers.

BONAPARTE.

Comm. par M. le comte Caffarelli.

3629. — DÉCISION
SUR UN RAPPORT DU CITOYEN POUSSIELGUE.

Quartier général, au Caire, 25 brumaire an VII (15 novembre 1798).

Citoyen Général, l'état-major général m'a renvoyé l'imprimeur, le citoyen Marcel, pour que je lui fisse donner des ouvriers pour les travaux relatifs à l'établissement de l'imprimerie.

Je crains qu'on ne fasse encore ici beaucoup de dépenses superflues.

Il faudrait que celui qui dirigera les travaux eût assez de caractère pour résister aux désirs d'agrément de l'imprimeur, et ne s'occuper que de l'objet d'utilité.

E. POUSSIELGUE.

Renvoyé au général Caffarelli, faisant faire lesdits travaux, et avoir soin que les choses passent avant les hommes.

BONAPARTE.

Comm. par M. le comte Caffarelli.

3630. — AU GÉNÉRAL CAFFARELLI.

Quartier général, au Caire, 25 brumaire an VII (15 novembre 1798).

Vous trouverez ci-joint, Citoyen Général, un devis que me remet le citoyen Lepère. La dépense, mais surtout près de six semaines qu'il faudrait pour faire ce qu'il me propose, m'effrayent. Je voudrais que l'on pût pratiquer, au quartier général, un grand escalier, de manière que cela ne coutât que 1,500 livres et sept à huit jours de travail. Mon seul but est d'avoir un escalier ordinaire, en laissant tout dans l'état actuel.

A l'hôpital n° 1, les commodités infectent l'hôpital.

Comm. par M. le comte Caffarelli.   BONAPARTE.

3631. — AU GÉNÉRAL MANSCOURT.

Quartier général, au Caire, 25 brumaire an VII (15 novembre 1798).

Le citoyen Bouffard, sergent de la 85°, demande une pancarte de cantinier avec la faculté d'avoir un chameau pour approvisionner Aboukir de tout ce qui manque aux soldats.

BONAPARTE.

Collection Napoléon.

3632. — AU DIRECTOIRE EXÉCUTIF.

Quartier général, au Caire, 26 brumaire an VII (16 novembre 1798).

Citoyens Directeurs, je vous fais passer la note des combats qui ont eu lieu à différentes époques et sur différents points de l'armée.

Les Arabes du désert de la Libye harcelaient la garnison d'Alexandrie. Le général Kleber leur fit tendre une embuscade; le chef d'escadron Rabasse, à la tête de 50 hommes du 14° de dragons, les surprit, le 5 thermidor, et leur tua 43 hommes.

A la sollicitation de Mourad-Bey et des Anglais, les Arabes s'étaient réunis et avaient fait une coupure au canal d'Alexandrie, pour empêcher les eaux d'y arriver. Le chef de brigade Barthélemy, à la tête de 600 hommes de la 69°, cerna le village de Birket-Gheytàs, la nuit du 27 fructidor, tua plus de 200 hommes, pilla et brûla le village. Ces exemples nécessaires rendirent les Arabes plus sages, et, grâce aux peines et à l'activité de la 4° d'infanterie légère, les eaux sont arrivées, le 14 brumaire, à Alexandrie, en plus grande abondance que jamais; il y en a pour deux ans. Le canal nous a servi à approvisionner de blé Alexandrie, et à faire venir nos équipages d'artillerie à Gyzeh.

Le général Andréossy, après différents combats sur le lac Menzaleh, est arrivé, le 27 vendémiaire, sur les ruines de Peluse; il y a trouvé plusieurs antiques, entre autres un fort beau camée; il a dressé la carte de ce lac et de ses sondes avec la plus grande exactitude. Nous avons, dans ce moment, beaucoup de bâtiments armés dans ce lac. Il ne reste plus que deux branches, celle d'Omm-Fàreg et celle de Dybeh; peu de traces de celle de Peluse.

Deux jours après que la populace du Caire se fut révoltée, les Arabes accoururent de différents points du désert et se réunirent devant Belbeys. Le général Reynier les repoussa partout; un seul coup de canon à mitraille en tua sept; après différents petits combats, ils disparurent et, quelque temps après, ils se sont soumis.

Quelques djermes, chargées de chevaux nous appartenant, ont

été pillées par les habitants de Ramleh, et deux dragons ont été tués. Le général Murat s'y est porté, a cerné le village et a tué une centaine d'hommes.

Le général Lanusse, instruit que le célèbre Abou-Cha'yr, un des principaux brigands du Delta, était à Kafr-el-Cha'yr, l'a surpris, la nuit du 29 vendémiaire, a cerné sa maison, l'a tué, lui a pris trois pièces de canon, quarante fusils, cinquante chevaux et beaucoup de subsistances.

Les Anglais, avec quinze chaloupes canonnières et quelques petits bâtiments, se sont approchés du fort d'Aboukir, les 3, 4, 6 et 7 brumaire. Ils ont eu plusieurs chaloupes coulées bas. L'ordre était donné de les laisser débarquer; ils ne l'ont pas osé faire. Ils doivent avoir perdu quelques hommes; nous en avons eu deux blessés et un tué. Le citoyen Martinet, commandant la légion nautique, s'est distingué.

Depuis la bataille de Sédiman, le général Desaix était dans le Fayoum. Dans cette saison, on ne peut, en Égypte, aller ni par eau, il n'y en a pas assez dans les canaux, ni par terre, elle est marécageuse et pas encore sèche : ne pouvant donc poursuivre Mourad-Bey, le général Desaix s'occupa à organiser le Fayoum.

Cependant Mourad-Bey en profita pour faire courir le bruit qu'Alexandrie était pris et qu'il fallait exterminer tous les Français. Les villages se refusèrent à rien fournir au général Desaix, qui se porta, le 19 brumaire, pour punir le village de Kerânyeh [1], qui était soutenu par 200 Mameluks; une compagnie de grenadiers les mit en déroute. Le village a été pris, pillé et brûlé; l'ennemi a perdu 15 ou 16 hommes.

Dans le même temps, 500 Arabes, autant de Mameluks et un grand nombre de paysans, se portaient à Medynet el-Fayoum, pour enlever l'ambulance. Le chef de bataillon de la 21ᵉ, Eppler, sortit au-devant des ennemis, les culbuta par une bonne fusillade et les poussa la baïonnette dans les reins. Une soixantaine d'Arabes, qui étaient entrés dans les maisons pour piller, ont été tués; nous n'avons eu, dans ces différents combats, que trois hommes tués et dix blessés.

BONAPARTE.

Collection Napoléon.

_____

3633. — AU CITOYEN GUIBERT, LIEUTENANT DES GUIDES.

Quartier général, au Caire, 26 brumaire an VII (16 novembre 1798).

Vous vous rendrez, Citoyen, à Rosette, en vous embarquant de suite sur la diligence. Vous remettrez les lettres ci-jointes au général

¹ El-Zâouyeh el-Kerânyeh.

Menou; vous aurez avec vous un Turc nommé Mohammed-Tchaouss, lieutenant de la caravelle qui est à Alexandrie.

Vous vous embarquerez à Rosette sur un canot parlementaire que le contre-amiral Perrée vous fournira. Vous vous rendrez à bord de l'amiral anglais avec votre Turc, qui remettra une lettre dont il est porteur à l'officier qui commande la flottille turque.

Vous resterez quelques heures avec l'amiral anglais; vous lui remettrez sans prétention les différents journaux égyptiens et les numéros de la *Décade;* vous tâcherez qu'il vous remette les journaux qu'il pourrait avoir reçus d'Europe; vous laisserez échapper, dans la conversation, que je reçois souvent des nouvelles de Constantinople par terre. S'il vous parle de l'escadre russe qui assiége Corfou, vous lui laisserez d'abord dire tout ce qu'il voudra; après quoi vous lui direz que j'ai des nouvelles, en date de vingt jours, de Corfou; vous lui ferez sentir que vous ne croyez pas à la présence de l'escadre russe devant Corfou, parce que, si les Russes avaient des forces dans ces mers, ils ne seraient pas assez dupes de ne pas être devant Alexandrie; vous lui direz, comme par inadvertance, ce qu'il attribuera facilement à votre jeunesse, que, depuis les premiers jours de septembre, tous les jours, je fais partir un officier pour France; que plusieurs de mes aides de camp ont été expédiés, et, entre autres, mon frère, que vous direz parti depuis vingt-cinq jours. S'il vous demande d'où ils partent, vous direz que vous ne savez pas d'où tous sont partis, mais que, pour mon frère, il est parti d'Alexandrie.

Vous lui demanderez des nouvelles de la frégate *la Justice,* sur laquelle vous direz avoir un cousin; vous demanderez où elle se trouve : s'il ne la connaissait pas, vous la lui désigneriez comme une de celles qui s'en sont allées avec l'amiral Villeneuve.

Vous lui direz que je suis dans ce moment-ci à Suez, et que vous croyez que vous me retrouverez de retour; vous lui direz, mais très-légèrement, que vous croyez qu'il est arrivé un très-grand nombre de bâtiments à Suez, venant de l'Ile de France.

Vous lui direz que le premier parlementaire qu'il aurait à m'envoyer, je désirerais qu'il vînt à Rosette, et que j'avais donné l'ordre qu'il vînt au Caire, et que, dans ce cas, je désirerais qu'il nommât quelqu'un qui eût sa confiance et qui fût intelligent.

Vous lui direz également que, s'ils ont de la difficulté à faire de l'eau ou qu'ils aient difficilement des choses qui puissent leur être agréables, vous savez que mon intention est de les leur faire fournir; vous leur raconterez que, devant Mantoue, sachant que le maréchal de Wurmser avait une grande quantité de malades, je lui avais envoyé beaucoup de médicaments, générosité qui avait beaucoup étonné le vieux maréchal : que je lui faisais passer tous les jours six paires de bœufs et toutes sortes de rafraîchissements ; que j'avais été très-satisfait de la manière dont ils avaient traité nos prisonniers.

Enfin, vous rentrerez à Rosette avec votre Turc sans toucher à Alexandrie.

Si le contre-amiral Perrée préférait vous faire partir d'Aboukir sur la chaloupe de *l'Orient*, vous vous y rendriez.

Vous reviendriez à Aboukir, et de là à Rosette, et descendriez avec votre Turc au quartier général.

BONAPARTE.

Collection Napoléon.

3634. — AU GÉNÉRAL MENOU, a rosette.

Quartier général, au Caire, 26 brumaire an VII (16 novembre 1798).

Vous ne devez garder, Citoyen Général, du 14ᵉ de dragons, que 100 hommes, compris les officiers et sous-officiers. Faites partir le reste pour Boulàq. Je suis fâché d'apprendre qu'ils ne soient pas encore montés. Profitez du moment où vous avez des forces si considérables à votre disposition pour monter vos dragons et faire payer les impositions.

La cavalerie qui est à Alexandrie meurt de faim. Je ne crois pas d'ailleurs qu'elle soit fort utile : quand on en a si peu, elle ne sert à rien. Donnez-lui ordre de se rendre à Rosette, où il vous est plus facile de la nourrir, et d'où vous pourrez envoyer des patrouilles sur la côte.

BONAPARTE.

Dépôt de la guerre.

3635. — AU GÉNÉRAL MENOU, a rosette.

Quartier général, au Caire, 26 brumaire an VII (16 novembre 1798).

Nous aurions besoin des Arabes pour pouvoir accélérer les transports des grains et des bois de Rosette et d'El-Rahmànyeh sur Alexandrie ; faites parler à quelques tribus pour voir si elles voudraient conclure un marché avec vous. Il faudrait une centaine de chameaux. Moyennant le gain, ces gens-là ne demanderont pas mieux.

J'espère qu'à l'heure qu'il est, vous aurez fait arrêter le cheik-el-beled du village d'Atfeyneh et châtié les Arabes de la province de Bahyreh.

BONAPARTE.

Dépôt de la guerre.

3636. — AU GÉNÉRAL MARMONT.

Quartier général, au Caire, 26 brumaire an VII (16 novembre 1798).

D'après les nouvelles que je reçois de Damanhour, Citoyen Général, je crois qu'il serait nécessaire que vous y fissiez un tour. Vous partirez de là pour punir les Arabes qui se sont mal conduits. Vous aiderez le citoyen Leturcq à recouvrer les impositions et à accélérer la levée des chevaux. Vous réunirez des moyens de transport pour approvisionner Alexandrie en blé; vous enverrez des bœufs et des moutons à Alexandrie. Si vous pouviez passer avec quelque horde d'Arabes un marché pour fournir 3 à 400 chameaux, cela approvisionnerait promptement Alexandrie des 15,000 ardebs qui sont à El-Rahmànyeh.

BONAPARTE.

Collection Napoléon.

3637. — AU GÉNÉRAL LECLERC, a QELYOUB.

Quartier général, au Caire, 26 brumaire an VII (16 novembre 1798).

Vos troupes ne sont pas assez nombreuses, Citoyen Général, pour les séparer. Marchez toujours ensemble, ayant toujours avec vous l'agent français et l'intendant copte, ainsi que vos petites administrations. Le but de votre mission est de vous procurer trente bons chevaux pour monter notre cavalerie, de faire payer les à-compte sur le myry, qui ont été demandés par l'intendant général et dont l'intendant particulier de la province a la note. Concertez-vous avec l'intendant de la province et l'agent français pour prendre des mesures afin de recouvrer promptement le myry.

Commencez par faire payer les villages qui se sont révoltés du côté de Mansourah; rendez-vous-y avec vos forces; faites-leur payer sur-le-champ le myry, une contribution en chevaux; désarmez-les, prenez des otages, et, s'ils se conduisent mal à votre approche, faites couper les têtes des cheiks-el-beled.

Quand vous aurez passé quelques jours dans cette partie de la province et perçu le myry, vous retournerez à Qelyoub.

Votre payeur enverra au Caire l'argent qu'il aura pu recueillir. Vous enverrez à Boulâq les chevaux que vous aurez pu vous procurer; après quoi vous vous rendrez à Myt-Ghamar, pour exiger les mêmes levées et impositions dans cette partie de la province, et punir les Arabes de Derne qui recommencent leurs brigandages dans cette partie.

Comme les nuits sont fraîches, tâchez, partout où vous irez, de réunir vos troupes dans une grande maison.

Tenez-vous bien réuni et ne souffrez pas qu'un seul homme s'éloigne du bataillon. J'ai été bien aise d'apprendre, par votre seconde lettre, que vous n'aviez pas exécuté votre projet; sous aucun prétexte il ne faut vous éparpiller.

BONAPARTE.

Collection Napoléon.

3638. — AU GÉNÉRAL BELLIARD.

Quartier général, au Caire, 26 brumaire an VII (16 novembre 1798).

Il est essentiel, Citoyen Général, que vous vous portiez à Beny-Soueyf et que vous organisiez cette intéressante province; vous en prendrez le commandement.

Je donne ordre au général Zajonchek de se rendre au Caire. Nous ne recevons ici plus de blé; cependant le besoin s'en fait sentir vivement.

Envoyez ici tous les malades, et commencez à Beny-Soueyf un établissement qu'il est nécessaire d'avoir quand vous partirez pour la conquête de la haute Égypte. Établissez-y une ambulance, deux fours, et, s'il est possible, mettez-vous dans une position où vous puissiez facilement vous retrancher et vous mettre à l'abri de toute espèce d'attaque, en ayant cependant soin de commander toujours le Nil. Faites-moi connaître de quelle manière vous pourrez communiquer avec le Fayoum et avec Beny-Soueyf. Il me semble que, du moment que vous vous trouvez à Beny-Soueyf, les chemins doivent être sûrs et qu'on peut facilement se porter partout.

Vous trouverez ci-joint une note qui m'a été remise. Je vous prie de voir ce qu'il faudrait faire pour la sûreté du Nil et punir les habitants qui se sont emparés de ces barques.

Envoyez-moi ici toutes les djermes que vous avez appartenant aux Mameluks, afin que nous puissions les armer en guerre et relever les avisos, qui, je crois, tirent trop d'eau pour pouvoir vous servir lorsque le Nil baissera davantage. Envoyez-nous, je vous prie, le plus promptement possible, une centaine de chevaux; vous savez le besoin que nous en avons.

BONAPARTE.

L'envoi des grains au Caire doit être une de vos premières opérations.

Dépôt de la guerre.

3639. — AU GÉNÉRAL CAFFARELLI.

Quartier général, au Caire, 26 brumaire an VII (16 novembre 1798).

Vous donnerez des ordres, Citoyen Général, pour que la manutention, les fours et l'ambulance de Beny-Soueyf soient retranchés de manière que 3 ou 400 hommes puissent les défendre contre les paysans et les Arabes.

BONAPARTE.

Comm. par M. le comte Caffarelli.

3640. — AU GÉNÉRAL DOMMARTIN.

Quartier général, au Caire, 26 brumaire an VII (16 novembre 1798).

Je vous prie, Citoyen Général, de me faire connaître si vous avez fait faire un modèle de chevaux de frise. Dans ce cas, je serais bien aise que vous l'envoyassiez chez moi demain à midi.

BONAPARTE.

Même lettre au général Caffarelli.

Dépôt de la guerre.

3641. — DÉCISION
SUR UN RAPPORT DU MÉDECIN EN CHEF DE L'ARMÉE.

Quartier général, au Caire, 26 brumaire an VII (16 novembre 1798).

Général, je me réunis au comité de salubrité du Caire pour demander : 1° que l'on fasse promptement écouler les eaux croupissantes du Khalyg; 2° que l'on bouche les latrines qui s'y dégorgent; 3° qu'on empêche d'y jeter des immondices quelconques.

Le comité a déjà indiqué au général commandant la place des mesures faciles d'exécution; il ne reste qu'à s'en occuper.

Cet objet est des plus intéressants pour la salubrité publique.

Salut et respect.

R. DESGENETTES.

Comm. par M. le comte Caffarelli.

Renvoyé au général Caffarelli pour que, s'il ne peut pas faire lesdits travaux, il s'entende avec le commandant de la place, qui en chargera les agas, qui les feront moyennant 500 livres qu'ils demandent et que le général Caffarelli fera solder.

BONAPARTE.

3642. — AU CITOYEN LE ROY.

Quartier général, au Caire, 27 brumaire an VII (17 novembre 1798).

Vous ne devez, Citoyen Ordonnateur, solder aucune somme aux

personnes qui vont en France, pas même à mes courriers, ni aux officiers chargés de mission. Quant aux certificats que vous demandent les officiers blessés, il me paraît juste de les leur accorder, mais des certificats seulement; il faut garder l'argent pour des opérations essentielles.

BONAPARTE.

Dépôt de la guerre.

3643. — AU CITOYEN LE ROY.

Quartier général, au Caire, 28 brumaire an VII (18 novembre 1798).

Le capitaine du navire *la Santa-Maria,* qui a acheté ou volé quatre pièces de canon de 2, un câble et un grappin, de concert avec un matelot français, sera condamné à payer 6,000 francs d'amende, qui seront versés dans la caisse du payeur.

BONAPARTE.

Collection Napoléon.

3644. — A AMED-PACHA [1], GOUVERNEUR DE SEÏDEH.

Quartier général, au Caire, 29 brumaire an VII (19 novembre 1798).

Je ne veux pas te faire la guerre si tu n'es pas mon ennemi; mais il est temps que tu t'expliques. Si tu continues à donner refuge, sur les frontières de l'Égypte, à Ibrahim-Bey, je regarderai cela comme une marque d'hostilité et j'irai à Acre.

Si tu veux vivre en paix avec moi, tu éloigneras Ibrahim-Bey à quarante lieues des frontières de l'Égypte, et tu laisseras libre le commerce entre Damiette et la Syrie.

Alors je te promets de respecter tes États, de laisser la liberté entière au commerce entre l'Égypte et la Syrie, soit par terre, soit par mer.

BONAPARTE.

Collection Napoléon.

3645. — ORDRE DU JOUR.

Quartier général, au Caire, 29 brumaire an VII (19 novembre 1798).

Le général en chef a visité hier l'arsenal de Gyzeh, qu'il a trouvé dans le meilleur état. Plusieurs canonniers en faction n'ayant pas de baïonnette, il a mis aux arrêts l'adjudant-major qui a fait défiler la parade. Il ordonne au général d'artillerie de mettre aux arrêts le commandant du 8ᵉ régiment d'artillerie à cheval : les casernes de ce détachement sont malpropres.

Le commandant de la place fera demain la visite de toutes les

[1] Djezzar-Pacha.

casernes de Gyzeh, et punira tous les commandants de corps et tous les caporaux de chambrées qui n'auraient pas pris toutes les précautions de propreté prescrites par les règlements.

Le général en chef ordonne qu'il sera établi un pont de bateaux sur le Nil, pour communiquer avec Gyzeh. Le général Andréossy enverra les officiers de pontonniers au Vieux-Caire et à Boulâq, pour ramasser toutes les djermes et demi-djermes qu'il pourra trouver et qui sont propriété nationale ; le commandant des armes lui remettra toutes celles qui ne sont pas nécessaires à son service.

Le général commandant la place du Caire fournira au général d'artillerie quarante armuriers du pays, que le général d'artillerie fera travailler dans ses ateliers à Gyzeh.

Le général d'artillerie fera établir à Gyzeh, dans le plus court délai, une fonderie. Le général Caffarelli mettra à la disposition du général d'artillerie les ouvriers et artistes qui ont des connaissances dans cette partie.

Il est arrivé à l'état-major, ce matin, onze chevaux de la province de Menouf, envoyés par le général Lanusse, qui en annonçait douze. Parmi ces chevaux destinés à la remonte des troupes à cheval, il s'est trouvé trois juments dont une marquée A, ayant été à l'artillerie ; trois chevaux tarés, étant encore ferrés avec des fers français ; une partie est hors de taille et d'un âge à ne pouvoir servir. Trois chevaux de cette remonte sont seuls recevables ; il en résulte que plusieurs de ces chevaux ont été changés.

Il est, en conséquence, ordonné au général Lanusse de rendre compte au général en chef des ordres qu'il a donnés pour l'envoi des douze chevaux annoncés par sa lettre au chef de l'état-major général, en date de Menouf, du 26 brumaire, et de quelle manière ont été délivrés ces chevaux à celui chargé de les conduire ; il fera connaître s'il a envoyé trois juments, dont une marquée A, et des chevaux qui avaient des fers français.

Le général en chef ordonne à tous les commandants de provinces de prendre les mesures nécessaires pour que les chevaux de réquisition ne soient pas changés. Ils adresseront, en conséquence, tous les chevaux de remonte à l'état-major général, avec un procès-verbal qui constatera le signalement exact de chaque cheval.

Le général en chef fera punir sévèrement quiconque se permettrait de changer un cheval destiné à la remonte de la cavalerie. Chacun doit sentir l'importance de monter la cavalerie.

Par ordre du général en chef.

Dépôt de la guerre.

˙3646˙ — AU GÉNÉRAL MENOU, a rosette.

Quartier général, au Caire, 30 brumaire an VII (20 novembre 1798).

Je suis très-peu satisfait, Citoyen Général, de ce que les chaloupes anglaises sont venues plusieurs fois au Boghàz faire de l'eau, et qu'on n'ait pas pu, avec les chaloupes canonnières et autres bâtiments que vous avez, les prendre.

Je vous prie de prendre vos mesures de manière que, s'ils se présentent encore, vous réussissiez à nous les envoyer au Caire.

BONAPARTE.

Dépôt de la guerre.

3647. — AU GÉNÉRAL DUGUA, a damiette.

Quartier général, au Caire, 30 brumaire an VII (20 novembre 1798).

J'ai reçu, Citoyen Général, la lettre par laquelle vous m'annoncez que votre intention est de marcher sur le village de Nabaroueh. J'ai reçu aussi la reconnaissance du citoyen Cazal. Toutes les lettres que vous m'avez écrites ce jour-là étaient sans date.

Poussez, je vous en prie, autant qu'il vous sera possible, les fortifications de Lesbé, qu'il est extrêmement urgent de terminer très-promptement. On se plaint que les habitants de Damiette ne fournissent pas au génie les matériaux, ouvriers et autres secours qui lui sont nécessaires.

Je vous prie de me faire connaître : 1° s'il y a des fours établis à Lesbé ; 2° s'il y a des pièces en batterie ; 3° s'il y a un hôpital ; 4° si les magasins et ateliers y sont ; 5° enfin si, au moindre événement qui arriverait, il vous serait possible d'y jeter le dépôt de votre division et d'être certain qu'il serait à l'abri de tout événement.

BONAPARTE.

Dépôt de la guerre.

3648. — AU GÉNÉRAL DESAIX.

Quartier général, au Caire, 30 brumaire an VII (20 novembre 1798).

J'attends toujours avec impatience, Citoyen Général, les 150 chevaux que l'on m'assure que vous vous êtes procurés entre le Fayoum et la province de Beny-Soueyf ; il n'en est encore arrivé que 8.

J'espère que cela me mettra à même de vous faire passer 1,000 chevaux bien armés et bien équipés.

L'intendant de Mourad-Bey, Abd-Allah-Pacha, qui a été sur l'escadre anglaise, est passé, hier 29, à la hauteur des pyramides. Il avait sept Arabes et deux Mameluks avec lui˙

Envoyez-nous ici toutes les djermes de Mameluks que vous pourrez vous procurer.

Nous avons reçu des gazettes anglaises et françaises qui vont jusqu'au 10 août ; il n'y avait jusqu'à cette époque rien de nouveau en Europe ; je vous les envoie.

BONAPARTE.

Collection Napoléon.

3649. — AU DIRECTOIRE EXÉCUTIF.

Quartier général, au Caire, 1er frimaire an VII (21 novembre 1798).

Vous trouverez ci-joint, Citoyens Directeurs, la copie de plusieurs lettres que je vous ai écrites. Mon frère et un courrier que j'ai fait partir depuis doivent vous les avoir portées ; au moins un des deux aura passé.

Nous avons eu ici une insurrection assez vive ; mais tout est actuellement plus tranquille que cela ne l'a jamais été.

Il est arrivé une caravane du mont Sinaï, avec des fruits et du charbon. Il y a quelques bâtiments de l'Yemen à Suez.

Les Anglais ont fait quelques tentatives sur Aboukir. Ils out une vingtaine de chaloupes canonnières, avisos, bricks et quelques bâtiments de transport, parmi lesquels des pavillons russes et turcs. Nous désirons beaucoup qu'ils débarquent, comme ils disent vouloir le faire.

La Porte a destitué le pacha d'Égypte ; elle a nommé, pour le remplacer, Ibn-Adm-Abd-Ullah, ci-devant pacha de Damas. Il paraît qu'elle m'a écrit plusieurs fois et que les lettres ont été interceptées par les Anglais.

Nous n'avons aucune nouvelle de l'Europe depuis Lesimple, c'est-à-dire depuis le 18 messidor ; cela fait quatre à cinq mois ; nous en devenons un peu curieux.

Nous avons des maladies d'yeux, peu de fièvres, point d'autres maladies.

Nous nous fortifions de tous côtés ; cela nous coûte beaucoup d'argent ; il n'est pas abondant ici.

Dès l'instant que la terre sera entièrement découverte, je mettrai ma cavalerie aux trousses de Mourad-Bey, qui n'est plus accompagné que de 1,000 à 1,200 hommes à cheval.

J'ai envoyé un parlementaire à l'escadre anglaise. Il résulte que les deux frégates, la caravelle turque et les dix bâtiments qui sont devant Aboukir sont des bâtiments de Rhodes, commandés par Hassan-Bey, gouverneur de cette île ; il y a aussi deux corvettes russes.

Alexandrie est dans ce moment-ci à l'abri de tout événement, on y travaille avec la plus grande ardeur ; ce sera bientôt une place très-forte.

Le contre-amiral Ganteaume, le citoyen Barré, capitaine de frégate, se chargent de faire entrer un vaisseau de 80 dans le port d'Alexandrie, qui est très-sûr et très-spacieux, seulement difficile à son entrée.

Envoyez-nous des courriers sur Damiette ; nous avons soif des nouvelles d'Europe ; nous n'en avons aucune.

Le contre-amiral Ganteaume commande l'escadre ; le contre-amiral Perrée, la 1re division ; le chef de division Dumanoir, la 2e ; le citoyen Trullet, capitaine de vaisseau, la 3e.

Il y a en tout, armés, 3 frégates de construction française, 2 frégates portant du 18, de construction vénitienne, mais que nous avons doublées en cuivre, 2 vaisseaux de 64, de construction vénitienne, 6 bricks.

BONAPARTE.

Collection Napoléon.

_____

3650. — AU DIRECTOIRE EXÉCUTIF.

Quartier général, au Caire, 1er frimaire an VII (21 novembre 1798).

Je vous prie de faire toucher à la citoyenne Desgenettes 1,200 livres, que j'ai accordées à son mari, médecin en chef, en gratification des services qu'il a rendus et rend tous les jours à l'armée. Il a préféré les faire toucher à sa femme, à Paris.

BONAPARTE.

Collection Napoléon.

_____

3651. — AU GÉNÉRAL BERTHIER.

Quartier général, au Caire, 1er frimaire an VII (21 novembre 1798).

Vous voudrez bien donner l'ordre, Citoyen Général, au général Menou, de faire partir le général Murat avec les deux bataillons de la 69e et son artillerie, pour se rendre à Châbour, par terre, où il recevra de nouveaux ordres.

Dans tous les pays où il passera, il invitera les habitants à payer exactement et sans délai leurs contributions ; sans quoi, à son retour, il punira sévèrement les cheiks et leur fera payer le double.

Vous ordonnerez au général Menou de ne garder à Rosette que 60 hommes du 14e de dragons, compris les officiers, et de renvoyer sans délai tout le reste à Boulâq.

Vous donnerez l'ordre à Alexandrie de ne garder que les dragons qui sont montés et d'envoyer en toute diligence le reste à Boulâq.

Vous ordonnerez au général Fugière de presser la levée des chevaux, et, à mesure qu'il en aura dix, de les envoyer à Boulâq avec dix hommes du 14e dragons.

Comme la diligence n'est pas partie, vous pourrez, je crois, envoyer encore aujourd'hui votre ordre au général Menou.

BONAPARTE.

Dépôt de la guerre.

_____

3652. — AU GÉNÉRAL DOMMARTIN.

Quartier général, au Caire, 1er frimaire an VII (21 novembre 1798).

Je désirerais donner aux officiers d'infanterie des espontons assez légers pour qu'ils puissent les porter facilement, assez longs pour qu'en serre-file l'esponton puisse passer de six pouces la baïonnette du premier rang; faites-m'en faire un modèle.

BONAPARTE.

Dépôt de la guerre.

_____

3653. — AU GÉNÉRAL BERTHIER.

Quartier général, au Caire, 1er frimaire an VII (21 novembre 1798).

Vous voudrez bien, Citoyen Général, faire partir après-demain, par la diligence, pour se rendre à Rosette, et de là à Alexandrie, les 30 ou 40 hommes aveugles ou dangereusement blessés qui ne sont plus dans le cas de faire aucun service.

Le contre-amiral Ganteaume a donné l'ordre à Alexandrie pour qu'on prépare un bâtiment pour leur départ.

BONAPARTE.

Dépôt de la guerre.

_____

3654. — ORDRE.

Quartier général, au Caire, 1er frimaire an VII (21 novembre 1798).

Les citoyens Caffarelli, Monge, Berthollet, Desgenettes, Larrey, se réuniront chez l'ordonnateur en chef pour me présenter un projet d'organisation d'un hôpital civil de 3 ou 400 malades, pour les pauvres de la ville du Caire.

BONAPARTE.

Collection Napoléon.

_____

3655. — AU GÉNÉRAL CAFFARELLI.

Quartier général, au Caire, 1er frimaire an VII (21 novembre 1798).

Il serait extrêmement intéressant que le Khalyg fût navigable toute l'année, du Nil au Caire. Je vous prie de faire faire un projet là-dessus. Les habitants mettraient sans doute du zèle pour ce travail, et l'on m'assure que l'on trouverait autant d'ouvriers que l'on voudrait. Je désirerais avoir ce travail avant le 10 frimaire.

BONAPARTE.

Comm. par M. le comte Caffarelli.

3656. — SAUVEGARDE.

Quartier général, au Caire, 2 frimaire an VII (22 novembre 1798).

Le général en chef accorde amnistie et pardon à tous les Albanais, tant turcs que chrétiens, qui étaient au service de Mourad-Bey et qui voudraient revenir de la haute Égypte, soit pour rester paisiblement au Caire, soit pour entrer au service de la République. En conséquence, les postes de l'armée française laisseront librement passer ces Albanais, soit qu'ils viennent seuls, soit qu'ils viennent en troupe. On leur laissera leurs armes, et on leur donnera secours et protection. En arrivant au Caire, ils se présenteront à l'état-major général.

Par ordre du général en chef.

Dépôt de la guerre.

3657. — AU CHEIK EL-MESSIRI.

Quartier général, au Caire, 3 frimaire an VII (23 novembre 1798).

J'ai vu avec plaisir votre heureuse arrivée à Alexandrie; cela contribuera à y maintenir la tranquillité et le bon ordre. Il serait essentiel que vous et les notables d'Alexandrie prissiez des moyens pour détruire les Arabes et les forcer à une manière de vivre plus conforme à la vertu. Je vous prie aussi de faire surveiller les malintentionnés qui débarquent à deux ou trois lieues d'Alexandrie, se glissent dans la ville et y répandent de faux bruits qui ne tendent qu'à troubler la tranquillité.

Sous peu je ferai travailler au canal d'Alexandrie, et j'espère qu'avant six mois l'eau y viendra en tout temps.

Quant à la mer, persuadez-vous bien qu'elle ne sera pas long-temps à la disposition de nos ennemis. Alexandrie réacquerra son ancienne splendeur et deviendra le centre du commerce de tout l'Orient. Mais vous savez qu'il faut quelque temps; Dieu même n'a pas fait le monde en un seul jour.

BONAPARTE.

Collection Napoléon.

3658. — AU GÉNÉRAL MARMONT, A ALEXANDRIE.

Quartier général, au Caire, 3 frimaire an VII (23 novembre 1798).

Lorsqu'on demande, dans un fort, des vivres pour 200 hommes pendant quinze jours, cela ne dit pas qu'on soit obligé d'y mettre 200 hommes et que l'on exige que ces 200 hommes s'y défendent quinze jours.

Dans la même page de votre lettre, vous pensez qu'il faut 200 hommes pour défendre le promontoire d'Aboukir, et que les magasins doivent être renfermés dans le fort actuel; et par là non-seulement vous pensez que l'exécution de l'ordre du général du génie est indispensable, mais même vous feriez croire qu'il n'est pas assez considérable : car, lorsqu'il s'agit de la défense d'un fort peu considérable, et dès lors d'une quantité d'approvisionnements peu importante, la prudence veut qu'on la double.

Vous croyez difficile de faire contenir dans le fort d'Aboukir des vivres pour 200 hommes, et vous verrez qu'il en pourrait contenir pour 2,000 hommes.

Vous croyez impossible d'y mettre 200 hommes de garnison : le mot impossible est, dans ce cas, impropre pour un fort qui a dix pièces de canon en batterie et près de 100 toises de développement.

Je crois que le général du génie a donné l'ordre pour perfectionner la redoute que vous avez déjà fait commencer sur la hauteur du promontoire d'Aboukir.

BONAPARTE.

Collection Napoléon.

3659. — AU GÉNÉRAL MENOU, A ROSETTE.

Quartier général, au Caire, 3 frimaire an VII (23 novembre 1798).

Je vous prie, Citoyen Général, de faire faire une reconnaissance sur l'île qui est en avant de la barre de Rosette, afin de connaître si elle peut être occupée ou non.

Je désirerais que vous pussiez, la première fois que des avisos ou chaloupes inférieures à celles que vous avez à Rosette s'avanceraient pour faire de l'eau, faire sortir deux ou trois chaloupes canonnières chargées de monde pour les combattre.

BONAPARTE.

Dépôt de la guerre.

3660. — AU GÉNÉRAL MENOU, A ROSETTE.

Quartier général, au Caire, 3 frimaire an VII (23 novembre 1798).

Faites sentir, Citoyen Général, au conseil militaire, combien il est essentiel d'être extrêmement sévère contre les dilapidateurs qui vendent la subsistance du soldat. C'est par ce manége-là qu'ils nous ont vendu tout le vin que nous avons apporté de France. Par la seule raison qu'il ne surveille pas des dilapidations aussi publiques, le commissaire des guerres est coupable et mérite une punition exemplaire.

BONAPARTE.

Dépôt de la guerre. ————————

3661. — AU GÉNÉRAL LECLERC.

Quartier général, au Caire, 3 frimaire an VII (23 novembre 1798).

J'ai reçu, Citoyen Général, votre lettre du 2 frimaire, qui m'a appris votre arrivée à Mansourah.

Le Copte vous a fait un rapport vrai ou faux : si le rapport est vrai, il faut faire donner cent coups de bâton à un des cheiks-el-beled, et m'envoyer l'autre au Caire en otage; si le rapport est faux, il faut faire arrêter le Copte et me l'envoyer au Caire.

Je compte que vous avez en partie monté vos 30 hussards; il sera nécessaire que vous les envoyiez au Caire, afin qu'ils s'équipent comme il faut; je vous en enverrai 30 autres à pied, qu'il faudra encore que vous montiez. Choisissez de bons chevaux.

Il sera nécessaire aussi que vous augmentiez de deux chevaux l'attelage de votre pièce de 8, qui n'est pas suffisamment attelée avec six chevaux dans les mauvais chemins que vous pourrez rencontrer.

Je suis instruit par une voie sûre qu'hier, 2 frimaire, Ibn-Habib, chef d'Arabes, demeurant au village de Dagoueh, dans votre province, a fait partir 40 chevaux chargés de farine et d'autres provisions, sous l'escorte des Arabes Bily, et destinés pour Ibrahim-Bey. Transportez-vous dans ce village et tâchez d'avoir dans vos mains cet homme, que vous m'enverrez au Caire sous bonne et sûre escorte.

Ne perdez pas un instant pour lever le myry. Faites que tout soit versé dans la caisse du payeur, et ne souffrez pas qu'il en soit distrait quelque chose.

Prenez toutes les informations possibles sur les villages qu'occupent les quatre grandes tribus d'Arabes, afin que nous sachions où les trouver dans l'occasion; ces tribus sont les Bily, les A'ydy, les Haouytât et les Saouâlbât.

Faites reconnaître surtout la position de Gezyret el-Bily; c'est un endroit où ont coutume de se retirer souvent ces quatre tribus.

Déterminez bien la position·de cet endroit par rapport à El-Khânqah et autres points connus.

BONAPARTE.

Collection Napoléon.

3662. — AU GÉNÉRAL BERTHIER.

Quartier général, au Caire, 3 frimaire an VII (23 novembre 1798).

Vous voudrez bien, Citoyen Général, donner l'ordre au général Davout de passer le Nil, ce soir, avec 300 chevaux; de marcher toute la nuit de manière à se trouver à la pointe du jour vis-à-vis la pointe du Delta, envelopper et prendre 15 ou 1800 chameaux, escortés par une horde d'Arabes, qui paissent dans cet endroit. Le général Davout aura soin d'avoir avec lui un interprète et quelques hommes affidés du pays.

Vous donnerez l'ordre au commandant de la marine de mettre deux ou trois bâtiments armés à la disposition du général Davout. Omar et sa compagnie s'embarqueront sur ces bâtiments.

Le but de cette croisière sera d'empêcher les Arabes de se jeter dans le Delta, et même de débarquer, s'il est nécessaire, et d'aider le général Davout dans son opération.

BONAPARTE.

Dépôt de la guerre.

3663. — AU GÉNÉRAL BERTHIER.

Quartier général, au Caire, 3 frimaire an VII (23 novembre 1798).

Vous ferez remettre au chef de brigade Sanson un sabre sur lequel vous ferez écrire : *Au chef de brigade Sanson, comme un témoignage des services rendus à Mantoue, au Grand-Caire, à Belbeys et à Sâlheyeh.* Il sera compris dans le nombre des cent sabres qui sont accordés aux officiers et soldats qui se sont signalés, et aura doubles appointements.

BONAPARTE.

Dépôt de la guerre.

3664. — AU GÉNÉRAL BERTHIER.

Quartier général, au Caire, 3 frimaire an VII (23 novembre 1798).

Je vous prie, Citoyen Général, de faire la recherche et de me remettre le paragraphe de l'ancienne ordonnance relatif aux feux et aux positions qu'occupaient les deuxième et troisième rangs. Dans la nouvelle ordonnance, on a remplacé ce mouvement en faisant mettre le genou en terre au premier rang, chose impraticable à la guerre et que j'ai l'intention d'abolir.

BONAPARTE.

Dépôt de la guerre.

3665. — AU CITOYEN POUSSIELGUE.

Quartier général, au Caire, 3 frimaire an VII (23 novembre 1798).

Vous donnerez ordre à la commission de commerce de faire la recherche de tous les magasins de bois qui peuvent se trouver à Boulâq et qui appartiendraient à quelque personne que ce soit : ils s'en saisiront au nom de la République et les remettront à la disposition du général commandant l'artillerie.

L'estimation de tous ces bois sera faite contradictoirement par un homme nommé par le général d'artillerie et par un propriétaire, en obérant le moins qu'il sera possible la caisse.

BONAPARTE.

Comm. par Mᵐᵉ de la Morinière.

3666. — AU GÉNÉRAL CAFFARELLI.

Quartier général, au Caire, 3 frimaire an VII (23 novembre 1798).

Faites connaître, Citoyen Général, aux membres de la commission des arts qui désireraient voyager en Égypte :

Que le général Andréossy, avec une forte colonne mobile, doit parcourir toute la province de Gyzeh, qui s'étend jusqu'aux confins du Fayoum ;

Que le général Leclerc, avec une forte colonne mobile, parcourt les différents villages de la province de Qelyoub, qui s'étend le long du Nil jusqu'au pied de Mansourah et confine avec les provinces de Charqyeh et Belbeys ;

Que différentes colonnes mobiles parcourent également les différentes provinces du Delta ;

Que ceux qui voudront faire un de ces voyages n'auront qu'à s'adresser à vous, et qu'on leur en facilitera tous les moyens.

BONAPARTE.

Comm. par M. le comte Caffarelli.

3667. — AU GÉNÉRAL DUGUA, A DAMIETTE.

Quartier général, au Caire, 4 frimaire an VII (24 novembre 1798).

J'ai reçu, Citoyen Général, votre lettre du 29 brumaire. On a à

Gaza une très-grande peur que nous y allions, et on est bien loin de s'aventurer à aucune expédition contre nous. Ce ne sont pas 600 Mameluks, 800 Moghrebins et 8 à 900 Kurdes, qui se trouvent à présent à Gaza, qui peuvent rien vouloir entreprendre.

Quant à l'embarquement d'Hassan-Toubâr pour prendre Damiette, il aurait bien saisi la saison et il aurait une merveilleuse prudence de venir sans cavalerie et sans canon, avec leur mauvaise infanterie, faire un débarquement!

Il y a une vingtaine de bateaux à Saint-Jean-d'Acre, qui sont destinés à faire de l'eau et porter des provisions aux Anglais, et sur lesquels on pourrait au plus embarquer un millier d'hommes. Les Anglais n'ont pas d'autre but que de bloquer Alexandrie.

Ainsi, je ne pense pas que vous ayez dans le moment autre chose à faire à Damiette que lever les impositions, reposer votre division, compléter son armement, lever les chevaux que doit fournir votre province, faire fournir par la ville de Damiette un grand nombre de travailleurs pour pousser avec la plus grande activité les travaux de Lesbé, afin que, si votre division devait faire un mouvement du côté de Sàlheyeh et de la Syrie, le dépôt, les magasins et les malades se trouvassent en sûreté à Lesbé, et pussent, en occupant ce poste, empêcher la navigation de la rivière.

La force de la Turquie est dans sa cavalerie; ainsi nous n'aurons jamais d'attaque sérieuse à craindre que par terre.

BONAPARTE.

Dépôt de la guerre.

3668. — AU GÉNÉRAL BELLIARD,
COMMANDANT LA PROVINCE DE BENY-SOUEYF.

Quartier général, au Caire, 4 frimaire an VII (24 novembre 1798).

Le général en chef, instruit, Citoyen Général, qu'il existe près d'Ezbekyeh une mosquée dont l'entretien, ainsi que celui des individus qui la desservent et des orphelins qu'on y élève, est assigné sur les productions d'un petit village nommé El-Aàfer, dans la province que vous commandez, ordonne de favoriser spécialement ce petit village et de donner secours et assistance à ses habitants, pour qu'ils puissent pourvoir à la subsistance des personnes ci-dessus désignées et les mettre en état de continuer leurs bonnes œuvres.

Par ordre du général en chef.

Dépôt de la guerre.

3669. — AU GÉNÉRAL MENOU, a rosette.

Quartier général, au Caire, 4 frimaire an VII (24 novembre 1798).

Comme j'attache la plus grande importance, Citoyen Général, à ce que les imprimeries française et arabe soient le plus promptement possible en activité, je vous prie de faire donner au citoyen Garrau 20 chameaux à Alexandrie, pour le transport à Rosette de quarante caisses qui sont encore dans cette place.

BONAPARTE.

Dépôt de la guerre.

3670. — AU CITOYEN D'AURE, ordonnateur en chef.

Quartier général, au Caire, 4 frimaire an VII (24 novembre 1798).

J'aurais besoin, Citoyen Ordonnateur, de faire marcher 600 hommes dans le désert.

Il est nécessaire qu'ils soient approvisionnés d'eau pour cinq jours, et de biscuit pour quinze.

Je me procurerai, par les Arabes, les chameaux nécessaires pour le transport des vivres. Je vous prie de faire emplette des outres et de vous procurer les chameaux nécessaires au transport de l'eau pour 600 hommes et 50 chevaux pour cinq jours, et de faire préparer les vivres et l'orge nécessaires pour la même quantité d'hommes et de chevaux pendant quinze jours. Il faudrait que tout cela fût prêt le 6 au soir.

BONAPARTE.

Collection Napoléon.

3671. — AU GÉNÉRAL BERTHIER.

Quartier général, au Caire, 4 frimaire an VII (24 novembre 1798).

Il y a, Citoyen Général, à l'état-major, plusieurs adjoints qui n'ont aucune instruction des manœuvres d'infanterie. Veuillez bien ordonner pour eux l'établissement d'une école d'infanterie.

Les capitaines des guides à pied et plusieurs de mes aides de camp y assisteront.

Veuillez aussi me proposer un adjudant pour les guides, qui connaisse parfaitement bien non-seulement l'école de bataillon, mais aussi les manœuvres de ligne; celui qui y est n'y entend rien.

Vous les préviendrez qu'à dater du 1er nivôse je prendrai indistinctement les adjoints et je leur ferai commander les manœuvres de plusieurs bataillons.

BONAPARTE.

Dépôt de la guerre.

3672.—AU CITOYEN DESGENETTES, MÉDECIN EN CHEF DE L'ARMÉE.

Quartier général, au Caire, 4 frimaire an VII (24 novembre 1798).

Comme le citoyen Marc-Aurel ne peut pas imprimer *la Décade* [1] et qu'il l'imprime mal, vous pouvez la faire imprimer à l'imprimerie nationale par le citoyen Marcel, et avoir soin qu'elle paraisse régulièrement toutes les décades.

BONAPARTE.

Comm. par M. G. Hagemans.

3673. — AU GÉNÉRAL CAFFARELLI.

Quartier général, au Caire, 4 frimaire an VII (24 novembre 1798).

Le fort de l'Institut, le fort Camin et le fort Mireur ne seront construits que lorsque vous pourrez transporter sur le local les matériaux nécessaires.

Vous ne pourrez transporter rapidement les matériaux sur ces différents locaux qu'en concluant des marchés avec des Turcs ayant des ânes ou des chameaux, et qui se chargeront desdits transports comme ils se chargeront de tous les autres; alors vous pourrez employer à bâtir ou à déblayer les bras que vous employez dans ce moment-ci au transport desdits matériaux, et vos travaux auront l'activité que je désire leur voir.

Je voudrais que vous vous abouchiez à cet effet avec le citoyen Thévenin, directeur des transports de l'armée, qui vous trouvera facilement les hommes qui pourront entreprendre lesdits transports.

BONAPARTE.

Comm. par M. le comte Caffarelli.

3674. — AU GÉNÉRAL CAFFARELLI.

Quartier général, au Caire, 4 frimaire an VII (24 novembre 1798).

Nous ne connaissons pas encore le Delta, Citoyen Général; les eaux ont disparu; différentes colonnes mobiles le parcourent dans tous les sens. Il est temps enfin que nous connaissions les différents canaux qui le traversent et la position ainsi que les noms des différents villages. Veuillez me faire connaître les mesures que vous croyez devoir prendre pour parvenir le plus tôt possible à un but aussi essentiel.

BONAPARTE.

Comm. par M. le comte Caffarelli.

---

[1] *La Décade égyptienne;* Desgenettes et Costaz en étaient les rédacteurs.

3675. — DÉCISION.

Quartier général, au Caire, 4 frimaire an VII (24 novembre 1798).

Mon Général, on transporte des matériaux sur la montagne de l'Institut; l'ordre est donné pour y employer des ânes. Nous nous servirons aussi de chameaux, si nous pouvons en avoir; mais je doute que je puisse m'adresser avec fruit à l'administration des transports, qui s'est trouvée impuissante jusqu'à présent. Je vais prier le général Destaing de m'aider de son autorité, que j'ai déjà employée utilement.

Salut et respect.

MAX CAFFARELLI.

Je reviens, Citoyen Général, à mon premier projet [1]. Adressez-vous à l'administration des transports ou à toute autre; mais ayez un Turc chargé de la direction de vos transports, et qu'il les fasse à prix fait; alors les hommes, les femmes, les chameaux, les ânes naîtront de dessous terre, et vos travaux iront avec la promptitude qu'on a droit d'exiger lorsqu'on est aux portes d'une ville aussi populeuse et qui a autant de moyens. J'insiste donc pour que vous organisiez une entreprise pour vos transports.

BONAPARTE.

Comm. par M. le comte Caffarelli.

3676. — ORDRE DU JOUR.

(EXTRAIT.)

Quartier général, au Caire, 4 frimaire an VII (24 novembre 1798).

Le général en chef est instruit que plusieurs domestiques demandent à leurs maîtres une augmentation de salaire et menacent de les quitter, que quelques-uns même ont déjà déserté.

En conséquence, il ordonne au général chef de l'état-major général, aux généraux de division, au commissaire ordonnateur en chef et aux commissaires ordonnateurs des divisions, de faire suivre les dispositions des règlements de campagne, titre XII, article 20 :

« Personne ne pourra enrôler ni engager le domestique d'un officier
» sans la permission de son maître, non plus qu'aucun charretier ou
» autre homme servant dans les équipages de l'artillerie et des vivres,
» s'il n'est porteur d'un congé en bonne forme et sous la permission
» de son maître [2]. »

---

[1] Pièce n° 3673.

[2] L'article 20 de l'ordonnance du 5 avril 1792 est ainsi conçu :

« Personne ne pourra enrôler ni engager le domestique d'un officier sans une

Aucun domestique ne peut, pendant le temps de la guerre, exiger d'augmentation de salaire sur celui de son premier engagement.

Tout domestique qui désertera du service de son maître, en le quittant sans son consentement, sera arrêté partout où il se trouvera, et sera traduit au conseil militaire le plus voisin, pour y être jugé comme déserteur à l'intérieur (puni de cinq ans de fers).

BONAPARTE.

Dépôt de la guerre.

3677. — AU DIRECTOIRE EXÉCUTIF.

Quartier général, au Caire, 5 frimaire an VII (25 novembre 1798).

Je vous envoie, par le citoyen Sucy, ordonnateur de l'armée, un duplicata de la lettre que je vous ai écrite le 1ᵉʳ frimaire, et que je vous ai expédiée par un de mes courriers, le quadruplicata de celle que je vous ai écrite le 30 vendémiaire, et que je vous ai également expédiée par un de mes courriers, enfin tous les journaux, ordres du jour et relations que je vous ai fait passer par mille et une occasions.

L'ordonnateur Sucy est obligé de se rendre en France pour y prendre les eaux, par suite de la blessure qu'il a reçue dans les premiers jours de notre arrivée en Égypte. Je l'engage à se rendre à Paris, où il pourra vous donner tous les renseignements que vous pourrez désirer sur la situation politique, administrative et militaire de ce pays.

Nous attendons toujours avec une vive impatience des courriers d'Europe.

L'ordonnateur d'Aure remplit en ce moment les fonctions d'ordonnateur en chef.

Comme nos lazarets sont établis à Alexandrie, Rosette et Damiette, je vous prie d'ordonner qu'il ne soit pas fait de quarantaine pour les bâtiments qui viennent d'Égypte, dès l'instant qu'ils auront une patente en règle. Vous pouvez être sûrs que nous serons extrêmement prudents, et que nous ne donnerons point de patente dès qu'il y aura le moindre soupçon.

Nous sommes au printemps, comme en France au mois de mai.

Je me réfère, sur la situation politique et militaire de ce pays, aux lettres que j'ai précédemment écrites.

' permission de son maître, non plus qu'aucun charretier ou autre homme ser-
' vant dans les équipages de l'artillerie et des vivres, s'il n'est porteur d'un
' congé en bonne forme, à peine de nullité de l'engagement et de perdre ce
' qui aura été donné au domestique. '

J'envoie en France une quarantaine de militaires estropiés ou aveugles ; ils débarqueront en Italie ou en France : je vous prie de les recommander à nos généraux et à nos ambassadeurs en Italie, en cas qu'ils débarquent dans un port neutre.

BONAPARTE.

Dépôt de la guerre.

3678. — AU GÉNÉRAL MENOU.

Quartier général, au Caire, 5 frimaire an VII (25 novembre 1798).

Je vois avec peine que le myry ne rentre pas à Rosette, et que les différentes ordonnances que l'on avait tirées pour les divers services ne sont point encore acquittées. Cet objet est de la plus grande conséquence.

Le 4 frimaire, deux kâchefs d'Elfy-Bey, Hassan et Rocheouàn, ont passé par le désert des pyramides pour aller du côté d'Alexandrie. Ils étaient habillés comme des gens de Barbarie. Il paraît que leur projet est d'aller conférer avec les Anglais. Tous ceux qui vont s'aboucher avec les Anglais vont s'embarquer à Edkou. Ils entrent même dans Rosette, en se déguisant et en contrefaisant les borgnes.

BONAPARTE.

Dépôt de la guerre.

3679. — ORDRE DU JOUR.

(EXTRAIT.)

Quartier général, au Caire, 5 frimaire an VII (25 novembre 1798).

Le général en chef ordonne aux généraux commandant les villes du Caire, d'Alexandrie, de Rosette et de Damiette, de faire un règlement et de prendre les mesures pour son exécution, afin que les immondices de ces villes ne soit plus transportées sur les différents monticules qui les environnent ; elle seront transportées, à Alexandrie, dans la mer ; à Rosette et Damiette, sur le Nil ; au Caire et à Boulâq, dans dix locaux environnant la ville ; ils seront choisis dans les endroits les plus bas ; ces locaux devront avoir au moins 100 toises carrées de surface. Tous les mois, un aga enverra des journaliers pour niveler ces décombres le long de la surface du local.

On aura soin de changer les locaux tous les ans et toutes les fois que la masse des immondices qui y seront portées aura exhaussé le terrain à 6 pouces au-dessus du plan de la plus grande inondation dans les années ordinaires ; il sera planté, dans chaque local, une perche avec un écriteau sur lequel seront le nom et la position du local, en arabe et en français, de sorte que les Turcs et les Français puissent facilement connaître les noms desdits locaux. On aura soin surtout qu'il ne soit jeté aucuns décombres à 600 toises des forts Dupuy, Sulkowski, de l'Institut, Mineur et Camin, et des différents points de l'enceinte de la maison d'Ibrahim-Bey.

Les règlements que feront les commandants des places seront imprimés dans les deux langues, affichés dans tous les corps de garde, cafés turcs et français.

Le général en chef voit avec peine que plusieurs individus de l'armée cherchent à éluder les dispositions des règlements militaires qui défendent à qui que ce soit de prendre à son service des hommes attachés à un corps de troupe ; il ordonne, en conséquence, que l'on mette à l'ordre l'article du Code pénal relatif aux embauchements, afin que chacun connaisse les peines qu'il encourt.

Par ordre du général en chef.

Dépôt de la guerre.

3680. — AU GÉNÉRAL CAFFARELLI.

Quartier général, au Caire, 6 frimaire an VII (26 novembre 1798).

Vous trouverez ci-joint, Citoyen Général, la copie d'une reconnaissance faite par le citoyen Cazal, qui donne de nouveaux détails sur le lac Bourlos. L'ennemi pourrait entrer dans le lac Bourlos et arriver par eau jusqu'à Berenbâl. Il se trouverait, dès lors, sur le Nil, et à une lieue de Rosette. Non-seulement il ne trouverait dans cette opération aucun obstacle, mais même aucune surveillance ; il n'y en a aucune d'établie de ce côté.

Il paraît qu'il est nécessaire :

1° De construire un fort à l'embouchure du lac Bourlos, du côté de Rosette, capable de contenir 200 hommes et cinq ou six pièces de canon ;

2° D'avoir un certain nombre de bâtiments armés dans le lac ;

3° D'avoir à Berenbâl une tour avec deux pièces de canon, capable de protéger les bâtiments qui croiseraient sur le lac, si l'entrée en était forcée ; ce poste serait la vedette de Rosette, et on en ferait l'entrepôt principal de la défense du lac Bourlos.

Nous n'avons point de reconnaissance assez exacte pour que la désignation de Berenbâl soit impérative. Il faut choisir un des points les plus favorables du canal du lac Bourlos au Nil ; que cette tour soit assez avancée pour qu'entre le Nil et elle il puisse, sur le canal, rester une vingtaine de bateaux ; et enfin qu'il y ait la largeur nécessaire pour passer un gros bateau, et au moins deux pieds et demi à trois pieds d'eau. Si Berenbâl ne remplissait pas cette dernière condition, il faudrait aller jusqu'au lac même.

Comme je compte faire partir, sous peu de jours, des bateaux pour croiser sur le lac Bourlos, je désire que vous fassiez travailler tout de suite à la tour de Berenbâl, parce que c'est là que ces bateaux viendront faire leurs vivres et séjourneront, en relevant la croisière établie à l'embouchure du lac, jusqu'à ce que le fort à l'embouchure du lac soit achevé, ce qui nécessairement est un travail plus considérable.

Il paraît qu'il y a à Bourlos les fondements d'un vieux fort qui, au moment où le citoyen Cazal a fait sa reconnaissance, était encore couvert d'un pied d'eau, mais qui, dans ce moment-ci, doit être à sec. Il serait d'autant plus essentiel de se servir de ces fondements qu'ils sont l'objet principal dans un terrain si sablonneux, et que d'ailleurs il paraît, par la position qu'avait ce fort, qu'il serait facile de l'isoler de la terre par un large fossé de 7 à 8 pieds d'eau: ce qui, dès lors, le mettrait à l'abri de toute insulte du côté de la terre.

J'ordonne au général Menou de fournir sur-le-champ un poste à Berenbâl, de faire prendre dans le lac deux petits bateaux, de les faire armer et de favoriser l'officier du génie que vous chargerez de cette opération.

BONAPARTE.

Dépôt de la guerre.

3681. — AU GÉNÉRAL MENOU, A ROSETTE.

Quartier général, au Caire, 6 frimaire an VII (26 novembre 1798).

Si les Anglais devaient entreprendre quelque chose contre vous, Citoyen Général, ce ne serait probablement pas à la barre de Rosette qu'ils le feraient, mais au lac Bourlos, puisqu'ils pourraient venir par eau jusqu'à Berenbâl, c'est-à-dire sur le Nil et tout près de Rosette. Il est donc indispensable :

Que vous teniez toujours un poste au village de Berenbâl ;

Que vous fassiez prendre deux bateaux du lac Bourlos, il y en a 47 ;

Que vous fassiez mettre sur chacun une petite pièce de canon ;

Que vous armiez ces deux bateaux avec des matelots français ;

Que vous les teniez toujours en surveillance à l'embouchure du lac dans la mer ;

Que vous procuriez toutes les facilités possibles aux officiers du génie et d'artillerie à Rosette pour qu'ils construisent, à Berenbâl et à Bourlos, un fort, conformément à l'instruction qu'ils en reçoivent du général du génie.

BONAPARTE.

Dépôt de la guerre.

3682. — AU DIVAN D'ALEXANRIE.

Quartier général, au Caire, 7 frimaire an VII (27 novembre 1798).

J'écris au général commandant à Alexandrie pour ce qui regarde le premier point de votre lettre.

Les honoraires des membres du divan et du commandant turc de la ville doivent être payés sur les contributions qui se lèvent sur les maisons et les boutiques. L'aga des janissaires et le cadi doivent être payés également sur les mêmes impositions.

Je donne les ordres les plus positifs, tant au général Menou commandant à Rosette qu'au général commandant à Alexandrie, de faire protéger les caravanes qui portent des subsistances dans cette ville. Croyez que, dans toutes les circonstances, je ferai tout ce qui sera possible pour le bien-être des habitants d'Alexandrie et pour contribuer à leur satisfaction. Je prends toutes les mesures pour faire creuser le canal d'Alexandrie; j'espère qu'avant un mois les ateliers seront montés et que l'on y travaillera avec la plus grande célérité.

BONAPARTE.

Dépôt de la guerre.

3683. — AU GÉNÉRAL MENOU, A ROSETTE.

Quartier général, au Caire, 7 frimaire an VII (27 novembre 1798).

Il a été envoyé, le 24, un parlementaire, Citoyen Général, d'Alexandrie, aux Anglais, et personne ne m'a rendu compte ni des motifs de ce parlementaire, ni de ce qui s'y est dit et fait. Je vous prie de vouloir bien me rendre compte des motifs qui ont engagé le général commandant à Alexandrie à envoyer un parlementaire, et de m'envoyer son rapport.

BONAPARTE.

Dépôt de la guerre.

3684. — AU CITOYEN POUSSIELGUE.

Quartier général, au Caire, 7 frimaire an VII (27 novembre 1798).

Les cheiks avaient, dans la fabrication de la monnaie, un revenu que j'ai supprimé : je vous prie de me faire, de concert avec eux, un rapport sur ce qu'on pourrait leur donner pour les indemniser ; je voudrais avoir ce rapport au travail de demain.

BONAPARTE.

Comm. par Mᵐᵉ de la Morinière.

3685. — AU GÉNÉRAL BERTHIER.

Quartier général, au Caire, 8 frimaire an VII (28 novembre 1798).

Vous voudrez bien, Citoyen Général, donner l'ordre au général Manscourt de se rendre sur-le-champ au Caire, pour rendre compte de sa conduite et des correspondances qu'il a eues avec les Anglais, à mon insu et contre mes ordres.

Vous donnerez l'ordre au général Marmont de prendre le commandement de la place d'Alexandrie ; vous lui ferez connaître que mon intention est qu'il reçoive tous les parlementaires que lui enverront les Anglais, et qu'on n'en envoie aucun sans mon ordre.

Vous voudrez bien écrire au chef de brigade de la 4ᵉ demi-brigade d'infanterie légère de vous rendre compte pour quelle raison il n'a pas fait part des quatorze prisonniers qu'ont faits les Anglais sur sa demi-brigade et qui sont à bord. Vous lui demanderez un compte détaillé sur le temps et la manière dont il a perdu ces hommes.

Vous donnerez l'ordre, à Alexandrie, que l'on fasse partir, douze heures après la réception de cet ordre, tous les hommes de cavalerie, soit qu'ils soient à pied, soit à cheval, et qu'ils se rendent sur-le-champ à Boulâq ; mon intention est qu'il ne reste à Alexandrie d'autres hommes de cavalerie qu'un maréchal des logis et dix hommes du 14ᵉ.

Vous donnerez l'ordre au général Menou de faire partir sur-le-champ tous les hommes de cavalerie qui sont à Rosette ; mon intention est qu'il n'y reste qu'un maréchal des logis et dix hommes.

Vous donnerez l'ordre à l'adjudant général Leturcq d'envoyer à Boulâq tous les chevaux qu'il se serait procurés provisoirement dans la province de Bahyreh.

Vous enverrez, pour l'exécution de ces différents ordres, un adjoint de l'état-major, qui vous écrira de Rosette, d'El-Rahmànyeh et d'Alexandrie, et qui ne reviendra que lorsqu'ils seront exécutés.

BONAPARTE.

Dépôt de la guerre.

3686. — DÉCISION.

Quartier général, au Caire, 8 frimaire an VII (28 novembre 1798).

MUSTAFA, CHARGÉ DU MESURAGE DU MEQYAS,
AU GÉNÉRAL EN CHEF.

J'ai l'honneur de vous représenter que des soldats de l'armée, entrant journellement au Meqyas, y ont déjà enlevé la balustrade qui entourait la colonne, et il y a bien à craindre qu'ils ne détruisent même la colonne, par les dégâts qu'ils ont faits. Vous n'ignorez pas cependant que cette colonne, depuis un temps immémorial, sert à faire connaître l'augmentation et la diminution du Nil d'une manière très-précise. J'espère donc qu'il suffira de vous indiquer le mal pour que vous vous empressiez d'y apporter le remède par des ordres très-précis de votre part, qui feront respecter ce monument. Cette colonne a été imaginée et construite par des sages, et l'opinion vulgaire est que, si elle vient jamais à tomber, le Nil perdra sa régularité.

(Suit le texte en arabe.)

Comm. par M. le comte Caffarelli.

Renvoyé au général Caffarell, pour prendre cet objet en grande considération et me faire connaître ce qu'il aura fait.

BONAPARTE.

3687. — AU GÉNÉRAL MARMONT, A ALEXANDRIE.

Quartier général, au Caire, 9 frimaire an VII (29 novembre 1798).

L'état-major vous ordonne, Citoyen Général, de prendre le commandement de la place d'Alexandrie. Je fais venir le général Manscourt au Caire, parce que j'ai appris que, le 24, il a envoyé un parlementaire aux Anglais sans m'en rendre compte, et que d'ailleurs sa lettre à l'amiral anglais n'était pas digne de la nation. Je vous répète ici l'ordre que j'ai donné de ne pas envoyer de parlementaire aux Anglais sans mon ordre. Qu'on ne leur demande rien. J'ai accoutumé les officiers qui sont sous mes ordres à accorder des grâces et non à en recevoir.

J'ai appris que les Anglais avaient fait quatorze prisonniers à la 4e d'infanterie légère; il est extrêmement surprenant que je n'en aie rien su.

Secouez les administrations, mettez de l'ordre dans cette grande garnison, et faites que l'on s'aperçoive du changement de commandant.

Écrivez-moi souvent et dans le plus grand détail. Je savais depuis trois jours la nouvelle que vous m'avez écrite, par des lettres venues de Saint-Jean-d'Acre.

Renvoyez d'Alexandrie tous les hommes isolés qui devraient être à l'armée. Ayez soin que personne ne s'en aille qu'il n'ait son passe-port en règle; que ceux qui s'en vont n'emmènent point de domestiques avec eux, surtout d'hommes ayant moins de trente ans, et qu'ils n'emportent point de fusils.

BONAPARTE.

Collection Napoléon.

3688. — AU CONTRE-AMIRAL GANTEAUME, a ALEXANDRIE.

Quartier général, au Caire, 9 frimaire an VII (29 novembre 1798).

Je vous prie, Citoyen Général, de faire expédier d'Alexandrie à Malte un bâtiment du convoi, bon marcheur, avec des dépêches pour le contre-amiral Villeneuve.

Vous lui ferez connaître le désir que j'aurais qu'il pût nous envoyer, par le moyen de ses frégates, des nouvelles d'Europe. Ces frégates pourraient venir à Damiette, où les ennemis ne croisent point.

Vous lui direz que, depuis Alexandrie jusqu'à la bouche d'Omm-Fàreg, à vingt lieues est de Damiette, toute la côte est à nous, et qu'en reconnaissant un point quelconque de cette côte et mettant un canot à la mer avec 50 hommes armés dedans, ces dépêches nous parviendraient très-certainement.

Vous lui direz que nous ne sommes bloqués ici que par deux vaisseaux et une ou deux frégates; que, s'il pouvait paraître ici avec trois des quatre vaisseaux qu'il a à Malte, et deux ou trois frégates, il pourrait enlever la croisière anglaise; que nos bâtiments de guerre, qu'il sait que nous avons à Alexandrie, sont organisés et pourraient sortir pour lui donner du secours.

Vous donnerez pour instruction au bâtiment de ne point se présenter devant le port de Malte, mais dans la cale de Marsa-Scirocco.

Expédiez un autre bâtiment grec ou un bâtiment du convoi à Corfou, pour faire connaître à celui qui commande les forces navales dans ce port combien il est nécessaire qu'il nous expédie un aviso, avec toutes les nouvelles qu'il pourrait avoir à Corfou, d'Europe, de l'Albanie, de la Turquie, et de tout ce qui s'est passé de nouveau dans les mers.

Donnez-lui également une instruction sur le point de la côte où il doit aborder.

Expédiez un troisième bâtiment du convoi, si vous pouvez un bâtiment impérial, au commandant des bâtiments de guerre à Ancône. Vous lui direz que je désire qu'il m'expédie un aviso pour me faire connaître la situation de ses bâtiments, et qu'il m'envoie toutes les nouvelles, et, entre autres, tous les journaux italiens et français, depuis le moment de notre départ.

Vous lui donnerez également une instruction sur la marche que doit tenir cet aviso.

Vous expédierez un quatrième bâtiment du convoi, bon voilier, pour se rendre à Toulon, avec une lettre pour le commandant des armes, dans laquelle vous lui ferez connaître notre situation dans ce pays-ci et la nécessité qu'il nous fasse passer des nouvelles de France et les ordres du Gouvernement, en lui recommandant d'éviter Alexandrie et de venir aborder soit à Damiette, soit à Bourlos, soit à la bouche d'Omm-Fàreg.

Vous ordonnerez au bâtiment de Toulon de passer entre le cap Bon et Malte, en évitant l'un et l'autre; de doubler les îles Saint-Pierre et de passer entre la Corse et l'île Minorque. Si les vents le contrariaient ou qu'il eût nouvelle des ennemis, il pourrait aborder en Corse ou dans un port d'Espagne.

Sur chacun de ces quatre bâtiments vous mettrez un aspirant de la marine ou un officier marinier, qui sera porteur de vos dépêches et qui devra en rapporter la réponse. Vous leur donnerez toutes les instructions nécessaires à cet égard, et vous leur ferez bien connaître la manière dont ils doivent se conduire à leur retour. Il sera promis une gratification extraordinaire aux patrons des navires qui retourneront et nous rapporteront des nouvelles du continent.

Je vous enverrai, dans la matinée de demain, quatre paquets dont seront porteurs ces quatre aspirants ou officiers; mais vous leur ordonnerez de les garder et de chercher à les cacher s'ils étaient pris par les Anglais. S'ils ne peuvent les cacher, je préfère que les Anglais les prennent à ce qu'ils soient jetés à la mer; il n'y a dans ces paquets que des imprimés.

BONAPARTE.

Comm. par Mᵐᵉ la comtesse Ganteaume.

3689. — AU GÉNÉRAL BERTHIER.

Quartier général, au Caire, 10 frimaire an VII (30 novembre 1798).

Vous écrirez au général Lanusse que nous avons reçu les 61 chevaux qu'il a envoyés, que j'en attendais 150. Il fera passer sur-le-champ tous les hommes du 20e de dragons qui sont à Menouf ou tout autre de cavalerie; il ne gardera avec lui qu'un maréchal des logis et dix hommes. Vous donnerez l'ordre au général Fugière de renvoyer le plus tôt possible tous les chevaux qu'il doit avoir levés dans la province, avec tous les hommes du 14e. Vous ferez sentir à ces deux généraux combien il est essentiel de mettre la plus grande activité dans l'envoi et la levée des chevaux, puisque je n'attends que les chevaux qu'ils doivent envoyer pour mettre 1,500 hommes de cavalerie à la poursuite de Mourad-Bey, ce qui, en peu de jours, le détruirait entièrement.

Vous enverrez un adjoint pour porter ces ordres et ne revenir que lorsqu'ils seront exécutés.

Vous lui ordonnerez de vous écrire de Menouf et de Mehallet-el-Kebyr, dès qu'il y sera arrivé.

BONAPARTE.

Dépôt de la guerre.

3690. — AU GÉNÉRAL BERTHIER.

Quartier général, au Caire, 10 frimaire an VII (30 novembre 1798).

Vous voudrez bien donner l'ordre au général Davout de faire investir, à la petite pointe du jour, le village de Chobrâ[1], d'en prendre les cheiks, de les mener ici, et de ne faire du mal à aucun individu du village.

BONAPARTE.

Dépôt de la guerre.

3691. — AU GÉNÉRAL LECLERC,
COMMANDANT LA PROVINCE DE QELYOUB.

Quartier général, au Caire, 10 frimaire an VII (30 novembre 1798).

J'ai reçu, Citoyen Général, le cheik arabe que vous m'avez envoyé. Faites confisquer les grains, les nombreux bestiaux et brûler la maison d'Ibn-Habib, qui a envoyé des chevaux à Ibrahim-Bey et qui est depuis deux mois avec les Arabes.

BONAPARTE.

Collection Napoléon.

3692. — AU GÉNÉRAL CAFFARELLI.

Quartier général, au Caire, 10 frimaire an VII (30 novembre 1798).

Le général en chef prie le général Caffarelli de lui envoyer les

[1] Chobrâ Chahâb.

livres d'infanterie, de cavalerie et d'artillerie qu'il pourrait avoir apportés.

Par ordre du général en chef.

Comm. par M. le comte Caffarelli.

3693. — AU CONTRE-AMIRAL GANTEAUME, A ALEXANDRIE.

Quartier général, au Caire, 11 frimaire an VII (1ᵉʳ décembre 1798).

Vous voudrez bien ordonner, Citoyen Général, que l'on fasse teindre en noir, à Alexandrie, si cela est possible, les voiles des avisos.

Vous donnerez le même ordre, pour le chebec *la Fortune,* au commandant des armes à Boulâq.

BONAPARTE.

Collection Napoléon.

3694. — AU GÉNÉRAL LANUSSE, A MENOUF.

Quartier général, au Caire, 11 frimaire an VII (1ᵉʳ décembre 1798).

Comme vous êtes très-près, Citoyen Général, du village de Terrâneh, je vous prie de vous mettre en correspondance avec le citoyen Marco[1], que j'y ai envoyé, afin d'avoir des nouvelles des Arabes des environs, et de l'assister toutes les fois qu'il pourrait en avoir besoin.

BONAPARTE.

Collection Napoléon.

3695. — AU GÉNÉRAL ANDRÉOSSY.

Quartier général, au Caire, 11 frimaire an VII (1ᵉʳ décembre 1798).

Les fils de la Mas-Meskina, qui avaient été chassés par leur père appelé Moussa, qui est un brigand forcené, demandent à s'établir dans leur village; je vous prie de les protéger.

BONAPARTE.

Dépôt de la guerre.

3696. — AU GÉNÉRAL BERTHIER.

Quartier général, au Caire, 11 frimaire an VII (1ᵉʳ décembre 1798).

Vous voudrez bien, Citoyen Général, donner l'ordre au général Bon de partir demain, dans la matinée; avec 500 hommes du 2ᵉ bataillon de la 32ᵉ demi-brigade, les officiers et domestiques compris; 110 hommes de la compagnie Omar; 30 canonniers avec

---

[1] Marco Calavagi.

deux pièces de canon traînées par des chameaux ; 30 hommes montés du 7e de hussards.

Il prendra ses mesures de manière que le total, tout compris, ne passe pas 700 hommes et 50 chevaux ; il se rendra à Suez.

Vous préviendrez l'ordonnateur en chef pour que demain, à la pointe du jour, l'eau pour cinq jours pour 700 hommes et 50 chevaux, et les vivres pour quinze jours, que je lui ai demandés, partent avec le général Bon.

Le général Bon enverra ce soir au quartier général son aide de camp, auquel je remettrai une instruction particulière sur la conduite qu'il aura à tenir à Suez.

BONAPARTE.

Dépôt de la guerre.

3697. — AU GÉNÉRAL BON.

Quartier général, au Caire, 11 frimaire an VII (1er décembre 1798).

Vous vous rendrez, Citoyen Général, demain, à Birket el-Hâggy. Vous partirez après-demain, avant le jour, de cet endroit, pour vous rendre, avec la plus grande diligence possible, à Suez. Il serait à désirer que vous pussiez y arriver le 14 au soir ou le 15 avant midi.

Vous m'enverrez, tous les jours, un exprès arabe ; vous leur ferez connaître que je donnerai plusieurs piastres lorsqu'ils me remettront vos lettres.

Vous aurez avec vous, indépendamment des troupes que le chef de l'état-major vous a annoncées, le citoyen Collot, enseigne de vaisseau, avec dix matelots et le moallem . . . . ., qui aura aussi huit ou dix de ses gens avec lui.

Vous trouverez à Suez toutes les citernes que j'ai fait remplir.

Votre premier soin sera, en arrivant, de nommer un officier pour commander la place.

Le citoyen Collot remplira les fonctions de commandant des armes du port, et les officiers du génie et d'artillerie qu'y envoient les généraux Caffarelli et Dommartin commanderont ces armes dans cette place ; le moallem . . . . . . remplira les fonctions de nazir ou inspecteur des douanes.

Votre première opération sera de remplir toutes les citernes qui ne sont pas pleines, et de faire un accord avec les Arabes de Thor pour qu'ils continuent à vous fournir toute l'eau existant dans les citernes en réserve.

Vous ferez retrancher, autant qu'il sera possible, tout Suez ou une partie de Suez, de manière à être à l'abri des attaques des Arabes et avoir une batterie de gros canons qui battent la mer.

Vous vivrez dans la meilleure intelligence avec tous les patrons des bâtiments venant de Yanbo ou de Djeddah, et vous leur écrirez pour les assurer qu'ils peuvent en toute sûreté continuer le commerce, qu'ils seront spécialement protégés.

Vous tâcherez de vous procurer, parmi les bâtiments qui vont à Suez, une ou deux felouques, des meilleures qui se trouvent dans ce port, que vous ferez armer en guerre.

Vingt-quatre heures après votre arrivée, vous m'enverrez, toujours par des Arabes et par duplicata, un mémoire sur votre situation militaire, sur celle des citernes, et sur la situation du pays et le nombre des bâtiments.

Vous ferez tout ce qui sera possible pour encourager le commerce, et vous ne ferez rien de ce qui pourrait l'alarmer.

Dès l'instant que je saurai votre arrivée, je vous enverrai un second convoi de biscuit.

Vous ferez commencer sur-le-champ les travaux nécessaires pour mettre tout Suez ou une partie de Suez à l'abri des attaques des Arabes, et, si vous ne trouvez pas dans cette place un assez grand nombre de pièces pour mettre en batterie, indépendamment des deux que vous emmenez avec vous, je vous en ferai passer deux autres.

Mon intention est que vous restiez dans cette place assez de temps pour faire des fortifications, afin que la compagnie Omar, les marins et les canonniers suffisent pour la défense contre les entreprises des Arabes, et, si ces forces n'étaient pas suffisantes, vous me le manderez : alors je les renforcerai de quelques troupes grecques.

Je vous recommande de m'écrire, par les Arabes, deux fois par jour.

Vous m'enverrez toutes les nouvelles que vous pourrez recueillir, soit sur la Syrie, soit sur Djeddah ou la Mecque.

BONAPARTE.

Collection Napoléon.

3698. — AU GÉNÉRAL CAFFARELLI.

Quartier général, au Caire, 11 frimaire an VII (1er décembre 1798).

Le général Bon part demain à midi pour se rendre à Suez. Je vous prie de faire partir avec lui un détachement de 15 sapeurs bien armés, un officier supérieur du génie, un adjoint, un bon dessinateur et une soixantaine d'outils.

Mon intention est de rétablir les citernes existantes de manière qu'elles puissent contenir le plus d'eau possible;

D'armer l'enceinte de la place de manière que 150 hommes et deux ou trois pièces de canon soient à l'abri de toute espèce d'attaque de la part des Arabes;

D'établir un projet de défense pour la rade.

Vous vous ferez présenter un projet,

1° Sur les ouvrages qu'il y aurait à faire pour mettre cette place dans un état respectable;

2° Pour se rendre maître des eaux de Thor.

BONAPARTE.

Comm. par M. le comte Caffarelli.

3699. — AU CONTRE-AMIRAL GANTEAUME.

Quartier général, au Caire, 11 frimaire an VII (1ᵉʳ décembre 1798).

Vous donnerez l'ordre au citoyen Collot, enseigne de vaisseau, de se rendre à Suez. Il commandera le port. Vous lui donnerez l'ordre de visiter avec la plus grande attention, et sans donner aucune espèce d'alarme, tous les bâtiments qui se trouvent dans ce port, et dont il vous rendra compte. Il choisira une ou deux felouques capables d'être armées en guerre et de pouvoir croiser dans la mer Rouge. On lui fera passer d'ici tout ce dont il aura besoin.

BONAPARTE.

Collection Napoléon.

3700. — DÉCISION.

Au Caire, 11 frimaire an VII (1ᵉʳ décembre 1798).

Citoyen Général, par votre lettre d'hier vous me demandez de vous faire, de concert avec les cheiks qui avaient un revenu sur la fabrication de la monnaie, un rapport sur ce qu'on pourrait leur donner pour les indemniser.

Je vous propose de leur donner un ou plusieurs villages qui, ensemble, puissent leur rapporter une somme équivalente à 9,800 livres environ par an, montant de leurs pensions, sauf à se diviser entre eux les terres.

Si vous adoptez mon avis, vous pourriez m'indiquer quels villages et les biens de quels Mameluks vous voulez leur don-

Vous donnerez un des villages de la femme d'Ibrahim-Bey, celui auquel elle pourrait être le plus affectionnée.

BONAPARTE.

ner, à moins que vous n'aimiez mieux
leur en laisser le choix.

Salut et respect.

E. POUSSIELGUE,
Contrôleur des dépenses de l'armée d'Orient.

Au Caire, le 8 frimaire an VII.

Comm. par Mme de la Morinière.

___

3701. — AU GÉNÉRAL MARMONT, a ALEXANDRIE.

Quartier général, au Caire, 12 frimaire an VII (2 décembre 1798).

Vous ferez réunir chez vous, Citoyen Général, dans le plus grand secret, le contre-amiral Perrée, le chef de division Dumanoir, le capitaine Barré. Vous dresserez un procès-verbal de la réponse qu'ils feront aux questions suivantes, et vous signerez avec eux.

PREMIÈRE QUESTION. — Si la première division de l'escadre sortait, pourrait-elle, après une croisière, rentrer dans le port neuf et dans le port vieux, malgré la croisière actuelle des Anglais?

SECONDE QUESTION. — Si *le Guillaume-Tell* paraissait avec *le Généreux, le Dego, l'Artémise* et les trois vaisseaux vénitiens que nous avons laissés à Toulon, et qui sont actuellement réunis à Malte, la croisière anglaise serait obligée de se sauver : se charge-t-on de faire entrer l'amiral Villeneuve dans le port?

TROISIÈME QUESTION. — Si la première division sortait, pour favoriser sa rentrée malgré la croisière anglaise ne serait-il pas utile, indépendamment du fanal que j'ai ordonné qu'on allumât au phare, d'établir un nouveau fanal sur la tour du Marabout? Y aurait-il quelques autres précautions à prendre?

Si, dans la solution de ces trois questions, il y avait différence d'opinion, vous ferez mettre dans le procès-verbal l'opinion de chacun.

Je vous ordonne qu'il n'y ait à cette conférence que vous quatre. Vous commencerez par leur ordonner le plus grand secret.

Après que le conseil aura répondu à ces trois questions, et que le procès-verbal sera clos, vous poserez cette question :

QUATRIÈME QUESTION. — Si l'escadre du contre-amiral Villeneuve partait, le 15 frimaire, de Malte, de quelle manière s'apercevrait-on de son arrivée à la hauteur de la croisière? Quels secours les forces navales actuelles du port pourraient-elles lui procurer, et de quel ordre aurait besoin le contre-amiral Perrée pour se croire suffisamment autorisé à sortir?

Combien de temps faudrait-il pour jeter les bouées pour désigner la passe?

Les frégates *la Carrère*, *la Muiron*, et le vaisseau *le Causse*, seraient-ils dans le cas de sortir?

Après quoi, vous poserez cette question :

Cinquième question. — Les frégates *la Junon*, *l'Alceste*, *la Carrère*,
la Courageuse, *la Muiron*, les vaisseaux *le Causse*, *le Dubois*, renforcés
chacun par une bonne garnison de l'armée de terre et de tous les
matelots européens qui existent à Alexandrie, seraient-ils dans le cas
d'attaquer la croisière anglaise, si elle était composée de deux vaisseaux et d'une frégate?

Vous me ferez passer le procès-verbal de cette séance dans le plus
court délai.

BONAPARTE.

Collection Napoléon.

_____

3702. — AU GÉNÉRAL BERTHIER.

Quartier général, au Caire, 12 frimaire an VII (2 décembre 1798).

Vous voudrez bien, Citoyen Général, donner l'ordre au citoyen
Deriot, adjoint, de se rendre avec 25 hommes de cavalerie, à deux
heures du matin, au fort Sulkowski, d'y prendre 30 hommes du bataillon de la 22e qui s'y trouve en garnison, et d'aller, avec, s'em-
busquer dans le village d'El-Mataryeh, où il est indispensable qu'il
soit arrivé une heure avant le jour, pour chercher à tuer quelques
Arabes.

Deux heures après le lever du soleil, il s'en reviendra en faisant
une patrouille et en parcourant tous les villages jusqu'au Nil.

Il prendra du cheik de ces villages des renseignements sur l'heure
à laquelle ces Arabes commettent leurs pillages; de quelle tribu ils
sont; enfin il prendra tous les renseignements et étudiera le local
pour pouvoir après-demain leur tendre une nouvelle embuscade.

BONAPARTE.

Dépôt de la guerre.

_____

3703. — AU CITOYEN EUGÈNE BEAUHARNAIS [1].

Quartier général, au Caire, 12 frimaire an VII (2 décembre 1798).

Vous vous rendrez, Citoyen, à Suez, avec le général Bon; vous
reviendrez avec lui.

BONAPARTE.

Comm. par S. A. I. Mme la duchesse de Leuchtenberg.

_____

[1] Lieutenant de cavalerie, aide de camp du général en chef.

3704. — ORDRE DU JOUR.

Quartier général, au Caire, 12 frimaire an VII (2 décembre 1798).

Le général en chef, instruit que, dans quelques corps, on exige des soldats employés aux travaux des fortifications une retenue arbitraire pour frais de service, ordonne qu'à compter de ce jour il ne pourra être retenu plus de quatre sous pour frais de service aux soldats employés sur les travaux des fortifications.

Par ordre du général en chef.

Collection Napoléon.

3705. — AU GÉNÉRAL MARMONT, A ALEXANDRIE.

Quartier général, au Caire, 13 frimaire an VII (3 décembre 1798).

J'ai donné, Citoyen Général, plusieurs ordres pour que tous les matelots existant à bord du convoi et ayant moins de vingt-cinq ans, de quelque nation qu'ils soient, soient envoyés au Caire, ainsi que tous les matelots napolitains provenant des bâtiments brûlés par les Anglais. L'un et l'autre de ces deux ordres ont été mal exécutés, puisque les Napolitains seuls étaient plus de 300, et qu'il était impossible que tout le convoi ne contînt au moins 5 ou 600 personnes dans le cas de la réquisition que je fais.

Vous sentez facilement combien il est essentiel, dans la position où se trouve l'armée, qu'elle trouve dans les convois qui sont sur le point de passer en Europe de quoi se recruter des pertes que peut lui avoir occasionnées, en différents événements, la conquête de l'Égypte.

Indépendamment de cette raison, je mets aussi un grand intérêt à intéresser à notre opération un grand nombre de marines de nations différentes, lesquelles, par là, se trouveraient plus disposées à nous porter des nouvelles et ce dont nous avons besoin de France. Je vous prie donc, Citoyen Général, de vous concerter avec le citoyen Dumanoir, commandant des armes, et de prendre des mesures efficaces pour que, dans le plus court délai, tous les jeunes matelots, italiens, espagnols, français, etc., évacuent Alexandrie et soient renvoyés à Boulàq.

Veillez à ce qu'aucun bâtiment, en sortant du port, n'emmène avec lui de jeunes matelots qui pourraient nous servir.

BONAPARTE.

Dépôt de la guerre.

3706. — AU CITOYEN LE ROY, A ALEXANDRIE.

Quartier général, au Caire, 13 frimaire an VII (3 décembre 1798).

Vous trouverez ci-joint, Citoyen Ordonnateur, sept paquets que vous ferez passer par autant de bâtiments différents du convoi que vous ferez partir à cet effet. Cela est indépendant des quatre que j'ai autorisé l'amiral Ganteaume à expédier dans les différents ports de la Méditerranée. Je vous recommande d'avoir soin qu'aucun jeune matelot ayant moins de trente ans ne s'en aille.

BONAPARTE.

Vous aurez soin de vous faire donner des reçus en règle, et de faire connaître aux capitaines de ces bâtiments qu'ils ne seront payés de rien de ce qui leur est dû à Toulon, s'ils ne portent le reçu de ces paquets.

Collection Napoléon.

3707. — AU GÉNÉRAL BERTHIER.

Quartier général, au Caire, 13 frimaire an VII (3 décembre 1798).

Vous voudrez bien donner l'ordre au général Murat, qui doit être arrivé à Châbour, de se rendre à Terrâneh; il lèvera, en passant dans chaque village, les chevaux qu'ils doivent fournir. A Terrâneh, il passera le Nil et se rendra à Menouf, où il recevra de nouveaux ordres. Il m'expédiera un officier pour me faire connaître le jour où il devra arriver à Menouf.

Cet ordre sera porté par un officier.

Il vient d'arriver 40 chevaux de la haute Égypte. Vous remettrez au 18ᵉ de dragons tous ceux qui sont bons pour les dragons, et au 7ᵉ de hussards tous ceux qui sont bons pour la cavalerie légère.

BONAPARTE.

Dépôt de la guerre.

3708. — AU GÉNÉRAL BERTHIER.

Quartier général, au Caire, 14 frimaire an VII (4 décembre 1798).

Vous donnerez l'ordre, Citoyen Général :

Au chef de brigade, à un chef d'escadron et à 200 hommes du 7ᵉ régiment de hussards,

Au chef de brigade, à un chef d'escadron et à 220 hommes du 22ᵉ régiment de chasseurs,

A un chef d'escadron et à 100 hommes du 24ᵉ de dragons,

Au chef de brigade, à un chef d'escadron et à 160 hommes du 15ᵉ de dragons,

A un chef d'escadron et à 100 hommes du 18ᵉ de dragons,

Au chef de brigade, à un chef d'escadron et à 160 hommes du 20ᵉ de dragons,

Au général de brigade Davout,

A l'adjudant général Rabasse, chef de l'état-major de la cavalerie,

A trois pièces d'artillerie légère,

De partir, le 16 frimaire au matin, pour se rendre à Beny-Soueyf. Vous leur tracerez la route sur la rive gauche du Nil; ils feront cette route en quatre jours.

On fera distribuer, dans la journée de demain, deux jours de pain et trois jours de biscuit à cette troupe, à compter du 16.

Vous préviendrez le général commandant la cavalerie que je le laisse maître de suivre le mouvement de sa cavalerie ou de rester au quartier général.

Vous donnerez les ordres au général d'artillerie pour qu'il prenne des mesures pour faire passer promptement le Nil à ladite cavalerie.

BONAPARTE.

Dépôt de la guerre.

3709. — AU GÉNÉRAL REYNIER, a belbeys.

Quartier général, au Caire, 14 frimaire an VII (4 décembre 1798).

Le général Bon, avec un bon bataillon, une compagnie de Moghrebins, un détachement de cavalerie et deux pièces de canon, a couché hier à Birket el-Hâggy, d'où il sera parti ce matin pour se rendre à Suez. Envoyez des Arabes dans le désert et à Suez, afin d'être instruit de tout ce qu'il pourrait y avoir de nouveau. Appelez à Belbeys le cheik-el-beled de Geràd, qui est le kiàya des Arabes, afin de vous tenir instruit de tous les mouvements du désert.

Dans ce moment-ci, je ne juge pas à propos de rien faire contre les Bily; ils se sauveraient dans le désert et rendraient plus difficile notre communication avec Suez; mais, d'ici à quelques jours, nous pourrons marcher de différents côtés et enlever leur camp.

Nous recevons bien peu de chevaux de votre province.

Je fais partir demain, pour se mettre aux trousses de Mourad-Bey, huit escadrons complets et trois pièces d'artillerie légère. J'espère que, sous quinze jours, cette poignée de cavalerie, qui est bien armée et bien montée, nous en rendra bon compte.

Envoyez des Arabes à Gaza, afin de savoir ce qui s'y passe, et mettez en recouvrement le myry de la province.

BONAPARTE.

Le payeur donne ordre à son préposé à Belbeys de mettre 6,000 francs à la disposition du général du génie, pour les travaux de Belbeys et Sàlheyeh. Prenez toutes les mesures pour qu'il y ait de l'argent dans la caisse.

Dépôt de la guerre.

3710. — ORDRE DU JOUR.

Quartier général, au Caire, 14 frimaire an VII (4 novembre 1798).

Le général en chef a passé la revue de la division du général Bon et de la cavalerie. Il a été extrêmement satisfait de leur tenue.

C'est à la cavalerie qu'est réservée la gloire de détruire sans retour les Mameluks. Ce que le général en chef a vu faire aux régiments qui composent la cavalerie de l'armée, dans les campagnes d'Europe, lui est un sûr garant d'un prompt succès.

Par ordre du général en chef.

Dépôt de la guerre.

3711. — AU GÉNÉRAL MARMONT, A ALEXANDRIE.

Quartier général, au Caire, 15 frimaire an VII (5 décembre 1798).

Vous trouverez ci-joint, Citoyen Général, un ordre que je vous prie d'exécuter avec la plus grande exactitude. Après que vous aurez fait arrêter ce citoyen, faites venir chez vous tous les administrateurs de la marine et lisez-leur mon ordre; vous leur direz que je reçois des plaintes de tous côtés sur leur conduite, et qu'ils ne secondent en rien le citoyen Le Roy; que je punirai les lâches avec la dernière sévérité, et avec d'autant moins d'indulgence qu'un homme qui manque de courage n'est pas Français.

BONAPARTE.

Dépôt de la guerre.

3712. — AU GÉNÉRAL BERTHIER.
(POUR METTRE A L'ORDRE DE L'ARMÉE.)

Quartier général, au Caire, 15 frimaire an VII (5 décembre 1798).

Le citoyen Marquisant, sous-commissaire de la ci-devant escadre légère, ayant remis les détails de son service à l'ordonnateur Le Roy dans un moment où les armements et les travaux du port exigeaient plus que jamais son travail, le général en chef le destitue de sa place et ordonne qu'il soit envoyé, sous bonne escorte, dans la haute Égypte, pour servir comme matelot sur la djerme *l'Italie*.

BONAPARTE.

Dépôt de la guerre.

3713. — AU GÉNÉRAL LECLERC, a QELYOUB.

Quartier général, au Caire, 15 frimaire an VII (5 décembre 1798).

Comme nous avons grand besoin d'argent, Citoyen Général, faites verser dans la caisse du payeur général les 30,000 francs que vous avez dans votre caisse.

Les souliers vont vous arriver ainsi que les deux harnais pour votre pièce.

Occupez-vous sans relâche à vous procurer des chevaux : vous savez le besoin que nous en avons.

1,200 hommes de cavalerie, bien montés et bien armés, partent demain pour se mettre aux trousses de Mourad-Bey. J'espère, moyennant les chevaux que toutes les provinces envoient, en avoir bientôt encore autant.

BONAPARTE.

Collection Napoléon.

3714. — AU GÉNÉRAL LECLERC, a QELYOUB.

Quartier général, au Caire, 15 frimaire an VII (5 décembre 1798).

Le cheik du village de Chobrâ[1] profitait de l'ordre que vous lui aviez donné, pour lever 10 pataques sur les bateaux qui passaient. Votre ordre ne l'autorisait pas à cela.

J'approuve que vous défendiez aux villages de votre province de rien fournir à la province de Menouf. Personne que vous n'a le droit de rien voir dans la province de Qelyoub.

BONAPARTE.

Collection Napoléon.

3715. — AU GÉNÉRAL DESAIX.

Quartier général, au Caire, 15 frimaire an VII (5 décembre 1798).

Je fais partir pour la haute Égypte les djermes *la Brueys*, *la Casabianca*, *la Styrie* et *l'Italie*, et la chaloupe canonnière *la Victoire*, ainsi que la djerme qui faisait le service à Gyzeh, en tout six bâtiments armés de quatre pièces de 6.

Comme *l'Italie* était la djerme dont je me servais, elle a un salon rempli de meubles. Veuillez envoyer votre aide de camp en prendre l'inventaire, afin que ces meubles ne soient point dilapidés par l'équipage.

Il part, dans la journée de demain, pour la haute Égypte, 1,000 hommes de cavalerie avec une pièce de 3 et deux pièces de 8

[1] Chobrâ Chahâb.

d'artillerie légère. Il partira, dans cinq à six jours, une autre pièce de 3, avec la forge de campagne, et 100 hommes de cavalerie.

L'ordonnateur en chef va envoyer dans la haute Égypte 100,000 rations de biscuit et quelques pintes d'eau-de-vie.

J'ordonne à un adjudant général de faire la visite de votre dépôt à Gyzeh et de faire partir tous les hommes qui sont en état.

BONAPARTE.

Dépôt de la guerre.

3716. — AU GÉNÉRAL RAMPON.

Quartier général, au Caire, 16 frimaire an VII (6 décembre 1798).

J'ai reçu, Citoyen Général, la lettre que vous m'avez écrite. Le général Bon arrivera, j'espère, demain, à Suez. C'est vous, sûrement, qui m'en donnerez la première nouvelle.

Pendant le temps que vous restez à Birket el-Hàggy, étudiez, le plus qu'il vous sera possible, les usages des Arabes qui viennent faire de l'eau au lac des Pèlerins, afin que, dans les circonstances, si l'on veut tendre une embuscade, vous sachiez où vous placer.

BONAPARTE.

Collection Napoléon.

3717. — A L'INTENDANT GÉNÉRAL DE L'ÉGYPTE [1].

Quartier général, au Caire, 17 frimaire an VII (7 décembre 1798).

J'ai reçu, Citoyen, la lettre que m'a écrite la nation copte. Je me ferai toujours un plaisir de la protéger. Désormais elle ne sera plus avilie, et, lorsque les circonstances le permettront, ce que je prévois ne pas être éloigné, je lui accorderai le droit d'exercer son culte publiquement, comme il est d'usage en Europe, en suivant chacun sa croyance. Je punirai sévèrement les villages qui, dans les différentes révoltes, ont assassiné des Coptes. Dès aujourd'hui vous pourrez leur annoncer que je leur permets de porter des armes, de monter sur des mules ou des chevaux, de porter des turbans et de s'habiller à la manière qui peut leur convenir.

Mais, si tous les jours sont marqués de ma part par des bienfaits, si j'ai à restituer à la nation copte une dignité et des droits inséparables de l'homme, qu'elle avait perdus, j'ai le droit, sans doute, d'exiger des individus qui la composent beaucoup de zèle et de fidélité au service de la République.

Je ne peux pas vous dissimuler que j'ai eu effectivement à me plaindre du peu de zèle que plusieurs ont montré. Comment, en effet,

[1] Girgès el-Gouhary.

lorsque tous les jours des principaux cheiks me découvrent les trésors des Mameluks, ceux qui étaient leurs principaux agents ne me font-ils rien découvrir?

Je rends justice à votre patriarche, dont les vertus et l'intention me sont connues. Je rends justice à votre zèle et à celui de vos collaborateurs, et j'espère que, dans la suite, je n'aurai qu'à me louer de toute la nation copte.

Je donne l'ordre pour que vous soyez remboursé, dans le courant du mois, des avances que vous avez faites.

BONAPARTE.

Collection Napoléon.

3718. — AU GÉNÉRAL BERTHIER.

Quartier général, au Caire, 17 frimaire an VII (7 décembre 1798).

Vous voudrez bien, Citoyen Général, donner l'ordre au général Andréossy de partir demain, avec 250 hommes de la garnison de Gyzeh et une pièce de canon, pour faire la tournée de la partie nord de sa province qui s'étend jusqu'à Terràneh[1], lever le myry et 100 chevaux.

Vous donnerez l'ordre à l'adjudant général Boyer de partir demain, avec l'intendant, l'agent français, le 2ᵉ bataillon de la 18ᵉ hormis les grenadiers, une pièce de canon, pour se rendre dans le Fayoum par le plus court chemin et en quatre jours de marche.

Arrivé au Fayoum, il organisera la province et lèvera le myry; il fera, à cet effet, la tournée avec toute sa colonne, ayant soin de ne jamais se diviser et de marcher toujours réuni. Il aura avec lui un ingénieur géographe, pour lever le croquis de la province. Il fera en sorte d'avoir levé, en huit à dix jours, tout le myry de la province.

BONAPARTE.

Dépôt de la guerre.

3719. — AU GÉNÉRAL ANDRÉOSSY, A GYZEH.

Quartier général, au Caire, 17 frimaire an VII (7 décembre 1798).

Indépendamment du myry de la province de Gyzeh, que vous aurez à lever, et du but de connaître la province, les intérêts des différents villages et les hommes influents, votre tournée doit avoir un autre objet : c'est celui de retrouver une grande partie des effets qui ont été pillés près d'Ouârdàn, à El-Qatàh, sur quatre bateaux chargés d'artillerie; il vous faudra, pour cela, quelques jours de séjour à

[1] Depuis le 7 frimaire, un ordre ayant modifié des circonscriptions de provinces, Terràneh faisait partie de la province de Gyzeh.

Ouàrdàn, qui est un très-gros endroit. Il est nécessaire que vous placiez à Gyzeh un cheik d'Ouàrdàn, membre du divan.

Le cheik du village d'Omm-Dynàr vous donnera quelques renseignements sur l'endroit où se trouvent ces effets. Je crois, par cette raison, très-nécessaire que vous partiez demain, et je regarde comme très-nécessaire un séjour de quatre à cinq jours à Ouàrdàn. Vous retirerez beaucoup de fusils des villages entre Terrâneh et Gyzeh, et vous acquerrez la connaissance du nombre d'Arabes qui existent depuis Terrâneh jusqu'à Gyzeh.

Je vous recommande spécialement de vous faire rendre compte s'il se fabrique de la poudre à Terrâneh; j'ai dans cet endroit un agent secret qui est Vénitien, et qui vous donnera des renseignements.

BONAPARTE.

Collection Napoléon.

3720. — AU GÉNÉRAL BERTHIER.

Quartier général, au Caire, 17 frimaire an VII (7 décembre 1798).

Personne n'a le droit de prendre les bateaux [1]; si le général d'artillerie en a besoin, il faut qu'il les paye.

BONAPARTE.

Dépôt de la guerre.

3721. — AU GÉNÉRAL BERTHIER.

Quartier général, au Caire, 17 frimaire an VII (7 décembre 1798).

Vous trouverez ci-joint une demande des femmes des beys contraires à Mourad-Bey, qui sont au delà de Girgeh. Il leur sera accordé un sauf-conduit particulier, dans lequel il sera déclaré que, devant être regardés comme amis, ils auront l'enregistrement de leurs biens, comme tous les autres individus de l'Égypte.

Vous accorderez aussi une sauvegarde à Hassan-Bey el-Geddaoui et à tous ceux qui étaient avec lui dans le Sayd avant notre arrivée en Égypte. Il jouira paisiblement de ce qu'il possède, tant qu'il continuera de se montrer l'ami de nos amis et l'ennemi de nos ennemis.

BONAPARTE.

Dépôt de la guerre.

3722. — AU CITOYEN POUSSIELGUE.

Quartier général, au Caire, 17 frimaire an VII (7 décembre 1798).

Vu les pertes que nous avons éprouvées sur les diamants, la

[1] Le général Demmartin avait enlevé, pour la construction du pont de Gyzeh, plusieurs bateaux appartenant à des particuliers.

: Mourad-Bey sera tenue de verser dans la caisse du ⸴,000 talari, dans l'espace de cinq jours.

BONAPARTE.

⸴ar Mme de la Morinière.

3723. — ORDRE.

Quartier général, au Caire, 17 frimaire an VII (7 décembre 1798).

djerme de l'artillerie s'appellera *la Strasbourgeoise.*

BONAPARTE.

flection Napoléon.

3724. — QUESTIONS DU GÉNÉRAL EN CHEF
AU CONTRE-AMIRAL GANTEAUME.

Quartier général, au Caire, 17 frimaire an VII (7 décembre 1798).

J'ai l'honneur de vous adresser les réponses que vous m'avez chargé de faire aux demandes contenues dans votre lettre du 17.

1re QUESTION. — Si la première division de l'escadre sortait, pourrait-elle, après une croisière, rentrer, malgré la croisière des Anglais, soit dans le port neuf, soit dans le port vieux?

Si les Anglais continuent de tenir au-devant d'Alexandrie les forces qui y sont stationnées, ce ne serait pas sans danger que la 1re division pourrait, au retour d'une croisière, se présenter devant ce port. En ayant soin, cependant, de venir par la partie de l'est et de ne se présenter devant le phare que pendant la nuit, elle pourrait avoir le hasard de donner, au point du jour, malgré la surveillance de l'ennemi, dans l'un ou l'autre port.

Le port neuf, débarrassé de tous les bâtiments, recevrait à la rigueur toute cette division. Ce sera donc une mesure à prendre que celle de ne laisser aucun bâtiment dans ce port, si la division sort. Je me propose d'écrire à ce sujet au commandant des armes.

2e QUESTION. — Si *le Guillaume-Tell* paraissait avec *le Généreux, le Dego, l'Athénien* et les trois vaisseaux vénitiens que nous avons laissés à Toulon et qui sont actuellement à Malte, la croisière

En supposant la croisière des Anglais composée, ainsi qu'elle est en ce moment, de trois vaisseaux et une frégate seulement, il n'est aucun doute que la division du général Villeneuve, réunie aux deux vaisseaux maltais, ne se trouve en état de la combattre avec avantage et anglaise serait-elle obligée de se sauver? Se charge-t-on de faire entrer dans le port l'escadre du contre-amiral Villeneuve?

ne l'oblige à quitter la côte; à plus forte raison, si les vaisseaux vénitiens se trouvaient ralliés à cette division.

Le capitaine de frégate Barré, qui, avant le désastre de l'escadre, fut particulièrement chargé par l'amiral de reconnaître et sonder toutes les passes du port vieux, vous a déjà répondu qu'il était sûr de faire entrer dans ce port tout vaisseau quelconque de 74.

En mon particulier, ayant eu moins de moyens et de temps que le capitaine Barré pour reconnaître les passes, je n'oserais me charger de cette responsabilité que dans un cas extrême, mon opinion étant que l'entrée de ce port sera toujours très-dangereuse pour tout bâtiment tirant plus de vingt pieds d'eau.

3e QUESTION. — Si la première division sortait, pour favoriser sa rentrée malgré la croisière anglaise, ne serait-il pas utile, indépendamment du fanal que j'ai ordonné qu'on allumât au phare, d'établir un nouveau fanal sur la tour du Marabout? Y aurait-il quelques autres précautions à prendre?

L'établissement d'un second feu sur le Marabout serait, dans ce moment, plus dangereux qu'utile, aucun des bâtiments qui seront dans le cas d'aborder pendant la nuit, excepté ceux que nous expédierons d'Alexandrie, ne pouvant être prévenu de l'existence de ce nouveau phare, et vu qu'il nous serait bien difficile de le rendre assez distinct de celui du port neuf pour que l'un ne pût jamais être pris pour l'autre.

Pour faciliter et assurer l'entrée des bâtiments, les seules mesures à prendre seraient de former et entretenir un corps de pilotes français auxquels seraient adjoints ceux du pays, de leur faire fournir de forts et bons bateaux, d'en avoir toujours deux de garde à l'anse du Marabout, pour pouvoir, avec tout temps, mettre dehors et aller piloter les bâtiments se présentant devant le port.

4e QUESTION. — Si l'escadre du contre-amiral Villeneuve partait le 15 frimaire de Malte, de quelle manière s'apercevrait-on de son arrivée à la hauteur de la croisière, et quels secours les forces navales actuelles du port pourraient-elles lui procurer, et de quel ordre au-

Je pense que, si le général Villeneuve venait à Alexandrie, il annoncerait son arrivée en détachant quelque frégate ou quelque corvette en avant de sa division; les signaux de reconnaissance pourront, d'ailleurs, soit de nuit, soit de jour, annoncer avec certitude son arrivée; et, dans ce cas, le général Perrée doit être autorisé à sortir et à aller à sa rencontre.

rait besoin le contre-amiral Perrée pour se croire suffisamment autorisé à sortir?

Combien de temps faudrait-il pour jeter les bouées pour désigner la passe? et, s'il faut plus de vingt-quatre heures pour les jeter, ne serait-il pas essentiel de les jeter d'avance?

Les frégates *la Muiron, la Carrère,* le vaisseau *le Causse,* seraient-ils dans le cas de sortir à la fin de nivôse?

Si nous avions à Alexandrie de grosses ancres et des chaînes assez fortes pour baliser solidement les passes, nous ne devrions pas hésiter à le faire; mais les petites ancres des bâtiments marchands que nous sommes dans le cas d'employer ne sont pas suffisantes pour résister aux coups de vent; elles peuvent être, par la grosse mer, changées de place et devenir alors plus dangereuses qu'utiles.

Le moyen le plus prompt que nous ayons pour baliser les passes est d'y envoyer, à la vue des bâtiments, dix ou douze bateaux, avec ordre de se tenir sur les accores des bancs. Cette mesure peut avoir lieu en moins de deux heures, mais avec le beau temps seulement.

Il est encore un moyen sûr pour marquer le passage dont je vous ai entretenu: ce serait de faire bâtir sur la côte quelques petites tours qui, par leur alignement les unes avec les autres, serviraient de guides aux pilotes. Ce moyen est le seul dont on se sert dans les entrées des ports où la grosse mer ne permet pas d'entretenir des balises.

Avec les secours que vous vous proposez de destiner au port d'Alexandrie, et si les subsistances nécessaires y arrivent, je pense que le vaisseau *le Causse,* les frégates *la Carrère* et *la Muiron* doivent être prêts pour l'époque que vous déterminez.

5e QUESTION. — Les frégates *la Junon, l'Alceste, la Courageuse,* les vaisseaux *le Dubois* et *le Causse,* renforcés chacun par une bonne garnison de l'armée de terre et de tous les matelots européens qui sont à Alexandrie, seront-ils dans le cas d'attaquer la croisière anglaise, si elle était composée de deux vaisseaux et deux frégates?

6e QUESTION. — Si le contre-

Si la division anglaise était réduite à deux vaisseaux et deux frégates, je me chargerais bien d'aller l'attaquer, et ce serait avec une confiance absolue, si j'avais *le Dubois, le Causse* et les cinq frégates, armés au grand complet.

Avec les gros coups de vent d'ouest

amiral Villeneuve était à Malte, pourrait-il, avec le *Guillaume-Tell*, le *Généreux*, le *Dego*, l'*Athénien*, la *Justice*, la *Diane* et la *Cartha-ginoise*, échapper à une croisière portugaise qui le bloquerait et paraître devant Alexandrie pour battre la croisière qui est devant cette ville?

Quels vents lui faut-il pour sortir pendant la nuit et promptement du port de Malte?

Quelle marche croyez-vous qu'il faudrait qu'il tînt pour remplir ce but?

BONAPARTE.

Collection Napoléon.

qui ont lieu pendant l'hiver aux parages de l'île de Malte, il est presque impossible à l'escadre portugaise de bloquer le port de cette île, pour ne pas permettre à la division du général Villeneuve d'en sortir, si elle y était.

Les vents les plus favorables pour sortir de ce port sont ceux du sud-ouest, qui sont les plus fréquents dans cette saison.

Échappé à l'escadre portugaise, le général Villeneuve n'aurait plus rien à craindre et pourrait venir avec sécurité sur Alexandrie, en prenant la route ordinaire que nous avons tenue avec l'escadre.

Boulâq, 29 frimaire an VII (19 décembre 1798).

GANTEAUME.

3725. — AU CITOYEN POUSSIELGUE.

Quartier général, au Caire, 17 frimaire an VII (7 décembre 1798).

Il sera fabriqué 100,000 francs de billets, qui seront versés dans la caisse du payeur après-demain.

BONAPARTE.

Comm. par Mᵐᵉ de la Morinière.

3726. — AU GÉNÉRAL RAMPON [1].

Quartier général, au Caire, 18 frimaire an VII (8 décembre 1798).

Vous devez avoir reçu, Citoyen Général, du pain pour quatre jours.

Si cette lettre vous arrive à temps, vous partirez demain, avec la plus grande partie de votre monde, pour aller reconnaître la position de Gezyreh el-Bily, qui est à quatre lieues de l'endroit que vous occupez. Quand vous serez à une demi-lieue de ladite position, vous ferez connaître à ladite tribu de Bily qu'elle n'a rien à craindre, qu'elle peut rester dans son camp, parce que vous avez été prévenu que le cheik était venu me voir et avait obtenu grâce.

Vous tiendrez note de tous les villages par où vous passerez pour arriver à Gezyreh, et vous observerez les différentes positions qu'oc-

---

[1] En mission à Birket el-Hâggy.

cupent les Arabes, afin que, si les circonstances exigent que vous y marchiez, vous sachiez comment faire.

Vous aurez soin que les troupes ne fassent aucun mal, et, après vous être promené en différents sens, avoir demandé s'il y a des Mameluks à El-Mansourah, qui est un village près de Gezyreh, avoir recommandé à tous les villages de payer exactement le myry au général commandant la province, et de ne pas cacher les Mameluks, de les déclarer, s'il y en a, vous retournerez, s'il est possible, coucher à Birket el-Hàggy.

Si cette lettre vous arrivait demain trop tard, vous remettrez la partie à après-demain.

BONAPARTE.

Collection Napoléon.

3727. — AU GÉNÉRAL BERTHIER.

(POUR METTRE A L'ORDRE DE L'ARMÉE.)

Quartier général, au Caire, 18 frimaire an VII (8 décembre 1798).

Vous voudrez bien, Citoyen Général, faire connaître au médecin et au chirurgien en chef que je suis mécontent de la facilité avec laquelle ils donnent des certificats pour retourner en Europe à des individus que la lâcheté, l'inconstance et le peu d'amour de leur devoir portent à quitter l'armée avant que la campagne soit finie.

Spécifiez-leur bien qu'ils ne doivent donner des certificats qu'à des individus qui ne pourraient guérir qu'en Europe; ce qui, dans un pays aussi sain que l'Égypte, doit être borné à un très-petit nombre de maladies.

Ce n'est pas, Citoyen Général, que mon intention soit de garder à l'armée des hommes qui ne seraient pas sensibles à l'honneur d'être nos compagnons d'armes; qu'ils partent, je faciliterai leur départ : mais je ne veux pas qu'ils masquent, par des maladies feintes, le motif réel de ne pas partager nos fatigues et nos périls; nous risquerions qu'ils partageassent notre gloire.

BONAPARTE.

Dépôt de la guerre.

3728. — ORDRE DU JOUR.

(EXTRAIT.)

Quartier général, au Caire, 18 frimaire an VII (8 décembre 1798).

Le général en chef a vu avec peine qu'à Alexandrie et à Aboukir les quarantaines ordonnées par le bureau de santé n'ont pas été observées, sous le prétexte que ceux sur lesquels elles portaient étaient des parlementaires.

En conséquence, il ordonne que, sous quelque prétexte que ce soit, les commandants ne puissent donner des ordres contraires aux quarantaines ordonnées par les bureaux de santé, le général en chef se réservant seul de les suspendre dans les circonstances extrêmement importantes.

Le général en chef ordonne que, lorsque après une expédition contre des Arabes ennemis leurs femmes tombent en notre pouvoir, on les envoie à Damiette, à Alexandrie ou au Caire, selon qu'on est plus près d'une de ces trois places.

Les commandants de ces trois places donneront ces femmes aux principaux cheiks du pays, qui les garderont en prison chez eux et sous leur responsabilité.

Lorsqu'un village se révoltera, pour punition : le général commandant la province fera prendre tous les enfants depuis douze jusqu'à seize ans; il en sera envoyé un contrôle au général en chef, qui donnera des ordres sur leur destination ultérieure.

Lorsqu'un village méritera d'être brûlé, on aura également soin d'en enlever tous les enfants.

Par ordre du général en chef.

Dépôt de la guerre.

3729. — AU CONTRE-AMIRAL GANTEAUME.

Quartier général, au Caire, 19 frimaire an VII (9 décembre 1798).

Vous voudrez bien, Citoyen Général, faire partir d'Alexandrie le brick *le Lodi*, pour se rendre à Derne. Il prendra tous les renseignements qu'il pourrait acquérir sur les nouvelles de France et d'Europe. Je suis instruit que plusieurs tartanes de Marseille, expédiées par le Gouvernement, y sont arrivées dans le courant de brumaire et n'y ont séjourné que vingt-quatre heures, après avoir pris des renseignements sur les Anglais et sur notre position.

Comme il est extrêmement intéressant que la mission de ce brick soit ignorée, vous lui donnerez ses instructions à ouvrir en mer.

Vous lui ordonnerez de prendre des pilotes d'Alexandrie, connaissant la côte depuis Alexandrie à Saint-Jean-d'Acre, et depuis Alexandrie à Tripoli.

J'imagine que la tartane que j'avais ordonné d'envoyer depuis longtemps à Derne sera partie; si elle ne l'était pas, vous ordonneriez, au préalable, au citoyen Dumanoir, de n'expédier *le Lodi* que vingt-quatre heures après la tartane, en ayant bien soin que la tartane ignore que ce brick devait partir.

Ce brick portera le citoyen Arnaud, qui, parlant parfaitement la langue et ayant eu des relations avec Derne, pourra plus facilement prendre tous les renseignements nécessaires. Vous spécifierez bien au commandant du brick que le citoyen Arnaud n'est rien sur son bord et n'a point d'ordre à lui donner, et que lui seul est responsable de la manière dont sa mission sera remplie.

Vous lui ferez connaître qu'il faut qu'il retourne le plus tôt possible à Alexandrie.

Je compte que son absence sera de moins de quinze jours ; sous quelque prétexte que ce soit, il ne doit point cingler vers l'Europe ; cela serait regardé par le Gouvernement comme une lâcheté et une trahison dont un Français ne peut être soupçonné.

Vous donnerez deux ordres au commandant du brick :

1° De partir et d'ouvrir ses instructions à telle hauteur, et d'embarquer, au moment du départ, un homme qui lui sera remis par le général Marmont, commandant de la place ;

2° L'instruction de cet homme à ouvrir en mer.

BONAPARTE.

Collection Napoléon.

3730. — INSTRUCTION POUR LE CITOYEN ARNAUD.

Quartier général, au Caire, 19 frimaire an VII (9 décembre 1798).

Le brick sur lequel vous êtes embarqué, Citoyen, vous conduira à Derne.

Vous remettrez les lettres ci-jointes au commandant de Derne. Vous prendrez tous les renseignements sur les nouvelles d'Europe et de Tripoli.

Vous me rendrez compte de votre mission et de tout ce que vous aurez vu et appris en mer, en expédiant de Derne deux Arabes.

Le brick vous ramènera à Alexandrie, et, à peine débarqué, vous viendrez au Caire sans communiquer à personne les nouvelles que vous aurez pu apprendre.

Je compte sur votre zèle et sur vos lumières. Je saurai vous tenir compte du service que vous aurez rendu dans cette occasion à la République.

BONAPARTE.

Collection Napoléon.

3731. — AU BEY DE DERNE.

Quartier général, au Caire, 19 frimaire an VII (9 décembre 1798).

Je vous expédie le citoyen Arnaud, afin de vous faire connaître le désir que j'ai de vivre en bonne intelligence avec les sujets du bey de Tripoli, et de lui rendre tous les services qui dépendent de moi.

Je désire que, toutes les fois qu'il arrive à Derne des nouvelles de l'Europe, vous me les fassiez passer par exprès.

Je vous prie de croire au désir que j'ai de vous obliger.

BONAPARTE.

Dépôt de la guerre.

3732. — AU BEY DE TRIPOLI [1].

Quartier général, au Caire, 19 frimaire an VII (9 décembre 1798).

Je profite d'un bâtiment qui va à Derne pour vous renouveler l'assurance de vivre avec vous en bonne intelligence et amitié.

Dans plusieurs lettres que je vous ai écrites, je vous ai témoigné le désir que j'ai de vous être utile ainsi qu'à ceux qui dépendent de vous.

Je vous prie, lorsque vous aurez des nouvelles d'Europe, de me les envoyer par des exprès.

Croyez aux sentiments d'estime et à la considération que j'ai pour vous.

BONAPARTE.

Collection Napoléon.

3733. — AU GÉNÉRAL MARMONT.

Quartier général, au Caire, 19 frimaire an VII (9 décembre 1798).

J'expédie *le Lodi* pour une mission extrêmement secrète.

Le contre-amiral Ganteaume donne, à cet effet, des ordres au général Dumanoir.

Deux heures avant qu'il lève l'ancre, vous enverrez chercher le citoyen Arnaud ; vous le mènerez à bord du brick, et il n'aura plus aucune communication avec la terre. En mer, il trouvera un ordre et une instruction de moi sur la mission qu'il a à remplir ; le capitaine du brick en est porteur.

BONAPARTE.

Collection Napoléon.

[1] De Barbarie.

3734. — AU GÉNÉRAL MENOU, A ROSETTE.

Quartier général, au Caire, 19 frimaire an VII (9 décembre 1798).

Je reçois votre lettre du 14, Citoyen Général; je viens d'ordonner la mesure que vous me proposez, de vendre 64,000 pintes de vin. Veillez, autant qu'il vous sera possible, à ce que ces fonds rentrent dans la caisse du payeur, et que les voleurs n'en vendent pas une plus grande quantité pour masquer leurs vols. Écrivez au général Marmont pour qu'il fasse vendre les vins les plus aigres et les plus prêts à se gâter, et que l'on profite de cette circonstance pour vérifier exactement tout ce qu'il y a en magasin.

J'ai reçu votre lettre du 15, dans laquelle vous m'apprenez que messieurs les Anglais ont évacué Aboukir. Profitez-en pour faire passer à Alexandrie la plus grande quantité de blé possible.

BONAPARTE.

Dépôt de la guerre.

3735. — ORDRE DU JOUR.

Quartier général, au Caire, 19 frimaire an VII (9 décembre 1798).

Le général en chef défend expressément de fabriquer de la poudre; il défend également d'en vendre. Les généraux commandant dans les provinces se feront rendre compte des différents villages où l'on en fabrique, afin de s'assurer que la fabrication a cessé : cette poudre est trop mauvaise pour nous servir et n'est bonne qu'aux Arabes.

Le général en chef ordonne que le chef-lieu de la province de Bahyreh sera transporté d'El-Rahmânyeh à Damanhour; il ne sera laissé à El-Rahmânyeh que les troupes nécessaires pour tenir garnison dans la redoute.

Par ordre du général en chef.

Dépôt de la guerre.

3736. — AU GÉNÉRAL CAFFARELLI.

Quartier général, au Caire, 20 frimaire an VII (10 décembre 1798).

Je vous prie, Citoyen Général, de me faire connaître, dans la journée de demain, par un rapport circonstancié, quelle sera, au 1er nivôse, la situation :

1° De la citadelle du Caire : sur la défense qu'elle pourra faire, sur les magasins qu'elle pourra contenir, et sur l'état réel des fortifications ;

2° Du fort Dupuy : pourra-t-on remplir d'eau la citerne? Pour combien d'hommes peut-elle en contenir? Les magasins seront-ils en état?

13.

3° Même chose pour le fort Sulkowski ;

4° Même chose pour le fort Camin ;

5° Même chose pour l'orillon du fort de l'Institut, où doit être placé le moulin à vent : cela formera-t-il une maçonnerie pouvant contenir deux pièces de canon et ayant 12 ou 15 pieds d'escarpement?

6° La maison d'Ibrahim-Bey : dans quelle situation de défense se trouvera-t-elle ?

7° Gyzeh.

Il m'est nécessaire d'avoir des renseignements exacts sur ces différents objets.

BONAPARTE.

Comm. par M. le comte Caffarelli.

3737. — AU GÉNÉRAL CAFFARELLI.

Quartier général, au Caire, 20 frimaire an VII (10 décembre 1798).

Vous donnerez l'ordre, Citoyen Général, pour que l'on fasse embarquer à Damiette tous les objets nécessaires à la construction d'un fort à Peluse, ou dans tout autre endroit de cette côte. Je désirerais que cela pût partir de Damiette le 28 du mois.

Si tous les objets que vous voulez envoyer ne se trouvaient pas à Damiette, vous pourriez en faire partir du Caire, qui suivraient le canal de Sân.

Faites passer à Sàlheyeh tout ce qui pourrait être nécessaire pour construire un fort sur la route de Sàlheyeh à Gaza.

Faites partir demain un officier du génie, un ingénieur géographe, un ingénieur des ponts et chaussées, pour suivre le canal de Sân et tenir note de tous les villages, canaux, qui se trouvent sur ce canal, et commencer enfin à nous donner une connaissance exacte du pays.

BONAPARTE.

Comm. par M. le comte Caffarelli.

3738. — AU GÉNÉRAL REYNIER, A BELBEYS.

Quartier général, au Caire, 20 frimaire an VII (10 décembre 1798).

Le général Lagrange, Citoyen Général, part demain pour rejoindre son poste [1]. Je vous prie de réunir à Sàlheyeh le plus d'orge et de paille qu'il vous sera possible, afin de pouvoir nourrir la cavalerie que je compte y envoyer incessamment.

Je fais partir demain des outres, afin que le général Lagrange puisse pousser une reconnaissance jusqu'à Tyneh et Qatyeh.

[1] Sàlheyeh.

Je désire également que vous fassiez pousser une reconnaissance jusqu'à dix lieues de Belbeys, dans le désert, sur le chemin de Gaza, où passe le chemin du côté de la montagne ; 200 hommes sont plus que suffisants pour cette reconnaissance. Il faut, enfin, que nous connaissions tous les puits qui sont dans le désert, du côté du Belbeys, et que nous ayons des idées claires sur le chemin qui va de Qatyeh au Caire, sans passer par Sâlheyeh et Belbeys.

Les eaux doivent, en ce moment, être retirées de votre province ; ainsi, faites en sorte que, dans le reste du mois, les chevaux que doit fournir votre province soient livrés et le myry payé. Envoyez différentes colonnes mobiles dans les différentes parties de votre province. Il est très-possible que nous ne puissions pas toujours rester à poste fixe.

BONAPARTE.

Dépôt de la guerre.

3739. — AU GÉNÉRAL BERTHIER.

Quartier général, au Caire, 20 frimaire an VII (10 décembre 1798).

Le général en chef ayant accordé amnistie au cheik Omar-el-Adjilaneh et à toute la tribu des A'ydy, le nomme cheik de cette tribu et ordonne aux Arabes de cette tribu de lui obéir. Le général en chef ordonne également aux autorités civiles et militaires de reconnaître ledit cheik Omar-el-Adjilaneh et de vivre en ami avec cette tribu, pourvu qu'elle reste dans son devoir et qu'elle maintienne la sécurité dans l'espace de chemin qui se trouve entre El-Khànqah et Sibyl-Hassan, qui est confié à sa garde. S'il arrivait qu'il fût commis quelque vol dans ledit espace, le cheik Omar sera tenu d'en payer la valeur, ou, si un Français venait à y être tué, et que la tribu n'eût pas arrêté ses assassins, toute la tribu en serait responsable.

BONAPARTE.

Dépôt de la guerre.

3740. — AU GÉNÉRAL CAFFARELLI.

Quartier général, au Caire, 20 frimaire an VII (10 décembre 1798).

Je vous prie, Citoyen Général, de faire partir demain pour Suez un détachement de vingt-cinq sapeurs, quatre ou cinq maçons français, deux ouvriers en bois, un en fer, avec les outils nécessaires.

Vous aurez soin que tout le monde soit armé d'un bon fusil et de cinquante cartouches, et que tout cela soit rendu demain à midi sur la place Ezbekyeh, pour partir avec le convoi qui se rend à Suez.

Recommandez à l'officier du génie que vous avez à Suez de commencer par réparer les citernes; c'est le travail le plus indispensable, car le premier ennemi que nous ayons à vaincre à Suez, c'est la soif.

Vous connaissez trop l'importance de Suez pour ne pas recommander à l'officier du génie que vous y avez de porter la plus grande activité dans les travaux. Je crois qu'il serait nécessaire que vous fissiez partir demain pour Suez des officiers géographes et des ponts et chaussées, avec des planchettes et des niveaux d'eau.

BONAPARTE.

Cette lettre étant très-pressée, le général Caffarelli est prié d'en envoyer demain matin la copie.

Comm. par M. le comte Caffarelli.

3741. — AU GÉNÉRAL DOMMARTIN.

Quartier général, au Caire, 20 frimaire an VII (10 décembre 1798).

Je désire, Citoyen Général, que vous fissiez partir, par le convoi qui part demain pour Suez, deux ouvriers en bois et un en fer avec les outils nécessaires, pour réparer les affûts ou en construire de nouveaux pour les pièces qui se trouvent à Suez.

Je désirerais que vous pussiez faire partir une ou deux pièces turques du même calibre ou d'un calibre supérieur à celles qui sont parties; elle seraient traînées par des chameaux.

Envoyez-y aussi un garde pour réunir les munitions de guerre qui sont à Suez et former un établissement.

Il est nécessaire que ces objets soient rendus sur la place demain à midi.

BONAPARTE.

Dépôt de la guerre.

3742. — AU GÉNÉRAL DOMMARTIN.

Quartier général, au Caire, 20 frimaire an VII (10 décembre 1798).

Le général en chef me charge, Citoyen Général, de vous dire qu'il a reçu une demande du chef de brigade Grobert, qui sollicite son retour en France.

Le général en chef répond à cette demande que, comme le citoyen Grobert a gagné son grade de chef de brigade à Paris, et sans avoir entendu un coup de fusil, son intention est que vous employiez continuellement cet officier aux avant-postes.

Vous voudrez bien, en conséquence, le faire partir pour Sâlheyeh.

Par ordre du général en chef.

Je vous envoie, par le porteur, trois fusils et un poignard.

Dépôt de la guerre.

_____

3743. — AU CITOYEN POUSSIELGUE.

Quartier général, au Caire, 20 frimaire an VII (10 décembre 1798).

Vous voudrez bien, Citoyen, ordonner sur-le-champ au citoyen Marco Calavagi, qui est l'agent du citoyen Rosetti à Terrâneh, de verser dans la caisse du payeur la valeur de 2,000 moutons et 50 chameaux que le général Murat avait pris aux Arabes, et qu'il a fait restituer en disant que c'était mon intention.

BONAPARTE.

Comm. par Mᵐᵉ de la Morinière.

3744. — AU GÉNÉRAL MARMONT, A ALEXANDRIE.

Quartier général, au Caire, 21 frimaire an VII (11 décembre 1798).

Cette lettre, Citoyen Général, vous sera remise par le citoyen Beauchamp.

Vous ferez appeler le capitaine de la caravelle; vous lui direz que je consens à ce que son bâtiment parte pour Constantinople aux conditions suivantes :

1° Qu'il laissera en otage ses deux enfants et l'officier de la caravelle, son plus proche parent, pour me répondre du citoyen Beauchamp qui va s'embarquer à son bord pour se rendre à Constantinople;

2° Qu'il passera devant l'île de Chypre; qu'il fera entendre au pacha que nous ne sommes pas en guerre avec la Porte, et qu'il nous renvoie le consul et les Français qui sont en Chypre; qu'il les fera embarquer devant lui sur une djerme, pour se rendre à Damiette; qu'en conséquence vous allez tenir en arrestation un officier et dix hommes de sa caravelle, pour répondre du consul et des Français en Chypre, lesquels seront envoyés à Damiette et seront renvoyés sur le même bâtiment qui amènera les Français de Chypre à Damiette;

3° Qu'il sortira du port d'Alexandrie de nuit, afin d'échapper à la croisière anglaise; qu'il évitera Rhodes, afin d'échapper aux Anglais;

4° Après que le citoyen Beauchamp aura causé avec le grand

vizir à Constantinople, il sera chargé de faire revenir le citoyen Beauchamp à Damiette; et, sur le même bâtiment qui ramènera le citoyen Beauchamp, je ferai placer ses enfants et l'officier qu'il aura laissés en otage;

5° Que, du reste, il peut compter que, dans tous les événements, je serai fort aise de lui être utile.

Vous dresserez de votre séance avec lui un procès-verbal en turc et en français, qu'il signera avec vous, et dont vous et lui garderez une copie, en me faisant passer l'original.

Cette conversation devra avoir lieu à neuf heures du matin. Vous lui mènerez le citoyen Beauchamp à bord. Vous aurez soin, auparavant, que l'on tienne tout prêts, sur un bâtiment, les affûts et tous les objets qu'on aurait à lui rendre.

Dès l'instant que le procès-verbal sera signé et que les otages seront remis, vous lui ferez rendre ces effets; et la nuit, si le temps est beau, il devra partir, ayant bien soin,

1° Que votre entretien et la mission du citoyen Beauchamp soient parfaitement secrets;

2° Que le commandant de la caravelle, en arrivant à la conférence, ait avec lui ses enfants et les personnes que vous voulez garder pour otages, que vous lui désignerez pour qu'ils se rendent à la conférence, et que vous laisserez dans un autre appartement;

3° Qu'il n'ait plus, le reste de la journée, aucune espèce de communication avec la terre, sous quelque prétexte que ce soit, afin que personne ne sache le départ de la caravelle; sans quoi, ces gens-là embarqueraient beaucoup de marchandises et beaucoup de monde.

Il faut que le lendemain, à la pointe du jour, les Français et les gens du pays soient tout étonnés de ne plus voir la caravelle.

Quelque observation qu'il puisse vous faire, vous déclarerez que, s'il ne part pas dans la nuit, il vous faudra de nouveaux ordres pour le laisser partir.

Vous trouverez ci-joints deux ordres que vous remettrez au commandant des armes, tous les deux, deux ou trois heures avant l'exécution.

BONAPARTE.

Collection Napoléon.

3745. — AU CHEF DE DIVISION DUMANOIR.

Quartier général, au Caire, 21 frimaire an VII (11 décembre 1798).

Vous voudrez bien, Citoyen, laisser sortir la caravelle du port d'Alexandrie et lui prêter tous les secours dont elle pourrait avoir besoin, au moment où le général Marmont le jugera à propos.

BONAPARTE.

Collection Napoléon.

_____

3746. — INSTRUCTIONS POUR LE CITOYEN BEAUCHAMP[1].

Quartier général, au Caire, 21 frimaire an VII (11 décembre 1798).

Vous vous rendrez à Alexandrie; vous vous embarquerez sur la caravelle; vous aborderez à Chypre. Vous demanderez au pacha, de concert avec le commandant de la caravelle, qu'on envoie à Damiette le consul et les Français qu'on a arrêtés dans cette île.

Vous prendrez à Chypre tous les renseignements possibles : sur la situation actuelle de la Syrie, sur une escadre russe qui serait dans la Méditerranée, sur les bâtiments anglais qui auraient paru ou qui y seraient constamment en croisière, sur Corfou, sur Constantinople, sur Passwan-Oglou, sur l'escadre turque, sur la flottille de Rhodes, commandée par Hassan-Bey, qui a été pendant un mois devant Aboukir, sur les raisons qui empêchent qu'on apporte du vin à Damiette, enfin sur les bruits qui seraient parvenus jusque dans ce pays-là sur l'Europe.

Vous m'expédierez toutes ces nouvelles avec les Français, si on les relâche, sur un petit bâtiment qui viendrait à Damiette; ou, lorsque vous verrez l'impossibilité de porter ces gens-là à relâcher les Français, vous expédierez un petit bateau avec un homme de la caravelle pour me porter vos lettres, et sous le prétexte de me mander que, le capitaine de la caravelle ayant fait tout ce qu'il a pu, je fasse relâcher tous les matelots de la caravelle.

A toutes les stations que le temps ou les circonstances vous feraient faire dans les différentes échelles du Levant, vous m'expédierez des nouvelles par de petits bâtiments envoyés exprès à Damiette, et qui seront largement récompensés.

Arrivé à Constantinople, vous ferez connaître à notre ministre notre situation dans ce pays-ci; de concert, vous demanderez que les Français qui ont été arrêtés en Syrie soient mis en liberté, et vous ferez connaître le contraste de cette conduite avec la nôtre.

Vous ferez connaître à la Porte que nous voulons être ses amis; que notre expédition d'Égypte a eu pour but de punir les Mameluks, les Anglais, et d'empêcher le partage de l'empire ottoman que les deux empereurs ont arrêté; que nous lui prêterons secours contre eux, si elle le croit nécessaire, et vous demanderez impérieusement

_____

[1] Beauchamp, consul à Mascate, était alors au Caire.

et avec beaucoup de fierté qu'on relâche tous les Français qu'on a arrêtés; qu'autrement cela serait regardé comme une déclaration de guerre; que j'ai écrit plusieurs fois au grand vizir sans avoir eu une réponse, et qu'enfin la Porte peut choisir et voir en moi ou un ami capable de la faire triompher de tous ses ennemis, ou un ennemi aussi redoutable que tous ses ennemis.

Si notre ministre est arrêté, vous ferez ce qu'il vous sera possible pour pouvoir causer avec des Européens; vous reviendrez en apportant toutes les nouvelles que vous pourrez recueillir sur la position politique actuelle de cet empire.

Vous aurez soin de vous procurer tous les journaux, en quelque langue qu'ils soient, depuis messidor.

Si jamais on vous faisait la question : Les Français consentiront-ils à quitter l'Égypte? — Pourquoi pas, pourvu que les deux empereurs fassent finir la révolte de Passwan-Oglou et abandonnent le projet de partager la Turquie européenne; que, quant à nous, nous ferons tout ce qui pourrait être favorable à l'empire ottoman et le mettre à l'abri de ses ennemis, mais que le préliminaire à toute négociation, comme à tout accommodement, est un firman qui fasse relâcher les Français partout où on les a arrêtés, surtout en Syrie.

Vous direz et ferez tout ce qui pourra convenir pour obtenir cet élargissement; vous déclarerez que vous ne répondez pas que je n'envahisse la Syrie, si on ne met pas en liberté tous les Français qu'on a arrêtés, et, dans le cas où on voudrait vous retenir, que si, sous tant de jours, je ne vous voyais pas revenir, je pourrais me porter à une invasion.

Enfin, le but de votre mission est d'arriver à Constantinople, d'y demeurer, de voir notre ministre sept à huit jours, et de retourner avec des notions exactes sur la position actuelle de la politique et de la guerre de l'empire ottoman.

Profitez de toutes les occasions pour m'écrire et m'expédier des bâtiments à Damiette.

De Constantinople, expédiez une estafette à Paris par Vienne, avec tous les renseignements qui pourraient être nécessaires au Gouvernement; vous lui ferez passer les relations et imprimés que je joins ici à cet effet.

Ainsi, si la Porte ne nous a point déclaré la guerre, vous paraîtrez à Constantinople comme pour demander qu'on relâche le consul français et qu'on laisse libre le commerce entre l'Égypte et le reste de l'empire ottoman.

Si la Porte nous avait déclaré la guerre et avait fait arrêter nos ministres, vous lui diriez que je lui renvoie sa caravelle comme une preuve du désir qu'a le Gouvernement français de voir se renouveler la bonne intelligence entre les deux États, et en même temps vous demanderez notre ministre et les autres Français qui sont à Constantinople.

Vous lui ferez plusieurs notes pour détruire tout ce que l'Angleterre et la Russie pourraient avoir imaginé contre nous, et vous reviendrez.

BONAPARTE.

Collection Napoléon.

3747. — AU GRAND VIZIR.

Quartier général, au Caire, 21 frimaire an VII (11 décembre 1798).

J'ai écrit plusieurs fois à Votre Excellence pour lui faire connaître l'intention du Gouvernement français de continuer à vivre en bonne intelligence avec la Sublime Porte. Je prends aujourd'hui le parti de vous en donner une nouvelle preuve, en vous expédiant la caravelle du Grand Seigneur et le citoyen Beauchamp, consul de la République, homme d'un grand mérite et qui a entièrement ma confiance.

Il fera connaître à Votre Excellence que la Porte n'a point de plus véritable amie que la République française, comme elle n'aurait pas d'ennemie plus redoutable, si les intrigues des ennemis de la France parvenaient à avoir le dessus à Constantinople, ce que je ne pense pas, connaissant la sagesse et les lumières de Votre Excellence.

Je désire que Votre Excellence retienne le citoyen Beauchamp à Constantinople le moins de temps possible, et me le renvoie pour me faire connaître les intentions de la Porte.

Je prie Votre Excellence de croire aux sentiments d'estime et à la haute considération que j'ai pour elle.

BONAPARTE.

Collection Napoléon.

3748. — AU CITOYEN TALLEYRAND,
AMBASSADEUR A CONSTANTINOPLE [1].

Quartier général, au Caire, 21 frimaire an VII (11 décembre 1798).

Je vous ai écrit plusieurs fois, Citoyen Ministre; j'ignore si mes lettres vous sont parvenues; je n'en ai point reçu de vous.

J'expédie à Constantinople le citoyen Beauchamp, consul à Mascate, pour vous faire connaître notre position, qui est extrêmement satis-

[1] M. de Talleyrand, alors ministre des relations extérieures, n'était pas allé à Constantinople.

faisante, et pour, de concert avec vous, demander qu'on mette en liberté tous les Français arrêtés dans les échelles du Levant, et détruire les intrigues de la Russie et de l'Angleterre. '

Le citoyen Beauchamp vous donnera de vive voix tous les détails et toutes les nouvelles qui pourraient vous intéresser.

Je désire qu'il ne reste à Constantinople que sept à huit jours.

BONAPARTE.

Collection Napoléon.

3749. — AU CONTRE-AMIRAL GANTEAUME.

Quartier général, au Caire, 21 frimaire an VII (11 décembre 1798).

Vous ferez partir le brick *le Rivoli*, Citoyen Général, pour se rendre à l'île de Zante, prendre des nouvelles de ce qui se passe; s'il ne s'est rien passé de nouveau dans cette île et que les Français y soient toujours, il remettra le paquet ci-joint au commissaire du Gouvernement ou au commandant; il prendra toutes les gazettes italiennes ou françaises ou anglaises qui s'y trouveraient depuis le mois de messidor, et reviendra en toute diligence à Alexandrie.

Si les Français, par précaution, avaient reployé leur garnison sur Céphalonie, le brick irait jusque-là, et s'ils avaient reployé leur garnison dans Corfou, il irait jusqu'à Corfou.

Si, à Zante ou à Céphalonie, en causant avec les gens du pays, il apprenait des nouvelles très-intéressantes, et que Corfou fût tellement bloqué qu'il pensât qu'il y aurait du danger à aller jusque-là, il reviendrait de suite en Égypte, à moins qu'il ne pût envoyer de Zante un bâtiment du pays avec un bon officier, qui viendrait à Damiette et m'apporterait des nouvelles; alors le brick risquerait d'aller jusqu'à Corfou.

Vous lui enverrez ses instructions cachetées, à ouvrir hors du port.

Il embarquera avec lui un bon pilote d'Alexandrie.

Vous aurez soin, dans vos instructions, de lui recommander d'aborder dans une anse de l'île de Zante, pour prendre langue.

S'il le trouvait plus commode, il opérerait son retour sur Damiette.

Vous lui ferez connaître que, sous quelque prétexte que ce soit, il ne doit pas opérer son retour en France ou en Italie, et qu'il serait, dans ce cas, regardé comme un traître.

BONAPARTE.

Collection Napoléon.

3750. — AU COMMISSAIRE DU GOUVERNEMENT, A ZANTE.

Quartier général, au Caire, 21 frimaire an VII (11 décembre 1798).

Je vous expédie le brick *le Rivoli* pour avoir de vos nouvelles et de celles de Corfou.

Faites-moi passer toutes les gazettes françaises, italiennes ou allemandes que vous auriez depuis le mois de messidor, ainsi que les nouvelles que vous pourriez avoir d'Italie ou de France, et de tous les bâtiments anglais, russes ou turcs qui auraient paru sur vos côtes depuis ledit mois de messidor.

Donnez-moi toutes les nouvelles que vous pourriez avoir sur Passwan-Oglou et sur Constantinople.

Envoyez-nous ici un Français intelligent qui puisse me donner de vive voix toutes les petites nouvelles que vous pourriez avoir oubliées.

Expédiez des bâtiments à Corfou et en Italie, pour faire connaître au commandant de cette place et au Gouvernement français que tout va au mieux ici.

Expédiez-moi souvent des bâtiments sur Damiette.

Les journaux et les imprimés que vous trouverez ci-joints vous mettront à même de connaître notre position.

Je vous recommande de ne pas retenir *le Rivoli* plus de trois ou quatre heures, et de le faire repartir tout de suite, car je suis impatient d'avoir de vos nouvelles.

BONAPARTE.

Collection Napoléon.

3751. — AU CITOYEN EUGÈNE BEAUHARNAIS.

Quartier général, au Caire, 21 frimaire an VII (11 décembre 1798).

J'ai vu avec plaisir, dans votre lettre, que vous étiez entré à Suez à la tête de l'avant-garde. Marchez toujours avec l'infanterie; ne vous fiez point aux Arabes, et couchez sous la tente. Écrivez-moi par toutes les occasions.

Je vous aime.   BONAPARTE.

Comm. par S. A. I. Mᵐᵉ la duchesse de Leuchtenberg.

3752. — AU GÉNÉRAL BON, A SUEZ.

Quartier général, au Caire, 21 frimaire an VII (11 décembre 1798).

J'ai reçu, Citoyen Général, vos lettres des 17, 18 et 19; j'ai lu avec un vif intérêt tout ce qu'elles contenaient.

Ce soir partent 100 chameaux chargés de biscuit, de souliers et d'eau-de-vie; ce convoi est escorté par les Arabes A'ydy, par 50 bons matelots, 7 à 8 mousses de l'arsenal de la marine, 35 sapeurs, parmi lesquels 5 à 6 maçons, une pièce de canon et plusieurs ouvriers d'artillerie, et enfin 50 hommes de la 32e. Le tout est commandé par l'adjudant général Valentin. Comme ces chameaux appartiennent aux Arabes, dès l'instant qu'ils auront déchargé, vous leur donnerez un reçu et vous les laisserez aller où ils voudront.

Comme mon intention est d'avoir le plus de bâtiments armés possible sur la mer Rouge, faites la recherche de toutes les pièces de canon; on dit qu'il y en a chez les particuliers. Les 60 matelots que vous allez avoir vous sont un fond d'équipage pour votre marine.

Renvoyez ici tous vos chameaux qui ont servi à vous porter du riz et du biscuit, en ne gardant que ceux qui sont nécessaires pour le transport de votre eau. Faites-les escorter par une centaine d'hommes de la 32e.

Faites transporter des cordes au puits d'Ageroud, afin que les chevaux puissent s'y abreuver, car je ne tarderai pas à envoyer 200 chevaux jusqu'à Suez, et peut-être y viendrai-je moi-même.

BONAPARTE.

Collection Napoléon.

_____

3753. — AU GÉNÉRAL MARMONT, a ALEXANDRIE.

Quartier général, au Caire, 22 frimaire an VII (12 décembre 1798).

J'ai reçu, Citoyen Général, votre lettre du 14.

Il est toujours plus intéressant de rendre compte d'une mauvaise nouvelle que d'une bonne, et c'est vraiment une faute que vous avez faite d'oublier de rendre compte des neuf prisonniers qu'ont faits les Anglais à la 4e demi-brigade.

L'état-major donne l'ordre à la légion nautique de se rendre à Foueh, d'où je la ferai venir au Caire pour l'habiller et l'organiser, afin qu'elle puisse retourner, si les circonstances l'exigeaient, et servir utilement.

Envoyez-moi au Caire tous les individus inutiles. J'ai ordonné le désarmement de la galère, qui a 4 ou 500 hommes qui mangent beaucoup et ne nous rendraient pas un service utile les armes à la main.

Dès l'instant que vous aurez envoyé ici beaucoup d'hommes du convoi, et qu'il n'y aura plus que des vieillards ou des hommes inutiles, j'en ferai partir la plus grande partie.

Vous devez avoir beaucoup de pèlerins; débarrassez-vous-en le plus tôt possible ou par terre ou par mer.

Envoyez aussi des Arabes à Derne pour avoir des nouvelles; il y arrive souvent des tartanes de Marseille.

BONAPARTE.

Collection Napoléon.

3754. — AU GÉNÉRAL REYNIER, A BELBEYS.

Quartier général, au Caire, 22 frimaire an VII (12 décembre 1798).

Je désirerais, Citoyen Général, qu'avant de faire un tour à Sâlheyeh vous envoyassiez cinq ou six colonnes mobiles dans les différents points de votre province. Tous les villages qui n'auront pas vu la troupe ne se regarderont pas comme soumis; c'est le seul moyen d'ailleurs de faire lever le myry et les chevaux. Votre province est celle qui est le plus en retard.

Le général Lagrange porte avec lui des outres; mon intention serait que vous lui procuriez une quinzaine de chameaux; et, après qu'il aura passé quelques jours à Sâlheyeh pour y organiser son service et rendre des visites aux villages qui se sont mal conduits pendant l'inondation, je désire qu'on aille occuper Qatyeh, où mon intention est de faire construire un fort.

BONAPARTE.

Dépôt de la guerre.

3755. — AU CITOYEN LAVALLETTE,

AIDE DE CAMP DU GÉNÉRAL EN CHEF.

Quartier général, au Caire, 22 frimaire an VII (12 décembre 1798).

Vous partirez sur la djerme *la Vénitienne* avec le citoyen Beauchamp, pour vous rendre à Alexandrie.

Vous y verrez la situation de toutes les fortifications, des magasins de notre escadre, bâtiment par bâtiment.

Vous remettrez le sabre ci-joint au contre-amiral Perrée.

Vous verrez à Rosette le fort de Rosette.

Vous tâcherez de faire venir d'Alexandrie à Rosette ma voiture de voyage et ma voiture de Malte; de Rosette, vous les ferez embarquer sur une djerme pour Boulàq.

Vous ne reviendrez qu'après que vous aurez vu le citoyen Beauchamp mettre à la voile.

BONAPARTE.

Comm. par M. Grenouillet.

3756. — ARRÊTÉ.

Quartier général, au Caire, 22 frimaire an VII (12 décembre 1798).

ARTICLE 1er. — Il y aura près de l'administration de l'enregistrement et des domaines, créée par l'arrêté du 29 fructidor dernier[1], un inspecteur général des domaines.

ART. 2. — Ses fonctions consisteront à faire des tournées dans chacune des provinces de l'Égypte ; il y prendra connaissance de tous les domaines appartenant aujourd'hui à la République française ; il recueillera des observations sur l'état de leur culture et sur les moyens de l'améliorer, sur leurs produits, leur régie ou leur affermage, sur tous les produits et les procédés de l'agriculture en général. Il s'occupera aussi, sous ces différents rapports, de recherches sur la quantité existante des bestiaux, leur reproduction, leur multiplication et le plus d'utilité à en retirer pour l'agriculture. Il étudiera les moyens de rendre à la culture les terrains abandonnés, et de perfectionner et multiplier à cet effet les canaux d'irrigation. Enfin il prendra le plus de renseignements qu'il lui sera possible sur le rapport annuel des terres, sur leurs frais de culture, sur la valeur capitale des fonds, sur le montant total des produits de chaque province, et les sommes, en deniers, en nature et en bestiaux, qu'elles payaient chaque année, tant à l'ancien gouvernement qu'à ses agents quelconques.

ART. 3. — Les agents français et les intendants coptes lui donneront tous les renseignements et éclaircissements qu'il leur demandera, soit sur la province, soit sur leurs travaux.

ART. 4. — Il enverra successivement à l'administration des domaines et de l'enregistrement son travail sur les différentes parties ci-dessus, traitées séparément par matière.

ART. 5. — Son traitement sera de 400 livres par mois, et de 8 livres par chaque journée de voyage ; il jouira en outre, dans la proportion de son traitement, de la remise établie par l'arrêté du 29 fructidor dernier.

ART. 6. — Il lui sera attaché un interprète à 125 livres de traitement par mois et 30 sous par journée de voyage.

ART. 7. — Ils seront payés de leur traitement, sur leurs simples quittances, par le préposé du payeur général dans la province où ils se trouveront au moment de l'échéance. Les frais de voyage seront payés sur une ordonnance de l'administrateur général des finances.

ART. 8. — Le citoyen Reynier est nommé inspecteur général des domaines en Égypte.

BONAPARTE.

Comm. par Mme de la Morinière.

[1] 30 fructidor an VI, pièce n° 3320.

3757. — AU GÉNÉRAL LECLERC.

Quartier général, au Caire, 23 frimaire an VII (13 décembre 1798).

Je vous préviens, Citoyen Général, que j'ai fait arrêter Cheraïbi; si vous êtes encore à Này, vous vous rendrez à Qelyoub pour mettre le scellé sur tous ses biens. Vous écrirez au divan de la province et aux cheiks des Arabes que Cheraïbi a été arrêté parce qu'il m'a trahi, parce qu'il a, malgré ses serments de fidélité, correspondu avec les Mameluks, et, le jour de la révolte du Caire, appelé les habitants des différents villages qui environnent cette ville à se joindre aux révoltés; qu'ils doivent d'autant plus sentir la justice de l'arrestation de Cheraïbi qu'ils ont été témoins de ses crimes et que je l'avais comblé de bienfaits.

BONAPARTE.

Collection Napoléon.

3758. — AU GÉNÉRAL BON, A SUEZ.

Quartier général, au Caire, 23 frimaire an VII (13 décembre 1798).

J'ai reçu, Citoyen Général, vos lettres des 20 et 21.

Il est parti hier un convoi. Vous avez dû recevoir, par le premier convoi, du riz, du biscuit, de l'eau-de-vie, des matelots, des ouvriers de toute espèce, des outils et des sapeurs.

Je vous ai mandé hier de faire revenir tous les chameaux qui vous ont porté du biscuit; joignez-y les chameaux qui ont porté votre artillerie; ne gardez que les chameaux qui doivent porter l'eau à votre troupe. Ayez soin surtout que les chameaux des Arabes soient parfaitement libres; il faut faire ce que ces gens-là veulent. Laissez passer les lettres pour Djeddah sans les décacheter, et laissez aller et venir chacun librement; le commerce est souvent fondé sur l'imagination; la moindre chose est un monstre pour ces gens-ci, qui ne connaissent pas nos mœurs.

Je recommande de faire mettre une corde au puits d'Ageroud, de manière que l'on puisse s'en servir. On dit que l'eau est bonne pour les chevaux.

Gardez spécialement les matelots, les sapeurs et les Turcs d'Omar, une partie de la 32e, et renvoyez l'autre partie.

BONAPARTE.

Collection Napoléon.

3759. — ARRÊTÉ.

Quartier général, au Caire, 24 frimaire an VII (14 décembre 1798).

ARTICLE 1er. — L'administration de l'enregistrement et des domaines délivrera aux propriétaires le titre de garantie de leurs propriétés, aussitôt que leurs titres auront été vérifiés, trouvés en règle et enregistrés.

ART. 2. — Les propriétaires payeront sur-le-champ au moins le tiers du droit d'enregistrement, et souscriront, pour le payement du surplus, deux obligations par moitié, payables à quinze jours de date l'une de l'autre, en sorte que la totalité du droit soit acquittée dans le mois. Ces obligations seront versées dans la caisse du payeur et recouvrées par lui.

ART. 3. — Les administrateurs de l'enregistrement délivreront, en outre du titre de garantie, des billets en arabe, signés de deux d'entre eux, pour faire reconnaître les propriétaires dans les villages où leurs propriétés se trouvent situées. Dans les provinces, les billets déjà délivrés dans cette forme sont valables. Les porteurs feront viser par l'agent français de la province tous ces billets, tant anciens que nouveaux. L'agent français en tiendra note, afin de pouvoir donner au commandant de la province les renseignements et éclaircissements qui pourront lui être nécessaires pour lever les difficultés qui s'élèveraient sur les propriétés.

ART. 4. — Chaque décade, l'administration adressera au directeur de chaque province l'état des propriétés, situées dans la province, qui auront été enregistrées au Caire dans la décade précédente.

BONAPARTE.

Dépôt de la guerre.

3760. — AU GÉNÉRAL BON, A SUEZ.

Quartier général, au Caire, 25 frimaire an VII (15 décembre 1798).

L'adjudant général Valentin, Citoyen Général, est parti hier de Birket el-Hâggy.

J'ai reçu votre lettre du 22. Vous me demandez de vous envoyer Mustafa-Effendi; mais il doit être avec vous; il n'est pas au Caire; il est parti immédiatement après votre colonne. Si, à l'heure qu'il est, il n'est pas à Suez, je crains fort qu'il n'ait été assassiné. Au reste, je vais prendre des renseignements.

L'adjudant général Valentin doit être arrivé, et vous allez vous trouver approvisionné pour longtemps.

On enverra, par la première occasion, de l'argent pour les Turcs et pour les fortifications.

Envoyez-nous les chameaux qui ont porté vos pièces; comme elles doivent rester à Suez, ils vous sont inutiles et serviront à vous en porter d'autres.

Si vos rhumatismes, au lieu de se guérir, continuaient à empirer, vous laisseriez le commandement à l'adjudant général Valentin, et vous vous rendriez au Caire.

BONAPARTE.

Collection Napoléon.

3761. — AU CITOYEN EUGÈNE BEAUHARNAIS.

Quartier général, au Caire, 26 frimaire an VII (16 décembre 1798).

J'ai reçu, Citoyen, votre lettre avec le croquis que vous m'avez envoyé; il est très-bien fait. Par le numéro de la dernière lettre, j'ai vu que j'avais reçu vos trois lettres.

Ayez soin de ne pas coucher à l'air et les yeux découverts. Je vous embrasse.

BONAPARTE.

Comm. par S. A. I. Mᵐᵉ la duchesse de Leuchtenberg.

3762. — AU CONTRE-AMIRAL PERRÉE.

Quartier général, au Caire, 26 frimaire an VII (16 décembre 1798).

Je vous envoie, Citoyen Général, un sabre en remplacement de celui que vous avez perdu à la bataille de Chobrâkhyt. Recevez-le, je vous prie, comme un témoignage de ma reconnaissance pour les services que vous avez rendus à l'armée dans la conquête de l'Égypte.

BONAPARTE.

Comm. par Mᵐᵉ Hartel, née Perrée.

3763. — AU GÉNÉRAL BERTHIER.

Quartier général, au Caire, 27 frimaire an VII (17 décembre 1798).

Vous voudrez bien, Citoyen Général, faire partir demain, pour Alexandrie, un officier intelligent, pour s'embarquer sur un brick. Il sera porteur du paquet ci-joint, qu'il ouvrira en mer et dans lequel il trouvera ses instructions.

Vous trouverez ci-joint une ordonnance de 3,000 livres, que vous lui ferez solder pour subvenir aux frais de sa mission.

BONAPARTE.

Dépôt de la guerre.

3764. — AU CITOYEN.......

Quartier général, au Caire, 27 frimaire an VII (17 décembre 1798).

Vous vous dirigerez sur Malte, Citoyen, en passant hors de vue de toute terre. Si vous apprenez que le port soit bloqué, vous aborderez de préférence à la cale de Marsa-Scirocco, où il y a des batteries qui vous mettront à l'abri de toute insulte. Là, vous débarquerez l'officier que vous avez à votre bord.

Vous instruirez le commandant de la marine, à Malte, et le contre-amiral Villeneuve, de tout ce que vous aurez vu en mer, et du nombre des vaisseaux qui sont devant Alexandrie, et vous demanderez les ordres du commandant de la marine.

Vous reviendrez m'apporter les dépêches du général commandant à Malte et du contre-amiral Villeneuve ; si vous ne pouvez pas aborder à Alexandrie, vous aborderez à Damiette ou sur tout autre point de la côte, depuis le Marabout jusqu'à Omm-Fâreg, à trente lieues est de Damiette.

Vous ne resterez que vingt-quatre heures à Malte.

Je compte sur votre zèle dans une mission importante qui, indépendamment des nouvelles qu'elle doit nous faire avoir de l'Europe, doit nous faire venir des objets essentiels pour l'armée.

Vous chargerez sur votre bâtiment les armes que le commandant de Malte vous remettra.

BONAPARTE.

Collection Napoléon.

3765. — AU CONTRE-AMIRAL VILLENEUVE.

Quartier général, au Caire, 27 frimaire an VII (17 décembre 1798).

Je n'ai point reçu de vos lettres, Citoyen Général. Je vous envoie un aviso ; faites-moi connaître, par son retour, quelle est votre position et ce que vous pourriez avoir appris des mouvements et du nombre des ennemis dans la Méditerranée.

Les ennemis n'ont que deux vaisseaux de guerre et deux frégates devant Alexandrie.

Vous devez actuellement avoir trois ou quatre vaisseaux et trois ou quatre frégates de Malte. Nous désirons bien vous voir arriver ici.

Nous aurions besoin de 5 ou 6,000 fusils ; chargez-en un millier sur l'aviso que je vous expédie, et envoyez-nous le reste sur des bâtiments qui viendraient aborder à Damiette.

Vous devez avoir reçu, du contre-amiral Ganteaume, des lettres qui ont dû vous faire connaître le besoin où nous sommes d'avoir des nouvelles d'Europe et de recevoir notre second convoi.

BONAPARTE.

Collection Napoléon.

3766. — AU GÉNÉRAL VAUBOIS, COMMANDANT A MALTE.

Quartier général, au Caire, 27 frimaire an VII (17 décembre 1798).

Je vous expédie, Citoyen Général, sur un aviso, un officier qui est porteur de dépêches pour le Gouvernement.

Faites partir cet officier sur un autre bâtiment, pour aborder à un port quelconque du continent, celui que vous croirez le plus sûr.

Renvoyez-moi l'aviso avec toutes les gazettes françaises et italiennes, depuis messidor. Faites-moi connaître tout ce qui serait à votre connaissance sur le nombre de vaisseaux ennemis qui existeraient dans la Méditerranée, et sur votre position.

Depuis fructidor, je n'ai point reçu de vos nouvelles.

BONAPARTE.

Collection Napoléon.

3767. — AU DIRECTOIRE EXÉCUTIF.

Quartier général, au Caire, 27 frimaire an VII (17 décembre 1798).

Je vous ai expédié un officier de l'armée avec ordre de ne rester que sept à huit jours à Paris, et de retourner au Caire.

Vous trouverez ci-joint différentes relations de petits événements et différents imprimés.

L'Égypte commence à s'organiser.

Un bâtiment arrivé à Suez a amené un Indien qui avait une lettre pour le commandant des forces françaises en Égypte; cette lettre s'est perdue. Il paraît que notre arrivée en Égypte a donné une grande idée de notre puissance aux Indes et a produit un effet très-défavorable aux Anglais; on s'y bat.

Nous sommes toujours sans nouvelles de France; pas un courrier depuis messidor; cela est sans exemple, dans les colonies mêmes.

Mon frère, l'ordonnateur Sucy et plusieurs courriers que je vous ai expédiés, doivent être arrivés.

Expédiez-nous des bâtiments sur Damiette.

Les Anglais avaient réuni une trentaine de petits bâtiments et étaient à Aboukir; ils ont disparu. Ils ont trois vaisseaux de guerre et deux frégates devant Alexandrie.

Le général Desaix est dans la haute Égypte, poursuivant Mourad-Bey qui, avec un corps de Mameluks, s'échappe et fuit devant lui.

Le général Bon est à Suez.

On travaille avec la plus grande activité aux fortifications d'Alexandrie, Rosette, Damiette, Belbeys, Sâlheyeh, Suez et du Caire.

L'armée est dans le meilleur état et a peu de malades. Il y a en

Syrie quelques rassemblements de forces turques ; si sept jours de désert ne m'en séparaient, j'aurais été les faire expliquer.

Nous avons des denrées en abondance ; mais l'argent est très-rare, et la présence des Anglais rend le commerce nul.

Nous attendons des nouvelles de France et d'Europe ; c'est un besoin vif pour nos âmes, car, si la gloire nationale avait besoin de nous, nous serions inconsolables de n'y pas être.

BONAPARTE.

Collection Napoléon.

3768. — AU GÉNÉRAL DUGUA.

Quartier général, au Caire, 27 frimaire an VII (17 décembre 1798).

Je reçois, Citoyen Général, votre lettre du 20 frimaire, de Mansourah, relative au commerce de Damiette avec la Syrie. Mon intention est que le commerce soit entièrement libre. L'inconvénient d'aider à la subsistance de nos ennemis est compensé par d'autres avantages.

BONAPARTE.

Collection Napoléon.

3769. — AU GÉNÉRAL DUGUA.

Quartier général, au Caire, 27 frimaire an VII (17 décembre 1798).

J'ai lu avec surprise dans votre lettre, Citoyen Général, que l'on employait l'argent du myry à acheter du blé. Ce doit être une coquinerie des intendants ; je vais m'en faire rendre compte. Mais je vous prie de tenir la main à ce que le produit de toutes les impositions entre dans la caisse des préposés du payeur général, et n'en sorte plus sans l'ordre de ce payeur.

BONAPARTE.

Dépôt de la guerre.

3770. — AU CITOYEN D'AURE.

Quartier général, au Caire, 27 frimaire an VII (17 décembre 1798).

Le général Dugua me mande, Citoyen Ordonnateur, qu'on achète sur le myry tout le blé dont se sert la division à Damiette et le blé que vous y demandez pour Sâlheyeh. Faites-moi connaître quels procédés on suit dans les achats des différentes denrées qui nourrissent l'armée. Il est assez ridicule que l'on achète du blé à Damiette qui n'en fournit pas, lorsqu'il est bien constaté que nous avons dans les provinces de Qelyoub, Mansourah, Gharbyeh et Menouf, des blés en suffisance pour la subsistance journalière des divisions.

BONAPARTE.

Collection Napoléon.

3771. — AU GÉNÉRAL VERDIER.

Quartier général, au Caire, 27 frimaire an VII (17 décembre 1798).

Mon intention, Citoyen Général, en vous nommant commandant de la province de Mansourah, n'est point du tout que vous quittiez votre brigade. Je connais trop ce que vous valez pour vous laisser dans une province, lorsqu'il y aurait quelque chose de mieux à faire.

BONAPARTE.

Collection Napoléon.

3772. — A L'ADJUDANT GÉNÉRAL BOYER,
COMMANDANT LA PROVINCE DU FAYOUM.

Quartier général, au Caire, 27 frimaire an VII (17 décembre 1798).

J'ai reçu, Citoyen Général, votre lettre du 23 frimaire.

Vous devez avoir reçu depuis votre départ tout le travail sur le myry de votre province, dont je vous prie d'ordonner la perception le plus tôt possible, nos besoins étant très-considérables.

Prenez tous les renseignements possibles sur le Fayoum; sur sa population, sur sa richesse, ses différentes productions, l'irrigation, et la disposition de ses habitants.

BONAPARTE.

Collection Napoléon.

3773. — AU GÉNÉRAL DESAIX.

Quartier général, au Caire, 27 frimaire an VII (17 décembre 1798).

J'ai reçu, Citoyen Général, votre lettre du 26. Je fais partir demain 30,000 rations de biscuit avec la djerme *la Strasbourgeoise*.

Défaites-nous le plus promptement possible de ces vilains Mameluks.

Le général Veaux, avec son bataillon et une pièce de canon, doit être arrivé à Beny-Soueyf. L'adjudant général Boyer est, depuis le 23, dans le Fayoum. L'un et l'autre sont à vos ordres, si les événements vous portaient à en avoir besoin; mais, à moins de cela, mon intention serait qu'ils ne sortissent pas de ces deux provinces.

Nous avons un besoin extraordinaire de blé : il nous en faudrait 100,000 quintaux pour jeter dans Alexandrie le plus tôt possible, afin de profiter des longues nuits et de le faire passer par mer. *La Strasbourgeoise* pourra escorter les grains jusqu'à Boulâq.

BONAPARTE.

Collection Napoléon.

3774. — AU LIEUTENANT FOURÈS.

Quartier général, au Caire, 27 frimaire an VII (17 décembre 1798).

Le bâtiment sur lequel vous vous embarquerez vous conduira à Malte. Vous remettrez les lettres ci-jointes à l'amiral Villeneuve et au général commandant de Malte.

Le commandant de la marine à Malte vous donnera sur-le-champ un bâtiment pour vous conduire dans un port d'Italie qu'il jugera le plus sûr, d'où vous prendrez la poste pour vous rendre en toute diligence à Paris, et remettre les dépêches ci-jointes au Gouvernement.

Vous resterez huit à dix jours à Paris; après quoi vous reviendrez en toute diligence, en venant vous embarquer dans un port du royaume de Naples ou à Ancône.

Vous éviterez Alexandrie et aborderez avec votre bâtiment à Damiette.

Avant de partir, vous aurez soin de voir un de mes frères, membre du Corps législatif; il vous remettra tous les papiers et imprimés qui auraient paru depuis messidor.

Je compte sur votre zèle dans tous les événements imprévus qui pourraient survenir dans votre mission, qui est de faire parvenir vos dépêches au Gouvernement et d'en apporter les réponses.

BONAPARTE.

Collection Napoléon.

3775. — AU CITOYEN FOURÈS, LIEUTENANT DE CHASSEURS.

Quartier général, au Caire, 28 frimaire an VII (18 décembre 1798).

Il est ordonné au citoyen Fourès, lieutenant au 22e régiment de chasseurs à cheval, de partir par la première diligence de Rosette, pour se rendre à Alexandrie et s'y embarquer sur un brick qui lui sera fourni par le commandant de la marine, auquel il remettra l'ordre ci-joint [1] du général en chef.

Le citoyen Fourès sera porteur des dépêches ci-jointes [2], qu'il n'ouvrira qu'en mer et dans lesquelles il trouvera ses instructions.

Je lui remets une somme de 3,000 francs pour subvenir aux frais de sa mission.

Par ordre du général en chef.

Dépôt de la guerre.

3776. — AU GÉNÉRAL BERTHIER.

Quartier général, au Caire, 28 frimaire an VII (18 décembre 1798).

Vous ferez partir, Citoyen Général, le citoyen Croizier, adjoint

[1] Pièce n° 3764. — [2] Pièces n°s 3765, 3766, 3767.

à l'état-major, pour Alexandrie, où il s'embarquera sur le bâtiment qui lui sera désigné par le citoyen Dumanoir. Il trouvera ci-joint des instructions qu'il ouvrira en mer.

BONAPARTE.

Dépôt de la guerre.

3777. — AU CITOYEN CROIZIER,
ADJOINT A L'ÉTAT-MAJOR GÉNÉRAL.

Quartier général, au Caire, 28 frimaire an VII (18 décembre 1798).

Le bâtiment sur lequel vous êtes doit vous conduire à Corfou. Vous y remettrez les paquets ci-joints. Vous y séjournerez vingt-quatre heures, au plus deux ou trois jours, et vous me rapporterez les états de situation des magasins, de la garnison, des bâtiments qui sont dans le port, soit gros, soit petits, et toutes les nouvelles qu'on aurait dans l'île sur Constantinople, l'Albanie, Passwan-Oglou, Naples, l'Europe, la France et les différents vaisseaux de guerre, amis et ennemis, qui auraient paru dans ces mers depuis messidor.

Vous reviendrez sur le même bâtiment, et vous opérerez votre retour sur Damiette.

Vous apporterez toutes les gazettes françaises ou italiennes que vous pourrez, depuis messidor.

BONAPARTE.

Collection Napoléon.

3778. — AU GÉNÉRAL MARMONT, A ALEXANDRIE.

Quartier général, au Caire, 28 frimaire an VII (18 décembre 1798).

J'ai reçu, Citoyen Général, votre lettre du 19 frimaire. La correspondance commence à être très-lente par le Nil. Le citoyen Beauchamp et mon aide de camp Lavallette doivent être arrivés.

Si un bâtiment, dans la principale passe, peut favoriser l'entrée des bâtiments qui nous viendraient de France, il est nécessaire, je crois, que vous vous concertiez avec le commandant des armes pour en faire mettre un.

Envoyez à Rosette toutes les djermes, chaloupes et petits bâtiments qui peuvent passer la barre, afin de charger, à Rosette pour Alexandrie, du riz, du biscuit, du blé, de l'orge et autres objets. Je vais faire filer sur Rosette jusqu'à 100,000 quintaux de blé, mais prenez toutes les mesures pour qu'il ne soit point dilapidé.

Tâchez d'envoyer des Arabes à Derne. Faites écrire par un habitant d'Alexandrie à un habitant de Derne, afin de lui faire connaître que si, toutes les fois qu'il arrive des nouvelles de France, il nous les fait passer, ses courriers seront bien payés, et lui aura une bonne récompense.

BONAPARTE.

Il part demain 100,000 rations de biscuit pour Rosette, et 2,000 quintaux de farine.

Dépôt de la guerre.

3779. — AU GÉNÉRAL BERTHIER.

Quartier général, au Caire, 28 frimaire an VII (18 décembre 1798).

Je vous prie, Citoyen Général, de donner l'ordre au général Murat de partir demain, à la pointe du jour, avec 50 hommes de cavalerie, pour se rendre au village de Sibyl [1], prendre des informations sur la tribu des Arabes qui ont assassiné, hier à cinq heures du soir, un capitaine de la 32e, près du village de Sibyl. De là, il se rendra au village d'El-Maturyeh, pour tâcher d'avoir également des renseignements, puisque ces Arabes ont été piller à ce village. Après avoir pris tous les renseignements possibles sur cet événement, il rentrera au Caire.

BONAPARTE.

Dépôt de la guerre.

3780. — AU GÉNÉRAL DOMMARTIN.

Quartier général, au Caire, 28 frimaire an VII (18 décembre 1798).

J'ai ordonné, Citoyen Général, que l'on retranchât une maison à Birket el-Hâggy; les travaux avancent; il faudra que vous y placiez trois pièces de canon; je désirerais que vous pussiez en faire partir une demain avec les 100 hommes de la 32e qui s'y rendent; ce qui me mettrait à même de faire revenir la pièce du général Rampon, qui y est. Les chameaux et les chevaux de cette pièce souffrent. L'autre pièce restera en position. Les chameaux ou chevaux qui conduiront cette pièce retourneront au Caire avec ceux de la pièce du général Rampon.

BONAPARTE.

Dépôt de la guerre.

3781. — AU GÉNÉRAL BON, A SUEZ.

Quartier général, au Caire, 28 frimaire an VII (18 décembre 1798).

J'ai reçu, Citoyen Général, votre lettre du 25. J'ai lu avec le

[1] Sibyl-Hassan.

plus vif intérêt ce que vous m'avez dit relativement à l'Indien des états de Tippoo-Saïb.

Il serait nécessaire que vous fissiez sonder la rade pour savoir si des frégates de l'île de France, que j'attends, pourraient, étant arrivées à Suez, s'approcher de la côte jusqu'à 200 toises, de manière à être protégées par des batteries de côte.

Le chef de bataillon Say est arrivé. La caravelle que je vous ai envoyée, chargée de riz et d'avoine pour les chevaux, sera sans doute arrivée également.

J'ai ordonné au kiâya des Arabes de me faire venir deux bouteilles d'eau de la source chaude qui se trouve à deux journées de Suez, sur la côte de la mer Rouge.

BONAPARTE.

Collection Napoléon.

3782. — ORDRE.

Quartier général, au Caire, 29 frimaire an VII (19 décembre 1798).

Bonaparte, général en chef, voulant favoriser le couvent du mont Sinaï :

1° Pour qu'il transmette aux races futures la tradition de notre conquête ;

2° Par respect pour Moïse et la nation juive, dont la cosmogonie nous retrace les âges les plus reculés ;

3° Parce que le couvent du mont Sinaï est habité par des hommes instruits et policés, au milieu de la barbarie des déserts où ils vivent,

Ordonne :

ARTICLE 1er. — Les Arabes bédouins se faisant la guerre entre eux ne peuvent, de quelque parti qu'ils soient, s'établir ou demander asile dans le couvent, ni aucune subsistance ou autres objets.

ART. 2. — Dans quelque lieu que résident les religieux, il leur sera permis d'officier, et le Gouvernement empêchera qu'ils ne soient troublés dans l'exercice de leur culte.

ART. 3. — Ils ne seront tenus de payer aucun droit ni tribut annuel, comme ils en ont été exemptés suivant les différents titres qu'ils en conservent.

ART. 4. — Ils sont exempts de tout droit de douane pour les marchandises et autres objets qu'ils importeront et exporteront pour l'usage du couvent, et principalement pour les soieries, les satins et les produits des fondations pieuses, des jardins, des potagers qu'ils possèdent dans les îles de Scio et de Chypre.

ART. 5. — Ils jouiront paisiblement des droits qui leur ont été assignés dans diverses parties de la Syrie et au Caire, soit sur les immeubles, soit sur leurs produits.

ART. 6. — Ils ne payeront aucune épice, rétribution ou autres droits attribués aux juges dans les procès qu'ils pourront avoir en justice.

ART. 7. — Ils ne seront jamais compris dans les prohibitions d'exportation et d'achat de grains pour la subsistance de leur couvent.

ART. 8. — Aucun patriarche, évêque ou autre ecclésiastique supérieur étranger à leur ordre, ne pourra exercer d'autorité sur eux ou dans leur couvent, cette autorité étant exclusivement remise à leur évêque et au corps des religieux du mont Sinaï.

Les autorités civiles et militaires veilleront à ce que les religieux du mont Sinaï ne soient pas troublés dans la jouissance desdits priviléges.

BONAPARTE.

Collection Napoléon.

————

3783. — AU GÉNÉRAL BON, A SUEZ.

Quartier général, au Caire, 29 frimaire an VII (19 décembre 1798).

Je reçois, Citoyen Général, votre lettre du 26; le paysan qui me l'a apportée m'a annoncé que le convoi était arrivé.

Nous désirerions bien que les Arabes de Thor nous apportassent du charbon.

Je vous recommande de nous envoyer deux bouteilles d'eau chaude : ayez soin que les bouteilles soient bien fermées dès l'instant qu'elles seront pleines.

BONAPARTE.

Collection Napoléon.

————

3784. — ORDRE.

Quartier général, au Caire, 29 frimaire an VII (19 décembre 1798).

ARTICLE 1ᵉʳ. — Mohammed-Aga Ben-Abd-el-Rahmân est nommé kiâya des Arabes.

ART. 2. — Il sera revêtu et jouira des appointements proportionnés à la place qu'il occupe.

ART. 3. — Il lui sera donné une maison nationale pour lui servir de logement.

ART. 4. — Toutes les tribus des Arabes qui seront soumises à l'armée devront envoyer des députés auprès dudit Mohammed-Aga, pour le reconnaître comme leur chef et jurer entre ses mains fidélité à la République.

Art. 5. — Ils devront s'adresser à lui pour toutes leurs affaires.

Art. 6. — Le kiâya des Arabes devra connaître toutes les tribus qui sont en guerre avec la République, avoir des espions pour les suivre dans leurs mouvements, afin de pouvoir les soumettre et les obliger à rester dans l'obéissance.

Art. 7. — Le kiâya des Arabes prendra des mesures pour que les Arabes chargés de la garde des routes y maintiennent une bonne police.

BONAPARTE.

Dépôt de la guerre.

3785. — AUX HABITANTS DU CAIRE.

Quartier général, au Caire, 1ᵉʳ nivôse au VII (21 décembre 1798).

Des hommes pervers avaient égaré une partie d'entre vous ; ils ont péri. Dieu m'a ordonné d'être clément et miséricordieux pour le peuple : j'ai été clément et miséricordieux envers vous.

J'ai été fâché contre vous de votre révolte. Je vous ai privés pendant deux mois de votre divan ; mais aujourd'hui je vous le restitue : votre bonne conduite a effacé la tache de votre révolte.

Chérifs, ulémas, orateurs des mosquées, faites bien connaître au peuple que ceux qui, de gaieté de cœur, se déclareraient mes ennemis, n'auront de refuge ni dans ce monde, ni dans l'autre. Y aurait-il un homme assez aveugle pour ne pas voir que le destin lui-même dirige toutes mes opérations ? Y aurait-il quelqu'un assez incrédule pour révoquer en doute que tout, dans ce vaste univers, est soumis à l'empire du destin ?

Faites connaître au peuple que, depuis que le monde est monde, il était écrit qu'après avoir détruit les ennemis de l'islamisme, fait abattre les croix, je viendrais du fond de l'Occident remplir la tâche qui m'a été imposée. Faites voir au peuple que, dans le saint livre du Koran, dans plus de vingt passages, ce qui arrive a été prévu, et ce qui arrivera est également expliqué.

Que ceux donc que la crainte seule de nos armes empêche de nous maudire, changent : car, en faisant au ciel des vœux contre nous, ils sollicitent leur condamnation ; que les vrais croyants fassent des vœux pour la prospérité de nos armes.

Je pourrais demander compte à chacun de vous des sentiments les plus secrets du cœur, car je sais tout, même ce que vous n'avez dit à personne ; mais un jour viendra que tout le monde verra avec évidence que je suis conduit par des ordres supérieurs et que tous les efforts humains ne peuvent rien contre moi. Heureux ceux qui, de bonne foi, sont les premiers à se mettre avec moi! ·

ARTICLE 1er. — Il y aura au Caire un grand divan, composé de soixante personnes.

ART. 2. — Il y aura auprès du divan un commissaire français, le citoyen Gloutier, et un commissaire musulman, Zoulfiqâr-Kiâya.

ART. 3. — Le général commandant la place fera réunir, le 7 nivôse, à neuf heures du matin, les membres qui doivent composer le divan général.

ART. 4. — Ils procéderont à la nomination d'un président, de deux secrétaires, au scrutin et à la majorité relative des suffrages.

ART. 5. — Après quoi ils procéderont à la nomination des quatorze personnes qui devront composer le divan permanent, au scrutin et à la pluralité relative. Les séances du divan général doivent être terminées en trois jours; il ne pourra être réuni que par une convocation extraordinaire.

ART. 6. — Lorsque le général en chef aura accepté les membres nommés par le divan général pour faire partie du divan permanent, ceux-ci se réuniront et procéderont à la nomination d'un président et d'un secrétaire pris dans les quatorze, et de deux interprètes, d'un huissier, d'un chef des bâtonniers et de dix bâtonniers, pris hors des quatorze.

ART. 7. — Les membres composant le divan permanent se réuniront tous les jours et s'occuperont sans relâche de tous les objets relatifs à la justice, au bonheur des habitants, aux intérêts de la République française, à la bonne intelligence entre tous.

ART. 8. — Le président aura 100 talari par mois; les autres treize membres, 80 talari par mois; les deux interprètes auront chacun 25 talari par mois; l'huissier, 60 paras par jour; le chef des bâtonniers, 40 paras; les autres bâtonniers, 15 paras.

BONAPARTE.

Dépôt de la guerre.

_____

3786. — AU GÉNÉRAL MENOU, a ROSETTE.

Quartier général, au Caire, 1er nivôse an VII (21 décembre 1798).

J'ai vu avec le plus grand plaisir, par votre lettre du 21 frimaire, que les djermes que vous avez envoyées de Rosette sont arrivées à Alexandrie. J'ai sur-le-champ donné l'ordre qu'on fasse passer à Rosette 2,000 quintaux de farine et 100,000 rations de biscuit.

Usez de tous les moyens pour profiter de cet instant et approvisionner Alexandrie comme elle doit l'être. Nous vous ferons passer le plus de blé qu'il nous sera possible.

BONAPARTE.

Dépôt de la guerre.

3787. — AU GÉNÉRAL BERTHIER.

Quartier général, au Caire, 1ᵉʳ nivôse an VII (21 décembre 1798).

Je vous prie, Citoyen Général, de donner l'ordre à 200 guides à pied, 100 guides à cheval et une pièce d'artillerie des guides, de se rendre après-demain, 3 nivôse, à Birkct el-Hàggy. Ils auront pour cinq jours d'eau et dix jours de vivres.

Vous donnerez l'ordre au général Dommartin, au général Caffarelli, au contre-amiral Ganteaume, de s'y rendre. Vous les préviendrez qu'ils doivent apporter de l'eau et des vivres pour cinq jours, pour les chevaux et les hommes qu'ils mèneront avec eux.

BONAPARTE.

Dépôt de la guerre.

3788. — AU CITOYEN GUIBERT, SOUS-LIEUTENANT DES GUIDES.

Quartier général, au Caire, 1ᵉʳ nivôse an VII (21 décembre 1798).

Il est ordonné au citoyen Guibert, officier des guides, de partir aujourd'hui sur la diligence de Damiette. Il se rendra à Mehallet-el-Kebyr et remettra le paquet ci-joint au général commandant la province[1].

Il prendra note de la situation des troupes, des hôpitaux et de tout ce qui peut le mettre à même de me donner des renseignements exacts sur la situation de cette province. Il observera avec soin le canal qui va du Nil à Mehallet-el-Kebyr, et me fera connaître si une djerme pourra, d'ici à quinze jours, se rendre au lac Bourlos. De là il se rendra à Damiette, y visitera avec soin tous les travaux que j'ai ordonnés à Lesbé, toutes les batteries et tous les autres établissements, et me rendra compte de tout.

BONAPARTE.

Collection Napoléon.

3789. — ORDRE DU JOUR.

Quartier général, au Caire, 1ᵉʳ nivôse an VII (21 décembre 1798).

Chaque soldat d'infanterie sera armé d'un pieu de 5 pieds de hauteur, conforme au modèle remis au général d'artillerie, qui en fera distribuer à toute l'armée.

[1] Le général Fugière.

Ce pieu sera porté derrière l'épaule gauche, le bout appuyé dans un porte-pieu fixé à la giberne.

L'état-major général fera imprimer la manœuvre du pieu pour l'école de peloton, celle de bataillon et celle de ligne.

Tous les jours, à midi, il sera joué sur les places, vis-à-vis des hôpitaux, par la musique des corps, différents airs qui inspirent de la gaieté aux malades et leur retracent les plus beaux moments des campagnes passées. Les commandants des places commanderont à cet effet la musique des différents corps, à tour de service.

Par ordre du général en chef.

Dépôt de la guerre.

_____

3790. — AU GÉNÉRAL BON, A SUEZ.

Quartier général, au Caire, 3 nivôse an VII (23 décembre 1798).

Je pars demain, Citoyen Général, et coucherai à Birket el-Hâggy avec 300 hommes à pied et à cheval. Si nous pouvions trouver de l'eau au puits d'Ageroud, au moins pour les chevaux, cela pourrait nous être d'un bon secours.

Il se murmure dans la ville que Mourad-Bey, poursuivi par notre cavalerie, a été taillé en pièces. Il n'y a encore rien d'officiel.

BONAPARTE.

Collection Napoléon.

_____

3791. — AU CHEF DE BRIGADE BESSIÈRES.

Quartier général, au Caire, 3 nivôse an VII (23 décembre 1798).

Vous voudrez bien, Citoyen, donner les ordres pour que les 100 guides à cheval et les 200 guides à pied qui partent pour Suez soient demain matin sur la place, pour se mettre en marche, à huit heures précises.

Le chef d'escadron Barthélemy commandera la colonne et réglera l'ordre de marche; il aura une avant-garde de cavalerie, ensuite un corps de cavalerie avec la pièce d'artillerie, 100 guides à pied, tous les équipages, 100 guides à pied, et enfin une arrière-garde de troupes à cheval, c'est-à-dire de guides.

L'adjoint aux adjudants Arrighi marchera avec lui et l'aidera pour mettre la colonne en marche, établir et maintenir l'ordre.

Il sera ordonné une garde d'un officier et 30 hommes, qui fournira la sentinelle à différentes distances, de manière qu'elle garde tous les chameaux chargés d'eau, et qu'une fois partis de Birket el-Hâggy, personne ne puisse prendre une goutte d'eau sans un ordre de celui qui commande la colonne.

Un caporal et six hommes sont affectés à la garde des équipages du général en chef, et en répondent.

Un caporal et quatre hommes sont affectés à la garde des équipages du chef de l'état-major général, et en répondent.

Demain, à huit heures précises du matin, les tambours des 200 guides à pied feront un roulement qui sera le signal de se mettre en marche, sans autre ordre de l'état-major.

Par ordre du général en chef.

Comm. par M. le duc d'Istrie.

3792. — AU GÉNÉRAL BERTHIER.

Quartier général, au Caire, 3 nivôse an VII (23 décembre 1798).

Vous donnerez l'ordre au général Reynier d'ordonner au général Lagrange de se rendre à Qatyeh, de reconnaître la route avec la plus grande exactitude, de pousser jusqu'à la mer, de reconnaître la position de Qatyeh par rapport à Peluse. Il sera accompagné du chef de brigade Sanson, qui aura avec lui les ouvriers et tous les moyens nécessaires pour construire à Qatyeh un fort, soit en palissades, soit en maçonnerie, s'il y a de la pierre, capable de mettre 4 à 500 hommes et une certaine quantité de magasins à l'abri de toute attaque de vive force.

Dès l'instant que les fortifications seront ébauchées, on fera construire deux fours.

Vous enverrez au général Reynier un ordre pour le commandant de Damiette afin que celui-ci fasse passer sur-le-champ à Qatyeh, par mer, pour y rester comme approvisionnement de siége, 20 quintaux de riz, 5,000 rations de biscuit, 500 boisseaux d'orge.

Le général Reynier fera filer, de Sâlheyeh sur Qatyeh, 500 boisseaux d'orge, 2,500 rations de biscuit, 500 quintaux de riz, pour y rester comme approvisionnement de siége.

Il fera également filer sur Qatyeh le tiers des pièces de canon qui sont à Sâlheyeh.

Le chef de brigade Sanson tirera de Damiette, par mer, tous les objets dont il pourrait avoir besoin pour ses fortifications.

Dès l'instant que les fortifications de Qatyeh commenceront à être dans une position respectable, mon intention est d'y faire filer une grande quantité d'approvisionnements, soit de bouche, soit de guerre.

Le général Lagrange laissera à Sâlheyeh le nombre d'hommes nécessaire pour garder ce poste important. Quand les travaux auront commencé à Qatyeh, qu'une partie des pièces de Sâlheyeh sera arrivée, il gardera dans cette position le nombre d'hommes qu'il lui sera facile de nourrir, en faisant ses demandes à Damiette et à Sâlheyeh.

De Qatyeh il poussera deux reconnaissances, chacune à douze lieues de Qatyeh : l'une, droit sur le chemin de la Syrie; l'autre, perpendiculairement à cette route.

Enfin il prendra une connaissance exacte de tous les puits et autres points notables qui pourraient se trouver dans une circonférence de douze lieues autour de Qatyeh.

Il fera aussi sonder le bord de la mer près de Qatyeh, pour reconnaître si les djermes et les avisos pourraient y aborder avec facilité.

Le général Reynier donnera au général Lagrange la moitié du 3e de dragons, indépendamment des hommes que mon aide de camp Merlin va mener avec lui.

Vous enverrez vos ordres par mon aide de camp Merlin.

BONAPARTE.

Dépôt de la guerre.

3793. — AU CITOYEN MERLIN.

Quartier général, au Caire, 3 nivôse an VII (23 décembre 1798).

Vous partirez, Citoyen, demain matin à la pointe du jour, avec 40 hommes du 3e de dragons.

Vous vous rendrez à Belbeys, où vous irez rejoindre le général Reynier, auquel vous remettrez les lettres ci-jointes. De là vous irez à Sâlheyeh, et vous accompaguerez le général Lagrange dans son expédition.

Vous reviendrez me rejoindre au Caire, en m'apportant le croquis de toutes les routes que vous aurez faites, et le plan des ouvrages que le chef de brigade Sanson aura commencés à Qatyeh.

Vous aurez soin, à votre retour, de revenir toujours avec de l'infanterie ou avec un fort détachement de cavalerie.

Vous m'écrirez de Belbeys, de Sâlheyeh, de Qatyeh, et par toutes les occasions que vous aurez, pour me rendre compte de ce que vous aurez vu ou entendu.

BONAPARTE.

Comm. par M. le vicomte d'Haubersaert.

3794. — AU GÉNÉRAL REYNIER, A BELBEYS.

Quartier général, au Caire, 3 nivôse an VII (23 décembre 1798).

L'état-major vous envoie l'ordre pour le général Lagrange, pour Qatyeh. Vous donnerez sans doute au général Lagrange une partie de l'artillerie de votre division.

Organisez votre correspondance par des Arabes, de manière à être prévenu promptement de ce qui pourrait se passer, et à pouvoir aller promptement à son secours si les circonstances l'exigeaient; dans ce cas, vous auriez aussi soin d'en avertir le général Dugua.

Je serai le 6, le 7, le 8 à Suez, peut-être le 9 à Belbeys, et, si je n'y suis pas le 10, c'est que je serai au Caire.

J'aurais désiré que vous vous rendissiez vous-même à Qatyeh; mais il est plus essentiel de faire payer le myry, de lever des chevaux et d'achever d'organiser et de soumettre la province. D'ailleurs, le principal mérite de l'opération de Qatyeh consiste dans son organisation et à faire passer les subsistances et objets d'artillerie nécessaires pour approvisionner les magasins.

Je calcule que le 15 du mois le fort de Qatyeh sera tracé, sa route avec Peluse bien reconnue.

BONAPARTE.

Envoyez-nous des chevaux, afin que nous puissions augmenter votre cavalerie; ce qui seul vous rendra maître de la province de Charqyeh.

Dépôt de la guerre.

3795. — AU GÉNÉRAL DOMMARTIN.

Quartier général, au Caire, 3 nivôse an VII (23 décembre 1798).

Je donne ordre, Citoyen Général, au général Reynier, de faire occuper Qatyeh par le général Lagrange.

Mon intention est d'y faire construire un fort capable de mettre des magasins et 4 à 500 hommes à l'abri d'une attaque de vive force.

Il est nécessaire que vous donniez des ordres pour que l'on y envoie le plus tôt possible le train de l'artillerie qui est à Sâlheyeh, et que vous y formiez un établissement pour servir de magasin d'approvisionnements de guerre et spécialement de cartouches.

Il est très-essentiel que, dans le plus court délai possible, l'artillerie soit rendue à Qatyeh, et dans le cas de protéger le corps d'infanterie qui s'y trouvera.

Envoyez, si cela est possible, des pièces d'un même calibre, et ce qu'il y a de meilleur à Sâlheyeh. Faites mettre dans l'approvisionnement des pièces des clous d'acier pour les enclouer en cas d'événement. Envoyez-y un officier supérieur et de confiance pour veiller à cette opération, qui doit être faite avec la plus grande célérité.

15.

Mon aide de camp Merlin part demain avec 40 hommes de cavalerie pour Sàlheyeh.

BONAPARTE.

Dépôt de la guerre.

_____

3796. — AU GÉNÉRAL CAFFARELLI.

Quartier général, au Caire, 3 nivôse an VII (23 décembre 1798).

Le général Reynier va faire occuper Qatyeh. Envoyez-y le chef de brigade Sanson avec tous les outils et ouvriers nécessaires pour construire un fort capable de contenir 4 à 500 hommes, deux fours, des magasins moitié de ceux de Sàlheyeh, et de résister, bloqué, à une force supérieure turque pendant douze à quinze jours.

On devra mettre la main à l'ouvrage le lendemain de notre arrivée à Qatyeh.

On se fixera spécialement, pour le point à occuper, sur celui où sont situés les meilleurs puits d'eau.

Damiette pourra fournir une partie des objets dont le génie aura besoin.

Il est nécessaire que, le 1er pluviôse, les fortifications de Qatyeh soient en état, parce que mon intention est de me servir de tous les moyens qu'on pourra ramasser, et avancer de deux jours dans le désert.

Envoyez des ingénieurs pour pouvoir bien reconnaître depuis Qatyeh jusqu'à Peluse, et dans une circonférence à douze lieues de Qatyeh.

Envoyez-y également des ingénieurs géographes, des ponts et chaussées, pour lever le plan de toute la côte et sonder.

Enfin envoyez-y des hommes qui puissent séjourner quatre à cinq jours à Qatyeh et revenir me porter leurs renseignements.

Le citoyen Merlin, mon aide de camp, part demain pour Sàlheyeh avec 40 hommes de cavalerie.

BONAPARTE.

Comm. par M. le comte Caffarelli.

_____

3797. — AU CITOYEN D'AURE.

Quartier général, au Caire, 3 nivôse an VII (23 décembre 1798).

Le général Lagrange, Citoyen Ordonnateur, va se rendre à Qatyeh, position éloignée de deux grandes journées de Sàlheyeh, dans le désert, où l'on ne trouvera que de l'eau, du bois et quelques pâturages.

Le nombre des troupes de Sàlheyeh va se trouver diminué d'autant. Ainsi l'embarras ne sera augmenté que pour le transport de Sâlbeyeh à Qatyeh.

Vous pouvez compter sur 1,200 rations de consommation journalière à Qatyeh. Comme il se trouve au bord de la mer, et seulement à une grande journée de l'extrémité du lac Menzaleh, ordonnez qu'on charge le biscuit, le riz et l'orge nécessaires pour 1,200 hommes et une centaine de chevaux pendant cinq à dix jours, et qu'on envoie les objets par mer à Qatyeh.

Il faudrait que ces expéditions se suivissent, de manière que Qatyeh se trouvât continuellement approvisionné par Damiette.

Vous ordonnerez également que l'on continue, de la province de Charqyeh, à approvisionner les troupes qui sont à Qatyeh, comme si elles étaient à Sâlbeyeh.

Lorsque la somme de ces deux convois sera supérieure à la consommation, on fera entrer le surplus dans l'approvisionnement de siége.

Il y aura à Qatyeh un approvisionnement de siége qui sera successivement augmenté. Pour le moment, ordonnez que l'on envoie pour l'approvisionnement de siége de Damiette 200 quintaux de riz, 5,000 rations de biscuit, 500 boisseaux d'orge, et, de Sâlheyeh, 5,000 boisseaux d'orge, 500 quintaux de riz, 2,500 rations de biscuit.

Il faut également construire deux fours à Qatyeh.

Faites-vous faire un rapport sur la quantité d'eau, de bois, de pâturages que l'on trouve à Qatyeh et sur le fond de la plage.

BONAPARTE.

Collection Napoléon.

3798. — AU GÉNÉRAL KLEBER.

Quartier général, au Caire, 4 nivôse an VII (24 décembre 1798).

Je donne l'ordre au commandant de la place et à l'adjudant général chef de l'état-major, qui reste au Caire, de vous faire le rapport de tout ce qui arriverait dans la ville du Caire, dans les provinces de Quelyoub, Atfyeh, Gyzeh, afin que vous puissiez donner vos ordres sur tous les événements qui pourraient survenir.

Je compte être de retour au Caire le 10 ou le 11.

BONAPARTE.

Dépôt de la guerre.

3799. — AU CHEF DE BRIGADE BESSIÈRES.

Quartier général, au Caire, 4 nivôse an VII (24 décembre 1798).

Tous les jours vous m'expédierez un Arabe pour me faire le rapport de tout ce qui se passerait dans la place et de tous les bruits qui courraient. Vous mettrez surtout beaucoup d'activité à me faire passer les mauvaises nouvelles qu'il pourrait y avoir, car ce ne sont guère que celles-là dont il est extrêmement urgent que je sois instruit.

Je serai le 6 au soir à Suez; le 8 au soir je serai sur la route de Suez à Belbeys ou de Suez à Birket el-Hâggy; il est probable que le 10 ou le 11 je serai ici.

BONAPARTE.

Comm. par M. le duc d'Istrie.

3800. — AU CITOYEN POUSSIELGUE.

Quartier général, au Caire, 4 nivôse an VII (24 décembre 1798).

Vous trouverez ci-joint, Citoyen, la note des billets [1] qui sont en circulation, telle que le payeur me la donne. Je désire que vous en fassiez faire encore pour 100,000 francs, afin de pouvoir subvenir à nos dépenses.

BONAPARTE.

Comm. par Mᵐᵉ de la Morinière.

3801. — AU GÉNÉRAL BERTHIER.

Suez, 7 nivôse an VII (27 décembre 1798).

Vous donnerez l'ordre, Citoyen Général, à Omar, capitaine de la compagnie turque, de partir avec 80 hommes de sa compagnie, sous les ordres d'un des deux adjoints que vous avez avec vous, pour se rendre en droite ligne à Sâlheyeh. Vous donnerez l'ordre également à 40 hommes de la 32ᵉ de partir avec ces 80 hommes de la compagnie d'Omar. Toute cette troupe prendra pour quatre jours de vivres et pour deux jours d'eau.

Vous donnerez pour instruction à l'adjoint de tenir note de tous les puits, de tous les arbres, de toutes les habitations ou autres objets quelconques remarquables qui pourraient se trouver sur la route, avec le nombre d'heures qu'il mettra pour aller d'un endroit à l'autre.

Arrivé à Sâlheyeh, il fera un croquis de sa route, qu'il enverra à l'état-major général, en ayant soin de distinguer quelle espèce de terrain il aura rencontré.

Vous donnerez l'ordre à tout le bataillon de la 32ᵉ, qui est en garnison à Suez, d'en partir après-demain 9, hormis un capitaine, un lieutenant, un sous-lieutenant et 80 fusiliers; il ne restera donc en garnison à Suez que 80 hommes de la 32ᵉ, 20 Moghrebins de la

[1] Pièce nº 3725.

compagnie Omar, qui seront commandés par un lieutenant, et les sapeurs, canonniers et marins qui s'y trouvent.

BONAPARTE.

Dépôt de la guerre.

3802. — AU GÉNÉRAL BERTHIER.

Suez, 7 nivôse an VII (27 décembre 1798).

Vous voudrez bien donner les ordres nécessaires pour que le contre-amiral Ganteaume, avec 60 guides à pied, parte à trois heures du matin pour se rendre aux fontaines de Moïse. Les hommes prendront pour trois jours de vivres.

Je partirai à trois heures du matin avec toute la cavalerie disponible pour m'y rendre. Les hommes porteront pour deux jours de vivres, ainsi que pour leurs chevaux.

BONAPARTE.

Dépôt de la guerre.

3803. — ORDRE.

Suez, 7 nivôse an VII (27 décembre 1798).

Ordre aux commandants du génie et de l'artillerie d'accompagner le général en chef, le 8, pour passer de l'autre côté de la mer Rouge et reconnaître les fontaines de Moïse.

Par ordre du général en chef.

Dépôt de la guerre.

3804. — AU GÉNÉRAL BERTHIER.

Suez, 9 nivôse an VII (29 décembre 1798).

Vous voudrez bien donner les ordres nécessaires pour que le citoyen Féraud, ingénieur de la marine à Boulâq, parte le 12 au matin pour se rendre à Suez, avec 60 matelots, tous les charpentiers, calfats, menuisiers, scieurs de long, enfin tous les ouvriers, soit français, qui sont à Boulâq, soit turcs, qu'il pourra amener. Il prendra avec lui tous les outils qu'il pourra.

Arrivé à Suez, il trouvera une instruction de moi[1] sur ce qu'il aura à faire. Il portera aussi avec lui deux boussoles.

Vous l'autoriserez, s'il est nécessaire pour l'exécution du présent ordre, à désarmer tous les bâtiments qui se trouvent à Boulâq.

Vous donnerez l'ordre au général Ganteaume de partir le 11 ou 12, si le temps le permet, de Suez, avec trois chaloupes canonnières approvisionnées pour deux mois de vivres, et ayant à bord 50 hom-

[1] Cette instruction n'a pas été retrouvée.

mes de la 32e, une pièce de 3 ou de 4 de campagne, avec les canonniers nécessaires, 6 sapeurs. Il recevra une instruction ¹ de ma part sur sa destination.

Vous ferez connaître au général Caffarelli que les artistes et savants qui veulent s'embarquer avec le contre-amiral Ganteaume, pour le suivre dans son voyage, en seront les maîtres. Je désirerais cependant qu'il y eût un dessinateur et un ingénieur géographe.

Vous donnerez les ordres nécessaires pour que, le 10 au matin, le puits d'Ageroud soit organisé, et qu'une des citernes soit pleine d'eau le 10 au soir;

Pour que, le 10 au soir, il y ait au fort d'Ageroud une pièce de canon en batterie, et au plus tard le 15, la seconde;

Pour qu'il y ait au fort d'Ageroud un cantinier, qui devra avoir toujours plusieurs jarres d'eau douce, qu'il sera autorisé à vendre 2 paras la bouteille; l'ordonnateur en chef lui payera l'eau qu'il fournira à la garnison sur ce pied.

Il y aura au fort d'Ageroud un approvisionnement de siége capable de nourrir 30 hommes pendant un mois. Vous nommerez un lieutenant pour commandant temporaire du fort d'Ageroud.

Ce fort doit se trouver parfaitement organisé le 11 au soir.

La garnison du fort d'Ageroud sera composée de 10 Français et de 5 Turcs; elle sera relevée tous les cinq jours par la garnison de Suez.

Les 15 Turcs qui resteront à Suez feront le service dans le corps de garde, mêlés avec les Français.

BONAPARTE.

Dépôt de la guerre.

3805. — ORDRE.

Suez, 9 nivôse an VII (29 décembre 1798).

Ordre aux équipages de se rendre le 10 à Ageroud.

Ordre aux commandants du génie et de l'artillerie d'accompagner le général en chef pour reconnaître le canal de Suez, et de coucher à Ageroud.

Par ordre du général en chef.

Dépôt de la guerre.

3806. — AU GÉNÉRAL BERTHIER.

Suez, 10 nivôse an VII (30 décembre 1798).

Vous donnerez l'ordre à un capitaine des guides à pied, avec 20 hommes, de rester à Suez, pour s'embarquer sur une chaloupe

¹ Pièce n° 3807.

canonnière, le 12 nivôse, avec ses vingt hommes, un officier du génie et 4 sapeurs.

Il tiendra un journal de toute la côte que doit parcourir la chaloupe canonnière. L'officier de la marine commandant la chaloupe a les instructions sur les endroits où il doit aller ; celui du génie a les instructions sur les observations qu'il doit faire ; toutes les fois qu'on débarquera avec la troupe, c'est lui qui aura le commandement et qui aura soin de toujours la tenir en ordre, et, s'il arrivait devant des villages peuplés, de ne jamais se compromettre légèrement.

Vous donnerez ordre au général Caffarelli d'envoyer, le 12, un officier du génie et 4 sapeurs, sur une chaloupe canonnière qui doit partir le 12, et de lui donner toutes les instructions nécessaires pour qu'il prenne une note exacte de toute la côte que doit parcourir la chaloupe, et fasse toutes les reconnaissances topographiques qui pourront nous être utiles.

BONAPARTE.

Dépôt de la guerre.

3807. — AU CONTRE-AMIRAL GANTEAUME.

Suez, 10 nivôse an VII (30 décembre 1798).

Je fais mettre 6,000 francs à la disposition de l'ordonnateur de la marine à Suez.

J'ai donné l'ordre que l'on tienne un okel à la disposition de la marine, pour y concentrer tous les établissements.

J'ai donné ordre au citoyen Féraud de se rendre, avec tous les ouvriers et outils qui sont à Boulàq et 60 matelots, à Suez.

Vous donnerez l'ordre pour que l'on arme le plus promptement possible quatre chaloupes canonnières, qui porteront les noms suivants : *la Castiglione, le Millesimo, le Tagliamento, l'Isonzo.*

Une de ces chaloupes canonnières portera une pièce de 8 ; les autres de 6 et de 4 ; chacune aura deux pierriers de 2 livres.

Vous donnerez l'ordre que l'on arme quatre chaloupes de port, portant chacune un pierrier. Ces chaloupes seront destinées au service de la rade et à empêcher la contrebande.

Vous donnerez ordre que l'on arme le gros bâtiment qui est en rade, que l'on fera entrer dans la journée de demain dans le port. On le poutera ; on rasera tout ce qui est inutile ; on le mâtera de la manière la plus convenable ; on l'armera d'autant de pièces qu'il en pourra porter ; il s'appellera *le Duguay-Trouin.* Vous donnerez ordre que l'on mette en construction une corvette aussi grosse qu'on pourra la faire avec le bois qui existe actuellement à Suèz, de manière cependant qu'elle puisse entrer dans le port.

Vous ferez placer un bâtiment pour servir de cayenne à l'embouchure du chenal. Il sera placé dessus deux pièces de canon. Son but sera de défendre le chenal et de battre toute la plage que la marée laisse à découvert.

Vous ferez partir, dans la journée du 12, une chaloupe canonnière approvisionnée pour un mois de vivres. Son instruction sera de suivre la côte jusqu'à Thor, de relever toutes les anses et toutes les pointes, de reconnaître tous les endroits où il y aurait de l'eau et de la végétation, et de sonder les endroits qui paraîtraient les plus abrités des vents.

Arrivé à Thor, il sondera la rade dans le plus grand détail, se mettra en correspondance avec les habitants de Thor, ayant soin cependant de bien se tenir sur ses gardes, et il fera toutes ses observations sur l'eau, la nature de la terre, la population de Thor. Il sera accompagné jusqu'à Thor par un bateau pêcheur, qu'il m'expédiera à son départ de Thor avec tous les renseignements qu'il aurait acquis.

De Thor il se rendra à l'île de Chedouân, qu'il reconnaîtra avec le plus grand soin.

De là il retournera à Suez, en suivant la côte opposée. Il reconnaîtra toutes les anses, toutes les ruines qui désigneront d'anciennes habitations, et spécialement les eaux chaudes qu'on dit exister à vingt lieues de Suez sur cette côte.

Il aura avec lui un ingénieur, 16 soldats, 4 sapeurs, un officier d'état-major qui commandera le tout, et un Turc qui connaît Thor et qu'il dépêchera à terre prendre langue.

Il aura soin d'engager tous les bâtiments chargés de café ou autre marchandise à se diriger sur Suez, à s'y rendre, en leur disant qu'il n'y a rien à craindre et qu'ils y seront bien reçus.

Toutes les fois qu'il mouillera, il le fera assez loin de terre pour n'avoir rien à craindre des Arabes.

Vous donnerez les ordres pour que les trois autres chaloupes canonnières soient prêtes à partir le 18.

BONAPARTE.

Comm. par Mᵐᵉ la comtesse Ganteaume.

3808. — AU DIVAN DU CAIRE.

Belbeys, 13 nivôse an VII (2 janvier 1799).

J'ai reçu la lettre que vous m'avez écrite; je l'ai lue avec le plaisir que l'on éprouve toujours lorsqu'on pense à des gens que l'on estime et sur l'attachement desquels on compte.

Dans peu de jours je serai au Caire.

Je m'occupe dans ce moment-ci à faire faire les opérations nécessaires pour désigner l'endroit par où l'on peut faire passer les eaux pour joindre le Nil et la mer Rouge. Cette communication a existé jadis, car j'en ai trouvé la trace en plusieurs endroits.

J'ai appris que plusieurs pelotons d'Arabes étaient venus commettre des vols autour de la ville. Je désirerais que vous prissiez des informations pour connaître de quelle tribu ils sont, car mon intention est de les punir sévèrement. Il est temps enfin que ces brigands cessent d'inquiéter le pauvre peuple, qu'ils rendent bien malheureux.

Croyez, je vous prie, au désir que j'ai de vous faire du bien.

BONAPARTE.

Collection Napoléon.

3809. — AU GÉNÉRAL REYNIER.

Belbeys, 16 nivôse an VII (5 janvier 1799).

Vous ferez partir le 1ᵉʳ bataillon de la 9ᵉ demi-brigade, une pièce de 8 avec un obusier, demain 17, pour Sàlheyeh.

Vous ordonnerez au restant de la 85ᵉ demi-brigade de partir de Sàlheyeh pour Qatyeh aussitôt l'arrivée du 1ᵉʳ bataillon de la 9ᵉ demi-brigade.

Vous ordonnerez à la compagnie d'Omar de partir de Sàlheyeh, avec la 85ᵉ demi-brigade, pour Qatyeh.

Recommandez cette compagnie turque à une surveillance de police sévère et immédiate du général Lagrange.

Le général en chef recommande de bien établir vos communications avec le général de brigade Lagrange, afin de pouvoir le secourir à Qatyeh, s'il y était attaqué, ce qui serait très-possible.

Recommandez au commandant de Sàlheyeh d'avoir des espions qui puissent le prévenir de ce qui pourrait se passer dans le désert et à Qatyeh.

Faites partir demain un officier d'état-major de votre division, pour reconnaître la route, qui doit être considérée comme route de l'armée, de Sàlheyeh à Qatyeh.

Par ordre du général en chef.

Dépôt de la guerre.

3810. — AU GÉNÉRAL BERTHIER.

Belbeys, 16 nivôse an VII (5 janvier 1799).

Vous ferez partir demain, à cinq heures du matin, les guides à pied, 100 hommes de la 9ᵉ et une pièce de 3 avec un double attelage, sous le commandement du citoyen Dupas. Ils se rendront au village d'El-Menàyr, où ils recevront de nouveaux ordres. Cette troupe portera du pain pour deux jours et des cartouches.

Vous ferez partir, à six heures, le chef d'escadron Barthélemy avec toute sa cavalerie, qui se trouve à Belbeys. Elle se rendra également à El-Menàyr. Il laissera 10 guides des mieux montés et les 40 hommes de cavalerie qui sont arrivés hier, qui partiront avec moi.

Le quartier général partira à sept heures.

Les bagages seront escortés jusqu'à El-Menàyr par 25 hommes de la 9ᵉ.

BONAPARTE.

Dépôt de la guerre.

3811. — AU GÉNÉRAL MARMONT, A ALEXANDRIE.

Quartier général, au Caire, 18 nivôse an VII (7 janvier 1799).

A mon retour d'une course dans le désert, je reçois vos lettres des 21, 25 et 28 frimaire, et 4 et 6 nivôse.

J'approuve les mesures que vous avez prises dans les circonstances essentielles où vous vous êtes trouvé.

Vous sentez bien que le moment d'augmenter la garnison d'Alexandrie n'est pas celui dans lequel vous êtes, d'autant plus que, la saison vous débarrassant des Anglais, vous êtes tranquille de ce côté-là.

Que la caravelle parte le plus tôt possible, que *le Lodi* parte lorsque le citoyen Arnaud sera guéri.

Multipliez vos relations avec Damanhour, où se trouve le quartier général de la province. Vous recevrez l'ordre de l'état-major pour que l'adjudant général Leturcq vous rende compte exactement.

Le citoyen Boldoni part.

J'attends les 4 à 500 matelots que vous m'avez annoncés, et surtout les Napolitains.

Je donne ordre pour que le village du chérif d'Alexandrie lui soit donné.

Je vous autorise à envoyer un parlementaire aux Anglais : vous leur direz que vous avez appris qu'ils avaient la peste à bord, et que, dans ce cas, vous leur offrez tous les secours que l'humanité pourrait exiger. Envoyez un homme extrêmement honnête, qui soit peu parleur et qui ait de bonnes oreilles. Si Lavallette était à Alexandrie et que vous eussiez l'idée de l'y envoyer, ce n'est point mon intention ; il faut y envoyer un homme qui ait le grade tout au plus de capitaine, qui leur pourra porter les gazettes d'Égypte, et qui tâchera de tirer des gazettes d'Europe, s'ils en ont et s'ils veulent en donner. Recommandez que l'officier seul monte à bord, de manière qu'à son retour dans la ville il n'y soit pas fait de caquets, et qu'il vous confie seul tout ce qui se sera passé.

Tous les engagements que vous avez pris avec le divan seront ponctuellement exécutés.

BONAPARTE.

Collection Napoléon.

3812. — AU GÉNÉRAL DUGUA, A DAMIETTE.

Quartier général, au Caire, 18 nivôse an VII (7 janvier 1799).

J'ai reçu, Citoyen Général, à mon retour d'une course dans le désert, vos différentes lettres.

Je vous prie d'activer, par tous les moyens possibles, la rentrée des chevaux, et de les envoyer à Boulàq.

Les explications que vous a données le citoyen Poussielgue me paraissent extrêmement claires.

Par le terme générique du myry, l'on comprend le revenu qui était payé au Grand Seigneur par toutes les terres de l'Égypte, quels que soient les propriétaires ;

Les droits extraordinaires, qui se distinguent par différents noms et qui sont payés par toutes les terres, quels que soient les propriétaires, et qui doivent former le revenu des beys, kàchefs et Mameluks ;

Et enfin le droit sur les feddàns, que les villages ne payent qu'à leurs propriétaires.

Or, la République n'est propriétaire que des deux tiers à peu près des villages de l'Égypte. L'autre tiers appartient à des hommes dont on exige, pour constater la propriété, le droit d'enregistrement. Ainsi donc l'état, que vous a envoyé le citoyen Poussielgue, des portions de biens fonds qui sont exemptés des droits de myry, n'est autre chose que l'état des villages ou parties de villages qui ne sont point propriétés nationales ; et, dès lors, le droit de feddân appartient aux propriétaires.

Veuillez bien vous faire rendre un compte exact de ce qui existe dans votre province, et me faire connaître si cela est conforme à l'exposé que je viens de vous faire.

BONAPARTE.

Dépôt de la guerre.

3813. — AU GÉNÉRAL LECLERC, A QELYOUB.

Quartier général, au Caire, 18 nivôse an VII (7 janvier 1799).

J'ai reçu, Citoyen Général, votre lettre datée de Myt-Ghamar, du 9 nivôse.

J'imagine qu'à mon retour vous serez en marche pour débarrasser le général Verdier et la province de Qelyoub des Arabes qui la désolent.

A mon retour de Suez, j'ai poursuivi les Arabes de la tribu d'Abou-Syr; ils ont été dispersés et on leur a pris des chevaux et leurs chameaux.

BONAPARTE.

Collection Napoléon.

3814. — A L'ADJUDANT GÉNÉRAL VALENTIN[1], A SUEZ.

Quartier général, au Caire, 18 nivôse an VII (7 janvier 1799).

Je reçois, Citoyen, votre lettre du 14.

Je vois avec le plus grand plaisir que la caravane de Thor va arriver au Caire et nous apporter du charbon, dont nous avons grand besoin.

Ayez soin qu'elle soit munie d'un passe-port, afin qu'elle ne soit pas arrêtée par les patrouilles que nous avons dans le désert.

BONAPARTE.

Collection Napoléon.

3815. — AU GÉNÉRAL ANDRÉOSSY, A GYZEH.

Quartier général, au Caire, 19 nivôse an VII (8 janvier 1799).

Je ne vois pas d'inconvénient à ce que vous accordiez aux villages dont vous êtes sûr, et qui ont à craindre l'invasion des Arabes, la permission d'être armés. Vous y mettrez seulement la clause qu'ils se joindront à vous dans le cas où vous auriez à repousser ces Arabes.

BONAPARTE.

Dépôt de la guerre.

3816. — AU CITOYEN POUSSIELGUE.

Quartier général, au Caire, 19 nivôse an VII (8 janvier 1799).

Je vous préviens, Citoyen, que le général en chef a ordonné au commandant de la place de faire couper la tête à Abou-Cha'yr, membre du divan de Qelyoub, convaincu de trahison envers l'armée française; il a ordonné également que ses biens seraient confisqués

[1] Remplaçant le général Bon, malade.

au profit de la République. Vous voudrez bien ordonner les mesures nécessaires à l'exécution de cet ordre.

Par ordre du général en chef.

Dépôt de la guerre.

3817. — AU CITOYEN POUSSIELGUE.

Quartier général, au Caire, 19 nivôse an VII (8 janvier 1799).

. Vous donnerez l'ordre pour que tout ce que les femmes des Mameluks, les négociants de Damas et le sàghà doivent, soit payé sur-le-champ, afin de pouvoir payer le prêt de l'armée.

BONAPARTE.

Comm. par Mᵐᵉ de la Morinière.

3818. — ORDRE DU JOUR.

Quartier général, au Caire, 19 nivôse an VII (8 janvier 1799).

Tout officier de santé qui quitterait le lieu désigné pour l'ambulance, devant l'ennemi, sans ordre, ou qui, dans une maladie contagieuse, se refuserait à porter aux malades ses secours, sera arrêté, traduit devant le conseil militaire et traité selon l'article de la loi relative aux soldats et militaires qui ont fui devant l'ennemi. Aucun Français ne doit craindre la mort, quel que soit l'état qu'il ait embrassé.

Le citoyen Boyer, chirurgien des blessés à Alexandrie, qui a été assez lâche pour refuser de donner des secours à des blessés qui avaient eu contact avec des malades supposés atteints de maladies contagieuses, est indigne de la qualité de citoyen français. Il sera habillé en femme, promené sur un âne dans les rues d'Alexandrie, avec un écriteau sur le dos, portant : *Indigne d'être citoyen français, il craint de mourir.* Après quoi, il sera mis en prison et renvoyé en France sur le premier bâtiment.

Le commandant d'Alexandrie enverra un exemplaire dudit ordre du jour au président de son département, avec invitation de le rayer de la liste des citoyens français.

Par ordre du général en chef.

Dépôt de la guerre.

3819. — AU GÉNÉRAL BERTHIER.

Quartier général, au Caire, 20 nivôse an VII (9 janvier 1799).

Le citoyen Louis, guide à cheval, est nommé brigadier.

Il lui sera fait présent d'un sabre sur lequel sera écrit, sur un côté,

Le général Bonaparte au guide à cheval Louis[1] ; sur l'autre côté,
Passage de la mer Rouge.

BONAPARTE.

Dépôt de la guerre.

3820. — ORDRE.

Quartier général, au Caire, 20 nivôse an VII (9 janvier 1799).

ARTICLE 1er. — Il sera créé un régiment de dromadaires, qui sera composé de deux escadrons ; chaque escadron, de quatre compagnies ; chaque compagnie, d'un capitaine, d'un lieutenant, d'un maréchal des logis chef, de deux maréchaux des logis, d'un brigadier-fourrier, de quatre brigadiers, d'un trompette et de cinquante dromadaires.

ART. 2. — Chaque escadron sera commandé par un chef d'escadron ; le régiment, par un chef de brigade, avec un adjudant-major, un quartier-maître et les chefs d'ouvriers nécessaires.

ART. 3. — Les hommes seront montés sur un dromadaire, armés de fusil, baïonnette, giberne, comme l'infanterie, et d'une très-longue lance. Ils seront habillés de gris, avec un turban et un manteau arabes, conformément au modèle qui sera fait.

ART. 4. — L'ordonnateur en chef, les chefs de brigade Bessières, Détrès, Duvivier, se concerteront pour faire confectionner un modèle de harnachement et d'habillement complet, qui sera remis à l'état-major général le 25 nivôse au plus tard.

BONAPARTE.

Le général en chef ordonne que les 13e, 18e, 25e, 32e, 69e, 75e demi-brigades de ligne, la 21e légère, les guides à pied, fourniront chacun 15 hommes.

Les 9e, 19e, 61e, 85e, 88e demi-brigades de ligne, les 4e et 22e légères, fourniront chacune 10 hommes pour le fond de la formation du régiment de dromadaires.

Ces hommes devront avoir moins de vingt-quatre ans, plus de quatre ans de service, au moins cinq pieds quatre pouces, et être d'une bravoure reconnue. Ils seront envoyés sur-le-champ au Caire. Le commandant de la place établira leur caserne sur la place Ezbekyeh.

Par ordre du général en chef.

Dépôt de la guerre.

---

[1] Ce guide avait sauvé le général Caffarelli, dont le cheval s'était abattu au passage de la mer Rouge.

3821. — ORDRE DU JOUR.

(EXTRAIT.)

Quartier général, au Caire, 21 nivôse an VII (10 janvier 1799).

La légion maltaise et la légion nautique fourniront chacune 10 hommes pour le régiment des dromadaires.

Les officiers seront pris parmi les officiers à la suite de l'armée : moitié parmi les officiers à la suite de l'infanterie, moitié parmi ceux à la suite de la cavalerie. Le chef de l'état-major général en présentera le travail au plus tard le 30 nivôse au général en chef.

Les sous-officiers seront pris parmi les sous-officiers existant actuellement dans les corps qui en ont plus qu'il ne leur est nécessaire.

Les commandants des provinces feront fournir par leurs provinces un nombre de dromadaires conforme à l'état ci-joint ; ils les enverront dans le plus court délai au Caire.

Bahyreh.	15	Gyzeh.	10
Rosette.	10	Atfyeh	10
Gharbyeh.	20	Fayoum.	15
Menouf.	20	Beny-Soueyf	20
Mansourah	20	Minych.	20
Damiette	15	Abou-Girgeh	20
Qelyoub	20	Syout.	10
Charqyeh.	20		

Par ordre du général en chef.

Dépôt de la guerre.

3822. — AU GÉNÉRAL BERTHIER.

Quartier général, au Caire, 21 nivôse an VII (10 janvier 1799).

Je suis extrêmement mécontent de ce que le général Menou a retenu *la Revanche*, qui avait reçu l'ordre de se rendre à Damiette. Je vous prie de lui écrire une fois pour toutes qu'il se conforme aux ordres qu'il reçoit. En retenant *la Revanche*, le général Menou a dérangé des mesures importantes.

BONAPARTE.

Dépôt de la guerre.

3823. — AU GÉNÉRAL BERTHIER.

Quartier général, au Caire, 21 nivôse an VII (10 janvier 1799).

Vous donnerez l'ordre que la canonnière *la Bourlos* fasse pour deux mois de vivres, et parte le 23 pour se rendre, par le Nil et par le canal, à Mehallet-el-Kebyr, et de là dans le lac de Bourlos, pour y croiser à l'embouchure, empêcher aucune communication avec les

Anglais, et prévenir les généraux commandant à Rosette et à Damiette de tous les mouvements de la côte qui pourraient survenir. Le commandant recevra des ordres directement du commandant des armes à Rosette et correspondra plus particulièrement avec le général commandant à Rosette, d'où il tirera ses vivres et tout ce dont il pourrait avoir besoin.

Vous ferez embarquer dessus 20 hommes de la 4ᵉ d'infanterie légère ou d'un des trois bataillons qui sont à Alexandrie, ou de la 19ᵉ, et, s'il n'en existe pas au Caire, vous prendrez ces 20 hommes d'une des demi-brigades qui sont à Damiette.

BONAPARTE.

Dépôt de la guerre.

3824. — AU GÉNÉRAL BERTHIER.

Quartier général, au Caire, 21 nivôse an VII (10 janvier 1799).

Vous voudrez bien donner l'ordre au général de brigade Junot de partir le 26, pour se rendre à Suez et y prendre le commandement de cette ville.

Vous donnerez ordre à la moitié de la légion maltaise de partir pour Suez le 26.

Vous donnerez l'ordre au contre-amiral Ganteaume d'envoyer par ce convoi tous les objets dont la marine de Suez a encore besoin.

Vous préviendrez pour le même objet les généraux d'artillerie et du génie et l'ordonnateur en chef.

Vous donnerez l'ordre au détachement de la 32ᵉ, qui est à Suez et à Ageroud, de se rendre au Caire.

BONAPARTE.

Dépôt de la guerre.

3825. — AU GÉNÉRAL MURAT.

Quartier général, au Caire, 22 nivôse an VII (11 janvier 1799).

Vous partirez demain, Citoyen Général, à huit heures du matin. Vous sortirez comme pour aller à Belbeys; dehors de la ville, vous gagnerez le Moqattam; vous vous enfoncerez à deux lieues dans le désert, et vous vous dirigerez, en suivant toujours le désert, sur le village de Gemmâzeh ¹, province d'Atfyeh, où se trouvent les tribus des A'ydy et des Masé, qui ont 100 hommes montés sur des chameaux et qui sont des tribus ennemies.

Le citoyen Venture vous donnera un conducteur qui est un des grands ennemis de ces tribus.

¹ Gemmâzet el-Kebyr.

Vous combinerez votre marche de manière à vous reposer pendant la nuit à deux ou trois lieues de ces Arabes, et pouvoir, à la pointe du jour, tomber sur leur camp, prendre tous leurs chameaux, bestiaux, femmes, enfants, vieillards et la partie de ces Arabes qui sont à pied.

Vous tuerez tous les hommes que vous ne pourrez pas prendre.

Comme le village où ils sont n'est pas éloigné du Nil, vous ferez embarquer sur des djermes, pour nous les envoyer, les femmes, bestiaux et tous les prisonniers. Vous vous mettrez à la poursuite des fuyards, qui nécessairement se porteront du côté de Gandely et de Taouâheh; vous irez dans l'un et l'autre de ces endroits; de là vous irez jusqu'à la mer Rouge, et vous vous trouverez pour lors à peu près à trois lieues de Suez, au commandant duquel vous écrirez un mot.

Vous mènerez avec vous le chef de brigade Ledée, avec 80 hommes du 18ᵉ et du 3ᵉ. Vous le chargerez, avec ce détachement, de la garde des prisonniers et du détail de l'embarquement, de la conduite des prisonniers et de tout ce que vous aurez pris.

Indépendamment de quatre jours de vivres que vous avez eu l'ordre d'emporter sur des chameaux, faites-en prendre pour deux jours à la troupe; ce qui vous fera pour six jours.

Dans toute votre marche dans le désert, vous pousserez toujours sur votre droite et sur votre gauche, à une lieue, un officier et 15 hommes de cavalerie, et vous marcherez sur tous les convois de chameaux que vous rencontrerez dans votre route. Je compte que votre course en produira plusieurs centaines.

BONAPARTE.

Collection Napoléon.

3826. — AU GÉNÉRAL CAFFARELLI.

Quartier général, au Caire, 22 nivôse an VII (11 janvier 1799).

Je vous prie, Citoyen Général, de nommer un officier du génie pour accompagner le général Murat dans la course qu'il va faire dans le désert. Il part demain à six heures du matin. Cet officier prendra note de la route, des puits et autres objets remarquables.

BONAPARTE.

Comm. par M. le comte Caffarelli.

3827. — AU GÉNÉRAL REYNIER, A BELBEYS.

Quartier général, au Caire, 22 nivôse an VII (11 janvier 1799).

Le chef des Arabes de la tribu d'El-Ayd, qui s'était réfugié chez

les Bily, vient de se présenter ici. Je lui ai ordonné, à lui et à son
oncle, de se présenter à vous. Il dit que, si son oncle s'est éloigné,
c'est parce que votre interprète lui a demandé 5,000 talari, qu'il est
hors d'état de payer et qu'il ne doit pas payer. Effectivement, dans
l'état des impositions, il n'est porté que comme devant donner quelques chevaux et des moutons. Faites-vous rendre compte de cette
affaire, et instruisez-m'en.

BONAPARTE.

Dépôt de la guerre.

3828. — AU CONTRE-AMIRAL GANTEAUME.

Quartier général, au Caire, 22 nivôse an VII (11 janvier 1799).

Je vous prie de donner les ordres, Citoyen Général, pour que les
bâtiments le Cerf, le Sans-Quartier, l'Éclair et la Revanche soient
approvisionnés pour deux mois de vivres, leur équipage mis au grand
complet, et se tiennent prêts, au 1er pluviôse, à partir pour une
mission de mer; le citoyen Stendelet aura le commandement de toute
la division.

Vous donnerez l'ordre à l'aviso la Torride et à un autre aviso qui,
comme lui, peut entrer dans le lac Bourlos, de partir le plus tôt
possible, pour se rendre dans le lac Bourlos. L'artillerie de terre
fera mettre à leur bord deux mortiers à la Gomer de 12 pouces,
quatre mortiers à la Gomer de 8 pouces, approvisionnés chacun à
150 coups, quatre pièces de 24, approvisionnées à 200 coups par
pièce, deux grils à boulets rouges, et tout ce qui est nécessaire pour
construire trois batteries.

Si ces deux avisos ne suffisaient pas, vous feriez choisir un ou au
plus deux bâtiments qui pourraient entrer dans le lac Bourlos. Vous
aurez soin que ces deux bâtiments soient armés en guerre; les équipages seront au grand complet, les bâtiments dans le meilleur état
possible. Vous donnerez l'ordre pour qu'un capitaine de frégate distingué prenne le commandement de cette flottille.

Vous donnerez tous les ordres nécessaires pour faire cet armement,
en ayant soin que l'on tienne extrêmement secret le lieu où il doit se
rendre. L'officier que vous désignerez pour commander cette flottille
aura un pli à ouvrir en mer, dans lequel vous lui direz d'aller mouiller au lac Bourlos.

BONAPARTE.

Comm. par Mme la comtesse Ganteaume.

3829. — AU GÉNÉRAL CAFFARELLI.

Quartier général, au Caire, 22 nivôse an VII (11 janvier 1799).

Je désire, Citoyen Général, qu'au 1er pluviôse il y ait en marche, pour Qatyeh, 600 sapeurs avec les outils nécessaires, afin que, le 5 pluviôse, une partie puisse se mettre en marche sur El-A'rych.

BONAPARTE.

Comm. par M. le comte Caffarelli.

3830. — A L'ADJUDANT GÉNÉRAL VALENŢIN, a suez.

Quartier général, au Caire, 22 nivôse an VII (11 janvier 1799).

Je reçois à l'instant, Citoyen Général, votre lettre du 19.

Un général de brigade ¹ va se rendre à Suez pour prendre le commandement de cette place, ce qui vous mettra à même de retourner à votre division.

Faites préparer, je vous prie, une grande maison où l'on puisse loger 200 galériens.

Le 26, il part d'ici une caravane de 5 ou 600 hommes, avec de l'artillerie et d'autres effets, pour se rendre à Suez ; il y a des ouvriers, des forçats, des troupes, de l'artillerie et des vivres.

Il sera utile de donner des ordres pour que, le 29, il y ait à Ageroud de l'eau. J'imagine qu'à l'heure qu'il est le puits est organisé de manière à pouvoir fournir de l'eau pour les animaux. Organisez ce service de manière qu'il y ait toujours une des citernes extérieures pleine.

BONAPARTE.

Collection Napoléon.

3831. — ORDRE.

Quartier général, au Caire, 22 nivôse an VII (11 janvier 1799).

Tout cavalier devra avoir deux petites outres portant chacune 10 livres d'eau, avec les courroies nécessaires pour les attacher sous le porte-manteau.

Les commandants de dépôts commenceront par fournir lesdites outres aux escadrons qui sont actuellement à Boulâq ; après quoi, ils en enverront aux escadrons qui sont dans la haute Égypte.

Il y aura par peloton une poche de cuir capable de contenir 30 livres d'eau.

Le commissaire ordonnateur en chef fera un abonnement avec les

¹ Junot.

commandants des dépôts, pour les mettre à même de subvenir à cette nouvelle dépense.

On fera boire de l'eau saumâtre à tous les chevaux qui sont à Boulàq; les chevaux qui ne voudraient pas en boire y seront accoutumés en ne leur donnant pas d'autre eau pendant plusieurs jours.

BONAPARTE.

Dépôt de la guerre.

3832. — AU GÉNÉRAL ANDRÉOSSY, A GYZEH.

Quartier général, au Caire, 23 nivôse an VII (12 janvier 1799).

Je désirerais, Citoyen Général, que vous partissiez le 26, avec 80 hommes d'infanterie, pour faire une tournée dans la partie nord de votre province et achever la rentrée du myry, des chevaux et des dromadaires.

Vous partirez de Terràneh pour vous rendre aux lacs Natroun, visiter tous les monastères, reconnaître le fleuve sans eau marqué sur les cartes, et le lieu d'où les Arabes tirent la paille pour faire les paillassons.

Vous emmènerez avec vous le citoyen Marco Calavagi, agent de la République à Terràneh.

BONAPARTE.

Collection Napoléon.

3833. — AU GÉNÉRAL REYNIER, A BELBEYS.

Quartier général, au Caire, 23 nivôse an VII (12 janvier 1799).

On me rend compte, Citoyen Général, que les denrées qui étaient à Sàn y sont toujours et s'y gâtent. Veuillez, je vous prie, prendre les mesures pour mettre en réquisition, dans la province de Charqyeh, un nombre assez grand de chameaux pour pouvoir transporter rapidement ces objets à Sàlheyeh et à Qatyeh.

L'intendant copte, l'agent français et le payeur doivent vous accompagner dans les tournées que vous faites pour faire rentrer les impositions.

Si vous ne pouvez pas vous rendre vous-même à Sàn, envoyez-y l'adjudant général Cambis, pour y rassembler promptement, de cinq à six lieues à la ronde, les moyens de transport.

BONAPARTE.

Collection Napoléon.

3834. — AU CITOYEN POUSSIELGUE.

Quartier général, au Caire, 23 nivôse an VII (12 janvier 1799).

Vous ferez prévenir les marchands du Caire que, le 26, il part une caravane pour Suez, escortée par un gros corps de troupes. Ceux qui auraient à y envoyer des marchandises n'auront qu'à se trouver, le 26, à neuf heures du matin, au fort Sulkowski.

BONAPARTE.

Comm. par Mᵐᵉ de la Morinière.

3835. — AU GÉNÉRAL DE BRIGADE JUNOT.

Quartier général, au Caire, 23 nivôse an VII (12 janvier 1799).

Vous partirez, Citoyen Général, le 26, du Caire pour aller coucher à Birket el-Hàggy. Vous aurez avec vous 150 hommes de la légion maltaise, les galériens dont vous trouverez ci-joint l'état nominatif, deux pièces de 12, deux pièces de 8 que le général Dommartin vous remettra ; 2,500 rations de biscuit, le contre-amiral Ganteaume, le citoyen Lepère, ingénieur des ponts et chaussées ; et plusieurs autres membres de la commission des arts.

Vous irez coucher, le 26, à Birket el-Hàggy, d'où vous partirez à deux heures du matin pour aller coucher, le 27, le plus loin qu'il vous sera possible.

Vous irez coucher, le 28, à Ageroud, où vous trouverez de l'eau, et vous arriverez, le 29, avant midi, à Suez.

Les Européens qui sont à Suez exigent une grande surveillance et une discipline extrêmement sévère. La police de la terre et de la mer est également sous vos ordres. Vous assignerez un poste fixe à tous les Européens, en cas de générale.

Vous favoriserez le nivellement, que j'ordonne, du canal de Suez.

Le général du génie a donné à l'officier qui commande cette arme à Suez différents ordres qu'il vous communiquera, et qui vous feront connaître les travaux que j'ai ordonnés ; le premier et le plus essentiel est une tour contenant deux pièces de canon à établir sur un des mamelons de la fontaine Moïse, afin d'être maître de cette eau.

Vous donnerez des ordres pour qu'une des citernes du fort d'Ageroud soit toujours pleine d'eau et que le puits soit toujours en état, de manière que, tous les huit jours, vous y puissiez envoyer des chameaux pour tourner au puits et remplir la citerne.

Vous vous procurerez du Caire deux filets pour pêcher, et vous organiserez deux bonnes barques de pêche, ce qui doit vous être d'une bonne ressource.

Laissèz la plus grande liberté au commerce ; prenez dès votre arrivée les renseignements nécessaires, afin de pouvoir vous opposer à la contrebande au moment où la flotte de Djeddah arrivera.

Je donne l'ordre à la marine de convertir l'un des plus grands bateaux en citerne, afin de pouvoir servir à approvisionner Suez d'eau, soit en la prenant à la fontaine de Moïse, soit même, si l'on pouvait avoir un bâtiment qui contînt beaucoup d'eau, en la faisant venir de Thor.

Maintenez une bonne intelligence avec les Arabes de Thor. J'ai envoyé la chaloupe canonnière *la Cisalpine,* qui ne tardera pas à être de retour. L'officier que j'y ai fait embarquer vous donnera tous les renseignements nécessaires. Nommez un Grec pour faire à Thor les fonctions de commandant et vous rendre compte de ce qui se passe.

Faites connaître aux habitants du mont Sinaï qu'ils sont sous votre commandement, et prenez toutes les mesures pour tirer du mont Sinaï et de Thor des fruits, du charbon et même de l'eau, qui y sont en abondance.

Ayez soin que les bâtiments marchands de la flotte de Djeddah soient traités avec les plus grands égards, et que personne ne commette aucune avanie. Comme je désire que vous représentiez, vous jouirez du traitement de table accordé aux généraux de division.

Emportez du Caire les meubles qui vous sont nécessaires pour meubler décemment votre maison ; s'il vous en manquait quelques-uns, je vous les ferais fournir du magasin.

Cinquante hommes de la légion maltaise partiront le 27 et arriveront à Suez, par un autre chemin, avec un officier du génie, qui doit le mesurer.

BONAPARTE.

Collection Napoléon.

3836. — AU GÉNÉRAL DOMMARTIN.

Quartier général, au Caire, 23 nivôse an VII (12 janvier 1799).

Il y a, Citoyen Général, entre Sàlheyeh et Qatyeh, un pont sur un canal qui a besoin d'être raccommodé ; dans ce moment-ci, l'artillerie ni les chameaux chargés ne peuvent y passer, ce qui oblige, pour se rendre de Sàlheyeh à Qatyeh, de faire un détour de plus de huit lieues.

Il y a aussi plusieurs lacs où il n'y a que deux pieds d'eau, qu'il sera nécessaire de rendre plus praticables en en faisant jalonner les gués.

Faites partir, je vous prie, dans la journée de demain, un officier intelligent, avec deux escouades de pontonniers et tout ce qui peut être nécessaire pour cet objet.

BONAPARTE.

Collection Napoléon.

3837. — AU GÉNÉRAL BERTHIER.

Quartier général, au Caire, 23 nivôse an VII (12 janvier 1799).

Vous voudrez bien donner l'ordre au chef de brigade Duvivier de partir demain avec 60 hommes de cavalerie. Il prendra le Moqattam au-dessus de la citadelle et fera cinq bonnes lieues. Il se fera éclairer, à trois quarts de lieue de sa droite et de sa gauche, par un maréchal des logis et 6 hommes, afin de découvrir un grand espace de terrain. Il arrêtera toutes les caravanes de chameaux et les Arabes qu'il rencontrera.

Il sera accompagné d'un officier du génie, qui lèvera un croquis de la route par où il passera.

Vous ferez connaître au chef de brigade Duvivier que j'espère qu'il nous amènera, demain au soir, une soixantaine de chameaux.

S'il rencontrait la caravane des Arabes de Thor, il la laisserait passer tranquillement.

BONAPARTE.

Dépôt de la guerre.

3838. — AU GÉNÉRAL BERTHIER.

Quartier général, au Caire, 23 nivôse an VII (12 janvier 1799).

Vous donnerez l'ordre au citoyen Croizier, mon aide de camp, chef d'escadron, et à 60 hommes de cavalerie, de partir demain pour se rendre à Birket el-Hâggy, en s'enfonçant dans le désert jusqu'à perte de vue des arbres.

Il tiendra, à une lieue sur sa droite, un maréchal des logis avec 5 ou 6 hommes, afin d'embrasser un grand espace de terrain.

Il courra sur toutes les caravanes de chameaux et les Arabes, et s'en emparera, hormis celles qui viendraient de Suez avec des marchandises pour le Caire ou celles des Arabes de Thor.

Si, dans la journée, il parvient à s'emparer de 50 chameaux, il retournera au quartier général ; sans quoi, il ira coucher à Birket el-Hâggy, d'où il repartira après-demain, à la pointe du jour, et s'enfoncera dans le désert, entre Birket et le désert. Il parcourra toute cette partie du désert comprise entre Belbeys, Suez et le Caire, jusqu'à ce qu'il se soit procuré 50 chameaux. Sa troupe prendra des vivres pour quatre jours ; ses chevaux prendront de l'orge à Birket el-Hàggy.

BONAPARTE.

Dépôt de la guerre.

3839. — AU GÉNÉRAL BERTHIER.

Quartier général, au Caire, 23 nivôse an VII (12 janvier 1799).

Mon aide de camp Merlin a ramené de Belbeys, avec lui, un piquet de 25 hommes du 3° régiment de dragons ; il y avait déjà un piquet de 25 hommes venus avec moi. Vous donnerez l'ordre au citoyen Lambert de partir avec ces 50 hommes après-demain ; il ira jusqu'à Belbeys avec les pontonniers ; à Belbeys, il prendra 25 hommes du 3° et huit jours de vivres pour les 75 hommes et chevaux.

Il entrera dans le désert, ira coucher au premier puits de l'Ouàdy, près d'Abou-Nechabé ; de là il ira coucher au puits de Saba' Byàr ; de Saba' Byàr il ira à Qantarah[1].

Dans toutes ses marches, il se fera éclairer sur la droite et sur la gauche à deux lieues de distance, afin de pouvoir découvrir les convois de chameaux, qui sont très-fréquents sur cette route. Il enlèvera tous les chameaux ou les Arabes qu'il rencontrera à trois lieues dans le désert ou dans l'Ouàdy.

Il y a à Qantarah une petite partie de la tribu des Haouytàt avec leur chef ; il combinera ses mouvements de manière à pouvoir les surprendre, afin de les prendre avec leurs bagages et leurs troupeaux.

Si, dans ces différentes courses, il a pris 100 chameaux aux Arabes, il les ramènera au Caire ; sans quoi, il se reploiera sur Koràym, y restera quelques jours pour rafraîchir ses chevaux, y prendra des vivres pour ses chevaux pour huit jours, passera à Sàlheyeh, où il prendra les vivres pour huit jours pour les hommes, et parcourra toute la route de la montagne, de Saba' Byàr à Qatyeh, en reconnaissant tous les puits et pâturages et repoussant les Arabes jusqu'à El-A'ràs, où se retirent souvent les tribus en révolte contre le gouvernement. Il sera accompagné d'un officier du génie, qui tirera des croquis de toute la route.

BONAPARTE.

Dépôt de la guerre.

3840. — AU GÉNÉRAL CAFFARELLI.

Quartier général, au Caire, 23 nivôse an VII (12 janvier 1799).

Je désirerais, Citoyen Général, qu'on lançât le ballon le 25, jour

[1] Qantarat el-Kasneh.

de l'anniversaire de la bataille de Rivoli. Vous feriez écrire dessus *Bataille de Rivoli*, et les noms des braves morts dans cette bataille. Je vous prie de le faire annoncer demain dans la ville.

BONAPARTE.

Comm. par M. le comte Caffarelli.

3841. — ORDRE.

Quartier général, au Caire, 23 nivôse an VII (12 janvier 1799).

ARTICLE 1er. — Il sera suspendu, à dater du 1er pluviôse, au milieu des rues du Caire, à la distance de 10 à 20 toises l'un de l'autre, suivant les localités, un luminaire composé de quatre lampes.

ART. 2. — La dépense de ces luminaires sera supportée par les gens aisés, possesseurs de boutiques, maisons et okels.

ART. 3. — Les cheiks des rues et des quartiers sont chargés de prendre toutes les mesures et de faire toutes les dispositions pour ledit éclairage, en désignant chaque particulier qui doit contribuer aux frais des luminaires.

ART. 4. — Toutes les fois que ces luminaires ne seront pas bien entretenus, on s'adressera aux cheiks des rues ; toutes les plaintes seront portées au divan, qui est chargé de faire toutes les dispositions pour que l'éclairage ne soit pas à la charge du pauvre et ne devienne pas un objet de vexation.

ART. 5. — Le commandant de la place veillera à l'exécution du présent ordre.

BONAPARTE.

Dépôt de la guerre.

3842. — AU GÉNÉRAL CAFFARELLI.

Quartier général, au Caire, 24 nivôse an VII (13 janvier 1799).

Vous verrez, Citoyen Général, par l'ordre du jour de demain, qu'une commission se rend avec une forte escorte dans la haute Égypte.

Il part le 26 une caravane pour Suez.

Il partira le 1er pluviôse quatre bâtiments armés pour aller à Qoseyr et dans d'autres ports de la mer Rouge.

Le général Andréossy part le 26 pour se rendre aux lacs Natroun et visiter les monastères et la rivière sans eau.

Ceux de la commission des arts qui désirent se rendre dans ces divers endroits en sont les maîtres.

BONAPARTE.

Comm. par M. le comte Caffarelli.

3843. — AU GÉNÉRAL CAFFARELLI.

Quartier général, au Caire, 24 nivôse an VII (13 janvier 1799).

J'ordonne au payeur, Citoyen Général, de vous solder, avant demain à midi, l'ordonnance de 23,000 francs que je vous ai donnée. Mon intention est que les travaux reprennent toute l'activité possible. Je désire qu'avant le 10 pluviôse l'hôpital d'Ibrahim-Bey puisse contenir 1,200 malades ;

Que le fort Camin soit en état ;

Que l'orillon du fort de l'Institut soit en état de défense ;

Que la communication du fort Sulkowski au quartier général soit achevée et intérieure au canal ;

Que la communication de la place Ezbekyeh à Boulâq, en passant par le petit pont, soit, ce qui est commencé, achevée, et le reste tellement tracé, qu'elle devienne la route de tout le monde, et qu'on puisse, au 10 pluviôse, prohiber l'autre aux Français ;

Que la communication du quartier général à la maison d'Ibrahim-Bey soit absolument achevée ; nous avons manqué aujourd'hui de nous casser le cou ;

Enfin que la place Ezbekyeh soit fermée conformément au plan que nous avons arrêté l'autre jour.

Mettez la plus grande activité dans les travaux sans regarder à l'argent ; je vous en fournirai autant qu'il vous en faudra.

Faites-moi connaître la personne que vous aurez chargée des communications en place du citoyen Lepère [1].

BONAPARTE.

Comm. par M. le comte Caffarelli.

3844. — ORDRE DU JOUR.

Quartier général, au Caire, 24 nivôse an VII (13 janvier 1799).

ARTICLE 1er. — Le caporal Girardeau et le grenadier Antoine, de la 32e demi-brigade, seront fusillés aujourd'hui, à midi, comme ayant assassiné trois femmes [2].

ART. 2. — Les officiers, sous-officiers et grenadiers de la 3e compagnie, qui étaient de service au quartier général dans la nuit du 14 au 15, sont cassés.

---

[1] Ingénieur en chef des ponts et chaussées, alors en mission à Suez.

[2] On lit dans le journal d'Abd-ul-Rhaman Geberti : « Dans la nuit du 27 redjeb, des Français cassèrent une fenêtre de la maison de Mohammed Ibn-Gerheri à Ezbekyeh, près la porte El-A'oua. Ils s'y introduisirent, y trouvèrent trois femmes ; ils les battirent et en tuèrent une. »

ART. 3. — Le général de division me présentera des officiers et sous-officiers pour commander cette compagnie ; il choisira de bons sujets et des hommes capables de maintenir la discipline.

ART. 4. — Les nommés Dupont, François Campredon, Dorat, Delhomme, Lamontagne, Aureille, Giraud, Lacombe, Geneste, Bousquet, Prudhomme, Janille, Laurent, Lachique, Croisette, ainsi que tous les sous-officiers destitués par l'article précédent, seront incorporés comme simples fusiliers dans les autres demi-brigades de l'armée.

L'état-major recommandera au chef de la brigade où il les enverra d'avoir sur eux une surveillance particulière, afin de punir sévèrement le premier acte d'indiscipline qu'ils commettraient.

BONAPARTE.

Dépôt de la guerre.

3845. — ORDRE DU JOUR.
(EXTRAIT.)
Quartier général, au Caire, 24 nivôse an VII (13 janvier 1799).

Le général en chef destitue de leurs fonctions les citoyens Guilhaudin et Santon, capitaines au 3ᵉ bataillon de la 25ᵉ demi-brigade, pour avoir joué avec des soldats à des jeux de hasard ; ils seront remplacés à leur corps.

BONAPARTE.

Dépôt de la guerre.

3846. — ORDRE.
Quartier général, au Caire, 24 nivôse an VII (13 janvier 1799).

ARTICLE 1ᵉʳ. — Tous les délits commis par les habitants du pays, et qui ne sont pas du ressort du conseil militaire, seront jugés par le cadi.

ART. 2. — Lorsque ces délits compromettront la sûreté publique, ou que les circonstances seront telles que le général commandant la province croira devoir les faire juger par un tribunal français, il formera une commission composée des trois premiers officiers en grade qui sont dans la province, du commissaire des guerres, du président du divan ; l'agent français fera les fonctions de rapporteur. Lorsque cette commission prononcera la peine de mort, elle ne pourra être exécutée qu'après l'approbation du général en chef.

BONAPARTE.

Dépôt de la guerre.

3847. — AU GÉNÉRAL MARMONT, a ALEXANDRIE.

Quartier général, au Caire, 25 nivôse an VII (14 janvier 1799).

Je ne conçois pas, Citoyen Général, comment les consuls étrangers ont pu recevoir une lettre [1] de l'amiral anglais sans que vous en soyez instruit, et je conçois encore moins comment, l'ayant reçue, ils l'ont publiée sans votre permission.

Faites-vous rendre compte par les consuls, demandez-leur qui leur a remis cette lettre, et faites-leur connaître que si, à l'avenir, ils ne vous remettaient pas, toutes cachetées, les lettres qu'ils recevraient, vous les feriez fusiller. Si ce cas se représentait, vous m'enverriez la lettre toute cachetée.

Vous ferez mettre le scellé sur tous les effets du nommé Jenovich, capitaine impérial, qui s'est rendu à Alexandrie, et vous me l'enverrez lui-même, sous bonne escorte, au Caire; vous aurez soin de le faire mettre nu et de prendre tous ses habillements, que vous ferez découdre pour vous assurer qu'il n'y a rien dedans. Vous lui ferez donner d'autres habits. L'envoi de cet homme à Alexandrie me paraît suspect : du reste, je suis fort aise qu'il y soit, puisqu'il vous donnera des nouvelles du continent; mais qu'il ne parle à personne.

BONAPARTE.

Dépôt de la guerre.

3848. — AU GÉNÉRAL LAGRANGE, a QATYEH.

Quartier général, au Caire, 25 nivôse an VII (14 janvier 1799).

J'ai reçu, Citoyen Général, votre lettre qui m'annonça votre arrivée à Qatyeh; j'ai été fâché de vous voir avec si peu de monde; la 75ᵉ demi-brigade a ordre de s'y rendre.

J'ai donné ordre à un détachement de pontonniers de se rendre sur le chemin de Sâlheyeh à Qatyeh pour rétablir le pont. Le général du génie a donné les ordres pour rétablir la route.

Je désire que vous me fassiez connaître la distance de Qatyeh à El-A'rych, et le nombre de puits qui s'y trouvent.

J'ai donné ordre que l'on vous envoyât un millier de pieux.

Activez les ouvrages des fortifications; faites venir des pièces de Sâlheyeh, trois ne suffisent pas. Prenez toutes les mesures pour être, sous peu de jours, à l'abri de toute attaque de la part des Turcs.

---

[1] Cette lettre prévenait les consuls que les navires des neutres pourraient désormais sortir librement du port d'Alexandrie, en justifiant toutefois de la régularité de leurs papiers de bord.

Mettez-moi au courant de toutes les nouvelles que vous pourriez avoir de Syrie.

J'ai donné mille et un ordres pour votre approvisionnement.

BONAPARTE.

Collection Napoléon.

3849. — AU GÉNÉRAL CAFFARELLI.

Quartier général, au Caire, 25 nivôse an VII (14 janvier 1799).

Demain, Citoyen Général, le général Junot part pour Suez.

Je désire que la position du puits qui se trouve vers la moitié du chemin soit déterminée; que les ingénieurs se munissent de tout ce qui sera nécessaire pour descendre dans ce puits; qu'ils reconnaissent si l'on a creusé jusqu'au roc et s'il serait possible de creuser davantage; enfin qu'ils mesurent la distance du Caire à Suez.

Après-demain d'autres ingénieurs partiront, escortés par un détachement de 50 hommes que le général Junot laisse à cet effet; ils mesureront aussi la distance du Caire à Suez par le chemin de la vallée de l'Égarement.

BONAPARTE.

Comm. par M. le comte Caffarelli.

3850. — ORDRE.

Quartier général, au Caire, 25 nivôse an VII (14 janvier 1799).

ARTICLE 1er. — Le citoyen Conté fera faire, dans le plus court délai possible, cinq caisses pour les caractères de l'imprimerie arabe.

ART. 2. — Le général Caffarelli remettra à la disposition du directeur de l'imprimerie nationale cinq enfants sachant lire, pour apprendre le métier de compositeur.

ART. 3. — Le citoyen Venture fournira à l'imprimerie arabe cinq ouvriers turcs; il fixera leur traitement.

ART. 4. — L'ordonnateur en chef fera rembourser toutes les dépenses qu'a faites le directeur de l'imprimerie nationale.

ART. 5. — L'imprimerie arabe sera directement sous l'inspection du citoyen Venture; on ne pourra rien imprimer que par son ordre. Tous les jours, le directeur lui rendra compte de ce qu'il aura imprimé et des plaintes qu'il aurait à former contre les ouvriers.

ART. 6. — L'imprimerie française sera sous l'inspection immédiate du citoyen Fauvelet-Bourrienne; elle n'imprimera rien que par son ordre. Le directeur lui rendra compte, tous les jours, de ce qu'il aura imprimé et des plaintes qu'il aura à faire contre les ouvriers.

Dépôt de la guerre.

BONAPARTE.

3851. — ORDRE DU JOUR.

(EXTRAIT.)

Quartier général, au Caire, 25 nivôse an VII (14 janvier 1799).

Le général en chef ordonne que chaque attelage d'artillerie, composé de quatre chevaux ou mulets, devra porter avec lui quatre-vingts à cent livres d'eau.

Chaque brigade devra avoir une poche capable de contenir trente livres d'eau.

Le général d'artillerie présentera le plus tôt possible au général en chef le modèle d'outre qui remplisse le but ci-dessus.

Chaque pièce d'artillerie devra avoir deux pelles et une pioche. Le directeur du parc de l'armée et les commandants de l'artillerie des divisions sont responsables de l'exécution du présent ordre.

Les généraux de division passeront une revue extraordinaire de leur artillerie et enverront à l'état-major général l'état de l'approvisionnement, de l'attelage et des harnais.

Chaque pièce doit avoir cent cinquante coups à tirer et deux harnais de rechange.

BONAPARTE.

Dépôt de la guerre.

3852. — AU GÉNÉRAL MARMONT, A ALEXANDRIE.

Quartier général, au Caire, 26 nivôse an VII (15 janvier 1799).

Six officiers de santé partent pour Alexandrie, Citoyen Général ; le citoyen Blanc [1] m'assure avoir envoyé tous les conservateurs [2] qu'il avait à sa disposition. Vous vous trouvez dans des circonstances difficiles où, par des soins et de l'activité, vous pouvez acquérir une nouvelle gloire.

BONAPARTE.

Dépôt de la guerre.

3853. — AU GÉNÉRAL MENOU, A ROSETTE.

Quartier général, au Caire, 26 nivôse an VII (15 janvier 1799).

Je suis instruit, Citoyen Général, qu'un nommé Abd-Allah-Bacha doit se rendre à Edkou pour aller à bord des Anglais. Le signal dont ils se servent ordinairement pour faire venir les chaloupes est de battre un briquet ou de brûler des amorces.

BONAPARTE.

Dépôt de la guerre.

[1] Ordonnateur des lazarets. — [2] De la santé.

3854. — AU GÉNÉRAL REYNIER, a BELBEYS.

Quartier général, au Caire, 26 nivôse an VII (15 janvier 1799).

La province de Charqyeh, Citoyen Général, doit fournir assez de moyens de transport pour suffire à l'approvisionnement des troupes qui sont à Qatyeh et former les approvisionnements de réserve que je désire avoir dans cette place. Comme cet objet est très-important, je vous prie de ne pas le perdre de vue.

BONAPARTE.

Dépôt de la guerre.

_____

3855. — AU CONTRE-AMIRAL GANTEAUME.

Quartier général, au Caire, 26 nivôse an VII (15 janvier 1799).

Vous vous rendrez à Suez, Citoyen Général; vous y passerez une inspection rigoureuse de tous les établissements de la marine de Suez. Vous donnerez les ordres pour que tous les magasins et établissements soient conformes au projet que j'ai d'organiser et de maintenir à Suez un petit arsenal de construction.

La chaloupe canonnière *la Castiglione* sera sans doute de retour ; si les trois autres chaloupes canonnières sont prêtes, bien armées et dans le cas de remplir une mission dans la mer Rouge, vous partirez avec.

Vous vous rendrez à Qoseyr; vous vous emparerez de tous les bâtiments appartenant aux Mameluks qui sortiraient de ce port.

Vous vous emparerez du fort, et vous le ferez mettre sur-le-champ dans le meilleur état de défense.

Vous tâcherez sur-le-champ de correspondre avec le général Desaix. Vous laisserez en croisière, devant le port de Qoseyr, une partie de vos chaloupes canonnières.

Vous mènerez avec vous un commissaire de la marine et un officier intelligents, que vous établirez à Qoseyr commissaire et commandant des armes.

Vous ferez tous les règlements que vous jugerez nécessaires pour l'établissement de la douane, pour la formation des magasins nationaux, la recherche de tout ce qui appartenait aux Mameluks, et pour le commerce.

Vous écrirez à Yanbo, Djeddah et Moka, pour faire connaître que l'on peut venir en toute sûreté commercer dans le port de Suez; que toutes les mesures ont été prises pour l'organisation du port et pour pouvoir fournir aux bâtiments tous les secours dont ils auront besoin.

Vous embarquerez sur chacune de vos chaloupes canonnières 80 hommes, dont 40 de la légion maltaise, 10 canonniers, que vous laisserez en garnison à Qoseyr, et 30 hommes de la 32e demi-brigade.

Je ferai partir dans deux jours un officier du génie et un officier de terre que je destine à commander à Qoseyr.

Vous ferez embarquer deux pièces de 4 de campagne, que vous laisserez pour armer le fort de Qoseyr, si on n'y en trouve pas.

Du reste, vous combinerez votre marche de manière que, autant que les vents pourront le permettre, vous soyez, de votre personne, de retour au Caire du 15 au 20 pluviôse.

Je vous enverrai, par l'officier qui part dans deux jours, des plis pour Mascate et Djeddah, que vous ferez passer.

Si les quatre armements n'étaient pas achevés, vous enverriez alors les trois qui seraient prêts, avec les mêmes instructions que je vous donne; mais vous resteriez à Suez et donneriez le commandement à un capitaine de frégate.

BONAPARTE.

Comm. par Mme la comtesse Ganteaume.

3856. — AU COMMANDANT DES ARMES A BOULAQ.

Quartier général, au Caire, 26 nivôse an VII (15 janvier 1799).

Vous voudrez bien, Citoyen, faire embosser une des demi-galères le plus près possible de Gyzeh, et vous concerter à cet effet avec le commandant du génie. Elle sera placée de manière à flanquer le pont du Nil, le Meqyâs et l'entrée du petit canal.

Vous ferez embosser *le Tonnant* près de Gyzeh, de manière qu'il flanque le front de la maison de Mourad-Bey.

Enfin vous ferez placer *le Pluvier* à l'endroit qui sera désigné par le commandant du génie, mais de manière qu'il défende la sortie du canal qui sépare l'île de Roudah de la maison d'Ibrahim-Bey, de manière que ce bâtiment protége et soit protégé par la batterie nord de cette île.

BONAPARTE.

Collection Napoléon.

3857. — ARRÊTÉ.

Quartier général, au Caire, 26 nivôse an VII (15 janvier 1799).

ARTICLE 1er. — Il sera formé, chez l'administrateur des finances, un conseil des finances qui se réunira demain, à deux heures après midi. Il sera composé des citoyens Monge, Caffarelli, Blanc, James, et de l'ordonnateur en chef.

Art. 2. — Ce conseil s'occupera, 1° du système et du tarif des monnaies et des changements possibles à y faire les plus avantageux à nos finances; 2° des opérations que, dans la position actuelle de l'Égypte, on pourrait faire pour procurer de l'argent à l'armée et accroître ses ressources; 3° du plan raisonnable que l'on pourrait adopter pour, sans diminuer sensiblement les revenus de la République, donner aux soldats de l'armée une récompense qu'ils ont méritée à tant de titres.

Art. 3. — Ce conseil fera un règlement pour l'heure, la tenue de ses séances, et son travail.

BONAPARTE.

Comm. par Mme de la Morinière.

3858. — AU CITOYEN POUSSIELGUE.

Quartier général, au Caire, 26 nivôse an VII (15 janvier 1799).

Nous avons le plus grand besoin d'argent. Les femmes [1] doivent 6,000 talari, le sàghà 1,000, les négociants de Damas 700; voyez à les faire payer dans les vingt-quatre heures.

Vous me ferez demain un rapport sur nos ressources et nos moyens d'avoir de l'argent; tâchez de nous avoir 2 à 300,000 livres.

Les deux bâtiments de cafés qui sont arrivés à Suez doivent avoir payé quelques droits; faites-vous-en remettre le montant.

Vous trouverez ci-joint un ordre pour que les Coptes versent demain 10,000 talari; après-demain, 10,000 autres; le 1er pluviôse, 10,000 autres; le 3 pluviôse, 10,000 autres; le 5 pluviôse, 10,000 autres : en tout 50,000 talari. Vous hypothéquerez, pour le payement dudit argent, les blés qui sont dans la haute Égypte, et vous leur ferez connaître qu'il est indispensable que cela soit soldé, parce que j'en ai le plus pressant besoin.

Vous me ferez demain un rapport sur la quantité d'obligations qu'a en ce moment l'enregistrement, en comptant depuis aujourd'hui, décade par décade.

Enfin vous me ferez un rapport sur la quantité de villages et de terres qui ont été affermés, et sur les conditions desdits affermages.

Vous demanderez deux mois d'avance à tous les adjudicataires des différentes fermes.

BONAPARTE.

Comm. par Mme de la Morinière.

[1] Des Mameluks.

3859. — AU GÉNÉRAL BON.

Quartier général, au Caire, 26 nivôse an VII (15 janvier 1799).

La 32ᵉ demi-brigade, Citoyen Général, a dû être affectée du soupçon qui a un instant plané sur tous les individus de la demi-brigade [1] ; mais aujourd'hui tous les coupables ont été reconnus et punis.

Faites connaître aux officiers supérieurs qui commandent ce corps, et surtout au chef du 3ᵉ bataillon, combien il est nécessaire de ne pas se relâcher de la discipline ; car, si un événement pareil se renouvelait, cela pourrait jeter une tache sur un corps aussi distingué et qui a rendu d'aussi grands services.

BONAPARTE.

Collection Napoléon.

3860. — AU GÉNÉRAL MARMONT, A ALEXANDRIE.

Quartier général, au Caire, 27 nivôse an VII (16 janvier 1799).

Vous devez, Citoyen Général, vous concerter avec le divan pour prendre toutes les mosquées isolées et propres à recevoir des convalescents ou à faire des magasins, et qui ne seraient pas indispensables aux musulmans pour leur service. Ici, j'en ai converti en forts, en magasins, etc., personne ne l'a trouvé mauvais.

BONAPARTE.

Dépôt de la guerre.

3861. — AU GÉNÉRAL MARMONT, A ALEXANDRIE.

Quartier général, au Caire, 27 nivôse an VII (16 janvier 1799).

Je reçois, Citoyen Général, votre lettre du 17.

Envoyez-moi tous les jours l'état nominatif des hommes qui meurent. Faites-vous fournir des bestiaux par l'adjudant général Leturcq, qui se trouve sous vos ordres à Damanhour. L'ordonnateur prend de nouvelles mesures pour que vous ayez de la viande.

Je donne ordre à l'ordonnateur Le Roy de vous remettre 3,000 livres, que vous enverrez au commodore Hood, pour faire passer aux prisonniers qui sont à Rhodes.

Ayez bien soin que le fils du capitaine de la caravelle ne vous échappe pas.

L'adjudant général Leturcq vous envoie des blés par terre ; ne pourriez-vous pas, en retour, envoyer des vins, que l'on vendrait à Damanhour? Au reste, je vous autorise à envoyer à Rosette, par mer, comme vous le proposez.

[1] Pièce n° 3844.

Faites faire, tous les cinq jours, une visite des hôpitaux par un officier supérieur de ronde, qui prendra toutes les précautions nécessaires à cet effet, qui visitera tous les malades, et fera fusiller sur-le-champ, dans la cour de l'hôpital, les infirmiers ou employés qui auraient refusé de fournir aux malades tous les secours et vivres dont ils ont besoin. Cet officier, en sortant de l'hôpital, sera mis pour quelques jours en réserve dans un endroit particulier.

Vous avez bien fait de faire donner du vinaigre et de l'eau-de-vie à la troupe ; épargnez l'un et l'autre ; il y a loin d'ici au mois de juin.

BONAPARTE.

Dépôt de la guerre.

3862. — AU CITOYEN LE ROY.

Quartier général, au Caire, 27 nivôse an VII (16 janvier 1799).

Puisque tout le monde pense devoir armer *la Carrère* avec du 12, je ne m'y oppose pas ; mais je crains qu'elle n'en marche pas mieux et qu'elle ne perde un grand avantage. Faites donc là-dessus ce que vous croirez le plus utile.

BONAPARTE.

Collection Napoléon.

3863. — AU GÉNÉRAL MENOU, A ROSETTE.

Quartier général, au Caire, 27 nivôse an VII (16 janvier 1799).

Vous ne me faites pas connaître, Citoyen Général, le nom de la tribu d'Arabes qui vous inquiète à Rosette. Nous sommes parvenus, dans le reste de l'Égypte, à nous en débarrasser en faisant des marches de trois jours dans le désert, sur leurs camps, avec 200 hommes : ce qui les effraye au point de donner des otages, faire la paix et vivre en honnêtes gens, ou de fuir à cinq ou six journées dans le désert, et alors ils ne sont plus dangereux. Des gens du pays vous indiqueront leur camp. Envoyez-y de nuit 250 hommes, et alors vous n'en entendrez plus parler.

BONAPARTE.

Dépôt de la guerre.

3864. — A L'ADJUDANT GÉNÉRAL LETURCQ, A DAMANHOUR.

Quartier général, au Caire, 27 nivôse an VII (16 janvier 1799).

Le myry ni les chevaux de votre province ne sont pas encore levés ; vous avez cependant plus de 300 hommes à vos ordres.

Les Arabes inquiètent les environs de Rosette ; prenez des mesures,

1° pour tomber sur le camp des Arabes ; 2° pour faire lever le myry et les chevaux ; vous nous en avez envoyé fort peu.

Alexandrie a besoin de bestiaux ; venez au secours de cette place.

BONAPARTE.

Collection Napoléon.

3865. — ORDRE.

Quartier général, au Caire, 27 nivôse an VII (16 janvier 1799).

ARTICLE 1er. — L'administration de l'enregistrement, sous sa responsabilité, fera rentrer, d'ici au 30 nivôse, les 205,500 livres dues pour l'enregistrement, et les 19,982 dues pour les rachats des femmes.

ART. 2. — L'état-major mettra, à dater de demain, un chef de bataillon et 100 hommes à la disposition de l'administration de l'enregistrement, pour les contraintes nécessaires.

BONAPARTE.

Comm. par Mme de la Morinière.

3866. — ORDRE DU JOUR.

Quartier général, au Caire, 27 nivôse an VII (16 janvier 1799).

Le général en chef est satisfait du zèle des conservateurs et employés de l'administration sanitaire à Alexandrie. Le citoyen Blanc leur répartira 1,500 livres de gratification.

Il y aura à l'ambulance de chaque division cinq chameaux portant des paniers, comme les gens du pays s'en servent pour porter les femmes ; ils serviront à transporter les blessés ; l'ordonnateur en chef en fera faire sur-le-champ un modèle. Il y en aura dix à l'ambulance centrale.

Par ordre du général en chef.

Dépôt de la guerre.

3867. — ORDRE DU JOUR.

Quartier général, au Caire, 28 nivôse an VII (17 janvier 1799).

Le général en chef ordonne au général de division Kleber de se rendre à Damiette, pour prendre le commandement de son ancienne division et celui de la province.

Il verra le général en chef, qui lui remettra une instruction particulière de lui sur ce qu'il aura à faire.

Par ordre du général en chef.

Dépôt de la guerre.

3868. — AU GÉNÉRAL BERTHIER.

Quartier général, au Caire, 29 nivôse an VII (18 janvier 1799).

Vous voudrez bien donner l'ordre au général Menou de laisser le commandement de la province de Rosette à l'adjudant général Jullien, et de se rendre au Caire. Vous lui enverrez cet ordre par un adjoint. Vous lui ferez pressentir que mon intention est qu'il me remplace au Caire, si des circonstances militaires m'obligeaient à me rendre dans la haute Égypte, dans le désert ou en Syrie.

Comme il serait possible que les mauvais temps empêchassent le général Menou de remonter le Nil, il pourrait venir par terre avec la légion nautique, le détachement de la 25ᵉ ou tout autre en nombre suffisant pour que cela lui formât une escorte sûre. Il en profiterait pour traverser tout le Delta et recueillir tous les renseignements qu'il pourrait sur cette province.

BONAPARTE.

Dépôt de la guerre.

3869. — AU GÉNÉRAL BERTHIER.

Quartier général, au Caire, 29 nivôse an VII (18 janvier 1799).

Vous voudrez bien faire donner un sauf-conduit à la tribu des Saouâlhât. Ils pourront habiter, comme par le passé, les environs d'Abou-Za'bel, à condition qu'ils vivront tranquillement, n'inquièteront point les fellahs et ne commettront aucun pillage. Quant aux prisonniers, soit hommes, soit femmes, qui leur ont été faits, ils ne leur seront rendus que lorsqu'ils amèneront autant de chameaux qu'il y a de prisonniers. Les deux cheiks donnent, l'un, son neveu, l'autre, son fils en otage. Vous prendrez leur signalement, et vous les confierez à la garde de Zoulfiqâr, qui en devra répondre sur sa tête.

BONAPARTE.

Dépôt de la guerre.

3870. — AU GÉNÉRAL CAFFARELLI.

Quartier général, au Caire, 29 nivôse an VII (18 janvier 1799).

Si, le 15 pluviôse, la ville du Caire s'insurgeait, la citadelle, les forts Dupuy, Sulkowski, la Prise d'eau, Ibrahim-Bey, les forts de l'Institut, Camin, Gyzeh, seraient en mesure et n'auraient besoin que de lever leurs ponts-levis.

Les hôpitaux sont ou à Gyzeh, ou à Ibrahim-Bey, ou à la citadelle.

Les magasins sont ceux de l'artillerie à Gyzeh, ceux du génie à la maison d'Ibrahim-Bey.

La manutention, au Meqyâs, à la citadelle et à Gyzeh.

Les magasins d'habillement et les logements de l'état-major et des différents employés de l'armée soit dans le quartier de l'Institut ou à la place Ezbekyeh.

Les dépôts et magasins des corps sont placés à la citadelle, à Gyzeh ou au Meqyâs.

Dans l'un et l'autre de ces endroits, ils s'y trouvent protégés par la redoute de l'Institut ou par le fort Camin, par leur nombre et les maisons qu'ils occupent.

1° Par quels débouchés la populace pourrait-elle se porter sur eux ?

2° Quels sont les coupures, retranchements ou batteries que l'on pourrait faire, pour assurer que l'un et l'autre de ces quartiers soient à l'abri de toute insulte ?

3° Quels moyens pourrait-on prendre pour que les commandants des différents forts connussent les limites des quartiers français, afin que, s'ils étaient obligés de tirer, ils ne tirassent pas indistinctement sur tous les quartiers ?

4° Par quels débouchés les Arabes du dehors pourraient-ils se porter sur ces quartiers ?

5° Dans quelle situation seront les forts de l'Institut et Camin ?

Je vous prie, Citoyen Général, de me remettre, le 3 pluviôse, un mémoire sur ces questions.

BONAPARTE.

Comm. par M. le comte Caffarelli.

3871. — AU GÉNÉRAL BERTHIER.

Quartier général, au Caire, 29 nivôse an VII (18 janvier 1799).

Vous voudrez bien, Citoyen Général, donner l'ordre pour que l'on organise promptement deux compagnies de vétérans, qui feront le service à la citadelle. Je désire que ces deux compagnies soient organisées pour le 4 pluviôse an VII.

Le 6 pluviôse, le bataillon de la 69°, qui est à la citadelle, descendra en ville. Il sera placé dans une caserne sur la place Ezbekyek.

BONAPARTE.

Dépôt de la guerre.

3872. — AU GÉNÉRAL CAFFARELLI.

Quartier général, au Caire, 29 nivôse an VII (18 janvier 1799).

Toutes les portes de la citadelle du Caire, Citoyen Général, seront bouchées, hormis celle qui est désignée pour l'entrée, et la porte de secours qui sera jugée être la meilleure pour communiquer avec le fort Dupuy. La porte de la tour des Janissaires sera condamnée ; derrière la porte, on fera une légère muraille de 18 pouces, de manière qu'en défaisant cette muraille la porte puisse servir.

BONAPARTE.

Comm. par M. le comte Caffarelli.

3873. — AU GÉNÉRAL VERDIER, a MANSOURAH.

Quartier général, au Caire, 29 nivôse an VII (18 janvier 1799).

Je reçois, Citoyen Général, vos lettres des 24 et 25. J'ai appris avec intérêt l'expédition que vous avez faite contre les Arabes de Derne.

Le cheik du village de Myt-Ma'sarah est extrêmement coupable ; vous le menacerez de lui faire donner des coups de bâton, s'il ne vous désigne pas l'endroit où il y aurait d'autres Mameluks et d'autres pièces qu'il aurait cachés ; vous vous ferez donner tous les renseignements que vous pourrez sur les bestiaux appartenant aux Arabes de Derne qui pourraient être dans son village ; après quoi, vous lui ferez couper la tête, et la ferez exposer avec une inscription qui désignera que c'est pour avoir caché des canons.

Vous ferez également couper la tête au Mameluk [1], et vous enverrez à Gyzeh les trois pièces de canon que vous avez trouvées dans ce village. Faites une proclamation dans la province pour que tous les villages qui auraient des canons aient à les envoyer dans le plus court délai.

BONAPARTE.

Collection Napoléon.

3874. — AU GÉNÉRAL LECLERC.

Quartier général, au Caire, 29 nivôse an VII (18 janvier 1799).

Vous devez avoir reçu, Citoyen Général, les souliers et capotes que vous demandez pour la troupe sous vos ordres.

Le général Verdier me marque qu'il a donné de nouveau la chasse aux Arabes de Derne. Ils n'ont donc pas passé dans le Delta ? Voyez à savoir où ils sont, et à leur faire beaucoup de mal, si vous le pouvez.

Des chevaux et de l'argent.

BONAPARTE.

Collection Napoléon.

[1] Mameluk qui, prisonnier, avait tué son gardien, un moment après avoir obtenu l'aman.

3875. — AU CITOYEN GUIBERT,

AIDE DE CAMP DU GÉNÉRAL EN CHEF.

Quartier général, au Caire, 29 nivôse an VII (18 janvier 1799).

Vous partirez demain, Citoyen, avec un convoi de 140 chameaux. Vous aurez avec vous, indépendamment d'un corps d'infanterie, 50 hommes du 3ᵉ; vous vous rendrez avec ledit convoi à Qatyeh.

Arrivé à Sâlheyeh, vous vous assurerez qu'il n'y a plus à Sàn aucune farine et que tout y a été transporté; vous verrez si l'on travaille à raccommoder le pont qui est entre Sâlheyeh et Qatyeh.

Arrivé à Qatyeh, vous vous rendrez au bord de la mer; vous visiterez dans le plus grand détail les magasins, les fortifications, les différents points.

Si le général Lagrange désire garder les 50 hommes de cavalerie que vous avez avec vous, vous les lui laisserez, et vous reviendrez avec une bonne escorte d'infanterie.

Vous m'écrirez de Belbeys, de Sâlheyeh et de Qatyeh, pour me faire connaître ce qu'il y aurait de nouveau dans ces différentes places, et vous me communiquerez les observations que vous auriez faites.

Vous resterez à Qatyeh tout au plus trois ou quatre jours. Mon intention est que vous soyez ici du 10 au 12 pluviôse.

Vous aurez bien soin de vous informer, dans votre route de Sâlheyeh à Qatyeh et de Qatyeh à la mer, de tous les puits et s'il n'y en a point à droite ou à gauche. Vous apporterez ici, si cela est possible, des échantillons d'eau des différents puits et surtout des lacs.

Si, en route, vous appreniez quelque chose d'intéressant, soit du général Lagrange, soit du citoyen Lambert, qui a été dans le désert avec 60 hommes, vous m'en feriez part en m'expédiant un Arabe.

BONAPARTE.

Collection Napoléon.

3876. — AU GÉNÉRAL LAGRANGE, A QATYEH.

Quartier général, au Caire, 29 nivôse an VII (18 janvier 1799)

J'espère qu'à l'heure qu'il est, Citoyen Général, vous vous trouvez à couvert de toute entreprise des Mameluks.

Aujourd'hui part, avec mon aide de camp Guibert, un convoi de 150 chameaux chargés de biscuit, qui se rend directement à Qatyeh.

La 75ᵉ a reçu l'ordre de se rendre à Qatyeh : j'imagine qu'elle sera prête à y être rendue lorsque vous recevrez cette lettre.

Par la lettre du chef de brigade Sanson, du 25, que me communique le général Caffarelli, je vois que le convoi de Damiette est déjà arrivé à Tyneh ; ainsi, je puis espérer qu'il y est rendu à l'heure qu'il est.

Le général Dugua à ordre de vous envoyer beaucoup de choses de Damiette. J'espère que tout cela pourra débarquer directement au bord de la mer.

Le général Kleber part ce soir pour Damiette, afin d'activer le départ de tous les convois nécessaires à l'approvisionnement de Qatyeh.

Faites parcourir la côte, afin de parvenir à découvrir une anse où les djermes se trouvent à l'abri des mauvais temps.

Employez tous les chameaux que le pays peut vous procurer, à transporter vos denrées de Sàlheyeh et de Tyneh.

Faites-moi connaître les nouvelles de Syrie.

Je donne ordre au payeur de la division de vous faire passer 3,000 livres pour subvenir aux dépenses extraordinaires que vous serez dans le cas de faire.

Envoyez-moi tous les renseignements que vous pourrez sur la route de Qatyeh à El-A'rych, et surtout sur l'eau qui s'y trouve.

Vous recevrez, par le convoi qui part aujourd'hui, 1,000 pieux et 1,000 porte-pieux pour la 85e. Par le prochain convoi, vous recevrez 1,000 bidons et 1,000 pieux pour la 75e. Faites connaître à Maugras [1] que les capotes et les bonnets pour sa demi-brigade partent aujourd'hui pour Damiette ; qu'il les envoie prendre.

BONAPARTE.

Collection Napoléon.

3877. — ORDRE.

Quartier général, au Caire, 29 nivôse an VII (18 janvier 1799).

Le général en chef, d'après les témoignages rendus par le général de division Kleber sur la conduite distinguée qu'a tenue, au débarquement de l'armée en Égypte, le citoyen Fortuné Devouges, chasseur à cheval du 14e régiment, qui, ayant un congé, a suivi volontairement l'armée, avec la permission du général Kleber, nomme le citoyen Fortuné Devouges sous-lieutenant au 22e régiment de chasseurs.

Par ordre du général en chef.

Dépôt de la guerre.

[1] Chef de la 75e.

3878. — AU GÉNÉRAL CAFFARELLI.

Quartier général, au Caire, 30 nivôse an VII (19 janvier 1799).

Je vous prie, Citoyen Général, de me faire connaître le jour positif où nous aurons un moulin.

BONAPARTE.

Comm. par M. le comte Caffarelli.

3879. — AU GÉNÉRAL DUGUA, a DAMIETTE.

Quartier général, au Caire, 30 nivôse an VII (19 janvier 1799).

Je reçois, Citoyen Général, votre lettre du 26. Je vois avec plaisir que le premier convoi, parti le 21 de Damiette, est arrivé à Tyneh.

Vous aurez reçu la reconnaissance qu'a faite le général Lagrange sur le bord de la mer. La côte est très-douce, et je pense qu'il faudrait que les convois partissent d'Omm-Fâreg pour se rendre droit derrière Qatyeh.

Faites charger de paille quelques djermes; excitez tous les habitants de la province à porter à Qatyeh des poules, des œufs et d'autres denrées.

Je désirerais également que vous pussiez encore envoyer un troisième convoi portant 3,000 boisseaux d'orge, toute la paille, l'herbe ou le son que vous pourrez envoyer.

Faites-moi, je vous prie, un rapport détaillé sur la situation de Lesbé; concentrez-y le plus tôt possible votre hôpital, les magasins et dépôts de votre division.

BONAPARTE.

Dépôt de la guerre.

3880. — AU GÉNÉRAL BERTHIER.

Quartier général, au Caire, 1ᵉʳ pluviôse an VII (20 janvier 1799).

Vous voudrez bien donner l'ordre au général Murat de partir, trois heures avant le jour, avec 120 hommes de cavalerie et 100 hommes de la 69ᵉ, pour se rendre à Qelyoub, tomber sur le camp des Arabes Haouytât, enlever les chameaux, femmes, enfants, vieillards, les amener au Caire, et tuer tout ce qu'il ne pourra pas prendre. Il obligera tous les villages qui auraient des bestiaux à ces Arabes de les livrer; il se fera désigner les deux villages qui appartiennent au cheik des Haouytât; il prendra tous les bestiaux, brûlera la maison du cheik des Haouytât, et lui fera tout le mal possible; il préviendra le cheik-el-beled qu'il doit verser le myry dans la caisse de sa province.

Cette troupe prendra du pain pour demain et après-demain. S'il prévoit pouvoir faire du mal à cette tribu des Haouytât ou des A'ydy, il pourra rester dehors toute la journée d'après-demain. Il me préviendra par un Arabe de ce qu'il aura fait et de la résolution qu'il aura prise, demain au soir.

BONAPARTE.

Dépôt de la guerre.

3881. — AU GÉNÉRAL BERTHIER.

Quartier général, au Caire, 1er pluviôse an VII (20 janvier 1799).

Vous donnerez l'ordre, Citoyen Général, au général Rampon de régler ses mouvements de manière à être rendu au Caire avec toute sa colonne le 9 au soir. Indépendamment des chevaux et du myry qu'il doit lever dans sa province, vous lui enverrez l'ordre du jour de demain, qui lui fera connaître qu'il doit lever encore dix chevaux. Il emportera avec lui tout l'argent provenant du myry. Il laissera le commandement au commandant turc [1], avec une instruction qui lui fasse connaître la conduite qu'il doit tenir. Il lèvera dans sa province deux bons chevaux pour l'artillerie de sa division. Il recommandera au divan de maintenir une bonne police; sans quoi, il le punirait à son retour.

Vous ordonnerez au général Zajonchek, commandant la province du Fayoum, de régler ses mouvements de manière à être rendu à Gyzeh avec toute sa colonne le 12 au soir. Vous lui recommanderez d'activer de tous ses moyens le recouvrement en entier du myry et la levée de tous les chevaux que doit fournir sa province. Il lèvera dans sa province quatre bons chevaux propres à l'artillerie. Il recommandera, en partant, au divan de maintenir une bonne police dans la province, et aux cheiks d'Arabes de se bien comporter; sans quoi, à son retour, qu'il annoncera être dans quinze jours, il les punirait.

BONAPARTE.

Dépôt de la guerre.

3882. — AU GÉNÉRAL MENOU, A ROSETTE.

Quartier général, au Caire, 1er pluviôse an VII (20 janvier 1799).

Vous avez su, Citoyen Général, vous attirer la confiance des Turcs de votre province : vous saurez également vous attirer la confiance de ceux du Caire. L'état-major vous donne l'ordre de vous y rendre le plus tôt possible. Les fréquentes absences que je suis obligé de

---

[1] Hassan Tchorbadji.

faire dans les différents points de l'armée exigent un général de division qui ait de l'expérience et la connaissance des hommes, pour me remplacer ici. Avant de partir de Rosette, donnez au citoyen Jullien toutes les instructions que vous croirez nécessaires.

BONAPARTE.

Dépôt de la guerre.

3883. — AU GÉNÉRAL BERTHIER.

Quartier général, au Caire, 1ᵉʳ pluviôse an VII (20 janvier 1799).

A dater du 5 pluviôse, le commandant et la garnison du fort Dupuy y logeront. Il y aura de garnison 5 canonniers et 25 hommes.

Le commandant et la garnison du fort Sulkowski y logeront; il y aura de garnison 10 canonniers et 60 hommes.

Toutes les fois que des Arabes viendraient rôder à portée de canon de ces forts, les commandants pourront leur tirer des coups de canon. Lorsque d'un de ces forts on verra dans la plaine plus de 50 hommes, le commandant fera un signal en arborant un drapeau rouge et blanc; toutes les fois qu'il en verra dans la plaine plus de 100, il fera signal en arborant un drapeau rouge et en appuyant son pavillon d'un coup de canon.

Il sera donné la consigne la plus sévère de ne laisser entrer aucun Turc ni dans l'un ni dans l'autre de ces forts.

Vous donnerez des ordres pour que le service de la ville soit réduit de manière qu'il n'y ait pas plus de 80 hommes, tous les jours, sans compter la citadelle, les forts Dupuy et Sulkowski.

Vous donnerez l'ordre à l'ordonnateur en chef de faire fournir à chacun des forts des drapeaux tricolores qui, à dater du 5 pluviôse, seront arborés sur la partie la plus élevée de ces forts. Le général du génie y fera placer un arbre d'une hauteur convenable.

BONAPARTE.

Dépôt de la guerre.

3884. — AU GÉNÉRAL DOMMARTIN.

Quartier général, au Caire, 1ᵉʳ pluviôse an VII (20 janvier 1799).

Je vous prie, Citoyen Général, de faire faire un modèle de lance pour le régiment de dromadaires, une de 15 pieds, une de 18 pieds, une de 21 pieds.

BONAPARTE.

Dépôt de la guerre.

3885. — ORDRE DU JOUR.

(EXTRAIT.)

Quartier général, au Caire, 1ᵉʳ pluviôse an VII (20 janvier 1799).

Les généraux commandant les provinces feront une lettre circu-laire en arabe aux différents cheiks-el-beled des villages de la pro-vince : il y a des canons enterrés dans les maisons appartenant ci-devant aux Mameluks; qu'ils accordent dix jours pour faire les déclarations, et que, passé ce délai, les cheiks des villages où seraient trouvés des canons seront punis de mort.

Dans les provinces de Menouf, Charqyeh, Mansourah et dans quelques provinces de la haute Égypte, les généraux commandant ces provinces ont découvert des canons qu'ils ont laissés dans les villages : le général en chef leur ordonne de prendre tous les moyens pour faire conduire ces canons à Gyzeh, et ce, dix jours après la réception du présent ordre.

Par ordre du général en chef.

Dépôt de la guerre.

3886. — AU GÉNÉRAL KLEBER,
COMMANDANT LA PROVINCE DE DAMIETTE.

Quartier général, au Caire, 2 pluviôse an VII (21 janvier 1799).

Vous trouverez à Damiette, Citoyen Général, *le Cerf*, *l'Étoile*, *le Sans-Quartier* et *la Revanche*. Ces quatre bâtiments ont eu ordre de faire deux mois de vivres et de se tenir prêts pour une mission de mer. Vous en passerez la revue. Vous ferez arborer le pavillon du capitaine de frégate Stendelet sur un de ces quatre bâtiments, et, s'ils le peuvent, vous leur ferez prendre, au lieu de deux mois, pour trois ou quatre mois de vivres. Si leur équipage n'était pas au complet, vous le compléterez en diminuant un peu l'équipage des chaloupes ou barques du lac Menzaleh et de celles qui sont destinées à rester sur le Nil.

L'aviso *l'Étoile* a besoin de quatre pièces de 6 qu'il a débarquées dans la haute Égypte. J'ai donné ordre que l'on prît les quatre pièces de 6 qui sont sur le bâtiment *l'Éclair*, qui est à Rosette.

Vous me ferez connaître si les quatre bâtiments peuvent sortir du Nil, combien il leur faudrait de jours pour passer la barre. Vous prendrez aussi à Damiette tous les renseignements et mouillages du golfe d'El-A'rych, de Gaza, Jaffa, Saint-Jean-d'Acre, et sur la marine de Djezzar-Pacha.

Si, le 12 du mois, les canons n'étaient pas arrivés, vous feriez prendre à l'aviso *l'Étoile* deux pièces de 6 et deux pièces de 3, que vous prendriez sur les autres bâtiments qui restent dans le Nil.

Vous ferez transporter à Lesbé les hôpitaux, magasins et dépôts de la division. Vous ordonnerez à l'officier du génie de travailler de préférence aux points de l'enceinte les moins avancés, afin que le dépôt de la division qui doit tenir garnison à Lesbé soit en sûreté et puisse empêcher la ville de communiquer avec la mer.

Je fais réorganiser une demi-galère, qui partira dans cinq ou six jours pour être stationnée à Damiette. La chaloupe canonnière *l'Hélène,* qui porte une pièce de 24, s'y trouve également, et, lorsque la flottille sera partie, la chaloupe canonnière *la Victoire* arrivera à Damiette. Ces trois bâtiments et les djermes armées qui vont et viennent du Caire à Damiette suffiront pour obliger cette ville à rester tranquille, puisque au moindre événement on la priverait de la communication du Nil.

La 2ᵉ d'infanterie légère doit être arrivée à Mansourah, où je l'ai envoyée pour lui faire changer d'air; la 75ᵉ arrivera le 5 à Qatyeh.

Indépendamment des trois convois qui doivent être partis de Damiette pour Qatyeh, vous ferez encore partir tout l'orge, la paille ou le son que vous pourrez trouver, jusqu'à concurrence de 5 à 6,000 boisseaux. Vous demanderez dans la province de Damiette, comme contribution, tous les chameaux qui peuvent être nécessaires à votre division.

Vous activerez, pendant le peu de jours que vous resterez à Damiette, autant qu'il vous sera possible, la rentrée du myry et des chevaux.

Vous partirez le 12 de Damiette avec le détachement du 18ᵉ de cavalerie, l'artillerie de votre division, les deux bataillons de la 25ᵉ et les trois bataillons de la 2ᵉ d'infanterie légère, pour être rendu à Qatyeh le 16 ou le 17; vous y trouverez des ordres pour le mouvement ultérieur.

Le général de brigade Lagrange est à Qatyeh, avec la 75ᵉ et la 85ᵉ; vous en agirez avec lui comme avec votre avant-garde, en lui portant tous les secours que les événements pourraient nécessiter. En cas de retraite forcée, je lui ai laissé la liberté de l'effectuer sur Peluse ou Sâlheyeh, selon qu'il le jugerait à propos; dans l'un et l'autre cas, vous chercheriez à le joindre pour pouvoir secourir Sâlheyeh, si l'ennemi n'était pas nombreux, ou vous trouver en mesure de vous réunir aux autres divisions de l'armée.

BONAPARTE.

En passant à Mansourah, vous préviendrez le général Verdier que vous lui retirerez bientôt sa demi-brigade, et qu'il est nécessaire qu'il profite du peu de temps qui lui reste pour hâter la levée du myry et des chevaux.

Dépôt de la guerre.

3887. — AU CITOYEN POUSSIELGUE.

Quartier général, au Caire, 2 pluviôse an VII (21 janvier 1799).

Je vous prie, Citoyen, de vous faire donner par la compagnie d'Égypte le reçu de dix actions, mon intention étant de les donner en gratification à différents individus de l'armée.

BONAPARTE.

Comm. par Mme de la Morinière.

3888. — AU GÉNÉRAL MARMONT, A ALEXANDRIE.

Quartier général, au Caire, 3 pluviôse an VII (22 janvier 1799).

Je reçois, Citoyen Général, votre lettre du 22. Envoyez-nous tous les matelots que je vous ai demandés par mes différentes lettres, en leur faisant faire quarantaine à Alexandrie. On leur en fera faire une également, d'observation, à Boulàq. Vous sentez combien il est essentiel de débarrasser votre place des bouches inutiles qui, dans un événement, ne feraient que vous être à charge.

Je vous recommande de faire passer le plus promptement possible au Caire tous les objets relatifs à l'imprimerie.

J'espère que les derniers froids qu'il a fait vous seront favorables.

Immédiatement après le combat d'Aboukir, il a été distribué 6,000 fusils; faites, je vous prie, une visite sur tous les bâtiments de guerre et dans la ville d'Alexandrie, pour faire retirer tous les fusils qu'il vous sera possible.

BONAPARTE.

Dépôt de la guerre.

3889. — AU GÉNÉRAL CAFFARELLI.

Quartier général, au Caire, 3 pluviôse an VII (22 janvier 1799).

Le château de Tyneh n'a point d'eau; il ne peut donc pas être une position militaire centrale pour une armée ou une division.

De Damiette à Qatyeh, il n'y a point d'autre port pour les djermes que Tyneh.

Entre Qatyeh et El-A'rych il y a un lac. Offre-t-il un port pour les djermes aussi avantageux que Tyneh? Voilà la première question à résoudre.

S'il offre un port aussi avantageux que Tyneh, nul doute qu'il ne faut rien faire à Tyneh, et qu'il faut pourvoir à défendre le port du lac. Dans le cas contraire, il faudra alors défendre le port de Tyneh, pour qu'il soit à l'abri du côté de mer et du côté de terre.

BONAPARTE.

Comm. par M. le comte Caffarelli.

3890. — AU GÉNÉRAL DOMMARTIN.

Quartier général, au Caire, 3 pluviôse an VII (22 janvier 1799).

J'espère pouvoir vous fournir, entre demain et après-demain, une soixantaine de chameaux. Faites acheter des mulets le plus que vous pourrez. Faites vos envois de Suez par des chameaux de louage. Remplacez les deux pièces de 12 qui vous manquent par les deux pièces de Rosette, et, si celles-là ne vous arrivent pas à temps, par deux pièces de 8. Remplacez l'obusier de 6 pouces par un mortier de 8 pouces, ou par deux de 5 pouces 6 lignes, et, si cela n'est pas possible, par une pièce de 8.

Indépendamment de ces douze pièces, il est indispensable que le parc ait au moins 150,000 cartouches à sa suite. Prenez vos mesures pour qu'au 16 pluviôse il y en ait 200,000 à Qatyeh, y compris les 150,000 que je vous demandais de Damiette. Ayez-en 300,000 à Sâlheyeh et 300,000 à Damiette, et au moins 100,000 à Belbeys.

L'époque du 12, que je vous ai fixée, est de rigueur.

BONAPARTE.

Dépôt de la guerre.

3891. — AU GÉNÉRAL BERTHIER.

Quartier général, au Caire, 3 pluviôse an VII (22 janvier 1799).

Le général Reynier me mande qu'il a donné ordre à la compagnie Omar de revenir au Caire. Le général Reynier ne devait pas faire ce mouvement sans ordre. Vous lui expédierez à Belbeys, par un Arabe, l'ordre à cette compagnie de se reposer trois jours et de retourner à Qatyeh. Vous ferez savoir au général Reynier et au général Lagrange que je n'ai pas approuvé leur conduite dans cette occasion. Quand une compagnie est par ordre dans un endroit, on doit l'y garder, à moins de raisons supérieures.

BONAPARTE.

Dépôt de la guerre.

3892. — AU GÉNÉRAL DOMMARTIN.

Quartier général, au Caire, 4 pluviôse an VII (23 janvier 1799).

J'ai lu avec la plus grande attention, Citoyen Général, votre rapport sur les approvisionnements des forts du Caire.

J'adopte toutes les mesures que vous avez proposées pour augmenter l'artillerie et l'approvisionnement de la citadelle.

Toutes les pièces de 5, en général, ne sont pas approvisionnées; donnez les ordres pour que, le 10, l'artillerie de tous les forts soit approvisionnée au moins à 100 coups par pièce, soit à boulet, soit à mitraille, soit à grenades, à 100 coups par mortier en bombes, et, à défaut de bombes, en cailloux et en paniers, pour s'en servir comme pierriers.

Faites-moi connaître ce que vous comptez mettre au fort Sulkowski, et si je puis compter qu'au 10 les changements que vous avez proposés seront exécutés et les demandes ci-dessus remplies.

BONAPARTE.

Dépôt de la guerre.

3893. — AU GÉNÉRAL DOMMARTIN.

Quartier général, au Caire, 4 pluviôse an VII (23 janvier 1799).

Je vous prie, Citoyen Général, de faire mettre dans les différents forts du Caire des artifices pour pouvoir éclairer les remparts pendant la nuit.

Faites-moi connaître, par un rapport particulier, la partie du matériel de l'équipage de pont que vous pourriez mettre à la suite de l'artillerie.

Il faudrait aussi une centaine de flambeaux pour éclairer les convois pendant la nuit.

BONAPARTE.

Dépôt de la guerre.

3894. — AU GÉNÉRAL CAFFARELLI.

Quartier général, au Caire, 4 pluviôse an VII (23 janvier 1799).

J'ai visité hier la maison d'Ibrahim-Bey. J'ai été extrêmement mécontent de voir les fusils dans les salles de la maison. Veuillez donner les ordres pour que, sous deux ou trois jours, la salle d'armes de cet hôpital soit en état.

BONAPARTE.

Comm. par M. le comte Caffarelli.

3895. — AU GÉNÉRAL BERTHIER.

Quartier général, au Caire, 4 pluviôse an VII (23 janvier 1799).

Vous trouverez ci-joint, Citoyen Général, la réclamation de deux officiers qui ont été destitués à l'ordre du jour[1] pour avoir joué avec des soldats. Voulant prendre en considération la situation de ces officiers, mon intention est que vous les mettiez tous les deux, avec les appointements et le grade de capitaine, dans une place; et si, à la fin de la campagne, ils ont maintenu une bonne discipline, je pourrai les attacher à une demi-brigade.

BONAPARTE.

Dépôt de la guerre.

_____

3896. — A ZOULFIQAR, COMMISSAIRE TURC PRÈS LE DIVAN.

Quartier général, au Caire, 5 pluviôse an VII (24 janvier 1799).

Vous trouverez ci-joint la liste des femmes arabes qui ont été prises par l'aide de camp du général en chef[2]. Le général en chef ordonne qu'elles soient placées dans une maison où vous les ferez garder. Vous voudrez bien pourvoir à ce qui est nécessaire à leur subsistance. Les dépenses que vous ferez vous seront remboursées. L'intention du général en chef est que l'on ait le plus grand soin de ces femmes, ainsi que de leurs enfants. Ces femmes ont été prises au village de Kafr el-Hamseh, dépendance d'Abou-Za'bel.

Vous remettrez à l'état-major général, tous les cinq jours, l'état de leurs dépenses, ainsi que de celles des quatorze autres femmes.

Par ordre du général en chef.

Dépôt de la guerre.

_____

3897. — AU GÉNÉRAL BERTHIER.

Quartier général, au Caire, 6 pluviôse an VII (25 janvier 1799).

Vous partirez, Citoyen Général, le 10 pluviôse, pour vous rendre à Alexandrie; vous vous y embarquerez sur la frégate *la Courageuse;* vous aurez avec vous deux bâtiments du convoi, bons voiliers, que j'ai fait arranger à cet effet.

Dès l'instant que vous aurez rencontré quelque bâtiment qui vous aura donné des nouvelles, vous m'en expédierez un sur Damiette, le lac Bourlos, ou même sur Alexandrie, si les vents l'y portaient. Vous m'expédierez l'autre dès l'instant que vous aurez appris d'autres nouvelles; ce que je désirerais être fait avant que vous ne touchassiez aucune terre d'Europe.

[1] Pièce n° 3413. — [2] Croizier.

Le plus sûr paraît être de vous diriger sur les côtes d'Italie, du côté du golfe de Tarente, du port de Crotone, et, si le temps le permet, de remonter le golfe Adriatique jusqu'à Ancône; soit que vous touchiez à Corfou ou à Malte, ou dans un point quelconque, ne manquez pas de m'envoyer toutes les nouvelles que vous pourriez avoir, en m'expédiant des bâtiments auxquels vous donnerez l'instruction spéciale de se diriger sur Damiette.

Vous prendrez aussi des mesures pour que l'on nous envoie de l'une des places des sabres, des pistolets, des fusils, dont vous savez que nous avons besoin.

Vous aurez bien soin que la frégate qui vous portera, dès l'instant qu'elle sera approvisionnée de ce qui pourrait lui manquer, reparte sur-le-champ, se dirigeant sur Jaffa, et là elle saura où je suis. Arrivée à Jaffa, elle mouillera au large, et avec précaution, afin de s'assurer si l'armée y est; et s'y elle n'y était pas, elle se dirigerait sur Damiette.

Si vous pouvez faire charger sur la frégate quelques armes, vous le ferez; si les événements qui se passeront dans le continent font que votre présence n'y soit pas nécessaire, vous rejoindrez l'armée à la prochaine mousson.

Vous remettrez les paquets ci-joints au Gouvernement, et vous remplirez la mission dont vous êtes chargé [1].

BONAPARTE.

Collection Napoléon.

3898. — AU COMMANDANT DE LA PROVINCE DE ROSETTE.

Quartier général, au Caire, 6 pluviôse an VII (25 janvier 1799).

Je vous prie, Citoyen, de me faire connaître pourquoi le tribunal de commerce de Rosette n'a point été formé dans cette ville. Prenez des mesures pour qu'il le soit sans délai.

BONAPARTE.

Dépôt de la guerre.

3899. — AU SULTAN DE LA MECQUE.

Quartier général, au Caire, 6 pluviôse an VII (25 janvier 1799).

J'ai reçu la lettre que vous m'avez écrite, et j'en ai compris le contenu. Je vous envoie le règlement que j'ai fait pour la douane de

---

[1] Cette mission n'eut pas de suite; le général Berthier, malade, avait obtenu l'autorisation de rentrer en France; mais en apprenant le départ de l'armée pour l'expédition de Syrie, il rendit son passe-port au général en chef et se mit à sa disposition.

Suez, et mon intention est de le faire exécuter ponctuellement. Je ne doute pas que les négociants du Hedjaz ne voient avec gratitude la diminution des droits que j'ai faite pour le plus grand avantage du commerce, et vous pouvez les assurer qu'ils jouiront ici de la plus ample protection.

Toutes les fois que vous aurez besoin de quelque chose en Égypte, vous n'avez qu'à me le faire savoir, et je me ferai un plaisir de vous donner des marques de mon estime.

BONAPARTE.

Collection Napoléon.

3900. — A L'IMAM DE MASCATE.

Quartier général, au Caire, 6 pluviôse an VII (25 janvier 1799).

Je vous écris cette lettre pour vous faire connaître ce que vous avez déjà appris sans doute, l'arrivée de l'armée française en Égypte.

Comme vous avez été de tout temps notre ami, vous devez être convaincu du désir que j'ai de protéger tous les bâtiments de votre nation et que vous les engagiez à venir à Suez, où ils trouveront protection pour leur commerce.

Je vous prie aussi de faire parvenir cette lettre à Tippoo-Sahib par la première occasion qui se trouvera pour les Indes.

BONAPARTE.

Collection Napoléon.

3901. — A TIPPOO-SAHIB.

Quartier général, au Caire, 6 pluviôse an VII (25 janvier 1799).

Vous avez déjà été instruit de mon arrivée sur les bords de la mer Rouge, avec une armée innombrable et invincible, remplie du désir de vous délivrer du joug de fer de l'Angleterre.

Je m'empresse de vous faire connaître le désir que j'ai que vous me donniez, par la voie de Mascate et de Moka, des nouvelles sur la situation politique dans laquelle vous vous trouvez. Je désirerais même que vous pussiez envoyer à Suez, ou au grand Caire, quelque homme adroit, qui eût votre confiance, avec lequel je pusse conférer.

BONAPARTE.

Collection Napoléon.

3902. — AU GÉNÉRAL KLEBER.

Quartier général, au Caire, 7 pluviôse an VII (26 janvier 1799).

J'ai reçu, Citoyen Général, votre lettre du 3. Comme les lettres ·e je reçois de Mansourah me font craindre que la maladie de la

2ᵉ demi-brigade ne soit contagieuse, je crois qu'il serait dangereux de la mettre en libre communication avec les autres demi-brigades. Faites-vous faire un rapport détaillé sur la situation de cette demi-brigade, et, dans le cas où la maladie serait contagieuse, vous pourriez la renvoyer à Mansourah; je la ferais remplacer à votre division par un bataillon de la 25ᵉ demi-brigade.

BONAPARTE.

Collection Napoléon.

3903. — AU GÉNÉRAL BERTHIER.

Quartier général, au Caire, 7 pluviôse an VII (26 janvier 1799).

Vous voudrez bien faire arrêter les officiers et sous-officiers du détachement qui a été chargé de ramener un troupeau de moutons pris aux Arabes par le général Murat, et qui non-seulement n'a pas empêché qu'on le pillât, mais a été le premier à le piller. Vous enverrez au payeur les noms des officiers, sous-officiers et soldats qui composaient ce détachement, afin qu'il retienne sur la solde le prix des moutons qui ont été pillés. L'ordonnateur en chef fixera ce prix.

BONAPARTE.

Dépôt de la guerre.

3904. — ORDRE.

Quartier général, au Caire, 7 pluviôse an VII (26 janvier 1799).

ARTICLE 1ᵉʳ. — Il sera formé un conseil d'administration des hôpitaux.

ART. 2. — Ce conseil sera composé de l'adjudant général Grezieu, Desgenettes, Larrey, Boudet, Costaz, Brulé, officier du génie, Delgat, chef de bataillon de la 18ᵉ, du chef de brigade Ledée, et d'un commissaire des guerres, nommé par l'ordonnateur en chef.

ART. 3. — Le conseil se réunira, le 8 à midi, chez l'adjudant général Grezieu.

ART. 4. — L'agent en chef des hôpitaux remettra, le 9, au conseil, l'état, certifié du payeur général, des sommes qu'il a reçues depuis l'entrée de l'armée en Égypte, et l'état de ce qui lui serait dû, en spécifiant le nombre des journées de malades qu'il y a eu dans chaque hôpital.

ART. 5. — Il remettra, le 10, son état de dépenses, en distinguant ce que lui a coûté chaque hôpital. Il spécifiera ce qu'il a donné à chaque directeur ou économe des hôpitaux pour les frais desdits hôpitaux.

Art. 6. — L'ordonnateur en chef enverra audit conseil le marché qui a été passé avec l'agent en chef des hôpitaux.

Art. 7. — Le conseil remettra, le 12, à l'ordonnateur en chef, les comptes de l'agent en chef des hôpitaux, arrêtés par lui; il mettra à chaque article les observations qu'il croira devoir faire.

Art. 8. — Le conseil portera une juste sagacité dans l'examen des comptes d'une administration qui est liée si intimement à l'existence du soldat.

BONAPARTE.

Dépôt de la guerre.

3905. — ORDRE.

Quartier général, au Caire, 7 pluviôse an VII (26 janvier 1799).

ARTICLE 1ᵉʳ. — Il y aura au Caire, à Gyzeh, à Alexandrie, à Rosette, à Damiette, à Belbeys, un cimetière uniquement destiné aux individus de l'armée qui mourront.

Art. 2. — Les généraux commandant ces places choisiront les mêmes endroits qui servaient de cimetières aux Mameluks; on les fera entourer de murs s'ils ne l'étaient pas.

Art. 3. — Les généraux veilleront à ce qu'aucun individu qui ne ferait pas partie de l'armée ne soit, sous aucun prétexte, enterré dans ces cimetières.

Art. 4. — Il y aura des fossoyeurs turcs attachés à ces cimetières. On aura soin que les fosses soient très-profondes.

Art. 5. — Les généraux commandants auront soin que les corps transportés dans ces cimetières le soient avec décence.

BONAPARTE.

Dépôt de la guerre.

3906. — AU GÉNÉRAL BERTHIER.

Quartier général, au Caire, 8 pluviôse an VII (27 janvier 1799).

Vous donnerez l'ordre au 2ᵉ bataillon de la 32ᵉ, qui part aujourd'hui pour Belbeys, d'escorter le convoi jusqu'à Sâlbeyeh.

Vous donnerez l'ordre au général Reynier de partir le 14 avec la 9ᵉ demi-brigade, tout l'état-major de sa division, son artillerie, pour être rendu le 16 à Qatyeh.

Vous donnerez l'ordre au 1ᵉʳ bataillon de la 32ᵉ, qui est à Belbeys, de partir le 12 pour Sâlheyeh; au 1ᵉʳ bataillon de la 18ᵉ, de partir le 11 au matin, du Caire, pour se rendre à Belbeys.

Vous ferez connaître au général Reynier que mon intention est qu'en partant de la province de Charqyeh il emmène avec lui les riz, biscuit, orge, etc., nécessaires pour nourrir sa division pendant dix jours; qu'il réunisse à cet effet tous les moyens de transport qu'il pourra, et qu'il fasse prendre tous les vivres qui sont à Sàn. Vous ferez connaître au chef de bataillon Souhait, auquel j'ai confié le commandement de la province de Charqyeh, qu'il est indispensable qu'il se rende à Sàn, pour faire filer sur Sàlheyeh et Qatyeh, après le départ du général Reynier, tous les vivres qui s'y trouvent, et qu'il presse la rentrée du myry et des chevaux dans toute la province de Charqyeh. Vous l'autoriserez à prendre un détachement dans les bataillons de la 32e et de la 18e, pour faire la tournée de la province.

BONAPARTE.

Dépôt de la guerre.

3907. — AU GÉNÉRAL CAFFARELLI.

Quartier général, au Caire, 8 pluviôse an VII (27 janvier 1799).

Le général Reynier, Citoyen Général, partira le 17 de Qatyeh, pour se rendre à El-A'rych. Il est indispensable qu'il ait avec lui au moins 250 sapeurs et le plus d'ouvriers et de maçons possible, et la quantité d'officiers du génie, des ponts et chaussées et d'ingénieurs géographes, nécessaire pour, 1° construire à El-A'rych un fort de la dimension de celui de Qatyeh, à l'exception que je désirerais qu'il fût en pierre et qu'on pût tirer parti de celui qu'on dit y exister; 2° pouvoir faire la reconnaissance du local environnant, sonder les côtes et lever la carte du pays.

BONAPARTE.

Comm. par M. le comte Caffarelli.

3908. — AU CITOYEN POUSSIELGUE.

Quartier général, au Caire, 8 pluviôse an VII (27 janvier 1799).

J'ai besoin pour l'artillerie de 80 mulets.

Vous ferez connaître,

Aux Coptes, qu'il faut que dans la journée d'après-demain 10 ils s'arrangent entre eux pour m'en fournir 20;

Aux marchands de Barbarie, qu'il faut qu'ils m'en fournissent 15;

Aux marchands de Damas, qu'il faut qu'ils m'en fournissent 15;

Aux marchands de café, qu'ils m'en fournissent 15;

Aux Juifs, qu'ils m'en fournissent 15.

Ils mèneront ces mulets chez vous, où un officier d'artillerie et un expert se trouveront, dès huit heures du matin, pour les recevoir, en donner des reçus et en faire l'estimation. Ils seront payés.

BONAPARTE.

Comm. par Mme de la Morinière.

3909. — AU GÉNÉRAL MARMONT, A ALEXANDRIE.

Quartier général, au Caire, 9 pluviôse an VII (28 janvier 1799).

J'imagine, Citoyen Général, que vous aurez changé la manière de faire le service d'Alexandrie. Vous aurez placé aux différentes batteries et aux forts de petits postes stables et permanents. Ainsi, par exemple, à la hauteur de l'Observation, à la batterie des Bains, vous aurez placé 12 à 15 hommes qui ne devront pas en sortir, et que vous tiendrez là sans communication. Ces 12 à 15 hommes fourniront le factionnaire nécessaire pour garder le poste. La position de la mer vous dispense d'avoir aujourd'hui une grande surveillance; vous vous trouvez ainsi avoir besoin de fort peu de monde. Pourquoi avez-vous des grenadiers pour faire le service en ville? Je ne conçois rien à l'obstination du commissaire des guerres Michaux à rester dans sa maison, puisque la peste y est; pourquoi ne va-t-il pas se camper sur un monticule, du côté de la colonne de Pompée?

Tous vos bataillons sont, l'un de l'autre, au moins à une demi-lieue. Ne tenez que très-peu de chose dans la ville, et, comme c'est le poste le plus dangereux, n'y tenez point de troupe d'élite. Mettez le bataillon de la 75e sous ces arbres où vous avez été longtemps avec la 4e d'infanterie légère; qu'il se baraque là en s'interdisant toute communication avec la ville et l'Égypte. Mettez le bataillon de la 85e du côté du Marabout; vous pourrez facilement l'approvisionner par mer. Quant à la malheureuse demi-brigade d'infanterie légère, faites-la mettre nue comme la main, faites-lui prendre un bon bain de mer; qu'elle se frotte de la tête aux pieds; qu'elle lave bien ses habits, et que l'on veille à ce qu'elle se tienne propre.

Qu'il n'y ait plus de parade; qu'on ne monte plus de garde que chacun dans son camp. Faites faire une grande fosse de chaux vive pour y jeter les morts.

Dès l'instant que, dans une maison française, il y a la peste, que les individus se campent ou se baraquent; mais qu'ils fuient cette maison avec précaution et qu'ils soient mis en réserve en plein champ. Enfin ordonnez qu'on se lave les pieds, les mains, le visage tous les jours, et qu'on se tienne propre.

Si vous ne pouvez pas garantir la totalité des corps où cette maladie s'est déclarée, garantissez au moins la majorité de votre garnison. Il me semble que vous n'avez encore pris aucune grande mesure proportionnée aux circonstances. Si je n'avais pas à Alexandrie des dépôts dont je ne puis me passer, je vous aurais déjà dit : Partez avec votre garnison et allez camper à trois lieues dans le désert ; je sens que vous ne pouvez pas le faire ; approchez-en le plus près que vous pourrez. Pénétrez-vous de l'esprit des dispositions contenues dans la présente lettre ; exécutez-les autant que possible, et j'espère que vous vous en trouverez bien.

BONAPARTE.

Collection Napoléon.

3910. — AU CONTRE-AMIRAL GANTEAUME, a suez.

Quartier général, au Caire, 9 pluviôse an VII (28 janvier 1799).

Écrivez, Citoyen Général, par Moka, au commandant des frégates de l'île de France en croisière devant Aden ; instruisez-le des événements qui nous ont rendus maîtres de l'Égypte, et du désir que j'ai qu'il m'envoie à Suez une frégate ou un bâtiment, pour se mettre en correspondance avec moi. Envoyez copie de votre lettre par Mascate, Moka et Djeddah. Faites-lui connaître que j'ai appris avec plaisir les prises qu'il a faites sur les Anglais.

BONAPARTE.

Collection Napoléon.

3911. — ORDRE.

Quartier général, au Caire, 9 pluviôse an VII (28 janvier 1799).

ARTICLE 1er. — Il sera embarqué à Damiette, sur des bâtiments capables d'aller par mer jusqu'à Gaza et qui seront prêts à partir du 20 au 30 pluviôse, 500 quintaux de riz, 50,000 rations de biscuit, 500 quintaux de farine, 500 quintaux de blé.

ART. 2. — L'officier commandant à Damiette, le commandant de la marine et le commissaire des guerres tiendront un conseil pour parvenir à l'exécution du présent ordre. Ils mettront sur-le-champ à exécution les mesures qu'ils auront arrêtées, et me les feront connaître, ainsi qu'à l'ordonnateur en chef.

ART. 3. — L'état-major enverra le présent ordre à l'ordonnateur en chef, à l'adjudant général Almeras et au commandant de la marine à Damiette.

BONAPARTE.

Collection Napoléon.

3912. — AU GÉNÉRAL BERTHIER.

Quartier général, au Caire, 9 pluviôse an VII (28 janvier 1799).

Près de 200 aveugles, Citoyen Général, partent aujourd'hui pour Rosette ; mon intention est de les faire partir pour France. Ils se rendront à Aboukir ; de là ils se rendront à un quart de lieue des avant-postes d'Alexandrie ; ils tourneront toute la ville pour bivouaquer à un quart de lieue de la batterie des Bains. Là le commandant de la marine et l'ordonnateur Le Roy les feront embarquer sur les deux bâtiments que j'ai désignés, et ils partiront par le premier bon temps.

Vous donnerez les ordres en conséquence au général Menou, au général Marmont, à l'ordonnateur Le Roy et au commandant des armes à Alexandrie.

BONAPARTE.

Dépôt de la guerre.

3913. — AU CONTRE-AMIRAL GANTEAUME, a suez.

Quartier général, au Caire, 9 pluviôse an VII (28 janvier 1799).

Je reçois, Citoyen Général, votre lettre du 5. L'intention où vous êtes de vouloir suivre vous-même l'expédition de Qoseyr fait honneur à votre zèle ; mais j'ai besoin de vos lumières pour une expédition plus considérable. Vous savez que, lorsque je vous ai envoyé à Suez, j'espérais que vous seriez de retour du 20 au 30 ; nous sommes au 10, et vous n'êtes pas encore parti. Les accidents arrivés à *la Castiglione* me persuadent qu'une fois parti je ne vous aurais plus d'ici à deux mois, et les événements sont tels que je ne puis me passer de vous. Donnez les instructions nécessaires à l'officier qui commandera l'expédition, et rendez-vous de suite au Caire, où je vous attends avant le 15. Vous pouvez ramener mes 25 guides. J'écris au général Junot de compléter votre escorte au moins à 50 ou 60 hommes.

Donnez au commandant des armes et à Féraud toutes les instructions nécessaires à votre départ. Je désirerais que la construction de la goëlette pût être tellement en train d'ici au 20, que le citoyen Féraud et un petit détachement d'ouvriers pussent être disponibles pour se porter ailleurs.

Un gros brick anglais a fait côte à Bourlos. Sur 56 hommes d'équipage, 40 se sont noyés et 16 sont en notre pouvoir. Je les attends à chaque instant ; ils nous donneront des renseignements sur

les mouvements des Anglais. Il paraît que, cette année, les temps
sont terribles.

BONAPARTE.

Comm. par Mme la comtesse Ganteaume.

3914. — AU GÉNÉRAL BERTHIER.

Quartier général, au Caire, 10 pluviôse an VII (29 janvier 1799).

Vous donnerez l'ordre pour que l'hôpital de Rosette, les dépôts,
la manutention et les magasins soient transportés dans le fort de
Rosette.

Vous ferez connaître à l'officier général qui commande cette place
que, si jamais cette ville se révoltait et qu'il craignît de succomber,
il devrait faire sa retraite sur ce fort ; il doit donc être pourvu et
armé convenablement.

BONAPARTE.

Dépôt de la guerre.

3915. — AU GÉNÉRAL BERTHIER.

Quartier général, au Caire, 10 pluviôse an VII (29 janvier 1799).

Vous avez dû donner l'ordre précédemment à l'adjudant général
Leturcq de partir avec l'un des bataillons de la 4ᵉ qui sont à Damanhour.

Vous expédierez, par un adjoint, l'ordre à l'autre bataillon de
partir, douze heures après la réception du présent, en toute diligence,
par terre, pour se rendre à Damiette, où il est indispensable qu'il
soit arrivé le 19. Le quartier général de la province de Damanhour
se rendra à El-Rahmànyeh, où ce bataillon laissera 50 hommes dans
la redoute jusqu'à ce qu'ils soient relevés par des hommes qui doivent venir d'Alexandrie, en cas qu'il n'y ait pas une chaloupe canonnière vis-à-vis El-Rahmànych ; dans le cas contraire, 15 hommes
d'équipage de cette canonnière tiendront garnison dans la redoute,
jusqu'à ce que des troupes soient arrivées d'Alexandrie.

Vous donnerez l'ordre au général Marmont de faire partir 300 hommes du bataillon de la 75ᵉ, avec deux pièces d'artillerie, pour se
rendre à Damanhour. Dès l'instant qu'ils y seront arrivés, le quartier
général de la province y retournera, et les 50 hommes de la 4ᵉ qui
seraient restés dans la redoute d'El-Rahmànyeh se mettront en marche
pour Damiette.

Le général Marmont aura soin d'écarter du bataillon de la 75ᵉ tous
les hommes qui seraient malades ou qui auraient un indice quel-

conque qui pourrait les faire soupçonner d'avoir la peste. Il profitera
de cette occasion pour faire partir la compagnie de canonniers de la
marine qui lui a été demandée, et les 4 ou 500 matelots qui sont
destinés à se rendre au Caire.

Tous ces individus feront leur quarantaine à Damanhour, et ne
seront renvoyés au Caire qu'après que le préposé de la santé qui, du
Caire, doit se rendre à Damanhour, l'aura jugé à propos.

Vous préviendrez le citoyen Blanc de ces dispositions, pour qu'il
fasse partir demain un préposé pour Damanhour, afin que les présentes mesures, que la nécessité m'oblige d'ordonner, n'aient pas de
conséquences.

Lorsque le détachement de la 4e arrivera, si Damanhour est en
quarantaine, mon intention est qu'il fasse quarantaine, et, lorsque
les marins arriveront, ils seront encore soumis à une forte quarantaine d'observation à Boulâq. Le citoyen Blanc préviendra ses agents
à Damiette pour que, lorsque le bataillon de la 4e arrivera, ils se
fassent rendre compte par le chef s'il n'y a aucun malade, et fassent
visiter les malades qu'il pourrait y avoir par les officiers de santé.

L'adjoint que vous aurez envoyé à cet effet suivra le mouvement
de ce bataillon; il emportera à cet effet, demain, tout son équipage
de guerre.

BONAPARTE.

Dépôt de la guerre.

3916. — AU GÉNÉRAL BERTHIER.

Quartier général, au Caire, 10 pluviôse an VII (29 janvier 1799).

Vous enverrez l'ordre, par un exprès, à Rosette, pour qu'on fasse
partir, douze heures après la réception du présent ordre, les trois
compagnies de grenadiers de la 19e, avec les deux pièces de 12, si
elles n'étaient pas encore parties, et, si elles étaient parties, avec
deux ou au moins une pièce de 8 que l'on ferait atteler sur-le-champ.
Le commandant d'artillerie et l'officier supérieur commandant à
Rosette prendraient les mesures les plus positives pour procurer les
chevaux nécessaires auxdits attelages.

Cette troupe se rendra à Damiette, où il est indispensable qu'elle
soit arrivée le 16, ou, au plus tard, le 17 à midi.

Ils trouveront à Damiette des ordres sur leur destination ultérieure.

Vous préviendrez l'officier supérieur commandant à Damiette que,
le 16 ou le 17, trois compagnies de grenadiers de la 19e, avec deux
pièces de canon, arriveront à Damiette, et qu'après un jour de séjour
il est indispensable qu'elles repartent pour être arrivées, au plus tard

le 22 à midi, à Qatyeh, où elles trouveront des ordres pour leur destination ultérieure.

BONAPARTE.

Dépôt de la guerre.

_____

3917. — ORDRE.

Quartier général, au Caire, 10 pluviôse an VII (29 janvier 1799).

ARTICLE 1er. — Il sera embarqué sur *le Pluvier*, à Boulâq, 1,200 quintaux de farine ou de biscuit, et sur *la Revanche*, 200 quintaux de farine ou biscuit.

ART. 2. — Ces bâtiments partiront, le 13, de Boulâq, pour se rendre à Damiette, rejoindre le reste de la flottille.

ART. 3. — L'aviso *l'Étoile* chargera, à Damiette, 800 quintaux de riz; le chebec *le Cerf*, 200 quintaux de riz; *le Sans-Quartier*, 400 quintaux de riz.

ART. 4. — Tous ces bâtiments chargeront en place de lest, et de manière que cela ne change rien à leur marche et à leurs manœuvres de guerre.

ART. 5. — Tous ces chargements seront faits de manière que la flottille puisse partir du 24 au 30 pluviôse.

ART. 6. — Le commissaire ordonnateur en chef, l'officier supérieur commandant à Damiette, les commandants de la marine à Boulâq et à Damiette, sont chargés de prendre toutes les mesures pour l'exécution du présent ordre.

BONAPARTE.

Dépôt de la guerre.

_____

3918. — AU GÉNÉRAL REYNIER.

Quartier général, au Caire, 10 pluviôse an VII (29 janvier 1799).

Votre frère, qui vient d'arriver, Citoyen Général, me fait part du désir que témoignent de vous suivre dans l'expédition les cheiks des tribus Nefy'àt et d'El-Hayd-Fàt. Ils peuvent vous être utiles, et j'approuve fort qu'ils vous suivent seuls, ou avec 30 hommes à cheval chacun. Vous sentez combien il serait avantageux qu'ils vous procurassent, chacun, une quarantaine de chameaux de louage.

BONAPARTE.

Dépôt de la guerre.

_____

3919. — AU DIVAN DU CAIRE.

Quartier général, au Caire, 11 pluviôse an VII (30 janvier 1799).

J'ai reçu votre lettre du 10 pluviôse. Non-seulement j'ai ordonné à l'aga des janissaires et aux agents de la police de publier que l'on jouira, pendant la nuit du Ramazàn, de toute la liberté d'usage, **mais** encore je désire que vous-mêmes fassiez tout ce qui peut dépendre de vous pour que le Ramazàn soit célébré avec plus de pompe et de ferveur que les autres années.

BONAPARTE.

Collection Napoléon.

3920. — ORDRE.

Quartier général, au Caire, 11 pluviôse an VII (30 janvier 1799).

ARTICLE 1er. — Il sera formé une province du Caire, qui sera composée,

1° De la ville du Caire ;

2° De tous les villages qui composent aujourd'hui la province d'Atfyeh ;

3° De tous les villages de la province de Qelyoub qui sont en deçà du canal de Moueys.

ART. 2. — L'intendant et l'agent français de la province d'Atfyeh se rendront au Caire pour résider près du commandant de cette province, qui sera incessamment nommé.

BONAPARTE.

Dépôt de la guerre.

3921. — ORDRE.

Quartier général, au Caire, 11 pluviôse an VII (30 janvier 1799).

ARTICLE 1er. — La province de Qelyoub sera bornée au midi par le canal de Moueys : tous les villages qui sont en deçà de ce canal devront former la province du Caire.

ART. 2. — L'intendant et l'agent français de cette province se rendront près du général Lanusse, à Menouf. Ce général prendra le commandement de ces deux provinces ; il suppléera au nombre par les marches et l'activité ; il aura soin que les impositions et le myry soient payés.

BONAPARTE.

Dépôt de la guerre.

3922. — ORDRE.

Quartier général, au Caire, 11 pluviôse an VII (30 janvier 1799).

ARTICLE 1er. — L'agent français et l'intendant de la province de Mansourah se rendront à Mehallet-el-Kebyr, près du général Fugière.

ART. 2. — Indépendamment du commandement de la province

de Gharbych, le général Fugière aura celui de la province de Mansourah. Ce général fera alternativement la tournée de l'une et de l'autre, pour faire rentrer le myry ; il suppléera au nombre par l'activité et le mouvement.

ART. 3. — Il n'y aura pas d'hôpital à Mehallet-el-Kebyr ni à Mansourah ; celui de Mansourah sera évacué sur Damiette, et celui de Mehallet-el-Kebyr sur le Caire.

BONAPARTE.

Dépôt de la guerre.

3923. — ORDRE.

Quartier général, au Caire, 11 pluviôse an VII (30 janvier 1799).

ARTICLE 1er. — La province de Beny-Soueyf et celle du Fayoum seront sous les ordres du général Zajonchek.

ART. 2. — Ce général se rendra sur-le-champ à Beny-Soueyf ; les agents et intendants des provinces du Fayoum et de Beny-Soueyf se tiendront près de lui. Il se portera alternativement dans l'une et dans l'autre de ces provinces pour y faire sa tournée, et suppléera au nombre par l'activité et le mouvement ; il fera dans l'une et l'autre la levée du myry et des impositions.

BONAPARTE.

Dépôt de la guerre.

3924. — AU GÉNÉRAL BERTHIER.

Quartier général, au Caire, 11 pluviôse an VII (30 janvier 1799).

Comme on ne peut pas se procurer les trompettes nécessaires pour les dromadaires, on y suppléera par des tambours.

BONAPARTE.

Dépôt de la guerre.

3925. — AU GÉNÉRAL MENOU,
OU, EN SON ABSENCE, A L'OFFICIER COMMANDANT A ROSETTE.

Quartier général, au Caire, 11 pluviôse an VII (30 janvier 1799).

Le général en chef ordonne au général Menou de faire passer à bord du bâtiment qui porte les aveugles le citoyen Casabianca, neveu du capitaine de *l'Orient,* qui a eu les cuisses fracassées ; il l'adressera à l'amiral Perrée, qui le fera placer d'une manière convenable. Il est nécessaire que ce jeune homme parte sur-le-champ pour se rendre à bord, en suivant les dispositions faites pour les aveugles, afin qu'il ne fasse pas quarantaine à Alexandrie, ce qui arriverait, s'il y entrait.

Par ordre du général en chef.

Dépôt de la guerre.

3926. — AU CITOYEN POUSSIELGUE.

Quartier général, au Caire, 11 pluviôse an VII (30 janvier 1799).

La femme Sitty Nefiseh, veuve d'Ali-Bey et femme aujourd'hui de Mourad-Bey, conservera la partie de ses biens qui lui vient d'Ali-Bey, voulant par là donner une marque d'estime à la mémoire de cet homme célèbre.

BONAPARTE.

Comm. par Mᵐᵉ de la Morinière.

3927. — AU GÉNÉRAL BERTHIER.

Quartier général, au Caire, 12 pluviôse an VII (31 janvier 1799).

Vous voudrez bien, Citoyen Général, envoyer, par un adjoint, à Qatyeh, l'ordre au général Reynier de partir le 17, avec les 85ᵉ, 75ᵉ et 9ᵉ demi-brigades, le quartier général de sa division et son artillerie, pour se rendre à El-A'rych.

Le général Lagrange fera l'avant-garde avec au moins 1,500 hommes et trois pièces d'artillerie. Il se tiendra toujours à quatre heures en avant du reste de la division, afin de ne pas épuiser les puits.

Cependant, le général Reynier réglera ses mouvements de manière qu'il arrive en même temps à El-A'rych.

Arrivé à El-A'rych, le général Reynier fera sur-le-champ travailler à construire un fort, soit dans le genre de celui de Qatyeh, soit en rétablissant celui qu'on dit y être. Il aura à cet effet avec lui un officier supérieur du génie, 300 sapeurs, des maçons et tous les ouvriers nécessaires.

Le général Reynier se trouvera sous les ordres du général Kleber.

Si le général Kleber pensait que le général Reynier n'est point assez fort pour s'emparer d'El-A'rych, et que les circonstances fussent telles, que l'inconvénient de porter à El-A'rych un corps de troupes tellement nombreux que la subsistance devînt difficile fût couvert par les avantages militaires qui en résulteraient, il se porterait avec tout son monde à El-A'rych.

Arrivé là, il pourra, selon qu'il le jugera à propos, s'étendre jusqu'aux confins de l'Égypte, c'est-à-dire jusqu'à Khân-Younès. Il prendra toutes les mesures pour faire filer sur El-A'rych,

1° Tous les vivres qui sont à Qatyeh;

2° Le convoi de djermes venant de Damiette, qui doit se trouver dans le canal de Tyneh. Il fera choisir, le plus près d'El-A'rych, un point où ils doivent débarquer.

Si tous les renseignements qu'aura le général Kleber le portent à penser que le général Reynier est assez fort pour occuper El-A'rych, le général Kleber ne marchera sur El-A'rych qu'après y avoir fait filer assez de vivres pour être assuré d'être à l'abri de la disette.

Si le général Kleber s'empare de Khân-Younès, il fera également travailler sur-le-champ à la construction d'un fort ou à la réparation de celui qu'on dit y exister.

Le chef de bataillon Sanson partira le plus tôt possible pour tous ces différents ouvrages de fortification. Arrivé à El-A'rych, il renverra sur-le-champ un jeune officier du génie qui viendra par Qatyeh, la route du pont et Sàlheyeh, pour porter au général du génie le croquis de sa reconnaissance.

Vous ferez connaître au général Kleber et au général Reynier que le quartier général sera le 21 à Sàlheyeh.

L'adjoint qui portera cet ordre suivra le général Lagrange jusqu'à El-A'rych, et reviendra par Qatyeh et Sàlheyeh et la route du pont, pour me rendre compte.

L'adjoint chargé de porter ces dépêches sera chargé d'un seul ordre pour le général Kleber, en cas que le général Kleber soit à Qatyeh, et dans cet ordre sera celui au général Reynier, pour lui faire connaître qu'il est sous les ordres du général Kleber et qu'il doit exécuter tous les ordres qu'il lui donnera; et, dans le cas où le général Kleber ne serait pas encore rendu à Qatyeh, il y aura, outre l'ordre ci-dessus, un ordre particulier pour le général Reynier, dans lequel vous lui prescrirez d'exécuter la partie de l'ordre ci-dessus qui le regarde, ordre que l'adjoint ne donnera au général Reynier que dans le cas où le général Kleber n'y serait pas. Il faut que l'adjoint règle sa marche de manière à être arrivé le 16 à Qatyeh. Vous annoncerez, par un Arabe, au général Reynier, qu'un adjoint part pour lui porter l'ordre de se rendre à El-A'rych; que cet adjoint n'arrivera probablement que vingt-quatre heures après l'Arabe : qu'il fasse donc ses préparatifs pour pouvoir partir peu d'heures après l'arrivée de l'adjoint. Vous ferez connaître à l'Arabe qu'il aura dix piastres de gratification s'il arrive le 15 avant midi.

BONAPARTE.

Dépôt de la guerre.

3928. — AU GÉNÉRAL KLEBER, A DAMIETTE.

Quartier général, au Caire, 12 pluviôse an VII (31 janvier 1799).

L'état-major, Citoyen Général, vous fait passer l'ordre du mouvement pour l'occupation d'El-A'rych. Pour y arriver, vous avez deux

19.

ennemis à vaincre, la faim et la soif, et les ennemis qui sont à
Gaza, et qui, en deux jours, peuvent retourner à El-A'rych.

Vous direz aux gens du pays que vous pourrez rencontrer que
vous n'avez ordre d'occuper qu'El-A'rych, Khân-Younès, et de
chasser Ibrahim-Bey; que c'est à lui seul que vous en voulez.

Les moyens de transport que vous avez dans ce moment-ci à Qatyeh
peuvent seuls décider de la quantité de troupes que vous pourrez
envoyer à El-A'rych. L'avant-garde du général Reynier épuisera tous
les moyens de transport; car il est indispensable que les soldats
portent pour trois jours sur eux, et qu'il ait avec lui un convoi qui
assure la subsistance pour douze jours.

Arrivé à Khân-Younès, vous pouvez écrire à Abd-Ullah-Pacha
que le bruit public nous a instruits que le Grand Seigneur l'avait
nommé pacha d'Égypte; que, si cela est vrai, nous avons lieu d'être
étonnés qu'il ne soit pas venu; que nous sommes les amis du Grand
Seigneur; que vous n'avez aucune intention hostile contre lui; que
vous n'avez ordre de moi que d'occuper le reste de l'Égypte et de
chasser Ibrahim-Bey; que vous ne doutez pas que, s'il me fait connaître l'ordre qui le nomme pacha d'Égypte, je ne le reçoive avec
tous les honneurs dus à son poste; que, du reste, vous êtes persuadé
que, s'il est véritablement officier de la Sublime Porte, il n'a rien
de commun avec un tyran tel qu'Ibrahim-Bey, à la fois ennemi de la
République française et de la Sublime Porte.

Les divisions Bon et Lannes, la cavalerie et le parc de réserve
sont en mouvement; je compte partir moi-même le 17. Je suivrai
la route de Birket el-Hàggy, Belbeys, Koràym, Sàlheyeh, le pont
d'El-Khazneh et Qatyeh. Vous m'enverrez par cette route les rapports
que vous aurez à me faire.

BONAPARTE.

Collection Napoléon.

3929. — AU GÉNÉRAL BERTHIER.

Quartier général, au Caire, 13 pluviôse an VII (1ᵉʳ février 1799).

La compagnie Omar marchera avec l'émir-hadji et recevra les
ordres directement de lui. L'émir-hadji, avec une centaine d'hommes
turcs à cheval et un nombre d'hommes à pied, avec plusieurs membres du divan, devant suivre l'armée, campera toujours à part; il
recevra tous les jours l'ordre de l'état-major. Il y aura parmi ses
officiers un de ses gens qui sera toujours avec l'état-major et un autre
faisant fonctions de commissaire; il y aura un adjoint à l'état-major
qui marchera toujours avec lui. L'ordonnateur en chef mettra au-

près de lui un commissaire des guerres pour lui faire fournir ce dont il aura besoin.

L'état-major et l'ordonnateur en chef enverront aujourd'hui un officier et un commissaire des guerres pour prendre les noms de tous les hommes armés, de ceux qui ne le sont pas, des domestiques, des chevaux, des chameaux, afin de connaître le nombre de rations dont ils auront besoin.

BONAPARTE.

Dépôt de la guerre.

3930. — ORDRE.

Quartier général, au Caire, 13 pluviôse an VII (1er février 1799).

ARTICLE 1er. — Les marchands de riz et autres qui, dans les branches de Damiette et de Rosette, font les avances nécessaires pour la culture des rizières, feront ces avances comme par le passé.

ART. 2. — Ils sont solidairement chargés de la culture des rizières appartenant à la République.

ART. 3. — Ils percevront le produit de l'ousyeh, lequel leur appartiendra en entier, sauf, 1° la partie due aux cultivateurs pour leur travail; 2° le revenu dû à la République, comme succédant aux droits des propriétaires et à ceux de l'ancien gouvernement.

ART. 4. — Ils seront remboursés des avances qu'ils feront pour les feddàn autres que ceux de l'ousyeh dans les qyrât qui appartiennent à la République, et de celles qui seront faites pour les qyrât des particuliers, de la manière et aux époques ordinaires, et en percevant l'intérêt usité.

ART. 5. — Au moyen des profits résultant des articles 2 et 3, lesdits marchands de riz verseront dans les caisses publiques une somme égale aux revenus des ousyeh, du màl el-hour, du barràny et autres droits usités.

BONAPARTE.

Comm. par Mme de la Morinière.

3931. — ORDRE.

Quartier général, au Caire, 13 pluviôse an VII (1er février 1799).

ARTICLE 1er. — L'administrateur général des finances liquidera les divers emprunts forcés qui ont eu lieu sur les marchands de café, sur les Coptes, sur les marchands damasquins, sur les marchands d'Alexandrie, de Rosette, de Foueh et de Damiette, et sur les diverses autres corporations au Caire.

Art. 2. — Il est autorisé à en faire le remboursement en maisons, okels, bains, emplacements, jardins, feddàn d'ousyeh appartenant à la République, sans que le revenu puisse excéder, pour les terres, 1 pour 20 du capital, et pour les maisons, okels, bains et emplacements, 1 pour 10 du capital.

Art. 3. — Les prêteurs payeront comptant la plus-value que pourrait avoir l'objet donné en remboursement.

Art. 4. — Le titre de propriété leur sera délivré par l'administrateur général des finances.

Art. 5. — Ils seront tenus de faire enregistrer et de payer le droit d'enregistrement; l'administration de l'enregistrement et des domaines leur délivrera le titre de garantie ordinaire.

BONAPARTE.

Comm. par Mme de la Morinière.

3932. — ORDRE.

Quartier général, au Caire, 13 pluviôse an VII (1er février 1799).

ARTICLE 1er. — La maison qu'occupe le général Lannes dans l'île de Roudah, et 20 feddàn, 10 de chaque côté, lui sont donnés en toute propriété.

La maison qu'occupe le général Dommartin et le jardin qui est vis-à-vis, à gauche d'un nouveau chemin, lui sont donnés en toute propriété.

La maison qu'occupe le général Murat lui est donnée en toute propriété.

Art. 2. — L'île de Roudah sera partagée en dix portions. Seront exceptées la partie sud, où est le Meqyàs, et la partie nord, où il y a une batterie, avec un arrondissement convenable.

Art. 3. — L'île vis-à-vis Boulàq, où est le lazaret, sera partagée en dix portions.

Art. 4. — Le général en chef se réserve de donner ces vingt portions à des officiers de l'armée qui le mériteront.

Art. 5. — L'administrateur général des finances fera rédiger, dans la journée de demain, par le bureau de l'enregistrement, les actes de propriété de ces différents officiers, et prendra les mesures pour exécuter, d'ici au 20 pluviôse, l'article 1er du présent ordre. Les actes de propriété seront remis chez le payeur.

Art. 6. — Le chef de l'état-major général fera connaître aux généraux Dommartin, Lannes et Murat, que ces biens leur sont donnés en gratification extraordinaire pour les services qu'ils ont rendus dans la campagne et les dépenses qu'elle leur a occasionnées.

BONAPARTE.

Dépôt de la guerre.

3933. — ORDRE DU JOUR.

Quartier général, au Caire, 14 pluviôse an VII (2 février 1799).

ARTICLE 1ᵉʳ. — Il sera accordé, pour récompense, aux tambours qui se distingueront, des baguettes d'argent; il ne pourra pas y en avoir plus de vingt-cinq dans l'armée.

Il sera accordé, pour récompense, aux trompettes qui se distingueront, des trompettes d'argent; il ne pourra pas y en avoir à l'armée plus de cinq.

Il sera accordé aux canonniers pointeurs qui se distingueront par la justesse du tir une petite grenade en or, qui sera fixée sur leur baudrier; il ne pourra pas y en avoir plus de quinze.

Il sera accordé aux soldats qui se distingueront des fusils garnis en argent; il ne pourra pas y en avoir plus de deux cents.

ART. 2. — Tout soldat qui aura obtenu une trompette ou baguette d'argent, la grenade d'or ou le fusil garni en argent, aura deux sous par jour de haute paye.

ART. 3. — Les officiers ou soldats qui se distingueront par des actions de bravoure extraordinaire ou par des services essentiels rendus à l'armée auront un des cent sabres accordés en Italie, et dont vingt-cinq sont à donner.

ART. 4. — Tous les officiers et soldats de l'armée qui ont obtenu un des cent sabres enverront, dans le plus court délai, au chef de l'état-major, copie, certifiée par le conseil d'administration, du titre qui le leur accorde et de l'inscription qui a été mise dessus. L'état général sera imprimé et mis à l'ordre du jour.

BONAPARTE.

Dépôt de la guerre.

3934. — AU GÉNÉRAL DESAIX.

Quartier général, au Caire, 15 pluviôse an VII (3 février 1799).

Votre dernière lettre, que j'ai reçue hier, Citoyen Général, est datée du 16 nivôse. Je n'ai eu depuis aucune nouvelle de vos opérations ultérieures.

Le général Davout m'a écrit de Syout, le 23 nivôse. Il m'a annoncé les succès qu'il a obtenus sur les différents rassemblements de fellahs qui s'étaient révoltés.

Depuis le 3 nivôse, nous sommes à Qatyeh et nous y avons établi un fort et des magasins assez considérables. Le général Reynier part le 16 de Qatyeh pour se rendre à El-A'rych. Une grande partie de l'armée est en mouvement pour traverser le désert et se présenter sur les frontières de la Syrie. Le quartier général va incessamment se mettre en marche.

Mon but est de chasser Ibrahim-Bey du reste de l'Égypte, dissiper le rassemblement de Gaza et punir Djezzar de sa mauvaise conduite.

Le citoyen Collot, lieutenant de vaisseau, est parti de Suez avec quatre chaloupes canonnières portant 80 hommes de débarquement. Il a ordre de croiser devant Qoseyr et même de s'en emparer. Dès l'instant qu'il aura effectué son débarquement, il vous en préviendra en vous expédiant des Arabes. De votre côté, expédiez d'Esné des hommes pour pouvoir être instruit de son arrivée, correspondre avec lui, et lui envoyer des vivres, dont il pourrait avoir besoin.

Défaites-vous, par tous les moyens et le plus tôt possible, de tous ces vilains Mameluks.

BONAPARTE.

Comm. par M. Pauthier.

3935. — ORDRE.

Quartier général, au Caire, 15 pluviôse an VII (3 février 1799).

Le général en chef, par les différents mouvements qu'ont faits les troupes composant l'armée d'Italie, n'ayant eu connaissance que dans ce moment des noms des quatre grenadiers de la 69e demi-brigade qui, par leur sang-froid et leur bravoure, ont empêché les Autrichiens de surprendre les postes avancés du camp retranché de Saint-Georges, après que le général Provera eut passé l'Adige à Porto-Legnago, au moment où l'armée française gagnait la bataille de Rivoli,

Accorde au citoyen Pierre Cavard, un des quatre grenadiers de la 69e qui ont eu part à l'action dont il vient d'être parlé, un des deux cents fusils garnis d'argent, destinés par l'ordre du général en chef à récompenser les officiers ou soldats qui se distingueront ou qui auront rendu un service essentiel à l'armée.

En conséquence, aussitôt que les fusils seront faits, il en sera adressé un au citoyen Pierre Cavard.

Il jouira, à dater de ce jour, des deux sous par jour de haute paye dont, conformément à l'article 2 de l'ordre du 14 pluviôse, doivent jouir ceux auxquels le général en chef accorde un des deux cents fusils garnis d'argent.

Par ordre du général en chef.

Dépôt de la guerre.

3936. — AU DIRECTOIRE EXÉCUTIF.

Quartier général, au Caire, 17 pluviôse an VII (5 février 1799).

Plusieurs généraux et officiers m'ayant fait connaître que leur santé ne leur permettait point de continuer à servir dans ce pays-ci, surtout la campagne redevenant plus active, je leur ai accordé la permission de passer en France.

Je vous ai expédié ces jours-ci plusieurs bâtiments avec des courriers; j'espère que quelques-uns vous arriveront.

L'on nous annonce à l'instant l'arrivée à Alexandrie d'un bâtiment ragusin chargé de vin et porteur de lettres pour moi de Gênes et d'Ancône; depuis huit mois, c'est la première nouvelle d'Europe qui nous arrive. Je ne recevrai ces lettres que dans deux ou trois jours; et je désire bien vivement qu'il y en ait de vous, et du moins que je puisse être instruit de ce qui se passe en Europe, afin de pouvoir guider ma conduite en conséquence.

BONAPARTE.

Collection Napoléon.

3937. — AU GÉNÉRAL MARMONT, a ALEXANDRIE.

Quartier général, au Caire, 17 pluviôse an VII (5 février 1799).

J'ai reçu, Citoyen Général, la lettre que vous m'avez écrite le 7, m'annonçant l'arrivée du citoyen Hamelin à Alexandrie. Toutes les troupes dans ce moment-ci traversent le désert, et j'étais moi-même sur le point de partir; je retarde mon départ pour voir le citoyen Hamelin, ou recevoir au moins les lettres de Livourne et de Gênes que vous m'annoncez.

Vous ferez sortir un parlementaire par lequel vous préviendrez le commandant anglais que plusieurs avisos anglais ont, à différentes époques, échoué sur la côte; que nous avons sauvé les équipages; qu'ils sont dans ce moment détenus au Caire, où ils sont traités avec tous les égards possibles; que, ne les regardant pas comme prisonniers, je les lui enverrai incessamment.

BONAPARTE.

Dépôt de la guerre.

3938. — AU GÉNÉRAL KLEBER.

Quartier général, au Caire, 17 pluviôse an VII (5 février 1799).

Nous avons reçu enfin, Citoyen Général, des nouvelles de France. Un bâtiment ragusin chargé de vin est arrivé, ayant à son bord les citoyens Hamelin et Livron. Ils apportent des lettres que je n'ai pas encore reçues, parce que Marmont m'a écrit par un Arabe.

Jourdan a quitté le corps législatif et commande l'armée sur le Rhin. Le congrès de Rastadt était toujours au même point; on y parlait beaucoup sans avancer.

Joubert commande l'armée d'Italie. Schauenburg commande à Malte [1]. Pléville est parti pour Corfou. Passwan-Oglou a détruit complétement l'armée du capitan-pacha et est maître d'Andrinople.

La Marguerite, expédiée après la prise d'Alexandrie, et *la Petite-Cisalpine*, expédiée de Rosette un mois après le combat d'Aboukir, sont toutes deux arrivées.

Descorches était en route pour Constantinople.

Au commencement de novembre, l'ambassadeur turc à Paris faisait encore ses promenades à l'ordinaire.

Les Espagnols, au nombre de 24 vaisseaux, se laissent bloquer par 16 vaisseaux anglais.

On a pris des mesures pour recruter les armées; il paraît que l'on a requis tous les jeunes gens de dix-huit ans, que l'on a appelés les *conscrits*.

Les choses de l'intérieur sont absolument dans le même état que lorsque nous sommes partis; on ne remarque, dans l'allure du Gouvernement, que le changement qu'a pu y apporter le nouveau membre qui y est entré [2].

Le général Humbert, avec 1,500 hommes, est arrivé en Irlande; il a réuni quelques Irlandais autour de lui, et, quinze jours après, il a été fait prisonnier avec toute sa troupe.

On arme en Europe de tous côtés; cependant on ne fait encore que se regarder.

Je retarde mon départ de deux jours, afin de recevoir des lettres avant de partir.

La 32ᵉ doit être à Qatyeh; le général Bon, avec le reste de sa division, est à Sàlheyeh. Si des événements pressants vous rendaient un secours nécessaire, vous lui écririez; il n'aurait pas besoin de mon ordre pour marcher à vous.

Collection Napoléon.   BONAPARTE.

[1] Schauenburg commandait alors en Helvétie. — [2] Treilhard.

3939. — AU GÉNÉRAL BERTHIER.

Quartier général, au Caire, 17 pluviôse an VII (5 février 1799).

Vous voudrez bien écrire, Citoyen Général, aux commandants de la citadelle, des forts Dupuy, Sulkowski, Ibrahim-Bey, de la Prise d'eau et de Gyzeh, pour qu'ils m'envoient demain dans la journée une réponse à ces questions :

Si, le 16, ils avaient été bloqués de manière à ne plus pouvoir communiquer, combien de bouches avaient-ils à nourrir?

Combien de jours auraient-ils pu se défendre?

Qu'est-ce qui les empêcherait de tenir plus longtemps?

Et, s'ils avaient été attaqués, combien de coups de canon pouvaient-ils tirer?

Qu'est-ce qui leur manquait?   BONAPARTE.

Dépôt de la guerre.

3940. — AU GÉNÉRAL DOMMARTIN.

Quartier général, au Caire, 17 pluviôse an VII (5 février 1799).

Vous trouverez ci-joint, Citoyen Général, l'ordre au commandant de la marine à Boulâq pour qu'il mette à votre disposition six pierriers de 3 livres, avec le nombre de boulets nécessaire. Les pierriers seront à la disposition du commandant de la place, pour défendre les issues des rues et protéger le quartier français.

Je vous prie également de faire placer une pièce de 3 sur le petit minaret qui est au quartier général, pour battre la place Ezbekyeh et le chemin de Boulâq, et de faire placer une pièce de canon d'un calibre quelconque à la porte des Pyramides, et une autre à la porte du Delta.

BONAPARTE.

Dépôt de la guerre.

3941. — ORDRE DU JOUR.

Quartier général, au Caire, 18 pluviôse an VII (6 février 1799).

Le général en chef, vu la nécessité de constater d'une manière légale, pour les Français non militaires, les actes de naissance, de mariage et de mort, et tous autres actes civils qui intéressent l'état des citoyens et la tranquillité des familles, ordonne que le registre des actes civils sera tenu par les commissaires français près les divans des différentes provinces, lesquels rempliront, à cet égard, les mêmes fonctions qui étaient attribuées au consul français au Caire.

Par ordre du général en chef.

Dépôt de la guerre.

3942. — AU GÉNÉRAL DOMMARTIN.

Quartier général, au Caire, 19 pluviôse an VII (7 février 1799).

Je suis extrêmement mécontent, Citoyen Général, d'apprendre qu'il n'y a pas encore un seul boulet au fort Dupuy.

Je vous prie d'envoyer, dans la journée, un armurier à la maison d'Ibrahim-Bey, afin de mettre en état les 106 fusils qui sont dans le magasin de l'hôpital. A la maison d'Ibrahim-Bey, il n'y a que trente coups par pièce, soit à boulet, soit à mitraille. Je croyais que, depuis le 10, il y en avait cent.

Les affûts du fort de l'Aqueduc sont absolument hors de service. Ils ne sont pas en état de tirer dix coups chacun.

Tout ce que vous m'avez annoncé dans votre rapport comme devant être placé, le 10, à la citadelle, ne s'y trouvait pas le 16.

Il y a à la citadelle deux pièces de 4, et il n'y a que trente cartouches de ce calibre; il n'y a que vingt-cinq obus par obusier.

Il manque au fort Sulkowski des dégorgeoirs, des refouloirs, des esses et des boute-feux. Je vous prie d'envoyer à la citadelle 150 fusils, qui seront tenus en réserve, et pour être distribués seulement dans des moments extraordinaires.

BONAPARTE.

Dépôt de la guerre.

3943. — ORDRE DU JOUR.

Quartier général, au Caire, 19 pluviôse an VII (7 février 1799).

Le général en chef témoigne sa satisfaction au commissaire des guerres Michaux sur l'heureux changement qui, depuis son arrivée, s'est opéré dans les administrations d'Alexandrie, et sur l'activité qu'il met à assurer la subsistance du soldat : un commissaire des guerres actif, probe et ferme, est le véritable père du soldat et a des titres réels à la reconnaissance nationale.

Par ordre du général en chef.

Dépôt de la guerre.

3944. — QUESTIONS DU GÉNÉRAL BONAPARTE
AU CITOYEN HAMELIN.

Quartier général, au Caire, 20 pluviôse an VII (8 février 1799).

DEMANDES.	RÉPONSES.
Quand avez-vous appris, pour la première fois, que le roi de Naples avait déclaré la guerre à la France?	Je l'ai appris, le 23 décembre, d'un bâtiment qui venait de Cività-Vecchia à Navarin. Il m'a dit que la guerre avait été déclarée par le roi de Naples à la France vers la fin de novembre.

De quelle nation était ce bâtiment?

Ragusin.

Que disait ce bâtiment?

Que lorsqu'il était parti de Cività-Vecchia les Napolitains y étaient; qu'ils étaient aussi à Rome, qui avait été évacuée par les Français après un léger combat.

Avez-vous su la même nouvelle par d'autres voies?

Je l'ai sue par un bâtiment impérial venant de Livourne. Il est arrivé à Navarin environ huit jours après le ragusin.

Lorsque vous avez parlé à ce bâtiment, avait-il communiqué avec le bâtiment ragusin?

J'ai été à bord du bâtiment impérial dès qu'il a eu mouillé, et avant qu'il eût communiqué avec personne.

Depuis quand ce bâtiment manquait-il de Livourne?

Depuis environ vingt-cinq jours.

Y avait-il des passagers à bord de ce bâtiment?

Deux Grecs, qui allaient à Smyrne.

Que vous a appris ce bâtiment?

La même chose que le ragusin, c'est-à-dire que les Napolitains étaient entrés à Cività-Vecchia et à Rome; il a ajouté que différents rapports de bâtiments partis de Livourne depuis lui lui avaient appris que les Anglais avaient porté à Livourne un corps de Napolitains qui s'étaient emparés de cette ville.

Ce bâtiment ne vous a-t-il pas parlé des dispositions dans lesquelles l'Empereur était vis-à-vis de la France?

Non; mais un autre bâtiment impérial venant de Trieste lui a assuré que les négociations de paix s'avançaient de plus en plus vers leur terme.

Depuis quand ce bâtiment était-il parti de Trieste?

Aux environs du 1er nivôse.

Quel est le bâtiment qui vous a instruit que les vaisseaux d'Ancône étaient dans les îles de la Dalmatie?

Le même; il a parlé au citoyen Lallemant, commandant ces trois vaisseaux; celui-ci lui a dit que les Napolitains avaient envahi Rome et Cività-Vecchia.

Quel est le bâtiment qui vous a parlé de la prise d'Ancône?

Un ragusin venant de Tunis et allant à Baïrouth; il l'avait apprise d'un bâtiment rencontré dans le canal de Malte

Qui vous a dit que Passwan-Oglou était à Andrinople?

Le bey de Navarin et un capitaine de bombarde russe qui, détaché de l'armée de Corfou, allait dans l'archi-

Que savez-vous de Corfou?

Qu'est-ce qui vous prouvait que la Porte nous faisait la guerre?

Quand croyez-vous que *la Brune* soit arrivée à Corcyre?

BONAPARTE.

pel, ainsi que le consul impérial de Coron.

Après avoir passé à une lieue et demie de Corfou et avoir vu un grand nombre de bâtiments, surtout à la passe du sud, nous avons eu des nouvelles plus précises par le capitaine de bombarde russe dont j'ai parlé plus haut. Ils ont dit que les flottes turque et russe montaient à 62 voiles, parmi lesquelles il y avait huit vaisseaux, dont six russes; le reste était composé d'assez mauvaises embarcations. Ils avaient, en général, peu de troupes de débarquement. Ils avaient fait quelques tentatives, toujours malheureuses, sur un fort de la passe du sud. Ce capitaine m'a fait voir ses ordres; ils étaient de l'amiral turc et visés par le comte Oczakoff, dont j'ai vu la signature.

Le blocus de Corfou, les relations du bey de Navarin, qui nous l'a assuré, et le dire de tous les bâtiments, sans exception, que j'ai rencontrés.

Vers le 20 novembre.

R. HAMELIN.

3945. — AU GÉNÉRAL BERTHIER.

Quartier général, au Caire, 20 pluviôse an VII (8 février 1799).

Vous donnerez l'ordre à deux compagnies de dromadaires de se tenir prêtes à partir le 22, pour se rendre à Belbeys. Vous recommanderez au chef d'escadron de faire armer chacun avec une lance qui ait au moins 15 pieds de long, indépendamment du fusil, et de choisir les plus forts dromadaires. Je désire que vous en passiez la revue demain pour vous assurer qu'il ne leur manque rien de ce qui leur est nécessaire, et surtout des outres.

BONAPARTE.

3946. — AU GÉNÉRAL BERTHIER.

Quartier général, au Caire, 20 pluviôse an VII (8 février 1799).

Vous donnerez l'ordre au général Rampon de partir le 24, avec le 2e bataillon de la 4e, pour se rendre à Sàlheyeb. Il aura avec lui une pièce de canon. Vous préviendrez de ce départ le commissaire ordonnateur en chef, les généraux d'artillerie et du génie, afin qu'ils profitent de cette occasion pour faire passer tout ce qu'ils auraient à envoyer à l'armée.

Il restera au Caire un adjudant général de l'état-major général, qui partira le 24 avec le général Rampon, et portera toutes les dépêches qui pourraient être arrivées à l'état-major général et au général en chef d'ici au 24.

Vous donnerez l'ordre à la 2e division de l'escadron du 22e de chasseurs, qui est destiné à marcher, de partir le 22; à la 2e division de l'escadron du 7e de hussards, de partir le 21.

Vous préviendrez les citoyens Monge et Gloutier que le quartier général part demain.

Vous donnerez l'ordre au chef de brigade des guides de faire seller ses chevaux et de se tenir prêt à partir demain à midi. Il viendra à cette heure prendre mes ordres pour savoir l'heure à laquelle on bridera.

BONAPARTE.

Dépôt de la guerre.

3947. — AU CITOYEN POUSSIELGUE.

Quartier général, au Caire, 20 pluviôse an VII (8 février 1799).

Je donne ordre au payeur d'envoyer un de ses préposés, sur une djerme armée, à Mehallet-el-Kebyr et à Menouf, pour ramasser l'argent et le rapporter au Caire le plus promptement possible.

Donnez ordre à l'agent de la province de Gyzeh de se mettre en course pour lever le deuxième tiers du myry.

Pressez de tous vos moyens la rentrée du premier tiers que doivent payer les adjudicataires; joignez-y tout ce que rend la Monnaie et doit rendre l'enregistrement : car il est indispensable que vous ramassiez d'ici au 1er ventôse 500,000 francs, et que vous me les fassiez passer à l'armée. Ils seront escortés par un adjudant général de l'état-major et le 3e bataillon de la 32e, qui ont ordre de partir le 30.

Envoyez des exprès de tous les côtés et écrivez pour qu'on active la rentrée des impositions.

Donnez ordre à Damiette pour qu'on recouvre les 150,000 francs qui restent à recouvrer, que l'on fasse rentrer le deuxième tiers du myry, de manière que le payeur de cette place puisse nous envoyer, le 30, par Tyneh et Qatyeh, 200,000 livres.

Donnez ordre également que les impositions se lèvent dans la

* province de Charqyeh, de manière que l'on puisse nous envoyer, d'ici au 1er du mois prochain, 100,000 livres.

Vous sentez combien il est nécessaire que, surtout dans ce premier moment, nous ayons de quoi subvenir à l'extraordinaire de l'expédition.

BONAPARTE.

Comm. par Mme de la Morinière.

3948. — ORDRE DU JOUR.

Quartier général, au Caire, 20 pluviôse an VII (8 février 1799).

Le général en chef s'est rendu au fort Dupuy; il a été mécontent de ce que les pièces de ce fort n'avaient pas encore été flambées; il ordonne au commandant de la place de mettre, pendant vingt-quatre heures, aux arrêts le commandant du fort.

Il recommande aux commandants de tous les forts, qui n'auraient pas fait flamber leurs pièces, de les faire flamber, de s'assurer que leur artillerie est en état, et d'avoir au moins 150 coups par pièce, indépendamment de ce que le parc pourrait fournir dans l'occasion.

Le 23, le général commandant au Caire fera la visite de tous les forts, pour s'assurer que l'artillerie et tous les approvisionnements sont en règle.

Par ordre du général en chef.

Dépôt de la guerre.

3949. — AU GÉNÉRAL MARMONT, A ALEXANDRIE.

Quartier général, au Caire, 21 pluviôse an VII (9 février 1799).

Vous verrez par l'ordre du jour, Citoyen Général, que tous les fonds des provinces d'Alexandrie, de Rosette et de Bahyreh, doivent être versés dans la caisse du payeur d'Alexandrie. Le citoyen Baude a été investi de toute l'autorité du citoyen Poussielgue.

. Le commissaire Michaux est investi de toute l'autorité de l'ordonnateur en chef sur l'administration de ces trois provinces, dont les fonds seront exclusivement destinés à pourvoir à vos services.

Ordonnez que le 3e bataillon de la 75e se réunisse, avec deux bonnes pièces d'artillerie, à Damanhour; que cette colonne puisse se porter dans toute cette province et même dans celle de Rosette pour lever les impositions et punir ceux qui se comporteraient mal. Cette mesure aura l'avantage de tirer tout le parti possible de ces deux provinces, de tenir une bonne réserve éloignée de l'épidémie d'Alexandrie, et, selon les événements, vous la feriez revenir à Alexandrie, où sa présence relèverait le moral de toute la garnison, car il est d'axiome, dans l'esprit de la multitude, que lorsque l'ennemi reçoit des renforts, elle doit en recevoir pour se croire en égalité de force; et enfin, s'il arrivait quelque événement dans le Delta, ce bataillon pourrait s'y porter et être d'un grand secours.

Mettez-vous en correspondance avec le général Lanusse, qui commande à Menouf, et le général Fugière, qui commande à Mehallet-el-Kebyr. Ne vous laissez point insulter par les Arabes. Le bon moyen de faire finir votre épidémie est peut-être de faire marcher vos troupes. Saisissez l'occasion, et calculez une opération de 4 ou 500 hommes sur Maryout : cela sera d'autant plus essentiel que, partant demain pour me rendre en Syrie, l'idée de mon absence pourrait les enhardir.

Si des événements supérieurs arrivaient, le commandant de Rosette doit se retirer dans le fort de Qatyeh, qui doit être approvisionné pour cinq ou six mois. Maître de ce fort, il le serait de la bouche du Nil, et dès lors empêcherait de rien faire de grand contre l'Égypte. Faites donc armer et approvisionner le fort de Rachyd [1]; mettez dans le meilleur état celui d'Aboukir; profitez de tous les moyens possibles, et du temps qui vous reste d'ici au mois de juin, pour mettre Alexandrie à l'abri d'une attaque de vive force pendant, 1° cinq à six jours, qu'une armée puisse débarquer et l'investir; 2° quinze jours, qu'elle commence le siége; 3° quinze à vingt jours de siége.

Vous sentez que, lorsque cette opération pourrait être possible, je ne serais pas éloigné de dix jours de marche d'Alexandrie.

Faites lever exactement la carte des provinces de Bahyreh, Rosette et Alexandrie, et, dès l'instant qu'elle sera faite, envoyez-la-moi, afin qu'elle puisse me servir si votre province devenait le théâtre de plus grands événements. Dans ce moment-ci, la saison ne permet pas aux Anglais de rien faire de dangereux. Envoyez-moi des Arabes par Damiette et par le Caire, pour me donner de vos nouvelles; dans ces deux villes, on saura où je me trouve.

Vous trouverez ci-joint la relation de la fête du Ramazân et une proclamation du divan du Caire. Il est bon de répandre l'une et l'autre, non-seulement dans votre province, mais encore par les bâtiments qui partiront.

Je ne puis pas vous donner une plus grande marque de confiance qu'en vous laissant le commandement du poste le plus essentiel de l'armée.

Le citoyen Hamelin est arrivé hier; j'ai trouvé beaucoup de con-

[1] Rosette.

tradiction dans tout ce qu'il a appris en route, et j'ajoute peu de foi à toutes les nouvelles qu'il donne comme les ayant apprises en route : la situation de l'Europe et de la France, jusqu'au 10 novembre, me paraissait assez satisfaisante.

J'apprends qu'il est arrivé un nouveau bâtiment de Candie; interrogez-le avec le plus grand soin et envoyez-moi les demandes et les réponses. Informez-vous de l'escadre russe.

Quoique je croie que nous soyons en paix avec Naples et l'Empereur, cependant je vous autorise à retarder, sous différents prétextes, le départ des bâtiments napolitains, impériaux, livournais; concertez-vous avec le citoyen Le Roy, et envoyez-m'en l'état; nous acquerrons tous les jours des renseignements plus certains.

BONAPARTE.

Collection Napoléon.

3950. — AU GÉNÉRAL DUGUA.

Quartier général, au Caire, 21 pluviôse an VII (9 février 1799).

Vous prendrez, Citoyen Général, le commandement de la province du Caire.

Les dépôts des divisions Bon et Reynier gardent la citadelle avec deux compagnies de vétérans.

Il y a à la citadelle des approvisionnements de réserve pour nourrir cinq à six mois la garnison et l'hôpital qui s'y trouvent.

Il y a au fort Dupuy un détachement de la division maltaise et de canonniers.

Le fort Sulkowski est gardé par le dépôt du 7e de hussards et du 22e de chasseurs.

Le fort Camin est gardé par un détachement du 14e de dragons.

La tour du fort de l'Institut est gardée par un détachement des dépôts de la division Lannes, ainsi que le fort de la Prise d'eau et de la maison d'Ibrahim-Bey; dans cette dernière est notre grand hôpital.

Tous nos établissements d'artillerie sont à Gyzeh, ainsi que les dépôts de la division du général Desaix.

Tous les Français sont logés autour de la place Ezbekyeh. J'y laisse un bataillon de la 69e, un de la 4e d'infanterie légère et un de la 32e.

Le bataillon de la 4e partira le 24; une compagnie de canonniers marins, le 27; et le bataillon de la 32e, le 30 pluviôse. J'ai désigné le 30 pour le départ de ce bataillon, parce que je suppose que le général Menou sera arrivé à cette époque avec la légion nautique. Si elle n'était pas arrivée, vous garderez ce bataillon jusqu'à son arrivée, et, dans ce cas, vous ferez escorter le trésor qu'on doit envoyer à l'armée par un détachement qui ira jusqu'à Belbeys.

Je laisse à Boulâq tous les dépôts de dragons, ce qui, avec les dépôts des régiments de cavalerie légère, forme près de 300 hommes. Il leur reste à tous quelques chevaux; il en arrive d'ailleurs journellement que vous leur ferez distribuer.

La première opération que vous aurez à faire est de réunir chez vous les commandants des différents dépôts, de passer la revue de leurs magasins et de prendre toutes les mesures afin que chacun de ces régiments puisse, en cas d'alerte, monter tant bien que mal un certain nombre de chevaux. Ce sont principalement les selles qui manquent. Il y a à Boulâq un atelier, qui a déjà reçu 6,000 francs d'avance, et qui doit en fournir 400, à 30 par décade. Vous ne recevrez que des selles très-bonnes, puisqu'on les paye très-cher. Le 14e de dragons a 200 selles qui sont en quarantaine à Rosette depuis vingt-cinq jours, et qui doivent être ici avant la fin du mois.

On doit monter à Gyzeh au moins cinq à six sabres par jour. Vous les ferez donner, à mesure, aux dépôts de cavalerie qui en ont le plus besoin. Vous passerez une réforme des chevaux, et je vous autorise à faire vendre, au profit des masses des régiments de cavalerie, tous les chevaux hors d'état de servir.

Il y a dans la province du Caire cinq tribus principales d'Arabes : les Bily : c'est la plus nombreuse, elle est en paix avec nous, elle a, dans ce moment-ci, son chef et plus de 200 chameaux à l'armée; les Saouâlhât : nous sommes en paix avec eux; les fils de ses deux principaux cheiks sont en otage chez Zoulfiqâr, commissaire près le divan; les Terràbyn : nous sommes en paix avec eux; ils ont leurs cheiks et presque tous leurs chameaux dans les convois de l'armée; enfin les Haouytât et les A'ydy, qui sont nos ennemis : nous avons brûlé leurs villages, détruit leurs troupeaux; ils sont dans le fond du désert; mais ils pourront revenir faire des brigandages aux environs du Caire. Il faut que les forts Camin, Sulkowski et Dupuy leur tirent des coups de canon, quand ils s'approchent trop.

Il faut avoir toujours un bâtiment armé, embossé plus bas que la ville, près du rivage, de manière à pouvoir tirer dans la plaine.

Il faut, de temps en temps, envoyer 100 hommes à Qelyoub avec une petite pièce de canon, tant pour lever le myry que pour connaître si ces Arabes sont retournés, et pouvoir les investir et surprendre leur camp. Il faut aussi, de temps en temps, réunir une centaine d'hommes à Gyzeh, faire une tournée, dans le nord surtout de la province, lever le myry et donner la chasse aux Arabes. Je désirerais que, dès que le général Leclerc sera arrivé à Gyzeh, vous l'envoyassiez, avec 100 hommes de Gyzeh et 50 de la garnison du Caire, faire dans le nord de sa province une tournée de cinq à six jours. Vous régleriez sa marche de manière à être instruit tous les jours où il se trouverait, afin de pouvoir le rappeler, si les circonstances l'exigeaient.

Le divan du Caire a une influence réelle dans la ville et est composé d'hommes bien intentionnés. Il faut le traiter avec beaucoup d'égards et avoir une confiance particulière dans le commissaire Zoulfiqâr et dans le cheik El-Mohdy.

L'intendant général copte, le chef des marchands de Damas, Mikhayl, que vous pourrez consulter secrètement, lorsque vous aurez quelque inquiétude, pourront vous donner des renseignements sur ce qui se passerait dans la ville.

S'il y avait du trouble dans la ville, il faudrait vous adresser au petit divan, réunir même le divan général : ils réussiront à tout concilier, en leur témoignant de la confiance; enfin prendre toujours ses mesures de sûreté, telles que consigner la troupe, redoubler les gardes du quartier français, y placer quelques petites pièces de canon, mais n'arriver à faire bombarder la ville par le fort Dupuy et la citadelle qu'à la dernière extrémité; vous sentez le mauvais effet que doit produire une telle mesure sur l'Égypte et tout l'Orient.

S'il arrivait des événements imprévus à Alexandrie ou à Damiette, vous y feriez marcher le général Lanusse, et même le général Fugière.

Si vous veniez à craindre quelque chose de la populace du Caire, vous feriez venir le général Lanusse, de Menouf. Il viendrait sur l'une et l'autre rive, et son arrivée ferait beaucoup d'effet dans la ville.

J'ai donné des fonds au génie, à l'artillerie et à l'ordonnateur, pour tout le mois de ventôse.

Vous correspondrez avec moi par des Arabes et par tous les convois qui partiront.

Quels que soient les événements qui se passent dans la province de Charqyeh, 25 hommes, partant de nuit, arriveront toujours à Birket-el-Hâggy, à Belbeys et à Sâlheyeh.

Le commandant des armes à Boulâq vous remettra l'état des bâtiments armés que nous avons sur le Nil. Il est nécessaire que ces bâtiments fassent un service de plus en plus actif.

Le payeur a ordre de tenir à votre disposition 2,000 francs par décade, pour payer les courriers que vous m'expédierez.

Le directeur du parc de Gyzeh doit envoyer, le 24, une pièce de 8 au général Fugière : veillez, je vous prie, à ce qu'elle parte; vous sentez combien il est nécessaire qu'il la reçoive ; il n'a que 200 hommes sans canons.

BONAPARTE.

Dépôt de la guerre.

3951. — ARRÊTÉ.

Quartier général, au Caire, 21 pluviôse an VII (9 février 1799).

ARTICLE Iᵉʳ. — L'imprimerie nationale recevra directement les ordres du citoyen Poussielgue.

ART. 2. — Elle travaillera avec la plus grande activité à l'impression de *la Décade*.

ART. 3. — Le citoyen Fournier fournira les matières pour les nᵒˢ 6, 7, 8, qui doivent tous être imprimés dans le mois de ventôse.

BONAPARTE.

Comm. par Mᵐᵉ de la Morinière.

3952. — AU DIRECTOIRE EXÉCUTIF.

Quartier général, au Caire, 22 pluviôse an VII (10 février 1799).

Citoyens Directeurs, un bâtiment ragusin est entré le 7 pluviôse dans le port d'Alexandrie ; il avait à bord les citoyens Hamelin et Livron, propriétaires du chargement, consistant en vin, vinaigre, draps, eau-de-vie, etc. Il m'a apporté une lettre d'Ancône, du consul, en date du 11 brumaire ; elle ne me donne point d'autres nouvelles que de me faire connaître que tout était tranquille en Europe et en France. Il m'envoie la série des journaux de Lugano, depuis le nᵒ 36 (3 septembre) jusqu'au nᵒ 43 (22 octobre), et la série du *Courrier de l'armée d'Italie,* qui s'imprime à Milan, depuis le nᵒ 219 (14 vendémiaire) jusqu'au nᵒ 230 (6 brumaire).

Le citoyen Hamelin est parti de Trieste le 24 octobre, a relâché à Ancône le 3 novembre, et est arrivé à Navarin, en Morée, d'où il est parti le 28 nivôse. J'ai interrogé moi-même le citoyen Hamelin, et il a déposé les faits ci-joints [1]. Les nouvelles sont assez contradictoires. Depuis le 6 juillet je n'ai pas reçu de nouvelles d'Europe.

Le 1ᵉʳ novembre, mon frère est parti sur un aviso ; je lui avais donné ordre de se rendre à Crotone ou dans le golfe de Tarente ; j'imagine qu'il est arrivé.

L'ordonnateur Sucy est parti le 26 frimaire.

Je vous ai expédié plus de 60 bâtiments de toutes les nations, et par toutes les voies ; ainsi vous devez être bien au fait de notre position ici.

[1] Pièce nᵒ 3944.

Nous avons appris par Suez que six frégates françaises, qui croisaient à l'embouchure de la mer Rouge, avaient fait pour plus de 20 millions de prises aux Anglais.

Je fais construire dans ce moment-ci une corvette à Suez, et j'ai une flottille de quatre avisos qui navigue dans la mer Rouge.

Les Anglais ont obtenu de la Porte que Djezzar-Pacha aurait, outre son pachalik d'Acre, celui de Damas. Ibrahim-Pacha, Abd-Ullah-Pacha et d'autres pachas sont à Gaza, et menacent l'Égypte d'une invasion. Je pars dans une heure pour aller les trouver. Il faut passer neuf jours de désert sans eau ni herbe. J'ai ramassé une quantité assez considérable de chameaux, et j'espère que je ne manquerai de rien. Quand vous lirez cette lettre, il serait possible que je fusse sur les ruines de la ville de Salomon.

Djezzar-Pacha, vieillard de soixante et dix ans, est un homme féroce qui a contre les Français une haine démesurée. Il a répondu avec dédain aux ouvertures amicales que je lui ai fait faire plusieurs fois.

J'ai, dans l'opération que j'entreprends, trois buts :

1° Assurer la conquête de l'Égypte en construisant une place forte au delà du désert, et, dès lors, éloigner tellement les armées, de quelque nation que ce soit, de l'Égypte, qu'elles ne puissent rien combiner avec une armée européenne qui viendrait débarquer sur les côtes ;

2° Obliger la Porte à s'expliquer, et, par là, appuyer les négociations que vous avez sans doute entamées, et l'envoi que je fais à Constantinople, sur la caravelle turque, du consul Beauchamp ;

3° Enfin ôter à la croisière anglaise les subsistances qu'elle tire de Syrie, en employant les deux mois d'hiver qui me restent à me rendre, par la guerre et par des négociations, toute cette côte amie.

Je me fais accompagner, dans cette course, du mollah, qui est, après le mufti de Constantinople, l'homme le plus révéré de l'empire musulman, des cheiks des quatre principales sectes, de l'émir-hadji ou prince des pèlerins.

Le Ramazàn, qui a commencé hier, a été célébré de ma part avec la plus grande pompe ; j'ai rempli les mêmes fonctions que remplissait autrefois le pacha.

Le général Desaix est à plus de 160 lieues du Caire, près des Cataractes ; il fait des fouilles sur les ruines de Thèbes. J'attends à chaque instant les détails officiels d'un combat qu'il aurait eu contre les Mameluks, où Mourad-Bey aurait été tué et cinq à six beys prisonniers.

L'adjudant général Boyer a découvert dans le désert, du côté du Fayoum, des ruines qu'aucun Européen n'avait encore vues.

Le général Andréossy et le citoyen Berthollet sont de retour de la tournée qu'ils ont faite aux lacs de natroun et aux couvents coptes. Ils ont fait des découvertes extrêmement intéressantes. Ils ont découvert d'excellent natroun, que l'ignorance des exploitants empêchait de découvrir. Cette branche de commerce de l'Égypte deviendra par là encore plus importante.

Par le premier courrier, je vous enverrai le nivellement du canal de Suez, dont les vestiges se sont parfaitement conservés.

Il est nécessaire que vous fassiez passer des armes, et que vos opérations militaires et diplomatiques soient combinées de manière que nous recevions des secours. Les événements de la guerre et les événements naturels font mourir du monde.

Une maladie contagieuse s'est déclarée depuis deux mois à Alexandrie ; 200 hommes en ont été victimes. Nous avons pris des mesures pour qu'elle ne s'étende point ; nous la vaincrons.

Nous avons eu bien des ennemis à vaincre dans cette expédition : désert, habitants du pays, Arabes, Mameluks, Russes, Turcs, Anglais.

Si, dans le courant de mars, le rapport du citoyen Hamelin se confirme et que la France soit en armes contre les rois, je passerai en France.

Je ne me permets, dans cette lettre, aucune réflexion sur la position des affaires de la République, puisque, depuis dix mois, je n'ai plus aucune nouvelle. Nous avons tous une confiance entière dans la sagesse et la vigueur des déterminations que vous prendrez.

BONAPARTE.

Dépôt de la guerre.

3953. — AU GÉNÉRAL DESAIX.

Quartier général, au Caire, 22 pluviôse an VII (10 février 1799).

Je suis fort impatient de recevoir de vos nouvelles, quoique la voix publique nous apprenne que vous avez battu les Mameluks et que vous en avez détruit un grand nombre.

Les généraux Kleber et Reynier sont à El-A'rych ; je pars à l'instant même pour m'y rendre. Mon projet est de pousser Ibrahim-Bey au delà des confins de l'Égypte et de dissiper les rassemblements de pachas qui se sont faits à Gaza.

Écrivez-moi par le Caire et en m'envoyant des Arabes droit à El-A'rych.

Le citoyen Collot, lieutenant de vaisseau, est parti le 12 de ce mois, avec un très-bon vent, de Suez, avec quatre chaloupes canonnières portant 80 hommes de débarquement, pour se rendre à Qoseyr; on m'écrit de Suez qu'à en juger par le temps qu'il a fait il doit y être arrivé le 16. Écrivez-lui par des Arabes et procurez-vous tous les secours que vous pourrez.

Les citoyens Hamelin et Livron sont arrivés le 7 pluviôse à Alexandrie. Ils étaient partis le 24 octobre de Trieste, le 3 novembre d'Ancône, et le 28 nivôse de Navarin, en Morée, où ils sont restés mouillés fort longtemps. Ils sont venus sur un bâtiment chargé de vin, d'eau-de-vie et de draps. A leur départ d'Europe, tout était parfaitement tranquille en France. Le congrès de Rastadt durait toujours. Le corps législatif paraissait avoir repris un peu plus de dignité et de considération, et avoir dans les affaires un peu plus d'influence que lorsque nous sommes partis. On avait fait une loi pour le recrutement de l'armée. Tous les jeunes gens, depuis dix-huit à trente ans, avaient été divisés en cinq conscriptions militaires.

Voulant activer les négociations de Rastadt, on avait envoyé Jourdan commander l'armée du Rhin, Joubert celle d'Italie, et on avait demandé dans la première conscription 200,000 hommes; cela paraissait s'effectuer.

Presque tous les avisos que j'avais envoyés en France étaient arrivés.

On avait appris en Europe la prise d'Alexandrie un mois avant la bataille des Pyramides, et la bataille des Pyramides dix jours avant le combat d'Aboukir.

Le vaisseau *le Généreux*, qui s'était retiré à Corfou, a pris, en différentes occasions, deux frégates anglaises et le vaisseau *le Leander*, de 64; ce dernier s'est battu quatre heures.

Au 3 novembre, *la Cisalpine* et deux autres avisos que j'avais expédiés étaient en rade à Ancône, attendant à chaque instant le retour de leur courrier, pour remettre à la voile et revenir ici.

Une escadre russe bloquait Corfou. Les habitants s'étaient réunis à la garnison, forte de 4,000 hommes. Le blocus n'a pas empêché la frégate *la Brune* d'y entrer le 20 novembre. L'ancien ministre Pléville est à Corfou, où il cherche à réunir les restes de notre marine. Descorches est parti, le 15 octobre, pour Constantinople, comme ambassadeur extraordinaire.

Dès l'instant que l'on a su à Londres que toute notre armée avait débarqué en Égypte, il y a eu en Angleterrre une espèce de délire.

Nos dignes alliés les Espagnols avaient 24 vaisseaux dans le port de Cadix; ils se laissaient bloquer par 16 vaisseaux.

L'Angleterre a déclaré la guerre à toutes les républiques italiennes.

Le général Humbert, que vous connaissez bien, a eu la bonté de doubler l'Écosse et de débarquer avec 2 ou 300 hommes en Irlande. Après avoir obtenu quelques avantages, il s'est laissé investir et a été fait prisonnier. L'adjudant général Sarrazin était avec lui. Il me fâche de voir dans une opération aussi ridicule le brave 3e régiment de chasseurs. L'escadre de Brest était très-belle.

Les Anglais bloquent Malte; mais plusieurs bâtiments chargés de vivres y étaient déjà entrés.

On était très-indisposé à Paris contre le roi de Naples.

Ne donnez pas de relâche aux Mameluks; détruisez-en le plus que vous pourrez et par tous les moyens possibles.

Faites construire un petit fort capable de contenir 2 ou 300 hommes, et un plus grand nombre dans l'occasion, dans l'endroit le plus favorable que vous pourrez. Il faut le choisir près de pays fertiles.

Le but de ce fort serait de pouvoir réunir là nos magasins et nos bâtiments armés, afin que, dans le mois de mai ou juin, votre division devenant nécessaire ailleurs, on puisse laisser un général avec quatre ou cinq djermes armées, qui, de là, tiendra en respect une partie de la haute Égypte. Il y aura des fours et des magasins, de sorte que quelques bataillons de renfort le mettraient dans le cas de soumettre les villages qui se seraient révoltés, ou de chasser les Mameluks qui seraient revenus. Sans cela, vous sentez que, si votre division est nécessaire ailleurs, 100 Mameluks peuvent revenir et s'emparer de toute la haute Égypte; ce qui n'arrivera pas si les habitants voient toujours des troupes françaises, et dès lors peuvent penser que votre division n'est absente que momentanément. Je désirerais, si cela est possible, que ce fort fût à même de pouvoir correspondre facilement avec Qoseyr.

Je fais construire, dans ce moment-ci, deux corvettes à Suez, qui porteront chacune douze pièces de canon de 6.

Mettez la main le plus tôt possible à la construction de votre fort; prenez sur vos barques armées le nombre de pièces de canon nécessaire pour armer ce fort. Je désire, si cela est possible, qu'il soit construit en pierre.

BONAPARTE.

Comm. par M. Pauthier.

3954. — AU GÉNÉRAL BERTHIER.

Quartier général, Belbeys, 23 pluviôse an VII (11 février 1799).

Vous ferez battre la générale à six heures du matin. La division du général Lannes partira à sept heures pour Koràym, la cavalerie à huit heures, et se cantonnera dans les villages au delà de Koràym, sur la gauche; le commissaire des guerres ira en avant, avec un détachement, pour connaître ceux où il y aurait le plus de subsistances.

Le quartier général partira à sept heures, les guides à cheval à huit heures.

Le 3e bataillon de la 13e partira le 24, avec un convoi de farine et d'orge, composé de tous les chameaux qu'on pourra se procurer dans la journée de demain.

Ordre par un dromadaire au 3e bataillon de la 32e, qui est au Caire, de faire partir, le 25, cent hommes, pour tenir garnison à Belbeys.

Recommandez à l'adjudant général Boyer de faire prévenir le directeur de la poste de faire partir toutes les lettres pour l'armée par toutes les occasions, spécialement le 24 par la 32e.

Ordre au général Bon de partir le 24, avec sa division, pour se rendre à Qatyeh. Il emportera avec lui, de Sàlheyeh, au moins pour six jours de vivres.

Vous lui recommanderez de faire bien raccommoder le passage du canal de Qantarah [1] par des pionniers.

BONAPARTE.

Dépôt de la guerre.

3955. — AU GÉNÉRAL BON.

Quartier général, Belbeys, 23 pluviôse an VII (11 février 1799).

Vous aurez reçu, Citoyen Général, l'ordre de vous rendre à Qatyeh; nous passerons sans doute par la route du pont [2], où il y a de l'eau. Je suis arrivé ici hier au soir, et je repars ce matin. Je serai demain à Sàlheyeh, où j'espère recevoir de vos nouvelles.

Plusieurs convois de chameaux sont en route et vont arriver à Qatyeh; donnez les ordres pour qu'ils soient déchargés. Envoyez à Tyneh pour y prendre les vivres venant de Damiette qui y seraient en dépôt, et faites-les filer le plus tôt possible sur El-A'rych.

BONAPARTE.

Collection Napoléon.

3956. — AU GÉNÉRAL KLEBER.

Quartier général, Belbeys, 23 pluviôse an VII (11 février 1799).

Je suis parti hier soir, à dix heures, et je suis arrivé à minuit à Belbeys. Je reçois votre lettre du 19, et, deux heures après, celle

[1] Qantarah el-Khazneh. — [2] D'El-Khazneh.

du 20. Le parc d'artillerie est arrivé hier à Sâlheyeh. J'ai ordonné que le reste de la division Bon partît demain de Sâlheyeh pour se rendre à Qatyeh. La division Lannes ira ce soir à Korâym, et demain à Sâlheyeh. Toute la division de cavalerie du général Murat, forte de plus de 1,000 chevaux, part également et sera demain soir à Sâlheyeh. 200 chameaux chargés d'orge doivent être arrivés ou sont en chemin pour Qatyeh. Nous ramassons dans le Charqyeh tous les chameaux nécessaires, et nous cherchons tous les vivres que nous pouvons. Si les officiers de marine ont trouvé un point de débarquement près d'El-A'rych, et que l'un des deux convois y arrive, je crois que nous serons bien, grâce au mouvement que vous avez donné à Damiette pendant le peu de temps que vous y êtes resté.

Quand je suis parti du Caire, le général Desaix avait détruit une partie des Mameluks, à trois journées des Cataractes. On disait trois beys pris et Mourad-Bey tué depuis trois jours. Cette nouvelle était celle du Caire, et l'intendant général l'avait presque reçue officiellement. Ainsi il est sûr qu'il y a eu une affaire.

BONAPARTE.

Collection Napoléon.

3957. — AU GÉNÉRAL BERTHIER.

Quartier général, Sâlheyeh, 24 pluviôse an VII (12 février 1799).

Le chef de l'état-major expédiera un courrier à Belbeys, afin que le 3e bataillon de la 13e, s'il n'est pas parti aujourd'hui, parte sans faute demain, avec le convoi qui serait prêt à deux heures du matin, et rejoigne à grandes journées.

Écrivez au général Rampon, qui doit être ce soir à Birket el-Hàggy, qu'il se rende à grandes journées à Sâlheyeh, où il est nécessaire qu'il arrive le plus tôt possible.

Envoyez l'ordre par duplicata au général Rampon, au commandant de Belbeys.

Recommandez au commandant de Belbeys de bien approvisionner ses forts, d'y renfermer tous les Français et de faire filer, à grandes journées, toutes les troupes qui rejoignent l'armée; recommandez-lui de faire partir les vingt coups d'obusier appartenant aux guides qui sont restés en arrière.

BONAPARTE.

Dépôt de la guerre.

3958. — AU CITOYEN STENDELET,
COMMANDANT LA FLOTTILLE DE DAMIETTE.

Quartier général, Qatyeh, 25 pluviôse an VII (13 février 1799).

Le général Ganteaume a dû, Citoyen Commandant, vous envoyer l'ordre de partir de Damiette et de vous rendre à El-A'rych, où vous pouvez mouiller en toute sûreté, le général Reynier ayant fait reconnaître la rade. Si des circonstances impérieuses et qu'on ne peut pas prévoir vous empêchaient d'exécuter en entier cet ordre, l'intention du général en chef est que vous expédiiez de suite *le Pluvier* et le bâtiment grec, chargé de vivres, qui sont du besoin le plus pressant pour les divisions qui se trouvent devant El-A'rych. Je vous préviens que le général en chef est arrivé aujourd'hui à Qatyeh.

Par ordre du général en chef.

Dépôt de la guerre.

3959. — AU GÉNÉRAL CAFFARELLI.

Quartier général, Qatyeh, 26 pluviôse an VII (14 février 1799).

Vous voudrez bien, Citoyen Général, donner l'ordre à un officier du génie de partir sur-le-champ pour se rendre aux puits de la route d'El-A'rych, surveiller les travaux des sapeurs qui creusent ces puits; ceux qui ont été faits aux palmiers sont déjà comblés. Il serait aussi nécessaire d'envoyer un officier du génie surveiller les travaux que l'on fait aux palmiers les plus loin. Faites-vous rendre compte, par l'officier de sapeurs que vous avez chargé de creuser ces puits, pourquoi il a fait un si mauvais travail.

BONAPARTE.

Dépôt de la guerre.

3960. — AU GÉNÉRAL BON.

Quartier général, Qatyeh, 26 pluviôse an VII (14 février 1799), 6 h. 1/2 du soir.

En conséquence des dispositions du général en chef, il est ordonné au général Bon de partir demain au jour, avec sa division, pour se rendre au second puits, sur la route d'El-A'rych, à environ cinq lieues.

La division du général Bon a reçu des vivres pour dix jours; en conséquence, elle n'en recevra pas jusqu'au 3 ventôse. Il aura soin de porter l'eau qui lui est nécessaire.

Le général en chef ordonne au général Bon de laisser à Qatyeh son payeur, ses quartiers-maîtres, ses gros bagages et tout objet d'un transport qui ralentirait sa marche. Il laissera pour leur garde un officier et les hommes qui ne seraient point en état de marcher.

Le général Bon laissera 100 hommes qui marcheront avec son artillerie pour le suivre le plus près possible.

Par ordre du général en chef.

Dépôt de la guerre.

3961. — AU GÉNÉRAL MURAT.

Quartier général, Qatyeh, 26 pluviôse an VII (14 février 1799), 6 h. 1/2 du soir.

En conséquence des dispositions du général en chef, il est ordonné au général Murat de partir demain, 27 du courant, à huit heures du matin, avec la cavalerie et son artillerie qui est arrivée ce soir, pour aller coucher à cinq lieues de distance de Qatyeh, aux trois citernes appelées Byr el-Abd.

Le général Murat fera prendre pour deux jours de vivres et de fourrages, ce qui, joint aux vivres pour trois jours pris aujourd'hui, portera la cavalerie payée de ses vivres et de son fourrage jusqu'au 30 inclus.

Comme son artillerie marchera moins vite que la division de cavalerie, il lui laissera pour escorte ses chevaux les plus fatigués.

Par ordre du général en chef.

Dépôt de la guerre.

3962. — AU GÉNÉRAL KLEBER.

Quartier général, Qatyeh, 27 pluviôse an VII (15 février 1799).

Le général Bon, avec le reste de sa division, Citoyen Général, part ce matin pour se rendre à la première journée.

La cavalerie part ce matin pour le même endroit.

J'ignore encore si le convoi par mer pour El-A'rych est parti; je ne sais pas même si le convoi d'Omm-Fàreg est arrivé à Tyneh; cependant je le présume, la journée d'hier ayant été favorable.

On a envoyé hier 40 chameaux à Tyneh; je les attends ce matin, et je ne partirai moi-même que lorsque je les aurai vus filer sur El-A'rych.

Je fais partir 200 chameaux appartenant au quartier général, qui viennent du Caire pour se charger à Tyneh de tout ce qui pourrait y rentrer, et dans le cas où le convoi ne serait pas arrivé à Tyneh, ils iront jusqu'à Omm-Fàreg.

Vous devez avoir reçu un convoi commandé par l'adjudant général Gilly-vieux, un autre par l'adjudant général Fouler.

Voici le troisième Arabe que je vous expédie sur un dromadaire depuis que je suis ici.

Je n'ai point de vos nouvelles depuis la lettre du général Reynier, que vous m'avez envoyée il y a trois jours.

BONAPARTE.

Collection Napoléon.

3963. — AU GÉNÉRAL BERTHIER.

Quartier général, Qatyeh, 27 pluviôse an VII (15 février 1799).

Le payeur mettra sa caisse dans le fort de Qatyeh.

Tous les souliers et effets d'habillement seront également mis dans le fort de Qatyeh.

Tout le quartier général campera, jusqu'à nouvel ordre, dans le fort de Qatyeh.

Tous les chameaux qui portent les bagages du quartier général, qui sont arrivés cette nuit au nombre de 260, partiront dans la matinée avec l'adjudant général Grezieu, 50 hommes d'infanterie et une compagnie du régiment de dromadaires, pour se rendre à Tyneh, y charger l'orge, le riz, le biscuit et autres objets dépendant des magasins de vivres qui s'y trouvent, et les transporter à Qatyeh.

Si le convoi qui depuis huit jours est arrivé à Omm-Fàreg n'est pas arrivé à Tyneh, de sorte qu'il n'y ait pas à Tyneh de quoi charger tous les chameaux, l'adjudant général ira jusqu'à Omm-Fàreg. Le général Andréossy, qui connaît les localités, donnera une instruction sur la route à tenir.

Sur les 260 chameaux, chaque général de division pourra en garder deux; chaque général de brigade et adjudant général, un.

L'ordonnateur en chef restera à Qatyeh, afin de veiller lui-même et faire filer sur El-A'rych les approvisionnements nécessaires au service de l'armée.

BONAPARTE.

Dépôt de la guerre.

3964. — A L'ADJUDANT GÉNÉRAL GREZIEU.

Quartier général, Qatyeh, 27 pluviôse an VII (15 février 1799).

Vous allez partir pour Tyneh, Citoyen, avec 200 chameaux et 50 hommes d'escorte et une compagnie de dromadaires. Arrivé à Tyneh, vous ferez charger sur ces chameaux tout l'orge, le riz et le biscuit que vous pourrez. Vous presserez le départ du bataillon de la 4e et des trois compagnies de grenadiers de la 19e. Vous écrirez à l'adjudant général Almeras, commandant à Damiette, et vous lui marquerez d'activer le plus possible le départ des convois de subsistances pour Tyneh.

Vous m'expédierez de Tyneh un Arabe sur un dromadaire, pour me rendre compte exactement de la situation des magasins de Tyneh et me donner des nouvelles du Caire et de Damiette.

Vos chameaux chargés, vous vous rendrez à Qatyeh; vous y trouverez un convoi de chameaux revenant à vide d'El-A'rych; vous ferez charger dessus 50,000 rations de riz, de biscuit; et, si le nombre des chameaux n'était pas suffisant, vous prendriez dans les 200 chameaux de quoi assurer le transport de ces 50,000 rations; vous partirez avec ce convoi pour El-A'rych, et vous remettrez les chameaux dont vous n'aurez plus besoin. Avant de partir, vous donnerez l'ordre au commandant de Qatyeh de faire filer continuellement sur El-A'rych les vivres qui arriveraient de Tyneh, et de m'envoyer des exprès pour m'instruire de sa situation, de celle de ses magasins et de celle de Tyneh.

BONAPARTE.

Si, à Tyneh, il y avait des denrées pour charger plus de 200 chameaux, vous feriez un second voyage avec vos chameaux.

Le parc d'artillerie a ordre, dès l'instant qu'il sera arrivé, d'envoyer 100 chameaux à Tyneh.

Collection Napoléon.

3965. — AU CITOYEN D'AURE.

Quartier général, Qatyeh, 27 pluviôse an VII (15 février 1799).

L'adjudant général Grezieu, qui part avec 200 chameaux pour Tyneh, a ordre de faire un second voyage, si cela est nécessaire, pour l'entière évacuation des magasins de Tyneh. Le parc d'artillerie, qui arrive ce soir, enverra 100 chameaux à Tyneh, et, si cela est nécessaire, ces chameaux feront deux voyages.

Vous donnerez ordre au commissaire Sartelon de rester à Qatyeh jusqu'à nouvel ordre, et de faire filer avec la plus grande activité sur El-A'rych tous les objets de subsistance qui se trouveront à Qatyeh.

Il doit y avoir, à Damiette, Menouf, Mehallet-el-Kebyr, une grande quantité de son; faites filer le tout sur Qatyeh; ce point est le plus essentiel, tant pour avancer que pour la retraite, et doit être approvisionné par tous les moyens possibles.

Vous renouvellerez les ordres à Sâlheyeh, Belbeys et au Caire, de faire filer avec activité des convois de biscuit, orge, fèves, son et riz, sur Qatyeh.

BONAPARTE.

Collection Napoléon.

3966. — AU CHEF D'ESCADRON LAMBERT,
COMMANDANT LES DROMADAIRES.

Quartier général, Qatyeh, 27 pluviôse an VII (15 février (1799).

Vous partirez sur-le-champ pour rejoindre le général en chef, avec tous vos dromadaires, excepté les dix laissés à l'ordonnateur en chef et ceux partis avec l'adjudant général Grezieu.

Par ordre du général en chef.

Dépôt de la guerre.

3967. — AU GÉNÉRAL LANNES.

Quartier général, Qatyeh, 27 pluviôse an VII (15 février 1799).

D'après les dispositions du général en chef, vous voudrez bien, Citoyen Général, partir demain avec toute votre division, pour vous rendre le plus tôt possible à El-A'rych. Vous emporterez les vivres que vous avez pris à Sâlheyeh et qui doivent vous mener jusqu'au 3 ventôse, si vous en avez pris pour dix jours, comme la division Bon, et comme il a été ordonné.

Prenez également l'eau qui vous sera nécessaire. Laissez à Qatyeh votre payeur et les gros bagages qui ralentiraient votre marche. Laissez l'escorte nécessaire pour votre artillerie, qui ne pourra pas marcher aussi vite que vous.

Par ordre du général en chef.

Dépôt de la guerre.

3968. — AU GÉNÉRAL DOMMARTIN.

Au bivouac de Mesoudyah, 29 pluviôse an VII (17 février 1799).

Il vous est ordonné d'envoyer sur-le-champ à la tente du général en chef tous les chameaux que vous pouvez avoir portant des outres, avec les chameliers, afin de les envoyer au-devant de la division Lannes : ils vous rentreront dans deux jours. Envoyez directement ces chameaux au puits, où il y a des ordres pour qu'ils prennent de l'eau, de préférence à tous autres. Les chameaux chargés se rendront à la tente du général en chef.

Par ordre du général en chef.

Dépôt de la guerre.

3969. — AU GÉNÉRAL DUGUA, AU CAIRE.

Quartier général, devant El-A'rych, 29 pluviôse an VII (17 février 1799).

Les divisions formant l'expédition pour marcher contre Ibrahim-Bey se sont mises en mouvement de différents points pour marcher à El-A'rych, premier point où l'ennemi a été rencontré.

A El-A'rych, les Mameluks, renforcés d'un corps de troupes de Djezzar-Pacha et de Moghrebins, y étaient postés. La division du général Reynier y est arrivée et a sur-le-champ attaqué les Mameluks, leur a tué environ 400 hommes, et elle tient le reste bloqué dans le château.

Le 23, un corps de Mameluks, arrivé de Gaza avec un convoi qu'il voulait faire entrer dans le fort d'El-A'rych, s'est présenté devant ce château; il a été vivement repoussé et obligé de se retirer et de prendre position à deux lieues; ils y sont restés le 26 et le 27.

Le 27, à minuit, le général Reynier a fait marcher un corps de troupes françaises qui est arrivé sur le camp des Mameluks, l'a investi, a taillé en pièces tout ce qui s'y trouvait.

Qassim-Bey et trois kâchefs ont été tués; un kâchef et quelques Mameluks ont été faits prisonniers; on leur a pris 100 chevaux, 90 chameaux, 8 drapeaux, leurs magasins de subsistances et de fourrages et une grande partie de leurs effets.

Les Mameluks et autres troupes qui sont cernées dans le fort ont tenté de s'évader; mais elles sont investies de manière à ne pouvoir point s'échapper.

La tranchée est ouverte; les pièces seront demain en batterie, et sous peu de jours ils seront forcés dans leurs retranchements. Le gros de l'armée continue sa route pour suivre l'ennemi.

Par ordre du général en chef.

Dépôt de la guerre.

3970. — AU GÉNÉRAL CAFFARELLI.

Quartier général, devant El-A'rych, 29 pluviôse an VII (17 février 1799).

Le général en chef vous ordonne, Citoyen Général, de faire, cette nuit, deux bouts de tranchée à 40 toises des deux tours du front du fort d'El-A'rych opposé à celui où est la porte d'entrée, c'est-à-dire du côté des monticules de sable vers la plaine. Ces bouts de tranchée doivent être tels, qu'ils puissent contenir au moins une centaine d'hommes à l'abri du feu du fort. Ce ne peut être qu'à l'instant où de grosses gardes seront établies dans ces deux morceaux de tranchée, qui feront place d'armes, que l'on pourra regarder le fort comme bloqué.

Le général en chef vous ordonne d'ouvrir, le plus tôt possible, la tranchée vis-à-vis la tour désignée comme la tour d'attaque, c'est-à-dire celle déjà annoncée par le général Lagrange, et d'y établir trois batteries, une de quatre pièces de 8, battant au même pan de la tour, deux autres de chacune deux obusiers. La batterie de brèche devra être à une distance de 20 à 40 toises; les deux d'obusiers, à une distance de 40 à 60 toises.

L'intention du général en chef est également qu'on place une pièce de canon contre la porte du fort. Vous ferez également ouvrir, cette nuit, un boyau pour attacher des mineurs au bas du rempart où nous avons reconnu, ce matin, une poterne sur le front de l'est.

L'intention du général en chef est que vous lui fassiez connaître, avant minuit, l'heure à laquelle les pièces pourront être en batterie contre le fort, et où on pourra les démasquer.

Vous vous concerterez avec le général Dommartin, auquel je donne les ordres qui le concernent. Vous demanderez au général Reynier, chargé du siége, les hommes de corvée dont vous pourrez avoir besoin.

Je vous préviens que les divisions Bon, Kléber et la cavalerie ont ordre d'employer la journée de demain pour se préparer à partir. Ils doivent se faire donner du pain pour le 1er et le 2 ventôse inclus; vous en ferez donner aux troupes de votre arme qui peuvent être dans le cas de suivre ces mouvements.

Je vous préviens que demain l'adjudant général Devaux part avec des chameaux pour Qatyeh, pour y chercher des vivres. Si vous aviez quelque ordre à envoyer à Qatyeh, vous pouvez le lui donner.

Il part également, ce soir, un Arabe à dromadaire pour le Caire.

Par ordre du général en chef.

Dépôt de la guerre.

3971. — AU GÉNÉRAL REYNIER.

Quartier général, devant El-A'rych, 29 pluviôse an VII (17 février 1799).

En conséquence des dispositions du général en chef, le général Reynier est chargé de faire le siége du fort d'El-A'rych avec les troupes de sa division. En conséquence, il fera relever, dès ce soir, avec les troupes de sa division, tous les postes qui pourraient être occupés par les troupes des autres divisions.

L'intention du général en chef est que le général Reynier bloque fort de manière que personne ne puisse s'échapper.

Il poussera le siége avec toute l'activité possible; il se concertera, à cet égard, avec les généraux d'artillerie et du génie auxquels le général en chef a déjà donné des ordres relativement à ce siége.

Le général Reynier verra l'ordonnateur en chef relativement aux moyens de subsistance de sa division.

Par ordre du général en chef.

Dépôt de la guerre.

3972. — AU GÉNÉRAL REYNIER.

Quartier général, devant El-A'rych, 29 pluviôse an VII (17 février 1799).

Le général en chef me charge de vous donner l'ordre, Citoyen Général, que, dans le cas où les ennemis chercheraient trop à inquiéter les travailleurs de la tranchée, vous devez porter une patrouille d'une cinquantaine d'hommes qui s'éparpilleront sur le front du côté de l'ouest, c'est-à-dire du côté de Qatyeh, afin de leur donner de l'inquiétude de ce côté et détourner leur attention sur le point de notre travail.

Le général en chef ordonne qu'avec des perches et un morceau en travers, sur lequel on mettra un mauvais sarrau de soldat et une espèce de bonnet ou chapeau, vous fassiez faire une vingtaine de mannequins qu'on placerait dans différents coins, pour faire croire à l'ennemi que ce sont des sentinelles ou des postes, leur faire consommer leurs munitions, et les dégoûter de tirer sur nos sentinelles lorsqu'ils commenceront à s'apercevoir qu'elles sont invulnérables.

Ordonnez à votre chef d'état-major de m'envoyer l'état exact des hommes tués des demi-brigades de votre division à l'attaque du village.

Par ordre du général en chef.

Dépôt de la guerre.

3973. — AU CITOYEN POLY,
COMMANDANT DE LA PLACE DE QATYEH.

Quartier général, devant El-A'rych, 29 pluviôse an VII (17 février 1799).

Vous aurez soin, Citoyen Commandant, de faire prendre, à tous les détachements que vous serez dans le cas d'envoyer de Qatyeh à El-A'rych, des vivres pour deux jours et de l'eau pour un jour. Les troupes iront coucher:

Le premier jour, au puits d'eau douce appelé Byr el-Abd, distant de Qatyeh d'environ cinq lieues;

Le deuxième jour, à neuf lieues de Byr el-Abd, au milieu d'une plaine rase où toutes les divisions ont bivouaqué, et où l'on ne trouve point d'eau;

21.

Le troisième jour, à El-A'rych; la marche est de six heures; le chemin est ferme pendant les deux tiers de la route. Une heure et demie avant d'arriver à El-A'rych, on trouve de l'eau douce en se dirigeant à gauche, vers la mer, lorsqu'on commence à rentrer dans les sables.

Par ordre du général en chef.

Dépôt de la guerre.

3974. — AU CITOYEN D'AURE.

Quartier général, devant El-A'rych, 29 pluviôse an VII (17 février 1799).

D'après les dispositions du général en chef, vous voudrez bien, Citoyen Ordonnateur, faire distribuer les vivres aux troupes des généraux Bon, Kleber et à la division de cavalerie, pour le 30, si elles ne les ont pas reçus, et pour les 1er et 2 de ventôse inclus, ces divisions devant employer la journée de demain à partir au premier ordre.

La division Reynier est chargée de faire le siége du fort; vous la préviendrez de la manière dont vous pourrez lui faire les distributions.

Je donne ordre à l'adjudant général Devaux de partir demain, avec tous les chameaux que vous pourrez mettre à sa disposition, pour aller chercher des vivres à Qatyeh.

J'ai ordonné au général Rampon, à l'adjoint Pinault, qui doivent arriver à Qatyeh avec des troupes, d'y prendre en passant des vivres pour six jours, et de réunir, à mesure qu'ils passeront, tous les moyens de transport pour apporter à El-A'rych le plus de subsistances qu'ils pourront pour l'armée.

Prévenez les administrations de ces dispositions, afin qu'elles concourent à leur exécution.

Par ordre du général en chef.

Dépôt de la guerre.

3975. — AU GÉNÉRAL REYNIER.

Quartier général, devant El-A'rych, 30 pluviôse an VII (18 février 1799).

L'artillerie des divisions éprouve, Citoyen Général, les plus grandes difficultés dans sa marche, à cause des sables mouvants qu'elle rencontre, et cependant l'armée se trouve dans une position telle que les moindres retards peuvent lui devenir funestes; on n'a vu d'autres moyens de donner à l'artillerie un peu plus de mobilité que de bonifier l'organisation des attelages. En conséquence, je vous préviens que j'ai donné l'ordre au général Dommartin de retirer de votre division deux chevaux français par pièce et par caisson, pour être remis à l'artillerie de la division Kleber, en échange de pareil nombre de chevaux arabes.

* Par ordre du général en chef.

Dépôt de la guerre.

3976. — AU COMMANDANT DU FORT D'EL-A'RYCH [1].

Quartier général, devant El-A'rych, 30 pluviôse an VII (18 février 1799).

Dieu est clément et miséricordieux !

Le général en chef de l'armée française a reçu la lettre que vous lui avez envoyée par votre parlementaire.

Il me charge de vous répondre qu'il donnera sauvegarde de la vie à la garnison du fort d'El-A'rych ; qu'il l'enverra dans un des ports de l'Égypte, pour que chacun retourne dans son pays. Vous remettrez le fort dans l'état où il était au départ de votre parlementaire.

Il est nécessaire que vous envoyiez un officier gradé pour traiter des détails de la capitulation.

Tous ceux de la garnison du fort d'El-A'rych qui voudront prendre du service dans la troupe de l'émir-hadji, au Caire, en auront la permission.

Par ordre du général en chef.

Dépôt de la guerre.

3977. — AU GÉNÉRAL REYNIER.

Quartier général, devant El-A'rych, 30 pluviôse an VII (18 février 1799).

Le général en chef a envoyé l'adjudant général Fouler pour être avec le bataillon et la pièce de 3 que vous avez eu ordre de faire mettre en observation dans le cas où l'ennemi chercherait à s'évader du fort.

Dans le cas où l'on s'apercevrait que l'ennemi sortît du fort pour s'évader, vous ordonnerez que la pièce de 3 qui sera avec le bataillon tire trois coups d'alarme. Je préviens le général Murat qu'à ce signal il doit faire porter un corps de cavalerie à l'endroit où l'ennemi dirigerait sa fuite.

Je préviens également le général Bon qu'à ce signal il doit faire marcher une partie de sa division sur l'ennemi ; les tambours qui marcheront avec les bataillons battront légèrement de la caisse, afin de se reconnaître ; mais pas assez fort pour empêcher qu'on entende les commandements.

Par ordre du général en chef.

Dépôt de la guerre.

[1] Ibrahim-Nisân.

3978. — AU GÉNÉRAL DUGUA, AU CAIRE.

Quartier général, devant El-A'rych, 30 pluviôse an VII (18 février 1799).

Les quatre divisions d'infanterie et de cavalerie se trouvent réunies, Citoyen Général, devant El-A'rych, après avoir franchi le désert avec facilité, grâce aux dispositions qui avaient été faites. L'armée est prête à se porter en avant; elle a été retenue aujourd'hui par des négociations entre le commandant du fort et le général en chef; le premier a envoyé quatre parlementaires. La tranchée est ouverte devant El-A'rych; on chemine à peu de distance de la place, et les batteries de brèche sont prêtes à être établies. El-A'rych tombera inévitablement. Ce fort, très-intéressant par sa position, renferme en outre 1,900 hommes, beaucoup de chevaux, de chameaux, de dromadaires, du biscuit, de l'orge et de la paille. La prise d'El-A'rych et la manière dont on a passé le désert vont ouvrir brillamment la campagne et sont du plus heureux augure pour la suite de nos succès. Les troupes sont pleines d'ardeur et ont oublié déjà leurs fatigues.

Par ordre du général en chef.

Dépôt de la guerre.

3979. — AU COMMANDANT DU FORT D'EL-A'RYCH.

Quartier général, devant El-A'rych, 30 pluviôse an VII (18 février 1799).

Le général en chef a reçu, par les deux agas, la lettre que vous lui avez adressée. Ce deux agas ne se croient pas suffisamment autorisés pour traiter de la capitulation. Le général en chef ne peut consentir à laisser sortir les troupes qui sont dans le fort pour aller rejoindre l'armée de Djezzar-Pacha. L'intention du général en chef est de faire tout ce qui pourra vous convenir, mais sans nuire aux intérêts de l'armée qu'il commande. Si vous étiez 40,000 hommes, munis d'une bonne artillerie, qui tinssiez enfermés 12 ou 1500 Français dans une mauvaise forteresse dépourvue de canons, le général en chef croit que vous n'auriez pas la simplicité de laisser en aller ce corps qui, par sa position, se trouverait prisonnier. Vous devez avoir vu, du haut de vos murailles, que nous avons un grand nombre de pièces d'artillerie, et qu'aussitôt que le général en chef croira devoir commencer le feu, votre château s'écroulera en moins de douze heures, et alors les conditions de la capitulation deviendront beaucoup plus désavantageuses pour vous. Ainsi, voici les seules conditions que le général en chef puisse vous accorder :

ARTICLE 1ᵉʳ. — Le commandant du fort d'El-A'rych remettra le fort dans les mains du général de l'armée française, avec tout ce qui se trouve dedans.

ART. 2. — La garnison sortira avec ses drapeaux, armes et bagages particuliers et tous les honneurs de la guerre.

ART. 3. — Arrivée à cinquante pas du fort, elle posera ses armes et sera conduite par un officier français jusqu'à un port de l'Égypte, où elle s'embarquera pour se rendre à un port quelconque de l'empire ottoman, autre que de la Syrie.

ART. 4. — Trente personnes, dont l'état sera donné par le commandant de la forteresse, conserveront leurs armes et pourront se retirer, si elles le jugent à propos, en Syrie, en promettant de ne point porter, de cette guerre, les armes contre les Français.

Par ordre du général en chef.

Dépôt de la guerre.

3980. — AU COMMANDANT DU FORT D'EL-A'RYCH.

Quartier général, devant El-A'rych, 30 pluviôse an VII (18 février 1799).

Le général en chef me charge de vous répondre qu'il est contraire aux usages de la guerre qu'une garnison bloquée dans un fort devant lequel la tranchée est ouverte sorte sans laisser ses armes et sans être prisonnière de guerre.

Ce n'est que par pure générosité que le général en chef a laissé les armes et les chevaux à trente chefs, avec la liberté de se rendre en Syrie. C'est également pour traiter votre garnison avec une faveur particulière que le général en chef lui laisse la liberté de s'embarquer dans un des ports de l'Égypte pour se rendre dans l'empire ottoman.

Par-dessus tout cela, le général en chef vous accorde les honneurs de la guerre, qui consistent à sortir de la place jusqu'à 50 toises, les armes hautes et les étendards déployés.

Si, avant minuit, vous n'êtes pas d'accord sur ces conditions, le général en chef ne se tient plus engagé à rien. Jamais il ne consentira à ce que vos troupes, qu'il regarde depuis trois jours comme ses prisonniers, aillent augmenter l'armée de ses ennemis.

Par ordre du général en chef.

Dépôt de la guerre.

3981. — AU COMMANDANT DU FORT D'EL-A'RYCH.

Quartier général, devant El-A'rych, 30 pluviôse an VII (18 février 1799).

Dieu est clément et miséricordieux !

Le général en chef me charge de vous répondre que, la garnison du fort d'El-A'rych étant composée de Moghrebins et d'Albanais, nations vivant en bonne amitié avec la République française, il préfère vous conquérir par sa clémence plutôt que de vous faire sauter par les mines et vous détruire par les batteries. Vous trouverez ci-joint la capitulation telle qu'il veut bien vous l'accorder, afin que, le reste de votre vie, vous reconnaissiez qu'il vous a sauvés, comme un grand nombre de musulmans lui doivent leur liberté.

CAPITULATION DU FORT D'EL-A'RYCH.

ARTICLE 1ᵉʳ. — La garnison d'El-A'rych sortira du fort d'El-A'rych aujourd'hui, à trois heures après midi. Le fort sera consigné aux troupes françaises dans l'état et avec les approvisionnements qui s'y trouvent dans ce moment-ci.

ART. 2. — La garnison sortira avec les honneurs de la guerre.

ART. 3. — Arrivée à cinquante pas du fort, elle déposera ses armes, hormis trente chefs, qui auront la permission de garder leurs chevaux et leurs armes.

ART. 4. — Chaque aga ou commandant engagera sa parole d'honneur de ne plus servir, le reste de la guerre, contre l'armée française, et de s'en retourner à sa maison, chez lui, en vivant en paix et ne prenant pas les armes contre l'armée française.

ART. 5. — Chaque commandant de troupe fera jurer chaque soldat de ne pas porter les armes contre l'armée, et de s'en retourner chez lui, ou bien de prendre du service chez les pachas qui ne sont pas en guerre avec l'armée française.

ART. 6. — La garnison d'Al-A'rych ne passera ni par Jaffa, ni par Saint-Jean-d'Acre, mais s'en ira par Jérusalem et Damas.

Par ordre du général en chef.

Dépôt de la guerre.

3982. — NOUVELLE OFFRE DE CAPITULATION.

Quartier général, devant El-A'rych, 1ᵉʳ ventôse an VII (19 février 1799).

ARTICLE 1ᵉʳ. — Le fort d'El-A'rych sera remis aux troupes françaises à quatre heures après midi.

ART. 2. — La garnison se rendra, par le désert, à Bagdad, à moins qu'elle ne veuille aller en Égypte.

ART. 3. — A quatre heures, il sera remis un état nominatif des agas, avec la promesse, pour eux et leurs troupes, de ne point servir dans l'armée de Djezzar-Pacha, ni de prendre la route de Syrie.

ART. 4. — Il sera accordé un sauf-conduit et un drapeau tricolore, avec lequel la garnison défilera.

ART. 5. — Elle laissera tous les approvisionnements et autres effets qui se trouveraient dans le fort, ainsi que tous les chevaux.

Il sera fourni quinze chevaux pour les chefs. Les autres chevaux seront fidèlement remis.

BONAPARTE.

Collection Napoléon.

3983. — AU COMMANDANT DU FORT D'EL-A'RYCH.

Quartier général, devant El-A'rych, 2 ventôse an VII (20 février 1799).

Le général en chef me charge de vous faire connaître que la brèche commence à être praticable; que les lois de la guerre, chez tous les peuples, sont que la garnison d'une ville prise d'assaut doit être passée au fil de l'épée; que votre conduite, dans cette circonstance, n'est qu'une folie de laquelle il a pitié, et que la générosité l'oblige à vous sommer pour la dernière fois; qu'il ne doute pas qu'après la réception de cette lettre, si vous êtes dans votre bon sens, vous n'envoyiez deux hommes de considération auprès de lui, chargés d'arrêter les détails d'une capitulation analogue à votre situation actuelle, et conforme à ce qui se pratique dans cette circonstance chez tous les peuples policés de la terre. Cette démarche peut seule sauver la vie aux hommes qui sont sous vos ordres, action dont vous serez responsable devant Dieu, qui veut que personne ne résiste à celui à qui il donne la force et la victoire.

Par ordre du général en chef.

Dépôt de la guerre.

3984. — AU GÉNÉRAL DUGUA, AU CAIRE.

Quartier général, El-A'rych, 3 ventôse an VII (21 février 1799).

Je vous annonce, Citoyen Général, que le fort d'El-A'rych s'est rendu hier dans l'après-midi; la garnison était de 1,500 hommes; la brèche était déjà praticable, et ce n'a été que par humanité et pour épargner le sang de ces malheureux que le général en chef a admis la garnison à capitulation.

Les troupes se rendent à Bagdad en prenant la route du désert; quelques-uns retournent en Égypte pour leurs affaires.

Nous avons trouvé dans le fort des magasins considérables de biscuit, de riz et d'orge, des chameaux, des dromadaires et 300 beaux chevaux.

Par ordre du général en chef.

Dépôt de la guerre.

3985. — AU CITOYEN D'AURE.

Quartier général, El-A'ryrch, 3 ventôse an VII (21 février 1799).

D'après les ordres du général en chef, vous voudrez bien, Citoyen Ordonnateur, faire prendre soin des blessés qui ont été trouvés dans le fort d'El-A'rych. Les six chameaux portés sur votre état seront remis aux transports, et les trois dromadaires à la compagnie de dromadaires.

On dressera un état des effets d'habillement et de casernement, et ces effets seront brûlés.

Par ordre du général en chef.

Dépôt de la guerre.

3986. — AU GÉNÉRAL KLEBER.

Quartier général, El-A'rych, 3 ventôse an VII (21 février 1799).

Le général en chef ordonne au général Kleber de partir aujourd'hui, avec toute sa division et celle de cavalerie commandée par le général Murat, qui est à ses ordres, pour aller coucher au premier puits, à environ cinq lieues sur la route de Khân-Younès, à moins qu'il n'apprenne qu'il y ait des forces supérieures ; alors il s'arrêterait et préviendrait le général en chef.

Le général Kleber, formant l'avant-garde de l'armée, donnera au général Murat l'ordre du départ et ses instructions particulières, en lui faisant remettre l'ordre ci-inclus.

Le général Kleber a vu, par l'ordre du jour, que ses troupes doivent avoir des vivres pour les 3, 4, 5, 6, 7 du courant.

Par ordre du général en chef.

Dépôt de la guerre.

3987. — AU GÉNÉRAL DUGUA, AU CAIRE.

Quartier général, El-A'rych, 4 ventôse an VII (22 février 1799).

Le chef de l'état-major doit vous avoir tenu au fait des différents événements militaires qui ont eu lieu ici. Vous recevrez une quinzaine de drapeaux avec six kàchefs et une trentaine de Mameluks. Mon intention est qu'ils soient bien traités ; on leur restituera leur maison ; mais on exercera sur eux une surveillance particulière. Vous leur réitérerez la promesse que je leur ai faite de leur faire du bien, si, à mon retour, vous êtes content de leur conduite.

Je désire que vous voyiez le cheik El-Mohdy et les différents membres du divan, et que vous vous concertiez pour faire une petite fête à la réception des drapeaux, et, si cela se peut faire naturellement, de les placer dans la mosquée d'El-Azbar, comme un trophée de la victoire remportée par l'armée d'Égypte sur Djezzar et sur les ennemis des Égyptiens. Arrangez tout cela comme vous pourrez.

Faites filer du biscuit par toutes les occasions.

Faites dire à Ibrahim, cheik des Bily, que je désire qu'il vienne, ainsi que le kiâya des Arabes, qui est Moghrebin et qui me serait utile.

Faites-nous passer, dès que vous le pourrez, 5 ou 600 cartouches à boulet de 8, et 3 ou 400 de 12.

Envoyez-moi les lettres de l'armée par des convois sûrs, et ne m'envoyez par les Arabes que des lettres par duplicata de ce que vous. m'enverriez par des détachements. Le désert est fort long, et les Arabes viennent de piller toutes les dépêches que m'apportait le général Rampon, qu'il m'avait envoyées de Qatyeh par des Arabes.

Je n'ai reçu de vous, depuis mon départ, qu'une seule lettre du 26. S'il venait surtout des lettres importantes, soit de la haute Égypte, soit de France, ne les hasardez pas légèrement, mais envoyez-les-moi par un officier et une bonne escorte, en me prévenant en gros, par un Arabe, de ce qui serait parvenu à votre connaissance.

Faites connaître aux habitants du Caire et de Damiette qu'ils peuvent envoyer des caravanes en Syrie, qu'ils vendront bien leurs marchandises et que leurs propriétés seront respectées.

J'ai enrôlé 3 ou 400 Moghrebins, qui marchent avec nous. Vous trouverez ci-joint copie du serment que m'ont fait les six kâchefs.

BONAPARTE.

Dépôt de la guerre.

3988. — AU GÉNÉRAL MARMONT, A ALEXANDRIE.

Quartier général, El-A'rych, 4 ventôse an VII (22 février 1799).

J'ai reçu, Citoyen Général, une lettre de vous du 19, par laquelle j'ai vu qu'une lettre prise par des Arabes est la longue lettre que vous m'annonciez sur le bombardement des Anglais. J'attends Lavallette, qui est encore en quarantaine au Caire, et qui me donnera sans doute les détails que vous m'écriviez.

Le chef de l'état-major vous instruira de nos opérations militaires; nous avons pris, après quatre jours de tranchée ouverte, le fort d'El-A'rych; nous y avons fait 1,200 prisonniers des meilleures troupes de Djezzar. Notre avant-garde est à Gaza.

Donnez-moi de vos nouvelles par le Caire et surtout par Damiette, puisque, par ce dernier point et Qatyeh, elles arrivent promptement.

S'il arrivait des nouvelles de France ou des événements intéressants, envoyez-moi un officier qui viendrait par Rosette, Damiette,

le lac Menzaleh jusqu'à Tyneh ; de là, par terre, à Qatyeh, de Qatyeh
à El-A'rych, et d'El-A'rych à l'armée. Avec une escorte de 15 hommes,
on peut passer partout.

BONAPARTE.

Dépôt de la guerre.

3989. — AU GÉNÉRAL REYNIER.

Quartier général, El-A'rych, 4 ventôse an VII (22 février 1799).

L'intention du général en chef est, Citoyen Général, que vous
gardiez ici la compagnie des 100 Turcs : elle restera à El-A'rych
jusqu'à l'arrivée de l'émir-hadji, qui doit venir dans trois jours ; alors
cette compagnie prendra du service auprès de lui.

L'intention du général en chef est encore que vous choisissiez
parmi les Arnautes tous les hommes de bonne volonté qui se présenteront, pour en former une compagnie, qui marchera à la suite
de votre division. Vous ferez partir le restant le 7 au matin, après
l'avoir désarmé. Vous leur direz qu'au lieu de se rendre à Bagdad
le général en chef les autorise à se rendre à Damas, et de là à Alep.
Vous laisserez les armes à tous les chefs ; mais de manière, cependant, qu'il n'y en ait pas plus de vingt armés.

Vous partirez avec votre division le 7, pour rejoindre l'armée.
Vous aurez soin que le grand parc et les équipages du quartier général, qui doivent partir aujourd'hui de Qatyeh, aient filé avant vous.
Si, demain ou après, il arrivait des convois, vous les feriez filer sur
l'armée. Vous ferez combler les tranchées et ferez établir l'hôpital le
mieux possible. Si l'émir-hadji n'était pas arrivé le 7, vous laisseriez
ici 80 hommes pour garder les 100 Turcs jusqu'à son arrivée.

Par ordre du général en chef.

Dépôt de la guerre.

3990. — AUX SOLDATS DE LA DIVISION KLEBER [1].

Près du puits de Zâouy, 6 ventôse an VII (24 février 1799).

Ce n'est point en vous mutinant que vous remédierez à vos maux ;
au pis aller, il valait mieux enfoncer sa tête dans le sable et mourir
avec honneur que de se livrer au désordre et de violer la discipline.

BONAPARTE.

Mémoires du général Bertrand.

[1] Kleber, en marche sur Gaza, s'était égaré dans le désert et avait marché
quinze heures sans s'apercevoir de son erreur. Le découragement était tel parmi
les soldats, que plusieurs avaient brisé leur fusil. Le général en chef, depuis la
veille à la recherche de la division, la rallia, fit battre à l'ordre et prononça
ees mots. (*Mém. du gén. Bertrand.*)

3991. — AUX CHEIKS ET ULÉMAS DE GAZA.

Quartier général, Khân-Younès, 6 ventôse an VII (24 février 1799).

Arrivé à Khân-Younès avec mon armée, j'apprends qu'une partie des habitants de Gaza ont eu peur et ont évacué la ville. Je vous écris la présente pour qu'elle vous serve de sauvegarde, et pour faire connaître que je suis ami du peuple, protecteur des ulémas et des fidèles.

Si je viens avec mon armée à Gaza, c'est pour en chasser les troupes de Djezzar-Pacha et le punir d'avoir fait une invasion dans l'Égypte.

Envoyez donc au-devant de moi des députés, et soyez sans inquiétude pour la religion, pour votre vie, vos propriétés et vos femmes.

BONAPARTE.

Collection Napoléon.

_____

3992. — AU GÉNÉRAL DUGUA, AU CAIRE.

Quartier général, Gaza, 8 ventôse an VII (26 février 1799).

L'armée a couché le 6 à Khân-Younès ; le 7, à la pointe du jour, elle s'est mise en marche, et sur les neuf heures du matin, l'avant-garde a découvert l'armée de Djezzar réunie aux Mameluks, qui était en position au-devant de Gaza. Après différentes évolutions d'infanterie et de cavalerie, le général Murat s'est trouvé déborder la gauche de l'ennemi, qui, d'abord, a fait mine de vouloir soutenir la charge, et qui, ensuite, a battu en retraite : on l'a vivement poursuivi ; différents détachements seuls se sont chargés ; pendant ce temps-là le général Kleber prenait possession de la ville de Gaza. L'ennemi a, dans ce moment-ci, évacué la plus grande partie de la Palestine. La perte de notre côté a été fort légère, nous avons eu deux hommes blessés ; l'ennemi a eu quelques hommes tués. Le général en chef a été spécialement satisfait de la conduite de la 22ᵉ légère, de la division du général Lannes.

Nous avons trouvé dans le château de Gaza des magasins d'artillerie très-considérables, entre autres, 30 à 40 milliers de poudre et une grande quantité de boulets ensabotés à l'européenne, de grands magasins de biscuit et d'orge, une douzaine de pièces de canon et un magasin de tentes assez considérable.

Vous devez avoir reçu d'El-A'rych le détail de la prise de ce fort et de l'affaire du camp des Mameluks.

Par ordre du général en chef.

Même lettre au citoyen Venture, interprète de l'état-major général,

pour faire connaître au divan du Caire, au cheik El-Messiri, à celui
de Minyeh et à l'émir-hadji, les succès de l'armée à Gaza.

Dépôt de la guerre.

3993. — AU GÉNÉRAL DUGUA, AU CAIRE.

Quartier général, Gaza, 8 ventôse an VII (26 février 1799).

J'ai reçu votre lettre du 24 avec celle incluse du général Menou
et celle du chef de brigade Détrès. Je vois avec plaisir que tout est
tranquille dans la haute Égypte. Quant aux Anglais, nous avons un
allié puissant dans cette saison, qui est plus habile qu'eux et leur
fera plus de mal que nos escadres réunies. D'ailleurs, vous savez que
c'est assez l'usage des Anglais de bombarder sans autre dessein,
comme ils ont fait, cet été, au Havre et autres endroits. Nous
sommes ici dans l'eau et la boue jusqu'aux genoux ; il fait ici le même
froid et le même temps qu'à Paris dans cette saison. Vous êtes bien
heureux d'être au beau soleil du Caire. Ce pays est plus beau que
nous ne nous y attendions, et nous y avons trouvé plus de magasins,
soit de guerre, soit de bouche, qu'on ne pouvait le croire, beaucoup
de boulets à l'européenne et beaucoup de poudre.

Je vois, par votre lettre du 27, que le général Veaux est arrivé ;
chargez-le de nous conduire le premier convoi que vous aurez à nous
envoyer.

Envoyez-nous 600 cartouches d'obusier, 600 cartouches de 8 et
600 cartouches de 12.

BONAPARTE.

Dépôt de la guerre.

3994. — AU GÉNÉRAL MARMONT, A ALEXANDRIE.

Quartier général, Gaza, 8 ventôse an VII (26 février 1799).

L'état-major vous aura instruit des événements militaires qui ont
eu lieu depuis le commencement de notre campagne. Depuis quatre
jours nous sommes en Asie ; nous y avons trouvé le climat de Paris,
beaucoup de pluie et de froid ; du reste, c'est un très-beau pays. Nous
avons trouvé à Gaza de grands magasins, plus de 30 milliers de
poudre et une grande quantité de boulets ensabotés de 8 et de 5. Il
fait un vent horrible ; depuis trois jours la mer est haute comme des
montagnes ; cela vous aura débarrassé de M. Cambridge.

Lavallette ne m'a pas encore rejoint. La dernière lettre que j'ai
reçue de vous est du 19 ; celle que vous aviez écrite avant a été prise
r les Arabes. J'ai reçu, par Damiette, un billet du général Menou,

du 27. J'ignore encore si la caravelle est partie. Je suis curieux de connaître les nouvelles qu'aura apportées la dernière croisière; vous m'aurez sans doute instruit de tout cela : les lettres se seront perdues.

Nous partons demain pour Jaffa, où il y a une bonne rade. Si les trois avisos que j'ai demandés pour le lac Bourlos n'étaient pas encore partis, faites-les partir pour Jaffa; ce qu'ils contiennent pourrait nous servir pour le siége de Saint-Jean-d'Acre. Je ne comprends pas trop bien pourquoi vos bombes n'attrapent pas les bombardes anglaises; il faut que vous ayez de bien mauvais canonniers. Pour être sûr d'attraper un bâtiment, il faut placer quatre mortiers à côté l'un de l'autre, les mettre sur un même angle, tirer avec le premier, augmenter ou diminuer la charge au deuxième, continuer l'épreuve au troisième, et l'on arrive à attraper au quatrième. S'ils s'approchaient assez près pour que vous pussiez leur tirer avec des mortiers de 8 à la Gomer, vous seriez beaucoup plus sûr. Ce bombardement me paraît aussi insignifiant que celui du Havre; je désirerais que la peste ne vous fît pas plus de mal qu'il vous en fera, aux inquiétudes près que cela pourra vous donner.

Ne vous découragez point de leur faire tirer à boulets rouges dessus; après avoir tiré cent coups inutiles, le cent et unième met le feu.

Dans tout le mois de mars, mon opération sera faite ici pour me mettre à l'abri de tout événement de ce côté. Envoyez-moi de vos nouvelles par Damiette. S'il part des bâtiments pour France, vous pouvez envoyer un paquet au Gouvernement avec les nouvelles de l'armée.

BONAPARTE.

Dépôt de la guerre.

3905. — AU GÉNÉRAL MENOU, A ROSETTE.

Quartier général, Gaza, 8 ventôse an VII (26 février 1799).

J'ai appris avec plaisir, Citoyen Général, par votre lettre du 27, que vous aviez été dire la prière à la mosquée.

Le temps qu'il fait aujourd'hui, et qu'il doit faire pendant tout le mois de mars, me rend assez tranquille sur les entreprises des Anglais; s'ils s'approchent, nos bombes et nos boulets rouges en feront raison; s'ils se tiennent éloignés, le bombardement produira quelques accidents, mais, en dernier résultat, fera peu de mal. Dès l'instant que votre présence ne sera plus nécessaire à Rosette, rendez-vous au Caire, faites passer à Alexandrie tous les vivres et l'argent dont vous pourrez disposer. Montrez de la vigueur et châtiez ceux qui se soulèveraient en vous transportant sur eux par des marches promptes et secrètes. Il fait aujourd'hui très-mauvais temps; cela nous fatigue un peu.

J'imagine que vous aurez fait partir les deux pièces de 12 pour Damiette; nous en avons le plus grand besoin.

BONAPARTE.

Dépôt de la guerre.

3996. — AU GÉNÉRAL CAFFARELLI.

Quartier général, Gaza, 8 ventôse an VII (26 février 1799).

Le château de Gaza, étant susceptible de défense contre les Turcs, peut être mis dans une situation à soutenir un siége.

Je désirerais, 1° que les plates-formes des huit tours fussent rehaussées de manière que les canons à barbette passent par-dessus les merlons actuels; 2° un fossé de 8 à 10 toises autour; employer les terres à former un glacis capable de couvrir, le plus possible, le fort; 3° y faire une porte par laquelle l'artillerie y puisse entrer facilement; y faire un pont-levis; palissader le chemin couvert. Par la nature du terrain, il y a des endroits, du côté de la campagne, qui ne voient plus le fort : je désirerais alors construire, en très-bonne maçonnerie, de petites flèches crénelées qui éloignassent l'ennemi du fort et s'opposassent à son approche; démolir les murailles qui pourraient favoriser l'approche de l'ennemi, et raser les terrasses, les dômes, les minarets et les maisons à portée de fusil.

Je n'entre dans ces détails que pour vous faire connaître le but que vous devez remplir.

Je désirerais que vous fissiez faire un projet de défense pour tout le plateau de Gaza.

Il doit y avoir à Gaza deux hôpitaux de 150 lits chacun, un pour les blessés et l'autre pour les malades; on choisira les emplacements les plus près du fort.

On arrangera ces deux hôpitaux de manière qu'ils soient bien fermés et qu'ils puissent se défendre contre les habitants du pays ou les Arabes.

Tous les établissements et magasins d'artillerie seront contenus dans le fort; il devra y avoir un emplacement pour une ambulance, un magasin de biscuit capable de contenir 200,000 rations, un autre pour contenir 2,000 quintaux de légumes, enfin un troisième capable de contenir 1,000 boisseaux d'orge, des logements pour un commandant, un adjudant, un commandant d'artillerie et un du génie, le commissaire des guerres de la place, 50 sapeurs, 50 canonniers, 150 hommes d'infanterie.

Il y aura trois fours de 500 rations. Si vous n'aviez de l'emplacement que pour un four, vous feriez placer les deux autres avec les magasins de la ville. La maison de Hussein-Pacha est désignée pour le quartier général. L'okel du biscuit sera arrangé pour les convois, et l'on aura des casernes numérotées, capables de caserner six bataillons; il y en aura une spécialement destinée à l'artillerie et au génie.

Quant au fort d'El-A'rych, son importance est telle, que je désire que l'on n'épargne aucun moyen pour le mettre dans le meilleur état de défense. Ordonnez que l'on rase toutes les maisons qui peuvent en faciliter l'approche, et surtout tous les minarets ou terrasses qui seraient plus élevés que le fort. Faites faire un fossé tout autour, avec un massif de terre palissadé, des casemates dans les quatre tours; autant de casernes que le local peut en permettre, un hôpital de 200 lits et des magasins.

BONAPARTE.

Dépôt de la guerre.

3997. — AU GÉNÉRAL BERTHIER.

Quartier général, Gaza, 8 ventôse an VII (26 février 1799).

La garnison de Gaza sera composée de 50 hommes de la légion maltaise, 40 sapeurs, 40 canonniers.

Chacune des divisions de l'armée laissera un officier avec 20 hommes qu'elles choisiront parmi les éclopés. Vous préviendrez les généraux Lannes et Bon d'ordonner à la moitié des hommes qu'ils ont laissés à El-A'rych, qui seraient les plus reposés, de rejoindre leurs divisions.

Il y aura un commissaire des guerres.

J'ai donné les ordres au général du génie, et vous préviendrez le commandant de la place et le commissaire des guerres que la maison de Hussein-Pacha est destinée pour le quartier général; qu'il doit y avoir deux hôpitaux, un pour les blessés et un pour les malades, capables chacun de contenir 150 lits; que tous les convois qui arriveront doivent descendre à l'okel où nous avons trouvé le magasin de biscuit; que le commandant du génie, le commissaire des guerres, le commandant de la place doivent se concerter pour choisir des okels pour caserner six bataillons, afin que toutes les troupes de passage y soient logées, mon intention étant que personne ne bivouaque aux environs de Gaza, à moins que le corps de troupes ne soit si considérable qu'il ne puisse pas être caserné.

Le chef de brigade Ledée commandera le dépôt de la cavalerie;

tous les chevaux écloppés ou tous les hommes démontés des régiments de cavalerie formeront le dépôt. Il sera choisi, le plus près possible du fort, une maison avec des écuries pour ledit dépôt. Il sera laissé des artistes vétérinaires.

Vous donnerez l'ordre, à Qatyeh, pour qu'on laisse à la disposition des corps les chameaux qui leur appartiennent.

Plusieurs demi-brigades ont laissé à Qatyeh, avec leurs bagages, des détachements; vous donnerez l'ordre pour que ces bagages et ces détachements reviennent tous ensemble.

La route de l'armée sera :

1er jour, Birket el-Hâggy;

2e, Belbeys, où l'on prendra des vivres pour deux jours;

3e, Korâym;

4e et 5e, séjour à Sâlheyeh, où l'on prendra des vivres pour quatre jours;

6e, le pont d'El-Khazneh;

7e, Qatyeh, prendre des vivres pour deux jours;

8e, le puits d'el-Abd, d'où l'on partira à deux heures du matin pour venir coucher à mi-chemin; la cavalerie viendra coucher au puits de Mesoudyah; c'est une journée forcée de quatorze lieues;

Le lendemain, 10e à El-A'rych; on prendra à El-A'rych des vivres pour deux jours;

11e, le puits de Reyfah, limites de l'Asie et de l'Afrique.

Le 12e, à Gaza.

Les commandants des places de Sâlheyeh, Qatyeh, El-A'rych ne laisseront jamais partir aucun détachement, à moins d'une circonstance extraordinaire, qu'il ne soit fort de 40 ou 50 hommes. Chaque détachement, indépendamment de ses bidons, devra se pourvoir d'une corde d'au moins 60 pieds, pour pouvoir puiser de l'eau dans certains puits qui sont très-profonds.

Les officiers du génie à Sâlheyeh, Qatyeh, El-A'rych, doivent avoir dans leur cabinet des croquis de la route, avec les distances et la position des différents puits, qu'ils communiqueront aux commandants des différents détachements.

Les convois de Damiette débarqueront à Omm-Fâreg, sans aller à Tyneh; d'Omm-Fâreg, ils iront par terre à Qatyeh. Le commandant du génie à Qatyeh fera faire une digue sur la barre de la bouche Pelusiaque.

Le commandant de Damiette tiendra à la bouche d'Omm-Fâreg plusieurs bâtiments armés.

Le commandant du génie à Damiette fera faire sur la rive droite de la bouche d'Omm-Fàreg un hangar avec un réduit palissadé; il y sera mis une ou deux pièces de 3.

BONAPARTE.

Dépôt de la guerre.

_____

3998. — AU GÉNÉRAL DOMMARTIN.

Quartier général, Gaza, 8 ventôse an VII (26 février 1799).

L'artillerie des guides cédera un obusier et deux pièces de 8 à la cavalerie; vous les ferez servir par des canonniers à cheval; par là, la division de cavalerie sera composée de deux pièces de 5, deux de 8 et un obusier, et l'artillerie des guides, de deux pièces de 8 et d'un obusier, en attendant que vous puissiez les faire remplacer.

Comme la cavalerie part demain à la pointe du jour, il est nécessaire de faire ce mouvement aujourd'hui. Tout le matériel est au camp de la cavalerie.

BONAPARTE.

Dépôt de la guerre.

_____

3999. — ORDRE DU JOUR.

Quartier général, Gaza, 8 ventôse an VII (26 février 1799).

Le général en chef a remarqué la conduite de la 22e d'infanterie légère au combat de Gaza. Cette demi-brigade, qui était à la queue de la colonne, malgré la fatigue d'une marche forcée, s'est trouvée en mesure de soutenir la cavalerie dans les différentes charges qui ont eu lieu, et d'y arriver avant les autres corps de l'armée.

Par ordre du général en chef.

Dépôt de la guerre.

_____

4000. — AU GÉNÉRAL DESAIX, A QOUS.

Quartier général, Gaza, 9 ventôse an VII (27 février 1799).

Je n'ai point de vos lettres, Citoyen Général, depuis plus de quarante jours; j'en ai indirectement par les commandants des provinces du Caire et de Beny-Soueyf. Nous voici, je crois, à près de trois cents lieues l'un de l'autre. L'état-major vous aura fait connaître les événements militaires qui ont eu lieu ici. Nous avons traversé soixante et dix lieues de désert, ce qui a été extrêmement fatigant; de l'eau saumâtre, souvent point du tout. Nous avons mangé des chiens, des ânes et des chameaux. Depuis trois jours, il fait ici un vent horrible et il pleut à verse; le ciel est couvert; c'est le climat de Paris. Les citronniers, les forêts d'oliviers, les inégalités de terrain représentent parfaitement le paysage du Languedoc; l'on croit être du côté de tous les chevaux écloppés ou tous les hommes de cavalerie formeront le dépôt. Il sera choisi du fort, une maison avec des écuries pour les artistes vétérinaires.

Vous donnerez l'ordre, à Qatyeh, pour qu'on des corps les chameaux qui leur appartiennent.

Plusieurs demi-brigades ont laissé à Qatyeh, des détachements; vous donnerez l'ordre pour que détachements reviennent tous ensemble.

La route de l'armée sera :

1er jour, Birket el-Hàggy;

2e, Belbeys, où l'on prendra des vivres pour de

3e, Koràym;

4e et 5e, séjour à Sàlheyeh, où l'on prendra des jours;

6e, le pont d'El-Kbazneh;

7e, Qatyeh, prendre des vivres pour deux jours

8e, le puits d'el-Abd, d'où l'on partira venir coucher à mi-chemin; la cavalerie

Mesoudyah; c'est une journée forcée de

Le lendemain, 10e à El-A'rych; on prendra à Kr

pour deux jours;

11e, le puits de Reyfah, limites de l'Asie et d.

Le 12e, à Gaza.

Les commandants des places de Sàlheyeh, e laisseront jamais partir aucun stance extrao . .

ntinueront leur route jusqu'au

amandant ces **40** hommes les

eh, Sâlbeyeh, Belbeys et le

ement de manière à arriver

p fatiguer les dromadaires, et

s.

ra un ou deux jours, prendra

pour le général en chef, pour

places qui se trouvent sur la

tachement et tous les hommes

tés, et rejoindra le quartier

ficier qui va au Caire l'ordre

n Cavalier.

ordre du général en chef.

DRE.

ventôse an **VII** (27 février 1799).

au couvent des Récollets de

avec les moines, qui se char-

soit de biscuit, soit d'avoine, soit

ou au village de Lydda[2], seront

llets.

ludit couvent deux fours.

fera faire les petites réparations

mettre à l'abri d'un coup de main.

major nommera, pour commander à

la garnison, logera dans ledit couvent.

BONAPARTE.

GÉNÉRAL KLEBER.

Ramleh, 12 ventôse an VII

vous avez fait écrire

un bon effet; joig

ntir que la place n

li-positions qu'on

Béziers. Nous avons trouvé dans le fort de Gaza plus de trente milliers de poudre et une grande quantité de boulets de tout calibre et ensabotés. Nous partons demain pour nous diriger sur Jaffa. Les Mameluks et Ibrahim-Bey sont réfugiés dans les montagnes de Naplouse.

J'attends impatiemment de vos nouvelles.

BONAPARTE.

Donnez-nous des nouvelles de Thèbes.

Comm. par M. Pauthier.

4001. — AU GÉNÉRAL BERTHIER.

Quartier général, Gaza, 9 ventôse an VII (27 février 1799).

Vous donnerez l'ordre au général Kleber de partir demain, une demi-heure avant le jour, pour se rendre à plus de demi-chemin d'ici à Ramleh, au delà du village d'Esdoud.

Vous donnerez l'ordre au général Lannes de partir demain, à la pointe du jour, pour se rendre au village d'Esdoud, à demi-chemin de Ramleh. Vous le préviendrez que l'avant-garde marche devant lui.

Vous donnerez l'ordre au général Bon de partir demain, au jour, pour se rendre au village d'Esdoud, à demi-chemin de Ramleh.

Vous donnerez l'ordre au général Reynier et au parc de l'armée de partir demain, à une heure après midi, pour se rendre au village de Deyr-Esny. L'ordonnateur fera faire au général Reynier et au parc les distributions jusqu'au 11 au soir, comme au reste de l'armée; il fera emporter demain du biscuit pour l'armée pour un jour, et du riz pour un jour. Par ce moyen, la subsistance de l'armée sera assurée jusqu'au 13 au soir.

Les bagages de l'armée, sous l'escorte des sapeurs et des guides à pied, et sous les ordres d'un adjudant général de l'armée, partiront demain, à sept heures, avec le quartier général.

BONAPARTE.

Dépôt de la guerre.

4002. — AU CHEF D'ESCADRON LAMBERT.

Quartier général, Gaza, 9 ventôse an VII (27 février 1799).

Vous voudrez bien, Citoyen, partir demain, à la pointe du jour, avec tous les dromadaires, pour reprendre la route de Qatyeh, jusqu'à ce que vous rencontriez les équipages du quartier général qui étaient restés jusqu'à nouvel ordre dans cette place et qui ont reçu celui de partir pour se rendre ici; aussitôt que vous les aurez rencontrés, vous reviendrez avec eux à Gaza, en leur servant d'escorte;

mais un officier et 40 dromadaires continueront leur route jusqu'au Caire. Vous remettrez à l'officier commandant ces 40 hommes les paquets ci-joints pour El-A'rych, Qatyeh, Sâlheyeh, Belbeys et le Caire.

Vous réglerez les journées du détachement de manière à arriver le plus promptement possible, sans trop fatiguer les dromadaires, et de manière à ne pas laisser de traînards.

Arrivé au Caire, cet officier séjournera un ou deux jours, prendra du général Dugua toutes les dépêches pour le général en chef, pour le quartier général et pour toutes les places qui se trouvent sur la route de Gaza; il repartira avec son détachement et tous les hommes des dromadaires qui peuvent être montés, et rejoindra le quartier général à Jaffa ou Saint-Jean-d'Acre.

Le citoyen Lambert remettra à l'officier qui va au Caire l'ordre ci-inclus [1], et aussi celui pour le citoyen Cavalier.

Par ordre du général en chef.

Dépôt de la guerre.

4003. — ORDRE.

Quartier général, Gaza, 9 ventôse an VII (27 février 1799).

ARTICLE 1er. — Il sera organisé, au couvent des Récollets de Ramleh, un hôpital de 50 lits.

L'ordonnateur passera un marché avec les moines, qui se chargeront de tout fournir.

ART. 2. — Tous les magasins, soit de biscuit, soit d'avoine, soit de farine, qui se trouvent à Ramleh ou au village de Lydda [2], seront transférés dans le couvent des Récollets.

Il sera construit dans l'enceinte dudit couvent deux fours.

ART. 3. — Le général du génie fera faire les petites réparations nécessaires audit couvent pour le mettre à l'abri d'un coup de main.

ART. 4. — Le chef de l'état-major nommera, pour commander à Ramleh, un capitaine qui, avec la garnison, logera dans ledit couvent.

BONAPARTE.

Dépôt de la guerre.

4004. — AU GÉNÉRAL KLEBER.

Quartier général, Ramleh, 12 ventôse an VII (2 mars 1799).

Je pense que la lettre que vous avez fait écrire par votre capitaine des Moghrebins pourra faire un bon effet; joignez-y une sommation en règle pour leur faire sentir que la place ne peut pas tenir.

---

[1] Cet ordre reproduit les dispositions qu'on vient de lire. — [2] Lodd.

Si vous pensez qu'un mouvement de votre division sur Jaffa en accélère la reddition, je vous autorise à le faire. Si vous entrez dans la ville, prenez toutes les mesures pour empêcher le pillage; vous placerez la cavalerie en avant, sur le chemin de Saint-Jean-d'Acre.

Nous avons trouvé ici une assez grande quantité de magasins, surtout beaucoup d'orge.

BONAPARTE.

Collection Napoléon.

4005. — AUX GÉNÉRAUX LANNES ET BON.

Quartier général, Ramleh, 12 ventôse an VII (2 mars 1799).

D'après les dispositions du général en chef, il est ordonné au général Lannes de partir demain, à sept heures du matin, avec tout ce qui compose sa division, pour marcher sur Jaffa rejoindre la division Kleber.

Ordre au général Bon de partir à sept heures et demie, et de suivre la division Lannes.

Par ordre du général en chef.

Dépôt de la guerre.

4006. — ORDRE DU JOUR.

Quartier général, devant Jaffa, 14 ventôse an VII (4 mars 1799).

Le général en chef voit avec peine que les troupes brûlent, en quittant leurs camps, la paille et le bois qu'elles s'étaient procurés. Comme ces objets sont très-rares, et qu'ils peuvent être utiles aux troupes qui viennent après l'armée, il recommande aux chefs de corps d'empêcher toute consommation inutile.

Plusieurs commandants de poste se gardent négligemment, d'où il résulte qu'ils compromettent leur sûreté et celle de l'armée.

Un soldat de la division Bon a été tué cette nuit par un Arabe, parce que le poste était endormi. Il doit y avoir tous les jours, dans chaque division, un officier supérieur de service qui doit faire des rondes la nuit, pour s'assurer que tous ces postes sont en règle.

Toutes les divisions, bataillons détachés, les guides de l'armée et les sapeurs camperont en carré, et mettront au centre leurs bagages, chevaux et bêtes de somme.

Il est recommandé aux généraux Bon et Lannes d'ordonner aux postes avancés qui bloquent la ville d'arrêter tout Turc qui aurait l'air d'en sortir ou de vouloir y entrer, de le conduire au quartier général et d'empêcher particulièrement que rien n'entre dans la ville.

Chaque obus et boulet qui sera apporté au parc établi près le quartier général sera payé cinq sous comptant.

Par ordre du général en chef.

Dépôt de la guerre.

4007. — AU GÉNÉRAL BERTHIER.

Quartier général, devant Jaffa, 15 ventôse an VII (5 mars 1799).

Vous mettrez aux arrêts l'adjudant général Grezieu, pour ne pas avoir envoyé ses chameaux avec le convoi du quartier général, et les avoir depuis fait partir sans ordre.

Vous ferez mettre aux arrêts le chef de bataillon d'artillerie Faure, pour avoir envoyé chercher au parc du génie des outils par un seul ouvrier, sans lui donner une escorte.

Vous ferez mettre en prison le cantinier des guides à cheval et les trois musiciens, pour avoir placé, la nuit, leurs chevaux hors de la prolonge, et, par là, se les être laissé prendre par les Arabes. Il sera retenu sur leur solde de quoi les monter.

Vous ordonnerez qu'il soit fait une retenue sur les douze canonniers qui escortaient une forge, et qui y ont laissé, il y a trois jours, enlever sept chevaux; cette retenue sera égale à la valeur des sept chevaux, qui sera réglée par le général d'artillerie.

Le général d'artillerie m'adressera la note des chevaux et des chameaux qu'on a laissé enlever dans les différentes divisions.

Vous ferez mettre aux arrêts l'officier chargé du détail de la cavalerie, pour ne pas avoir envoyé les chameaux de la cavalerie aux vivres avec ceux de la division Kleber, et vous l'exhorterez à prendre connaissance des règlements militaires, afin de ne pas faire escorter des convois par des brigadiers, mais bien par un piquet commandé par un chef d'escadron ou un capitaine.

Vous ferez mettre aux arrêts l'aide de camp Beaumont, pour s'être rendu à Ramleh avec huit dragons, au lieu de marcher avec le convoi.

Vous ferez mettre en prison le chirurgien qui était hier de service à l'ambulance, pour ne pas s'y être trouvé au moment où l'on en a eu besoin.

Tout palefrenier qui laissera échapper des chevaux dans le camp sera mis en prison et condamné à payer une amende de 30 livres.

L'officier commandant un convoi sera autorisé à faire donner des coups de bâton aux domestiques chameliers qui ne marcheraient pas au rang qui leur sera désigné. L'adjudant général de service au quartier général et les adjudants généraux des divisions sont autorisés à faire donner des coups de bâton aux charretiers qui ne tiendraient pas leurs chevaux à la prolonge ou aux endroits indiqués.

BONAPARTE.

Dépôt de la guerre.

_____

4008. — AU GÉNÉRAL BERTHIER.

Quartier général, devant Jaffa, 15 ventôse an VII (5 mars 1799).

Vous donnerez l'ordre au général Andréossy de se rendre demain matin à l'avant-garde, avec la partie de l'équipage de ponts qu'il croira nécessaire pour faire jeter des ponts sur les différentes rivières qui sont dans le terrain que la cavalerie peut couvrir.

BONAPARTE.

Dépôt de la guerre.

_____

4009. — AU GÉNÉRAL CAFFARELLI.

Quartier général, devant Jaffa, 16 ventôse an VII (6 mars 1799).

En conséquence des dispositions arrêtées par le général en chef, relatives à l'attaque qui doit avoir lieu demain sur Jaffa, j'ai ordonné au général Dommartin :

1° De faire commencer à tirer demain, à sept heures du matin, la batterie de mortiers, à raison de dix coups par mortier et par heure.

2° Demain, à sept heures et demie du matin, la batterie Legrand commencera à tirer pour éteindre le feu de la maison convenue pour entrer dans la place; elle tirera à raison de dix coups par heure et par pièce.

3° Demain, à huit heures du matin, la batterie Delignette commencera le feu; elle tirera pour éteindre le feu de la tour désignée pour servir à établir le second logement; elle tirera des obus sur les maisons en arrière de la tour; on tirera à raison de dix coups par heure et par pièce.

4° Demain, à huit heures et demie du matin, la batterie de brèche commencera son feu et tirera pour faire une brèche à la maison et à la tour par où on doit établir le logement; on tirera vingt boulets par heure et par pièce; dans le cas cependant où l'on jugerait la brèche praticable, on ralentirait le feu.

5° Demain, à sept heures du matin, la batterie Thierry commencera son feu; elle tirera jusqu'à neuf heures seulement sur le quai et sur le port; l'obusier tirera en ville; on tirera à raison de six coups par heure et par pièce.

On observera à la batterie Legrand que, lorsqu'elle aura éteint le feu de la maison, elle doit éteindre celui de la casemate, et qu'indépendamment du feu de la maison, elle doit encore éteindre le feu de la courtine.

Je vous fais connaître ci-après les ordres que je donne aux généraux Bon et Lannes, dans lesquels il y a quelques dispositions qui vous concernent relativement aux sapeurs et ouvriers.

Le général Bon a ordre de soutenir la batterie de mortiers et la batterie Thierry par un corps de troupes suffisant pour les mettre à l'abri des sorties de l'ennemi. Il placera différents bataillons de manière qu'ils ne soient pas dans le prolongement des feux, mais en mesure de soutenir les batteries. Il tiendra un bataillon sur la gauche, entre la batterie de mortiers et la batterie droite de l'attaque de gauche, que le général Lannes est chargé de protéger. Ce bataillon est destiné à se porter au secours de cette batterie, si elle se trouvait en avoir besoin.

Le général Lannes a l'ordre de placer demain, avant la pointe du jour, 100 hommes à la batterie Legrand, sur la droite et sur la gauche, de manière à mettre cette batterie à l'abri de toute insulte. Il tiendra un bataillon en réserve derrière la mosquée, lequel tiendra des postes le long de la marine, afin de pouvoir se porter rapidement au secours de la batterie Legrand, si elle était attaquée. Il tiendra 150 hommes placés dans des positions de manière à pouvoir soutenir la batterie Delignette.

Le général Lannes a également l'ordre de tenir demain, avant la pointe du jour, six compagnies de grenadiers à la batterie de brèche, deux officiers du génie, que vous mettrez à sa disposition, et deux officiers d'artillerie. Il y aura, avec les six compagnies de grenadiers, deux détachements d'ouvriers avec des outils, deux détachements d'artificiers, pour enfoncer les portes des maisons, les brûler, pour y pratiquer des logements. Donnez des ordres pour les deux détachements d'ouvriers, sapeurs, outils et échelles.

Le général Lannes doit placer des bataillons en échelons derrière des rideaux, pour soutenir les batteries. A midi, si les deux brèches sont praticables, il a ordre d'envoyer 200 hommes d'infanterie légère en trois détachements, qui partiront de la batterie Legrand, de la batterie Delignette et d'une position en arrière de la batterie de brèche, lesquels devront couvrir de feu tout le front de l'attaque.

Lorsque le feu de la place et de l'infanterie légère sera bien engagé, deux colonnes composées chacune de trois compagnies de grenadiers, des six placées à la batterie de brèche, partiront pour franchir la brèche; derrière eux marcheront deux détachements, les sapeurs, ouvriers et artificiers, qui pratiqueront leur logement dans la maison et dans la tour. Donnez des instructions en conséquence aux commandants de ces détachements de votre arme.

L'infanterie légère s'y introduira après eux : la partie qui entrera par la brèche de la maison se jettera sur le rempart à gauche, pour s'emparer des casemates de la mer et ouvrir les portes qui peuvent se trouver le long de la courtine; vous ordonnerez aux sapeurs d'enfoncer les portes des maisons voisines et de celles qui enfilent les rues qui aboutissent sur la courtine. L'autre corps de chasseurs a ordre, arrivé à la tour, de gagner rapidement les deux maisons qui la dominent; vous ordonnerez également aux sapeurs d'ouvrir les portes des maisons qui enfilent les rues.

Il se fera en arrière un mouvement successif de bataillons pour soutenir les grenadiers et chasseurs.

Recommandez surtout aux hommes de votre arme qu'on ne s'enfile pas dans les rues; on doit s'emparer des débouchés et cheminer avec prudence de maison en maison.

Si les assiégés s'opiniâtrent à se défendre, on cherchera à mettre le feu à trois ou quatre maisons différentes.

Il doit y avoir demain, avant le jour, dans la batterie de brèche, une pièce de 3, destinée à être placée sur la brèche, ou au débouché qui paraîtra le meilleur.

Recommandez aux hommes de votre arme de ne pas se livrer au pillage, ce qui les ferait égorger.

Je vous prie de m'accuser la réception du présent ordre.

Même lettre au général Dommartin, commandant l'artillerie; même lettre aux généraux Lannes et Bon, chacun pour la partie qui le concerne.

Par ordre du général en chef.

Dépôt de la guerre.

4010. — AU GÉNÉRAL BERTHIER.

Quartier général, devant Jaffa, 16 ventôse an VII (6 mars 1799).

Vous donnerez l'ordre au général Junot de partir avec 180 hommes d'infanterie des deux bataillons qui sont au quartier général, 20 canonniers, 60 hommes d'artillerie; il se rendra cette nuit à Ebneh, par le chemin direct, et en partira avant le jour pour aller coucher à Gaza.

S'il rencontre en route les équipages du quartier général, il désignera la route qu'ils doivent suivre, et, s'il ne les croyait pas suffisamment escortés, il leur donnera la moitié de son détachement.

Si, le 19 au soir, ils ne sont pas rendus à Gaza, il laissera une lettre pour indiquer le chemin qu'ils doivent suivre ; après quoi, il partira après avoir fait charger les chameaux de cartouches de 8, de 7, d'obusiers, etc. Il ramassera tous les moyens de transport qu'il pourra, afin de porter le plus de riz et de farine possible. Il écrira au général Dugua, au général Marmont, à l'adjudant général Almeras, aux commandants d'El-A'rych et de Qatyeh, pour leur faire connaître que nous sommes maîtres de la Palestine et que nous assiégeons Jaffa.

Si des Arabes inquiétaient les environs de Gaza, ou que quelques villages se fussent mal conduits, il s'y portera pour les punir. En route, il tâchera également de tomber sur quelque rassemblement d'Arabes à pied.

Il s'informera, entre autres, de la conduite des habitants de Khân-Younès, et ramènera avec lui de Gaza, 1° tous les chevaux de cavalerie qui seraient rétablis ; 2° tous les hommes ou détachements du dépôt qui seraient dans le cas de marcher.

BONAPARTE.

Dépôt de la guerre.

4011. — A ABD-ALLAH-AGA, COMMANDANT DE LA PLACE DE JAFFA.

Quartier général, devant Jaffa, 17 ventôse an VII (7 mars 1799).

Dieu est clément et miséricordieux !

Le général en chef Bonaparte me charge de vous faire connaître qu'il ne s'est porté dans la Palestine que pour en chasser les troupes de Djezzar-Pacha, qui ne doivent pas y être, non plus que dans le fort d'El-A'rych, territoire d'Égypte ; il a, par l'occupation de ce fort, commencé lui-même les hostilités contre l'Égypte ;

Que la place de Jaffa est cernée de tous côtés ; que les batteries de plein fouet, à bombes et de brèche, vont, dans deux heures, culbuter la muraille et en ruiner les défenses ;

Que son cœur est touché des maux qu'encourrait la ville entière en se laissant prendre d'assaut ;

Qu'il offre sauvegarde à la garnison, protection à la ville ; qu'il retarde, en conséquence, le commencement du feu jusqu'à sept heures du matin.

Par ordre du général en chef.

Dépôt de la guerre.

4012. — ORDRE DU JOUR.

Quartier général, Jaffa, 19 ventôse an VII (9 mars 1799).

Le 30 pluviôse, le quartier général est à El-A'rych. Ce fort s'est rendu après trois jours de tranchée ouverte ; la brèche était praticable.

La garnison, forte de 1,500 hommes, a été faite prisonnière de guerre ; une partie a pris du service dans vos troupes auxiliaires.

Le 5 ventôse, le quartier général est au puits de Reyfah, près des débris des deux anciennes colonnes placées sur la limite de l'Afrique et de l'Asie.

Le 7 ventôse, l'armée est entrée à Gaza.

Le 11 ventôse, l'armée est entrée à Ramleh.

Le 17 ventôse, l'armée a pris d'assaut la ville de Jaffa, après quatre jours de tranchée ouverte ; plus de 4,000 hommes de troupes de Djezzar-Pacha ont été passés au fil de l'épée. On a trouvé dans la place plus de quatre-vingts pièces d'une très-belle artillerie et beaucoup de munitions.

Tous les chevaux qui ont été trouvés dans Jaffa seront conduits au quartier général et remis à l'officier chargé du dépôt de la cavalerie, qui donnera une gratification de 60 francs par cheval.

Tous les mulets pris seront conduits au parc d'artillerie, qui donnera une gratification de 60 francs par mulet.

Les généraux Bon et Lannes feront, après-demain matin, la revue de leurs divisions, pour s'assurer si cet ordre a été exécuté. Tout le monde doit sentir la nécessité de remonter nos attelages d'artillerie, ainsi que notre cavalerie, qui a eu plus de 40 chevaux écloppés dans la route.

Par ordre du général en chef.

Dépôt de la guerre.

_____

4013. — AU GÉNÉRAL BERTHIER.

Quartier général, Jaffa, 19 ventôse an VII (9 mars 1799).

Vous ferez, Citoyen Général, venir le colonel des canonniers ; vous lui demanderez les noms des vingt principaux officiers des canonniers ; vous ferez prendre ces vingt officiers et les ferez conduire au village où est le bataillon qui doit partir pour le Caire. Là, ils seront consignés dans le fort jusqu'à nouvel ordre. Quand ils seront partis pour le village, vous ordonnerez à l'adjudant général de service de conduire tous les canonniers et autres Turcs, pris les armes à la main à Jaffa, au bord de la mer, et de les faire fusiller, en prenant ses précautions de manière qu'il n'en échappe aucun.

BONAPARTE.

Dépôt de la guerre.

4014. — AU GÉNÉRAL CAFFARELLI.

Quartier général, Jaffa, 19 ventôse an VII (9 mars 1799).

Le général en chef me charge de vous dire, Citoyen Général, que vous pouvez prendre 60 à 100 hommes parmi les Égyptiens pris à Jaffa, pour en faire une compagnie d'ouvriers ; ils seront commandés par un des Français trouvés à Jaffa et qui parle la langue.

Vous donnerez des ordres pour l'organisation, et préviendrez l'ordonnateur en chef pour qu'il fasse passer une revue et assurer leur solde.

Il faut désigner au plus tôt ceux que vous prendrez, parce que le restant doit partir ce soir pour le Caire.

Par ordre du général en chef.

Dépôt de la guerre.

4015. — AU GÉNÉRAL BERTHIER.

Quartier général, Jaffa, 19 ventôse an VII (9 mars 1799).

Vous ferez partir le bataillon de la 9e qui était à l'ambulance avec les 40 dromadaires, un officier de l'état-major, les drapeaux et le courrier de l'armée, tous les Égyptiens qui ont été pris ici. Tout cela se rendra à Gaza. Le bataillon y séjournera un jour et retournera à Jaffa, et les dromadaires porteront les drapeaux et escorteront les Égyptiens jusqu'au Caire, d'où ils reviendront avec les lettres de l'armée.

Si, arrivé à Gaza, le commandant pensait qu'il fût besoin d'escorter jusqu'à Khân-Younès, le commandant du bataillon aura ordre d'y aller. Il ne doit pas escorter plus loin que Khân-Younès.

Vous devez recommander au citoyen Lambert de conduire son convoi en dérobant sa marche, et de ne s'arrêter qu'aux forts que nous occupons, tels qu'El-A'rych et Qatyeh.

Vous ferez connaître au général Dugua que mon intention est que ces drapeaux soient déposés à la grande mosquée, et que, si les circonstances le permettent, il soit fait une petite fête pour leur réception.

BONAPARTE.

Dépôt de la guerre.

4016. — AU GÉNÉRAL CAFFARELLI.

Quartier général, Jaffa, 19 ventôse an VII (9 mars 1799).

Je vous prie, Citoyen Général, de donner les ordres pour que l'on déblaye la brèche et recherche les boulets. Le général Dommartin les fait chercher dé son côté. On payera cinq sous pour chaque boulet de 12 ou de 8.

BONAPARTE.

Dépôt de la guerre.

4017. — AU GÉNÉRAL BERTHIER.

Quartier général, Jaffa, 19 ventôse an VII (9 mars 1799).

Vous donnerez l'ordre au citoyen Gloutier de se rendre à Jaffa, de faire toutes les dispositions et prendre toutes les mesures pour faire séquestrer tous les magasins appartenant à Djezzar, au gouverneur de la ville, enfin au gouvernement de Jaffa ou à des particuliers qui auraient évacué la ville ou auraient été tués, et de prendre des mesures pour l'organisation des finances de la Palestine.

Vous donnerez l'ordre au contre-amiral Ganteaume de faire partir, dans la journée, une djerme pour Damiette avec un courrier de l'armée.

BONAPARTE.

Dépôt de la guerre.

4018. — AU CONTRE-AMIRAL GANTEAUME.

Quartier général, Jaffa, 19 ventôse an VII (9 mars 1799).

Vous donnerez l'ordre qu'on fasse partir d'Alexandrie tous les aveugles qui s'y trouveraient, sur les bâtiments de transport que l'on jugera les plus propices.

Vous donnerez l'ordre au contre-amiral Perrée, s'il peut sortir d'Alexandrie avec les trois frégates *la Junon, l'Alceste, la Courageuse* et deux bricks, sans que l'ennemi s'en aperçoive, de se rendre à Jaffa, où il recevra de nouveaux ordres. Si le temps le poussait devant Saint-Jean-d'Acre, il s'informera si nous y sommes : il est probable que nous y serons alors. Il embarquera avec lui, sur chacune de ses frégates, une pièce de 24 et un mortier, avec 300 coups à tirer, et, sur chaque frégate, une forge pour rougir les boulets à terre. Il ne faut pas cependant que l'embarquement desdits objets retarde en rien son départ, si le temps était propice.

S'il pensait ne pouvoir sortir sans que l'ennemi eût connaissance de son mouvement, il tâcherait de m'envoyer à Jaffa deux bons bricks, tels que *la Salamine* et *l'Alerte*.

Vous enverrez cet ordre par un officier de marine qui partira sur une djerme et débarquera à Damiette, et par le courrier qui part demain pour le Caire.

BONAPARTE.

Collection Napoléon.

4019. — AU GÉNÉRAL KLEBER.

Quartier général, Jaffa, 19 ventôse an VII (9 mars 1799).

Vous trouverez ci-joint, Citoyen Général, une lettre au cheik de Naplouse, que je vous prie de lui faire passer. Je vous prie d'en faire faire plusieurs copies, et de les envoyer successivement, afin d'être sûr qu'une d'elles arrive.

J'ai écrit à Djezzar-Pacha ; s'il prend le parti d'envoyer quelqu'un, comme je le lui propose, recommandez à vos avant-postes de le bien traiter.

A l'instant nous prenons deux bâtiments, un chargé de 2,000 quintaux de poudre et l'autre de riz.

La garnison de Jaffa était de près de 4,000 hommes ; 2,000 ont été tués dans la ville, et près de 2,000 ont été fusillés entre hier et aujourd'hui.

BONAPARTE.

Collection Napoléon.

4020. — AU CHEIK DE NAPLOUSE.

Quartier général, Jaffa, 19 ventôse an VII (9 mars 1799).

Je me suis emparé de Gaza, Ramleh, Jaffa, et de toute la Palestine. Je n'ai aucune intention de faire la guerre aux habitants de Naplouse ; car je ne viens ici que pour faire la guerre aux Mameluks et à Djezzar-Pacha, dont je sais que vous êtes les ennemis.

Je leur offre donc, par la présente, la paix ou la guerre. S'ils veulent la paix, qu'ils chassent les Mameluks de chez eux et me le fassent connaître, en promettant de ne commettre aucune hostilité contre moi. S'ils veulent la guerre, je la leur porterai moi-même. Je suis clément et miséricordieux envers mes amis, mais terrible comme le feu du ciel envers mes ennemis.

BONAPARTE.

Collection Napoléon.

4021. — AU GÉNÉRAL DUGUA, AU CAIRE.

Quartier général, Jaffa, 19 ventôse an VII (9 mars 1799).

J'ai reçu, Citoyen Général, fort peu de lettres de vous ; elles ont, j'imagine, été interceptées par cette nuée d'Arabes qui couvrent le désert. La dernière que j'ai reçue est du 6 ventôse.

L'état-major vous instruira des détails de la prise de Jaffa. Les 4,000 hommes qui formaient la garnison ont tous péri dans l'assaut ou ont été passés au fil de l'épée. Il nous reste encore Saint-Jean-d'Acre.

Avant le mois de juin, il n'y a rien de sérieux à craindre de la part des Anglais.

Quant à l'affaire de la mer Rouge, on ne comprend pas grand'chose au rapport qui vous a été envoyé; il faut espérer que les officiers de marine qui s'y trouvaient en donneront un plus intelligible.

La victoire du général Desaix doit avoir tout tranquillisé dans la haute Égypte. Nos victoires en Syrie doivent apaiser les troubles de la province de Charqyeh.

BONAPARTE.

Dépôt de la guerre.

4022. — AUX CHEIKS, ULÉMAS,
ET HABITANTS DES PROVINCES DE GAZA, RAMLEH ET JAFFA.

Quartier général, Jaffa, 19 ventôse an VII (9 mars 1799).

Dieu est clément et miséricordieux!

Je vous écris la présente pour vous faire connaître que je suis venu dans la Palestine pour en chasser les Mameluks et l'armée de Djezzar-Pacha.

De quel droit, en effet, Djezzar-Pacha a-t-il étendu ses vexations sur les provinces de Jaffa, Ramleh et Gaza, qui ne font pas partie de son pachalik? De quel droit également avait-il envoyé ses troupes à El-A'rych? Il m'a provoqué à la guerre, je la lui ai apportée; mais ce n'est pas à vous, habitants, que mon intention est d'en faire sentir les horreurs.

Restez tranquilles dans vos foyers; que ceux qui, par peur, les ont quittés, y rentrent. J'accorde sûreté et sauvegarde à tous; j'accorderai à chacun la propriété qu'il possédait.

Mon intention est que les cadis continuent comme à l'ordinaire leurs fonctions et à rendre la justice; que la religion surtout soit protégée et respectée, et que les mosquées soient fréquentées par tous les bons musulmans; c'est de Dieu que viennent tous les biens; c'est lui qui donne la victoire.

Il est bon que vous sachiez que tous les efforts humains sont inutiles contre moi, car tout ce que j'entreprends doit réussir. Ceux qui se déclarent mes amis prospèrent. Ceux qui se déclarent mes ennemis périssent. L'exemple qui vient d'arriver à Jaffa et à Gaza doit vous faire connaître que, si je suis terrible pour mes ennemis, je suis suis bon pour mes amis, et surtout clément et miséricordieux le pauvre peuple.

BONAPARTE.

Collection Napoléon.

4023. — AU GÉNÉRAL MARMONT, a ALEXANDRIE.

Quartier général, Jaffa, 19 ventôse an VII (9 mars 1799).

L'état-major vous aura instruit, Citoyen Général, des différents événements militaires qui se sont succédé et auxquels nous devons la conquête de toute la Palestine. La prise de Jaffa a été très-brillante ; 4,000 hommes des meilleures troupes de Djezzar et des meilleurs canonniers de Constantinople ont été passés au fil de l'épée. Nous avons trouvé dans cette ville soixante pièces de canon, des munitions et beaucoup de magasins ; ces pièces sont toutes fondues à Constantinople et de calibre français.

Jaffa a une rade assez sûre et une petite anse où nous avons trouvé un bâtiment de 150 tonneaux ; comme nous avons ici beaucoup de savon et autres objets, si quelques bâtiments du convoi, de 100 à 150 tonneaux, veulent se hasarder à venir, on les frétera.

Les dernières nouvelles que j'ai de Damiette sont du 4 ventôse ; d'où je conclus qu'il n'y avait rien de nouveau à Alexandrie le 1ᵉʳ ventôse ; il a fait des vents très-violents qui auront éloigné les Anglais.

Vous trouverez ci-joint une proclamation en arabe que j'ai faite aux habitants du pays. Si vous avez encore une imprimerie, faites-la imprimer, et répandez-la dans le Levant, la Barbarie, et partout où il sera possible. Dans le cas où vous n'auriez plus d'imprimerie, je donne ordre qu'on l'imprime au Caire et que l'on vous en envoie 200 exemplaires.

S'il partait des bâtiments pour France, je vous autorise à écrire au Gouvernement ce que vous savez de notre position. Vous sentez qu'il ne doit rien y avoir de politique, mais seulement des faits.

BONAPARTE.

Dépôt de la guerre.

4024. — AU GÉNÉRAL REYNIER.

Quartier général, Jaffa, 19 ventôse an VII (9 mars 1799).

Vous trouverez ci-joint, Citoyen Général, une lettre pour les habitants de Jérusalem ; faites-en faire huit à dix copies et envoyez-les par différentes occasions ; une d'elles arrivera peut-être. L'état-major vous envoie également une proclamation aux habitants de la Palestine ; faites-en répandre le plus qu'il vous sera possible.

Faites-moi connaître si le chemin qui va de Ramleh à Saint-Jean-d'Acre directement est bon, et quels sont les villages qui s'y trouvent.

Nous avons trouvé à Jaffa une assez grande quantité de canons. Il nous arrive tous les jours des bâtiments de Saint-Jean-d'Acre ;

en ce moment, il en entre deux, un chargé de poudre et l'autre de riz.

La garnison de Jaffa était de 4,000 hommes; 2,000 ont été tués dans la ville, et près de 2,000 ont été fusillés entre hier et aujourd'hui.

BONAPARTE.

Dépôt de la guerre.

4025. — AUX CHEIKS, ULÉMAS ET COMMANDANT DE JÉRUSALEM.

Quartier général, Jaffa, 19 ventôse an VII (9 mars 1799).

Dieu est clément et miséricordieux!

Je vous fais connaître par la présente que j'ai chassé les Mameluks et les troupes de Djezzar-Pacha des provinces de Gaza, Ramleh et Jaffa; que mon intention n'est pas de faire la guerre au peuple; que je suis ami du musulman; que les habitants de Jérusalem peuvent choisir la paix ou la guerre : s'ils choisissent la première, qu'ils envoient au camp de Jaffa des députés pour promettre de ne jamais rien faire contre moi; s'ils étaient assez insensés pour préférer la guerre, je la leur porterai moi-même. Ils doivent savoir que je suis terrible comme le feu du ciel contre mes ennemis, clément et miséricordieux envers le peuple et ceux qui veulent être mes amis.

BONAPARTE.

Dépôt de la guerre.

4026. — A DJEZZAR-PACHA.

Quartier général, Jaffa, 19 ventôse an VII (9 mars 1799).

Depuis mon entrée en Égypte, je vous ai fait connaître plusieurs fois que mon intention n'était point de vous faire la guerre; que mon seul but était de chasser les Mameluks : vous n'avez répondu à aucune des ouvertures que je vous ai faites.

Je vous avais fait connaître que je désirais que vous éloignassiez Ibrahim-Bey des frontières de l'Égypte : bien loin de là, vous avez envoyé des troupes à Gaza, vous avez fait de grands magasins, vous avez publié partout que vous alliez entrer en Égypte, vous avez effectué votre invasion en portant 2,000 hommes de vos troupes dans le fort d'El-A'rych, enfoncé à dix lieues dans le territoire de l'Égypte. J'ai dû alors partir du Caire, et vous apporter moi-même la guerre que vous paraissiez provoquer.

Les provinces de Gaza, Ramleh et Jaffa sont en mon pouvoir. J'ai traité avec générosité celles de vos troupes qui s'en sont remises à ma discrétion. J'ai été sévère envers celles qui ont violé les droits de la guerre. Je marcherai sous peu de jours sur Saint-Jean-d'Acre. Mais quelles raisons ai-je d'ôter quelques années de vie à un vieillard que je ne connais pas? Que sont quelques lieues de plus à côté du pays que j'ai conquis? Et, puisque Dieu me donne la victoire, je veux, à son exemple, être clément et miséricordieux, non-seulement envers le peuple, mais encore envers les grands.

Vous n'avez point de raison réelle d'être mon ennemi, puisque vous l'étiez des Mameluks. Votre pachalik est séparé de l'Égypte par les provinces de Gaza, de Ramleh et par d'immenses déserts; redevenez mon ami, soyez l'ennemi des Mameluks et des Anglais : je vous ferai autant de bien que je vous ai fait et que je peux vous faire de mal. Envoyez-moi votre réponse par un homme muni de vos pleins-pouvoirs, et qui connaisse vos intentions; il se présentera à mon avant-garde avec un drapeau blanc, et je donne ordre à mon état-major de vous envoyer un sauf-conduit que vous trouverez ci-joint.

Le 24 de ce mois, je serai en marche sur Saint-Jean-d'Acre; il faut donc que j'aie votre réponse avant ce jour.

BONAPARTE.

Collection Napoléon.

4027. — A L'ADJUDANT GÉNÉRAL ALMERAS, A DAMIETTE.

Quartier général. Jaffa, 20 ventôse an VII (10 mars 1799).

L'état-major vous aura instruit, Citoyen Général, de la prise de Jaffa, où nous avons trouvé beaucoup de riz, et nous en avions besoin, car notre flottille nous manque toujours.

Nous y avons trouvé une grande quantité d'artillerie, beaucoup d'obusiers, de pièces de 4 du calibre français.

Comme il y a ici de l'huile et du savon, et d'autres objets qui sont utiles à l'Égypte, et que la Palestine a besoin de riz, engagez les négociants de Damiette à ouvrir un commerce avec Jaffa. Assurez-les qu'ils seront protégés et n'essuieront aucune avanie.

Si la flottille n'était pas partie, prenez toutes les mesures pour la faire sortir. Envoyez-moi aussi des djermes avec du biscuit, droit à Jaffa.

BONAPARTE.

Collection Napoléon.

4028. — AU CITOYEN POUSSIELGUE.

Quartier général. Jaffa, 20 ventôse an VII (10 mars 1799).

Vous trouverez ci-joint une proclamation que j'ai faite aux habitants de ces provinces; faites-la imprimer et répandez-la par tous les moyens

23.

possibles; envoyez-en 200 exemplaires à Damiette et à Alexandrie, pour qu'elle se répande dans le Levant, à Constantinople et dans la Barbarie.

Je vous renvoie au Caire le chef des cheiks, celui qui avait la place que j'ai donnée au cheik El-Bekry. Vous assurerez ce dernier que cela ne doit l'inquiéter en rien, et que je dois mettre de la différence entre mes vieux amis et mes nouveaux.

Engagez les négociants de Damiette à venir vendre leur riz à Jaffa; nous avons ici une grande quantité de savon, engagez les négociants du Caire à venir en acheter: ils savent que je protége le commerce, ils n'ont à craindre ni avanies, ni tracasseries; il y a ici des articles qui manquent en Égypte, tels que le savon, l'huile, etc., qu'ils apportent en échange du blé et du riz. Prenez toutes les mesures pour activer autant que possible ce commerce.

Faites imprimer en arabe tout ce que Venture écrit au divan, en y faisant mettre les ornements que le cheik El-Mohdy jugera à propos, et répandez-le dans l'Égypte.

BONAPARTE.

Comm. par Mᵐᵉ de la Morinière.

4029. — AU GÉNÉRAL CAFFARELLI.

Quartier général, Jaffa, 20 ventôse an VII (10 mars 1799).

Des personnes arrivées d'El-A'rych m'instruisent qu'on n'y a encore rien fait, pas même rétabli la brèche. Veuillez donner des ordres pour que les réparations d'un fort si essentiel n'éprouvent aucun retard. Vous sentez qu'il peut arriver des événements tels, qu'El-A'rych devienne notre tête de ligne, laquelle, pouvant tenir quinze jours ou un mois, pourrait donner des résultats incalculables.

BONAPARTE.

Dépôt de la guerre.

4030. — AU GÉNÉRAL BERTHIER.

Quartier général, Jaffa, 20 ventôse an VII (10 mars 1799).

Vous donnerez l'ordre au citoyen Ledée, commandant la province de Gaza, d'organiser un divan composé de sept personnes prises parmi les plus notables du pays; il lui donnera la même organisation qu'aux divans d'Égypte.

BONAPARTE.

Dépôt de la guerre.

4031. — AU GÉNÉRAL BERTHIER.

Quartier général, Jaffa, 20 ventôse an VII (10 mars 1799).

Vous donnerez l'ordre à l'adjudant général Grezieu de prendre le commandement de la province de Jaffa. Il organisera un divan et prendra toutes les mesures pour rassurer les habitants, protéger le commerce avec Damiette, et maintenir la confiance, la tranquillité et la paix dans les villages. La province de Ramleh sera également sous ses ordres.

Vous donnerez ordre au général de division Menou, qui est au Caire [1], de se rendre à Jaffa pour prendre le gouvernement de la Palestine. A son arrivée, l'adjudant général Grezieu rejoindra le quartier général.

Vous nommerez un capitaine à la suite de la 18ᵉ pour commander la place.

Le dépôt de la cavalerie sera transféré de Gaza à Jaffa. Vous donnerez, en conséquence, l'ordre au chef de brigade Ledée de s'y rendre avec tous les hommes du dépôt; il accompagnera le premier convoi.

Vous donnerez l'ordre au chef de bataillon qui commande à Gaza de se rendre à El-A'rych, pour y prendre le commandement de cette place. Il laissera le commandement de Gaza au chef de bataillon du génie, qui commandera en même temps l'arrondissement de Gaza.

Vous donnerez l'ordre à l'officier qui commande à El-A'rych de se rendre à Gaza, pour être chargé du détail de la place; il sera sous les ordres du chef de bataillon du génie qui commande tout l'arrondissement.

Vous donnerez l'ordre au général de brigade Junot de se rendre à l'avant-garde, pour y remplacer le général Damas et y être employé sous les ordres du général de division Kleber.

BONAPARTE.

Dépôt de la guerre.

4032. — AU GÉNÉRAL BERTHIER.

Quartier général, Jaffa, 20 ventôse an VII (10 mars 1799).

Il sera accordé une grenade en or au citoyen Mizière, sergent de la 11ᵉ compagnie du 4ᵉ régiment d'artillerie, pointeur d'un des mortiers, ainsi qu'au citoyen Mauque, canonnier de la compagnie n° 13 du 4ᵉ régiment, qui était pointeur d'une pièce de 12 au siége de Jaffa.

Vous me ferez remettre les états de services du capitaine d'artillerie Martin et du lieutenant Cocouret.

[1] Menou était resté à Rosette.

Le citoyen Magny, chef de bataillon de la 22ᵉ, sera promu à la place de chef de brigade.

Les citoyens Clavi, Augeteaux, Choquet et Lavaux, sapeurs, Girard et Floquet, mineurs, auront des fusils d'argent.

Le citoyen Lacoste, lieutenant du génie, sera promu à la place de capitaine; le citoyen Aymé, capitaine du génie, à celle de chef de bataillon.

Vous me ferez remettre les états de services du citoyen Nether-wood, adjoint aux adjudants généraux.

Vous me ferez remettre les états de services du citoyen Lazowski, chef de bataillon du génie.

Vous demanderez au général Lannes le nom du sergent et des dix carabiniers qui sont entrés les premiers à la brèche.

BONAPARTE.

Dépôt de la guerre.

4033. — AU GÉNÉRAL REYNIER.

Quartier général, Jaffa, 22 ventôse an VII (11 mars 1799).

Il est nécessaire, Citoyen Général, que, tant que votre division restera à Ramleh, vous teniez un poste à Lydda¹, afin que les habitants rentrent et que l'on puisse organiser cette ville et Ramleh; car, avant que votre division sorte de Ramleh, il faut que ces deux villes soient à l'abri du pillage, qu'il y ait un cheik-el-beled et un divan à Ramleh pour maintenir la police.

BONAPARTE.

Dépôt de la guerre.

4034. — AU GÉNÉRAL BERTHIER.

Quartier général, Jaffa, 22 ventôse an VII (12 mars 1799).

Vous vous concerterez avec l'ordonnateur en chef pour que l'armée ait, dans la journée de demain, des vivres jusqu'au 30 au soir. La division du général Reynier prendra ses vivres à Ramleh, si cela est possible; sans quoi elle les enverra prendre à Jaffa; on profitera de l'arrivée des chameaux pour évacuer les grains, outres, etc., et surtout l'hôpital de Ramleh sur Jaffa.

Vous préviendrez le général d'artillerie et l'ordonnateur en chef qu'il est possible que, le 24 au soir, il n'y ait pas un seul Français à Ramleh, et qu'il faut qu'ils se règlent en conséquence, afin qu'ils n'y laissent rien.

BONAPARTE.

Dépôt de la guerre.

¹ Lodd.

4035. — AU DIRECTOIRE EXÉCUTIF.

Quartier général, Jaffa, 23 ventôse an VII (13 mars 1799).

Citoyens Directeurs, le 5 fructidor, j'envoyai un officier à Djezzar, pacha d'Acre; il l'accueillit mal, il ne me répondit pas.

Le 29 brumaire, je lui écrivis une autre lettre; il fit couper la tête au porteur.

Les Français étaient arrêtés à Acre et traités cruellement.

Les provinces de l'Égypte étaient inondées de firmans dans lesquels Djezzar ne dissimulait pas ses intentions hostiles et annonçait son arrivée.

Il fit plus, il envahit les provinces de Jaffa, Ramleh et Gaza; son avant-garde prit position à El-A'rych, où il y a quelques bons puits et un fort situé dans le désert, à dix lieues sur le territoire de l'Égypte.

Je n'avais donc plus de choix; j'étais provoqué à la guerre; je crus ne devoir pas tarder à la lui porter moi-même.

Le général Reynier rejoignit, le 16 pluviôse, son avant-garde, qui, sous les ordres de l'infatigable général Lagrange, était à Qatyeh, situé à trois journées dans le désert, où j'avais réuni des magasins considérables.

Le général Kleber arriva le 18 pluviôse de Damiette, par le lac Menzaleh, sur lequel on avait construit plusieurs barques canonnières, débarqua à Peluse et se rendit à Qatyeh.

COMBAT D'EL-A'RYCH.

Le général Reynier partit le 18 pluviôse de Qatyeh, avec sa division, pour se rendre à El-A'rych. Il fallait marcher plusieurs jours à travers le désert sans trouver de l'eau. Des difficultés de toute espèce furent vaincues. L'ennemi fut attaqué, forcé, le village d'El-A'rych enlevé, et toute l'avant-garde ennemie bloquée dans le fort d'El-A'rych.

ATTAQUE DE NUIT.

Cependant la cavalerie de Djezzar, soutenue par un corps d'infanterie, avait pris position sur nos derrières à une lieue, et bloquait l'armée assiégeante.

Le général Kleber fit faire un mouvement au général Reynier. A minuit, le camp ennemi fut cerné, attaqué et enlevé; un des beys tué; effets, armes, bagages, tout fut pris. La plupart des hommes eurent le temps de se sauver. Plusieurs kâchefs d'Ibrahim-Bey furent faits prisonniers.

SIÉGE DU FORT D'EL-A'RYCH.

La tranchée fut ouverte devant le fort d'El-A'rych ; une de nos mines avait été éventée et nos mineurs délogés. Le 28 pluviôse, une batterie de brèche fut construite, et deux batteries d'approche. On canonna toute la journée du 29. Le 30, à midi, la brèche était praticable ; je sommai le commandant de se rendre : il le fit.

Nous avons trouvé à El-A'rych 300 chevaux, beaucoup de biscuit, du riz, 500 Albanais, 500 Moghrebins, 200 hommes de l'Anatolie et de la Caramanie. Les Moghrebins ont pris service avec nous ; j'en ai fait un corps auxiliaire.

Nous partîmes d'El-A'rych le 4 du mois de ventôse ; l'avant garde s'égara dans les déserts et souffrit beaucoup du manque d'eau ; nous manquions de vivres ; nous fûmes obligés de manger des chevaux, des mulets et des chameaux.

Nous étions, le 5, aux colonnes placées sur les limites de l'Afrique et de l'Asie.

Nous couchâmes en Asie le 6 ; le jour suivant nous étions en marche sur Gaza ; à dix heures du matin nous découvrîmes 3 à 4,000 hommes de cavalerie qui marchaient à nous.

COMBAT DE GAZA.

Le général Murat, commandant la cavalerie, fit passer différents torrents en présence de l'ennemi, par des mouvements exécutés avec précision.

Le général Kleber se porta par la gauche sur Gaza ; le général Lannes, avec son infanterie légère, appuyait les mouvements de la cavalerie, qui était rangée sur deux lignes ; chaque ligne avait derrière elle un escadron de réserve. Nous chargeâmes l'ennemi près de la hauteur qui regarde Hébron, et où Samson porta les portes de Gaza. L'ennemi ne reçut pas la charge et se replia ; il eut quelques hommes de tués, entre autres le kiàya du pacha.

La 22e d'infanterie légère s'est fort bien conduite ; elle suivait les chevaux au pas de course ; il y avait cependant bien des jours qu'elle n'avait fait un bon repas et bu de l'eau à son aise.

Nous entrâmes dans Gaza ; nous y trouvâmes quinze milliers de poudre, beaucoup de munitions de guerre, des bombes, des outils, plus de 200,000 rations de biscuit et six pièces de canon.

Le temps devint affreux ; beaucoup de tonnerre et de pluie ; depuis notre départ de France, nous n'avions point eu d'orage.

Nous couchâmes le 10 à Esdoud, l'ancienne Azoth. Nous couchàmes le 11 à Ramleh ; l'ennemi l'avait évacué avec tant de précipitation, qu'il nous laissa 100,000 rations de biscuit, beaucoup plus d'orge et 1,500 outres que Djezzar avait préparées pour passer le désert.

SIÉGE DE JAFFA.

La division Kleber investit d'abord Jaffa, et se porta ensuite sur la rivière d'El-Ougeh, pour couvrir le siége. La division Bon investit les fronts droits de la ville, et la division Lannes, les fronts gauches.

L'ennemi démasqua une quarantaine de pièces de canon de tous les points de l'enceinte, desquels il fit un feu vif et soutenu.

Le 16, deux batteries d'approche, la batterie de brèche, une de mortiers, étaient en état de tirer. La garnison fit une sortie ; on vit alors une foule d'hommes diversement costumés, et de toutes les couleurs, se porter sur la batterie de brèche ; c'étaient des Moghrebins, des Albanais, des Kurdes, des Anatoliens, des Caramaniens, des Damasquins, des Alépins, des noirs de Takrour ; ils furent vivement repoussés et rentrèrent plus vite qu'ils n'auraient voulu. Mon aide de camp Duroc, officier en qui j'ai grande confiance, s'est particulièrement distingué.

A la pointe du jour, le 17, je fis sommer le gouverneur : il fit couper la tête à mon envoyé, et ne répondit point. A sept heures, le feu commença ; à une heure, je jugeai la brèche praticable. Le général Lannes fit les dispositions pour l'assaut ; l'adjoint aux adjudants généraux Netherwood, avec dix carabiniers, y monta le premier, et fut suivi de trois compagnies de grenadiers de la 13ᵉ et de la 69ᵉ demi-brigade, commandées par l'adjudant général Rambeaud, pour lequel je vous demande le grade de général de brigade.

A cinq heures, nous étions maîtres de la ville, qui, pendant vingt-quatre heures, fut livrée au pillage et à toutes les horreurs de la guerre, qui jamais ne m'a paru aussi hideuse.

4,000 hommes des troupes de Djezzar ont été passés au fil de l'épée ; il y avait 800 canonniers. Une partie des habitants a été massacrée.

Les jours suivants, plusieurs bâtiments sont venus de Saint-Jean-d'Acre, avec des munitions de guerre et de bouche ; ils ont été pris dans le port ; ils ont été étonnés de voir la ville en notre pouvoir ; l'opinion était qu'elle nous arrêterait six mois.

Abd-Allah, général de Djezzar, a eu l'adresse de se cacher parmi les gens d'Égypte et de venir se jeter à mes pieds.

J'ai envoyé à Damas et à Alep plus de 500 personnes de ces deux villes, ainsi que 4 à 500 personnes d'Égypte.

J'ai pardonné aux Mameluks et aux kâchefs que j'ai pris à El-A'rych ; j'ai pardonné à Omar-Makram, cheik du Caire ; j'ai été clément envers les Égyptiens, autant que je l'ai été envers le peuple de Jaffa, mais sévère envers la garnison, qui s'est laissé prendre les armes à la main.

Nous avons trouvé à Jaffa cinquante pièces de canon, dont trente formant l'équipage de campagne, de modèle européen, et des munitions ; plus de 400,000 rations de biscuit, 200,000 quintaux de riz et quelques magasins de savon.

Les corps du génie et de l'artillerie se sont distingués.

Le général Caffarelli, qui a dirigé ces siéges, qui a fait fortifier les différentes places de l'Égypte, est un officier recommandable par une activité, un courage et des talents rares.

Le chef de brigade du génie Sanson a commandé l'avant-garde qui a pris possession de Qatyeh, et a rendu, dans toutes les occasions, les plus grands services.

Le capitaine du génie Sabatier a été blessé au siége d'El-A'rych.

Le citoyen Aymé est entré le premier dans Jaffa, par un vaste souterrain qui conduit dans l'intérieur de la place.

Le chef de brigade Songis, directeur du parc d'artillerie, n'est parvenu à conduire les pièces qu'avec de grandes peines, il a commandé la principale attaque de Jaffa.

Nous avons perdu le citoyen Lejeune, chef de la 22e d'infanterie légère, qui a été tué à la brèche. Cet officier a été vivement regretté de l'armée ; les soldats de son corps l'ont pleuré comme leur père. J'ai nommé à sa place le chef de bataillon Magny, qui a été grièvement blessé. Ces différentes affaires nous ont coûté 50 hommes tués et 200 blessés.

L'armée de la République est maîtresse de toute la Palestine.

BONAPARTE.

Collection Napoléon.

4036. — A L'ADJUDANT GÉNÉRAL GREZIEU.

Quartier général, Jaffa, 23 ventôse an VII (13 mars 1799).

Vous aurez, Citoyen, le commandement de la province de Jaffa et de celle de Ramleh.

Votre première opération sera de faire placer une pièce de canon sur chacune des tours, et de disposer les quatre plus grosses du côté du pont pour sa défense.

L'officier du génie a ordre de réparer sur-le-champ la brèche.

Vous vous assurerez que les portes puissent se fermer facilement ; comme les deux qui existent me paraissent très-rapprochées l'une de l'autre, il suffirait d'en tenir une ouverte.

Les Grecs doivent fournir des servants à l'hôpital des blessés.

Les chrétiens Latins et les Arméniens doivent fournir des servants à l'hôpital des fiévreux.

Vous formerez un divan composé de sept personnes ; vous y mettrez des mahométans et des chrétiens.

Vous seconderez toutes les opérations du citoyen Gloutier, tendant à établir les finances et à procurer de l'argent à la caisse.

Aucun bâtiment de ceux qui sont actuellement dans le port ne doit en sortir, sous quelque prétexte que ce soit.

Le commerce avec Damiette et l'Égypte sera encouragé le plus possible. Vous enverrez dans tous les villages une proclamation afin que les habitants vivent tranquilles. J'ai chargé le général Reynier d'organiser un divan à Ramleh.

Il reste ici un officier de marine.

Si vous avez des nouvelles très-intéressantes à me faire passer et que le temps soit beau, vous pourriez profiter à la fois de la terre et de la mer.

Toutes les fois qu'il y aura des occasions pour l'Égypte, vous ne manquerez pas de donner des nouvelles de l'armée à l'adjudant général Almeras à Damiette, et au général Dugua au Caire.

Ayez bien soin que les magasins soient tenus en bon état et ne soient pas gaspillés. Faites toutes les recherches possibles pour en découvrir de nouveaux.

BONAPARTE.

Collection Napoléon.

4037. — AU GÉNÉRAL BERTHIER.

Quartier général, Jaffa, 24 ventôse an VII (14 mars 1799).

Vous donnerez l'ordre au général Reynier d'évacuer sur Jaffa tous les malades qui sont à Ramleh ; de faire évacuer également tous les magasins de grains qu'il lui sera possible, et de faire mettre l'orge qu'il ne pourra pas évacuer, sous la garde des habitants de Ramleh, dans un seul magasin. Si les chrétiens de Ramleh et de Lydda ont besoin d'armes, j'autorise l'adjudant général Grezieu, qui reste à Jaffa, à leur en donner sur l'état que le général Reynier lui enverra. Enfin il prendra toutes les mesures pour que la ville de Ramleh ne soit pas pillée pendant son absence. Après cela, il se rendra à Jaffa, et de là il suivra le mouvement de l'armée sur Saint-Jean-d'Acre. Le jour où il partira de Jaffa, il prendra des vivres pour six jours.

BONAPARTE.

Dépôt de la guerre.

_____

4038. — AU CONTRE-AMIRAL GANTEAUME.

Quartier général, mont Carmel, 28 ventôse an VII (18 mars 1799).

Vous donnerez ordre, Citoyen Général, à la flottille commandée par le capitaine Stendelet, si elle n'est pas encore sortie de Damiette, de ne pas sortir : il fera seulement sortir *le Pluvier,* chargé de riz et de biscuit, lequel se rendra à Jaffa, où il débarquera son chargement ; après quoi il s'en retournera.

Si la flottille était partie, vous lui enverriez l'ordre de rentrer, en déchargeant les denrées à Jaffa, si elle peut le faire sans éprouver aucun retard : elle ira à Damiette, ou, si elle le peut, à Bourlos.

Vous donnerez l'ordre au contre-amiral Perrée de ne pas opérer sa sortie, et, s'il l'avait opérée et qu'il ne trouvât votre ordre qu'à Jaffa, de faire une tournée du côté de Candie, afin de recueillir des nouvelles des bâtiments venant d'Europe, et de venir, quinze ou vingt jours après son départ de Jaffa, à Damiette, où il trouvera de nouvelles instructions ; dans l'intervalle du temps, il enverra à Damiette un brick pour faire part des nouvelles qu'il aurait pu apprendre.

BONAPARTE.

Collection Napoléon.

_____

4039. — AU COMMANDANT DE CÉSARÉE.

Quartier général, mont Carmel, 28 ventôse an VII (18 mars 1799).

Le cheik qui vous remettra cette lettre, Citoyen Général, me fait espérer qu'il pourra réunir assez de moyens de transport pour faire venir à Hayfâ le riz et le biscuit qui doivent être arrivés à Césarée : concertez-vous avec lui et donnez-lui toute l'assistance dont il peut avoir besoin.

Nous sommes maîtres de Hayfâ, où nous avons trouvé quelques magasins, et, entre autres, 3,000 quintaux de blé.

La route de Césarée à Saint-Jean-d'Acre passe par Hayfâ et va toujours le long de la mer. Le général Reynier doit avoir reçu l'ordre de laisser un bataillon à Césarée et de se rendre avec le reste à Saint-Jean-d'Acre.

Faites passer la lettre ci-jointe à l'adjudant général Grezieu.

BONAPARTE.

Collection Napoléon.

4040. — A L'ADJUDANT GÉNÉRAL GREZIEU,
COMMANDANT LES PROVINCES DE JAFFA ET DE RAMLEH.

Quartier général, mont Carmel, 28 ventôse an VII (18 mars 1799).

Nous nous sommes emparés de Hayfà, où nous avons trouvé des magasins de coton et 3,000 quintaux de blé, prise d'autant meilleure que ce blé était destiné à l'approvisionnement de l'escadre qui bloque Alexandrie.

Le capitaine Smith, avec deux vaisseaux de guerre anglais, est arrivé d'Alexandrie à Saint-Jean-d'Acre. Ainsi, si notre flottille arrivait, vous feriez débarquer promptement les denrées; vous feriez entrer dans la rade les bâtiments, tels que *la Fortune,* qui pourraient y entrer, et vous renverriez sur-le-champ les autres prendre leur station à Damiette.

Nous avons eu une affaire, au village de Qàqoun, avec la cavalerie de Djezzar, réunie à des Arabes et à des paysans. Après quelques coups de canon, tout s'est dispersé. La cavalerie de Djezzar a fait, en quatre heures, deux journées de marche; elle est arrivée à Acre le même jour de l'affaire, et y a porté la consternation et l'effroi; la plupart de cette cavalerie est aujourd'hui dispersée. L'investissement d'Acre sera fait ce soir. Faites connaître ces nouvelles à Damiette et au Caire.

Envoyez-nous le plus de biscuit et de riz que vous pourrez, sur des bâtiments qui débarqueront à Sabourah ¹ ou à Tantourah. Nous sommes bien avec les habitants de ce pays, qui sont venus au-devant de nous et se comportent fort bien.

BONAPARTE.

Collection Napoléon.

4041. — AUX CHEIKS, ULÉMAS, CHÉRIFS, ORATEURS DE MOSQUÉES
ET AUTRES HABITANTS DU PACHALIK D'AKKA (ACRE).

Quartier général, mont Carmel, 28 ventôse an VII (18 mars 1799).

Dieu est clément et miséricordieux!

Dieu donne la victoire à qui il veut; il n'en doit compte à personne. Les peuples doivent se soumettre à sa volonté!

En entrant avec mon armée dans le pachalik d'Acre, mon intention est de punir Djezzar-Pacha de ce qu'il a osé me provoquer à la

¹ Minâ Sabourah.

guerre, et de vous délivrer des vexations qu'il exerce envers le peuple. Dieu, qui tôt ou tard punit les tyrans, a décidé que la fin du règne de Djezzar est arrivée.

Vous, bons musulmans, habitants, vous ne devez pas prendre l'épouvante, car je suis l'ami de tous ceux qui ne commettent point de mauvaises actions et qui vivent tranquilles.

Que chaque commune ait donc à m'envoyer des députés à mon camp, afin que je les inscrive et leur donne des sauf-conduits, car je ne peux répondre sans cela du mal qui leur arriverait.

Je suis terrible envers mes ennemis, bon, clément et miséricordieux envers le peuple et ceux qui se déclarent mes amis.

BONAPARTE.

Collection Napoléon

4042. — AU GÉNÉRAL LANNES.

Quartier général, devant Acre, 29 ventôse an VII (19 mars 1799), 6 h. du matin.

Le général en chef vous ordonne, Citoyen Général, de laisser deux bataillons avec le parc d'artillerie, pour qu'il continue sa route pour rejoindre l'armée.

Vous marcherez, avec le reste de votre division, au village de Chafà-A'mr, où on dit qu'il y a 200 chameaux appartenant à Djezzar, des grains et des moutons. L'ordonnateur en chef donne une instruction au commissaire de votre division pour s'emparer de tous ces objets.

Le général en chef vous recommande de mettre de l'ordre dans ce village, d'en bien traiter les habitants, qui sont nos amis et les ennemis de Djezzar.

Vous coucherez cette nuit dans ce village, et vous nous enverrez de vos nouvelles.

Vous formerez dans ce village un hôpital, dans la maison qu'occupait le commandant de Djezzar. Vous resterez là jusqu'à nouvel ordre.

Écrivez à Nazareth, à O'bellyn et autres villages circonvoisins, pour qu'ils viennent à l'obéissance; assurez-les de la protection et amitié des Français; dites-leur qu'on leur payera exactement tout ce qu'ils fourniront pour l'armée; engagez-les à porter des vivres au camp; enfin inspirez la confiance, maintenez la discipline, et vous rendrez un grand service à l'armée.

Faites mettre tous les moulins en activité, et qu'on fasse des farines pour l'armée.

Faisons-nous aimer, et que le peuple soit mieux avec nous que sous le régime de Djezzar.

Par ordre du général en chef.

Dépôt de la guerre.

4043. — AU CHEF D'ESCADRON LAMBERT.

Quartier général, devant Acre, 29 ventôse an VII (19 mars 1799).

Il est ordonné au chef d'escadron Lambert de partir ce soir pour se rendre à Hayfâ et prendre le commandement de cette place.

Le général Dommartin fera partir ce soir un obusier et une pièce de 4 pour Hayfâ; le chef d'escadron Lambert se servira de ces pièces avec ménagement, afin d'économiser les munitions; s'il se présente des chaloupes canonnières, il les laissera approcher à portée de fusil, et alors tirera à coup sûr pour les couler bas.

Dans le cas où des forces trop supérieures feraient une descente, et que le chef d'escadron Lambert ne jugeât pas avoir les moyens nécessaires pour les repousser avec avantage, il aurait soin de faire sa retraite dans le fort qui domine la ville.

Le chef d'escadron Lambert sentira l'importance de Hayfâ, tant pour les magasins qui y sont que pour les services que peut nous rendre le port.

Le chef d'escadron Lambert verra l'ordonnateur, qui envoie ce soir un convoi à Hayfâ, et le général Dommartin.

Par ordre du général en chef.

Dépôt de la guerre.

4044. — AU FILS D'OMAR-DAHER.

Quartier général, devant Acre, 29 ventôse an VII (19 mars 1799).

Omar-Dâher, qui pendant tant d'années a commandé à Acre, dans la Tibériade et dans toute la Galilée, homme recommandable par ses grandes actions, les talents distingués qu'il avait reçus de Dieu, et la bonne conduite qu'il a tenue en tout temps envers les Français, dont il a constamment encouragé le commerce, a été détruit et remplacé par Djezzar-Pacha, homme féroce et ennemi du peuple. Dieu, qui tôt ou tard punit les méchants, veut aujourd'hui que les choses changent.

J'ai choisi le cheik Abbas-el-Dâher, fils d'Omar-Dâher, en considération de son mérite personnel, et convaincu qu'il sera, comme son père, ennemi des vexations et bienfaiteur du peuple, pour commander dans toute la Tibériade, en attendant que je puisse le faire aussi grand que son père. J'ordonne donc par la présente aux cheiks-el-beled et au peuple de la Tibériade de reconnaître le cheik Abbas-el-Dàher pour leur cheik. Nous l'avons en conséquence revêtu d'une pelisse. J'ordonne également au cheik-el-beled de Nazareth de lui faire remettre les maisons, jardins et autres biens que le cheik Omar-Dàher possédait à Nazareth.

BONAPARTE.

Collection Napoléon.

————————

4045. — AU GÉNÉRAL BERTHIER.

Quartier général, devant Acre, 30 ventôse an VII (20 mars 1799).

L'état-major écrira aux villages de Zib, de Safed, Tabaryeh [1], Nazareth, Cana, et nominativement à tous les plus gros villages du pachalik d'Acre, pour leur faire connaître qu'ils aient à envoyer des députés au camp devant Acre, 1° pour jurer obéissance et déclarer ce qu'ils auraient appartenant à Djezzar; 2° pour recevoir des sauvegardes pour leurs villages, afin que, pouvant les montrer aux différents détachements de l'armée qui passeront par là, ils soient traités en amis.

Il écrira également au commandant de la ville de Sour [2] qu'il ait à se soumettre et à envoyer des députés au camp d'Acre.

Il écrira au chef des Motouàly pour leur faire connaître que je suis envoyé par Dieu pour réparer les injustices commises par Djezzar et restituer aux légitimes propriétaires les pays qui leur appartiennent; qu'il ait à venir me trouver à mon camp, afin de se soumettre, parce que je veux être leur ami et les protéger.

BONAPARTE.

Dépôt de la guerre.

————————

4046. — ORDRE DU JOUR.

(EXTRAIT.)

Quartier général, devant Acre, 30 ventôse an VII (20 mars 1799).

Le général en chef prévient l'armée que les villages qui environnent Saint-Jean-d'Acre sont composés de Druses, peuples amis des Français et ennemis de Djezzar, qu'ils apportent avec empressement des vivres pour l'armée, qu'ils s'arment pour notre parti : en conséquence, il ordonne que les personnes et les propriétés, dans tous les villages des environs, soient scrupuleusement respectées ; il ordonne de faire arrêter les pillards, qui seront fusillés. Le général en chef ordonne particulièrement au général commandant la cavalerie de prendre des mesures telles, que les partis et patrouilles qu'il enverra

————————

[1] Tibériade. — [2] Tyr.

en reconnaissance ne pillent pas. Le général commandant la cavalerie serait responsable des pillages qu'il n'aurait pas fait réprimer.

Les succès de l'armée et son bien-être tiennent essentiellement à l'ordre et à la discipline, qui nous feront aimer d'un peuple qui vient au-devant de nous et qui est l'ennemi de nos ennemis.

Par ordre du général en chef.

Dépôt de la guerre.

4047. — A L'ÉMIR BECHIR.

Quartier général, devant Acre, 30 ventôse an VII (20 mars 1799).

Après m'être emparé de toute l'Égypte, j'ai traversé les déserts et suis entré en Syrie. Je me suis emparé des forts d'El-A'rych, Gaza et Jaffa, qu'avaient envahis les troupes de Djezzar-Pacha. J'ai battu et détruit toute son armée. Je viens de l'enfermer dans la place d'Acre, dont je suis occupé depuis avant-hier à faire le siége.

Je m'empresse de vous faire connaître toutes ces nouvelles, parce que je sais qu'elles vous doivent être agréables, puisque toutes ces victoires anéantissent la tyrannie d'un homme féroce qui a fait autant de mal à la brave nation druse qu'au genre humain.

Mon intention est de rendre la nation druse indépendante, d'alléger le tribut qu'elle paye, et de lui rendre le port de Baïrouth et autres villes, qui lui sont nécessaires pour les débouchés de son commerce.

Je désire que, le plus tôt possible, vous veniez vous-même, ou que vous envoyiez quelqu'un pour me voir ici devant Acre, afin de prendre tous les arrangements nécessaires pour vous délivrer de nos ennemis communs.

Vous pouvez faire proclamer, dans tous les villages de la nation druse, que ceux qui voudront porter au camp des vivres, et surtout du vin et de l'eau-de-vie, seront exactement payés.

BONAPARTE.

Collection Napoléon.

4048. — AU GÉNÉRAL BERTHIER.

Quartier général, devant Acre, 1er germinal an VII (21 mars 1799).

Vous ferez commander un adjoint et un certain nombre de travailleurs par division, pour faire des fascines de jonc ayant 3 pieds de haut et 18 pouces de diamètre; chaque division devra en avoir fait dans la journée de demain et d'après-demain 1,500, qui seront portées à la queue de la tranchée.

Le général d'artillerie fournira quatre sous-officiers pour enseigner la manière de faire ces fascines.

BONAPARTE.

Dépôt de la guerre.

4049. — AU CHEIK MUSTAFA-BECHIR.

Quartier général, devant Acre, 1ᵉʳ germinal an VII (21 mars 1799).

Le cheik Mustafa-Bechir, homme recommandable par son talent et son crédit, celui qui a mérité les persécutions d'Ahmed-Pacha, qui l'a tenu sept ans dans les fers, est nommé commandant de Safed et du pont de Benât-Yakoub[1].

Il est ordonné à tous les cheiks et habitants de lui prêter main-forte pour arrêter les Mouselmyn, les troupes de Djezzar et autres qui s'opposeraient à l'exécution de nos ordres.

Il a été, à cet effet, revêtu d'une pelisse.

Il lui est expressément recommandé de ne commettre aucune vexation envers les fellahs, et de repousser avec courage tous ceux qui prétendraient entrer sur le territoire du pachalik d'Acre.

BONAPARTE.

Collection Napoléon.

4050. — AU GÉNÉRAL MURAT.

Quartier général, devant Acre, 2 germinal an VII (22 mars 1799)

Le général en chef ordonne au général Murat de partir sur-le-champ avec 300 chevaux et une pièce de canon, pour se rendre au village de Chafâ-A'mr, où il protégera l'enlèvement des chameaux et des blés appartenant à Djezzar. Le général Murat joindra à ses troupes tous les habitants armés de Chafâ-A'mr, pour, conjointement avec eux, repousser les Naplousains. Il trouvera ci-joint la lettre des cheiks de Chafâ-A'mr, qui lui fera connaître l'objet de sa mission.

J'écris à l'ordonnateur en chef d'envoyer un commissaire des guerres avec le général Murat. Il rentrera au quartier général, avec sa troupe et son artillerie, quand sa mission sera remplie.

Par ordre du général en chef.

Dépôt de la guerre.

4051. — AU CITOYEN D'AURE.

Quartier général, devant Acre, 2 germinal an VII (22 mars 1799).

Je viens de faire la visite de l'hôpital; on y manque de marmites et de vases pour laver les plaies.

[1] Gesr Benât-Yacoub.

Il ne faut, pour les blessés, que de l'orge et du miel pour faire la tisane, et il n'y en a point. Ces malheureux, qui ont tant de droits à notre intérêt, souffrent, et cependant l'on vend journellement dans le camp de l'orge et du miel.

Je vous requiers de faire acheter, le plus promptement possible, de l'orge, du miel et des vases, qu'il est aisé de se procurer dans la montagne.

Le linge et la charpie sont sur le point de manquer ; ordonnez également qu'on prenne des précautions sur cet objet.

BONAPARTE.

Dépôt de la guerre.

4052. — AU GÉNÉRAL BERTHIER.

Quartier général, devant Acre, 3 germinal an VII (23 mars 1799).

Les généraux de l'artillerie et du génie, ayant fait la reconnaissance de la place d'Acre, pensent que l'on doit diriger les attaques de la manière suivante :

1° Établir contre les tours A et F une batterie composée de deux obusiers, une caronade, trois pièces de 12 et cinq pièces de 8 ;

2° Contre la tour C, une batterie de deux pièces de 8 ;

3° Contre les tours B et D, trois pièces de 8 et un obusier ;

4° Contre les bâtiments du port, deux pièces de 8 et deux obusiers ;

5° Contre les derrières du front d'attaque et le palais de Djezzar, trois obusiers ;

6° Cinq mortiers en deux batteries ;

7° Deux pièces de 4 à l'extrémité de la droite, et la batterie tellement disposée que, lorsque l'on sera logé dans la tour A, on puisse y placer les pièces de 12 pour battre le palais de Djezzar.

On pense, de plus, que l'ordre du travail doit être réglé comme il suit :

1° Faire la parallèle de droite, les batteries d'obusiers, petits mortiers et pièces de 4, la batterie du port ; occuper le Santon ; ces travaux, à commencer ce soir ;

2° Demain au soir, commencer les autres batteries ;

3° Gagner, par une sape, le saillant de la contrescarpe de la tour A ;

4° Le général du génie fera transporter à la tranchée, dans la nuit du 5 au 6, les échelles de 16 pieds, quatre de 12, quatre de 8 ; le général d'artillerie, quatre de 12 et deux mantelets ;

5° Le chef de l'état-major général fera transporter, dans la même nuit, 3,000 fascines au dépôt de la tranchée.

Dépôt de la guerre.

BONAPARTE.

24.

4053. — AU GÉNÉRAL BERTHIER.

Quartier général, devant Acre, 3 germinal an VII (23 mars 1799).

Vous voudrez bien donner les ordres sur-le-champ pour qu'il soit établi deux hôpitaux au village de Chafà-A'mr, un pour les blessés et un pour les fiévreux. Ces deux hôpitaux seront établis dans le château.

Demain à midi, tous les fiévreux et blessés qui se trouvent dans ce moment-ci à l'ambulance et à l'hôpital du camp, et tous les malades qui seraient au camp, seront évacués sur ledit hôpital.

Il sera établi une pharmacie.

Un commissaire des guerres, les médecin et chirurgien en chef et le directeur des hôpitaux, se rendront sur-le-champ au village de Chafà-A'mr, pour organiser lesdits hôpitaux.

Le capitaine des dromadaires, qui est au quartier général, sera nommé commandant de ce village. Le 3e bataillon de la 18e, hormis la compagnie des grenadiers, y tiendra garnison.

BONAPARTE.

Dépôt de la guerre.

4054. — AU GÉNÉRAL BERTHIER.

Quartier général, devant Acre, 3 germinal an VII (23 mars 1799).

Vous donnerez les ordres, Citoyen Général, pour que les 50 hommes que le général Murat a laissés dans le village de Chafà-A'mr y restent jusqu'à nouvel ordre; ils feront des patrouilles pour assurer les chemins d'ici là; et, s'ils ont des nouvelles que les Arabes ou autres voleurs menacent d'inquiéter Nazareth, ils m'en feront prévenir en portant tous les secours qui dépendraient d'eux.

Vous ferez partir une patrouille de 30 hommes de cavalerie, qui se rendront la nuit à Hayfà, et seront sous les ordres du citoyen Lambert. Ils se porteront sur les chemins pour tâcher de rencontrer les Arabes qui commencent à se montrer et à infester la plaine.

Vous chargerez le chef d'escadron Lambert d'envoyer l'ordre du jour à Jaffa par un paysan qui ira le long de la mer. Vous instruirez l'adjudant général Grezieu que nous sommes ici dans l'abondance; que nous espérons avoir Acre dans cinq à six jours; qu'il doit avoir reçu l'ordre de ne plus exposer la flottille à aucun danger et de la faire entrer dans la darse.

BONAPARTE.

Dépôt de la guerre.

4055. — A M. SIDNEY SMITH,
COMMANDANT L'ESCADRE ANGLAISE DANS LA MÉDITERRANÉE.

Quartier général, devant Acre, 3 germinal an VII (23 mars 1799).

Le général en chef Bonaparte, commandant une des armées de la République française, me charge de vous faire connaître, Monsieur, qu'en conséquence du cartel d'échange qui existe entre les deux nations ils vous renvoie les prisonniers anglais faits à Hayfà.

Il a donné également l'ordre dans les différentes villes d'Égypte, dans les îles de la Réunion, ci-devant de France et de Bourbon, que tous les prisonniers anglais qui pourraient avoir été faits fussent renvoyés, soit à Alexandrie, soit à Saint-Jean-d'Acre, ou dans les possessions du roi d'Angleterre dans l'Inde, selon que vous le désirerez.

Le général en chef de l'armée française vous prie de lui renvoyer au camp, devant Saint-Jean-d'Acre, les prisonniers français, spécialement ceux pris sur les derniers bâtiments, sous la condition qu'ils ne serviront pas contre les troupes de Sa Majesté Britannique jusqu'à l'échange total.

Le général en chef me charge de vous remercier de sa part du renvoi que vous lui avez fait d'un de ses courriers. Ne doutez pas, Monsieur le Commandant, du désir que j'ai de vous être agréable, ainsi que de mon empressement à saisir l'occasion d'être utile aux hommes de votre nation que les hasards de la guerre rendraient malheureux.

J'ai l'honneur d'être, avec la plus haute considération, etc.

Par ordre du général en chef.

Dépôt de la guerre.

4056. — ORDRE DU JOUR.
(EXTRAIT.)

Quartier général, devant Acre, 4 germinal an VII (24 mars 1799).

Il est recommandé aux généraux de division de ne point laisser sortir les soldats des gardes du camp. Cette surveillance est d'autant plus nécessaire qu'une fois sorti des gardes le soldat se répand dans la campagne, s'enfonce dans les gorges et s'expose à être assassiné. Deux grenadiers, dont un a été reconnu à ses boutons pour être de la 32e, ont été trouvés, hier encore, horriblement mutilés par des partis d'Arabes, à une lieue du camp, dans la gorge et sur la route qui conduisent à Nazareth.

Les chefs de corps doivent redoubler de soins pour empêcher les soldats de périr aussi misérablement.

Il est ordonné aux généraux des divisions d'établir une grande surveillance dans les gardes, en arrière du camp. Le général en chef est instruit que des partis de cavalerie ennemie ont le projet d'inquiéter nos derrières.

Par ordre du général en chef.

Collection Napoléon.

4057. — AU GÉNÉRAL BERTHIER.

Quartier général, devant Acre, 5 germinal an VII (25 mars 1799).

Vous donnerez l'ordre au général de brigade Vial de partir sur-le-champ avec le bataillon de la 4e d'infanterie légère. Il se rendra au village de Chafâ-A'mr ; il y trouvera le bataillon de la 18e ; il demandera au cheik de ce village et à ceux des villages voisins une soixantaine d'hommes armés, et il se rendra avec eux au village de Geydâ ; il dissipera les rassemblements d'Arabes et Naplousains qui paraissent s'y être formés, et fera transporter à Chafâ-A'mr le blé et l'orge qui sont à Geydâ. Il aura soin de laisser à Chafâ-A'mr une bonne garnison, qui mette notre hôpital à l'abri des Arabes.

Il se conduira de manière à n'avoir, autant que possible, aucune affaire de village.

Si les Arabes et Naplousains qui sont à Geydâ sont moins de 300, ils ne se laisseront pas investir, et, à l'instant qu'il enverra des troupes sur les communications, ils évacueront le village.

S'ils se laissent investir, le général Vial les bloquera, afin de les obliger à sortir en rase campagne ou à se rendre prisonniers par capitulation.

BONAPARTE.

Dépôt de la guerre.

4058. — AU COMMANDANT DU 3e BATAILLON DE LA 18e DEMI-BRIGADE, A CHAFA-A'MR.

Quartier général, devant Acre, 5 germinal an VII (25 mars 1799).

Les cheiks du village de Chafâ-A'mr, Citoyen, écrivent au général en chef pour se plaindre que les chèvres et bestiaux qui leur avaient été enlevés hier par les Arabes, et qui leur ont été repris par eux conjointement avec nos troupes, ne leur ont point été rendus ; qu'ils sont enfermés dans le fort, et que déjà une certaine quantité a été égorgée. Cette conduite est aussi répréhensible qu'impolitique. Faites rétablir l'ordre sur-le-champ, afin d'assurer la propriété de gens qu'il est si intéressant de conserver pour amis. Faites restituer aux propriétaires les chèvres reprises aux Arabes, et faites payer celles qui

auraient été égorgées. Vous êtes responsable du bon ordre dans les
environs de Chafâ-A'mr. La moindre plainte des habitants retombe-
rait sur vous.

Par ordre du général en chef.

Dépôt de la guerre.

4059. — AU COMMANDANT DU 3e BATAILLON DE LA 18e DEMI-BRIGADE, A CHAFA-A'MR.

Quartier général, devant Acre, 5 germinal an VII (25 mars 1799).

Il est ordonné au commandant du 3e bataillon de la 18e, qui est
à Chafâ-A'mr, de faire partir tous les soirs, à dater d'aujourd'hui,
un détachement de 30 hommes, qui se rendra à l'hôpital ambulant,
près Acre, et en repartira tous les matins pour conduire à Chafâ-
A'mr le convoi de blessés, de sorte qu'il aura tous les jours 30 hommes allant à l'ambulance sous Acre, et 30 hommes revenant de
l'ambulance d'Acre à celle de Chafâ-A'mr. Il recommandera aux détachements de marcher toujours parfaitement en ordre, afin d'être
en garde contre les Arabes qui rôdent sur cette route.

Par ordre du général en chef.

Dépôt de la guerre.

4060. — AU GÉNÉRAL BERTHIER.

Quartier général, devant Acre, 6 germinal an VII (26 mars 1799).

Vous donnerez l'ordre au général Murat de partir demain avec
200 hommes de cavalerie, deux pièces de canon, 500 hommes
d'infanterie légère, pour se rendre à Safed, dissiper les rassemblements qui s'y trouvent et s'emparer du château.

Il mènera avec lui le cheik Mustafa, que j'ai revêtu cheik de Safed ;
il le mettra en possession dudit village.

Maître de Safed, il fera faire des reconnaissances sur le chemin
de Damas. Il mènera avec lui un ingénieur pour faire le croquis de
la route et tenir note de tous les villages par où il passerait, ou que
l'on découvrirait à droite et à gauche. Si le fort de Safed était occupé
en force, et qu'il y eût du canon, enfin qu'il crût ne pouvoir le forcer qu'en perdant du monde, il fera sommer le commandant et poussera jusqu'au pont de Benât-Yakoub, pour contenir le fort et éclairer
la route de Damas.

BONAPARTE.

Dépôt de la guerre.

4061. — AU GÉNÉRAL BERTHIER.

Quartier général, devant Acre, 7 germinal an VII (27 mars 1799).

Vous donnerez l'ordre qu'à trois heures après minuit la tranchée soit relevée, savoir,

Tous les postes à droite de l'aqueduc, y compris ceux qui sont à la batterie de brèche, par la division du général Kleber;

Tous les postes à gauche de l'aqueduc, et dès lors comprenant les deux autres batteries et la batterie du port, par la division Reynier.

La division Bon se portera demain, dans la matinée, derrière la hauteur où était placé, pendant le siége, le poste du chef de brigade de réserve, où elle sera la réserve.

La division Lannes se rendra également, à l'heure qui lui sera indiquée demain, pour se porter en réserve sur la droite, hors de la portée du canon.

Vous trouverez ci-joint l'ordre pour la force des batteries.

Lorsque les batteries auront fait brèche et que le général en chef la jugera praticable, quinze carabiniers d'une bravoure distinguée, avec six sapeurs portant deux échelles, six ouvriers d'artillerie portant deux pinces, des haches et des pioches, et conduits par un adjoint à l'état-major général, s'élanceront à la brèche par le chemin qui leur sera indiqué par l'officier du génie que désignera le général Caffarelli.

Cette avant-garde sera soutenue par les trois compagnies de carabiniers, derrière lesquelles marcheront six échelles, une dizaine de sapeurs, six ouvriers d'artillerie avec des haches et tout ce qui est nécessaire pour enfoncer des portes et ouvrir des créneaux.

Après quoi, marcheront les grenadiers de la division Kleber, qui seront suivis par le reste des échelles, avec dix sapeurs avec les outils nécessaires pour enfoncer des maisons, et six ouvriers d'artillerie avec les outils nécessaires.

Après eux, selon les circonstances, on fera marcher les grenadiers de la division Reynier et le reste de la division Kleber.

Chaque homme prendra une ou deux fascines, ce qui lui servira à rendre plus accessibles les abords de la brèche.

BONAPARTE.

Dépôt de la guerre.

4062. — AU GÉNÉRAL BERTHIER.

Quartier général, devant Acre, 7 germinal an VII (27 mars 1799).

ORDRE POUR LE TIR DES PIÈCES.

Cette nuit, pendant que l'on mettra les pièces de canon en batterie, les batteries de mortiers et d'obusiers bombarderont la place.

A quatre heures du matin, les deux petites batteries de gauche tireront afin d'essayer d'éteindre le feu de tout le front d'attaque. Elles tireront dix coups par heure, par pièce : d'abord quelques coups isolément pour s'assurer de la justesse du tir.

A cinq heures précises, la batterie de brèche tirera d'abord quelques coups isolément pour s'assurer de son tir, et, lorsqu'elle aura trouvé le point, elle tirera par salves de douze et de huit, à raison de dix coups par pièce, par heure.

Les mortiers et obusiers tireront depuis quatre heures du matin, à raison de cinq coups par heure, jusqu'à midi.

La batterie du fort fera tout son possible pour faire éloigner les avisos et porter la confusion dans le port.

La pièce de 4 ne se démasquera qu'au moment où on le croira nécessaire pour achever d'éteindre leur flanc.

BONAPARTE.

Dépôt de la guerre.

4063. — AU MOLLAH MURAD-RADEH, a damas.

Quartier général, devant Acre, 7 germinal an VII (27 mars 1799).

Je m'empresse de vous apprendre mon entrée en Syrie, afin que vous en fassiez part à vos compatriotes de Damas. Djezzar-Pacha ayant fait une invasion en Égypte, et ayant occupé le fort d'El-A'rych avec ses troupes, je me suis vu obligé de traverser les déserts pour m'opposer à ses agressions. Dieu, qui a décidé que le règne des tyrans, tant en Égypte qu'en Syrie, devait être terminé, m'a donné la victoire. Je me suis emparé de Gaza, Jaffa et Hayfà, et je suis devant Acre, qui, d'ici à peu de jours, sera en mon pouvoir.

Je désire que vous fassiez connaître aux ulémas, aux chérifs et aux principaux cheiks de Damas, ainsi qu'aux agas des janissaires, que mon intention n'est point de rien faire qui soit contraire à la religion, aux habitudes et aux propriétés des gens du pays. En conséquence, je désire que la caravane de la Mecque ait lieu comme à l'ordinaire ; j'accorderai à cet effet protection et tout ce dont elle aura besoin ; il suffit qu'on me le fasse savoir.

Je désire que, dans cette circonstance essentielle, les habitants de Damas se conduisent avec la même prudence et la même sagesse que les habitants du Caire. Ils me trouveront le même, clément et miséricordieux envers le peuple, et zélé pour tout ce qui peut intéresser la religion et la justice.

BONAPARTE.

Collection Napoléon.

4064. — AU GÉNÉRAL BERTHIER.

Quartier général, devant Acre, 9 germinal an VII (29 mars 1799).

Vous donnerez l'ordre au général Junot de partir demain avec 300 hommes d'infanterie légère et 150 hommes de cavalerie, pour se rendre à Chafà-A'mr, de là à Nazareth; dégager ces deux villages des Arabes qui les infestent et qui les empêchent de communiquer avec le camp; faire de là toutes les reconnaissances et prendre tous les renseignements sur les rassemblements qui pourraient exister du côté de Naplouse.

Il y a à Chafà-A'mr, pour la garde de l'hôpital, un bataillon de la 18ᵉ, qui, en cas d'événement, pourrait lui prêter main-forte.

En passant à Chafà-A'mr, il prendra avec lui le fils de Dàher, par qui il se fera accompagner.

BONAPARTE.

Dépôt de la guerre.

4065. — AU GÉNÉRAL DUGUA, AU CAIRE.

Quartier général, devant Acre, 9 germinal an VII (29 mars 1799).

Depuis notre arrivée devant Acre, Citoyen Général, l'armée ne se ressent plus des privations qu'elle avait éprouvées dans les déserts qui la séparent maintenant de l'Égypte; l'abondance règne dans les camps; les villages situés dans les montagnes envoient leurs denrées avec profusion et confiance. Le peuple de ces montagnes, courbé sous le joug de Djezzar, voit en nous ses libérateurs; de nombreuses députations sont arrivées de tous côtés; les tribus arabes n'ont pas été les dernières à manifester leur contentement; tous désirent d'être délivrés de leur oppresseur, qui est resté renfermé dans Acre.

La tranchée a été ouverte devant cette ville, et les travaux sont poussés avec vigueur et avec toute la régularité d'un siége en forme. La batterie de brèche est établie; on a commencé à battre le mur; on espère que sous peu la place sera emportée.

Une croisière anglaise s'est montrée à la vue d'Acre, et a voulu ayer de seconder Djezzar; ses tentatives ont tourné à sa honte :

plusieurs chaloupes canonnières ont été coulées bas ou brûlées par nos batteries. Peu de jours auparavant, quelques chaloupes canonnières anglaises, ayant tenté de prendre à l'abordage, dans le port de Hayfà, des bâtiments que nous y avons, le chef d'escadron Lambert, après les avoir laissées approcher à bonne portée, leur a fait un feu si vif de canon et de mousqueterie, qu'il leur a tué et blessé beaucoup de monde, et qu'il s'est emparé d'une des chaloupes armée d'une caronade de 36. Cette caronade a pris rang dans la batterie de brèche.

Je vous invite, Citoyen Général, à employer tous les moyens qui dépendent de vous pour accélérer les convois de munitions dont nous avons un grand besoin; un siége en règle entraîne beaucoup de consommation.

Par ordre du général en chef.

Dépôt de la guerre.

4066. — ORDRE DU JOUR.

Quartier général, devant Acre, 10 germinal an VII (30 mars 1799).

Les généraux de division ordonneront que, dans la journée, tous les boulets de l'ennemi qui peuvent être soit dans le camp, soit dans les environs, soient portés au parc.

L'organisation des transports pour le service des subsistances et celui de l'hôpital ne pouvant suffire, pour le moment, aux moyens de transport considérables qu'exige l'activité de ces services, le général en chef ordonne que, provisoirement, les chameaux appartenant aux officiers ou employés quelconques aident ce service ainsi qu'il suit :

ARTICLE 1er. — Tous les jours impairs, à dater du 11, il partira du quartier général, à onze heures du matin, un convoi de chameaux pour chercher les grains à Hayfà. Ce convoi sera rassemblé devant la garde, en arrière du camp du quartier général, tous les jours impairs, à dix heures du matin.

ART. 2. — Le quartier général fournira, tous les jours impairs, 100 chameaux, qui seront répartis d'après la liste arrêtée par le chef de l'état-major général et communiquée à chacun par le vaguemestre général.

Les divisions Kleber, Lannes, Reynier et Bon fourniront chacune 15 chameaux tous les jours impairs, avec, chacune, 15 hommes d'escorte, dont un adjoint à l'état-major général de l'armée aura le commandement. Le général de chaque division déterminera ceux qui doivent fournir les 15 chameaux, d'après la proportion des chameaux existant à la division.

Le parc d'artillerie fournira, tous les jours impairs, 10 chameaux, et la cavalerie, 6.

Art. 3. — L'adjoint à l'état-major général s'assurera si chacun fournit le nombre de chameaux ordonné. Il fera punir les vaguemestres, soit du quartier général, soit des divisions, auxquels il est ordonné de rassembler les chameaux et qui négligeraient de le faire au jour et à l'heure indiqués.

Art. 4. — L'ordonnateur en chef de l'armée désignera un commissaire des guerres qui marchera avec chaque convoi.

Art. 5. — L'ordonnateur en chef prendra les mesures nécessaires afin d'organiser ce service et de pouvoir se passer des mesures ordonnées ci-dessus, qui ne sont que précaires et momentanées.

Art. 6. — Le service des transports de l'ambulance à l'hôpital n'étant pas organisé d'une manière conforme aux besoins du service, le commissaire ordonnateur en chef est autorisé à ordonner aux commissaires des guerres attachés soit au quartier général, soit aux divisions, de se procurer, tous les jours pairs, une quinzaine d'ânes requis parmi les gens soit à la suite du quartier général, soit à la suite des divisions.

Art. 7. — Les commissaires des guerres donneront des reçus à ceux qui auront fourni des ânes pour le service de l'hôpital, afin qu'on puisse les dédommager, lorsque les circonstances le permettront.

Art. 8. — Les ânes fournis pour le service de l'hôpital seront conduits, tous les jours pairs, à six heures du matin, à l'ambulance près du marais, et mis à la disposition de l'administrateur désigné par l'ordonnateur en chef.

Art. 9. — Le commissaire ordonnateur prendra en même temps toutes les mesures pour organiser le service de transport des malades par les gens du pays.

Art. 10. — Les généraux de division sont invités à procurer à l'ordonnateur en chef tous les secours que leur division pourrait fournir.

Par ordre du général en chef.

Dépôt de la guerre.

4067. — AU GÉNÉRAL REYNIER.

Quartier général, devant Acre, 12 germinal an VII (1er avril 1799).

Je vous ai prévenu, Citoyen Général, que le général en chef avait ordonné que notre mine sautât aussitôt qu'elle serait prête, et que nos batteries commençassent à tirer sur la tour.

L'intention du général en chef est de faire monter à l'assaut aussitôt que la brèche aura été jugée praticable.

En conséquence, il a été ordonné que les six compagnies de grenadiers de la division Kleber, les six de la division Bon et celles de la division Lannes fussent réunies, à midi, derrière le monticule où était ci-devant le poste du général de brigade de tranchée.

Les compagnies de grenadiers de votre division, commandées par le général Lagrange, sont également destinées à monter à l'assaut, ainsi que l'adjudant général Devaux.

Tous les grenadiers des différentes divisions seront commandés par le général Lannes, qui recevra des instructions particulières du général en chef pour l'assaut. Les compagnies de grenadiers de votre division resteront à leur poste dans la tranchée, ainsi que le général de brigade Lagrange, jusqu'à ce que le général Lannes vous les demande pour en disposer.

Pendant que l'on montera à l'assaut, vous garderez la tranchée avec le reste de votre division, pour vous opposer aux sorties que l'ennemi pourrait faire, protéger l'attaque, votre division étant la première à marcher pour soutenir les grenadiers et prendre poste dans la place.

Ordonnez à l'adjudant général Devaux et à ses deux adjoints de se rendre auprès du général Lannes, aux ordres duquel ils seront pour l'assaut, cet officier et ses adjoints étant destinés à conduire les premiers grenadiers qui monteront à la brèche.

Par ordre du général en chef.

Dépôt de la guerre.

4068. — AU GÉNÉRAL REYNIER.

Quartier général, devant Acre, 12 germinal an VII (1ᵉʳ avril 1799).

Je vous préviens, Citoyen Général, que la division Lannes relèvera demain, à trois heures du matin, votre division, et que vous serez d'observation pour la journée. En cas d'une sortie de l'ennemi que le général de brigade de tranchée ne pourrait pas repousser avec la réserve, il vous en préviendrait.

Je vous préviens aussi que le général en chef a ordonné à la batterie Digeon de tirer alternativement, de dix en dix minutes, un coup de mitraille de 8 et un d'obus incendiaire. Il a promis 1,000 écus si l'on parvenait à brûler les bois qui sont dans la brèche.

Vous sentez combien il serait intéressant de brûler ces bois et d'empêcher cette canaille de travailler cette nuit et de débarrasser le fossé.

Par ordre du général en chef.

Dépôt de la guerre.

4069. — A L'ADJUDANT GÉNÉRAL ALMERAS,
COMMANDANT A DAMIETTE.

Quartier général, devant Acre, 13 germinal an VII (2 avril 1799).

J'expédie à Damiette un bâtiment pour vous donner des nouvelles de l'armée et porter des lettres du général Dommartin au commandant de l'artillerie, et du contre-amiral Ganteaume au commandant de la flottille.

Je vous prie de prendre toutes les mesures pour nous envoyer, le plus promptement possible, toutes les munitions de guerre qui sont à Damiette, sur les djermes. Le général Dugua me mande qu'il a envoyé à Damiette 2,000 boulets de 12 et de 8 et des obusiers. Si nous les avions ici, Saint-Jean-d'Acre serait bientôt pris. Nous éprouvons une grande pénurie de munitions de guerre.

Les forts de Safed, de Sour, et la plus grande partie des montagnes qui nous entourent, sont soumis ; donnez ces nouvelles au Caire et à Alexandrie ; une partie de l'armée ne tardera pas à être de retour.

BONAPARTE.

Dépôt de la guerre.

4070. — AU GÉNÉRAL MURAT.

Quartier général, devant Acre, 13 germinal an VII (2 avril 1799).

Le général en chef reçoit votre lettre, Citoyen Général, par laquelle vous lui annoncez votre arrivée à Safed.

Par la description que vous lui donnez de ce lieu, il lui paraît clair que le château ne défend ni le passage du Jourdain, ni la route qui de Damas arrive à Acre.

Le général en chef ordonne, en conséquence, que vous consigniez le fort de Safed au cheik Mustafa, qui le fera garder par ses gens et par un certain nombre de gens du pays.

Le général en chef vous autorise, si vous le jugez à propos et si vous n'y trouvez pas d'inconvénient, à laisser la compagnie de Moghrebins pour défendre aux Arabes et aux Turcomans le pont d'Yakoub.

Vous rejoindrez l'armée au camp sous Acre, à moins que la reconnaissance que vous avez faite au delà du pont d'Yakoub ne vous fasse penser qu'il y ait des rassemblements assez considérables pour exiger que vous les teniez en échec : dans ce cas, vous en instruiriez le général en chef par plusieurs exprès différents, afin qu'il donne des ordres, et vous auriez bien soin de vous conduire de manière à défendre le passage du Jourdain et à couvrir l'armée.

Par ordre du général en chef.

Dépôt de la guerre.

4071. — AU GÉNÉRAL JUNOT.

Quartier général, devant Acre, 13 germinal an VII (2 avril 1799).

Le général en chef me charge de vous mander, Citoyen Général, que son intention est que vous restiez à Nazareth; que vous y fassiez nourrir vos troupes, et que vous y fassiez ramasser de la farine pour y nourrir de nouvelles troupes que le général en chef vous enverra, s'il est nécessaire, pour dissiper les rassemblements qu'on dit se trouver à Genyn.

Il est très-nécessaire que vous vous teniez bien éclairé et que vous ayez des espions pour avoir et pour pouvoir donner des renseignements sur les rassemblements de Gherar à Genyn; vous devez lui donner assez d'inquiétudes pour le tenir en échec et qu'il ne puisse rien entreprendre sur nos derrières avec des forces considérables.

Envoyez des espions à Tabaryeh, pour connaître la situation de cette place, la force de sa garnison, et par là pouvoir juger s'il y aurait possibilité de l'enlever.

Si vous pensez qu'avec le secours du bataillon de la 18ᵉ demi-brigade, qui est à Chafâ-A'mr, vous puissiez entreprendre quelque chose contre le rassemblement qui est à Genyn, le général en chef vous y autorise, laissant les hommes nécessaires pour la garde et le service de l'hôpital.

Si vous aviez des nouvelles que les rassemblements de Genyn faits par Gherar se dirigent vers Hayfâ, vous en ferez prévenir directement le chef d'escadron Lambert. Dans tous les cas, il est nécessaire que vous vous procuriez, à Nazareth et dans les environs, de quoi tenir en réserve pour pouvoir donner au moins trois jours de vivres à vos troupes.

Par cette instruction, le général en chef me charge de vous dire que vous devez voir qu'il approuve toutes opérations que vous feriez contre les Turcomans ou autres Arabes.

Par ordre du général en chef.

Dépôt de la guerre.

4072. — AU CITOYEN D'AURE.

Quartier général, devant Acre, 13 germinal an VII (2 avril 1799).

Le général en chef vous ordonne, Citoyen Ordonnateur, de faire évacuer tous les malades et blessés sur Jaffa, en les réunissant d'abord à Hayfà, où une partie sera embarquée. L'amiral Ganteaume mettra, à cet effet, à votre disposition les trois bâtiments qui sont à Hayfà, sur lesquels vous ferez évacuer les blessés et les malades qui ne pourraient pas l'être par terre.

L'intention du général en chef est que vous laissiez cependant à Chafà-A'mr les malades ou blessés capables de se rétablir en peu de jours, ou les blessés tellement graves qu'ils aient besoin de quelques jours pour être susceptibles d'évacuation.

Le général en chef vous ordonne de prendre vos mesures telles que, le 15, vous ayez de quoi donner à l'armée pour trois jours de vivres, qui seront en réserve, sans compter le service courant, et qui ne seront distribués que d'après l'ordre que vous en recevrez du général en chef.

Faites remettre l'ordre ci-inclus au contre-amiral Ganteaume, en vous concertant avec lui.

Par ordre du général en chef.

Dépôt de la guerre.

4073. — AU GÉNÉRAL KLEBER.

Quartier général, devant Acre, 14 germinal an VII (3 avril 1799).

Les travaux de siége, Citoyen Général, exigent une quantité de blindages assez considérable; le génie ne peut se les procurer sans des mesures extraordinaires; c'est à nous à l'aider.

Je vous invite, Citoyen Général, à envoyer les sapeurs porte-haches des demi-brigades dans les bois en arrière de votre camp, pour couper des bois qui doivent avoir de 7 à 9 pieds de longueur, et un demi-pied et plus d'équarrissage; ils peuvent prendre également les bois qu'ils trouveraient dans des maisons abandonnées.

Tout ce qui pourra être coupé dans la journée de demain sera apporté devant ma tente, et je donnerai une gratification à ceux qui l'auront coupé; tàchez qu'il y en ait la charge de plusieurs chameaux. Ces bois doivent être employés dans la nuit du 15 au 16, et rien n'est plus intéressant.

Par ordre du général en chef.

Dépôt de la guerre.

4074. — ORDRE DU JOUR.

(EXTRAIT.)

Quartier général, devant Acre, 15 germinal an VII (4 avril 1799).

Tous les militaires qui, dans les journées d'aujourd'hui et de

demain, porteront à l'état-major des boulets trouvés dans la plaine,
seront payés, savoir :

Pour chaque boulet de 36 ou 33. . . . .   20 sous.

Pour chaque boulet de 12.   15

Pour chaque boulet de 8   10

Par ordre du général en chef.

Dépôt de la guerre.

4075. — AU GÉNÉRAL KLEBER.

Quartier général, devant Acre, 16 germinal an VII (5 avril 1799).

L'intention du général en chef, Citoyen Général, est de faire venir
de Hayfâ tous les hommes de la 25e demi-brigade qui y sont, pour
augmenter le poste du moulin de Dàoud [1].

En attendant, le général en chef ordonne que vous fassiez partir
ce soir un détachement de 25 hommes de votre division pour renforcer le poste de Dàoud, et qui sera aux ordres du capitaine de la
25e, qui y est déjà et connaît parfaitement ce moulin.

Le général en chef vous prie de donner ordre à l'officier qui commande les 40 hussards qui sont à Dàoud de faire escorter les farines
qui viennent du moulin, de faire de fréquentes patrouilles sur la
mer, de tendre des embuscades pour tâcher d'arrêter les hommes que
Djezzar fait débarquer pour communiquer dans le pays. Ordonnez à
cet officier de tenir la discipline parmi les hussards, qui ont déjà
enfoncé quelques portes aux environs de Dàoud : prévénez-le que le
général en chef s'en prendra à lui du moindre désordre; il doit être
le protecteur des habitants. Ces 40 hussards avec les 50 hommes
d'infanterie forment une grand'garde, qui restera à Dàoud jusqu'à
nouvel ordre.

Ces troupes vivront des vivres fournis par votre division.

Par ordre du général en chef.

Dépôt de la guerre.

4076. — A L'ADJUDANT GÉNÉRAL GREZIEU, A JAFFA.

Quartier général, devant Acre, 16 germinal an VII (5 avril 1799).

Je vous réexpédie, Citoyen Général, le bateau qui nous est arrivé
ce matin de Jaffa, pour vous faire connaître nos besoins.

Il y a huit jours qu'un bataillon, avec tous les moyens de charroi
du parc, est parti pour prendre à Jaffa des pièces de 4 et autres
munitions de guerre, nous espérons qu'il sera de retour demain.

[1] Cheik-Dàoud.

v.

Le contre-amiral Ganteaume a expédié, il y a quatre jours, un officier sur un bâtiment, pour Damiette : j'apprends qu'il a passé à Jaffa. Il a été expédié à Damiette pour porter des ordres pour que toutes les munitions de guerre qui sont à Damiette partent pour Jaffa. Nous avons le plus grand besoin de boulets de 12, de 8, d'obus et de bombes, des mortiers de Jaffa et des cartouches d'infanterie : ce ne sera qu'à leur arrivée que nous pourrons attaquer et prendre Acre.

Dès l'instant que le convoi par terre sera arrivé, on le laissera reposer un jour et on le renverra pour aller prendre à Jaffa les munitions de guerre qui pourraient y être arrivées.

Faites mettre sur une djerme trois des obusiers turcs que nous avons trouvés à Jaffa, avec tous les obus propres à ces obusiers qui se trouvent à Jaffa.

Faites-y mettre aussi toutes les bombes des mortiers que nous avons trouvés à Jaffa, et qui ne seraient pas parties par terre.

Le bâtiment peut se rendre à Tantourah, où il débarquera s'il y trouve des troupes françaises; sinon il profitera de la nuit pour venir à Hayfâ.

Le commodore Sidney Smith, avec les deux vaisseaux *le Tigre* et *le Thésée*, après avoir été absent dix jours, vient de rétablir sa croisière depuis deux jours. La flotte du citoyen Stendelet a reçu ordre de se rendre à Jaffa; il débarquera les vivres et l'artillerie qu'il peut avoir.

L'aviso *l'Étoile* a ordre de désarmer et de laisser les deux pièces de 18 que vous nous enverrez par le prochain convoi.

Le contre-amiral Perrée a reçu également l'ordre de faire arriver à Jaffa trois pièces de 24, quatre de 18 et des mortiers, avec 600 boulets de 12.

Faites partir 200 quintaux de farine, 400 de grains, 200 de riz, 200 de dourah pour Tantourah, que je me décide à faire occuper par un détachement de l'armée.

BONAPARTE.

4077. — A L'ADJUDANT GÉNÉRAL ALMERAS, a DAMIETTE.

Quartier général, devant Acre, 16 germinal an VII (5 avril 1799).

Je vous ai expédié, le 13, un bateau avec un officier de marine, pour vous faire connaître le besoin que nous avons de munitions de guerre; de peur qu'il ne soit pas arrivé, je vous en expédie un second.

Faites partir sur des djermes, ou sur tout autre bâtiment, tous les boulets de 12 et de 8, d'obusiers, et les cartouches d'infanterie que vous aurez à votre disposition à Damiette.

Envoyez-nous également les pièces d'un calibre supérieur à 8 qui seraient arrivées à Damiette, ou qui se trouveraient à Damiette par un accident quelconque. Ces bâtiments iront droit à Jaffa, où ils débarqueront leurs munitions de guerre.

Donnez de nos nouvelles à Alexandrie et au Caire. L'armée est abondamment pourvue de tout, et tout va fort bien ; tous les peuples se soumettent : les Motouâly, les Maronites et les Druses sont avec nous. Damas n'attend plus que la nouvelle de la prise de Saint-Jean-d'Acre pour nous envoyer ses clefs. Les Moghrebins, les Mameluks et autres troupes de Djezzar se sont battues entre elles ; il y a eu beaucoup de sang répandu.

Par les dernières nouvelles que j'ai reçues d'Europe, les rois de Sardaigne et des Deux-Siciles n'existent plus. L'Empereur a désavoué la conduite du roi de Naples. La paix de Rastadt était sur le point d'être conclue. Ainsi la paix générale n'était pas encore troublée. Il faisait un froid excessif.

Envoyez des ordres à Qatyeh pour faire filer sur l'armée, le plus promptement possible, les munitions de guerre qui peuvent y être. Je compte sur votre intelligence et sur votre zèle pour faire passer sans délai les munitions de guerre que je vous ai demandées.

BONAPARTE.

Collection Napoléon.

4078. — AU GÉNÉRAL DUGUA, au caire.

Quartier général, devant Acre, 16 germinal an VII (5 avril 1799).

Notre position devant Acre, Citoyen Général, est à peu près la même. L'ennemi avait tenté plusieurs sorties, mais il a été si bien reçu toutes les fois, qu'il se décide depuis quelques jours à rester caché derrière ses murs. Nous faisons de nouvelles communications et nous établissons de nouvelles batteries. Nos relations avec les montagnes nous répondent de nos subsistances et nous assurent du bon esprit des habitants. Le général Murat a poussé des reconnaissances au delà de Safed, sur la route de Damas. Le général Junot est à Nazareth, et le général Vial à Sour, avec un bataillon. Le marché que nous avons établi en arrière du quartier général continue à être bien approvisionné. Le général en chef a reçu aujourd'hui une députation de la tribu des Motouâly ; huit de leurs chefs se sont rendus auprès de lui ; il les a parfaitement accueillis et les a revêtus chacun d'une pelisse ; ils s'en sont retournés fort contents. Le pays

25.

est à nous; il ne nous manque que la ville, dont nous espérons être bientôt possesseurs.

Par ordre du général en chef.

Dépôt de la guerre.

4079. — AU GÉNÉRAL KLEBER.

Quartier général, devant Acre, 17 germinal an VII (6 avril 1799).

Le général en chef étant instruit, Citoyen Général, que Djezzar fait aborder des canots entre la rade et Hayfà, afin de faire passer ses espions, ordonne que vous envoyiez de suite 50 hommes de cavalerie qui passeront par les derrières du camp et iront bivouaquer dans un endroit favorable, au delà du pont de chevalets qui a été jeté sur la rivière, en avant de l'ambulance; vous donnerez ordre au commandant de ce détachement de faire faire des patrouilles fréquentes, surtout pendant la nuit, le long de la plage jusque vers la seconde rivière, qui est du côté de Hayfà. La troupe prendra ses vivres au camp.

Par ordre du général en chef. ·

Dépôt de la guerre.

4080. — AU GÉNÉRAL MARMONT, A ALEXANDRIE.

Quartier général, devant Acre, 19 germinal an VII (8 avril 1799).

Vous aurez sans doute reçu, Citoyen Général, les différentes lettres que je vous ai écrites depuis la prise d'El-A'rych jusqu'à celle de Jaffa.

Nous sommes depuis quinze jours devant Saint-Jean-d'Acre, où nous tenons enfermé Djezzar-Pacha. La grande quantité d'artillerie que les Anglais y ont jetée, avec un renfort de canonniers et d'officiers, jointe à notre peu d'artillerie, a retardé la prise de cette place. Mais les deux vaisseaux de guerre anglais se sont fâchés hier contre nous, et nous ont tiré plus de 2,000 boulets, ce qui nous en a approvisionnés. J'ai donc lieu d'espérer que sous peu de jours nous serons maîtres de cette place.

Nous sommes maîtres de Safed et de Sour; les Motouàly et les Druses sont avec nous.

J'espère que vous n'aurez pas perdu un instant pour l'armement et pour l'approvisionnement d'Alexandrie, et que vous serez en mesure pour recevoir les ennemis, s'ils se présentent de ce côté. Je compte, dans le mois prochain, être en Égypte et avoir fini toute mon opération en Syrie.

BONAPARTE.

Collection Napoléon.

4081. — ORDRE DU JOUR.

Quartier général, devant Acre, 19 germinal an VII (8 avril 1799).

Le général en chef est instruit que beaucoup de soldats et autres Français se répandent dans les environs du camp ou s'isolent, ce qui est contraire à la sûreté individuelle, ainsi qu'à la police : il renouvelle l'ordre déjà donné pour qu'aucun Français ne dépasse les gardes du camp.

Lorsque les généraux de division jugeront à propos d'aller au fourrage, au bois ou à toute autre corvée, ils le commanderont, et leur état-major formera des convois, auxquels il sera donné une escorte.

Des soldats vont en avant sur la route et enlèvent ce que portent les paysans pour être vendu au marché; plusieurs plaintes sont parvenues contre des hommes de la division Kleber ; depuis plusieurs jours, il ne vient plus de pain au marché, parce qu'on a enlevé de force aux paysans celui qu'ils apportaient, ou à un prix arbitraire; plusieurs ont été battus et non payés. Les généraux, les chefs des corps et chacun doit sentir la nécessité d'établir l'ordre, qui seul peut entretenir l'abondance dans le camp.

Il est ordonné à la cavalerie et à l'état-major de mettre plus d'exactitude à aider le service des transports avec leurs chameaux, ainsi qu'il a été demandé pour les jours impairs.

Par ordre du général en chef.

Dépôt de la guerre.

4082. — AU GÉNÉRAL KLEBER.

Quartier général, devant Acre, 20 germinal an VII (9 avril 1799).

Le général en chef ordonne, Citoyen Général, que vous fassiez partir sur-le-champ toute votre infanterie légère, pour se rendre à Nazareth, en passant par Chafà–A'mr, avec le reste de l'infanterie qui compose votre division; vous suivrez votre infanterie légère pour vous rendre également à Nazareth, où vous trouverez le général Junot, qui a marché hier au-devant d'un rassemblement considérable de cavalerie, avec lequel il a eu une affaire.

L'intention du général en chef est que vous couvriez l'armée et que vous tâchiez de dissiper les rassemblements qui se sont formés, soit venant du côté de Damas, soit du nommé Gherar à Genyn.

Le général Dommartin a donné ordre au parc de fournir 5,000 cartouches pour la troupe du général Junot. Vous amènerez avec vous deux pièces de 4 approvisionnées à 180 coups.

Le général Junot vous mettra au fait de tous les rassemblements; le combat qu'il a eu a été très-glorieux pour nous; il a pris quatre drapeaux et tué beaucoup de monde, entre autres plusieurs chefs. Il est intéressant que vous partiez le plus tôt possible.

Vous laisserez le général Murat dans son camp, et vous n'emmènerez pas avec vous de cavalerie, celle qu'a le général Junot étant suffisante.

Par ordre du général en chef.

Dépôt de la guerre.

4083. — AU GÉNÉRAL MURAT.

Quartier général, devant Acre, 21 germinal an VII (10 avril 1799).

Je viens de recevoir, Citoyen Général, la lettre par laquelle vous me rendez compte des dispositions que vous avez prises relativement aux postes des moulins de Dàoud et de Cherdàm.

Je joins ici un ordre pour le détachement de Chafà-A'mr; vous voudrez bien le lui faire passer.

Quant au retranchement qui doit être fait sur la montagne qu'occupe votre infanterie légère, vous devez faire travailler par détachement tous les hommes à vos ordres, infanterie et troupes à cheval, même les domestiques, si cela est nécessaire.

Il est de principe militaire que tout corps détaché se retranche lui-même, et c'est un des premiers soins qu'on doit avoir en occupant une position. Ne comptez sur aucun travailleur de l'armée.

Le général en chef a cru devoir différer encore de quelques jours de donner l'ordre que vous demandez pour les ordonnances du général Kleber.

Donnez l'ordre à vos postes qu'ils vous avertissent lorsqu'ils verront des feux en avant d'eux dans la montagne, afin que vous puissiez les envoyer reconnaître. Nous dormons tranquilles, persuadés que vous ne laissez rien passer sur la ligne entre les moulins de Dàoud et de Cherdàm, sans en être prévenus.

Par ordre du général en chef.

Dépôt de la guerre.

4084. — AU COMMANDANT DU FORT DE SAFED.

Quartier général, devant Acre, 21 germinal an VII (10 avril 1799).

Je vous envoie, par le neveu de Dàher et sous l'escorte de 30 de ses hommes, 2,000 cartouches. Ménagez-les avec le plus grand soin.

Vous me renverrez, par le retour du neveu de Dàher, les trois caisses de cartouches turques qui sont avariées; le plomb nous sera utile. Renvoyez-nous également tous les boulets de 8, seulement, qui se trouvaient à Safed.

Par ordre du général en chef.

Dépôt de la guerre.

4085. — AU CITOYEN LARREY, CHIRURGIEN EN CHEF.

Quartier général, devant Acre, 21 germinal an VII (10 avril 1799).

Ordre au citoyen Larrey d'envoyer chaque jour un officier de santé pour être de service à la tranchée ; il se tiendra à la queue de la tranchée.

Par ordre du général en chef.

Dépôt de la guerre.

4086. — AU GÉNÉRAL MURAT.

Quartier général, devant Acre, 24 germinal an VII (13 avril 1799).

Le général en chef vous ordonne, Citoyen Général, de partir demain, à trois heures du matin, avec la 4ᵉ demi-brigade légère et tous les hommes de la 25ᵉ demi-brigade, hormis ceux de ce corps qui sont au moulin de Dàoud, le 2ᵉ bataillon de la 9ᵉ demi-brigade et la compagnie de grenadiers, le 2ᵉ bataillon de la 18ᵉ demi-brigade et le général de brigade Rambeaud, pour vous rendre à Safed ; le parc vous enverra 10,000 cartouches.

Le général en chef ordonne que ces troupes aient du pain pour trois jours ; l'ordonnateur en chef a ordre d'en envoyer sur-le-champ à votre camp pour la 4ᵉ légère et la 25ᵉ ; les troupes qui partent de notre camp le prendront ici. Le général Rambeaud a ordre de partir d'ici à minuit, avec les deux bataillons et les 10,000 cartouches, pour se rendre à votre camp.

Le général en chef vous autorise à prendre 50 dragons, si la connaissance que vous avez du pays vous fait penser qu'ils pourront vous être utiles.

Avant votre départ, vous ferez doubler le poste de cavalerie que vous tenez au moulin de Cherdàm, jusqu'à ce que le poste d'infanterie qui doit y être envoyé de Hayfà y soit arrivé. Vous devez envoyer sur-le-champ chercher les hommes de la 25ᵉ qui sont à ce moulin et qui doivent partir avec vous.

Vous ordonnerez que les dragons qui sont à pied fassent le service dans la redoute, pour y garder les pièces de 5 (cette redoute s'appellera dorénavant redoute Detroye), en attendant les carabiniers de la 22ᵉ légère, qui doivent s'y rendre de Hayfà.

Le général en chef ordonne que vous laissiez le commandement de la cavalerie et de la position d'avant-garde que vous occupez au chef de brigade Bron. Vous lui ferez connaître le service que vous commandiez, et vous lui ordonnerez de faire continuer les reconnaissances comme à l'ordinaire.

Vous emmènerez avec vous le commissaire Miot ; l'ordonnateur en chef en envoie un autre auprès du citoyen Bron.

INSTRUCTION POUR LA MISSION DU GÉNÉRAL MURAT.

Le général en chef étant instruit qu'environ 1,200 hommes de cavalerie ennemie ont passé le pont d'Yakoub et cernent le château de Safed, son intention est que le général Murat se porte le plus promptement possible, avec les troupes désignées dans l'ordre ci-dessus, au pont d'Yakoub, afin de couper la communication de Damas à ces cavaliers et de profiter des connaissances qu'il a du local pour marcher sur eux, leur faire tout le mal possible, les obliger à lever le blocus de Safed et les disperser. Le général Murat aura soin de prévenir le général en chef, toutes les six heures, des renseignements qu'il pourrait avoir et de sa marche.

Le général en chef a fait écrire aux Motouâly de se porter au pont d'Yakoub, pour s'y réunir au général Murat ; il est possible qu'ils y arrivent, mais on ne doit pas trop y compter.

Le général en chef fait connaître au général Kleber qu'il désirerait que, dans le cas où l'ennemi qu'il a devant lui se reploierait sur Tabaryeh et qu'il n'en soit pas trop pressé, il fasse marcher sur Safed un corps assez fort pour n'avoir rien à craindre de l'attaque de la cavalerie ennemie et pouvoir observer les mouvements que l'ennemi qui bloque Safed fera quand il saura que le général Murat se porte sur ses derrières au pont d'Yakoub, et qu'il manœuvre en conséquence.

Si l'ennemi se portait sur Acre pendant que le général Murat serait au pont d'Yakoub, ce qui n'est pas présumable, le corps qui serait détaché par le général Kleber marcherait sur ses flancs, ou le suivrait de près s'il avait passé.

Si le corps ennemi se rejetait sur le général Murat, le corps détaché du général Kleber le suivrait rapidement.

Si l'ennemi opérait sa retraite sur le pont de Tell-Ouy, le corps détaché du général Kleber le poursuivrait.

Dès l'instant que le blocus de Safed sera levé et que le général Murat aura poursuivi l'ennemi pour l'éloigner le plus possible, il rejoindra Acre, en laissant la 25ᵉ à Safed, où elle restera aux ordres du général Kleber. Ce général a ordre de manœuvrer suivant les circonstances, et d'après les reconnaissances qu'il fera, pour couvrir

Acre par tous les débouchés par lesquels on peut s'y porter; depuis Safed jusqu'à Naplouse.

Le général en chef désire que, si cela est possible, le général Murat soit de retour ici le 30, ce qui est cependant subordonné à l'objet de sa mission, qui doit être rempli.

Le général Murat est prévenu des dispositions que le général en chef a écrit au général Kleber qu'il désirerait qu'il pût faire ; mais le général Murat ne doit pas y compter absolument, puisque le général Kleber ne doit détacher un corps pour marcher sur Safed que dans le cas où la position de l'ennemi le lui permettrait ; il est donc possible que le général Murat agisse seul contre l'ennemi qui est à Safed.

Par ordre du général en chef.

Dépôt de la guerre.

4087. — AU GÉNÉRAL KLEBER.

Quartier général, devant Acre, 24 germinal an VII (13 avril 1799).

Le général en chef me charge de vous prévenir, Citoyen Général, qu'étant instruit, par des rapports certains, qu'environ 1,200 hommes de cavalerie ennemie ont passé le pont d'Yakoub et cernent le château de Safed, il a ordonné au général Murat de partir à trois heures du matin avec un corps d'infanterie d'environ 1,000 hommes, pour se rendre au pont d'Yakoub, afin de couper la communication de Damas à cette cavalerie ennemie, et de profiter de la connaissance qu'il a du local pour marcher sur elle, lui faire tout le mal possible, l'obliger à lever le blocus de Safed et la disperser.

Le général en chef désirerait que, si, par suite de l'avantage que vous avez remporté sur l'ennemi, il s'était reployé sur Tabaryeh, ou que vous jugiez qu'il soit dans une position à ne pas trop vous presser, vous pussiez sans inconvénients faire marcher sur Safed un corps assez fort pour n'avoir rien à craindre de l'attaque de la cavalerie ennemie, pouvoir observer les mouvements que l'ennemi qui bloque Safed fera quand il saura que le général Murat s'est porté sur ses derrières au pont d'Yakoub, et manœuvrer en conséquence.

Si l'ennemi qui est à Safed se portait sur Acre pendant que le général Murat arriverait au pont d'Yakoub, ce qui n'est pas présumable, le corps que vous auriez détaché sur Safed pourrait marcher sur ses flancs, ou le suivre de près s'il avait passé ; si l'ennemi se rejetait sur le général Murat, le corps que vous auriez détaché le suivait rapidement pour le mettre entre deux feux ; si enfin l'ennemi s'éparpillait, il manœuvrerait de manière à lui faire tout le mal possible ; si enfin l'ennemi opérait sa retraite sur le pont de Tell-Ouy, le corps détaché de votre division le suivrait.

Dès l'instant que le blocus de Safed sera relevé et que le général Murat aura poursuivi l'ennemi pour l'éloigner le plus possible, il a ordre de rejoindre l'armée sous Acre, où le général désirerait qu'il pût être de retour le 30 ; il a des ordres en conséquence.

Le général Murat a ordre de laisser tous les hommes de la 25e qu'il a sous ses ordres à Safed, où ils resteraient aux vôtres, avec les troupes qui y sont déjà.

Si les circonstances vous permettaient de faire marcher un corps sur Safed pour seconder les opérations du général Murat, ainsi que le général en chef le désire, veuillez recommander au général qui le commandera de marcher avec précaution et d'employer beaucoup d'espions.

Le général en chef vous laisse le maître de manœuvrer suivant les circonstances et d'après les reconnaissances que vous ferez, afin de couvrir Acre par tous les débouchés par lesquels on peut s'y porter, depuis Safed jusqu'à Naplouse.

Si les forts qui défendent la tête du pont d'Yakoub et de Tell-Ouy sont en état, de manière qu'une garnison puisse y être à l'abri de toute surprise, il ordonne que vous les fassiez approvisionner et que vous les fassiez occuper.

Si vous aviez besoin de deux pièces de canon de plus, écrivez-le au général en chef, qui vous les fera passer.

Le convoi que-nous attendions de Jaffa arrive cette nuit. Tous nos travaux de siége vont bien.

Je vous envoie cet ordre par mon aide de camp Arrighi, qui reconduit en même temps les 25 hommes de la 2e légère que vous avez envoyés ; il restera auprès de vous jusqu'à ce que vous ayez quelque chose d'intéressant à faire dire au général en chef.

Le général en chef a reçu cette après-midi votre lettre de Naplouse, par laquelle vous lui faites part de l'affaire que vous avez eue.

Par ordre du général en chef.

Dépôt de la guerre.

4088. — AU GÉNÉRAL KLEBER.

Quartier général, devant Acre, 24 germinal an VII (13 avril 1799).

J'ai reçu, Citoyen Général, vos différentes lettres.

L'adjudant général Leturcq, qui est arrivé à Hayfà avec le convoi, nous apporte de quoi faire une grande quantité de cartouches. Dès l'instant qu'elles seront faites, on vous en enverra le plus qu'il sera possible.

Le général Murat laissera à Safed les 150 hommes de la 25ᵉ que vous avez laissés à Hayfâ; vous les prendrez là pour les placer où vous jugerez à propos. Je désirerais qu'avec le reste de sa colonne il pût être de retour pour l'assaut d'Acre, qui pourra avoir lieu le 30.

Écrivez à Gherar qu'il a tort de se mêler d'une querelle qui le conduira à sa perte; comment, lui qui a eu tant à se plaindre d'un homme aussi féroce que Djezzar, peut-il exposer sa fortune et la vie de ses paysans pour un homme aussi peu fait pour avoir des amis? que, sous peu de jours, Acre sera pris, et Djezzar puni de tous ses forfaits, et qu'alors il regrettera, peut-être trop tard, de ne pas s'être conduit avec plus de sagesse et de politique. Si cette lettre est nulle, elle ne peut, dans aucun cas, faire un mauvais effet.

Votre bataille est fort bonne; cela ne laisse pas de beaucoup dégoûter cette canaille, et j'espère que, si vous les revoyez, vous pourrez trouver moyen d'avoir leurs pièces.

Est-il bien sûr que le pont qui est plus bas que le lac de Tabaryeh soit détruit? Les habitants du pays, dans les différents renseignements qu'ils me donnent, me parlent toujours de ce pont comme si les renforts pouvaient venir par là, et dès lors comme s'il n'était pas détruit.

Le mont Thabor est témoin de vos exploits. Si ces gens-là tiennent un peu, et que vous ayez une affaire un peu chaude, cela vous vaudra les clefs de Damas.

Si, dans les différents mouvements qui peuvent se présenter, vous trouvez moyen de vous mettre entre eux et le Jourdain, il ne faudrait pas être retenu par l'idée que cela les ferait marcher sur nous : nous nous tenons sur nos gardes, nous en serions bien vite prévenus, et nous irions à leur rencontre; mais alors il faudrait que vous les poursuivissiez en queue assez vivement. Mais je sens que ces gens-là ne sont pas assez résolus pour cela. Si cela arrivait, ils s'éparpilleraient tout bonnement en route.

J'ai envoyé, il y a trois jours, à Safed un homme qui est depuis Jaffa avec nous, pour avoir une conférence avec Ibrahim-Bey; il doit être de retour demain, et, si la cavalerie qui est devant Safed l'a empêché de remplir sa mission, je vous l'enverrai : il sera plus à portée de la remplir de chez vous.

BONAPARTE.

Collection Napoléon.

4089. — AU GÉNÉRAL KLEBER.

Quartier général, devant Acre, 25 germinal an VII (14 avril 1799).

Le général en chef me charge de vous faire connaître, Citoyen Général, que, par tous les renseignements pris, il n'existe pas de pont vis-à-vis Tell-Ouy, et qu'il n'y a sur le Jourdain que le pont d'Yakoub et le pont plus bas que Tabaryeh, appelé Gesr el-Magama.

Le général en chef pense que, le général Murat étant parti à la pointe du jour pour le pont d'Yakoub, il est vraisemblable qu'il y sera demain dans la matinée; qu'il paraît naturel de penser que l'ennemi sera fort inquiété de ce mouvement : ou il se portera en force du côté du pont d'Yakoub pour attaquer le général Murat, ou il s'appuiera à Tabaryeh pour se conserver le pont d'el-Magama.

Dans le premier cas, le général en chef pense que vous devez presser l'ennemi, suivre son mouvement afin d'arriver derrière lui sur le Jourdain, et porter tous les secours possibles au général Murat. Dans le second cas, le général Murat, ne voyant plus d'ennemi au pont d'Yakoub, ni à Safed, suivra les mouvements de l'ennemi, et par là il vous mettra à même de le repousser au delà du Jourdain.

Le général en chef expédie sur-le-champ des hommes du pays au général Murat, pour lui faire connaître qu'aujourd'hui l'ennemi était encore en force devant vous, et lui répéter encore que, si l'ennemi, au lieu d'évacuer par le pont d'Yakoub, se reployait sur Tabaryeh, il est nécessaire qu'après avoir ravitaillé la garnison de Safed il suive l'ennemi et se mette en communication avec vous, et vous mette par là à même de lui envoyer des ordres. Le général en chef désire que vous ne manquiez pas cette circonstance pour jeter l'ennemi au delà du Jourdain, investir Tabaryeh et faire tirer quelques coups de canon; en somme, dans tous les cas, vous maintenir maître du Jourdain.

Tant pour exécuter ce projet que pour fortifier votre défensive, le général en chef vous envoie quatre pièces de canon et 100 hommes de cavalerie, et, à la première nouvelle que vous donneriez au général en chef que l'ennemi aurait accru son audace au point de vous attaquer dans votre position, le général en chef s'y portera lui-même afin de prendre un parti définitif.

Au reste, le général en chef compte beaucoup que le mouvement du général Murat maîtrisera ceux de l'ennemi.

Le général en chef désire que vous employiez les Dâher et leurs paysans à tendre quelques embuscades aux Arabes.

Si l'ennemi osait camper près de votre camp, le général en chef ne doute pas que vous ne lui fassiez une attaque de nuit qui aurait le même succès que celle d'El-A'rych.

Par ordre du général en chef.

Dépôt de la guerre.

4090. — AU GÉNÉRAL MURAT.

Quartier général, devant Acre, 25 germinal an VII (14 avril 1799).

Le général en chef me charge de vous faire connaître, Citoyen Général, que ce matin l'ennemi s'est présenté en force à deux lieues en avant de Soulyn, près Nazareth; qu'il pense que, dans la journée de demain, il peut être au pont d'Yakoub. Si la cavalerie qui bloque Jaffa se portait sur Tabaryeh, il serait nécessaire qu'après avoir ravitaillé la garnison de Safed, avoir ramassé tous les bestiaux, bois et vivres que vous pourriez trouver dans les villages voisins, en employant tous les moyens les plus violents, et en avoir approvisionné le fort de Safed, vous suiviez, avec la plus grande partie de votre colonne, les mouvements de l'ennemi, pour agir de concert avec le général Kleber, investir Tabaryeh et obliger l'ennemi à passer le Jourdain au pont de Gesr el-Magama.

Si, au contraire, l'ennemi qui est vis-à-vis le général Kleber, à la nouvelle de votre mouvement, se portait au pont d'Yakoub, le général Kleber a ordre de le faire suivre, afin de vous porter tous les secours possibles.

Dans tous les cas, si la tête du pont d'Yakoub est occupable, vous tâcherez d'y réunir des subsistances pour cinq à six jours, pour le nombre d'hommes que vous jugerez à propos d'y laisser. Cependant, comme l'exécution de cette mesure pourrait vous retarder, il est nécessaire, si l'ennemi se porte sur Tabaryeh, que vous le suiviez rapidement pour arriver au secours du général Kleber, sauf à prendre les mesures pour occuper le pont d'Yakoub lorsque l'affaire de Tabaryeh et du pont de Gesr el-Magama serait terminée.

En cas de jonction avec le général Kleber, vous serez sous ses ordres.

Vous trouverez ci-joint la copie de l'ordre que j'envoie en même temps que celui-ci au général Kleber.

Par ordre du général en chef.

Dépôt de la guerre.

4091. — AU GÉNÉRAL MARMONT.

Quartier général, devant Acre, 25 germinal an VII (14 avril 1799).

J'imagine qu'à l'heure qu'il est, Citoyen Général, vous aurez approvisionné le forl de Rachyd [1] de mortiers avec de bonnes pièces, avec 500 coups au moins.

J'ai reçu votre lettre du 8 germinal, et j'ai appris avec plaisir que *le Pluvier* s'était sauvé à Alexandrie : il doit avoir 1,500 quintaux de riz à son bord; vous pouvez vous en servir pour augmenter vos approvisionnements.

Recrutez et complétez les quatre bataillons qui sont sous vos ordres, ainsi que la légion nautique. Les recrues que vous nous avez envoyées d'Alexandrie se sont sauvées à la première affaire, ont tenu bon à la seconde, et se battent aujourd'hui tous les jours à la tranchée avec le plus grand courage.

Le général Junot s'est couvert de gloire le 19 au combat de Nazareth; avec 300 hommes de la 2e d'infanterie légère, il a battu 4,000 hommes de cavalerie; il a pris cinq drapeaux et tué ou blessé près de 600 hommes; c'est une des affaires brillantes de la guerre.

Notre siége avance : nous avons une galerie de mine qui déjà dépasse la contrescarpe, chemine sous le fossé à 30 pieds sous terre, et n'est plus qu'à 18 pieds du rempart.

Sur le front d'attaque, nous avons deux batteries à 60 toises, et quatre à 100 toises, pour contre-battre les flancs. Depuis quinze jours, nous ne tirons pas un seul boulet; l'ennemi tire comme un enragé; nous nous contentons de ramasser humblement ses boulets, de les payer vingt sous et de les entasser au parc, où il y en a déjà près de 4,000. Vous voyez qu'il y a de quoi faire un beau feu pendant vingt-quatre heures, et faire une bonne brèche. J'attends, pour donner le signal, que le mineur puisse faire sauter la contrescarpe à l'extrémité d'une double sape, qui marche droit à une tour; nous sommes encore à 8 toises de la contrescarpe; c'est l'histoire de deux nuits. L'ennemi nous a tiré 3 ou 4,000 bombes. Il y a dans la place beaucoup d'Anglais et d'émigrés français; vous sentez que nous brûlons tous d'y entrer; il y a à parier que ce sera le 1er floréal. Le siége, à défaut d'artillerie et vu l'immense quantité de celle de l'ennemi, est une des opérations qui caractérisent le plus la constance et la bravoure de nos troupes. L'ennemi tire ses bombes avec une grande précision. Jusqu'à cette heure le siége nous coûte 60 hommes tués et 30 blessés. L'adjoint Mailly, les adjudants généraux Lescalle et Laugier sont au nombre des premiers.

Le général Caffarelli, mon aide de camp Duroc, Eugène [2], l'adjudant général Valentin, les officiers du génie Sanson, Say et Soubait,

---

[1] Rosette. — [2] Eugène de Beauharnais.

sont au nombre des blessés; on a été obligé d'amputer le bras du général Caffarelli; sa blessure va bien.

Damas n'attend que la nouvelle de la prise d'Acre pour se soumettre.

Je serai dans le courant de mai de retour en Égypte. Profitez des bâtiments de transport qui partiraient, ou expédiez-en un pour donner de nos nouvelles en France. Vous avez dû recevoir la relation de Jaffa, qui a été imprimée.

Approvisionnez-vous, et que vos soins ne se bornent pas à Alexandrie; songez que cela n'est rien si le fort de Rachyd n'est pas en état de faire une bonne résistance; il faut qu'il y ait un bon massif de terre, des mortiers, des obusiers, des canons approvisionnés à 600 coups par pièce. Après avoir fortifié votre arrondissement, vous aurez la gloire de le défendre cet été. Je vous répète ce que je vous ai dit dans ma lettre du 21 pluviôse, de me faire une bonne carte de votre arrondissement, en y comprenant une partie du lac Bourlos; vous savez combien cela est nécessaire dans les opérations militaires.

Faites connaître dans votre arrondissement que j'ai revêtu le fils de Dâher, et que je l'ai reconnu cheik de Safed et du pachalik d'Acre.

Nous pourrions bien aujourd'hui donner un million, si nous avions ici les pièces de siége embarquées à Alexandrie.

Si les Anglais laissent la sortie un peu libre, vous pourriez envoyer un petit bâtiment à Jaffa pour me porter de vos nouvelles et pour en recevoir des nôtres; il faudrait qu'il fût assez petit pour pouvoir aller à Damiette ou sur le lac Bourlos.

BONAPARTE.

Collection Napoléon.

4092. — A L'ADJUDANT GÉNÉRAL ALMERAS.

Quartier général, devant Acre, 25 germinal an VII (14 avril 1799).

Je vous ai expédié deux bateaux, le 13 et le 16, pour vous faire connaître nos besoins d'artillerie; les boulets que nous a envoyés l'ennemi, joints à ceux que vous nous avez fait passer à Jaffa, nous mettent à même de pouvoir attaquer dans trois ou quatre jours. Nous avons une mine qui chemine à 30 pieds sous terre et qui n'est qu'à 18 pieds du rempart, et, sur le front d'attaque, notre sape se trouve à 8 toises de la contrescarpe; ainsi il est probable que, lorsque vous lirez cette lettre, nous aurons emporté Acre d'assaut.

Tout le pays nous est entièrement soumis et dévoué; une armée venue de Damas a été complétement battue; le général Junot avec 300 hommes de la 2e légère a battu 3 à 4,000 hommes de cavalerie, mis 5 à 600 hommes hors de combat et pris cinq drapeaux ; c'est une des affaires brillantes que l'on peut avoir à la guerre.

Ne perdez pas de vue les fortifications et les approvisionnements de Lesbé ; car, si l'hiver et le printemps nous nous sommes battus en Syrie, il serait possible que cet été une armée de débarquement nous mît à même d'acquérir de la gloire à Damiette.

Donnez de vos nouvelles au général Dugua.

BONAPARTE.

Dépôt de la guerre.

_____

4093. — AU GÉNÉRAL BON.

Quartier général, devant Acre, 26 germinal an VII (15 avril 1799).

Le général en chef ordonne au général Bon de partir sur-le-champ pour prendre position entre Nazareth et le village de Soulya, et se mettre aussitôt en communication avec le général Kleber. Selon les derniers renseignements, l'ennemi était en position au village de Soulyn. Le général Bon prendra au parc deux pièces de 8, un obusier, une pièce de 4 et 5,000 cartouches ; il lui sera fourni un guide. Le général Bon sortira de son camp de manière à ne pas être vu de la place. L'adjudant Leturcq, avec 150 hommes de cavalerie et une pièce de canon qu'il prendra à l'avant-garde, le précédera et le préviendra de ce qu'il pourrait découvrir ou apprendrait de nouveau. L'adjudant général Leturcq se mettra devant votre colonne, lorsque vous serez dans la direction de la hauteur de l'avant-garde.

Le général en chef partira dans une demi-heure, pour vous suivre.

Par ordre du général en chef.

Dépôt de la guerre.

_____

4094. — AU GÉNÉRAL KLEBER.

Quartier général, devant Acre, 26 germinal an VII (15 avril 1799).

Le général en chef me charge de vous prévenir, Citoyen Général, que le général Murat écrit de près de Safed qu'il attaquera aujourd'hui l'ennemi à la pointe du jour.

Le général en chef se rend, avec une partie de la division Bon, pour prendre position entre Nazareth et le village de Soulyn, où il vous prie de lui faire passer le plus tôt possible un rapport de votre position.

Par ordre du général en chef.

Dépôt de la guerre.

4095. — AU CONTRE-AMIRAL GANTEAUME.

Quartier général, mont Thabor, 28 germinal an VII (17 avril 1799), à midi.

Je reçois à l'instant la lettre par laquelle vous m'annoncez l'arrivée du contre-amiral Perrée; vous lui enverrez sur-le-champ l'ordre :

1° De réembarquer deux pièces de 18 avec la moitié des boulets qu'en conséquence de votre ordre il avait laissés à Jaffa, et de réembarquer la moitié des boulets de 12 que vous lui avez ordonné de débarquer à Jaffa;

2° De remplacer les pièces de 18 qu'il se trouve nous avoir laissées à Jaffa par un pareil nombre de pièces de 12 qu'il prendra sur *la Courageuse;* si *l'Étoile* était arrivée, il pourrait prendre les pièces de 18 de *l'Étoile* pour se compléter. Si la grosse mer s'opposait à tous ses mouvements et qu'elle lui fît perdre trop de temps, vous lui ferez sentir que dans sa position il faut qu'il calcule avant tout le temps.

3° Laissez maître le contre-amiral Perrée de se porter soit sur Candie, soit sur Chypre, afin de pouvoir reparaître du 6 au 10 du mois prochain soit sur Sour, soit sur Jaffa; la place d'Acre sera prise alors, et je l'expédierai en Europe avec une mission particulière. Pour peu que le contre-amiral Perrée soit poursuivi par l'ennemi, vous le laisserez maître de se réfugier soit à Alexandrie, soit dans un port d'Europe; dans ce dernier cas, vous lui ferez connaître que j'attends de lui qu'il ne tarde pas à nous amener des fusils, des sabres et du renfort, ne fût-ce que quelques centaines d'hommes; il pourra diriger sa marche sur Damiette, sur Jaffa, sur Saint-Jean-d'Acre ou sur Tyr, et, s'il avait plus de 1,500 hommes, il pourrait même les débarquer à Derne.

Faites-lui sentir cependant que je compte assez sur son zèle et sur ses talents pour espérer qu'il pourra croiser huit jours, faire beaucoup de mal aux Anglais, dont les vaisseaux marchands couvrent le Levant.

Dans tous les cas, mon intention est que si, avec ses trois frégates, il était obligé de se réfugier en Europe, il hasarde un de ses meilleurs avisos en le dirigeant sur Sour.

Vous connaissez la position dans laquelle nous sommes, la situation de toute la côte; ajoutez-y tout ce que vos connaissances dans votre métier peuvent vous suggérer.

Le contre-amiral Perrée est autorisé à prendre les gros bâtiments turcs.

Si les vents le poussaient du côté de Tripoli, faites-lui connaître que les Anglais reçoivent leurs vivres et leurs munitions de ce côté; il pourrait facilement leur intercepter quelque convoi.

En tout cas, j'imagine que vous le presserez de porter pavillon anglais et de se tenir fort loin des côtes.

BONAPARTE.

Comm. par Mme la comtesse Ganteaume.

4096. — AU CHEIK DE NAPLOUSE.

Quartier général, devant Acre, 28 germinal an VII (17 avril 1799).

Le général en chef Bonaparte me charge de vous faire connaître qu'après la lettre qu'il vous a écrite de Jaffa il devait penser que vous seriez assez sage pour rester tranquille et ne pas exposer votre pays aux horreurs de la guerre. Cependant vous n'en avez rien fait, et vous avez préféré vous mettre au service de Djezzar, tyran ennemi de Dieu et des hommes. Cependant, comme le général Bonaparte est clément et miséricordieux, et qu'il sait que jusqu'à cette heure vous étiez les ennemis de Djezzar, il veut bien se contenter de la leçon qu'il vous a donnée hier et ne pas porter le fer et le feu dans vos villages.

Si donc vous vous conduisez bien et que vous n'entreteniez aucune correspondance avec Djezzar, il accordera sûreté et protection à votre pays. Dans le cas contraire, vous vous exposez à périr.

Par ordre du général en chef.

Dépôt de la guerre.

4097. — ORDRE DU JOUR.

Quartier général, devant Acre, 29 germinal an VII (18 avril 1799).

Les janissaires de Damas réunis à la cavalerie de Djezzar, aux milices de Naplouse, à des Arabes et aux Mameluks d'Ibrahim-Bey, ont passé le Jourdain dans l'intention de faire lever le siége d'Acre; ils ont été complétement battus aux combats de Nazareth, de Safed et de Cana, et à la bataille du mont Thabor. Un grand nombre est resté sur le champ de bataille; la plus grande partie des bagages a été enlevée, entre autres ceux d'Ibrahim-Bey et des Mameluks, qui étaient portés par 400 chameaux; on leur a pris plusieurs drapeaux et plusieurs pièces de canon. Une partie de cette nuée de fuyards, poursuivis l'épée dans les reins, s'est noyée dans le Jourdain; l'autre partie est poursuivie sur la route de Damas.

Par les dernières nouvelles que le général en chef a reçues de France, au 1er ventôse, la République était maîtresse de tout le royaume de Naples et de tout le Piémont, et les grandes puissances du continent, indignées de la conduite arrogante et ridicule de la cour de Naples, avaient abandonné ce roi à son malheureux destin.

Les bases de la paix de Rastadt paraissent être convenues, et la paix sur le point d'être signée.

Par ordre du général en chef.

Dépôt de la guerre.

4098. — AU GÉNÉRAL BERTHIER.

Quartier général, devant Acre, 29 germinal an VII (18 avril 1799).

Le commandant de l'escadre anglaise en croisière devant Acre ayant eu la barbarie de faire embarquer sur un bâtiment de Constantinople, qui avait la peste, les prisonniers français, sous prétexte de les renvoyer à Toulon, mais effectivement pour s'en défaire en route, cet homme étant d'ailleurs une espèce de fou, vous ferez connaître aux commandants de la côte que mon intention est que l'on n'ait aucune communication avec lui. En conséquence, les parlementaires seront renvoyés avant qu'ils soient à portée de fusil de la côte.

Le présent ordre ne sera exécuté que relativement au commandant de la croisière actuelle.

BONAPARTE.

Dépôt de la guerre.

4099. — AU GÉNÉRAL BERTHIER.

Quartier général, devant Acre, 29 germinal an VII (18 avril 1799).

Vous donnerez l'ordre à l'adjudant général Boyer de partir cette nuit, avec 100 hommes de chacune des deux divisions qui sont ici, 20 canonniers, 12 sapeurs et 50 cavaliers, pour escorter les chevaux et chameaux que le général d'artillerie enverra à Jaffa pour prendre l'artillerie qui y serait arrivée.

Il laissera 80 hommes à Hayfà et 120 à Tantourah; il prendra à Tantourah et à Hayfà tous les hommes de la 22ᵉ d'infanterie légère qu'il y trouvera; ce qui doit faire plus de 300 hommes. Cela formera, avec les dragons, les canonniers et sapeurs, l'escorte de son convoi. Les sapeurs porteront quelques outils pour réparer les chemins, afin de pouvoir passer la grosse artillerie.

Il s'arrangera de manière à être le 5 de retour.

BONAPARTE.

Dépôt de la guerre.

4100. — AU GÉNÉRAL DUGUA, AU CAIRE.

[Quartier général, devant Acre, 30 germinal an VII (19 avril 1799).

J'ai reçu, Citoyen Général, vos différentes lettres jusqu'au 8 germinal.

Acre sera pris le 6 floréal, et je partirai sur-le-champ pour me rendre au Caire.

La conduite de l'émir-hadji est bien extravagante; mais l'idée que vous avez qu'il pourrait tramer quelque chose de redoutable est, je vous assure, bien mal fondée. Croyez, je vous prie, qu'avant de lui faire jouer un certain rôle, je me suis assuré qu'il était peu dangereux. Aucune habitude guerrière, point de résolution, moins encore d'audace; c'est un ennemi très-peu redoutable.

Je ne réponds pas en détail à vos lettres, parce que je serai bientôt de retour.

Vous pouvez incorporer dans les différents corps qui sont dans la basse Égypte les Mameluks qui n'auraient pas plus de vingt ans.

Je suis extrêmement mécontent de cette scène scandaleuse du commandant de la place. Je lui envoie l'ordre par l'état-major de se rendre dans la haute Égypte, sous les ordres du général Desaix. Vous vous chargerez vous-même; en attendant, du commandement de la place. L'état-major vous adressera l'ordre, afin que, si vous jugiez que son exécution eût plus d'inconvénients que d'avantages, vous la différiez jusqu'à mon arrivée. Quant à la femme, à mon arrivée, je la ferai nôyer.

BONAPARTE.

Dépôt de la guerre.

4101. — AU GÉNÉRAL DESAIX.

Quartier général, devant Acre, 30 germinal an VII (19 avril 1799).

Je reçois, Citoyen Général, à l'instant vos lettres depuis le 8 pluviôse au 27 ventôse; je les ai lues avec tout l'intérêt qu'elles inspirent. Je vois surtout avec plaisir que vous vous disposez à vous emparer de Qoseyr; sans ce point-là vous ne serez jamais tranquille. La marine a encore dans cette circonstance déçu mes espérances.

Je serai de retour en Égypte dans le courant de mai; je compte être maître d'Acre dans six jours.

Le général Dugua me mande qu'il vous a envoyé tous les objets que vous avez demandés. Je le lui recommande avec toutes les ~stances possibles.

Je n'ai, du reste, aucune inquiétude sur le sort de la haute Égypte, puisque vous y êtes.

Nous avons eu affaire, à la bataille du mont Thabor, à près de 30,000 hommes; c'est à peu près un contre dix. Les janissaires de Damas se battaient au moins aussi bien que les Mameluks, et les Arnautes, Moghrebins et Naplousains, qui se battaient à pied, sont sans contredit les meilleures troupes de l'empire de Constantinople. Au reste, par vos lettres, je vois que nous n'avons rien à vous conter que vous n'ayez à nous répondre.

Assurez tous les braves qui sont sous vos ordres de l'empressement que je mettrai à récompenser leurs services et à les faire connaître à la France entière.

Le contre-amiral Perrée, avec *la Junon*, *l'Alceste* et *la Courageuse*, nous a mené à Jaffa des pièces de siége et est en ce moment derrière la flotte anglaise, lui enlevant ses avisos, bâtiments de transport, etc. Il fera des prises immenses, et nous enverra à Tyr, Jaffa, et à Acre, lorsque nous en serons maîtres, de fréquentes nouvelles d'Europe.

Vous aurez appris par le Caire les dernières nouvelles de France et d'Europe. Rien ne prouvait encore qu'il y eût la guerre.

Salut, amitié.

BONAPARTE.

Comm. par M. Pauthier.

4102. — AU CITOYEN POUSSIELGUE.

Quartier général, devant Acre, 30 germinal an VII (19 avril 1799).

J'ai reçu, Citoyen, vos différentes lettres. Vous avez appris par Damiette le succès des combats de Nazareth, Safed, Cana, et de la bataille du mont Thabor. Les ennemis étaient considérables.

Nous avons déjà ici au camp d'Acre assez d'artillerie pour prendre Acre; mais nous attendons encore les trois pièces de 24 et les pièces de 18 et de 12 que le contre-amiral Perrée a débarquées à Jaffa; et qui seront ici dans trois jours. Vous pouvez calculer que le 5 ou le 6 Acre sera pris. Je partirai immédiatement après pour me rendre au Caire.

Je vous prie de faire meubler mes nouvelles salles.

Comme je serai au Caire dix à quinze jours après la réception de ma lettre, je crois inutile de répondre en détail aux différents articles de vos dépêches.

BONAPARTE.

Comm. par Mᵐᵉ de la Morinière.

4103. — AU CITOYEN FOURIER, COMMISSAIRE PRÈS LE DIVAN.

Quartier général, devant Acre, 30 germinal an VII (19 avril 1799).

J'ai reçu, Citoyen, vos différentes lettres.

Je vous autorise à correspondre avec l'Institut national, pour lui témoigner, au nom de l'Institut d'Égypte, le désir qu'il a de recevoir promptement les différentes questions qu'il a chargé les différentes commissions de faire, et l'empressement que l'Institut d'Égypte mettra à y répondre.

Faites connaître au divan du Caire les succès que nous avons eus contre nos ennemis, la protection que j'ai accordée à tous ceux qui se sont bien comportés, et les exemples sévères que je fais des villes et des villages qui se sont mal conduits, entre autres de celui de Genyn, habité par Gherar, cheik de Naplouse.

Annoncez au divan que, lorsqu'il recevra cette lettre, Acre sera pris, et que je serai en route pour me rendre au Caire, où j'ai autant d'impatience d'arriver que l'on en a de m'y voir.

Un de mes premiers soins sera de rassembler l'Institut, et de voir si nous pouvons parvenir à avancer d'un pas les connaissances humaines.

BONAPARTE.

Collection Napoléon.

4104. — ORDRE DU JOUR.

Quartier général, devant Acre, 30 germinal an VII (19 avril 1799).

Le général en chef, instruit que plusieurs soldats vendent la vaisselle d'argent trouvée dans les bagages pris à la bataille du mont Thabor, autorise le payeur à la recevoir et à en solder la valeur au poids.

Le général en chef exhorte les généraux et chefs des corps à mettre la plus grande activité à recruter leurs corps parmi les habitants du pays, et spécialement parmi ceux de la montagne de Safed et de Nazareth; on prendra les jeunes gens depuis dix-huit à vingt-cinq ans.

Les Arabes d'Yanbo ont débarqué du monde à Qoseyr et marché de là pour secourir Mourad-Bey, qui a profité de cette circonstance pour sortir du désert et se porter sur les différents cantonnements de la division du général Desaix. Ils ont été complétement battus aux combats de Samhoud, de Qeneh, d'Abou-Marrah, d'Esné, et au combat de cavalerie de Louqsor, où Osman-Bey a été dangereusement blessé. Dans ces différentes affaires, l'ennemi a été presque entièrement détruit; le reste a été repoussé au delà des cataractes et dans le désert.

L'occupation de Qoseyr et les forts que l'on construit sur les différents points du Nil assurent la haute Égypte contre leurs incursions. ·

BONAPARTE.

Dépôt de la guerre.

4105. — INSTRUCTION
POUR LE GÉNÉRAL DE BRIGADE DE TRANCHÉE.

Quartier général, devant Acre, 1er floréal an VII (20 avril 1799).

L'objet principal du travail de la nuit du 1er au 2 floréal est de continuer à cheminer promptement, mais avec toutes les précautions qu'exige le grand voisinage de la place, en sape debout sur la tour à gauche de la tour carrée où l'on a fait brèche.

Le citoyen Lacoste, capitaine du génie, qui est de tranchée, dirigera ce travail; il installera ses sapeurs de très-bonne heure et les fera retirer un peu avant le jour.

Le général de brigade de tranchée fera ses dispositions pour protéger ce travail, qui est des plus importants.

Il établira un bon poste de grenadiers à l'extrémité du boyau qui joint la 2e et la 3e parallèle. Il est indispensable de se maintenir dans ce poste : sans lui les travailleurs de la sape debout ne pourraient se retirer qu'à découvert et en sautant par-dessus le parapet de la 2e parallèle. Le poste dont nous venons de parler se trouve à portée d'une espèce de boyau auquel l'ennemi travaille de son côté et qui est sur le flanc de ces deux parallèles.

Le général de brigade de tranchée placera dans la 2e parallèle une cinquantaine de tirailleurs, qui feront feu séparément à travers les créneaux et ajusteront tout ce qu'ils apercevront sur les remparts.

L'artillerie concourra, de son côté, à soutenir, par les dispositions suivantes, le travail de la sape.

Les pièces de 8 du réservoir battront de front le boyau de l'ennemi ou la face de la place d'armes.

Les batteries Digeon et Grizet dirigeront tous leurs feux sur chacune des pièces du front d'attaque qui leur sont opposées, de manière à les démonter et à ruiner leurs embrasures. Elles pourront tirer, pendant la nuit, chacune 30 à 40 coups à boulets.

La batterie de mer continuera à éloigner les avisos, à faire taire le phare et les chaloupes du port; elle pourra tirer le même nombre de coups.

Le génie travaillera à appuyer la gauche de la 2e et de la 3e parallèle par un cavalier de tranchée ou par tout autre ouvrage; il prolongera la 2ᵉ parallèle jusqu'à la rue du revers des Dunes, du côté du port; il entamera une communication à gauche du Santon, pour joindre la 1ʳᵉ parallèle à la 2ᵉ; il perfectionnera les communications.

L'artillerie amènera quelques pièces et munitions à la queue de la tranchée; elle armera la batterie de mortiers de la gauche; elle réparera l'ancienne batterie de brèche; elle continuera la construction des batteries Mangin et Pétignier. Cette dernière devra être armée et prête à faire feu à la pointe du jour.

Dans le cas où l'ennemi, posté dans la place d'armes qui couvre les sorties du côté du port, inquiéterait trop les travailleurs de la sape debout, l'intention du général en chef est que le général de brigade de tranchée, sur la demande du commandant du génie, fasse filer une quinzaine d'hommes déterminés et bien commandés, par le ravin ou chemin creux qui se trouve près de la plage, vis-à-vis la porte d'entrée, afin de tourner la place d'armes de l'ennemi, d'y pénétrer et d'y commettre le plus de dommages possible. Le commandant du détachement aura soin de ne pas trop s'abandonner, afin de pouvoir se ménager une prompte retraite.

Par ordre du général en chef.

Dépôt de la guerre.

4106. — AU GÉNÉRAL KLEBER.

Quartier général, devant Acre, 2 floréal an VII (21 avril 1799).

J'ai reçu, Citoyen Général, vos lettres des 29 germinal et 1ᵉʳ floréal.

Nos mineurs sont depuis vingt-quatre heures sous la tour; demain ils commencent le travail pour les fourneaux: ils espèrent, le 4, faire sauter la tour.

Nos pièces de 24 sont en chemin; nous les attendons le 4.

Une seconde flottille, que j'avais fait préparer à Alexandrie et qui était en station au lac Bourlos, vient d'arriver.

Une troisième flottille, que j'avais fait préparer à Alexandrie et qui était en station à Damiette depuis un mois, vient de partir, chargée de grosses pièces et de mortiers. Tous ces moyens ne sont pas nécessaires pour Acre: la réussite d'un seul suffit. Si nous étions même à ne pas regarder à vingt-quatre heures près, les moyens que nous avons au parc seraient suffisants.

Le citoyen Perrée, qui, avec ses trois frégates, voltige à vingt et trente lieues d'Acre, a déjà fait des prises, et il est probable que cette flottille s'enrichira et fera beaucoup de mal aux ennemis.

M. Smith n'en sait encore rien, car il tire des boulets fort et ferme.

Faites faire par votre officier du génie un croquis du cours du Jourdain, depuis le pont d'Yakoub jusqu'à quatre lieues plus bas que celui de Magama, avec la nature du terrain à une lieue sur l'une et l'autre rive.

Ordonnez des reconnaissances à quatre lieues en avant de chaque pont, afin de bien reconnaître la nature du terrain.

Faites-moi faire une note par vos officiers du génie et d'artillerie sur le degré de défense dont seraient susceptibles les ponts d'Yakoub et de Magama, les forts de Safed et de Tabaryeh.

BONAPARTE.

Collection Napoléon.

4107. — ORDRE DU JOUR.

Quartier général, devant Acre, 2 floréal an VII (21 avril 1799).

Le général en chef, voulant donner une marque de satisfaction particulière aux 300 braves commandés par le général de brigade Junot, qui, au combat de Nazareth, ont repoussé 3,000 hommes de cavalerie, pris cinq drapeaux et couvert le champ de bataille de cadavres ennemis, ordonne :

ARTICLE 1er. — Il sera proposé une médaille de 500 louis pour prix du meilleur tableau représentant le combat de Nazareth.

ART. 2. — Les Français seront costumés dans le tableau avec l'uniforme de la 2e d'infanterie légère et du 14e de dragons. Le général de brigade Junot, les chefs de brigade Duvivier, du 14e de dragons, et Desnoyers, de la 2e d'infanterie légère, y seront placés.

ART. 3. — L'état-major fera faire, par les artistes que nous avons en Égypte, des costumes des Mameluks, des janissaires de Damas, des Diletti, des Alépins, des Moghrebins, des Arabes, et les enverra au ministre de l'intérieur, à Paris, en l'invitant à en faire faire différentes copies, à les envoyer aux principaux peintres de Paris, Milan, Florence, Rome et Naples, et à déterminer l'époque du concours et les juges qui devront décerner le prix.

ART. 4. — Le présent ordre du jour sera envoyé à la municipalité de la commune des braves qui se sont trouvés au combat de Nazareth.

BONAPARTE.

Dépôt de la guerre.

4108. — AU GÉNÉRAL LANNES.

Quartier général, devant Acre, 4 floréal an VII (23 avril 1799).

Je vous préviens, Citoyen Général, que le général en chef a donné l'ordre au général Dommartin que demain 5, à quatre heures du matin, nos batteries commencent leur feu, qui sera dirigé de manière à détruire celui de l'ennemi sur tout le front d'attaque, et spécialement le feu du petit flanc qui est du côté de la tour de Djezzar, et à faire une brèche à la première tour ronde ; il ne doit être tiré à la grosse tour, hors de l'angle saillant où l'on a précédemment fait brèche, que quelques coups, pour ne donner à l'ennemi aucun soupçon.

On fera sauter la mine lorsque notre artillerie aura fait taire l'artillerie ennemie ; le général en chef en donnera l'ordre.

Tous les grenadiers de l'armée, commandés par le général Lagrange, qui aura avec lui l'adjudant général Devaux, partiront de votre camp demain, à quatre heures du matin, pour se placer derrière un mur, le long du vieux fossé, dont l'emplacement sera reconnu ce soir par le général Lagrange, accompagné du général Andréossy ; il est essentiel que les grenadiers soient placés avant le jour, afin que l'ennemi n'ait pas connaissance de leur place d'armes ; il sera fait aux grenadiers, dans cet endroit, une distribution d'eau-de-vie.

Lorsque la mine aura sauté, l'on abordera la brèche, soit par la seconde parallèle, en s'y rendant le long et par le trou de l'aqueduc, soit le long de l'aqueduc, en suivant le boyau de la mine ; cela dépendra de l'effet qu'elle aura fait, et le général en chef enverra des ordres en conséquence.

Le général Andréossy se rendra près de vous, et vous irez ensemble, accompagnés des généraux Veaux, Lagrange et de l'adjudant général Devaux, reconnaître ces deux chemins, demain après midi.

L'ambulance sera établie où se réunissent les grenadiers.

Le général Lagrange se trouve sous vos ordres ; le général en chef ordonne que vous ayez soin que, dès l'instant que la mine aura sauté, les 2e et 3e parallèles soient garnies de tirailleurs.

Le reste des troupes de votre division resteront dans leur camp, prêtes à prendre les armes.

Les autres divisions restent également dans leurs camps, prêtes à prendre les armes, jusqu'à nouvel ordre.

Vous aurez une musique placée dans la 1re parallèle, qui jouera dès l'instant que la brèche aura été abordée.

Vous recommanderez au général Lagrange qu'aussitôt que nous serons maîtres d'une tour son premier soin soit d'en faire ôter les drapeaux turcs.

L'artillerie et le génie feront trouver, à l'endroit où seront les grenadiers, les ouvriers et travailleurs qui doivent marcher à la tête des colonnes.

Les échelles sont près du réservoir, à l'intersection des deux chemins qu'on peut prendre pour monter à la tranchée.

J'ordonne que tous les grenadiers de l'armée soient réunis devant votre camp avant quatre heures du matin.

Par ordre du général en chef.

Dépôt de la guerre.

4109. — AU GÉNÉRAL BERTHIER.

Quartier général, devant Acre, 6 floréal an VII (25 avril 1799).

Vous donnerez l'ordre de faire partir, ce soir, le bataillon de la 4e d'infanterie légère, qui se rendra à grandes journées au Caire pour y être aux ordres du général Dugua.

Vous autoriserez l'adjudant général Almeras à garder à Damiette le bataillon de la 4e d'infanterie légère.

Vous enverrez une patrouille de cavalerie de 30 hommes à Sour, où elle attendra jusqu'au 10, afin que, si le contre-amiral Perrée s'y présentait, elle lui remît les dépêches du contre-amiral Ganteaume.

Vous préviendrez le chef des Motouâly que j'envoie cette patrouille à Sour pour y rester quatre jours.

Vous ferez connaître aux généraux commandant à Damiette, au Caire, etc., qu'une grosse tour, extrêmement forte en maçonnerie, formant un ouvrage avancé à l'angle saillant, s'opposant à l'abord de la brèche, je l'ai fait miner et sauter. La mine l'a rendue inhabitable pour l'ennemi et a détruit ses retranchements et batteries. Plus de 300 hommes tués ou blessés anglais ont sauté avec la mine.

BONAPARTE.

Dépôt de la guerre

4110. — AU GÉNÉRAL KLEBER.

Quartier général, devant Acre, 8 floréal an VII (27 avril 1799).

La mine, Citoyen Général, a joué le 5 ; elle n'a point fait l'effet que les mineurs en attendaient : une partie de la muraille de terre s'est écroulée avec tous les décombres, ainsi que la plus grande partie des trois voûtes ; le fossé, à dix toises de chaque côté, a absolument disparu. Nous n'avons pu nous emparer d'une petite voûte supérieure, qui nous aurait mis à même de nous rendre maîtres de toutes les maisons de gauche, et nous aurait donné l'entrée dans la place. Plusieurs barils de poudre enflammés que l'ennemi a jetés dans la brèche ont beaucoup effrayé les trente grenadiers qui étaient déjà

parvenus à se loger. Nous avons canonné toute la journée du 6.
Nous avons eu dans le centre de la tour, pendant toute la journée
du 6 au 7, vingt hommes de logés ; ils n'ont pu parvenir à se loger
à l'endroit convenable, et nous avons dû abandonner le logement
qu'ils s'étaient fait, avant le jour. Hier et aujourd'hui nous canonnons.
Nos boyaux vont jusqu'au pied de la brèche, de sorte que l'on arrive
à couvert jusque dans l'intérieur de la tour.

Nos pièces de 18 et de 24 arrivent demain ou après-demain. Les
munitions qui nous sont arrivées hier de Damiette nous mettent à
même de continuer notre feu. L'ennemi ne tire plus que des bombes,
hormis M. Smith qui ne nous laisse pas de repos, même la nuit, et
ne produit d'autre mal que de ruiner notre caisse.

On dit que le corps des Diletti s'est porté à huit lieues en avant
de Damas, en forme d'avant-garde, et que leur peur commence à
passer.

Faites votre possible pour approvisionner et améliorer nos têtes
de pont.

Les Naplousains paraissent vouloir bien se conduire. Gherar a
répondu à la lettre que je lui avais écrite.

Le général Damas est arrivé à Damiette.

L'Égypte est parfaitement tranquille.

Le général Caffarelli est mort.   BONAPARTE.

Collection Napoléon.

_____

4111. — AU CITOYEN D'AURE.

Quartier général, devant Acre, 8 floréal an VII (27 avril 1799).

Vous ferez connaître, Citoyen Ordonnateur, au médecin en chef
Desgenettes et au chirurgien en chef Larrey, que, voulant leur donner
une marque de satisfaction pour les services qu'ils ont rendus et
rendent tous les jours à l'armée, je leur accorde à chacun une gratification de 2,000 francs, qu'ils pourront toucher à Paris ou au
Caire. Vous me ferez connaître leurs intentions.

                                             BONAPARTE.

Dépôt de la guerre.

_____

4112. — AU GÉNÉRAL BERTHIER.

Quartier général, devant Acre, 12 floréal an VII (1ᵉʳ mai 1799).

Je vous prie, Citoyen Général, d'expédier un courrier en Égypte
par Tantourah, Jaffa et Damiette. Vous ferez connaître aux différents
commandants que, l'équipage de siége étant arrivé, on a commencé

depuis hier à battre en brèche le corps de la place ; que l'ennemi, ayant fait une sortie, a été repoussé avec perte de plus de 200 hommes laissés sur le champ de bataille ; qu'un bâtiment anglais a été coulé bas ; que dans la journée de demain les pièces de 24 seront en batterie.

Notre perte a été peu considérable ; mais le chef de la 85e [1], qui était de tranchée, a été tué en poussant l'ennemi trop avant dans ses ouvrages. Le retour du général en chef est très-proche.

Faire passer à Tantourah, de là, par un petit bâtiment, à Jaffa, et de là, expédier *la Fortune* à Damiette.

BONAPARTE.

Dépôt de la guerre.

4113. — AU GÉNÉRAL KLEBER.

Quartier général, devant Acre, 13 floréal an VII (2 mai 1799).

J'envoie tous les ingénieurs géographes qui sont au camp pour prendre le croquis du pays. Vous sentez combien il est essentiel de leur répartir la besogne, afin que j'aie le plus tôt possible un canevas du pays.

Nos pièces de 18 jouent depuis deux jours. La tour n'est plus qu'une ruine ; le flanc qui s'opposait au passage du fossé est ruiné. L'ennemi n'a plus qu'un seul canon qui tire ; sentant qu'il ne peut plus défendre ses murailles, il a couronné ses glacis par des boyaux, où il est protégé par la mousqueterie de la place et empêche l'abord des différentes brèches : cela nous engage dans des affaires pénibles. Une compagnie de grenadiers avait couronné hier la brèche ; ils sortirent de leurs boyaux avec tant d'impétuosité, qu'il fallut passer toute la soirée à les faire rentrer dans la place. Ils ont perdu beaucoup de monde. Nous avons eu 30 blessés et 12 à 15 tués, parmi lesquels le chef de la 85e, qui était de tranchée. Après-demain nous plaçons nos pièces de 24 pour faire une brèche, et, dès l'instant qu'elle sera praticable, nous donnons un assaut général et en masse.

BONAPARTE.

Collection Napoléon.

4114. — AU COMMANDANT DU GÉNIE [2].

Quartier général, devant Acre, 13 floréal an VII (2 mai 1799).

Je vous prie, Citoyen Commandant, d'envoyer les citoyens Jacotin et Favier, ingénieurs géographes, pour lever à la main le cours du Jourdain et les différentes gorges qui y aboutissent, ainsi que la

[1] Davroux. — [2] Le chef de brigade Sanson, remplaçant le général Caffarelli.

position du général Kleber. Ils se rendront aujourd'hui au camp de
ce général.

BONAPARTE.

Dépôt de la guerre.

4115. — AU GÉNÉRAL JUNOT.

Quartier général, devant Acre, 13 floréal an VII (2 mai 1799).

Vous pouvez assurer, Citoyen Général, le cheik Saleh-Dâher que
mon intention est de le nommer cheik de Seïdeh, place qui, par son
importance, est au-dessus de Chafà-A'mr. Qu'il tâche de rassembler
le plus de monde possible, afin de pouvoir se maintenir dans ce
poste; que je ne tarderai pas à lui mettre entre les mains.

Faites-moi passer toutes les nouvelles que vous pourrez avoir de
Damas.

Nos pièces de 18 et de 24 sont arrivées. Nous espérons, sous peu
de jours, malgré la grande obstination des assiégés, entrer dans Acre.
Le feu de leur artillerie est entièrement éteint.

BONAPARTE.

Collection Napoléon.

4116. — AU GÉNÉRAL RAMPON.

Quartier général, devant Acre, 15 floréal an VII (4 mai 1799).

Le général en chef ordonne, Citoyen Général, que vous fassiez
occuper ce soir, entre huit et neuf heures, par vos éclaireurs, le
boyau de la droite que l'ennemi a établi sur le glacis, en arrière du
masque de l'ancienne mine.

Les troupes qui sortent de la tranchée vous seconderont en cas
d'événement. Elles se tiendront, à cet effet, hors de la portée du feu
de la place, et ne rentreront dans le camp que lorsque votre opération sera terminée.

Vos éclaireurs déboucheront par l'extrémité du boyau du cavalier
de tranchée et seront protégés par cet ouvrage.

Ils auront ordre d'égorger ou de mettre en fuite tout ce qu'ils ren-
contreront.

Dès que le boyau sera occupé, les sapeurs, conduits par l'ingénieur de tranchée, travailleront de suite à faire les parapets, coupures,
traverses et communications nécessaires pour que nos troupes puissent se maintenir dans ce poste et le conserver dorénavant pour la
protection de notre droite.

Un quart d'heure après l'occupation, vous enverrez une quinzaine
de tirailleurs pour faire une fausse attaque sur la place d'armes qui

couvre l'angle du palais de Djezzar, afin d'empêcher l'ennemi de revenir pour tenter de reprendre le poste d'où il aura été chassé.

Le commandant du génie est tenu de donner ses ordres en conséquence des dispositions ci-dessus. Le général Lagrange est également prévenu qu'il doit se tenir en réserve, en cas que l'ennemi entreprît une sortie générale que vous ne pourriez pas repousser avec vos troupes.

Par ordre du général en chef.

Collection Napoléon.

4117. — ORDRE DU JOUR.

Quartier général, devant Acre, 17 floréal an VII (6 mai 1799).

Le général en chef a ordonné la formation d'une compagnie d'éclaireurs dans chaque demi-brigade ; celles de la 18e et de la 32e se sont déjà distinguées par leur bravoure à l'attaque des places d'armes dans la nuit du 15. Il se ressouvient des services qu'ont rendus ces compagnies toutes les fois qu'on les a formées ; il compte spécialement sur elles : un brave éclaireur ne montre jamais le dos à l'ennemi.

Par ordre du général en chef.

Dépôt de la guerre.

4118. — AU GÉNÉRAL VIAL,

Quartier général, devant Acre, 18 floréal an VII (7 mai 1799).

Le général en chef me charge de vous prévenir, Citoyen Général, que le général Bon monte ce soir la tranchée avec sa division, qu'il a ordre d'attaquer et de chasser l'ennemi de ses boyaux du glacis, et de nous y loger à sa place. Aussitôt qu'il en aura chassé l'ennemi, il a ordre de s'emparer de la tour de brèche et de s'y loger.

L'intention du général en chef est que, lorsque le général Bon sera arrivé au Réservoir, vous renforciez, avec les troupes à vos ordres qui y sont, nos postes de gauche de la tranchée et le Santon. On ne relèvera pas, jusqu'à nouvel ordre, le poste de la tour Maudite. Je donne l'ordre aux éclaireurs de la division Reynier de vous joindre à la tranchée. Vous pourrez renvoyer au camp la 3e compagnie de grenadiers de la 9e, dont vous êtes mécontent.

L'intention du général en chef est que vous attaquiez la place d'armes et les boyaux de la droite de l'ennemi vis-à-vis notre gauche. Cette attaque a pour but de faire le plus de mal possible à l'ennemi, l'inquiéter, le tenir en échec, afin de protéger l'attaque du général

Bon, empêcher l'ennemi de filer par le fossé pour porter du secours à la tour de brèche.

Vous prendrez les ordres du général Bon, qui sera au Réservoir, pour déterminer l'heure à laquelle vous ferez votre attaque.

Les troupes que vous commandez ne quitteront pas la tranchée pour retourner à leur camp, jusqu'à nouvel ordre; il en sera donné suivant les circonstances.

Par ordre du général en chef.

Dépôt de la guerre.

_____

4119. — AU GÉNÉRAL DOMMARTIN.

Quartier général, devant Acre, 18 floréal an VII (7 mai 1799).

L'intention du général en chef, Citoyen Général, est que la batterie Mangin soit armée de ses trois pièces de 24 et prête à faire feu, dans l'endroit désigné pour la nouvelle brèche, ce soir à neuf heures.

Son intention est également que la batterie Vaille et celle Legrand tirent pour rendre praticable la brèche déjà commencée du flanc; que la batterie Digeon tire quelques coups de canon pour détruire ce que l'ennemi pourrait avoir fait dans la tour de brèche, où nos troupes doivent monter ce soir.

Toutes les batteries par où l'ennemi pourrait déboucher par la gauche doivent également faire tout ce qui dépendra d'elles pour faciliter l'assaut.

Le général en chef ordonne qu'il y ait ce soir au Réservoir quelques ouvriers avec des outils et quelques artificiers avec des fusées ou autres matières combustibles; qu'il y ait aussi une pièce de 4 à portée du Réservoir, pour être à même de la mettre en batterie sur la tour, si cela paraissait nécessaire et praticable.

Ordonnez à l'officier supérieur de tranchée de se concerter avec le général Bon, pour qu'il connaisse les dispositions qu'il fera ce soir pour l'attaque du glacis et celle de la tour de brèche.

Il serait utile que vous vous concertassiez aussi vous-même, tant avec le commandant du génie qu'avec le général Bon, afin qu'il y ait de l'ensemble.

Par ordre du général en chef.

Dépôt de la guerre.

_____

4120. — AU GÉNÉRAL KLEBER.

Quartier général, devant Acre, 19 floréal an VII (8 mai 1799).

Le général en chef ordonne, Citoyen Général, que vous fassiez partir, le plus tôt possible, la brigade du général Verdier, c'est-à-dire la 25e et la 75e, pour se rendre au camp devant Acre, où il est nécessaire qu'elle arrive sans perdre un instant, l'intention du général en chef étant de la faire participer à la gloire de la prise d'Acre. Nous sommes depuis hier, à dix heures du soir, maîtres de la tour de brèche.

Le général en chef ordonne que la brigade du général Junot, composée de la 2e légère, des compagnies de grenadiers de la 19e, toute la cavalerie que vous avez, vos six pièces de canon, le commissaire des guerres de votre division, restent pour prendre une position qui couvre nos magasins de Tabaryeh et Nazareth, et observer l'ennemi pour bien couvrir l'armée.

Le général en chef vous laisse le maître d'être de votre personne soit à la brigade Verdier qui vient ici, soit à la brigade du général Junot, destinée à garder Nazareth et Tabaryeh et à couvrir l'armée.

Vous voudrez bien, en conséquence des dispositions ci-dessus, donner les ordres convenables aux généraux commandant les deux brigades de votre division.

Par ordre du général en chef.

Dépôt de la guerre.

4121. — AU GÉNÉRAL LAGRANGE.

Quartier général, devant Acre, 20 floréal an VII (9 mai 1799).

Le général en chef a remarqué, Citoyen Général, que le retranchement de la grande tour de brèche n'était plus tenable, à cause des feux que le Pharillon dirige dessus. Cependant l'occupation de cette tour est indispensable, soit pour empêcher l'ennemi de s'y établir, soit pour favoriser les abords de la brèche, soit enfin pour tâcher de descendre dans la ville, ou du moins sur la courtine de gauche. La division Kleber étant sur le point d'arriver, l'intention du général en chef est, lorsque cette division sera reposée, de faire monter à la brèche et de pénétrer dans la ville pour s'en rendre maître. Il désirerait donc que vous fissiez occuper la gauche de la grande tour au delà du retranchement. L'accès en est facile; on y était monté hier soir directement par la brèche et en passant par-dessus les sacs à terre. Les mêmes sacs à terre pourraient servir à couronner le nouveau retranchement, qui se trouverait d'ailleurs abrité sur son flanc gauche des feux du Pharillon par le grand mur de la tour qui est encore debout.

L'officier du génie de tranchée a ordre de s'entendre avec vous pour cet objet.

Par ordre du général en chef.

Dépôt de la guerre.

27

4122. — AU GÉNÉRAL MURAT.

Quartier général, devant Acre, 20 floréal an VII (9 mai 1799).

Le général en chef ordonne, Citoyen Général, qu'à minuit vous fassiez occuper la crête de la seconde tour, qui tient à celle de brèche que nous occupons, et dans laquelle il y avait, dans la journée, quelques Turcs que vous en feriez chasser s'ils y étaient encore ; rien n'est plus important que l'occupation de cette tour.

Le général en chef fait monter demain matin à l'assaut ; les troupes de la division partent de leur camp à dix heures du matin.

Vous recevrez des instructions sur ce que vous aurez à faire à l'assaut.

J'envoie à l'officier commandant la cavalerie en votre absence l'ordre de la faire venir demain, à trois heures du matin, à la butte du camp retranché, ainsi que les 60 hommes à pied.

Par ordre du général en chef.

Dépôt de la guerre.

4123. — AU GÉNÉRAL DOMMARTIN.

Quartier général, devant Acre, 20 floréal an VII (9 mai 1799).

Le général en chef a décidé, Citoyen Général, de faire monter demain à la brèche.

Les divisions partent de leur camp à deux heures du matin, pour prendre position et exécuter le projet d'attaque convenu ce soir avec vous et les généraux de division.

Donnez vos ordres, en ce qui vous concerne, pour qu'il y ait des ouvriers avec des outils et des artifices et enfin tout ce qui est nécessaire à l'assaut et à l'occupation de la ville. Désignez ceux qui doivent marcher avec la division Kleber, qui est la première à monter à l'assaut. On doit attaquer vers trois heures et demie.

AU CHEF DE BRIGADE SANSON, COMMANDANT LE GÉNIE.

Donnez les ordres pour ce qui vous concerne. Faites réunir à la queue de la tranchée les ouvriers, sapeurs, outils, etc.

Désignez l'officier du génie et le détachement de sapeurs qui doivent marcher avec la division Kleber.

Vous vous tiendrez de votre personne au Réservoir, près du général en chef, pour recevoir ses ordres.

BONAPARTE.

Dépôt de la guerre.

4124. — AU DIRECTOIRE EXÉCUTIF.

Quartier général, devant Acre, 21 floréal an VII (10 mai 1799).

Citoyens Directeurs, je vous ai fait connaître qu'Ahmed-Djezzar, pacha d'Acre, de Tripoli et de Damas, avait été nommé pacha d'Égypte; qu'il avait réuni un corps d'armée assez considérable, et avait porté son avant-garde à El-A'rych, menaçant le reste de l'Égypte d'une invasion prochaine; que des bâtiments de transport turcs se réunissaient dans le port de Macri, menaçaut de se porter devant Alexandrie dans la belle saison; que, par les mouvements qui existaient dans l'Arabie, on devait s'attendre à ce que le nombre des gens d'Yanbo qui avaient passé la mer Rouge augmenterait au printemps.

Vous avez vu, par ma dernière dépêche, la rapidité avec laquelle l'armée a passé le désert, la prise d'El-A'rych, de Gaza, de Jaffa, la dispersion de l'armée ennemie, qui a perdu ses magasins, une partie de ses chameaux, ses outres et ses équipages de campagne.

Il restait encore deux mois avant la saison propre au débarquement; je résolus de poursuivre les débris de l'armée ennemie et de nourrir pendant deux mois la guerre dans le cœur de la Syrie.

Nous nous mimes en marche sur Acre.

AFFAIRE DE QAQOUN.

Le 25 ventôse, à dix heures du matin, nous aperçûmes au delà du village de Qàqoun l'armée ennemie qui avait pris position sur nos flancs; sa gauche, composée des gens de Naplouse (anciens Samaritains), était appuyée à un mamelon d'un accès difficile; la cavalerie était formée à droite.

Le général Kleber se porta sur la cavalerie ennemie; le général Lannes attaqua la gauche; le général Murat déploya sa cavalerie au centre.

Le général Lannes culbuta l'ennemi, lui tua beaucoup de monde et le poursuivit deux lieues dans les montagnes.

Le général Kleber, après une légère fusillade, mit en fuite la droite des ennemis et les poursuivit vivement; ils prirent le chemin d'Acre.

COMBAT DE HAYFA.

Le 27, à huit heures du soir, nous nous emparâmes de Hayfà; une escadre anglaise était mouillée dans la rade.

Quatre pièces d'artillerie de siége, que j'avais fait embarquer à Alexandrie sur quatre bâtiments de transport, furent prises à la hauteur de Hayfà par les Anglais.

27.

Plusieurs bateaux chargés de bombes et de vivres échappèrent et vinrent mouiller à Hayfà ; les Anglais voulurent les enlever ; le chef d'escadron Lambert les repoussa, leur blessa ou tua 100 hommes, fit 30 prisonniers et s'empara d'une grosse chaloupe avec une caronade de 36.

Nous n'avions plus à mettre en batterie devant Acre que notre équipage de campagne. Nous battîmes en brèche une tour qui était la partie la plus saillante de la ville. La mine manqua ; la contrescarpe ne sauta pas. Le citoyen Mailly, adjoint à l'état-major, qui se porta pour reconnaître l'effet de la mine, fut tué.

Vous verrez, par le journal du siége, que les 6, 10, 18 et 26 germinal, l'ennemi fit des sorties vives, où il fut repoussé avec de grandes pertes par le général Vial ; que le 12 nos mineurs firent sauter la contrescarpe, mais que la brèche ne se trouva pas praticable.

Le 11, le général Murat prit possession de Safed, l'ancienne Béthulie ; les habitants montrent l'endroit où Judith tua Holopherne.

Le même jour, le général Junot prit possession de Nazareth.

COMBAT DE NAZARETH [1].

Cependant une armée nombreuse s'était mise en marche de Damas ; elle passa le Jourdain le 17.

L'avant-garde se battit toute la journée du 19 contre le général Junot, qui, avec 500 hommes des 2ᵉ et 19ᵉ demi-brigades, la mit en déroute, lui prit cinq drapeaux et couvrit le champ de bataille de morts ; combat célèbre et qui fait honneur au sang-froid français.

COMBAT DE CANA [2].

Le 20, le général Kleber partit du camp d'Acre ; il marcha à l'ennemi et le rencontra près du village de Cana ; il se forma en deux carrés : après s'être canonné et fusillé une partie de la journée, chacun rentra dans son camp.

BATAILLE DU MONT THABOR [3].

Le 22, l'ennemi déborda la droite du général Kleber, et se porta dans la plaine d'Esdrelon, pour se joindre aux Naplousains.

Le général Kleber se porta entre le Jourdain et l'ennemi, tourna le mont Thabor et marcha toute la nuit du 26 au 27 pour l'attaquer de nuit.

---

[1] Ou de Loubyeh. — [2] Ou de Chagarah. — [3] Ou d'Esdrelon.

Il n'arriva qu'au jour en présence de l'ennemi ; il forma sa division en bataillon carré ; une nuée d'ennemis l'investit de tous côtés ; il essuya toute la journée des charges de cavalerie ; toutes furent repoussées avec la plus grande bravoure.

La division Bon était partie, le 25 à midi, du camp d'Acre, et se trouva, le 27 à neuf heures du matin, sur les derrières de l'ennemi, qui occupait un immense champ de bataille. Jamais nous n'avions vu tant de cavalerie caracoler, charger, se mouvoir dans tous les sens. On ne se montra point ; notre cavalerie enleva le camp ennemi, qui était à deux heures du champ de bataille ; on prit plus de 400 chameaux et tous les bagages, spécialement ceux des Mameluks.

Les généraux Vial et Rampon, à la tête de leurs troupes formées en bataillons carrés, marchèrent dans différentes directions, de manière à former, avec la division Kleber, les trois angles d'un triangle équilatéral de 2,000 toises de côté ; l'ennemi était au centre.

Arrivés à la portée du canon, ils se démasquèrent ; l'épouvante se mit dans les rangs ennemis ; en un clin d'œil, cette nuée de cavaliers s'écoula en désordre et gagna le Jourdain ; l'infanterie gagna les hauteurs ; la nuit la sauva.

Le lendemain, je fis brûler les villages de Genyn, Nourès, Soulyn, pour punir les Naplousains.

Le général Kleber poursuivit les ennemis jusqu'au Jourdain.

COMBAT DE SAFED.

Cependant le général Murat était parti le 23 du camp, pour faire lever le siége de Safed et enlever les magasins de Tabaryeh ; il battit la colonne ennemie et s'empara de ses bagages.

Ainsi cette armée, qui s'était annoncée avec tant de fracas, aussi nombreuse, disaient les gens du pays, *que les étoiles du ciel et les sables de la mer,* assemblage bizarre de fantassins et de cavaliers de toutes les couleurs et de tous les pays, repassa le Jourdain avec la plus grande précipitation, après avoir laissé une grande quantité de morts sur le champ de bataille. Si l'on juge de son épouvante par la rapidité de sa fuite, jamais il n'y en eut de pareille.

Vous verrez, dans le journal du siége d'Acre, les différents travaux qui furent faits de part et d'autre pour le passage du fossé et pour se loger dans la tour, que l'on mina et contre-mina ;

Que, plusieurs pièces de 24 étant arrivées, on battit sérieusement la ville en brèche ;

Que, les 7, 10 et 13 floréal, l'ennemi fit des sorties et fut vigoureusement repoussé ;

Que, le 19 floréal, l'ennemi reçut un renfort porté sur trente bâtiments de guerre turcs ;

Qu'il fit le même jour quatre sorties ; qu'il remplit nos boyaux de ses cadavres ;

Que nous nous logeâmes, après un assaut extrêmement meurtrier, dans un des points les plus essentiels de la place.

Aujourd'hui nous sommes maîtres des principaux points du rempart.

L'ennemi a fait une seconde enceinte ayant pour point d'appui le château de Djezzar.

Il nous resterait à cheminer dans la ville ; il faudrait ouvrir la tranchée devant chaque maison et perdre plus de monde que je ne le veux faire.

La saison, d'ailleurs, est trop avancée ; le but que je m'étais proposé se trouve rempli : l'Égypte m'appelle.

Je fais placer une batterie de 24 pour raser le palais de Djezzar et les principaux monuments de la ville ; je fais jeter un millier de bombes qui, dans un endroit aussi resserré, doivent faire un mal considérable. Ayant réduit Acre en un monceau de pierres, je repasserai le désert, prêt à recevoir l'armée européenne ou turque qui, en messidor ou thermidor, voudrait débarquer en Égypte.

Je vous enverrai du Caire une relation des victoires que le général Desaix a remportées dans la haute Égypte ; il a déjà détruit plusieurs fois les gens arrivés d'Arabie, et dissipé presque entièrement les Mameluks.

Dans toutes ces affaires, un bon nombre de braves sont morts, à la tête desquels les généraux Caffarelli et Rambeaud ; un grand nombre sont blessés ; parmi ces derniers, les généraux Bon et Lannes.

J'ai eu, depuis mon passage du désert, 500 hommes tués et le double de blessés.

L'ennemi a perdu plus de 15,000 hommes.

Je vous demande le grade de général de division pour le général Lannes, et le grade de général de brigade pour le citoyen Songis, chef de brigade d'artillerie.

J'ai donné de l'avancement aux officiers dont vous trouverez ci-joint l'état.

Je vous ferai connaître les traits de courage qui ont distingué un grand nombre de braves.

J'ai été parfaitement content de l'armée dans des événements et dans un genre de guerre si nouveaux pour des Européens. Elle fait voir que le vrai courage et les talents guerriers ne s'étonnent de rien et ne se rebutent d'aucun genre de privations. Le résultat sera, nous l'espérons, une paix avantageuse, un accroissement de gloire et de prospérité pour la République.

BONAPARTE.

Dépôt de la guerre.

4125. — ORDRE.

Quartier général, devant Acre, 21 floréal an VII (10 mai 1799).

Le général en chef, voulant donner au général de brigade Lannes un témoignage de la satisfaction du Gouvernement pour la manière distinguée avec laquelle il a servi tant en Italie qu'en Égypte, campagnes pendant lesquelles il a honoré les armes de la République par des actions d'éclat si souvent répétées, voulant le récompenser des services qu'il a rendus dans l'expédition de Syrie, où il a commandé une division, nomme le général de brigade Lannes général de division.

Par ordre du général en chef.

Dépôt de la guerre.

4126. — AU CONTRE-AMIRAL PERRÉE.

Quartier général, devant Acre, 22 floréal an VII (11 mai 1799).

Le contre-amiral Ganteaume vous fait connaître, Citoyen Général, ce que vous avez à faire pour enlever 4 à 500 blessés que je fais transporter à Tantourah, et qu'il est indispensable que vous transportiez à Alexandrie et à Damiette : vous vaincrez, par votre intelligence, vos connaissances nautiques et votre zèle, tous les obstacles que vous pourriez rencontrer ; vous et vos équipages acquerrez plus de gloire par cette action que par le combat le plus brillant ; jamais croisière n'aura été plus utile que la vôtre, et jamais frégates n'auront rendu un plus grand service à la République.

BONAPARTE.

Collection Napoléon.

4127. — A AHMED-PACHA.

Quartier général, devant Acre, 24 floréal an VII (13 mai 1799).

Le général en chef me charge de vous proposer une suspension d'armes pour enterrer les cadavres qui sont sans sépulture sur le revers des tranchées.

Il désire aussi établir un échange de prisonniers ; il a en son pouvoir une partie de la garnison de Jaffa, le général Abd-Allah, et spécialement les canonniers et bombardiers qui font partie du convoi arrivé il y a trois jours à Acre, venant de Constantinople ; il a aussi un grand nombre de soldats de l'armée qui était venue de Damas. Il sait qu'il y a à Constantinople et à Rhodes des Français prisonniers. Il désire que vous nommiez quelqu'un pour s'aboucher sur ces différents objets avec un de ses officiers.

Par ordre du général en chef.

Dépôt de la guerre.

4128. — AU CHEF D'ESCADRON LAMBERT.

Quartier général, devant Acre, 24 floréal an VII (13 mai 1799).

Le général en chef vous autorise, Citoyen Commandant, à partir avec la 22ᵉ légère, un détachement de dromadaires, à qui je donne l'ordre de se rendre à Hayfà, pour tomber sur les Naplousains et leur faire le plus de mal possible. Je vous préviens que le général Murat vient de recevoir l'ordre d'envoyer à Hayfà tout ce qu'il y a de disponible de la 25ᵉ, et de faire relever, par des postes de cavalerie, les détachements de la même demi-brigade qui se trouvent aux moulins de Cherdàm et Dàoud et qui se rendront successivement à Hayfà. La 25ᵉ demi-brigade remplacera la 22ᵉ légère pendant votre opération.

Par ordre du général en chef.

Dépôt de la guerre.

4129. — A L'ADJUDANT GÉNÉRAL BOYER, a TANTOURAH.

Quartier général, devant Acre, 25 floréal an VII (14 mai 1799).

Le général en chef a reçu, Citoyen Commandant, la lettre par laquelle vous lui annoncez la position des djermès turques et du vaisseau *le Thésée*. Le général en chef pense que, du moment où le chef d'escadron Lambert aura battu les Naplousains, l'objet de la station des bâtiments turcs étant manqué, ils retourneront à Acre, ainsi que *le Thésée ;* et dès lors, la communication se trouvant libre, les bateaux portant les malades pourront profiter de cette circonstance pour filer dans la nuit sur Jaffa, d'où ils reviendront à Tantourah prendre d'autres malades.

Il peut se faire que *le Thésée* se mette à chasser nos frégates ; dans ce cas, nos bateaux se trouveront également dégagés et pourront, sans inconvénient, se rendre à Jaffa.

L'intention du général en chef est, en outre, que vous envoyiez, par terre, à Jaffa, tous les malades qui peuvent supporter le voyage à pied ou sur des montures. Il est essentiel que vous évacuiez par cette voie tout ce qui sera possible. Vous savez que Jaffa offre un point de sûreté et des établissements de tout genre.

Le général en chef désire que, dès que le chef d'escadron Lambert aura dissipé les Naplousains, il escorte sur Jaffa cette dernière éva-

cuation, et vous lui en donnerez l'ordre. Les opérations du général
en chef étant subordonnées aux évacuations dont vous êtes chargé,
vous aurez soin d'instruire ponctuellement et fréquemment le général
de la suite de vos opérations. L'adjoint Peyre, qui vous porte cette
lettre, reviendra avec vos dépêches dès que vous le jugerez à propos.

Le général en chef vous recommande de tenir une note exacte des
malades et blessés qui seront évacués tant par mer que par terre.

Le général Ganteaume donne l'ordre, d'après celui du général en
chef, à la chaloupe canonnière *l'Hélène,* qui se trouve à Jaffa, de
venir prendre son canot à Tantourah, en supposant que la présence
des forces ennemies ne s'y oppose pas.

Par ordre du général en chef.

Dépôt de la guerre.

4130. — AU GÉNÉRAL DOMMARTIN.

Quartier général, devant Acre, 26 floréal an VII (15 mai 1799).

Il est essentiel, Citoyen Général, que vous employiez tous vos
ouvriers disponibles à faire des brancards pour terminer les évacuations; l'objet est de la plus grande urgence, et je vous engage à faire
travailler de suite et sans relâche.

Vous voudrez bien mettre, s'il est possible, à la disposition de
l'ordonnateur en chef, une certaine quantité de fusils provenant des
hommes tués, pour armer les boulangers, bouchers et autres employés
des administrations.

Par ordre du général en chef.

Même ordre pour la construction des brancards au chef de brigade
Sanson, commandant le génie.

Dépôt de la guerre.

4131. — AU GÉNÉRAL DOMMARTIN.

Quartier général, devant Acre, 27 floréal an VII (16 mai 1799).

Je désire, Citoyen Général, que vous preniez vos mesures de manière à avoir 40 coups à mitraille par pièce de 24, à tirer dans le
cas où l'ennemi voudrait faire des sorties, et 10 à boulets; 30 coups
de caronade à mitraille et 10 à boulets; 30 coups à mitraille par
pièce de 18, et 10 à boulets; 40 coups à mitraille par pièce de 12,
et 10 à boulets. Vous réserverez également vos bombes pour les jeter
au moment où l'ennemi se réunirait pour faire des sorties. Vous
pouvez mettre la moitié de la charge ordinaire.

BONAPARTE.

Dépôt de la guerre.

4132. — A L'ADJUDANT GÉNÉRAL LETURCQ.

Quartier général, devant Acre, 27 floréal an VII (16 mai 1799).

Faites filer, Citoyen, demain matin, 400 blessés sur Tantourah. L'adjudant général Boyer me mande qu'il en a fait partir aujourd'hui 400 par terre et 150 par mer. Vous me mandez que vous n'en avez fait partir aujourd'hui que 100. Ainsi, il serait possible que les frégates se présentassent et qu'il n'y eût point de blessés, ce qui serait un contre-temps fâcheux. Ne perdez donc pas un instant.

Faites en sorte que, demain à midi, j'aie un état des blessés à Hayfâ et au mont Carmel. Les malades devront aussi être évacués, mais séparément.

Il est nécessaire que, le 29 au soir, il ne reste pas un seul malade ni blessé à Hayfâ ou au mont Carmel.

BONAPARTE.

Collection Napoléon.

4133. — A L'ADJUDANT GÉNÉRAL BOYER.

Quartier général, devant Acre, 27 floréal an VII (16 mai 1799).

Faites filer les blessés sur Jaffa ou sur les frégates ; l'adjudant général Leturcq, qui est à Hayfâ, vous en enverra demain un grand convoi.

Faites en sorte que, le 30 au matin, il n'y ait à Tantourah ni malades ni blessés. 200 malades vont être évacués demain à Tantourah, venant du mont Carmel ; faites-les évacuer de suite sur Jaffa.

Faites embarquer, autant qu'il vous sera possible, l'artillerie qui vous a été envoyée à Jaffa, sans cependant faire tort aux malades.

Faites en sorte que, demain au soir, j'aie un état exact des blessés évacués et de ce qui reste.

Faites connaître aux blessés que l'ennemi a voulu faire une sortie, qu'il a perdu 400 hommes et qu'on a pris 9 drapeaux.

BONAPARTE.

Collection Napoléon.

4134. — A L'ADJUDANT GÉNÉRAL ALMERAS.

Quartier général, devant Acre, 27 floréal an VII (16 mai 1799).

On va évacuer le plus de blessés possible sur Damiette ; si les communications sont libres, faites-les filer sur-le-champ au Caire, où ils trouveront plus de commodités. Il y en aura 4 à 500.

Écrivez à Alexandrie pour qu'on vous remplace les pièces et la poudre que vous avez envoyées à Acre. Vous sentez combien il est nécessaire que Lesbé soit dans un état de défense respectable. Demandez tout ce qui est nécessaire pour approvisionner vos pièces à 100 coups.

Demandez aussi deux pièces de 12 et de 18, pour réarmer l'*Étoile* et *le Sans-Quartier*. Il est nécessaire d'avoir le plus de bâtiments possible à l'embouchure du Nil.

Nous nous sommes emparés de la première enceinte d'Acre ; nous avons rasé le palais de Djezzar et écrasé la ville avec des bombes. Les habitants se sont tous sauvés ; Djezzar lui-même a été blessé.

L'armement de Chypre dont vous me parlez est effectivement arrivé ici ; il avait 5,000 hommes de débarquement : presque tous ont été tués ou blessés dans les différentes affaires du siége.

Ne négligez aucun moyen pour terminer les fortifications de Lesbé et pour vous approvisionner ; réorganisez votre flottille, tant sur le lac Menzaleh que sur le Nil.

Dans trois ou quatre jours je partirai pour le Caire ; il sera possible qu'arrivé à Qatyeh je passe par Damiette.

Il sera nécessaire d'avoir à Omm-Fàreg une certaine quantité de barques prêtes, pour les malades ou blessés que nous pourrions avoir avec nous.

BONAPARTE.

Collection Napoléon.

4135. — AU GÉNÉRAL DUGUA, AU CAIRE.

Quartier général, devant Acre, 27 floréal an VII (16 mai 1799).

Vous devez avoir reçu, Citoyen Général, le bataillon de la 4ᵉ légère que j'ai fait partir il y a quinze jours, et qui, à cette heure, doit être arrivé au Caire.

Sous trois jours je partirai avec toute l'armée pour me rendre au Caire ; ce qui me retarde, c'est l'évacuation des blessés ; j'en ai 6 à 700.

Je me suis emparé des principaux points de l'enceinte d'Acre. Nous n'avons pas jugé à propos de nous obstiner à assiéger la deuxième enceinte ; il eût fallu perdre trop de temps et trop de monde.

Djezzar a reçu, il y a dix jours, une flotte de trente gros bâtiments grecs et 5 à 6,000 hommes de renfort. Cette expédition était destinée pour Alexandrie.

Perrée a pris deux de ces bâtiments, sur lesquels étaient les canonniers, les bombardiers et mineurs, ainsi que plusieurs pièces de canon.

Prenez des mesures pour que la navigation de Damiette au Caire soit sûre, et que les blessés puissent filer rapidement dans les hôpitaux du Caire.

Si le citoyen Cretin est au Caire, et que vous ayez une escorte suffisante à lui donner, faites-lui connaître que je désire qu'il vienne à ma rencontre à El-A'rych, afin que nous puissions arrêter ensemble les travaux à faire à ce fort, à Qatyeh et à Sâlheyeh.

Consultez-vous avec Rouvier pour faire filer deux pièces de 12 et de 18, pour réarmer *l'Etoile* et *le Sans-Quartier,* dont les pièces ont été envoyées au siége et sont cassées. Vous sentez combien il est essentiel que la bouche de Damiette soit bien gardée.

Dans les quinze premiers jours du mois prochain, je compte être bien près du Caire.

Bon est blessé, Lannes ne l'est que légèrement. Mon aide de camp Duroc, qui avait été blessé, est guéri. Venture est mort de la diarrhée.

Je vous amènerai beaucoup de prisonniers et de drapeaux.

BONAPARTE.

Dépôt de la guerre.

4136. — AU DIVAN DU CAIRE.

Quartier général, devant Acre, 27 floréal an VII (16 mai 1799).

Enfin j'ai à vous annoncer mon départ de la Syrie pour le Caire, où il me tarde d'arriver promptement. Je partirai dans trois jours, et j'arriverai dans quinze. J'emmènerai avec moi beaucoup de prisonniers et des drapeaux.

J'ai rasé le palais de Djezzar, les remparts d'Acre et bombardé la ville, de manière qu'il ne reste pas pierre sur pierre. Tous les habitants ont évacué la ville par mer. Djezzar est blessé et retiré avec ses gens dans un des forts du côté de la mer; il est grièvement blessé. De trente bâtiments chargés de troupes qui sont venus à son secours, trois ont été coulés bas par mes bâtiments; quatre ont été pris, avec l'artillerie qu'ils portaient, par mes frégates. Le reste est dans le plus mauvais état et entièrement détruit.

Il me tarde beaucoup de vous voir et d'arriver au Caire, d'autant plus que je vois que, malgré votre zèle, un grand nombre de méchants cherchent à troubler la tranquillité publique. Tout cela disparaîtra à mon arrivée comme le nuage aux premiers rayons du soleil.

Venture est mort de maladie, perte qui m'a été très-sensible.

BONAPARTE.

Dépôt de la guerre.

4137. — ORDRE DU JOUR.

Quartier général, devant Acre, 27 floréal an VII (16 mai 1799).

Le général en chef ordonne que l'on s'occupe de suite à aiguiser les baïonnettes sur les trois arêtes.

Par ordre du général en chef.

Dépôt de la guerre.

4138. — PROCLAMATION.

Quartier général, devant Acre, 28 floréal an VII (17 mai 1799).

Soldats, vous avez traversé le désert qui sépare l'Afrique de l'Asie avec plus de rapidité qu'une armée arabe.

L'armée qui était en marche pour envahir l'Égypte est détruite; vous avez pris son général, son équipage de campagne, ses outres, ses chameaux.

Vous vous êtes emparés de toutes les places fortes qui défendent les puits du désert.

Vous avez dispersé aux champs du mont Thabor cette nuée d'hommes accourus de toutes les parties de l'Asie dans l'espoir de piller l'Égypte.

Les trente vaisseaux que vous avez vus arriver devant Acre, il y a douze jours, portaient l'armée qui devait assiéger Alexandrie; mais, obligée d'accourir à Acre, elle y a fini ses destins; une partie de ses drapeaux orneront votre entrée en Égypte.

Enfin, après avoir, avec une poignée d'hommes, nourri la guerre pendant trois mois dans le cœur de la Syrie, pris 40 pièces de campagne, 50 drapeaux, fait 6,000 prisonniers, rasé les fortifications de Gaza, Jaffa, Hayfâ, Acre, nous allons rentrer en Égypte; la saison des débarquements m'y rappelle.

Encore quelques jours et vous aviez l'espoir de prendre le pacha même au milieu de son palais; mais dans cette saison la prise du château d'Acre ne vaut pas la perte de quelques jours; les braves que je devrais d'ailleurs y perdre sont aujourd'hui nécessaires pour des opérations plus essentielles.

Soldats, nous avons une carrière de fatigues et de dangers à courir; après avoir mis l'Orient hors d'état de rien faire contre nous cette campagne, il nous faudra peut-être repousser les efforts d'une partie de l'Occident.

Vous y trouverez une nouvelle occasion de gloire; et si, au milieu de tant de combats, chaque jour est marqué par la mort d'un brave, il faut que de nouveaux braves se forment et prennent rang à leur

tour parmi ce petit nombre qui donne l'élan dans les dangers et maî-
trise la victoire.

BONAPARTE.

Dépôt de la guerre.

_____

4139. — AU GÉNÉRAL DOMMARTIN.

Quartier général, devant Acre, 28 floréal an VII (17 mai 1799).

Le général en chef ordonne au général Dommartin de faire tirer,
dans la soirée, tout ce qui lui reste de boulets et de mitrailles de 24.
Il lui ordonne de prendre des mesures de manière qu'à onze heures
du soir les trois pièces de 24 et leurs affûts soient en chemin pour
se rendre à Tantourah, et de faire toutes ses dispositions de manière
que, le 30 à midi, tous les attelages soient de retour au camp.

Le général Dommartin donnera des ordres pour que de Jaffa l'on
envoie à Tantourah les harnais nécessaires pour traîner des pièces
de 24, parce que, s'il n'était pas possible de les embarquer à Tantourah, l'intention du général en chef est de prendre les chevaux
des officiers et même ceux de la cavalerie pour faire traîner ces pièces
jusqu'à Jaffa.

Le général Dommartin fera ses dispositions de manière à destiner
trois pièces d'artillerie à chacune des quatre divisions, deux pièces
aux guides à cheval, deux à la cavalerie. Il pourra désigner les trois
de la division Kleber et les deux de la cavalerie parmi les six qu'a le
général Junot. Les généraux de division doivent passer une revue de
leur division le 30 au matin; il est probable que l'armée se mettra
en mouvement le 1er prairial au soir.

Les généraux de division ont ordre de faire compléter 50 coups
par homme. Le général Dommartin donnera ses ordres en conséquence.

Le parc d'artillerie se tiendra prêt à partir au premier ordre, trois
heures après celui qu'il aura reçu dans la nuit du 30 au 1er, ou
dans la journée du 1er prairial.

Le général Dommartin fera jeter cette nuit dans la mer les deux
mauvaises pièces de 18 en fer.

Dans la nuit du 29 au 30, il fera jeter à la mer une pièce de 12
et une pièce de 18.

Dans la nuit du 30 au 1er prairial, il fera également jeter à la mer
les trois autres pièces de 18, les mortiers turcs ainsi que tous les
boulets que l'on n'emportera pas, et la seconde pièce de 12.

Il aura soin que le pont, sur la petite rivière auprès de Hayfà,
soit bien en état le 30 ou le 1er.

Le général Dommartin fera remettre au génie les poudres dont il est convenu avec le général en chef pour faire sauter, hors de la ville, les objets ordonnés aux mineurs.

Le général Dommartin voudra bien donner ses ordres au parc pour que les litières destinées au citoyen Croizier et au citoyen Arrighi soient prêtes et tout attelées demain, à six heures du soir. Ces deux officiers ont envoyé chacun deux selles au parc pour en faire des harnais.

Par ordre du général en chef.

Dépôt de la guerre.

_____

4140. — AU CHEF DE BRIGADE SANSON.

Quartier général, devant Acre, 28 floréal an VII (17 mai 1799).

Le général en chef ordonne au commandant du génie de donner ses ordres aux mineurs de faire sauter, dans la nuit du 1er prairial, à neuf heures du soir, cinq regards ou aiguilles de l'aqueduc et deux portions de l'aqueduc; faire sauter, le 1er, également à neuf heures du soir, les piliers de la mosquée où sont situés les fours et les quatre coins de l'ambulance.

Les mineurs se tiendront également prêts à faire sauter, au premier ordre, dans la nuit du 1er au 2, le fortin de Hayfâ et six principaux points de l'enceinte.

Par ordre du général en chef.

Dépôt de la guerre.

_____

4141. — AU GÉNÉRAL LANNES.

Quartier général, devant Acre, 28 floréal an VII (17 mai 1799).

D'après les dispositions du général en chef, vous voudrez bien, Général, donner l'ordre à un bataillon de la 69e demi-brigade de partir demain, à trois heures du matin, avec armes et bagages, pour se rendre à Hayfâ, où il tiendra garnison jusqu'à nouvel ordre. Vous ordonnerez au commandant de ce bataillon de porter une quinzaine de blessés sur des brancards qu'ils prendront, en passant, à l'ambulance.

Vous ordonnerez à l'autre bataillon et à tout ce qui restera au camp de la 69e d'en partir avec armes et bagages, le 30, à quatre heures du matin, pour se rendre à Hayfâ. Ce bataillon est destiné à vous servir d'escorte ainsi qu'au général Bon, aux citoyens Duroc, Croizier, Arrighi, et à tous les blessés qui resteraient dans les divisions. Je leur donne, en conséquence, l'ordre d'être rendus à votre

camp le 30, à trois heures et demie du matin. Vous resterez à Hayfâ
avec ce bataillon jusqu'à nouvel ordre.

Par ordre du général en chef.

Dépôt de la guerre.

4142. — AU GÉNÉRAL MURAT.

Quartier général, devant Acre, 28 floréal an VII (17 mai 1799).

Le général eu chef ordonne, Citoyen Général, que vous envoyiez,
demain 29, à Tantourah les femmes, les chevaux blessés, les selles,
et enfin tous les embarras de la cavalerie, ainsi que tous les hommes
à pied; ces objets se réuniront à Hayfâ demain, à neuf heures du
matin, d'où ils continueront leur marche pour Tantourah. Ce dépôt
sera commandé par un chef de brigade auquel vous donnerez une
instruction. Ces hommes prendront du pain au camp pour quatre
jours.

Le général Dommartin a ordre de destiner deux pièces d'artillerie
pour la cavalerie; elles seront sûrement désignées parmi les six qu'a
le général Junot.

L'ordonnateur en chef a ordre de faire distribuer des vivres à
l'armée le 30, pour le 30, le 1er, le 2 et le 3 prairial.

Vous trouverez ci-joint un ordre pour le général Junot. Je vous
prierais de me faire passer le reçu du paquet du général Junot, contenant des dispositions pressées et importantes.

Par ordre du général en chef.

Dépôt de la guerre.

4143. — AU GÉNÉRAL JUNOT.

Quartier général, devant Acre, 28 floréal an VII (17 mai 1799).

Le général en chef ordonne au général Junot de faire brûler tous
les moulins qui sont sur le Jourdain, de faire vendre, donner ou
brûler tous les blés, avoines, etc., qui resteraient dans les magasins
de Tabaryeh, et de crever les canons qui se trouveraient dans le fort.

Il est ordonné au général Junot de prendre position le 30, à deux
heures après midi, sur les hauteurs de Safoureh, de renvoyer de suite
à Hayfâ les femmes, bagages et écloppés qu'il pourrait avoir avec
lui, tant de l'infanterie que de la cavalerie; il n'oubliera pas de
retirer de Nazareth 38 hommes de la 2e qui y sont, ainsi que tous
les employés aux vivres et autres Français.

Il tâchera que ses troupes aient, le 30, du pain et de la viande
jusqu'au 2 prairial soir.

Le général Junot donnera l'ordre aux deux fils de Dâher d'être rendus demain, dans la matinée, au quartier général, pour conférer avec le général en chef.

Par ordre du général en chef.

Dépôt de la guerre.

4144. — AU GÉNÉRAL JUNOT.

Quartier général, devant Acre, 29 floréal an VII (18 mai 1799).

Ordre au général Junot de recueillir tous les habitants de Nazareth qui voudraient venir avec nous ; après quoi, il se rendra demain, dans la nuit, au débouché de la vallée d'O'bellyn, de manière à couvrir toujours le camp et à recueillir tous les habitants de Chafà-A'mr qui voudraient venir avec nous.

Par ordre du général en chef.

Dépôt de la guerre.

4145. — A L'ADJUDANT GÉNÉRAL LETURCQ.

Quartier général, devant Acre, 30 floréal an VII (19 mai 1799).

Ordre à l'adjudant général Leturcq pour que, le 30 au soir, il n'y ait plus un malade à Hayfà, ni un blessé, attendu que l'armée évacuera peut-être la nuit, ou au plus tard demain. Il est indispensable qu'il envoie 100 hommes sur le mont Carmel pour s'emparer de la hauteur qui assure le passage de l'armée ; il s'informera si, de Hayfà à Tantourah, il y a d'autres hauteurs essentielles à occuper ; il enverra, dans la nuit, le détail de ses opérations.

Par ordre du général en chef.

Dépôt de la guerre.

4146. — AUX GÉNÉRAUX DE DIVISION
ET AUX COMMANDANTS DE L'ARTILLERIE ET DU GÉNIE.

Quartier général, devant Acre, 1ᵉʳ prairial an VII (20 mai 1799).

Le général en chef ordonne les dispositions suivantes :

On battra la générale à sept heures du soir par un seul tambour dans chaque compagnie.

A huit heures du soir, la division Lannes se mettra en marche pour Hayfà ; après elle les équipages du quartier général, les administrations, les guides à pied ; le parc d'artillerie et les sapeurs suivront après.

La division Bon marchera après le parc ; ensuite la division Kleber, qui prendra position au camp retranché sur le monticule, en appuyant des postes jusqu'à la mer ; lorsqu'elle sera placée, le général Kleber fera prévenir le général Reynier, qui, le plus douce-

V.

ment possible, ploiera ses avant-postes sur ses réserves, ploiera ses réserves dans la plaine, au delà des haies, et viendra se placer en bataille cinquante pas en avant de son camp ; dix minutes après, il filera sur Hayfâ.

Quand la division Reynier aura filé, le général Kleber passera le pont et filera sur Hayfâ, en formant l'arrière-garde.

La cavalerie du général Murat ira se former au delà de la petite rivière faisant face à Acre ; elle y sera à huit heures du soir. Le général Murat placera des postes le long de la rivière, jusqu'au moulin de Cherdâm. Il enverra à la même heure 100 hommes à cheval se placer à cinquante pas en avant du camp actuel du général Reynier, sur la droite, et ces 100 hommes suivront les mouvements de la division du général Kleber.

Le général Murat ne se mettra en marche, avec toute sa cavalerie, qu'à onze heures du soir.

Lorsque la division du général Kleber aura filé, ainsi que sa cavalerie, quinze sapeurs, qui seront laissés à cet effet, et quelques ouvriers, jetteront les deux ponts à bas ; 100 dragons, qui mettront pied à terre, seront laissés pour protéger cette opération.

Le général Kleber est prévenu que le général Junot a ordre de partir de sa position à six heures du soir, avec son infanterie et les quatre pièces d'artillerie, pour se rendre au moulin de Cherdâm. Il est instruit que toute l'armée file à neuf heures du soir pour se rendre à Hayfâ. Le but de la position du général Junot à Cherdâm est d'empêcher l'ennemi de nous tourner par la droite et de nous acculer à la mer ; on lui enverra des ordres ultérieurs.

Aussitôt que le général Junot sera à Cherdâm, le général Junot enverra son aide de camp rendre compte, par la rive gauche, au pont de l'ambulance.

Par ordre du général en chef.

Dépôt de la guerre.

4147. — AU GÉNÉRAL DOMMARTIN.

Quartier général, Tantourah, 2 prairial an VII (21 mai 1799).

Le général en chef ordonne, Citoyen Général, que vous envoyiez ce soir, à dix heures, tous les chevaux disponibles du parc, pour le transport des blessés. Il ordonne qu'aucun conducteur ou employé du parc ne puisse aller à cheval ; pour demain seulement, leurs chevaux seront employés au transport des blessés, avec tous ceux que vous fournirez du parc.

Par ordre du général en chef.

Dépôt de la guerre.

4148. — AU GÉNÉRAL DOMMARTIN.

Quartier général, Tantourah, 2 prairial an VII (21 mai 1799).

Le général Dommartin donnera ordre à tous les canonniers à cheval de mettre pied à terre et de se rendre à l'ambulance pour aider à transporter les malades. Il donnera le même ordre aux haut-le-pied, brigadiers et conducteurs d'artillerie.

Par ordre du général en chef.

Dépôt de la guerre.

4149. — AU GÉNÉRAL DOMMARTIN.

Quartier général, Tantourah, 3 prairial an VII (22 mai 1799), dans la matinée.

Le général en chef ordonne, Citoyen Général, que vous envoyiez sur-le-champ à l'hôpital de Tantourah 100 hommes et tous les charretiers qui n'ont point de chevaux à mener, pour servir à aider au transport des blessés sur les bourriques. Ordonnez que ce détachement apporte à l'hôpital tous les brancards qui sont dans l'artillerie.

Ces hommes recevront une gratification; mais commandez-les avec rigueur; ils ne pourront s'exempter sous aucun prétexte.

Par ordre du général en chef.

Ordre au commandant du génie d'envoyer 50 hommes et tous les brancards qui sont dans le génie.

Dépôt de la guerre.

4150. — A L'ADJUDANT GÉNÉRAL BOYER.

Quartier général, Jaffa, 5 prairial an VII (24 mai 1799).

Il est ordonné à l'adjudant général Boyer de partir le 6 à minuit et demi, avec 300 hommes des blessés les plus en état de marcher. Il se concertera à cet égard avec le citoyen Larrey. Il fera rassembler ces 300 hommes à onze heures du soir, dans un lieu qu'il indiquera, et leur fera donner les vivres pour trois jours.

L'adjudant général Boyer joindra à ces 300 blessés les deux bataillons de la 69e demi-brigade, qui prendront également des vivres pour trois jours. Il préviendra les généraux Lannes, Veaux et les citoyens Arrighi, Croizier et Duroc, qui doivent partir avec lui à minuit et demi.

Arrivé à Gaza, l'adjudant général Boyer y prendra 300 blessés, les plus en état de marcher, qu'il joindra aux 300 qu'il emmène de Jaffa. Il prendra à Gaza les vivres strictement nécessaires pour se

rendre à El-A'rych; il prendra également le nombre d'outres indispensables pour son convoi; il sentira la nécessité de ménager les
vivres et les outres pour l'armée. Il sait qu'un chameau porte de
l'eau pour 100 hommes; il se servira à cet effet des ânes et chameaux
qui se trouvent dans son convoi.

L'adjudant général Boyer repartira de Gaza le plus tôt possible,
avec deux bataillons de la 69e et les 600 blessés, pour se rendre à
Sâlheyeh, où il restera avec un bataillon de la 69e et tous les blessés.
Le général Lannes et les autres officiers blessés continueront leur
marche pour le Caire, avec l'autre bataillon de la 69e.

Si, cependant, l'adjudant général Boyer recevait à Sâlheyeh un
ordre direct du général Dugua pour qu'il dût marcher dans une
autre partie de l'Égypte, il l'exécuterait.

Il laissera en passant à El-A'rych et à Qatyeh les blessés et malades qui se trouveraient trop fatigués pour continuer leur marche.
Il est nécessaire que l'adjudant général Boyer arrive le plus tôt possible à sa destination. Partout il marchera et campera militairement
et ne souffrira aucun traîneur.

Je joins ici l'ordre pour les deux bataillons de la 69e.

Le commandant de Gaza gardera pour sa garnison le bataillon de
la 13e et les détachements qui formaient précédemment sa garnison.

Par ordre du général en chef.

Dépôt de la guerre.

4151. — AU GÉNÉRAL BERTHIER.

Quartier général, Jaffa, 5 prairial an VII (24 mai 1799).

L'adjudant général Boyer portera avec lui les drapeaux turcs. Il
aura soin, dans tous les villages où il passera, de les afficher comme
trophées de victoire.

Lorsqu'il aura été informé à Sâlheyeh qu'il n'y a rien de nouveau
au Caire, et qu'il se résoudra à faire partir le général Lannes avec
son bataillon au Caire, il le fera accompagner par ces drapeaux. S'il
y avait la moindre nouvelle douteuse sur le Caire, il prendrait position à Sâlheyeh et se mettrait en communication avec Belbeys et
Damiette, mais n'exposerait pas les officiers blessés, afin d'être maître
de manœuvrer avec deux bataillons, selon les circonstances.

A Qatyeh, il enverra de ses nouvelles à l'adjudant général Almeras,
pour lui faire connaître que je suis en marche pour l'Égypte, et que
lui, qui forme l'avant-garde, arrive déjà avec deux bataillons; que
l'armée qui devait venir de Chypre a été complétement battue, et
qu'il porte au Caire les 60 drapeaux que nous avons pris.

Si, à Qatyeh, il apprenait des nouvelles qui fissent penser que sa présence soit très-nécessaire à Damiette, il ira toujours jusqu'à Sâlheyeh et écrira aux bateaux qui sont dans le lac de venir le prendre à Sân.

L'adjudant général Boyer mènera avec lui et fera garder avec le plus grand soin Abd-Allah-Aga, qui commandait Jaffa pour Djezzar, et les seize principaux officiers des prisonniers turcs qui sont à Jaffa.

Il déposera les uns et les autres dans la citadelle du Caire, ou dans un de nos forts, en ayant soin de les faire garder avec la plus grande attention, surtout le premier. Il les conduira comme des captifs avec les drapeaux, en annonçant qu'il en vient une grande quantité.

Enfin il écrira, dira, fera tout ce qui peut le faire entrer en triomphe.

Si les circonstances sont telles qu'il puisse aller droit au Caire, il aura soin de faire entrer les litières des quatre officiers qu'il a avec lui dans des jours différents; il mènera avec lui celle du général Lannes; Duroc, Croizier, Arrighi resteront à Sâlheyeh et partiront avec les premières troupes qui passeront.

BONAPARTE.

Dépôt de la guerre.

_____

4152. — AU GÉNÉRAL BERTHIER.

Quartier général, Jaffa, 5 prairial an VII (24 mai 1799).

Vous donnerez l'ordre au chef d'escadron Cavalier de partir ce soir avec l'adjudant général Boyer, et de se rendre à Gaza pour prendre le commandement de la place. Le citoyen Tousard restera comme commandant du génie.

Vous lui recommanderez de faire réunir tous les ânes, chameaux, bestiaux qu'il pourra se procurer dans les campagnes;

De faire réunir le plus de farines qu'il pourra, et de faire faire la plus grande quantité de pain possible;

De faire mettre de côté et de ne faire délivrer que sur un ordre exprès de moi les 40,000 rations de biscuit et 200 quintaux de riz qui se trouvent dans les magasins;

De prendre tous les renseignements pour connaître les biscuits et riz qui se trouveraient dans les différents magasins, et, sans rien dire, les reconnaître, afin qu'au moment du passage de l'armée on puisse s'en saisir.

A son passage à Gaza, l'adjudant général Boyer fera prendre les armes à la garnison et reconnaître le citoyen Cavalier comme commandant de la place. Vous ferez connaître au citoyen Tousard que, comme ses fonctions d'officier du génie vont devenir très-importantes, je me suis résolu à le faire remplacer dans les détails de commandant de place de Gaza, et que j'espère qu'il aidera de tous ses moyens le citoyen Cavalier, en lui donnant tous les renseignements qu'il peut avoir, en le secondant de ses connaissances locales.

Vous recommanderez au citoyen Cavalier de faire lui-même la revue des outres, de s'assurer de leur nombre, de les faire réparer et de n'en délivrer aux troupes qui passeront que le nombre absolument nécessaire.

BONAPARTE.

Dépôt de la guerre.

4153. — AU GÉNÉRAL BERTHIER.

Quartier général, Jaffa, 5 prairial an VII (24 mai 1799). .

Vous donnerez l'ordre au chef de brigade Sanson, commandant le génie, pour qu'il fasse partir de Gaza les sapeurs qui s'y trouvent, avec 100 hommes de la garnison de cette place, pour creuser le puits à côté de deux colonnes, le puits du santon Cheik-El-Zâouy.

Vous donnerez l'ordre également pour qu'un détachement de la garnison d'El-A'rych, avec des sapeurs, creuse le puits de Mesoudyah, et que les sapeurs qui sont à Qatyeh, avec un détachement de la garnison, creusent les puits d'El-Abd et des Palmiers.

La garnison et les sapeurs de Sâlheyeh feront ce travail pour le puits qui se trouve à mi-chemin de Qatyeh à Sâlheyeh.

BONAPARTE.

Dépôt de la guerre.

4154. — AU GÉNÉRAL BERTHIER.

Quartier général, Jaffa, 6 prairial an VII (25 mai 1799).

Vous voudrez bien prendre les mesures pour faire partir à minuit le bataillon de la 22e, les dépôts de la cavalerie à pied, 250 fiévreux et 200 blessés.

Les troupes et les malades prendront des vivres pour les 7, 8, 9, 10, 11, 12 et 13 prairial. 80 prisonniers turcs partiront également avec et serviront à aider au transport des blessés. On les traitera avec sévérité, et on aura soin qu'ils ne communiquent dans aucun endroit avec les habitants. A la moindre mutinerie qu'ils se permettraient, le général de brigade est autorisé à en faire fusiller plusieurs. Le détachement de chevaux écloppés qui est au dépôt partira également; ces chevaux serviront à porter les malades.

Indépendamment des chirurgiens, il y aura avec ce convoi un médecin. On aura soin de ne pas confondre les blessés avec les fiévreux en faisant marcher les uns et les autres réunis.

Le chef de brigade Magny, qui commandera ce convoi, dirigera sa marche de manière à être arrivé le 8 au soir à Gaza ; où il prendra des outres. Il laissera à Qatyeh tous les fiévreux ; il laissera les blessés à Sâlheyeh ; il y restera lui-même avec sa troupe jusqu'à nouvel ordre. Il fera connaître son arrivée à l'adjudant général Almeras, à Damiette, et au général Dugua, au Caire. Il exécutera les ordres qu'il pourrait recevoir du général Dugua. Si l'adjudant général Boyer était encore à Sâlheyeh, il se mettrait sous ses ordres.

BONAPARTE.

Dépôt de la guerre.

4155. — AU GÉNÉRAL BERTHIER.

Quartier général, Jaffa, 7 prairial an VII (26 mai 1799).

Bonaparte, général en chef, vu les conséquences que la dilapidation des magasins a dans la circonstance où se trouve l'armée, et la nécessité d'imposer à une nuée de fripons par des exemples sévères, ordonne :

ARTICLE 1er. — Il sera formé une commission extraordinaire composée d'un général de brigade, de deux chefs de brigade, de deux capitaines.

ART. 2. — Cette commission prononcera prévôtalement et dans douze heures au plus tard.

ART. 3. — Le garde-magasin des vivres de la division Bon, le garde-magasin qui était à Tantourah, seront sur-le-champ arrêtés, les scellés mis sur leurs papiers et effets, et ils seront traduits à midi devant cette commission.

ART. 4. — Cette composition sera composée du général de brigade Lagrange, des chefs de brigade Darmagnac et Delgorgues.

ART. 5. — Si la commission, après l'interrogatoire de ces individus, demeure convaincue qu'ils ont dilapidé, elle les fera fusiller en présence de l'armée.

BONAPARTE.

Dépôt de la guerre.

4156. — AU DIRECTOIRE EXÉCUTIF.

Quartier général, Jaffa, 8 prairial an VII (27 mai 1799).

Citoyens Directeurs, je vous ai fait connaître, par le courrier que je vous ai expédié le 21 floréal, les événements glorieux pour la

République qui se sont passés depuis trois mois en Syrie, et la résolution où j'étais de repasser promptement le désert pour me retrouver en Égypte avant le mois de juin.

Les batteries de mortiers et de pièces de 24 furent établies, comme je vous l'ai annoncé, dans la journée du 23 floréal, pour raser la maison de Djezzar et détruire les principaux monuments d'Acre; elles jouèrent pendant soixante et douze heures et obtinrent l'effet que je m'étais proposé : le feu fut constamment dans la ville.

La garnison désespérée fit une sortie générale le 27 floréal; le général de brigade Verdier était de tranchée; le combat dura trois heures. Le reste des troupes arrivées le 19 de Constantinople, et exercées à l'européenne, débouchèrent sur nos tranchées en colonnes serrées : nous repliâmes les postes que nous occupions sur les remparts; par là les batteries des pièces de campagne purent tirer à mitraille à quatre-vingts toises sur les ennemis; près de la moitié resta sur le champ de bataille. Alors nos troupes battirent la charge; on poursuivit les ennemis jusque dans la ville la baïonnette dans les reins : on leur prit dix-huit drapeaux.

L'occasion paraissait favorable pour emporter la ville; mais nos espions, les déserteurs et les prisonniers s'accordaient tous dans le rapport que la peste faisait d'horribles ravages dans la ville d'Acre, que tous les jours plus de soixante personnes en mouraient; que les symptômes étaient terribles; qu'en trente-six heures on était emporté au milieu de convulsions pareilles à celles de la rage. Répandu dans la ville, il eût été impossible d'empêcher le soldat de la piller; il aurait rapporté le soir dans le camp les germes de ce terrible fléau, plus à redouter que toutes les armées du monde.

L'armée partit d'Acre le 2 prairial, et arriva le soir à Tantourah.

Elle campa le 3 sur les ruines de Césarée, au milieu des débris des colonnes de marbre et de granit qui prouvent ce que dit Josèphe de cette ville.

Nous sommes arrivés à Jaffa le 5. Depuis deux jours, des détachements de l'armée filent sur l'Égypte. Je resterai encore quelques jours à Jaffa pour en faire sauter les fortifications; j'irai punir après quelques cantons qui se sont mal conduits, et dans quelques jours je passerai le désert, en laissant une forte garnison à El-A'rych.

Ma première dépêche sera datée du Caire.

BONAPARTE.

Comm. par Mme de la Morinière.

4157. — AU GÉNÉRAL BERTHIER.

Quartier général, Jaffa, 8 prairial an VII (27 mai 1799).

Vous donnerez l'ordre au général Robin de partir à trois heures après minuit et de se rendre à Gaza. Il escortera les 191 blessés qui restent et les fiévreux qui peuvent marcher. Vous vous procurerez 46 ânes ou chameaux, et vous donnerez ordre au chef de brigade Destainville de partir avec 100 hommes de son détachement, qui serviront à transporter 100 blessés. Vous ferez réunir tout cela avant la nuit au camp du général Robin.

BONAPARTE.

Dépôt de la guerre.

4158. — AU GÉNÉRAL KLEBER.

Quartier général, Jaffa, 9 prairial an VII (28 mai 1799).

Il est ordonné au général Kleber de partir à trois heures du matin, avec l'arrière-garde, pour se rendre à Ebneh, où il attendra la division du général Reynier, qui part à midi pour se rendre à Ramleh, et qui doit se trouver dans la journée de demain à Ebneh.

Le quartier général et la division Bon vont coucher ce soir à Ebneh; ils en partiront à trois heures du matin pour arriver dans la matinée à Esdoud ou, s'il est possible, à El-Mechdyn, et, s'il est possible, demain séjour à Gaza. S'il y arrivait quelque chose de nouveau, le général Kleber tàcherait d'en prévenir le général en chef.

Dans sa réunion avec la division du général Reynier, le général Kleber prendra le commandement.

La division Lannes est partie ce matin pour Gaza, ainsi que le parc; d'Ebneh, le général Kleber se rendra avec la division Reynier à Gaza.

A El-Mechdyn, il y a de l'orge pour nourrir la cavalerie; le général Kleber en fera prendre le plus qu'il pourra.

Le général Kleber fera brûler les moissons partout où il passera et tàchera de régler sa marche de manière à pouvoir envoyer quelques grosses patrouilles de cavalerie, soutenues de piquets d'infanterie, pour piller les villages qui se trouvent sur la route, enlever les ânes, bestiaux, chevaux, etc.

Le général Kleber profitera du reste de la journée d'aujourd'hui pour faire brûler les moissons; il enverra, à trois heures après midi, son avant-garde pour prendre position en avant de Jaffa, empêcher les habitants de sortir de la ville et les Arabes d'y entrer, empêcher qu'on n'éteigne le feu aux différents magasins de bois où il a été mis.

Vous voudrez bien donner l'ordre au général Murat d'envoyer de suite au quartier général 50 hommes de cavalerie qui, sous les ordres du chef d'escadron Blaniac, avec 200 hommes d'infanterie, sont destinés à former l'arrière-garde du quartier général.

Le général Kleber est prévenu que le général de brigade Destainville, avec 50 hommes de cavalerie, a reçu l'ordre de se rendre à la division Reynier, pour partir à midi avec cette division et en suivre le mouvement.

Par ordre du général en chef.

Dépôt de la guerre.

4159. — AU GÉNÉRAL BERTHIER.

Quartier général, Jaffa, 9 prairial an VII (28 mai 1799).

A la générale, les 200 hommes qui composent la garnison de Jaffa en partiront pour rejoindre leur division; les officiers et l'état-major de la place en sortiront; les otages seront conduits au camp; le payeur qui reçoit la contribution se rendra au camp avec les otages, où on achèvera de compter.

Le commandant de la place fera sur-le-champ mettre le feu aux magasins de fourrage, de riz, d'huile et de coton; il vérifiera que le feu a été mis au magasin de planches, et qu'il ne reste plus aucun objet d'artillerie dans la place.

BONAPARTE.

Dépôt de la guerre.

4160. — AU GÉNÉRAL KLEBER.

Quartier général, Gaza, 11 prairial an VII (30 mai 1799).

Le général en chef ordonne, Citoyen Général, que les détachements du 18ᵉ régiment de dragons soient réunis et envoyés tous à votre division. Vous aurez ce régiment sous vos ordres. Tout le reste de la cavalerie sera réuni pour partir demain, à onze heures, aux ordres du général Murat, avec le quartier général.

Il sera distribué demain pour deux jours de biscuit à votre division, ce qui fera les vivres pour le 18 et le 19; la ration sera de 16 onces par homme.

Vous partirez dans l'après-midi du 13 pour vous rendre à Khàn-Younès, et de là à Qatyeh, où vous recevrez de nouveaux ordres.

Vous vous assurerez, avant de partir, que toutes les fortifications de la ville ont sauté et que tous les magasins ont été brûlés. Le général en chef vous autorise à prendre, avant de partir, les cordes des puits de Gaza pour vous en servir dans le désert. Il sera distribué

des outres conformément aux dispositions faites par l'ordonnateur
en chef.

Par ordre du général en chef.

4161. — AU GÉNÉRAL DOMMARTIN.

Quartier général, Gaza, 11 prairial an VII (30 mai 1799).

L'intention du général en chef est que vous fassiez traîner l'obusier jusqu'à El-A'rych, et que demain matin tous les canons de la
place soient crevés et les boulets jetés.

Par ordre du général en chef.

Dépôt de la guerre.

4162. — AU GÉNÉRAL BERTHIER.

Quartier général, El-A'rych, 14 prairial an VII (2 juin 1799).

Le général Robin partira aujourd'hui à midi pour se rendre à
Mesoudyah, où il restera assez de temps pour que sa troupe fasse la
soupe, sa provision d'eau et se repose; il partira de là à onze heures
ou minuit, fera le plus de chemin possible et arrivera à Qatyeh.

BONAPARTE.

Dépôt de la guerre.

4163. — AU GÉNÉRAL BERTHIER.

Quartier général, El-A'rych, 14 prairial an VII (2 juin 1799).

Vous voudrez bien, Citoyen Général, donner l'ordre au général
Robin de laisser à Qatyeh tous les chrétiens, hommes, femmes et
enfants, qui se sont réfugiés, soit d'Acre, soit de Jaffa, auprès de
nous. Il leur fera connaître qu'après être restés deux jours à Qatyeh
ils partiront pour Lesbé, où il leur sera donné des terres.

BONAPARTE.

Dépôt de la guerre.

4164. — AU GÉNÉRAL BERTHIER.

Quartier général, El-A'rych, 14 prairial an VII (2 juin 1799).

Le 1ᵉʳ bataillon de la 3ᵉ tiendra garnison, jusqu'à nouvel ordre,
dans le fort d'El-A'rych.

Le commandant du génie y laissera 80 sapeurs et les ouvriers
nécessaires.

Le général d'artillerie y laissera 50 canonniers, deux forges de
campagne et le nombre d'ouvriers et d'artificiers nécessaire. Il laissera des attelages pour pouvoir atteler deux pièces de campagne.

L'état-major sera composé d'un chef de bataillon commandant la place, un adjudant capitaine ou lieutenant, un officier supérieur d'artillerie, deux adjudants capitaines ou lieutenants, deux officiers supérieurs du génie et deux adjudants d'un grade subalterne, un commissaire des guerres. Le tout sera, jusqu'à nouvel ordre, commandé par un adjudant général, qui conservera avec lui 50 hommes de cavalerie et 20 dromadaires. Cet adjudant général rendra compte au général de brigade qui sera établi à Qatyeh.

L'ordonnateur en chef prendra toutes les mesures pour approvisionner El-A'rych de tout ce qui est nécessaire à 1,000 hommes de garnison pendant six mois.

Les magasins contenant l'approvisionnement de siége seront fermés. Le commissaire des guerres, le commandant de la place et le garde-magasin auront chacun une clef; on ne pourra les ouvrir qu'en dressant un procès-verbal dont copie sera adressée au général en chef et à l'ordonnateur.

Il y aura des magasins ordinaires pour la garnison pendant trois semaines. L'ordonnateur prendra des mesures pour les renouveler.

Il y aura un hôpital avec les médicaments et chirurgiens nécessaires pour panser 200 blessés, et un autre séparé pour 100 malades.

L'ordonnateur me remettra, avant mon départ d'El-A'rych, le procès-verbal qu'il fera faire par le commandant de la place, le commissaire des guerres et le garde-magasin, pour constater l'état des magasins. Il leur fera connaître que la moindre dilapidation sera punie de mort.

BONAPARTE.

Dépôt de la guerre.

4165. — AU GÉNÉRAL BERTHIER.

Quartier général, Qatyeh, 19 prairial an VII (7 juin 1799).

Vous donnerez l'ordre au général Kleber de se rendre à Damiette avec sa division;

De réorganiser les attelages de son artillerie, les transports de sa division et le 18e de dragons, en requérant, à Damiette et dans la province, les chevaux et chameaux nécessaires;

D'activer le mouvement de toutes les impositions;

De mettre, s'il est nécessaire, sur la ville de Damiette, qui de toute l'Égypte a le moins payé, une contribution;

De se faire rendre compte du grand nombre d'erreurs qui se sont glissées dans les rôles d'impositions et qui sont presque toutes à notre avantage; les Mameluks, Hassan-Toubâr et plusieurs hommes qui se sont sauvés en Syrie, avaient aussi des biens considérables dont l'on peut, je crois, tirer un plus grand parti;

Enfin de prendre tous les moyens possibles pour procurer l'argent nécessaire pour sa division, sa solde et les travaux.

Vous donnerez l'ordre au général Dommartin d'envoyer une demi-compagnie de pontonniers pour jeter un pont de bateaux sur le bras d'eau situé entre Tyneh et Omm-Fàreg, et un autre à Dybeh, de sorte que l'on puisse venir de Damiette à Qatyeh sans trouver d'obstacles.

Les grenadiers de la 19ᵉ partiront aujourd'hui avec le quartier général pour le Caire.

Le bataillon de la 4ᵉ légère, qui est à Damiette, se rendra au Caire.

La 2ᵉ légère, qui restera à Qatyeh, tiendra des postes à Tyneh et à Omm-Fàreg; chacun de ces postes aura une pièce de 4 attelée.

Le 18ᵉ régiment de dragons, qui est attaché à la division Kleber, laissera 15 hommes à Qatyeh.

La 2ᵉ d'infanterie légère aura avec elle une pièce de 4.

Le bateau de Menzaleh restera en station à Omm-Fàreg.

Le général qui reste à Qatyeh aura avec lui 20 dromadaires; l'adjudant général qui commande à El-A'rych est sous ses ordres. Il communiquera souvent avec lui, et lui donnera l'ordre de faire partir, toutes les décades, une patrouille de dromadaires qui viendrait jusqu'à mi-chemin de Qatyeh, où elle rencontrerait une patrouille de dromadaires qui partirait de Qatyeh.

Le général qui commandera à Qatyeh sera immédiatement sous les ordres du général Kleber. Il instruira aussi directement le général en chef, au Caire, de tous les objets qui en mériteraient la peine.

BONAPARTE.

Dépôt de la guerre.

4166. — AU GÉNÉRAL BERTHIER.

Quartier général, Qatyeh, 19 prairial an VII (7 juin 1799).

Vous donnerez l'ordre au général de division Menou de partir de Qatyeh, avec le détachement de dromadaires et de cavalerie, pour se rendre à El-A'rych. Il fera l'inspection des troupes des différentes armes qui se trouvent à El-A'rych.

Il fera partager les magasins de subsistances en deux; il fera verser dans l'un ce qui est nécessaire pour nourrir la garnison pendant quinze jours; dans l'autre, l'approvisionnement de siége, auquel on ne devra toucher qu'en cas que l'on soit investi. Il fera dresser un procès-verbal dans lequel sera contenu l'inventaire de ce dernier magasin, et fera exécuter l'ordre que j'ai donné qu'il soit fait trois clefs, dont une pour le garde-magasin, une pour le commandant et une pour le commissaire des guerres.

Il visitera les magasins d'artillerie et constatera, par un procès-verbal où se trouvera l'officier du génie, la quantité de pièces qu'il faudrait pour la défense d'El-A'rych, et les époques où il faudrait que cette artillerie arrivât. Il se fera remettre l'inventaire des approvisionnements d'artillerie qui existent. Mon intention est que les pièces françaises soient approvisionnées à 1,000 coups de canon par pièce, et les pièces turques à 500.

Il fera constater également, par un procès-verbal, la situation où se trouvent les ouvrages de fortifications et le temps où l'on croit, avec les moyens actuels, que les ouvrages seront faits.

Il visitera les différents tracés, et, s'il y avait des discussions entre les officiers du génie sur les ouvrages à faire, il lèvera toutes les difficultés.

Le général Menou remplira donc pour ce fort les fonctions d'inspecteur d'infanterie, d'artillerie et du génie.

A son retour, il passera toujours le long de la mer; il fera faire un croquis de la route et tâchera de savoir s'il y a de l'eau.

Si l'ennemi menaçait d'investir la place avant que son travail fût achevé, il reviendrait à Qatyeh, mon intention étant que, dans aucun cas, il ne s'enferme dans le fort.

A son retour à Qatyeh, il fera la même opération pour Qatyeh.

Vous préviendrez les officiers commandant ces différents forts, les officiers d'artillerie et du génie, pour qu'ils le reconnaissent dans cette inspection comme leur inspecteur.

Tous les chrétiens qui sont venus de Syrie se rendront à Damiette, où le général Kleber leur donnera des terres.

BONAPARTE.

Dépôt de la guerre.

4167. — AU GÉNÉRAL DUGUA, au caire.

Quartier général, Sâlheyeh, 21 prairial an VII (9 juin 1799).

L'état-major vous a écrit hier, Citoyen Général, par un homme du pays, pour vous faire connaître l'arrivée de toute l'armée à Sâlheyeh. Nous avons assez bien traversé le désert.

Le château d'El-A'rych, qui est bien armé et en bon état de défense, a 5 ou 600 hommes de garnison. J'en ai laissé autant à Qatyeh.

Le commandant anglais qui a sommé Damiette est un extravagant.

Comme il a été toute sa vie capitaine de brûlots, il ne connaît ni les égards ni le style que l'on doit prendre quand on est à la tête de quelques forces. L'armée combinée dont il parle a été détruite devant Acre, où elle est arrivée quinze jours avant notre départ, comme je vous en ai instruit par ma lettre du 27 floréal.

Je partirai d'ici demain, et je serai probablement le 26 ou le 27 à El-Mataryeh, où je désire que vous veniez à la rencontre de l'armée avec toutes les troupes qui se trouvent au Caire, hormis ce qui est nécessaire pour garder les forts. Vous mènerez avec vous le divan et tous les principaux du Caire, et vous ferez porter les drapeaux que je vous ai envoyés en différentes occasions par autant de Turcs à cheval; il faut que ce soit des odjaqy : après quoi, nous rentrerons ensemble dans la ville. Quand vous serez à cent toises devant nous, vous vous mettrez en bataille, la cavalerie au centre et l'infanterie sur les ailes; nous en ferons autant.

Le général Kleber doit, à l'heure qu'il est, être arrivé à Damiette avec sa division.

Gardez le bataillon de la 21e avec vous jusqu'à mon arrivée.

Il me tarde beaucoup d'être au Caire, pour pouvoir, de vive voix, vous témoigner ma satisfaction sur les services que vous avez rendus pendant mon absence.

Vous trouverez ci-joint la relation que je vous ai envoyée par mon courrier Royer. Comme il y a fort longtemps qu'il est parti par mer, je ne sais pas s'il est arrivé. Faites-la imprimer le plus tôt possible, ainsi que l'autre que je vous ai envoyée de Jaffa et dont copie est ci-jointe.

BONAPARTE.

Dépôt de la guerre.

4168. — AU GÉNÉRAL MARMONT, a ALEXANDRIE.

Quartier général, Sâlheyeh, 21 prairial an VII (9 juin 1799).

Nous voici, Citoyen Général, arrivés à Sâlheyeh. J'ai laissé au fort d'El-A'rych dix pièces de canon et 5 à 600 hommes de garnison; autant à Qatyeh. Kleber doit être arrivé à Damiette.

L'armée qui devait se présenter devant Alexandrie, et qui était partie le 1er ramazan de Constantinople, a été détruite sous Acre. Si cependant cet extravagant de commandant anglais en faisait embarquer les restes pour se présenter à Aboukir, je ne compte pas que cela puisse faire plus de 2,000 hommes : dans ce cas, faites en sorte de leur donner une bonne leçon.

Le commandant anglais prendra toute espèce de moyens pour se mettre en communication avec votre garnison ; prenez les mesures les plus sévères pour l'empêcher. Ne recevez que très-peu de parlementaires et très au large. Ils ne font que répandre des nouvelles bêtes pour les gens sensés et qu'il vaut tout autant que l'on ne donne pas. Surtout, quelque chose qu'il arrive, ne répondez pas par écrit; vous avez vu, par mon ordre du jour, que l'on ne doit à ce capitaine de brûlots que du mépris.

. Quand vous recevrez cette lettre, je serai au Caire.

Le général Bon et Croizier sont morts de leurs blessures.

Lannes et Duroc se portent bien.

Armez donc le fort de Rosette de manière qu'il y ait 8 à 10,000 coups de canon à tirer.

BONAPARTE.

Dépôt de la guerre.

4169. — AU GÉNÉRAL BERTHIER.

Quartier général, Sâlheyeh, 21 prairial an VII (9 juin 1799).

Les otages de Jaffa et de Gaza, que le général Robin a été chargé d'escorter, seront remis dans le fort de Sâlheyeh. Le commandant aura pour eux des égards, en prenant toutes les mesures pour qu'ils ne s'échappent pas. On leur fera connaître qu'ils n'auront leur liberté que lorsqu'ils auront payé la contribution pour laquelle ils ont répondu.

Vous donnerez l'ordre aux généraux commandant les divisions de marcher dans le plus grand ordre et de faire de la musique auprès des villages sur la route.

BONAPARTE.

Dépôt de la guerre.

4170. — ORDRE.

Quartier général, Sâlheyeh, 21 prairial an VII (9 juin 1799).

ARTICLE 1ᵉʳ. — Tous les hommes qui sont attaqués de la fièvre à bubons seront soumis à une quarantaine qui sera déterminée par les conservateurs de la santé.

ART. 2. — Les corps qui ont avec eux des hommes ayant des symptômes de cette maladie les laisseront aux lazarets de Sâlheyeh et de Belbeys.

ART. 3. — Les corps qui auront avec eux des hommes atteints de cette maladie, lorsque l'armée aura dépassé Belbeys, seront soumis, avant d'entrer au Caire, à une quarantaine qui sera déterminée par les conservateurs de la santé.

Arт. 4. — L'ordonnateur des lazarets se rendra à El-Mataryeh, et fera, avec les conservateurs de la santé, les visites et autres dispositions nécessaires pour mettre à exécution le présent ordre.

BONAPARTE.

Dépôt de la guerre.

4171. — AU CHEF DE BRIGADE SANSON.

Quartier général, Sâlheyeh, 21 prairial an VII (9 juin 1799).

Vous voudrez bien, Citoyen Commandant, en conséquence des ordres du général en chef, faire perfectionner le puits des Palmiers et ouvrir un autre puits entre les Palmiers et Sâlheyeh, à l'endroit le plus convenable et à peu près à mi-chemin, de manière que les troupes trouvent de l'eau à deux stations entre Sâlheyeh et Qatyeh ; on pourra se servir des puits déjà construits.

Ces puits seront suffisamment grands, solidement et proprement revêtus et garnis de leurs moulinets, cordages et seaux, avec des rechanges de ces derniers.

Vous enfermerez chacun de ces puits dans une redoute de 12 à 15 toises de développement, armée d'une petite pièce de canon ; chaque redoute aura 20 hommes de garnison, et on établira dans son intérieur une guinguette pour le cantinier.

Vous emploierez à l'établissement du puits des Palmiers 25 sapeurs et 50 hommes de la garnison de Qatyeh, et à l'établissement du puits intermédiaire, 25 sapeurs et 50 hommes de la garnison de Sâlheyeh. Le premier soin des hommes d'escorte sera de se couvrir contre les Arabes.

Le général en chef attachant la plus grande importance à ces deux ouvrages, vous voudrez bien donner vos ordres pour qu'on y mette tous les soins et toute l'activité dont on peut être susceptible.

Par ordre du général en chef.

Dépôt de la guerre.

4172. — AU GÉNÉRAL MURAT.

Quartier général, Belbeys, 23 prairial an VII (11 juin 1799).

Ordre au général Murat de partir avec toute la cavalerie pour se rendre à Gezyret el-Bily, village chef-lieu des Bily ; il leur fera tout le mal possible, fera toutes leurs femmes prisonnières, prendra tous les chevaux et chameaux, emploiera les journées des 24 et 25 à parcourir les villages environnants ; il y prendra les femmes, les bestiaux que les Bily y ont en dépôt et qui leur appartiennent à coup sûr,

attendu que ces villages n'en ont presque point; enfin il leur fera
tout le mal possible.

En passant à Abou-Za'bal, il fera connaître au cheik de Saouâlhât
que le général en chef est très-satisfait de la conduite qu'il a tenue
en son absence, et prendra de lui, sur les Bily, tous les renseignements qu'il pourra. Le général Murat sera rendu le 26, à dix heures
du matin, à El-Mataryeh, où il trouvera l'armée et où il amènera
les prisonniers qu'il aura faits sur les Bily.

Par ordre du général en chef.

Dépôt de la guerre.

4173. — AU GÉNÉRAL DAVOUT.

Quartier général, au Caire, 26 prairial an VII (14 juin 1799).

J'ai lu, Citoyen Général, avec intérêt, la relation que vous m'avez
envoyée des événements qui se sont passés dans la haute Égypte, et
j'approuve le parti que vous avez pris de vous rendre au Caire. Ce
point était d'une telle importance dans l'éloignement où se trouvait
l'armée, qu'il devait principalement fixer toutes les sollicitudes.

BONAPARTE.

Collection Napoléon.

4174. — AU GÉNÉRAL DOMMARTIN.

Quartier général, au Caire, 26 prairial an VII (14 juin 1799).

Il est indispensable, Citoyen Général, que vous partiez, au plus
tard le 1er du mois prochain, pour vous rendre à Rosette et à Alexandrie, pour visiter par vous-même les approvisionnements de ces
places, reformer les équipages de campagne, et pourvoir à l'approvisionnement des autres places de l'Égypte. Faites partir demain au
soir pour Alexandrie le citoyen d'Anthouard; mon intention est qu'il
y reste tout l'été pour y commander l'artillerie, sous les ordres du
citoyen Faultrier; il pourra être porteur de vos dispositions. Vous
connaissez mes intentions par rapport à Rosette, El-Rahmânyeh,
Sâlheyeh, etc., et à la formation de l'équipage de campagne.

Mon intention est d'établir à Bourlos un fort, et provisoirement
une batterie capable de défendre la passe de ce lac. Il faut donc que
vous preniez des mesures pour y faire parvenir les pièces d'artillerie
nécessaires.

BONAPARTE.

Collection Napoléon.

4175. — AU GÉNÉRAL BERTHIER.

Quartier général, au Caire, 26 prairial an VII (14 juin 1799).

Je vous prie de donner ordre à l'adjudant général de visiter, demain matin, les casernes qu'occupent l'armée et les dépôts, soit d'infanterie, soit de cavalerie, pour connaître le nombre des hommes qui s'y trouvent, en distinguant les hommes armés, les hommes désarmés mais en état d'être armés, les hommes encore blessés.

Un autre officier de l'état-major ira visiter les hôpitaux.

La cavalerie de l'armée sera divisée en deux brigades indépendantes l'une de l'autre, et correspondant l'une et l'autre avec l'état-major général.

Le 22e de chasseurs, les 15e et 20e de dragons seront de la brigade du général Davout.

Le 7e de hussards, les 3e et 14e de dragons seront de la brigade du général Murat.

BONAPARTE.

Dépôt de la guerre.

4176. — ORDRE DU JOUR.

Quartier général, au Caire, 27 prairial an VII (15 juin 1799).

Le général en chef témoigne sa satisfaction au général Dugua de la conduite qu'il a tenue pendant son absence en Syrie; c'est aux sages mesures qu'il a prises que nous devons en grande partie la tranquillité dont l'Égypte a joui pendant tout le temps qu'a duré son invasion en Syrie.

Le général en chef, dans la revue qu'il a passée, a vu avec le plus grand plaisir les bataillons des 61e et 88e, et le brave 15e de dragons; ces corps méritent, par leurs fatigues et les constantes victoires qu'ils ont remportées dans la haute Égypte, ces témoignages particuliers de satisfaction.

Le général en chef, étant extrêmement mécontent des commissaires des guerres et garde-magasins qui ont été chargés du service à Jaffa et à Gaza, ordonne à l'état-major de les faire arrêter sur-le-champ, de faire mettre le scellé sur leurs papiers, et de les faire poursuivre selon toute la rigueur des lois militaires; il n'a pas tenu à eux que l'armée ne mourût de faim.

Le général en chef témoigne sa satisfaction à l'ordonnateur en chef des mesures qu'il a prises pour nourrir l'armée dans le désert. Le commissaire des guerres Sartelou a montré autant d'activité que de zèle pour lever toutes les difficultés qui se présentaient; le général en chef lui en témoigne sa satisfaction.

29.

L'état-major sera composé d'un chef de bataillon commandant la place, un adjudant capitaine ou lieutenant, un officier supérieur d'artillerie, deux adjudants capitaines ou lieutenants, deux officiers supérieurs du génie et deux adjudants d'un grade subalterne, un commissaire des guerres. Le tout sera, jusqu'à nouvel ordre, commandé par un adjudant général, qui conservera avec lui 50 hommes de cavalerie et 20 dromadaires. Cet adjudant général rendra compte au général de brigade qui sera établi à Qatyeh.

L'ordonnateur en chef prendra toutes les mesures pour approvisionner El-A'rych de tout ce qui est nécessaire à 1,000 hommes de garnison pendant six mois.

Les magasins contenant l'approvisionnement de siége seront fermés. Le commissaire des guerres, le commandant de la place et le garde-magasin auront chacun une clef; on ne pourra les ouvrir qu'en dressant un procès-verbal dont copie sera adressée au général en chef et à l'ordonnateur.

Il y aura des magasins ordinaires pour la garnison pendant trois semaines. L'ordonnateur prendra des mesures pour les renouveler.

Il y aura un hôpital avec les médicaments et chirurgiens nécessaires pour panser 200 blessés, et un autre séparé pour 100 malades.

L'ordonnateur me remettra, avant mon départ d'El-A'rych, le procès-verbal qu'il fera faire par le commandant de la place, le commissaire des guerres et le garde-magasin, pour constater l'état des magasins. Il leur fera connaître que la moindre dilapidation sera punie de mort.

BONAPARTE.

Dépôt de la guerre.

4165. — AU GÉNÉRAL BERTHIER.

Quartier général, Qatyeh, 19 prairial an VII (7 juin 1799).

Vous donnerez l'ordre au général Kleber de se rendre à Damiette avec sa division;

De réorganiser les attelages de son artillerie, les transports de sa division et le 18e de dragons, en requérant, à Damiette et dans la province, les chévaux et chameaux nécessaires;

D'activer le mouvement de toutes les impositions;

De mettre, s'il est nécessaire, sur la ville de Damiette, qui de toute l'Égypte a le moins payé, une contribution;

De se faire rendre compte du grand nombre d'erreurs qui se sont glissées dans les rôles d'impositions et qui sont presque toutes à notre désavantage; les Mameluks, Hassan-Toubâr et plusieurs hommes qui se sont sauvés en Syrie, avaient aussi des biens considérables dont l'on peut, je crois, tirer un plus grand parti;

Enfin de prendre tous les moyens possibles pour procurer l'argent nécessaire pour sa division, sa solde et les travaux.

Vous donnerez l'ordre au général Dommartin d'envoyer une demi-compagnie de pontonniers pour jeter un pont de bateaux sur le bras d'eau situé entre Tyneh et Omm-Fàreg, et un autre à Dybeh, de sorte que l'on puisse venir de Damiette à Qatyeh sans trouver d'obstacles.

Les grenadiers de la 19e partiront aujourd'hui avec le quartier général pour le Caire.

Le bataillon de la 4e légère, qui est à Damiette, se rendra au Caire.

La 2e légère, qui restera à Qatyeh, tiendra des postes à Tyneh et à Omm-Fàreg; chacun de ces postes aura une pièce de 4 attelée.

Le 18e régiment de dragons, qui est attaché à la division Kleber, laissera 15 hommes à Qatyeh.

La 2e d'infanterie légère aura avec elle une pièce de 4.

Le bateau de Menzaleh restera en station à Omm-Fàreg.

Le général qui reste à Qatyeh aura avec lui 20 dromadaires; l'adjudant général qui commande à El-A'rych est sous ses ordres. Il communiquera souvent avec lui, et lui donnera l'ordre de faire partir, toutes les décades, une patrouille de dromadaires qui viendrait jusqu'à mi-chemin de Qatyeh, où elle rencontrerait une patrouille de dromadaires qui partirait de Qatyeh.

Le général qui commandera à Qatyeh sera immédiatement sous les ordres du général Kleber. Il instruira aussi directement le général en chef, au Caire, de tous les objets qui en mériteraient la peine.

BONAPARTE.

Dépôt de la guerre.

4166. — AU GÉNÉRAL BERTHIER.

Quartier général, Qatyeh, 19 prairial an VII (7 juin 1799).

Vous donnerez l'ordre au général de division Menou de partir de Qatyeh, avec le détachement de dromadaires et de cavalerie, pour se rendre à El-A'rych. Il fera l'inspection des troupes des différentes armes qui se trouvent à El-A'rych.

Il fera partager les magasins de subsistances en deux; il fera verser dans l'un ce qui est nécessaire pour nourrir la garnison pendant quinze jours; dans l'autre, l'approvisionnement de siége, auquel on ne devra toucher qu'en cas que l'on soit investi. Il fera dresser un

4178. — AU CITOYEN FOURIER,

COMMISSAIRE PRÈS LE DIVAN DU CAIRE.

Quartier général, au Caire, 27 prairial an VII (15 juin 1799).

Je vous prie, Citoyen, de faire connaître au divan, et par lui aux principaux habitants du Caire, que je désire que ceux d'entre eux qui auraient à me parler viennent chez moi depuis sept heures du soir jusqu'à neuf, excepté dans le cas où ils auraient quelque chose de pressé à me communiquer; que ce n'est pas notre usage de venir avant sept heures du matin, et que je sais que la grande chaleur les empêche de venir après.

BONAPARTE.

Bibliothèque impériale.

4179. — AU GÉNÉRAL DESAIX.

Quartier général, au Caire, 27 prairial an VII (15 juin 1799).

Je suis arrivé ici hier, Citoyen Général, avec une partie de l'armée.

J'ai laissé une bonne garnison dans le fort d'El-A'rych, qui est déjà dans une situation respectable.

Le général Kleber est à Damiette.

Vous trouverez dans mes relations imprimées le véritable récit des événements qui se sont passés.

Il est nécessaire que vous me fassiez une relation de tout ce qui s'est passé dans la haute Égypte depuis votre départ du Caire, afin que je puisse le faire connaître; je crois qu'il me manque de vos lettres, de sorte qu'il y a des lacunes; d'ailleurs c'est un travail que personne ne peut bien faire que vous-même.

J'attends d'ici à deux ou trois jours la nouvelle que vous occupez Qoseyr, ce qui me fera un très-grand plaisir.

Nous voici arrivés à la saison où les débarquements deviennent possibles. Je ne vais pas perdre une heure pour nous mettre en mesure. Toutes les probabilités sont cependant que, pour cette année, il n'y en aura point.

Je vous écrirai plus au long dans trois jours, en vous envoyant un officier de l'état-major.

Je vous salue et vous aime.

BONAPARTE.

Portez donc un gilet de flanelle; c'est le seul moyen de vous mettre à l'abri des maux d'yeux.

Comm. par M. Pauthier.

4180. — AU GÉNÉRAL BERTHIER.

Quartier général, au Caire, 29 prairial an VII (17 juin 1799).

Vous donnerez l'ordre au général Dumuy de se rendre le plus tôt possible à Suez, pour y remplir les fonctions d'inspecteur du génie, de l'artillerie et de l'infanterie. Il y restera quelques jours et renverra de suite la légion maltaise, tous les galériens, marins, matelots qu'il jugerait inutiles à la confection des travaux et à la défense de la place, vu qu'il est nécessaire qu'il y reste le moins de bouches possible, et surtout aucune bouche inutile; et, après y être resté huit ou dix jours, quand il jugera sa présence inutile, il reviendra au Caire.

BONAPARTE.

Dépôt de la guerre.

4181. — AU GÉNÉRAL DOMMARTIN.

Quartier général, au Caire, 29 prairial an VII (17 juin 1799).

Le bateau *le Nil,* que j'avais destiné pour moi en cas que les événements m'eussent forcé de me rendre à Damiette, Rosette ou dans la haute Égypte, est prêt pour vous conduire à Rosette.

Arrivé à Rosette, vous le renverrez sur-le-champ avec le rapport que vous me ferez sur la situation d'El-Rahmànyeh et de la défense de l'embouchure du Nil.

Je vous prie de déterminer près d'A'lqàm, dans une position très-favorable et près d'un endroit où les bateaux échouent ordinairement, l'emplacement d'une redoute, que 30 ou 40 hommes devraient pouvoir défendre, mais qui en pourrait contenir un plus grand nombre : son but principal serait d'empêcher les bâtiments qui viendraient de Rosette de remonter le Nil, et de bien prendre sous sa protection les bâtiments français qui seraient poursuivis par les Arabes.

Je me charge spécialement de faire descendre ces différents bateaux à Rosette.

BONAPARTE.

Collection Napoléon.

4182. — AU GÉNÉRAL MARMONT, A ALEXANDRIE.

Quartier général, au Caire, 29 prairial an VII (17 juin 1799).

Le général Destaing se rend, Citoyen Général, dans la province de Bahyreh avec un bataillon de la 61ᵉ; un bataillon de la 4ᵉ s'y étant précédemment rendu de Menouf, mon intention est que la légion nautique et la 19ᵉ, qui se trouvent à Rosette, en partent sur-le-champ pour se rendre au Caire, et que le détachement de la 25ᵉ qui est à Rosette se rende à Damiette.

Le général Dommartin part pour Alexandrie; mon intention est que tout l'équipage de campagne sans distinction, et la partie de l'équipage de siége qu'il jugera nécessaire, se rendent sur-le-champ au Caire. Il est autorisé à laisser à Alexandrie quatre pièces de campagne.

Vous aurez reçu plusieurs lettres que je vous ai écrites de Jaffa et de Qatyeh. Tous les projets de l'ennemi ont été tellement déconcertés par la campagne imprévue et prématurée de Syrie, que, s'ils tentent quelque chose, cela sera découvert et facile à repousser. La province de Bahyreh vous fournira de l'argent; nous sommes ici fort pauvres.

Je ne conçois pas comment un brick anglais restant à croiser devant Alexandrie se trouve maître de la mer : pourquoi une frégate ou des bricks ne sortent-ils pas? Le citoyen Dumanoir a été autorisé à le faire.

Je vous prie de m'envoyer au Caire l'agent divisionnaire qui a été surpris vendant cent ardebs de blé, et le Français qui les achetait. Faîtes venir au Caire tout l'argent provenant de la vente des effets de ces deux individus.

Une grande quantité d'employés, d'officiers de santé, se sont embarqués pour France sans permission. Il me semble que cette police était aisée à faire.

Vous avez eu tort dans toutes les discussions d'autorité que vous avez eues. Le commissaire Michaux se trouvait sous les ordres de l'ordonnateur Laigle, et, eût-il été indépendant, la politique eût dû vous engager à avoir des procédés différents, puisque, tous les magasins de l'Égypte se trouvant à la disposition de l'ordonnateur Laigle, c'est peu connaître les hommes que de ne pas voir que c'était vous priver des approvisionnements que je désirais avoir dans une place comme Alexandrie.

Sans cette discussion mal entendue, vous auriez eu à Alexandrie 400,000 rations de biscuit de plus.

L'ennemi se présentant devant Alexandrie ne descendra pas au milieu de la place : ainsi, vous auriez le temps de rappeler les détachements que vous enverriez pour soutenir le général Destaing et lever les impositions. Vous n'avez rien à espérer que de nos provinces de Rosette et de Bahyreh.

BONAPARTE.

4183. — AU CHEF DE BRIGADE CRETIN.

Quartier général, au Caire, 29 prairial an VII (17 juin 1799).

Lorsque je vous ai confié, Citoyen Commandant, l'arme du génie, je n'ai pas eu pour seule considération votre ancienneté. Veuillez donc partir le plus tôt possible pour Rosette. Vous pourrez profiter, pour venir au Caire, du bateau *le Nil*, qui part après-demain avec le général Dommartin; votre prompte arrivée au Caire est nécessaire. En passant à El-Rahmànyeh, visitez dans le plus grand détail les établissements.

Ordonnez également une redoute sur la rive de l'embouchure du lac Ma'dyeh, du côté de Rosette. Mon but serait que l'ennemi ne pût raisonnablement opérer un débarquement entre le lac et le Boghâz, pour marcher sur Rosette, sans s'être, au préalable, emparé de cette redoute, tout comme il ne pourrait débarquer entre le lac et Alexandrie sans s'être emparé du fort d'Aboukir.

BONAPARTE.

Collection Napoléon.

4184. — AU GÉNÉRAL DOMMARTIN.

Quartier général, au Caire, 30 prairial an VII (18 juin 1799).

J'approuve, Citoyen Général, toutes les mesures que vous proposez pour l'organisation de l'artillerie de campagne de l'armée.

Faites-moi un projet de règlement par articles pour l'artillerie des bataillons; vous y mettrez les masses telles que vous pensez que l'on doit les accorder aux corps.

Les brigades de cavalerie étant faibles, une artillerie trop nombreuse ne fait que les embarrasser. Ainsi, je pense que deux pièces de 3, attachées à chaque brigade de cavalerie, seront suffisantes; la cavalerie est divisée en deux brigades.

Je désirerais que vous organisassiez de suite l'artillerie des guides et des deux brigades de cavalerie, en donnant aux guides la pièce de 5 du général Reynier et la pièce de 5 de la cavalerie, et en donnant à la cavalerie la pièce de 3 qu'a le général Lannes, la pièce de 3 des guides, la pièce de 3 qu'a le général Lanusse, et en laissant provisoirement une pièce de 5 jusqu'à ce que vous la puissiez remplacer par une pièce de 3 autrichienne.

Il est nécessaire que vous complétiez l'approvisionnement de toutes ces pièces à 300 coups.

Il est également nécessaire de commencer à donner à chaque division deux grosses pièces. Il faudrait approvisionner les pièces de 8 qu'ont les généraux Lannes et Reynier; la pièce de 8 et l'obusier qu'a aujourd'hui le général Davout; envoyer le plus tôt possible à Kleber deux affûts de rechange, afin qu'il puisse se monter les deux pièces de 8; faire remplacer les pièces de 8 des généraux Lanusse et Fugière par des pièces de 3 vénitiennes, et les attacher aux divisions Lannes et Rampon.

Il est nécessaire de distribuer les pièces de 3 ou de 4 de manière que chaque division se trouve en avoir deux ou trois; et, lorsqu'on donnera aux bataillons leurs pièces, on se trouvera en avoir dans chaque division pour les premiers bataillons des demi-brigades.

Le général Kleber se trouve déjà avoir trois petites pièces.

La pièce qui est à Belbeys peut être attachée à la division Reynier. Il sera nécessaire d'en procurer le plus tôt possible aux divisions Lannes et Rampon. L'armée pourra attendre dans cette situation que vous ayez eu le temps de faire venir l'artillerie de Rosette et de donner à chaque division l'artillerie, comme vous le projetez.

Ordonnez que l'on ne distribue des fusils que par mon ordre : mon intention est de ne commencer à les distribuer que dans cinq ou six jours, et lorsque les corps seront réorganisés.

BONAPARTE.

Collection Napoléon.

4185. — AU CITOYEN POUSSIELGUE.

Quartier général, au Caire, 30 prairial an VII (18 juin 1799).

Je vous prie, Citoyen Administrateur, de faire connaître aux principaux négociants damasquins que je désire qu'ils me prêtent chacun 30,000 francs. Vous leur donnerez à chacun une lettre de change de 30,000 francs payable à la caisse du payeur de l'armée le 15 thermidor : ces lettres de change seront acceptées par le payeur; je désire que cet argent soit versé dans la journée de demain.

Lorsque les Coptes auront versé les 150,000 francs, vous leur ferez connaître que mon intention n'est point qu'ils se payent de ces 150,000 francs sur les adjudications des villages, car alors c'est comme s'ils ne nous avaient rien prêté. Vous arrangerez avec eux la manière dont ils devront être payés, de sorte qu'ils le soient dans le courant de thermidor.

BONAPARTE.

Comm. par Mᵐᵉ de la Morinière.

4186. — AU CITOYEN POUSSIELGUE.

Quartier général, au Caire, 30 prairial an VII (18 juin 1799).

Le citoyen Parseval ne partira de Suez que lorsque les bâtiments de Djeddah auront fait leur retour. Les moines du mont Sinaï m'ont assuré que la caravane de Thor arrivait demain : ainsi, tout passe-port devient inutile ; si cependant cela était nécessaire, l'état-major lui en enverra un : faites-lui-en la demande.

BONAPARTE.

Comm. par Mᵐᵉ de la Morinière.

4187. — ORDRE DU JOUR.

Quartier général, au Caire, 30 prairial an VII (18 juin 1799).

Le général en chef est mécontent de l'adjudant général Almeras, qui a pris sur lui de renvoyer un officier anglais à l'escadre anglaise sans attendre les ordres du général Dugua, qui, pendant son absence, commandait en Égypte. Cet officier supérieur est d'autant moins ex-cusable, qu'ayant assisté au siége de Toulon il connaît mieux que personne l'activité des intrigues et le système de corruption qui for-ment actuellement la politique du gouvernement de cette nation. Le général en chef ordonne au chef de l'état-major général de le mettre quinze jours aux arrêts forcés.

Pendant l'absence de l'armée en Syrie, le commandant de l'escadre anglaise a poussé l'oubli de soi-même et de ce qu'il doit à des soldats d'honneur jusqu'à proposer au général Dugua de profiter du moment où une partie de l'armée était au delà du désert pour s'embarquer et s'en aller en France. Les Anglais se servant du caractère sacré des parlementaires pour faire ces propositions dénuées de bon sens et de pudeur, mais qu'un homme d'honneur ne doit pas entendre sans se trouver blessé, le général en chef ordonne que tout parlementaire qui serait porteur d'écrits, de lettres et imprimés de cette espèce, soit arrêté et renvoyé pour toute réponse avec les cheveux rasés et après six heures de détention.

Le général en chef fera connaître à l'armée tous les officiers qui, par leur conduite, oublieraient qu'ils sont citoyens de la première nation du monde, laquelle, après avoir en peu d'années soumis le continent, vient, en jetant le fondement de sa puissance sur le Nil, saper la puissance gigantesque de l'Anglais dans l'Inde ; nation pour laquelle il n'a, dans ses sollicitudes, qu'une seule crainte, c'est qu'elle n'arrive trop promptement au maximum de gloire et de pro-

spérité après lequel, dans la combinaison des choses humaines, tout
décline.

Le général en chef ordonne que l'état-major général envoie au
Gouvernement le nom et la patrie des six soldats qui étaient dans le
bateau des blessés qui a été pris par les Anglais, et qui, malgré les
cris d'indignation de tous les soldats blessés, se sont laissé séduire
par les Anglais; ils seront déclarés indignes de servir jamais dans les
armées de la République; ils seront traités en France comme déserteurs à l'ennemi. Le général en chef estime que l'armée a beaucoup
gagné d'être délivrée de ces six lâches.

L'ordonnateur en chef donnera des instructions pour qu'il soit passé
des revues de rigueur dans tous les différents corps de l'armée; il
fera arrêter des revues pour toute la solde qui est due aux différents
corps de l'armée, sur le pied des hommes existant en Égypte au moment de la revue.

Il sera également fait une revue pour la solde de prairial, qui sera
remise au payeur général pour lui servir de base.

Ces revues devront être faites pour la garnison du Caire dans la
première décade de messidor. L'ordonnateur en chef et le payeur
général en remettront le résultat au général en chef.

Par ordre du général en chef.

Dépôt de la guerre.

4188. — AU DIRECTOIRE EXÉCUTIF.

Quartier général, au Caire, 1ᵉʳ messidor an VII (19 juin 1799).

Citoyens Directeurs, pendant mon invasion en Syrie, il s'est passé
dans la basse Égypte des événements militaires que je dois vous faire
connaître.

RÉVOLTE DE BENY-SOUEYF.

Le 12 pluviôse, une partie de la province de Beny-Soueyf se révolta. Le général Veaux marcha avec un bataillon de la 22ᵉ; il remplit de cadavres ennemis quatre lieues de pays. Tout rentra dans
l'ordre. Il n'eut que 3 hommes tués et 20 blessés.

BOMBARDEMENT D'ALEXANDRIE.

Le 15 pluviôse, la croisière anglaise devant Alexandrie se renforça,
et, peu de temps après, elle commença à bombarder le port. Les
Anglais jetèrent 15 à 1,600 bombes, ne tuèrent personne; ils firent
écrouler deux mauvaises maisons et coulèrent une mauvaise barque.

Le 16 ventôse, la croisière disparut; on ne l'a plus revue.

FLOTTILLE DE LA MER ROUGE.

Quatre chaloupes canonnières partirent le 13 pluviôse de Suez, arrivèrent le 18 devant Qoseyr, où elles trouvèrent plusieurs bâtiments chargés des trésors des Mameluks que le général Desaix avait défaits dans la haute Égypte. Au premier coup de canon, la chaloupe canonnière *le Tagliamento* prit feu et sauta en l'air.

La République n'aura jamais de marine tant que l'on ne refera pas toutes les lois maritimes : un hamac mal placé, une gargousse négligée perdent toute une escadre. Il faut proscrire les jurys, les conseils, les assemblées ; à bord d'un vaisseau il ne doit y avoir qu'une autorité, celle du capitaine, qui doit être plus absolue que celle des consuls dans les armées romaines.

Si nous n'avons pas eu un succès sur mer, ce n'est ni faute d'hommes capables, ni de matériel, ni d'argent, mais faute de bonnes lois. Si l'on continue à laisser subsister la même organisation maritime, mieux vaut-il fermer nos ports ; c'est jeter notre argent.

CHARQYEH.

Le citoyen Duranteau, chef du 3ᵉ bataillon de la 32ᵉ, se porta le 24 ventôse dans la province de Charqyeh. Le village de Horbeyt, qui s'était révolté, fut brûlé, et ses habitants passés au fil de l'épée.

ARABES DU GRAND DÉSERT A GYZEH.

Le 15 ventôse, le général Dugua, instruit qu'une nouvelle tribu du fond de l'Afrique arrivait sur les confins de la province de Gyzeh, fit marcher le général Lanusse, qui surprit leur camp, leur tendit plusieurs embuscades et leur prit une grande quantité de chameaux, après leur avoir tué plusieurs centaines d'hommes. Le fils du général Leclerc, jeune homme distingué, fut blessé.

RÉVOLTE DE L'ÉMIR-HADJI.

L'émir-hadji, homme d'un caractère faible et irrésolu, que j'avais comblé de bienfaits, n'a pu résister aux intrigues dont il était environné ; il s'est inscrit lui-même au nombre de nos ennemis. Réuni à plusieurs tribus d'Arabes et à quelques Mameluks, il s'est présenté dans l'arène. Chassé, poursuivi, il perdit dans un jour les biens que je lui avais donnés, les trésors et une partie de sa famille qui était encore au Caire, et la réputation d'homme d'honneur qu'il avait eue jusqu'alors.

L'ANGE EL-MAHDY.

Au commencement de floréal, une scène, la première de ce genre que nous ayons encore vue, mit en révolte la province de Babyreh. Un homme, venu du fond de l'Afrique, débarqué à Derne, arrive, réunit les Arabes, et se dit l'ange El-Mahdy, annoncé dans le Coran par le Prophète; 200 Moghrebins arrivent quelques jours après, comme par hasard, et viennent se ranger sous ses ordres. L'ange El-Mahdy doit descendre du ciel; cet imposteur prétend être descendu du ciel au milieu du désert; lui qui est nu prodigue l'or, qu'il a l'art de tenir caché. Tous les jours il trempe ses doigts dans une jatte de lait, se les passe sur les lèvres; c'est la seule nourriture qu'il prend. Il se porte sur Damanhour, surprend 60 hommes de la légion nautique, que l'on avait eu l'imprudence d'y laisser au lieu de les placer dans la redoute d'El-Rahmànyeh, et les égorge. Encouragé par ce succès, il exalte l'imagination de ses disciples, et doit, en jetant un peu de poussière contre nos canons, empêcher la poudre de prendre et faire tomber devant les vrais croyants les balles de nos fusils : un grand nombre d'hommes attestent cent miracles de cette nature qu'il fait tous les jours.

Le chef de brigade Lefebvre partit d'El-Rahmànyeh avec 400 hommes pour marcher contre l'ange; mais, voyant à chaque instant le nombre des ennemis s'accroître, il voit l'impossibilité de mettre à la raison une si grande quantité d'hommes fanatisés. Il se range en bataillon carré et tue toute la journée ces insensés, qui se précipitent sur nos canons, ne pouvant revenir de leur prestige. Ce n'est que la nuit que ces fanatiques, comptant leurs morts (il y en avait plus de 1,000) et leurs blessés, comprennent que Dieu ne fait plus de miracles.

Le 19 floréal, le général Lanusse, qui s'est porté avec la plus grande activité partout où il y a eu des ennemis à combattre, arrive à Damanhour, passe 1,500 hommes au fil de l'épée, un monceau de cendres indique la place où fut Damanhour. L'ange El-Mahdy, blessé de plusieurs coups, sent lui-même son zèle se refroidir; il se cache dans le fond des déserts, environné encore de partisans; car, dans des têtes fanatisées, il n'y a point d'organes par où la raison puisse pénétrer.

Cependant la nature de cette révolte contribua à accélérer mon retour en Égypte.

Cette scène bizarre était concertée et devait avoir lieu au même instant où la flotte turque, qui a débarqué l'armée que j'ai détruite sous Acre, devait arriver devant Alexandrie.

L'armement de cette flotte, dont les Mameluks de la haute Égypte avaient été instruits par des dromadaires, leur fit faire un mouvement sur la basse Égypte; mais, battus plusieurs fois par le chef de brigade Détrès, officier d'une bravoure distinguée, ils descendirent dans le Charqyeh. Le général Dugua ordonna au général Davout de s'y porter. Le 19 floréal, il attaqua Elfy-Bey et les Bily; quelques coups de canon ayant tué trois des principaux kâchefs d'Elfy, il fuit épouvanté dans les déserts.

CANONNADE DE SUEZ.

Un vaisseau et une frégate anglais sont arrivés à Suez vers le 15 floréal; une canonnade s'est engagée; mais les Anglais ont cessé dès l'instant qu'ils ont reconnu Suez muni d'une artillerie nombreuse en état de les recevoir : les deux bâtiments ont disparu.

COMBAT SUR LE CANAL DE MOUEYS.

Le général Lanusse, après avoir délivré la province de Bahyreh, atteignit, le 17 prairial, au village de Kafr-Fournig[1] dans le Charqyeh, les Moghrebins et les hommes échappés du Bahyreh; il leur tua 150 hommes et brûla le village.

Le 15 prairial, j'arrivai à El-A'rych, de retour de Syrie. La chaleur du sable du désert a fait monter le thermomètre à 44 degrés; l'atmosphère était à 34 degrés. Il fallait faire onze lieues par jour pour arriver aux puits où se trouve un peu d'eau salée, sulfureuse et chaude, que l'on boit avec plus d'avidité que chez nos restaurateurs une bonne bouteille de vin de Champagne.

Mon entrée au Caire s'est faite le 26 prairial, environné d'un peuple immense qui avait garni les rues, de tous les muftis montés sur des mules, parce que le Prophète montait de préférence ces animaux, de tous les corps de janissaires, des odjaqs, des agas de la police de jour et de nuit, de descendants d'Abou-Bekr, de Fatyme et des fils de plusieurs saints révérés par les vrais croyants; les chefs des marchands marchaient devant, ainsi que le patriarche copte; la marche était fermée par les troupes auxiliaires grecques.

Je dois témoigner ma satisfaction au général Dugua, au général Lanusse et au chef de bataillon Duranteau.

Les cheiks El-Bekry, El-Cherqâouy, El-Sâdât, El-Mohdy, El-Saouy se sont comportés aussi bien que je le pouvais désirer; ils prêchent tous les jours dans les mosquées pour nous; leurs firmans font la plus grande impression dans les provinces. Ils descendent pour la

___
[1] Kafr-Chenyt?

plupart des premiers califes et sont dans une singulière vénération parmi le peuple.

BONAPARTE.

Dépôt de la guerre.

_____

4189. — AU DIRECTOIRE EXÉCUTIF. •

Quartier général, au Caire, 1er messidor an VII (19 juin 1799).

Le général Bon, le général Caffarelli, le chef de brigade du génie Detroye, le chef de bataillon du génie Say et le chef d'escadron Croizier, mon aide de camp, morts en Syrie, étaient des officiers du plus grand mérite.

Le général Caffarelli, avec une jambe de bois, était toujours aux avant-postes. Son zèle, son courage, ses talents, sa sévère probité étaient rares. Il est mort en faisant des projets pour l'instruction de la jeunesse. Sa grande et unique passion était la prospérité publique.

BONAPARTE.

Pièces officielles publiées par ordre du Premier Consul.

_____

4190. — AU GÉNÉRAL DESAIX.

Quartier général, au Caire, 1er messidor an VII (19 juin 1799).

Le général Dugua me fait part, Citoyen Général, de vos dernières lettres des 15 et 22 prairial. J'ai appris avec plaisir votre occupation de Qoseyr.

Je donne ordre qu'on vous envoie plusieurs officiers du génie, afin de diriger les travaux dans la haute Égypte, et spécialement les ouvrages de Qoseyr et du fort de Qeneh.

Nous sommes toujours sans nouvelles de France.

Tout est parfaitement tranquille en Égypte. Il paraît que les Mameluks refluent dans les provinces de Charqyeh et de Bahyreh; on ira y mettre ordre.

Vous êtes fort riche. Soyez assez généreux pour nous envoyer 150,000 francs. Nous dépensons de 2 à 300,000 francs par mois pour les travaux d'El-A'rych, Qatyeh, Sâlheyeh, Damiette, Rosette, Alexandrie, etc.

Faites, je vous prie, mon compliment au général Belliard et à votre adjudant général sur l'occupation de Qoseyr.

J'attends toujours une relation générale de toute votre campagne de la haute Égypte, avec une note des officiers et de tous les soldats auxquels vous voulez donner de l'avancement.

Croyez, je vous prie, que rien n'égale l'estime que j'ai pour vous, si ce n'est l'amitié que je vous porte.

Salut, amitié.

BONAPARTE.

Comm. par M. Pauthier.

4191. — AU GÉNÉRAL DUGUA.

Quartier général, au Caire, 1er messidor an VII (19 juin 1799).

Faites fusiller, Citoyen Général, tous les Moghrebins, Mekkins, etc. venus de la haute Égypte et qui ont porté les armes contre nous.

Faites fusiller les deux Moghrebins Abd-Allah et Ahmed, qui ont invité les Turcs à l'insurrection.

L'homme qui se vante d'avoir servi quinze pachas et qui vient de la haute Égypte restera au fort pour travailler aux galères.

Faites-vous donner, par le capitaine Omar, des notes sur tous les Moghrebins de sa compagnie qui sont arrêtés, et faites fusiller tous ceux qui se seraient mal conduits.

Faites venir le cheik Solyman des Terràbyn, et qu'il vous dise ce que font les Arabes qui viennent à El-Basâtyn. Il est chargé de la police de ce canton, et on s'en prendra à lui si des Arabes y viennent faire des courses.

BONAPARTE.

Dépôt de la guerre.

4192. — AU CITOYEN D'AURE.

Quartier général, au Caire, 1er messidor an VII (19 juin 1799).

Le nombre des employés, Citoyen Ordonnateur, est trop considérable; veuillez me présenter un état de réduction.

Un grand nombre d'officiers et de sous-officiers blessés de manière à ne pas pouvoir servir pourraient être employés dans les administrations, et un grand nombre de jeunes gens qui peuvent porter le mousquet et qui sont dans les administrations pourraient entrer dans les corps.

Voyez à me présenter un projet sur chacun de ces objets.

BONAPARTE.

Dépôt de la guerre.

4193. — AU GÉNÉRAL BERTHIER.

Quartier général, au Caire, 2 messidor an VII (20 juin 1799).

Je vous prie, Citoyen Général, de donner l'ordre au général Andréossy d'inspecter l'école française et de m'en faire un rapport.

Vous donnerez l'ordre pour que tous les hommes à pied du 22e de chasseurs, des 15e et 20e de dragons, partent le plus tôt possible pour la haute Égypte, pour y aller en remonte. Par cette même occasion, les trois officiers du génie partiront pour la division Desaix.

Je vous prie d'ordonner au général Desaix qu'il m'envoie trente bons chevaux pour la remonte de ma compagnie des guides.

BONAPARTE.

Dépôt de la guerre.

4194. — AU CHEF DE BRIGADE SANSON.

Quartier général, au Caire, 2 messidor an VII (20 juin 1799).

J'ai reçu, Citoyen Commandant, le rapport sur les casernes. Mon intention est qu'au lieu de dépenser de l'argent pour les casernes à Boulâq vous fassiez au fort Sulkowski toutes les réparations possibles, de manière à pouvoir y loger beaucoup de chevaux.

Je vous prie de me faire connaître s'il n'y aurait pas à la citadelle un local où l'on puisse construire des écuries pour 300 chevaux, et de faire vérifier si les chevaux boivent de l'eau du puits de Joseph.

BONAPARTE.

Dépôt de la guerre.

4195. — AU CHEF DE BRIGADE SANSON.

Quartier général, au Caire, 2 messidor an VII (20 juin 1798).

Je vous prie, Citoyen Commandant, de me remettre un devis de ce qu'a coûté le fort Camin et de ce qu'il aurait coûté si, au lieu de placer le moulin au-dessus du fort, on l'eût placé à côté.

Je désirerais que vous pussiez faire continuer, sur la hauteur derrière le quartier général, une petite tour qui défendrait la place Ezbekyeh; il faudrait qu'elle fût la plus simple et la moins coûteuse possible, de manière à y placer une pièce de canon et quelques hommes de garde; je vous prie de m'en présenter le projet.

BONAPARTE.

Dépôt de la guerre.

4196. — AU CHEF DE BRIGADE SANSON.

Quartier général, au Caire, 3 messidor an VII (21 juin 1799).

J'ai visité hier, Citoyen Commandant, la citadelle du Caire; je me suis convaincu par moi-même que le citoyen Fauvi, duquel j'avais eu lieu d'être satisfait, prend envers le commandant un ton qui n'est pas convenable.

Le chef de brigade Dupas, uniquement occupé de sa place, commence à connaître à fond les détails de la citadelle, ce qui lui a fait venir un grand nombre d'idées que j'ai trouvées raisonnables. Je vous prie de conférer avec lui sur ces différents travaux, et de me faire connaître le parti que vous croirez devoir prendre sur plusieurs objets essentiels, tels que :

Le fossé qu'il propose pour isoler entièrement la citadelle du côté de la ville, qu'il faudrait faire calculer avec l'occupation de la tour des Janissaires;

Un chemin qui conduirait tout de suite de la première place sur le rempart de droite en entrant;

Un chemin qui conduirait droit de la première place à celle du Pacha;

Enfin plusieurs idées de détail sur la facilité des communications entre la forteresse.

Le citoyen Dupas a un grand nombre de prisonniers. En fournissant quelques outils, vous pouvez activer les travaux de manière à faire promptement beaucoup de besogne.

Quant aux logements intérieurs, la chose dont il faut principalement s'occuper, c'est :

De nettoyer les souterrains, où l'on pourrait placer la garnison en cas de siége;

Placer les poudres et les salles d'artifices dans un endroit à l'abri de la bombe;

Avoir un hôpital à l'abri de la bombe.

Sans cela, trois ou quatre mortiers minent tout et rendent une place intenable.

BONAPARTE.

Dépôt de la guerre.

4197. — AU CONTRE-AMIRAL GANTEAUME.

Quartier général, au Caire, 3 messidor an VII (21 juin 1799).

Vous vous rendrez, Citoyen Général, à Rosette et à Alexandrie. Vous passerez la revue des bâtiments qui se trouvent pour la défense de l'embouchure de Rosette; vous y ferez envoyer d'Alexandrie tout ce qui pourrait y manquer. Mon intention est que les bâtiments qui n'ont qu'une pièce soient approvisionnés à 300 coups, et ceux qui en ont deux à 200.

Vous ferez partir d'Alexandrie tous les bâtiments propres à la navigation du Nil, et spécialement tous les avisos armés en guerre qui peuvent entrer dans le Nil ou à Bourlos.

Vous prendrez à bord de tous les bâtiments, soit de guerre, soit

30.

du convoi, tous les canons, toutes les armes et autres objets de quelque espèce que ce soit qui peuvent être utiles à la défense du Nil.

Vous trouverez à Alexandrie le général Dommartin, et vous l'aiderez dans le transport de toutes les poudres, canons, munitions de guerre, etc., qu'il doit envoyer à Rosette, Bourlos et Damiette.

Je désirerais que l'on pût embosser à l'embouchure du lac Bourlos un gros bâtiment armé de grosses pièces, de manière que ce bâtiment pût défendre la passe et tenir lieu d'un fort que l'on va commencer à construire, mais pour lequel il faudra du temps.

Vous désarmerez à Alexandrie tous les bâtiments, hormis *la Muiron* et *la Corrère*, et une demi-douzaine d'avisos ou bâtiments marchands, bons marcheurs, qu'il faut tenir prêts à partir pour France.

Vous me ferez faire un rapport sur la meilleure des frégates qui restent, et vous ordonnerez toutes les dispositions pour l'armer au premier ordre en matériel.

Vous aurez soin de vous assurer que les futailles des deux frégates *la Muiron* et *la Carrère* soient en meilleur état que celles de l'escadre du contre-amiral Perrée.

Vous aurez soin qu'hormis ce qui vous est nécessaire, vous laissiez dans chaque bâtiment de guerre de quoi l'armer en flûte le plus promptement possible.

Vous trouverez ci-joint l'ordre pour que l'ordonnateur de la marine et le commandant des armes ne portent aucun obstacle à vos opérations et vous secondent de tout leur pouvoir.

BONAPARTE.

Vous ferez mettre en construction deux ou trois petits chebecs semblables à *la Fortune*, et qui puissent entrer dans le Nil et à Omm-Fàreg.

Comm. par Mme la comtesse Ganteaume.

4198. — AU GÉNÉRAL BERTHIER.

Quartier général, au Caire, 3 messidor an VII (21 juin 1799).

Vous trouverez ci-joint, Citoyen Général, l'état des militaires français détenus à la citadelle; voyez, je vous prie, d'y envoyer un officier d'état-major pour m'en faire un plus détaillé, et surtout si les lois militaires, qui accordent aux officiers supérieurs le droit de mettre en prison des soldats pour un certain nombre de jours, n'ont point été transgressées; si plusieurs soldats ne sont point détenus quoique le temps de leur détention prononcée par les conseils militaires soit expiré; enfin si les sentences des conseils militaires sont conformes aux lois, et si les conseils de révision demandés par les condamnés leur ont été accordés.

Vous sentez combien la mission de cet officier intéresse l'ordre et l'humanité.

BONAPARTE.

Dépôt de la guerre.

4199. — AU GÉNÉRAL DESAIX.

Quartier général, au Caire, 3 messidor an VII (21 juin 1799).

Les trois officiers du génie, une compagnie de canonniers et une centaine d'hommes de cavalerie à pied ont ordre, Citoyen Général, de se rendre dans la haute Égypte. Les commandants de l'artillerie et du génie font partir des outils et des cartouches.

Si vous écrivez au chérif de la Mecque, faites-lui connaître que l'on m'a présenté hier les différents reis de ses bâtiments, et que l'on fait passer à force du blé et du riz à Suez pour les lui envoyer.

BONAPARTE.

Collection Napoléon.

4200. — AU GÉNÉRAL FUGIÈRE.

Quartier général, au Caire, 3 messidor an VII (21 juin 1799).

Je reçois, Citoyen Général, votre lettre du 29 prairial.

Votre payeur doit verser tous les fonds qu'il reçoit dans la caisse du Caire. Tâchez de nous envoyer le plus tôt possible 100,000 francs, dont nous avons grand besoin; j'aurai aussi besoin de quarante beaux chevaux pour la remonte de mes guides. La province de Gharbyeh en a de très-bons, tâchez de nous les envoyer.

BONAPARTE.

Collection Napoléon.

4201. — AU CITOYEN LEPÈRE,
INGÉNIEUR DES PONTS ET CHAUSSÉES.

Quartier général, au Caire, 4 messidor an VII (22 juin 1799).

Je désirerais, Citoyen, que le nouveau chemin du Caire à Boulâq fût fini le plus promptement possible.

Je désirerais connaître s'il ne serait pas possible de profiter du fossé que vous faites d'un des côtés du chemin pour s'en servir comme canal de communication du Caire à Boulâq, au moins pendant sept à huit mois de l'année, et si l'année prochaine on ne pourrait pas s'en servir constamment.

Il est nécessaire également de préparer un rapport sur la conduite des eaux du Nil dans le Khalyg, sur l'inondation des places du Caire et des terres adjacentes.

BONAPARTE.

Collection Napoléon.

_____

4202. — AU CHEF DE BRIGADE SANSON.

Quartier général, au Caire, 4 messidor an VII (22 juin 1799).

Mon intention, Citoyen Commandant, est d'établir une redoute à Myt-Ghamar et à Mansourah, remplissant les buts suivants : défendre la navigation du Nil ; protéger les barques françaises ; contenir des magasins capables de nourrir un corps de 10,000 hommes pendant un mois ; contenir une ambulance d'une cinquantaine de lits, et enfin maintenir les villes de Mansourah et Myt-Ghamar. Je vous prie de me proposer un projet pour ces deux redoutes, auxquelles je désire que l'on travaille de suite, de manière qu'entre Rosette et le Caire il y aura les redoutes d'El-Rahmânyeh et d'A'lqâm, et entre Damiette et le Caire celles de Mansourah et de Myt-Ghamar.

Je vous prie aussi de me faire un rapport sur la redoute d'El-Rahmânyeh. Voilà longtemps qu'on travaille, et je vois que cela ne finit jamais.

BONAPARTE.

Dépôt de la guerre.

_____

4203. — AU GÉNÉRAL DESAIX.

Quartier général, au Caire, 4 messidor an VII (22 juin 1799).

Je désirerais, Citoyen Général, acheter 2 ou 3,000 nègres ayant plus de seize ans, pour pouvoir en mettre une centaine par bataillon. Voyez s'il n'y aurait pas moyen de commencer ce recrutement en commençant les achats. Je n'ai pas besoin de vous faire sentir l'importance de cette mesure.

BONAPARTE.

Comm. par M. Pauthier.

_____

4204. — ORDRE DU JOUR.

Quartier général, au Caire, 4 messidor an VII (22 juin 1799).

Le général en chef a inspecté avant-hier les fortifications de la citadelle du Caire ; il a été satisfait de l'activité prodigieuse du chef de brigade Dupas, commandant la place, qui a mis cette forteresse dans le meilleur état de défense.

Il sera mis, à la principale porte des magasins de siége des différentes places de l'Égypte, deux serrures ou cadenas; le garde-magasin aura la clef de l'une, et l'autre sera remis au commandant de la place.

Tous les cinq jours, le commandant de la place, le commissaire des guerres et le garde-magasin feront la visite pour s'assurer que tout est en règle et que les vivres ne dépérissent point.

Le commissaire ordonnateur en chef et les commandants des places sont chargés de faire exécuter le présent ordre au plus tard cinq jours après sa réception. Il sera, à cette occasion, dressé un procès-verbal par le commissaire des guerres, en présence du commandant de la place, et signé par le garde-magasin, avec un tableau en trois colonnes, comprenant les objets nécessaires, les objets existants, les objets manquants.

Par ordre du général en chef.

Dépôt de la guerre.

4205. — AU DIRECTOIRE EXÉCUTIF.

Quartier général, au Caire, 5 messidor an VII (23 juin 1799).

Citoyens Directeurs, après la bataille des Pyramides, les Mameluks se divisèrent. Ibrahim-Bey se retira dans le Charqyeh, passa le désert, séjourna à Gaza et à Damas. Affaibli par les pertes qu'il a essuyées pendant mon incursion en Syrie, il est aujourd'hui dans la plus profonde misère.

Mourad-Bey remonta le Nil avec une nombreuse flottille et se retira dans la haute Égypte; battu à Sédiman, il était toujours maître des provinces supérieures et dans une position menaçante.

Le 20 frimaire, le général Desaix, ayant été renforcé de la plus grande partie de la cavalerie de l'armée, se mit en marche et arriva le 9 nivôse à Girgeh.

A deux journées plus haut, Mourad-Bey l'attendait réuni à Hassan-Bey, à 2,000 Arabes d'Yanbo qui venaient de débarquer à Qoseyr, et à une grande quantité de paysans qu'il avait soulevés.

COMBATS DE SAOUAQY ET DE TAHTAH.

Le général Desaix, ayant appris que plusieurs rassemblements armés occupaient les rives du Nil et s'opposaient à la marche de la flottille qui portait ses munitions de guerre et ses vivres, envoya le général Davout avec la cavalerie. Il trouva et dissipa, les 14 et 19 nivôse, des rassemblements de paysans à Saouàqy et à Tahtah; il massacra, dans ces deux affaires, plus de 2,000 hommes. Les chefs de brigade Pinon, à la tête du 15e, et Boussart, à la tête du 20e de dragons, se sont particulièrement distingués.

AFFAIRE DE SAMHOUD.

Ayant été rejoint par sa cavalerie et sa flottille, le général Desaix marcha à l'ennemi, qu'il rencontra le 3 pluviôse au village de Samhoud. Il prit l'ordre de bataille accoutumé, en plaçant son infanterie en carré sur ses ailes; sa cavalerie en carré, au centre. La droite était commandée par le général Friant, la gauche par le général Belliard et le centre par le général Davout. L'ennemi investit avec un tourbillon de cavalerie notre petite armée; mais, ayant été vigoureusement repoussé par la mitraille et la mousqueterie, il fit un mouvement en arrière. Notre cavalerie se déploya alors et le poursuivit : une centaine d'Arabes et de paysans furent massacrés, le reste s'éparpilla et fuit dans le désert. Le citoyen Rapp, aide de camp du général Desaix, officier d'une grande bravoure, a été blessé d'un coup de sabre.

Le drapeau de la République flotta sur les cataractes; toute la flotille de Mourad-Bey se trouva prise, et dès ce moment la haute Égypte fut conquise. Le général Desaix plaça sa division en cantonnement le long du Nil et commença l'organisation des provinces.

· Le reste des Mameluks et des Arabes d'Yanbo ne pouvait vivre dans le désert: la nécessité de se procurer de l'eau du Nil et des vivres engagea différents combats, qui, politiquement, ne pouvaient plus être dangereux : l'ennemi n'ayant plus ni artillerie ni flottille, le succès d'un combat n'avait pour but que le pillage; mais les bonnes dispositions du général Desaix et la bravoure des troupes ne lui donnèrent pas même cette consolation.

COMBAT DE QENEH.

Le chef de brigade Conroux, avec la 61e, fut attaqué à Qeneh, le 22 pluviôse, par 5 ou 600 Arabes; il joncha le champ de bataille de morts.

COMBAT DE SAMATAH [1].

Le général Friant marcha, le 24 pluviôse, à Samâtah, où il savait que se réunissaient les Arabes d'Yanbo; il leur tua 200 hommes.

COMBAT DE THÈBES.

Sur les ruines de Thèbes, 200 hommes du 22e de chasseurs et du 15e de dragons chargèrent, le 23 pluviôse, 200 Mameluks qu'ils

[1] Samâtah Tâny?

dispersèrent. Ils regagnèrent le désert après avoir laissé une partie de leur monde sur le champ de bataille. Le chef de brigade Lasalle, du 22e de chasseurs, s'est conduit avec son intrépidité ordinaire.

COMBAT D'ESNÉ.

Le 7 ventôse, Mourad-Bey se porta à Esné ; le citoyen Clément, aide de camp du général Desaix, le dispersa et l'obligea de regagner le désert.

COMBAT D'ABNOUD.

Instruits que j'avais quitté l'Égypte, que j'avais passé le désert pour aller en Syrie, les Mameluks crurent le général Desaix affaibli, et dès lors le moment favorable pour l'attaquer. Ils redoublèrent d'efforts, accoururent de tous les points du désert sur plusieurs points du Nil ; ils s'emparèrent d'une de nos djermes, en égorgèrent l'équipage, prirent huit pièces de canon, et, renforcés par 1,500 hommes qui venaient de débarquer à Qoseyr, ils se réunirent à Abnoud, où ils se retranchèrent. Le général Belliard marcha à eux le 20 ventôse, les attaqua, tua la moitié de leur monde et dispersa le reste ; c'est le combat où l'ennemi a montré le plus d'opiniâtreté.

COMBAT DE BYR EL-BAR.

Le 13 germinal, le général Desaix, instruit que Hassan-Bey avait le projet de se porter sur Qeneh, marcha dans le désert pour le chercher ; le 7e de hussards et le 18e de dragons découvrirent l'ennemi, le chargèrent, le dispersèrent après un combat très-opiniâtre. Le citoyen Duplessis, commandant le 7e de hussards, fut tué en chargeant à la tête de son régiment.

COMBAT DE GIRGEH.

Le 16 germinal, le chef de brigade Morand, attaqué dans le village de Girgeh, fut secouru par les habitants et mit en fuite les Arabes et les paysans, après leur avoir tué plus de 100 hommes.

COMBAT DE GEHYNEH.

Le chef de brigade Lasalle marcha à Gehyneh pendant la nuit du 20 germinal, surprit un rassemblement qui s'y trouvait, tua une cinquantaine d'hommes et le dispersa.

COMBAT DE BENY-A'DYN.

Les Mameluks, voyant la haute Égypte garnie de troupes, filèrent par le désert dans la basse Égypte. Le général Desaix envoya le général Davout à leur suite. Il les rencontra au village de Beny-A'dyn, les attaqua, les dispersa après leur avoir tué un millier d'hommes. Nous avons eu 3 hommes tués et 30 blessés; mais parmi les tués se trouve le chef de brigade Pinon, du 15ᵉ de dragons, officier du plus rare mérite.

PRISE DE QOSEYR.

Le 10 prairial, le général Belliard et l'adjudant général Donzelot sont entrés à Qoseyr et ont pris possession de ce poste important. On s'occupe à le mettre dans le meilleur état de défense.

Cette occupation, celle de Suez et d'El-A'rych ferment absolument l'entrée de l'Égypte du côté de la mer Rouge et de la Syrie; tout comme les fortifications de Damiette, Rosette et Alexandrie rendent impraticable une attaque par mer, et assurent à jamais à la République la possession de cette belle partie du monde, dont la civilisation aura tant d'influence sur la grandeur nationale et les destinées futures des plus anciennes parties de l'univers.

Mourad-Bey est retiré avec peu de monde dans les oasis, d'où il va être encore chassé. Hassan-Bey est à plus de quinze jours au-dessus des cataractes. La plupart des tribus arabes sont soumises et ont donné des otages. Les paysans s'éclairent et reviennent tous les jours des insinuations de nos ennemis; des forts nombreux, établis de distance en distance, les retiennent d'ailleurs, s'ils étaient mal intentionnés. Les Arabes d'Yanbo ont péri pour la plupart.

L'état-major vous enverra les noms des officiers auxquels j'ai accordé de l'avancement.

J'ai nommé au commandement du 15ᵉ de dragons le citoyen Barthélemy, chef d'escadron des guides à cheval, ancien officier de cavalerie, distingué par ses connaissances.

Je vous demande le grade de général de brigade pour le citoyen Donzelot, adjudant général du général Desaix.

BONAPARTE.

Dépôt de la guerre.

4206. — AU GÉNÉRAL KLEBER.

Quartier général, au Caire, 5 messidor an VII (23 juin 1799).

Je reçois, Citoyen Général, vos lettres des 26, 28 et 29 prairial.

L'année passée, nous avions permis le commerce avec la Syrie, et Djezzar-Pacha s'y était opposé. Quelque inconvénient qu'il puisse y avoir, le premier besoin pour nous étant de ne pas laisser tomber ·

·ulture, je ne vois pas d'inconvénient à ce que d'ici à thermidor vous permettiez le commerce avec la Syrie ; mais je crois qu'il est bon de laisser passer tout messidor.

Le bataillon de la 25e se rend en droite ligne à Qatyeh, avec le général Leclerc. J'ai envoyé le général Destaing à El-Rahmânyeh. Le général Dommartin doit être rendu à Alexandrie.

Si Lesbé n'est pas en état aujourd'hui, il est au moins nécessaire que vous donniez les ordres qu'on y travaille avec une telle activité, que tous les mois il acquière un nouveau degré de force, et que l'année prochaine il puisse remplir le but qu'on s'était proposé.

Hassan-Toubàr est au Caire ; je dois le voir dans une heure. Je ne vois pas trop le parti que je prendrai avec cet homme. Si je lui rends ce qu'il me demande, le préalable sera qu'il me remette ses enfants en otage.

Nous sommes toujours ici sans nouvelles du continent ; on m'assure aujourd'hui que des vaisseaux anglais ont paru devant Alexandrie ; qu'ils ont expédié à Mourad trois exprès sur des dromadaires. Ils auront de la peine à le trouver, car le général Friant est dans ce moment dans les oasis.

Le général Desaix est en pleine jouissance de la haute Égypte et de Qoseyr. Les impositions se payent régulièrement, et sa division est au courant de sa solde. Avec les impositions de Damiette et de Mansourah, vous viendrez facilement à bout de payer votre division.

Mettez-vous en correspondance avec Rosette, afin que l'on vous prévienne promptement de tout ce qui pourrait se passer sur la côte. Dès l'instant qu'il y aura un peu d'eau, je vous enverrai les deux demi-galères et la chaloupe canonnière *la Victoire,* qui sont fort bien armées. Dans ce moment-ci les eaux sont trop basses.

Je crois qu'il serait toujours utile de tenir à Omm-Fàreg le bateau *le Menzaleh,* et de remplir sa cale de jarres pleines d'eau, car d'ici à un ou deux mois le lac Menzaleh sera un moyen efficace de communication avec Qatyeh et El-A'rych.

Le général Menou n'est pas encore de retour de son inspection d'El-A'rych.

Quatre ou cinq négociants de Damiette, chrétiens ou turcs, peuvent vous prêter les 60,000 livres que vous demandez ; je crois que cela vaut mieux que de s'adresser à un trop grand nombre. Choisissez six négociants turcs et deux ou trois chrétiens, et imposez chacun d'eux à tant.

Je ne connais pas les membres du divan de Damiette. Cette province a toujours été faiblement administrée, et je ne la calculerai de niveau avec celles de Rosette, du Caire et d'Alexandrie que trois ou quatre décades après votre arrivée. Faites tout ce que la prudence vous fera juger nécessaire.

BONAPARTE.

Collection Napoléon.

_____

4207. — AU GÉNÉRAL KLEBER.

Quartier général, au Caire, 5 messidor an VII (23 juin 1799).

Hassan-Toubàr, Citoyen Général, sort de chez moi. Il remet ici, ce soir, son fils en otage ; c'est un homme âgé de trente ans. Hassan-Toubàr part sous peu de jours pour Damiette ; il paraît un peu instruit par le malheur ; d'ailleurs, son fils nous assure de lui. Je crois qu'il vous sera très-utile pour l'organisation du lac Menzaleh, la province de Damiette, les communications avec El-A'rych et votre espionnage en Syrie.

Je suis en guerre avec presque tous les Arabes. J'ai rompu, à ce sujet, tous les traités possibles, parce que, aujourd'hui qu'ils nous connaissent et qu'il n'y a presque aucune tribu qui n'ait eu des relations avec nous, je veux avoir des otages.

BONAPARTE.

Collection Napoléon.

_____

4208. — AU CHEF DE BRIGADE SANSON.

Quartier général, au Caire, 5 messidor an VII (23 juin 1799).

Je vous prie, Citoyen Commandant, de faire déblayer au plus tôt les murailles qui sont contre les créneaux de la porte du Delta.

Vous trouverez ci-joint une lettre de l'administrateur des finances ; je vous prie de la prendre en grande considération et de vous concerter avec les architectes, les ingénieurs des ponts et chaussées et l'administrateur des finances, et de me présenter un projet :

1° Des maisons nationales à démolir ;

2° Des maisons particulières à acquérir et à démolir pour avoir une communication large et commode d'ici au quartier de l'Institut, avec une place au milieu de ladite communication.

3° Pour avoir une communication de la place Ezbekyeh à la place Birket el-Fyl, avec une place au milieu. Les maisons que l'on a démolies à droite et à gauche défigurent la ville et ruinent des habitations que nous serions obligés, un jour, de rétablir.

BONAPARTE.

Dépôt de la guerre.

4209. — AU CHEF DE LA 69° DEMI-BRIGADE.

Quartier général, au Caire, 5 messidor an VII (23 juin 1799).

J'ai reçu, Citoyen, votre mémoire historique sur vos compagnies de grenadiers. Votre tort est de ne pas vous être donné les sollicitudes nécessaires pour purger ces compagnies de quinze à vingt mauvais sujets qui s'y trouvaient. Aujourd'hui il ne faut penser qu'à organiser ce corps, et le mettre à même de soutenir, aux premiers événements, la réputation qu'il s'était acquise en Italie.

BONAPARTE.

Collection Napoléon.

4210. — AU CITOYEN POUSSIELGUE.

Quartier général, au Caire, 5 messidor an VII (23 juin 1799).

Le général Rampon m'instruit, Citoyen Administrateur, que la tribu nommée El-Barara, dans les environs de Qelyoub, est continuellement occupée au transport des grains, soit dans les montagnes, soit vers la Mecque. Je vous prie de prendre des renseignements à ce sujet et de me faire connaître la quantité de grains que cette tribu peut exporter.

BONAPARTE.

Comm. par Mme de la Morinière.

4211. — AU CITOYEN POUSSIELGUE.

Quartier général, au Caire, 5 messidor an VII (23 juin 1799).

Je vous prie, Citoyen, de me proposer une mesure afin qu'il ne sorte de Suez qu'une quantité de riz, blé et sucre, proportionnée à celle du café qui nous arrive. Il ne faudrait pas que le chérif de la Mecque nous enlevât, pour quelques fardes de café, la plus grande partie de nos subsistances.

BONAPARTE.

Comm. par Mme de la Morinière.

4212. — AU CITOYEN BAILLE,

CAPITAINE DE LA 1re COMPAGNIE DE GRENADIERS DE LA 69° DEMI-BRIGADE.

Quartier général, au Caire, 6 messidor an VII (24 juin 1799).

J'ai reçu, Citoyen, les notes que vous m'avez remises, qui prouvent que votre compagnie ne se trouvait pas avec les deux autres compagnies au moment où je fus mécontent d'elles, et qu'elle venait, au contraire, d'être envoyée par le général Rampon à l'attaque d'un poste où elle a montré le courage, l'impétuosité et la bravoure qui doivent distinguer les grenadiers.

BONAPARTE.

Dépôt de la guerre.

_____

4213. — AU CITOYEN D'AURE.

Quartier général, au Caire, 7 messidor an VII (25 juin 1799).

Je viens de faire la visite de l'hôpital de la maison d'Ibrahim-Bey. J'ai vu avec mécontentement qu'il y manque plusieurs médicaments essentiels, et surtout la pierre infernale. Donnez les ordres pour qu'avant le 10 du mois tous ces objets soient à l'hôpital.

J'ai trouvé que les pharmaciens n'étaient point à leur poste. Il y avait quelques plaintes sur les chirurgiens.

Il manquait beaucoup de draps, et les chemises étaient plus sales qu'elles ne l'auraient été à l'ambulance devant Acre.

Fixez, je vous prie, vos yeux sur cet objet essentiel; faites-vous remettre l'état du linge, des chemises qui ont été données au directeur de l'hôpital, et faites que, d'ici au 10, il y ait 5 ou 600 chemises à cet hôpital.

BONAPARTE.

Collection Napoléon.

_____

4214. — AU CITOYEN D'AURE.

Quartier général, au Caire, 7 messidor an VII (25 juin 1799).

J'ai donné, Citoyen Ordonnateur, au général Kleber l'autorité nécessaire pour administrer les provinces de Damiette et de Mansourah, de manière à pouvoir solder tout ce dont a besoin sa division.

La même autorité a été donnée au général Marmont pour les provinces d'Alexandrie, de Rosette et de Bahyreh.

Même autorité au général Desaix pour les trois provinces de la haute Égypte.

Je vous prie donc, dans les besoins de l'administration, de distinguer les besoins de la division Desaix, ceux de la division Kleber, l'arrondissement d'Alexandrie, enfin le Caire et les troupes qui sont dans les autres provinces.

Si vous accordiez pour les divisions Kleber, Desaix et l'arrondissement d'Alexandrie plus qu'il ne faut, les généraux ne feraient pas solder les crédits que je vous ai donnés.

BONAPARTE.

Collection Napoléon.

4215. — AUX CITOYENS HAMELIN ET LIVRON.

Quartier général, au Caire, 7 messidor an VII (25 juin 1799).

J'ai reçu, Citoyens, votre lettre du 28 prairial. Le citoyen Poussielgue, qui a mis en vous toute sa confiance pour un objet aussi essentiel, garantit votre activité et les moyens que vous aurez pour réussir. J'écris au général Desaix pour qu'il vous donne toute la protection que vous pourrez désirer. Autant qu'il sera possible, on lèvera toutes les difficultés qui pourraient s'opposer à la marche de votre opération. La réussite pourra faire apprécier les motifs qui vous ont fait mettre en avant, comme seule elle sera la mesure du service que vous vous trouverez avoir rendu. Vous n'aurez réussi que lorsque vous aurez fait verser à Boulâq 600,000 ardebs de blé.

BONAPARTE.

Collection Napoléon.

4216. — AU GÉNÉRAL DESAIX.

Quartier général, au Caire, 8 messidor an VII (26 juin 1799).

Quoique la caravane du Darfour se soit très-mal conduite, Citoyen Général, mon intention est que vous fassiez rendre à Krabino, un des chefs de la caravane, sa propre fille, qui a été enlevée et qui est demeurée à un des chirurgiens de votre division.

BONAPARTE.

Collection Napoléon.

4217. — AU DIVAN DU CAIRE.

Quartier général, au Caire, 8 messidor an VII (26 juin 1799).

J'ai fait arrêter le cadi, parce que j'ai lieu de m'en méfier, et que son père, que j'avais comblé de bienfaits, m'a payé de la plus noire ingratitude. Je vous prie de me présenter quelqu'un pour remplir cette place. Il faut que ce soit un homme né en Égypte.

BONAPARTE.

Collection Napoléon.

4218. — ORDRE.

Quartier général, au Caire, 8 messidor an VII (26 juin 1799).

Le général en chef, considérant que l'ordre qu'il avait donné à l'artillerie pour confectionner la poudre n'a pas eu son exécution;

Considérant que le citoyen Champy, membre de la commission des arts attachée à l'expédition, est administrateur des poudres de la République, ordonne :

ARTICLE 1ᵉʳ. — Le citoyen Champy est uniquement et exclusivement chargé de la fabrication de la poudre en Égypte.

ART. 2. — Le commandant du génie fera travailler aux bâtisses et ustensiles nécessaires dans le local nommé mosquée de Roudah. Il prendra ses mesures de manière que, le 20 messidor, l'établissement soit fait, et, pour ce, il ralentira, autant qu'il sera nécessaire, les travaux du Caire et de Gyzeh. Les ateliers du citoyen Conté seront exclusivement attachés à la confection des ustensiles.

ART. 3. — Le citoyen Champy remettra demain au commandant du génie la note des bâtiments qu'il faut construire et des ustensiles qui lui sont nécessaires.

ART. 4. Le citoyen Champy me présentera, dans la journée de demain, l'organisation de la fabrique, de manière qu'elle soit dans le cas de faire 45 milliers par mois.

BONAPARTE.

Dépôt de la guerre.

4219. — AU GÉNÉRAL KLEBER.

Quartier général, au Caire, 8 messidor an VII (26 juin 1799).

Je vous prie, Citoyen Général, d'envoyer au Caire l'Osmanli que vous avez déjà renvoyé d'Alexandrie, et qui, par sa mauvaise étoile, n'est pas encore parti. Je le garderai prisonnier à la citadelle; il servira d'otage pour les Français prisonniers à Constantinople.

BONAPARTE.

Collection Napoléon.

4220. — AU GÉNÉRAL MARMONT.

Quartier général, au Caire, 8 messidor an VII (26 juin 1799).

Je n'ai point reçu, Citoyen Général, la lettre que vous m'annoncez m'avoir écrite le 1ᵉʳ messidor; je viens de recevoir celle du 3.

Le général Destaing est arrivé à El-Rahmànyeh; il a mené avec lui un bataillon de la 61ᵉ; le général Lanusse y avait envoyé un bataillon de la 4ᵉ; le chef de la 4ᵉ est parti avant-hier avec un autre bataillon. Ainsi, il ne manque pas de forces pour faire payer les contributions et dissiper les rassemblements.

Vous-même vous pouvez, avec une partie de vos forces, vous porter sur Maryout et détruire ces maudits Arabes.

Le contre-amiral Ganteaume doit être arrivé à Alexandrie; secondez, je vous prie, toutes ses opérations.

Smith est un jeune fou qui veut faire sa fortune et cherche à se mettre souvent en évidence. La meilleure manière de le punir est de ne jamais lui répondre. Il faut le traiter comme un capitaine de brûlots. C'est, au reste, un homme capable de toutes les folies et auquel il ne faut jamais prêter un projet profond et raisonné; ainsi, par exemple, il serait capable de faire faire une descente à 800 hommes. Il se vante d'être entré déguisé à Alexandrie. Je ne sais si ce fait est vrai, mais il est très-possible qu'il profite d'un parlementaire pour entrer dans la ville, déguisé en matelot.

La province de Rosette doit beaucoup d'argent; prenez des mesures pour faire tout solder.

Le Nil n'augmente pas encore, mais du moment qu'il sera un peu haut, je vous enverrai 600,000 rations de biscuit et une grande quantité de blé.

BONAPARTE.

Collection Napoléon.

4221. — AU GÉNÉRAL DUGUA.

Quartier général, au Caire, 8 messidor an VII (26 juin 1799).

Mon intention, Citoyen Général, est que demain, au lieu d'assembler le petit divan, ainsi que je vous l'avais écrit, vous convoquiez le grand divan; que vous y appeliez le cheik Sàdàt et tous les principaux qui n'en font pas partie; que vous y fassiez lire le procès-verbal de la séance dans laquelle le cheik El-A'rychy a été élu cadi, et que vous le fassiez reconnaître en cette qualité; qu'ensuite, accompagné du divan, de l'état-major, vous le conduisiez avec pompe chez moi où je serai prêt à le recevoir; et de là vous irez l'installer, avec tout l'appareil d'une fête, à la maison de justice.

BONAPARTE.

Dépôt de la guerre.

4222. — AU GÉNÉRAL DAVOUT.

Quartier général, au Caire, 9 messidor an VII (27 juin 1799).

D'après les dispositions du général en chef, vous voudrez bien, Citoyen Général, partir demain 10, avec tous les hommes à cheval des 22ᵉ de chasseurs et 20ᵉ de dragons, tous les hommes d'infanterie de la division Desaix qui sont au dépôt et dans le cas de partir, et votre artillerie, pour vous rendre à Atfyeh, poursuivre les Mameluks qui sont cantonnés dans les différents villages de cette province. L'intention du général en chef est que vous restiez à Atfyeh le nombre de jours nécessaire pour donner la chasse à ces Mameluks, qui, probablement, prendront le parti de remonter dans la haute Egypte; alors vous les poursuivriez. Vous resterez avec vos forces dans les provinces de Beny-Soueyf, de Minyeh et du Fayoum; les commandants de ces trois places seront sous vos ordres. Vous vous porterez sur l'une et sur l'autre rive, partout où vous croirez nécessaire pour poursuivre les Mameluks, les Arabes, et presser la levée des impositions.

Dès l'instant que vous serez arrivé dans la province des Beny-Soueyf, vous prendrez toutes les mesures pour bien remonter votre cavalerie. Vous retiendrez près de vous tous les hommes du 22e de chasseurs et du 20e de dragons qui ont été en remonte dans la haute Egypte. Vous correspondrez, pour ces trois provinces, directement avec le général en chef et l'état-major général. Vous les organiserez de manière à pouvoir renvoyer au Caire le bataillon de la 22e, afin d'organiser cette demi-brigade à la fin de messidor.

Vous aurez avec vous un officier du génie qui sera chargé de faire retrancher les établissements français à Minyeh et à Beny-Soueyf, de manière que 60 hommes y gardent les magasins que nous y aurions contre une multitude.

Il vous sera accordé, à compter du 1er messidor, le même traitement de table qu'aux généraux de division.

Vous renverrez au Caire tous les hommes des 7e de hussards, 3e et 14e de dragons.

Je joins ici l'ordre au commandant de Gyzeh de mettre à votre disposition tous les hommes disponibles des dépôts de Gyzeh; veuillez bien leur indiquer l'heure et le lieu du rendez-vous pour le départ.

J'ai écrit au commandant du génie de désigner un officier de son arme pour partir avec vous; cet officier ira prendre vos ordres.

Par ordre du général en chef.

Dépôt de la guerre.

4223. — AU GÉNÉRAL DUGUA.

Quartier général, au Caire, 9 messidor an VII (27 juin 1799).

Je vous prie de réunir demain matin, chez vous, Citoyen Général, les membres du divan, et de leur faire connaître la lettre ci-jointe en réponse à celle qu'il m'a écrite ce matin.

Je désire que vous envoyiez de suite quelqu'un rassurer les femmes du cadi[1], et que vous donniez ordre à la citadelle pour qu'il soit traité avec les plus grands égards.

Je désire également que vous lui fassiez demander le lieu où il

---

[1] Pièce n° 4217.

désire se rendre; soit qu'il veuille aller en Syrie, soit à Constantinople, je l'y ferai conduire.

BONAPARTE.

Dépôt de la guerre.

4224. — AU DIVAN DU CAIRE.

Quartier général; au Caire, 9 messidor an VII (27 juin 1799).

J'ai reçu votre lettre ce matin; ce n'est pas moi qui ai destitué le cadi; c'est le cadi lui-même qui, comblé de mes bienfaits, a poussé l'oubli de ses devoirs jusqu'à quitter son peuple et abandonner l'Égypte pour se retirer en Syrie.

J'avais consenti que provisoirement, pendant la mission qu'il devait avoir en Syrie, il laissât son fils pour gérer sa place pendant son absence; mais je n'avais jamais cru que ce fils, jeune, faible, dût remplir définitivement la place de cadi.

La place de cadi s'est donc trouvée vacante. Qu'ai-je fait pour suivre le véritable esprit du Coran? C'est de faire nommer le cadi par l'assemblée des cheiks; c'est ce que j'ai fait. Mon intention est donc que le cheik El-A'rychy, qui a obtenu vos suffrages, soit reconnu et remplisse les fonctions de cadi. Les premiers califes, en suivant le véritable esprit du Coran, n'ont-ils pas eux-mêmes été nommés par l'assemblée des fidèles?

Il est vrai que j'ai reçu avec bienveillance le fils du cadi lorsqu'il est venu me trouver; aussi mon intention est-elle de ne lui faire aucun mal; et si je l'ai fait conduire à la citadelle, où il est traité avec autant d'égards qu'il le serait chez lui, c'est que j'ai pensé devoir le faire par mesure de sûreté. Mais, dès que le nouveau cadi sera publiquement revêtu et exercera ses fonctions, mon intention est de rendre la liberté au fils du cadi, de lui restituer ses biens, et de le faire conduire avec sa famille dans le pays qu'il désirera. Je prends ce jeune homme sous ma spéciale protection; aussi bien je suis persuadé que son père même, dont je connaissais les vertus, n'a été qu'égaré.

C'est à vous d'éclairer les bien intentionnés, et faites ressouvenir enfin les peuples d'Égypte qu'il est temps que le règne des Osmanlis finisse : leur gouvernement est plus dur cent fois que celui des Mameluks; et y a-t-il quelqu'un qui puisse penser qu'un cheik, natif d'Égypte, n'ait pas le talent et la probité nécessaires pour remplir la place importante de cadi?

Quant aux malintentionnés et à ceux qui seraient rebelles à ma

31.

volonté, faites-les-moi connaître : Dieu m'a donné la force pour les punir; ils doivent savoir que mon bras n'est pas faible.

Le divan et le peuple d'Égypte doivent donc voir dans cette conduite une preuve toute particulière des sentiments que je nourris dans mon cœur pour leur bonheur et leur prospérité; et, si le Nil est le premier des fleuves de l'Orient, le peuple d'Égypte, sous mon gouvernement, doit être le premier des peuples.

BONAPARTE.

Collection Napoléon.

4225. — AU DIRECTOIRE EXÉCUTIF.

Quartier général, au Caire, 10 messidor an VII (28 juin 1799).

Vous trouverez ci-joint plusieurs imprimés qui vous mettront au fait des événements qui se sont succédé depuis plusieurs mois.

La peste a commencé à Alexandrie, il y a six mois, avec des symptômes très-prononcés. A Damiette, elle a été plus bénigne. A Gaza et à Jaffa, elle a fait plus de ravages. Elle n'a été ni au Caire, ni à Suez, ni dans la haute Égypte.

Il résulte de l'état joint à cette lettre que l'armée française, depuis son arrivée en Égypte jusqu'au 10 messidor an VII, a perdu 5,344 hommes. Vous voyez qu'il nous faudrait 500 hommes pour la cavalerie, 5,000 pour l'infanterie, 500 pour l'artillerie, pour mettre l'armée dans l'état où elle était lors du débarquement.

La campagne de Syrie a eu un grand résultat; nous sommes maîtres de tout le désert, et nous avons déconcerté pour cette année les projets de nos ennemis. Nous avons perdu des hommes distingués. Le général Bon est mort de ses blessures; Caffarelli est mort; mon aide de camp Croizier est mort; beaucoup de monde a été blessé.

Notre situation est très-rassurante. Alexandrie, Rosette, Damiette, El-A'rych, Qatyeh, Sâlheyeh se fortifient à force; mais, si vous voulez que nous nous soutenions, il nous faut, d'ici à pluviôse, 6,000 hommes de renfort.

Si vous nous en faites passer en outre 15,000, nous pourrons aller partout, même à Constantinople.

Il nous faudrait alors 2,000 hommes de cavalerie pour incorporer dans nos régiments, avec des carabines, selles à la hussarde et sabres; 600 hussards ou chasseurs; 6,000 de troupes pour incorporer dans nos corps et les recruter; 500 canonniers de ligne; 500 ouvriers, maçons, armuriers, charpentiers, mineurs, sapeurs; cinq demi-brigades à 2,000 hommes chacune; 20,000 fusils;

40,000 baïonnettes; 3,000 sabres; 6,000 paires de pistolets, 10,000 outils de pionniers.

S'il vous était impossible de nous faire passer tous ces secours, il faudrait faire la paix, car il faut calculer que d'ici au mois de messidor nous perdrons encore 6,000 hommes.

Nous serons à la saison prochaine réduits à 15,000 hommes effectifs, desquels ôtant 2,000 hommes aux hôpitaux, 500 vétérans, 500 ouvriers qui ne se battent pas, il nous restera 12,000 hommes, compris cavalerie, artillerie, sapeurs, officiers d'état-major, et nous ne pourrons pas résister à un débarquement combiné avec une attaque par le désert.

Si vous nous faisiez passer 4 ou 5,000 Napolitains, cela serait bon pour recruter nos troupes.

Il nous faudrait 18 à 20 médecins, et 60 à 80 chirurgiens; il en est mort beaucoup. Toutes les maladies de ce pays-ci ont des caractères qui demandent à être étudiés. Par là, on peut les regarder toutes comme inconnues; mais toutes les années elles seront plus connues et moins dangereuses.

Je n'ai point reçu de lettres de France depuis l'arrivée de Moureau, qui m'a apporté des nouvelles du 5 nivôse, et de Belleville, du 20 pluviôse. J'espère que nous ne tarderons pas à en avoir.

Nos sollicitudes sont toutes en France. Si les rois l'attaquaient, vous trouveriez dans nos bonnes frontières, dans le génie guerrier de la nation et dans vos généraux, des moyens pour leur rendre funeste leur audace. Le plus beau jour pour nous sera celui où nous apprendrons la formation de la première république en Allemagne.

Je vous enverrai incessamment le nivellement du canal de Suez, les cartes de toute l'Égypte, de ses canaux, et de la Syrie.

Nous avons de fréquentes relations avec la Mecque et Moka. J'ai écrit plusieurs fois aux Indes, à l'île de France; j'en attends les réponses sous peu de jours. C'est le chérif de la Mecque qui est l'entremetteur de notre correspondance.

Le contre-amiral Perrée est sorti d'Alexandrie le 19 germinal avec trois frégates et deux bricks; il est arrivé devant Jaffa le 24, s'est mis en croisière, a pris deux bâtiments du convoi turc, chargés de 300 hommes, 100 mineurs et bombardiers, est revenu devant Tantourah pour prendre nos blessés; mais il a été chassé par la croisière anglaise, et a disparu; il sera arrivé en Europe.

Je lui avais remis des instructions pour son retour : personne r' plus à même que cet officier de nous faire passer des nouvelle des secours; depuis la bouche d'Omm-Fàreg, Damiette, Bou

Rosette, Alexandrie, il peut choisir dans ce moment-ci, et depuis le 15 ventôse il n'y a point de croisière devant Alexandrie ni Damiette; cela nous a été utile pour l'approvisionnement d'Alexandrie.

J'ai été très-satisfait de la conduite du contre-amiral Perrée dans toute cette croisière; je vous prie de le lui faire connaître.

BONAPARTE.

Collection Napoléon.

4226. — AU GÉNÉRAL DESTAING.

Quartier général, au Caire, 10 messidor an VII (28 juin 1799).

Je reçois presque en même temps vos lettres des 5 et 7 messidor.

Le 1ᵉʳ bataillon de la 4ᵉ est parti le 6, à quatre heures après midi, du Caire, pour se rendre à El-Rahmànyeh. Si vous êtes parti le 9, comme c'était votre projet, pour remonter votre province, vous vous serez probablement joints à portée de tomber sur le rassemblement de l'ennemi. Le 15ᵉ de dragons et tous les dromadaires disponibles partent cette nuit pour se rendre à Menouf. Je donne l'ordre au général Lanusse de se porter au village de Tanoub et de le brûler, ainsi que le village d'El-Za'yrah; après quoi il vous fera passer le 15ᵉ et les dromadaires. Ces secours et les trois bataillons que vous avez vous mettent à même de soumettre la province de Bahyreh.

Dès l'instant que vous aurez frappé quelques coups dans votre province, faites-moi passer la légion nautique, dont j'ai le plus grand besoin pour l'organisation de l'armée.

BONAPARTE.

Collection Napoléon.

4227. — ORDRE.

Quartier général, au Caire, 10 messidor an VII (28 juin 1799).

ARTICLE 1ᵉʳ. — Les ingénieurs géographes qui sont à l'armée sont réunis à l'état-major général, sous les ordres du général chef de l'état-major général.

ART. 2. — Le bureau topographique sera établi à l'état-major général.

ART. 3. — Le citoyen Jacotin est nommé chef des ingénieurs géographes; il transmettra les ordres; les ingénieurs géographes en mission lui rendront compte.

ART. 4. — Le chef de l'état-major général fera dresser une carte générale du pays, sur laquelle seront rapportés toutes les reconnaissances particulières, tous les figurés, etc. Les observations astronomiques serviront à établir le canevas de la carte générale.

ART. 5. — Le chef de l'état-major général réglera le service des ingénieurs géographes, soit au bureau, soit en campagne; il réglera également les dépenses extraordinaires, comme indicateurs, porte-chaînes, etc.

ART. 6. — Les ingénieurs géographes continueront à jouir du traitement dont ils jouissent aujourd'hui; ils seront payés sur un état certifié du chef de l'état-major général et d'après une revue, conformément à ce que prescrit la loi.

ART. 7. — Le général chef de l'état-major général, le général commandant l'arme du génie se concerteront pour les communications de travail qui seraient utiles au bien du service.

BONAPARTE.

Dépôt de la guerre.

4228. — AU CITOYEN FOURIER, COMMISSAIRE PRÈS LE DIVAN.

Quartier général, au Caire, 10 messidor an VII (28 juin 1799).

Je vous prie, Citoyen, de me faire un rapport sur les membres qui composent le grand et le petit divan du Caire, pour me faire connaître s'il y a des places vacantes dans l'un ou l'autre.

Je désire également que vous me fassiez connaître si, parmi les membres du grand divan, il s'en trouve qui ne méritent pas la place qu'ils ont, soit par leur peu de considération, soit par une raison quelconque, et que vous me présentiez un certain nombre d'individus pour remplir les places vacantes. Mon intention est de composer ce divan de manière à former un corps intermédiaire entre le gouvernement et l'immense population du Caire, de manière qu'en parlant à ce grand divan on soit sûr de parler à la masse de l'opinion.

BONAPARTE.

Collection Napoléon.

4229. — AU CITOYEN POUSSIELGUE.

Quartier général, au Caire, 10 messidor an VII (28 juin 1799).

Je vous prie, Citoyen Administrateur, de faire au général Kleber un acte de donation de sa maison. Étant instruit que le cheik El-Cherqâouy est mal logé, je désire lui donner une maison de Mameluk; voyez à causer de cela avec lui, pour lui en donner une qui ne nous serve à rien.

BONAPARTE.

Comm. par Mme de la Morinière.

4230. — AU GÉNÉRAL DUGUA.

Quartier général, au Caire, 11 messidor an VII (29 juin 1799).

Je vous prie, Citoyen Général, de faire mettre en liberté, ce soir, le fils du cadi qui avait été conduit à la citadelle. Vous lui ferez connaître que mon intention est qu'il aille loger chez quelque particulier de ses amis.

BONAPARTE.

Dépôt de la guerre.

4231. — ORDRE.

Quartier général, au Caire, 11 messidor an VII (29 juin 1799).

Article 1er. — Le citoyen Lepère, ingénieur en chef des ponts et chaussées, correspondra directement avec l'état-major général pour les mouvements, directement avec moi pour le matériel, pour tout ce qui est relatif aux ponts et chaussées.

Art. 2. — Tous les officiers des ponts et chaussées attachés à l'expédition seront sous ses ordres et voudront bien obéir à ceux qu'il leur donnera.

Art. 3. — Le corps des ponts et chaussées sera uniquement chargé de l'ouverture des chemins, chaussées, rues, communications, canaux, travaux pour l'irrigation, nivellements.

Art. 4. — Le citoyen Lepère me présentera, le plus tôt possible, un plan d'organisation de son corps, afin d'avoir, dans le plus court délai, la carte hydrographique de l'Égypte.

BONAPARTE.

Dépôt de la guerre.

4232. — AU CITOYEN POUSSIELGUE.

Quartier général, au Caire, 11 messidor an VII (29 juin 1799).

Je vous prie, Citoyen, de me faire connaître l'âge des trois esclaves mâles arrivés ces jours derniers de la haute Égypte : je désire les acheter.

BONAPARTE.

Comm. par Mme de la Morinière.

4233. — AU GÉNÉRAL MURAT.

Quartier général, au Caire, 12 messidor an VII (30 juin 1799).

Il est ordonné au général Murat de partir demain, avant le jour, avec toute la cavalerie disponible des deux brigades, les trois compagnies de grenadiers de la 69e qui sont à la citadelle, et deux pièces de canon, pour se rendre au village de Berkâch, où il trouvera la tribu des Henâdy. Le général Murat partira avec eux pour se rendre à Terrâneh et de là à Koum-Cheryk.

Le général Lanusse a eu ordre, avec le 15ᵉ de dragons, un détachement du 22ᵉ de chasseurs, un détachement de dromadaires, un bataillon de la 69ᵉ, de se rendre au village de Tanoub pour le brûler.

Le général Destaing doit également être parti le 10 ou le 11 d'El-Rahmânyeh, pour remonter le Nil, dissiper le rassemblement de Mameluks, fellahs, Arabes qui lèvent les impositions dans la province de Bahyreh et nous privent de sommes considérables.

Le général Murat de Koum-Cheryk se rendra dans la montagne ou à Chàbour, afin de faciliter de tous ses moyens les opérations du général Destaing et parvenir au grand but de l'anéantissement de tous ces rassemblements.

Lorsqu'il croira que sa présence ne sera plus nécessaire dans le Bahyreh, il reviendra, soit par le même chemin, soit en passant dans le Delta; il retirera le détachement du 14ᵉ de dragons qu'a le général Destaing, et laissera en place le détachement du 22ᵉ de chasseurs.

Si les circonstances dans lesquelles se trouverait le Bahyreh le lui faisaient croire nécessaire, il laisserait le 20ᵉ régiment de dragons et les trois compagnies de grenadiers de la 69ᵉ.

Le général Murat fera prendre des vivres à sa troupe pour quatre jours; il est prévenu que l'ordonnateur en chef a ordre de faire partir demain, pour Terrâneh, du pain pour quatre autres jours; il laissera, à cet effet, au commissaire ordonnateur, et pour servir d'escorte à ces vivres, une demi-compagnie de grenadiers de la 69ᵉ.

A moins d'événements inattendus et très-majeurs, l'intention du général en chef est que le général Murat soit de retour au Caire le 24. Il enverra tous les jours un exprès au général en chef, afin qu'il sache où lui envoyer des ordres, dans le cas où il aurait besoin de la cavalerie qu'il commande.

Quant aux Henâdy, qui sont de très-grands coquins, il faut en profiter pour chasser les autres, qui sont plus dangereux; bien étudier leurs usages, les pays où ils se tiennent, afin que, dans les circonstances, on en puisse profiter. Si le général Murat ne va pas à Maryout, il fera connaître au général Destaing que le général en chef ne regardera la province comme soumise que lorsqu'il aura été dans cet endroit.

Pendant tout le temps que le général Murat restera dans la province de Bahyreh, il aura le commandement sur le général Destaing et le général Marmont.

Par ordre du général en chef.

Dépôt de la guerre.

4234. — AU CHÉRIF DE LA MECQUE.

Quartier général, au Caire, 12 messidor an VII (30 juin 1799).

Au nom de Dieu clément et miséricordieux!

Il n'y a pas d'autre dieu que Dieu, et Mahomet est son prophète!

J'ai reçu votre lettre et j'en ai compris le contenu. J'ai donné les ordres pour que tout ce qui peut persuader de l'estime et de l'amitié que j'ai pour vous soit fait.

J'espère que, la saison prochaine, vous ferez partir une grande quantité de bâtiments chargés de café et de marchandises des Indes. Ils seront toujours protégés.

Je vous remercie de ce que vous avez fait passer mes lettres aux Indes et à l'île de France. Faites-y passer celles-ci et envoyez-moi la réponse.

Croyez à l'estime que j'ai pour vous et au cas que je fais de votre amitié.

BONAPARTE.

Pièces imprimées par ordre du Premier Consul.

4235. — AU SULTAN DU DARFOUR.

Quartier général, au Caire, 12 messidor an VII (30 juin 1799).

Au nom de Dieu clément et miséricordieux!

Il n'y a pas d'autre dieu que Dieu, et Mahomet est son prophète!

Au sultan du Darfour, Abd-el-Rahmân, serviteur des deux cités saintes, calife du glorieux prophète de Dieu, maître des mondes.

J'ai reçu votre lettre; j'en ai compris le contenu.

Lorsque votre caravane est arrivée, j'étais absent, ayant été en Syrie pour punir et détruire nos ennemis. Je vous prie de renvoyer, par la première caravane, 2,000 esclaves noirs ayant plus de seize ans, forts et vigoureux; je les achèterai tous pour mon compte.

Ordonnez à votre caravane de venir de suite et de ne pas s'arrêter en route. Je donne des ordres pour qu'elle soit protégée partout.

BONAPARTE.

Pièces imprimées par ordre du Premier Consul.

4236. — AU COMMANDANT DES ÎLES DE FRANCE ET DE LA RÉUNION.

Quartier général, au Caire, 12 messidor an VII (30 juin 1799).

Vous aurez sans doute appris, Citoyen Commandant, que depuis un an la République est maîtresse de l'Égypte. Je vous ai fait passer plusieurs lettres par la voie de Moka, et j'espère que vous les aurez reçues.

Les ports de Suez et de Qoseyr sont occupés par des garnisons françaises, et armés; les avisos que vous pourrez m'envoyer pour correspondre avec moi seront donc sûrs d'y être protégés.

Je désirerais que vous me fissiez passer le plus tôt possible quelques avisos, pour pouvoir correspondre avec les Indes, et que vous profitassiez de ces bâtiments pour nous envoyer 3,000 fusils de calibre, 1,500 paires de pistolets, 1,000 sabres.

La grande quantité de vaisseaux anglais qui inondent la Méditerranée rend difficile l'arrivée des bâtiments de Toulon. Mes dernières nouvelles de France sont du mois de ventôse : nous nous étions emparés du royaume de Naples, qui s'était déclaré pour les Anglais, et la République était dans l'état le plus florissant.

Faites-moi passer par vos avisos toutes les nouvelles que vous pourriez avoir des Indes.

L'établissement solide que la République vient de faire en Égypte sera une source de prospérité pour l'île de France.

L'état-major vous fait passer différents imprimés qui vous feront connaître les événements qui se sont passés dans ce pays-ci.

Croyez, je vous prie, au désir que j'ai de faire quelque chose qui vous soit agréable.

BONAPARTE.

Collection Napoléon.

4237. — AU COMMANDANT DE L'ÎLE DE FRANCE.

Quartier général, au Caire, 12 messidor an VII (30 juin 1799).

Je vous prie, Citoyen Commandant, de faire payer au chérif de la Mecque la somme de 94,000 francs, que le payeur de l'armée tire en trois lettres de change sur le payeur de l'île de France et dont la trésorerie nationale tiendra compte.

J'ai pensé devoir me servir de ce moyen pour avoir un canal sûr pour correspondre avec vous, malgré les croiseurs qui infestent la mer Rouge.

BONAPARTE.

Dépôt de la guerre.

4238. — ORDRE.

Quartier général, au Caire, 12 messidor an VII (30 juin 1799).

Les commandants des provinces instruiront les différents divans que l'assemblée des ulémas a nommé pour cadi le cheik El-A'rychy; que l'intention du général en chef est que tous les cadis soient confirmés, comme c'est l'usage, par le premier cadi. En conséquence, tous les cadis des provinces se rendront au Caire, pour obtenir de lui l'investiture.

Les commandants des provinces feront sentir, dans toutes les circonstances, aux principaux du pays qu'il est temps enfin que le gouvernement des Osmanlis finisse, gouvernement qui a été plus tyrannique pour eux que celui des Mameluks mêmes, et qu'il est contre l'esprit du Coran que des Osmanlis et des gens de Constantinople viennent administrer la justice à un peuple dont ils n'entendent pas la langue; que ce n'est que trois ou quatre siècles après la mort du Prophète que Constantinople a été musulman; que, si le Prophète venait sur la terre, ce n'est pas à Constantinople qu'il établirait sa demeure, mais dans la ville sainte du Caire, sur les bords du Nil; que le chef de la religion musulmane est notre ami le chérif de la Mecque, tout comme la véritable science existe dans l'assemblée des ulémas du Caire, sans contredit les plus savants de tout l'empire; et que l'intention du général en chef est que tous les cadis soient natifs d'Égypte; à moins qu'ils ne le soient des saintes villes de la Mecque et de Médine.

BONAPARTE.

Dépôt de la guerre.

4239. — AU GÉNÉRAL MARMONT.

Quartier général, au Caire, 13 messidor an VII (1ᵉʳ juillet 1799).

J'ordonne au payeur, Citoyen Général, de faire passer 50,000 francs à Alexandrie, pour pourvoir à un mois de solde et aux différents crédits que le payeur ouvrira au génie, à l'artillerie et aux administrations.

Les Henàdy sont venus me trouver; quoique ces scélérats eussent bien mérité que je profitasse du moment pour les faire fusiller, j'ai pensé qu'il était bon de s'en servir contre la nouvelle tribu, qui paraît décidément être leur ennemie. Ils ont prétendu n'être entrés pour rien dans tous les mouvements du Bahyreh; ils sont partis 300 des leurs avec le général Murat, qui a 300 hommes de cavalerie, trois compagnies de grenadiers de la 69ᵉ et deux pièces d'artillerie. Je lui ai donné ordre de rester huit ou dix jours dans le Bahyreh, pour détruire les Arabes et aider le général Destaing à soumettre entièrement cette province : mon intention est que tous ces Arabes soient chassés au delà de Maryout. Le général Destaing avait reçu auparavant un bataillon de la 4ᵉ, le 15ᵉ de dragons et une compagnie du régiment des dromadaires.

J'espère que des sommes considérables entreront promptement dans la caisse du payeur d'Alexandrie. Du moment où le Nil sera navigable, on vous enverra 200,000 rations de biscuit, qui sont ici toutes prêtes.

BONAPARTE.

Collection Napoléon.

4240. — AU GÉNÉRAL KLEBER, A DAMIETTE.

Quartier général, au Caire, 13 messidor an VII (1ᵉʳ juillet 1799).

Hassan-Toubàr, Citoyen Général, se rend à Damiette. Il a laissé ici son fils en otage. Il compte habiter Damiette, ou du moins y laisser sa femme et sa famille. Pour m'assurer davantage de sa fidélité, je lui ai restitué ses biens patrimoniaux. Quant aux femmes qu'il réclame, je n'ai rien statué, parce que j'ai pensé qu'elles étaient données à d'autres, et que d'ailleurs il serait ridicule qu'un homme dont nous avons eu tant à nous plaindre reprît tout à coup une si grande autorité dans le pays. Par la suite, vous verrez le parti que vous pourrez tirer de cet homme.

BONAPARTE.

Collection Napoléon.

4241. — AU GÉNÉRAL BERTHIER.

Quartier général, au Caire, 13 messidor an VII (1ᵉʳ juillet 1799).

Le général Caffarelli ayant laissé des papiers extrêmement intéressants sur l'Égypte, sur l'économie politique et la science militaire, le général en chef désire qu'une commission fasse le dépouillement de ces papiers et mette de côté, pour être imprimé, ce qui en vaudrait la peine.

Cette commission sera composée des citoyens Monge, Fourier et Andréossy.

BONAPARTE.

Dépôt de la guerre.

4242. — AU GÉNÉRAL BERTHIER.

Quartier général, au Caire, 14 messidor an VII (2 juillet 1799).

Vous préviendrez sur-le-champ le général Murat, par duplicata envoyé par deux exprès, dont un passera par Menouf, l'autre par Terrâneh, que Mourad-Bey est parti de l'oasis, a passé près du Fayoum et a été poursuivi plusieurs lieues dans le désert, le 11, par le général Friant; qu'il doit être arrivé le 12 à Rayàn, fontaine située à deux lieues de Garah, où l'on croit qu'il fera de l'eau, et qu'il a le projet de se rendre dans le Bahyreh; tous les renseignements que j'ai sont qu'il est malade, qu'il a avec lui 200 Mameluks et 300 Arabes qui sont dans l'état le plus pitoyable; cependant cela me fait désirer que le général Murat ne tarde pas un instant à dissiper le rassemblement qu'il a devant lui, afin qu'il puisse achever de détruire Mourad-Bey s'il se présentait sur un point du Bahyreh, et que le 15e de dragons le rejoigne promptement.

Vous préviendrez également le général Lanusse pour qu'il fasse passer de suite ce régiment au général Murat, et se tienne à portée de le rejoindre, si cela devenait nécessaire.

BONAPARTE.

Dépôt de la guerre.

4243. — AU GÉNÉRAL DESAIX.

Quartier général, au Caire, 14 messidor an VII (2 juillet 1799).

Je reçois, Citoyen Général, votre lettre du 3 messidor. J'ai reçu en même temps une lettre du général Friant, de Beny-Soueyf, du 12 messidor. Il m'annonce que Mourad-Bey fuit dans le Bahyreh. Il est indispensable que vous fassiez partir tout de suite pour le Caire tous les escadrons ou hommes montés des 7e de hussards, 3e, 14e et 15e de dragons. Gardez avec vous tous les hommes du 22e de chasseurs et du 20e de dragons. Il me paraît qu'il se trame quelque chose dans le Bahyreh; plusieurs tribus d'Arabes et quelques centaines de Moghrebins viennent de s'y rendre de l'intérieur de l'Afrique. Mourad-Bey s'y rend. Si ce rassemblement prenait de la consistance, il pourrait se faire que les Anglais et les Turcs y joignissent quelques milliers d'hommes.

Nous n'avons encore, ni devant Alexandrie, ni devant Damiette, aucune espèce de croisière ennemie.

On travaille tous les jours avec la plus grande activité aux fortifications d'El-A'rych et de Qatyeh.

On vous envoie tout ce qui reste du 22e de chasseurs et du 20e de dragons. Il part également une centaine d'hommes de votre division qui vont vous rejoindre. Si vous pouvez vous passer du bataillon de la 61e, envoyez-le ici.

Le général Davout est tombé malade et n'a pu remplir la mission que je voulais lui confier.

L'état-major n'a pas l'état des officiers auxquels vous avez accordé de l'avancement; envoyez-le-moi ainsi que celui des soldats auxquels vous désirez qu'il soit accordé des récompenses.

J'attends des nouvelles d'Europe. Le vent commence à être très-bon, et nos ports sont ouverts. Au reste, Perrée avec ses trois frégates doit y être arrivé; il était chargé de mes instructions particulières.

J'attache une importance majeure à la prompte exécution du mouvement de cavalerie dont je vous ai parlé plus haut.

Le général Dommartin, se rendant à Alexandrie sur un bâtiment armé, a été attaqué par les Arabes. Il est parvenu, quoique échoué, à les repousser avec la mitraille; mais il a eu deux blessures, qui ne sont pas de conséquence.

Je vous salue et vous aime.   BONAPARTE.

L'on dit que vous avez quelques gros bâtiments provenant des Mameluks et beaucoup de djermes désarmées; faites passer tout cela au Caire; nous tâcherons d'en tirer parti.

Comm. par M. Pauthier

_____

4244. — AU GÉNÉRAL BERTHIER.

Quartier général, au Caire, 15 messidor an VII (3 juillet 1799).

Je vous prie, Citoyen Général, d'ordonner au général Friant de se rendre à Atfyeh en donnant la chasse aux Mameluks qui sont établis dans cette province.

Vous le préviendrez que le général Rampon part pour se rendre dans la province d'Atfyeh, en la remontant, et que, par ce moyen, ils pourront prendre les Mameluks entre eux deux.

Le général Rampon partira le 17.

                                                              BONAPARTE.

Dépôt de la guerre.   _____

4245. — AU GÉNÉRAL FRIANT.

Quartier général, au Caire, 15 messidor an VII (3 juillet 1799).

J'ai reçu, Citoyen Général, la lettre que vous m'avez écrite du Fayoum. La rapidité et la précision de votre marche vous ont mérité la gloire de détruire Mourad-Bey.

Le général Murat, qui est depuis cinq à six jours dans le Bahyreh, et que j'ai prévenu de l'intention où était Mourad-Bey de s'y rendre, vous le renverra probablement.

L'état-major vous écrit pour que vous fassiez une course dans la province d'Atfyeh, afin de détruire les Mameluks qui paraissent s'y être établis.

BONAPARTE.

Comm. par M. le comte Friant.

4246. — AU GÉNÉRAL REYNIER.

Quartier général, au Caire, 15 messidor an VII (3 juillet 1799).

J'ai reçu, Citoyen Général, votre lettre d'El-Senytah, du 10 messidor. Toute la cavalerie de l'armée est dans ce moment-ci dans le Bahyreh; il sera possible cependant de réunir une centaine de chevaux d'ici au 20, en y mettant une partie de mes guides. Faites en sorte que ce jour-là les 100 hommes de cavalerie que vous avez soient à Belbeys, afin que ces 200 hommes réunis, avec une pièce de canon et 200 hommes d'infanterie, puissent nettoyer l'Ouàdy. Je confierai cette opération au général Lagrange.

Le seul moyen qui vient de réussir parfaitement au général Rampon, et qui lui a fait lever en très-peu de temps 100 chevaux et tout le myry du Qelyoub, c'est d'arrêter les cheiks qui ne payent pas et de les tenir en otage jusqu'à ce qu'ils aient donné de bons chevaux et payé le myry. Avec votre infanterie et votre pièce de canon, vous en avez autant qu'il vous en faut pour ne pas vous détourner un instant de l'importante affaire de la levée du myry.

Pour surprendre Elfy-Bey dans l'Ouàdy, il faut que les troupes partent le soir de Belbeys, marchent toute la nuit dans le désert, de manière à arriver à la petite pointe du jour au santon.

BONAPARTE.

Collection Napoléon.

4247. — AU GÉNÉRAL REYNIER.

Quartier général, au Caire, 15 messidor an VII (3 juillet 1799).

Je fais faire une redoute à Myt-Ghamar, Citoyen Général; elle aura l'avantage de contenir cette ville, qui est aujourd'hui le centre d'une province, et de protéger la navigation du Nil, car ç'a toujours été à Myt-Ghamar qu'on a attaqué nos barques. Cela m'empêche de l'établir pour ce moment à l'embouchure du canal de Moueys. Si cependant vous êtes obligé d'y envoyer un détachement, il faut lui ordonner de se construire une petite redoute en palissades, afin qu'un petit nombre d'hommes puisse résister à un très-grand.

BONAPARTE.

Dépôt de la guerre.

_____

4248. — AU GÉNÉRAL BERTHIER.

Quartier général; au Caire, 15 messidor an VII (3 juillet 1799).

Je vous prie de faire graver sur ce sabre, d'un côté, *Affaire de Samhoud, conquête de la haute Égypte;* de l'autre, *Le général Bonaparte au général Desaix.*

Vous ferez mettre également sur deux beaux sabres dont la poignée sera enrichie de diamants, sur le premier, d'un côté, *Le général Bonaparte au général Belliard;* de l'autre, *Combat d'Abnoud, prise de Qoseyr.*

Sur le second sabre vous ferez mettre, d'un côté, *Le général Bonaparte au général Friant;* de l'autre *Combat de Samâtah.*

BONAPARTE.

Dépôt de la guerre.

_____

4249. — AU CITOYEN POUSSIELGUE.

Quartier général, au Caire, 15 messidor an VII (3 juillet 1799).

Je vous prie, Citoyen Administrateur, de faire faire au général Desaix une donation de la maison qu'il habite.

BONAPARTE.

Comm. par Mᵐᵉ de la Morinière.

_____

4250. — AU CHEIK EL-BEKRY,
LE PREMIER DES CHÉRIFS ET NOTRE AMI.

Quartier général, au Caire, 15 messidor an VII (3 juillet 1799).

Je vous écris la présente pour vous faire passer la demande que vous m'avez faite pour votre femme, pour dix qyrât de village, uniquement pour vous donner une preuve de l'estime que je fais de vous, et du désir que j'ai de voir tous vos vœux et tout ce qui peut vous rendre heureux s'accomplir.

BONAPARTE.

Collection Napoléon.

_____

4251. — ORDRE.

Quartier général, au Caire, 16 messidor an VII (4 juillet 1799).

ARTICLE Iᵉʳ. — Tous les droits qui étaient perçus ci-devant par·

les cadis ou leurs secrétaires, pour l'administration de la justice et sous quelque titre que ce soit, sont abolis.

ART. 2. — Il sera perçu un droit de 2 pour 100, dont moitié pour les émoluments du cadi, et l'autre pour les frais du secrétaire et des témoins. Ce droit sera perçu sur la valeur des objets en litige.

ART. 3. — Tout officier de justice qui contreviendra au présent ordre, en exigeant au delà du droit prescrit par l'article précédent, sera destitué.

ART. 4. — Les onze tribunaux inférieurs, tant du Caire que du Vieux-Caire et de Boulàq, qui avaient continué de rendre la justice, seront ouverts sans délai, et les juges reprendront leurs fonctions après avoir reçu la confirmation de leur place par le cadi.

ART. 5. — Cet ordre sera exécuté dans toutes les provinces de l'Égypte à dater du jour de la publication.

BONAPARTE.

Comm. par M. Michelin.

—————

4252. — AU CITOYEN POUSSIELGUE.

Quartier général, au Caire, 16 messidor an VII (4 juillet 1799).

L'affermage de la douane de Qoseyr ne peut exister : mon intention est que la douane de Qoseyr ait la même organisation que celle de Suez. Je vous prie de me faire un rapport sur cet objet dans la journée de demain. Je vous prie également de traiter la question s'il serait avantageux que le cadi de Behar eût la même inspection sur la douane de Qoseyr que sur celle de Suez. Faites connaître à l'adjudicataire de la douane que je désire avoir son compte après-demain 18, tant pour le café que pour les autres marchandises dont il a perçu les droits; faites-lui sentir qu'il faut qu'il n'y ait aucune erreur.

BONAPARTE.

Comm. par Mme de la Morinière.

—————

4253. — AU GÉNÉRAL FRIANT.

Quartier général, au Caire, 17 messidor an VII (5 juillet 1799).

Je reçois, Citoyen Général, votre lettre du 14. Je souhaite fort que vous ayez réalisé votre projet de suivre Mourad-Bey.

Le général Rampon part demain matin pour se rendre à Atfyeh.

Le général Murat est avec une bonne colonne mobile dans le Bahyreh; je l'ai prévenu de la marche de Mourad-Bey.

Le général Destaing a battu les Arabes de cette province et a dissipé tous les attroupements.

Je désire que, le plus tôt possible, vous vous mettiez aux trousses de Mourad-Bey, afin de ne pas lui laisser de repos ; s'il va aux lacs Natroun ou dans le Bahyreh, il y sera vivement pourchassé.

L'état-major donne l'ordre au général Zajonchek de se porter du côté d'Atfyeh, pour seconder le général Rampon.

Au reste, tout cela doit être subordonné à la conduite de Mourad-Bey, auquel il est par-dessus tout intéressant de ne pas donner de repos.

Je désire fort que vous ajoutiez aux services que vous n'avez cessé de nous rendre celui bien majeur de tuer ou de faire mourir de fatigue Mourad-Bey ; qu'il meure d'une manière ou de l'autre, et je vous en tiendrai également compte.

BONAPARTE.

Comm. par M. le comte Friant.

4254. — AU GÉNÉRAL DESAIX.

Quartier général, au Caire, 17 messidor an VII (5 juillet 1799).

Le général Friant me mande, Citoyen Général, par sa lettre du 14, que Mourad-Bey est toujours à la fontaine de Rayàn. Je désire fort qu'il aille l'en chasser.

Le général Destaing a dissipé dans le Bahyreh les attroupements de Moghrebins et d'Arabes, et le général Murat attendra Mourad-Bey avec une bonne colonne mobile aux lacs Natroun et à Terrâneh.

J'espère que vous allez bientôt envoyer 400 hommes à l'oasis pour en chasser les beys qui y sont restés.

Envoyez-nous au Caire les Mameluks et autres gens dont vous ne savez que faire. Nous tâcherons d'en tirer parti. Il faut qu'ils aient des passe-ports en règle, qu'ils soient sans armes et qu'ils se présentent, en arrivant, chez le commandant de la place. Envoyez-moi la note de ceux que vous ferez passer au Caire, avec des renseignements sur leur conduite et leur caractère.

Je compte envoyer faire un tour à Qoseyr la goëlette que j'ai fait construire à Suez et qui porte seize pièces de canon. Les Anglais ont disparu de Suez et de Thor.

Faites-moi connaître s'il est vrai que l'on pourrait se procurer dans la haute Égypte 200 mulets.

Vous pourrez garder l'escadron du 18e de dragons jusqu'à ce que le restant du 22e de chasseurs et du 20e de dragons vous ait rejoint.

BONAPARTE.

Comm. par M. Panthier.

4255. — AU GÉNÉRAL LANUSSE.

Quartier général, au Caire, 17 messidor an VII (5 juillet 1799).

Je reçois, Citoyen Général, votre lettre du 17 messidor : je suis
fort aise que le village de Tant soit innocent.

Le général Friant m'instruit, par une lettre du 14, que Mourad-
Bey est toujours à la fontaine de Rayàn; il paraît qu'il y est malade.
Le général Friant va se mettre en route pour le déloger. Faites passer
cette lettre au général Murat, et donnez-moi exactement toutes les
nouvelles que vous pourrez avoir de ce qui se passe dans le Bahyreh.

Je vous ai envoyé plusieurs procès-verbaux sur les assassinats
commis sur nos courriers dans les villages de votre province; faites
punir les cheiks-el-beled de ces villages. Faites qu'avant l'inondation
le myry soit levé. Envoyez-moi la note des villages qui, selon vous,
ne sont pas assez taxés, afin de leur demander un supplément.
J'attends les 30 chevaux que je vous ai demandés.

Je vais sous peu de jours me rendre à Menouf, pour de là reconnaître l'emplacement d'un fort au Ventre-de-la-Vache. Faites-moi
connaître le nombre d'ouvriers que vous pourrez rassembler dans
votre province, afin de pouvoir pousser vivement ce travail.

Je désire fort que vous ayez la gloire de joindre Mourad-Bey. Elle
serait due à votre activité et aux services que vous avez rendus
pendant notre absence.

Je n'ai point reçu le rapport du général Destaing, qui aura probablement été pris sur un des courriers égorgés; faites-moi part des
renseignements qu'il vous aurait donnés.

BONAPARTE.

Collection Napoléon.

4256. — AU GÉNÉRAL MURAT.

Quartier général, au Caire, 19 messidor an VII (7 juillet 1799).

Je reçois, Citoyen Général, votre lettre sans date, par laquelle
vous m'annoncez que vous avez pris plusieurs Mameluks dans un
santon, et que vous vous mettez en marche pour tomber à la pointe
du jour sur le rassemblement. On m'assure que Selim-Kàchef, qui
est votre prisonnier, est un grand coquin; méfiez-vous-en et envoyez-le-moi sous bonne garde.

Ne leur donnez pas un moment de relâche. Si Mourad-Bey des-
cend dans le Bahyreh, ce qui ne paraît pas probable actuellement,
il n'a pas avec lui plus de 2 ou 300 hommes mal armés et écloppés.
D'ailleurs, je le ferai suivre par une bonne colonne.

Si vous n'avez pas encore marché sur Maryout, je désire que vous y alliez, et, dans ce cas, que vous ordonniez au général Marmont d'y envoyer de son côté une forte colonne d'Alexandrie.

Tâchez de nous envoyer une cinquantaine de dromadaires, pour monter les hommes qui sont au dépôt.

BONAPARTE.

Collection Napoléon.

4257. — A L'ADJUDANT GÉNÉRAL BOYER.

Quartier général, au Caire, 19 messidor an VII (7 juillet 1799).

Je reçois, Citoyen Général, votre lettre du 17, de Medyneh. L'état-major vous envoie les solutions de ce que vous demandez.

Je désire fort que vous puissiez contribuer, sous les ordres du brave général Friant, à nous défaire de Mourad-Bey.

Le général Murat, qui est dans le Bahyreh, a pris Selim-Kàchef avec 40 Mameluks. Il a avec lui une bonne colonne de cavalerie, indépendamment de 300 Arabes Henâdy, qui, jusqu'à présent, se conduisent fort bien.

J'attends avec intérêt votre nouvelle de Rayàn avec le détail de la route.

BONAPARTE.

Comm. par M. Charavay.

4258. — AU GÉNÉRAL LANUSSE.

Quartier général, au Caire, 19 messidor an VII (7 juillet 1799).

Je reçois votre lettre du 19, Citoyen Général; je crois faux les renseignements que vous avez; Mourad-Bey n'a pas bougé de la fontaine de Rayàn, située à douze lieues du Fayoum et à quatre journées des lacs Natroun.

Le général Friant est parti le 18, et a dû arriver le 19 à la fontaine de Rayàn. Si Mourad-Bey avait pris le parti de se rendre aux lacs Natroun, il arriverait le 22. Ainsi, sous ce point de vue, votre séjour à Terrâneh peut être utile pour remplir le but que vous vous proposez. Je ne crois pas qu'il se rende aux lacs Natroun.

Je donne ordre au commandant de la province de Gyzeh de partir avec 16 hommes et une pièce de canon pour lever le myry dans sa province. Il combinera sa marche de manière à être le 22 à Ouàrdàn.

Si donc vous faisiez une course aux lacs Natroun, vous lui donneriez l'ordre de vous y suivre. C'est le chef de bataillon Faure qui commande cette province.

BONAPARTE.

Collection Napoléon.

4259. — AU GÉNÉRAL LAGRANGE.

Quartier général, au Caire, 21 messidor an VII (9 juillet 1799).

Vous ferez partir ce soir, Citoyen Général, les 200 hommes d'infanterie et les deux pièces de canon, qui iront coucher à Birket el-Hàggy. Ils en partiront demain pour se rendre à El-Menâyr. Vous partirez avec la cavalerie, demain au jour, pour vous rendre à Birket el-Hàggy; vous y resterez toute la journée de demain, et vous en partirez à la nuit, pour arriver au jour au petit village à une lieue en deçà de Belbeys. En passant à El-Menàyr, vous prendrez notre infanterie. Vous partirez le 20, à la nuit, de ce village, pour vous rendre, par le désert, dans l'Ouâdy, à la suite d'Elfy-Bey. Le général Reynier doit avoir envoyé 100 hommes de cavalerie à Belbeys, pour tromper les espions; vous leur enverrez l'ordre de venir vous joindre, à la nuit, dans l'endroit où vous serez : ce mouvement rétrograde pourra faire croire que cette cavalerie va au Caire. Si cette cavalerie n'était pas encore arrivée, vous donneriez l'ordre qu'elle vienne vous rejoindre.

Vous ferez prendre à vos troupes pour cinq jours de vivres, au Caire. Je donne ordre à l'ordonnateur de vous fournir huit chameaux, sur lesquels vous mettrez pour cinq jours de vivres. Vous aurez soin que chacun de vos hommes ait un bidon, et vous ferez mener un chameau avec deux outres par 100 hommes; vous prendrez pour cela les chameaux du corps.

Le but de votre expédition est d'obliger Elfy-Bey de dépasser El-A'rych, si vous ne pouvez pas le surprendre et le détruire; de reconnaître la route qui va à Suez, sans passer par Saba'Byàr. Il doit y avoir des puits dans cette direction.

Votre colonne doit être composée de 200 hommes d'infanterie, de 150 de cavalerie, de 100 hommes de cavalerie que vous devez trouver à Belbeys, de 100 Grecs à pied, commandés par le capitaine Nicolo, de 30 à 40 hommes à cheval, commandés par le chef d'escadron Barthélemy. Vous aurez avec vous deux pièces d'artillerie et un ingénieur des ponts et chaussées. Vous ferez passer au chef d'escadron Barthélemy et au capitaine Nicolo l'ordre de partir ce soir avec votre infanterie.

BONAPARTE.

Collection Napoléon.

4260. — AU GÉNÉRAL FRIANT.

Quartier général, au Caire, 21 messidor an VII (9 juillet 1799).

Je reçois à l'instant, Citoyen Général, vos deux lettres du 18. Le général Murat doit être dans ce moment-ci aux lacs Natroun, mais il me paraît que Mourad-Bey remonte.

Hier, à cinq heures du soir, une centaine de Mameluks et autant de chameaux sont venus du désert de la haute Égypte et ont voulu faire de l'eau à un village à deux lieues de Belbeys. Je pense que ce sont les Mameluks, qui étaient dans la province d'Atfyeh, que la présence du général Rampon a fait fuir.

BONAPARTE.

Comm. par M. le comte Friant.

4261. — AU GÉNÉRAL DESAIX.

Quartier général, au Caire, 21 messidor an VII (9 juillet 1799).

Je reçois, Citoyen Général, vos deux lettres du 14, de Tahâ[1], près Minyeh. Vous devez avoir reçu mes dernières lettres. Nous avons grand besoin de réunir un peu notre corps de cavalerie, qui se trouve disséminé de tous les côtés. Gardez le 22e de chasseurs et le 20e de dragons, et faites-nous passer tout ce que vous avez des 7e de hussards, 14e et 15e de dragons. Nous avons encore 2 ou 300 hommes à monter; si vous pouvez nous envoyer quelques chevaux de main, comme vous me l'annoncez, cela nous sera fort utile.

Si vous pouvez vous passer d'un bataillon, envoyez-moi celui de la 61e, afin de réunir et de réorganiser cette demi-brigade; comme les deux bataillons sont déjà en bas, je réunirai tous les trois à Rosette.

Le général Murat a pris 40 Mameluks commandés par Selim-Kâchef. Ils ont été investis par les Henâdy qui marchent avec nous, acculés dans un santon où nos troupes les ont pris.

Hier, une centaine d'hommes, dont soixante et tant de Mameluks, venant de la haute Égypte, sont venus à un village, à deux lieues de Belbeys, pour faire de l'eau. Un détachement français les a chassés; ils ont gagné le désert; ils vont en Syrie. Je crois que ce sont ceux qui étaient dans l'Atfyeh et que la présence du général Rampon aura chassés. Il y a avec eux deux beys, Osman-Bey el-Cherqâouy et Qassim-Bey.

Le général Friant a dû partir le 18 pour Rayàn. J'imagine que Mourad-Bey s'enfoncera dans l'intérieur de l'Afrique. S'il passait aux lacs Natroun, il y est attendu par le général Lanusse. S'il remonte aux oasis, vous ne le laisserez pas tranquille.

BONAPARTE.

Comm. par M. Pauthier.

[1] Tahâ El-A'moudeyn.

4262. — AU GÉNÉRAL MARMONT, a ALEXANDRIE.

Quartier général, au Caire, 21 messidor an VII (9 juillet 1799).

Je reçois, Citoyen Général, votre lettre du 16. Le Bahyreh se trouve actuellement absolument délivré d'ennemis.

Mourad-Bey, après être resté plusieurs jours à une fontaine, à douze lieues dans le désert, du côté du Fayoum, est remonté dans les oasis, du côté de la haute Égypte.

Je recommande au général Destaing de vous faire passer de la viande, du blé et de l'argent; je n'attends que la crue du Nil pour vous faire passer de l'argent sur une djerme armée.

Il sera possible, du moment que le Nil sera navigable, que je vienne moi-même faire un tour à Alexandrie. Je sens bien que les différents individus qui composent la garnison d'Alexandrie doivent être fatigués de ne voir que des déserts; je donne des ordres pour qu'on relève le bataillon de la 85ᵉ; ainsi je désire que vous l'envoyiez à El-Rahmànyeh, et celui de la 61ᵉ à Rosette; celui de la 75ᵉ se rendra incessamment, en droite ligne, à Damiette, lorsqu'il sera relevé.

BONAPARTE.

Dépôt de la guerre.

4263. — AU CONTRE-AMIRAL GANTEAUME.

Quartier général, au Caire, 21 messidor an VII (9 juillet 1799)

J'ai reçu, Citoyen Général, votre lettre de Rosette. La conduite du commandant de la felouque *le Nil* me paraît effectivement mériter des éloges.

Je vais faire passer quelque argent à Alexandrie. Puisque nous ne sommes pas bloqués, profitez du moment pour faire filer tous les avisos avec le plus d'artillerie que vous pourrez à Rosette et à Damiette. Vous savez que, d'ici à peu de décades, le Boghâz ne sera plus praticable.

Tenez un bâtiment prêt pour porter un de mes courriers en Europe; je le ferai partir après-demain avec une escorte d'infanterie.

BONAPARTE.

Tous les ouvriers qui étaient à Suez sont arrivés. Les deux galères et *la Victoire* sont dans le meilleur état; elles n'attendent donc pour descendre qu'un peu d'eau. Le Nil a commencé à croître hier d'un pouce.

Comm. par Mᵐᵉ la comtesse Ganteaume.

4264. — AU GÉNÉRAL BERTHIER.

Quartier général, au Caire, 23 messidor an VII (11 juillet 1799).

Vous donnerez l'ordre au chef d'escadron Lambert de partir du fort Sulkowski, à quatre heures après minuit, avec un piquet de 30 guides à cheval, 30 dromadaires et 30 hommes de cavalerie, pris parmi les détachements de cavalerie qui sont à Boulàq.

Il se rendra, le premier jour, dans le désert, jusqu'à Birket el-Hàggy et El-Khanqâh. Il aura soin de jeter des postes à droite et à gauche, très-loin dans le désert, de manière à pouvoir intercepter les convois d'Arabes qui, tous les jours, vont du Caire à l'Ouâdy.

Il courra ainsi, en forme de colonne mobile, entre Belbeys et le Caire, pendant quatre jours, couchant alternativement dans différents villages et se jetant dans le désert avant le jour, pour tàcher d'intercepter les Arabes et les Mameluks.

Il se rendra partout où il apprendra qu'il y aurait des Arabes Bily, A'ydy et des Mameluks. Nous sommes en paix avec les tribus des Terràbyn, Haouytàt et Saouàlbat. Cette dernière est campée près d'Abou-Za'bal. Il ne se laissera pas tromper par les Arabes qu'il prendrait et qui ne manqueront pas de lui dire qu'ils sont d'une tribu amie.

Il prendra des vivres pour quatre jours.

Il me fera passer, tous les jours, par des Arabes qu'il m'expédiera, un rapport de ce qu'il aurait fait, vu, et de l'endroit où il couchera.

Il se fera fournir tous les soirs, dans les villages où il couchera, de la nourriture pour ses chevaux et de la viande pour ses hommes.

Il mènera avec lui la compagnie de janissaires de la province du Caire, qui était ci-devant celle des janissaires de la province de Qelyoub.

BONAPARTE.

Dépôt de la guerre.

4265. — AU GÉNÉRAL BERTHIER.

Quartier général, au Caire, 23 messidor an VII (11 juillet 1799).

Je vous prie, Citoyen Général, de faire quatre passe-ports conformes au modèle ci-joint :

« La République française fait la guerre contre les pachas, les ministres du Grand Seigneur, qui, influencés par la Russie, éternelle ennemie de l'islamisme, se sont alliés avec elle; mais la République française est l'amie la plus sincère du descendant des califes, du chef de la religion musulmane, le plus grand comme le plus parfait des princes, le chérif de la Mecque.

« En conséquence, le général en chef ordonne, au nom de la République française, aux commandants des bâtiments de guerre et autres armateurs français de laisser librement passer le bâtiment à trois mâts appelé *le Fath-el-Bahri*, appartenant à notre cher et fidèle ami le chérif de la Mecque, et expédié par lui aux Grandes-Indes, et à lui donner toute protection et assistance dont il aura besoin.

« Lesdits commandants et armateurs français qui liront ceci feront connaître aux îles de France et de la Réunion, et dans les autres possessions françaises, que l'armée française est puissamment établie en Égypte, et qu'elle occupe tous les points de ce pays, depuis les Cataractes jusqu'à la mer, et spécialement Suez et Qoseyr, dont les ports sont armés et pourvus de nombreuses batteries.

« Le présent passe-port ne sera valable que pour le bâtiment qui y est désigné, et pourvu qu'il ne soit pas porteur d'expéditions ou d'armateurs anglais. »

Un 2ᵉ passe-port pour un bâtiment à deux mâts, de 14 pièces de canon, appelé *Faïz-Allah*, appartenant au chérif.

Un 3ᵉ passe-port pour un bâtiment à trois mâts appartenant à Seid Mohammed-A'kyl.

Un 4ᵉ passe-port pour un bâtiment à deux mâts appartenant à Seid Mohammed-A'kyl.

BONAPARTE.

Dépôt de la guerre.

4266. — AU DIRECTEUR MERLIN.

Quartier général, au Caire, 24 messidor an VII (12 juillet 1799).

J'ai reçu, Citoyen Directeur, votre lettre du 17 brumaire. Votre fils a été très-malade pendant toute l'expédition de Syrie. Il était faible et pâle. L'air d'Égypte l'a remis. Il est aujourd'hui gros, gras et mieux portant qu'il ne l'a jamais été. L'air du Caire lui convient. Je suis content de lui; il est actif et plein de bonnes qualités.

BONAPARTE.

Mes respects à la citoyenne Merlin; nous lui ramènerons son fils avec tous ses membres, en dépit des batailles et de la peste.

Comm. par M. le vicomte d'Haubersaert.

4267. — AU DIRECTOIRE EXÉCUTIF.

Quartier général, au Caire, 24 messidor an VII (12 juillet 1799).

Citoyens Directeurs, le citoyen Venture, secrétaire interprète pour les langues orientales, est mort en Syrie. C'était un homme de mérite. Il a laissé une famille qui a des titres à la protection du Gouvernement.

Le payeur général envoie à sa famille un bon de 12,000 francs sur la trésorerie nationale, pour une année de ses appointements.

BONAPARTE.

Dépôt de la guerre.

4268. — AU SULTAN DU DARFOUR.

Au Caire, 24 messidor an VII (12 juillet 1799).

Au nom de Dieu clément et miséricordieux!

Il n'y a pas d'autre dieu que Dieu, et Mahomet est son prophète!

Au sultan du Darfour, Abd-el-Rahmân, serviteur des deux cités saintes, et calife du glorieux prophète de Dieu, maître des mondes.

Je vous écris la présente pour vous recommander Ahmed-Aga-Kâchef, qui est auprès de vous, et son médecin Soleymân, qui se rend au Darfour et vous remettra ma lettre.

Je désire que vous me fassiez passer 2,000 esclaves mâles ayant plus de seize ans.

Croyez, je vous prie, au désir que j'ai de faire quelque chose qui vous soit agréable.

BONAPARTE.

Collection Napoléon.

4269. — AU CITOYEN MAGNY, CHEF DE LA 22e DEMI-BRIGADE.

Au Caire, 24 messidor an VII (12 juillet 1799).

Il est ordonné au bataillon de la 22e qui est au Vieux-Caire de partir ce soir avec le chef de brigade et une pièce de canon de la division Lannes, pour se rendre à Torrah, à deux lieues du Vieux-Caire, en remontant la rive droite du Nil.

Ce bataillon occupera là les retranchements qui s'y trouvent. Le chef de brigade enverra des patrouilles pour prendre des informations de la marche que pourrait tenir Mourad-Bey, qui, avec à peu près 150 hommes, moitié à pied, moitié à cheval, et 60 chameaux, est dans la province de Gyzeh, poursuivi par le général Friant.

Le chef de brigade de la 22e est prévenu qu'il serait possible que Mourad-Bey voulût, dans la nuit, ou demain à la pointe du jour, passer le Nil pour gagner le Charqyeh; que c'est dans cette supposition que le chef de brigade serait à même de lui tomber dessus.

Le chef de brigade donnera fréquemment de ses nouvelles au général en chef.

Les troupes prendront des vivres pour quatre jours.

Par ordre du général en chef.

Dépôt de la guerre.

4270. — AU GÉNÉRAL LANUSSE.

Quartier général, au Caire, 24 messidor an VII (12 juillet 1799)

Mourad-Bey, après avoir fait semblant de se rendre dans la haute Égypte, Citoyen Général, a fait contre-marche dans la nuit et a couché le 22 à El-Zàouyeh. Il est passé hier, à quatre heures après midi, à Abousyr, à trois lieues de Gyzeh. On pense qu'il a été aux lacs Natroum. Faites passer cet avis en toute diligence au général Destaing et au général Murat. J'attends dans une heure des détails ultérieurs. Il a avec lui 200 hommes, compris les domestiques; il n'a que 40 chevaux; il est dans un grand état de délabrement; il est vivement poursuivi par le général Friant.

BONAPARTE.

Collection Napoléon.

4271. — AU GÉNÉRAL MURAT.

Quartier général, au Caire, 24 messidor an VII (12 juillet 1799).

Je reçois, Citoyen Général, votre lettre du 23 messidor, aujourd'hui à cinq heures du soir. Vous m'apprenez votre voyage aux lacs Natroun et votre départ, à cinq heures du soir, pour Terràneh, où je suppose que vous êtes arrivé le 24 au matin.

Vous verrez, par la copie de la lettre du général Friant, qu'il a pris quelques chameaux à Mourad-Bey, qui, après avoir fait une marche dans la haute Égypte, est rapidement retourné sur ses pas, a marché trois jours et trois nuits, et est retourné hier 23, à quatre heures du soir, au village de Dahchour, près les pyramides de Saqqàrah; il en est parti à cinq heures du soir pour prendre la route du désert; on croit qu'il s'est rendu aux lacs Natroum.

Le général Junot est aux Pyramides; j'ai envoyé de tous côtés des hommes pour m'instruire de la marche de Mourad-Bey.

Mourad-Bey a avec lui 200 Mameluks, moitié à cheval, moitié sur des chameaux, en très-mauvais état, et 50 à 60 Arabes : si le bonheur eût voulu que vous fussiez resté vingt-quatre heures de plus aux lacs Natroun, il est très-probable que vous nous apportiez sa tête.

Vous vous conduirez selon les nouvelles que vous recevrez; vous vous rendrez aux lacs Natroun ou sur tout autre point du Bahyreh où vous penserez devoir vous porter pour nous débarrasser de cet ennemi si redoutable et aujourd'hui en si mauvais état.

Le général qui aura le bonheur de détruire Mourad-Bey aura mis le sceau à la conquête de l'Égypte : je désire bien que le sort vous ait réservé cette gloire.

BONAPARTE.

Collection Napoléon.

4272. — AU GÉNÉRAL DESAIX.

Quartier général, au Caire, 24 messidor an VII (12 juillet 1799).

J'ai reçu, Citoyen Général, votre lettre du 18.

Mourad-Bey a passé hier aux pyramides de Saqqàrah. Il allait droit aux lacs Natroun, où le général Murat était arrivé le 22 au matin.

Junot est parti de Gyzeh pour tâcher de trouver ses traces. Le général Destaing l'attend à la hauteur du désert, entre Maryout et les lacs Natroun.

Je n'ai pas besoin de vous réitérer la demande de notre cavalerie.

Les dernières nouvelles que j'ai du général Friant sont du 24; il était encore à la hauteur de Behnesé.

Je vous salue et vous aime.

BONAPARTE.

Comm. par M. Pauthier.

4273. — AU CHEF D'ESCADRON COLBERT.

Quartier général, au Caire, 24 messidor an VII (12 juillet 1799).

Je vous envoie, Citoyen, une paire de pistolets, pour vous tenir lieu de celle que vous avez perdue. Je ne puis les donner à personne qui en fasse un meilleur usage.

BONAPARTE.

Comm. par M. le comte de Colbert-Chabannais.

4274. — AU CHEF D'ESCADRON LAMBERT.

Quartier général, au Caire, 25 messidor an VI (13 juillet 1799)

Le général en chef ordonne au chef d'escadron Lambert de revenir sur-le-champ au Caire, avec toute sa colonne mobile, à moins qu'il ne soit à la poursuite de quelque objet important. Je vous envoie cet ordre par quatre duplicata.

Par ordre du général en chef.

Dépôt de la guerre.

4275. — AU GÉNÉRAL BERTHIER.

Quartier général, au Caire, 25 messidor an VII (13 juillet 1799).

Vous donnerez l'ordre au chef d'escadron Blaniac de passer le Nil et de se rendre à Embâbeh avec les 60 hommes de cavalerie qui sont disponibles. Il fera prendre du pain à la troupe pour quatre jours. Il recevra à Embâbeh des ordres du général Junot.

Vous donnerez l'ordre au général Junot de partir sur-le-champ avec un bataillon de la 13ᵉ et les 60 hommes de cavalerie du chef d'escadron Blaniac. Il fera prendre à la troupe des vivres pour quatre jours, et se rendra en toute diligence à Terràneh. Il se tiendra toujours le long de la lisière du désert, afin de suivre Mourad-Bey et de se trouver à même de marcher sur lui, si le général Murat, qui est à Terràneh, avait marché sur lui.

Si Mourad-Bey avait dépassé Terràneh pour se jeter dans le Bahyreh, et que le général Murat se fût mis à sa poursuite, le général Junot fera connaître au général Murat qu'il va rester à Terràneh et aux environs pour lever les contributions, et qu'il est là à ses ordres.

Le général Junot fera les mouvements nécessaires pour faire passer sûrement au général Murat l'escadron de cavalerie qu'il aura avec lui et les dromadaires dont ce général a nécessairement besoin.

Vous donnerez ordre au commandant des dromadaires de faire partir sur-le-champ 30 dromadaires pour se rendre à Embâbeh, où ils recevront des ordres du général Junot. Ils prendront du pain pour quatre jours.

Le général Junot se fera rallier à Terràneh par les 150 hommes qui, sous les ordres du chef de bataillon Faure, sont à Terràneh pour lever les contributions de la province.

BONAPARTE.

Dépôt de la guerre.

4276. — AU GÉNÉRAL DESAIX.

Quartier général, au Caire, 25 messidor an VII (13 juillet 1799).

Je vous envoie, Citoyen Général, deux notes sur Mourad-Bey qui vous feront connaître ses mouvements. Le général Murat est aux lacs Natroun depuis le 20 jusqu'au 23, parce que je pensais que, le général Friant le chassant de Rayàn, il s'y rendrait. Le 23, Murat a quitté les lacs Natroun après avoir mis en déroute les Mameluks et les Arabes qui s'y trouvaient. Actuellement nous attendons des nouvelles du parti qu'il aura pris. J'ai envoyé le général Junot, le général Destaing et le général Lanusse battre les différentes parties du Bahyreh. Mais il serait très-possible que Mourad-Bey fût au .... [1]. On m'assure cependant qu'il a couché hier dans le désert, à trois lieues d'Ouârdân.

Trois bâtiments de guerre et trois frégates ont paru le 16, à quatre lieues d'El-A'rych. Il y a eu quelques coups de canon tirés entre une de nos chaloupes canonnières et une chaloupe canonnière anglaise, à une des embouchures du lac Menzaleh. La chaloupe canonnière anglaise a pris le large.

Le 18, il n'y avait encore rien de nouveau dans les mers d'Alexandrie.

Le général Lagrange parcourt les ouâdys entre Suez et le Charqyeh, où s'était réfugié Elfy-Bey.

Ne perdez pas un instant à envoyer la cavalerie que je vous ai demandée.

BONAPARTE.

Comm. par M. Pauthier.

4277. — AU GÉNÉRAL MARMONT, A ALEXANDRIE.

Quartier général, au Caire, 25 messidor an VII (13 juillet 1799).

Le 16, trois bâtiments de guerre et deux frégates ont paru, Citoyen Général, à quatre lieues au large d'El-A'rych; un aviso s'est approché de terre et a tiré un coup de canon sur nos hussards. Le 17 au matin, on n'a plus rien vu. Ces bâtiments avaient l'air de faire route sur Alexandrie.

Mourad-Bey, avec 150 Mameluks éreintés de fatigue et en partie écloppés, a passé près des Pyramides; Murat l'attendait aux lacs Natroun. On m'assure que Mourad-Bey a couché hier près d'Ouârdân. Ainsi il faut qu'il se dirige sur le Bahyreh ou sur les lacs Natroun. Junot sera demain à Terrâneh pour se mettre à sa poursuite. Murat vient d'arriver.

Un bataillon de la 69e part pour se rendre à El-Rahmânyeh, où il sera à votre disposition.

On ne perdra pas de vue Mourad-Bey; on le poursuivra vivement.

Selim-Kâchef, qui a été pris par le général Murat, prétend qu'on leur a écrit que le débarquement devait s'effectuer à la tour des Arabes. Acquérez des renseignements depuis la tour des Arabes jusqu'à Alexandrie; au premier mouvement de la côte, le général Destaing instruira le général Junot, qui se tient à Terrâneh.

BONAPARTE.

[1] Au Fayoum, probablement.

Le 26 messidor an VII (14 juillet 1799), 9 heures du matin.

A l'instant j'apprends que Mourad-Bey, après avoir été à mi-chemin des lacs Natroun, est revenu sur ses pas, ayant appris que nos troupes y étaient. Il est dans ce moment-ci avec très-peu de monde dans les environs de Gyzeh. Toute la cavalerie se met à ses trousses.

Dépôt de la guerre.

4278. — AU GÉNÉRAL BERTHIER.

Quartier général, au Caire, 26 messidor an VII (14 juillet 1799).

Vous donnerez l'ordre au général Murat de faire ce matin l'inspection des dépôts de cavalerie, afin de faire passer à Embâbeh tous les hommes des différents régiments qui seraient disponibles; de partir ce soir avec toute la cavalerie, les dromadaires et les grenadiers de la 69e, en leur faisant prendre des vivres pour quatre jours, et de se mettre à la poursuite de Mourad-Bey, qui s'est jeté dans le Bahyreh.

Vous le préviendrez qu'un bataillon de la 69e part de Menouf pour se rendre à El-Rahmànyeh renforcer le général Destaing.

Il prendra, en passant à Terràneh, les 60 hommes de cavalerie qu'a le général Junot.

Le général Junot continuera à rester dans le nord de la province de Gyzeh; il sera sous les ordres du général Murat. Si les insurrections que Mourad-Bey pourrait parvenir à susciter dans le Bahyreh, ou les mouvements de la côte, le lui faisaient penser utile, le général Murat pourrait faire venir dans le Bahyreh le bataillon de la 13e, que commande le général Junot.

En supposant que Mourad-Bey se jette dans le Delta, il est également autorisé à le poursuivre.

Vous le préviendrez que j'envoie aux lacs Natroun le général Menou, pour y établir les 200 Grecs que mon intention est de placer en garnison dans les couvents.

Vous donnerez l'ordre au général Menou de passer ce soir à Embâbeh avec 100 hommes de la 13e demi-brigade, 100 hommes de la 85e et 100 hommes de la 18e, les 200 Grecs et une pièce de canon; de se rendre demain à la pointe du jour à Ouàrdàn, d'y passer toute la journée, d'en partir demain à une heure avant la nuit, pour arriver avant le jour, le lendemain, aux lacs Natroun, pour :

1° Tàcher d'y surprendre Mourad-Bey ou l'obliger à évacuer cette oasis;

2° S'emparer des couvents;

3° Placer aux deux du milieu la masse des 200 Grecs, et 15 Grecs dans chacun des deux plus éloignés. Les Grecs portent avec eux, à cet effet, pour quinze jours de vivres.

Le général Menou fera prendre aujourd'hui à sa troupe pour quatre jours de pain. Les trois demi-brigades; qui fourniront chacune 100 hommes, fourniront aussi chacune un chameau chargé d'eau.

Vous ferez connaître au général Menou qu'il est nécessaire qu'il garde le plus grand secret sur le but de sa mission; que le général Murat se rend sur-le-champ dans le Bahyreh avec toute la cavalerie; que le général Junot reste à Terrâneh; que Mourad-Bey est attendu par le général Friant au premier puits du Fayoum; qu'ainsi, dans quelque point qu'il se rende, il sera chassé.

Dès l'instant que le général Menou aura établi ses garnisons, donné les instructions nécessaires, il reviendra au Caire avec ses 300 Français et sa pièce de canon.

Indépendamment d'une pièce de canon, le général Menou aura avec lui une pièce de canon turque sur affût bâtard, d'un calibre quelconque, pourvu qu'il soit supérieur à 3. Le général Menou la fera arranger dans les couvents, de manière qu'elle batte le plus loin possible. Il y aura quatre canonniers français avec cette pièce. Le général Menou aura avec lui un capitaine français, auquel il laissera le commandement de l'oasis.

BONAPARTE.

Dépôt de la guerre.

4279. — AU GÉNÉRAL DESTAING.

Quartier général, au Caire, 26 messidor an VII (14 juillet 1799).

Le général en chef, Citoyen Général, a accordé, à la considération du divan du Caire, aux habitants de Kafr-el-Ma'sarab, qui avaient eu quelques torts, de rentrer dans leur village et d'y vivre paisiblement et sans être recherchés sur les démarches auxquelles les Arabes ont pu les entraîner. L'intention du général en chef est que vous engagiez les habitants du village qui ont fui à retourner dans leurs murs et à reprendre leurs travaux de la campagne. Vous leur accorderez sûreté et protection.

Par ordre du général en chef.

Dépôt de la guerre.

4280. — AU GÉNÉRAL BERTHIER.

Quartier général, au Caire, 26 messidor an VII (14 juillet 1799).

Le quartier général se portera ce soir aux Pyramides. Les guides à cheval et à pied, l'artillerie des guides, les six compagnies de grenadiers de la 32ᵉ et de la 18ᵉ, commandés par le chef de bataillon Nugues, et les deux compagnies d'éclaireurs de ces deux demi-brigades, marcheront avec le quartier général.

L'ordonnateur en chef restera au Caire et viendra travailler avec moi toutes les fois que cela sera nécessaire, en passant par Gyzeh, où il y aura toujours des escortes.

Même ordre à l'administrateur général des finances.

Le commandant de la place m'enverra tous les jours un adjoint avec le rapport de la place.

Les citoyens Monge, Berthollet et Nouet seront prévenus.

Le payeur restera ici et m'enverra le rapport de la caisse, toutes les fois qu'il n'aura rien à me dire.

BONAPARTE.

Dépôt de la guerre.

————

4281. — AU GÉNÉRAL DESAIX.

Quartier général, au Caire, 27 messidor an VII (15 juillet 1799).

Mourad-Bey a été aux lacs Natroun, Citoyen Général; il n'y a point trouvé le rassemblement de Bogachi et des Mameluks; il est retourné. Il a couché la nuit du 25 au 26 aux Pyramides. Bertram[1], chef d'Arabes, lui a fourni ce dont il avait besoin; il a disparu. Il est, à ce que me mande le général Murat, au village de Dahchour, à six ou sept lieues d'ici; cela me contrarie beaucoup.

Le 24, une flotte turque composée de 5 vaisseaux de ligne, 3 frégates, 50 à 60 bâtiments légers ou de transport, a mouillé dans la rade d'Aboukir. Je n'ai des nouvelles de Damiette que du 23.

Ibrahim-Bey est à Gaza, où il menace. Le général Lagrange a nettoyé les ouâdys, pris le camp des Mameluks descendus de la haute Égypte, tué Osman-Bey el-Cherqâouy et chassé le reste dans le désert; mais il occupe le reste de ma cavalerie. Ainsi il faut dans ce moment contenir Mourad-Bey, qui est sur la lisière de la province de Gyzeh, Osman-Bey, etc. et pourvoir au débarquement; vous voyez qu'il est nécessaire de prendre des mesures promptes et essentielles.

Je suis fâché que le général Friant n'ait pas suivi Mourad-Bey, ou du moins il ne devait pas, étant à portée du Caire, s'en éloigner sans savoir ce que j'en pensais.

Il faut vous rapprocher de Beny-Soueyf, réunir toutes vos troupes en échelons, de manière à pouvoir, en peu de jours, être au Caire avec la première colonne, et les suivantes à trente-six heures d'inter-

————

[1] Ben-Tram?

valle l'une de l'autre; tenir à Qoseyr 100 hommes; autant dans le fort de Qeneh.

Si le débarquement est une chose sérieuse, il faudra évacuer toute la haute Égypte et mettre vos dépôts en garnison dans vos forts. S'il n'est composé que de 5 à 6,000 hommes, alors il suffira que vous envoyiez une colonne pour contenir Mourad-Bey, le suivre partout où il se rendra dans le Bahyreh, le Delta, le Charqyeh ou dans la province de Gyzeh.

Pour actuellement, mon intention est que vous vous prépariez à un grand mouvement et que vous vous contentiez de faire partir de suite une colonne pour poursuivre Mourad-Bey. Je pense que vous aurez fait partir tous les hommes des 7ᵉ de hussards, 14ᵉ et 15ᵉ de dragons. Nous en avons bien besoin; je vais me porter dans le Bahyreh avec 100 de mes guides pour toute cavalerie; je suis fâché que Détrès ne soit pas parti avec son régiment.

BONAPARTE.

Comm. par M. Pauthier.

4282. — AU GÉNÉRAL BERTHIER.

Quartier général, Gyzeh, 27 messidor an VII (15 juillet 1799).

Réitérez l'ordre au général Zajonchek de faire partir le bataillon de la 22ᵉ;

Au chef d'escadron Lambert, de retourner au Caire et de venir sur-le-champ me joindre;

A l'ordonnateur, de prendre des mesures sérieuses pour l'approvisionnement de Sâlheyeh;

Au général Lagrange, de renvoyer au Caire la cavalerie et les dromadaires.

Instruisez le général Reynier de la nouvelle que je viens d'apprendre et de la nécessité de concentrer ses forces; donnez-lui ordre de laisser garnison à Sâlheyeh et Belbeys, et de se tenir, avec le reste de sa troupe, prêt à marcher au Caire; de faire partir sur-le-champ, avec la cavalerie et les dromadaires du général Lagrange, le détachement du 14ᵉ de dragons. Si on n'a pas donné ordre aux éclaireurs et grenadiers des 18ᵉ et 32ᵉ de partir, on leur enverra sur-le-champ l'ordre de partir pour se rendre en toute diligence à Terrâneh, ainsi qu'aux guides à pied.

Envoyez un adjoint à Embâbeh pour savoir l'heure à laquelle ce bataillon partira, et l'heure à laquelle la 32ᵉ partira, et venir m'en instruire, afin que je règle mon départ en conséquence.

33.

Réitérez l'ordre au général Verdier de partir sur-le-champ pour rejoindre sa division;

Au commandant de la marine, de faire partir sur-le-champ un bâtiment pour Damiette, pour porter la lettre ci-jointe au général Kleber; il remettra, en passant, l'ordre au général Robin de se rendre en toute diligence à Menouf, où il recevra de nouveaux ordres; si la tour de Myt-Ghamar est commencée et que 20 hommes puissent être à l'abri de tout événement, de l'occuper; sans quoi, de ne laisser aucun Français dans ce pays.

Donnez l'ordre à l'ancien chef de la légion nautique, qui a été fait adjudant général, de partir demain avec la 18ᵉ, pour rejoindre le quartier général à Terrâneh.

Renvoyez, par la barque qui va dans la haute Égypte, un duplicata de l'ordre au général Rampon de se rendre à Terrâneh.

BONAPARTE.

Dépôt de la guerre.

4283. — AU GÉNÉRAL DUGUA.

Quartier général, Gyzeh, 27 messidor an VII (15 juillet 1799).

Je vais, Citoyen Général, partir pour quelques jours. Je retournerai au Caire aussitôt que la nature des bâtiments qui ont paru et les forces qu'ils pourraient porter me seront connues.

Vous trouverez ci-joint copie de la lettre que j'écris au général Desaix. Si jamais mes exprès étaient interceptés et que vous apprissiez qu'il se passe des événements majeurs, vous êtes autorisé à le faire venir.

Faites-moi passer tous les dromadaires et toute la cavalerie qui viendra de la haute Égypte ou du général Lagrange. Vous sentez combien il est nécessaire que j'aie quelques centaines d'hommes de cavalerie.

Je donne ordre au payeur de vous faire solder tout ce qui vous est dû pour frais de table et bureau de la place.

Quant aux généraux Reynier et Lagrange, vous verrez que je ne décide encore rien sur leur destination; je les préviens seulement de se tenir prêts à faire un mouvement sur moi. Comme mes ordres pourraient être interceptés, ce sera à vous, si les circonstances l'exigeaient, à les en prévenir.

J'ai donné ordre au capitaine Nicolo de rentrer au Caire avec ses Grecs. Envoyez plusieurs exprès pour le lui réitérer.

Je vous prie de faire partir demain par terre une autre copie, certifiée par vous, de ma lettre au général Desaix.

BONAPARTE.

Dépôt de la guerre.

4284. — AU CITOYEN POUSSIELGUE.

Quartier général, Gyzeh, 27 messidor an VII (15 juillet 1799).

Je m'éloigne pour quelques jours, Citoyen Administrateur; je vous prie de me donner très-souvent des nouvelles de ce qui se passera au Caire. Je ne doute pas que vous ne contribuiez par votre activité et votre esprit conciliateur à y maintenir la tranquillité, comme vous l'avez fait pendant mon incursion en Syrie.

BONAPARTE.

Comm. par Mme de la Morinière.

4285. — AU GÉNÉRAL KLEBER.

Quartier général, Gyzeh, 27 messidor an VII (15 juillet 1799).

L'adjudant général Jullien vous aura sans doute appris, Citoyen Général, la nouvelle de l'arrivée d'une flotte turque dans la rade d'Aboukir le 24 messidor; et, si la présence de l'ennemi ne vous en a pas empêché, vous aurez opéré votre mouvement sur Rosette, en vous portant, avec la majeure partie de vos forces, sur l'extrémité de votre province, afin de pouvoir, dans le moins de temps possible, combiner vos mouvements avec le reste.

Je pars dans la nuit pour Terrâneh, d'où je me rendrai probablement à El-Rahmânyeh.

Il faut livrer El-A'rych et Qatyeh à leurs propres forces; et, si aucune force imposante n'a encore paru devant Damiette, vous vous porterez dans une position quelconque, le plus près possible de Rosette.

J'ai toute la journée couru les déserts, au delà des Pyramides, pour donner la chasse à Mourad-Bey.

BONAPARTE.

Collection Napoléon.

4286. — A MOUSSA, CHEIK DE LA TRIBU DES HENADY.

Quartier général, Terrâneh, 29 messidor an VII (17 juillet 1799).

Nous vous faisons savoir par une lettre que nous sommes arrivé aujourd'hui à Terrâneh avec l'armée, pour nous porter dans le Bahyreh, afin de pouvoir anéantir d'un seul coup nos ennemis, et confondre tous les projets qu'ils pourraient avoir conçus.

Nous désirons que vous envoyiez, pour le 1er thermidor au soir, à
El-Rahmânyeh, quelqu'un de votre part pour nous donner des nouvelles de tout ce qui se passe à Maryout et dans le désert, ainsi que
de tout ce qui serait à votre connaissance.

Nous désirons aussi vous voir bientôt, avec bon nombre de vos
gens, pour éclairer notre armée.

Recommandez à tous vos Arabes de se bien comporter, afin qu'ils
méritent toujours notre protection.

J'ai fait occuper par nos troupes et mettre des canons dans les
couvents des lacs Natroun. Il sera donc nécessaire, quand quelqu'un
de votre tribu ira, qu'il se fasse reconnaître, car j'ai ordonné qu'ils
soient traités comme amis. Faites connaître le contenu de cette lettre
à tous les cheiks, sur qui soit le salut.

BONAPARTE.

Recueil de pièces officielles.

4287. — AUX ULÉMAS, NOBLES, CHEIKS, IMAMS
ET FELLAHS, DE LA PROVINCE DE BAHYREH.

Quartier général, Terrâneh, 29 messidor an VII (17 juillet 1799).

Il n'y a pas d'autre dieu que Dieu, et Mahomet est son prophète!

Tous les habitants de la province de Bahyreh mériteraient d'être
châtiés, car les gens éclairés et sages sont coupables lorsqu'ils ne
contiennent pas les ignorants et les méchants ; mais Dieu est clément
et miséricordieux. Le Prophète a ordonné, dans presque tous les
chapitres du Coran, aux hommes sages et bons d'être cléments et
miséricordieux ; je le suis envers vous. J'accorde, par le présent firman, un pardon général à tous les habitants de la province de Bahyreh qui se seraient mal comportés, et je donne des ordres pour
qu'il ne soit fait contre eux aucune espèce de recherche. J'espère que
désormais le peuple de la province de Bahyreh me fera sentir, par sa
bonne conduite, qu'il est digne de mon pardon.

BONAPARTE.

Dépôt de la guerre.

4288. — AU GÉNÉRAL DUGUA.

Quartier général, Terrâneh, 29 messidor an VII (17 juillet 1799).

Le nombre de voiles ennemies, Citoyen Général, s'est augmenté
d'une quinzaine de bâtiments légers. Vous sentez combien il devient
nécessaire de presser le départ de tous les hommes disponibles. J'espère que le général Lagrange sera parti du Caire pour l'armée quand
vous recevrez ceci. Il y a beaucoup de chefs de bataillon qui ne sont

pas à leurs corps, parce qu'ils sont tous un peu incommodés ou qu'ils ont pensé que ce n'était simplement qu'une course contre les Arabes. Faites que tous ces hommes nous rejoignent. Il est essentiel que tout cela marche en corps. J'estime que les détachements doivent être au moins de 200 hommes.

Écrivez au général Desaix les nouvelles que je vous donne, que j'imagine que la colonne mobile contre Mourad-Bey est partie, et qu'il presse le départ de la cavalerie que je lui ai demandée. Dès que le bataillon de la 22e ainsi que le général Rampon et sa colonne seront arrivés au Caire, qu'ils filent en toute diligence sur El-Rahmânyeh.

Instruisez le général Reynier qu'il est nécessaire qu'il réunisse la garnison de Sàlheyeh en y laissant en tout, compris sapeurs et canonniers, 120 hommes, et qu'il soit prêt, à tout événement, à se porter de Belbeys, par le Delta, sur El-Rahmânyeh. Vous lui enverriez, pour cet objet, tous les grenadiers et l'artillerie de sa division. Il pourrait ainsi m'amener un millier d'hommes, qui peuvent me devenir d'un grand secours. Si, dans trente-six heures, vous ne recevez pas de lettres de moi, vous ordonnerez ce mouvement.

Envoyez un des généraux qui sont au Caire en convalescence, pour commander à Gyzeh.

Faites partir les deux demi-galères et la chaloupe canonnière *la Victoire,* pour se rendre à El-Rahmânyeh; faites-y embarquer 2,000 paires de souliers; envoyez-nous, sous leur escorte, à El-Rahmânyeh, encore 2 ou 300,000 rations de biscuit et de la farine. L'ordonnateur donne des ordres pour cet objet. Le convoi, escorté par les trois djermes *la Vénitienne,* etc., n'est pas encore arrivé. Je serai le 1er thermidor, au soir, à El-Rahmânyeh.

Je vous expédierai constamment deux courriers par jour.

Si les Henàdy continuent à nous rester fidèles, vous ne manquerez pas de nouvelles. Le citoyen Rosetti peut vous servir beaucoup là-dessus; ayez cependant l'œil sur les démarches de cet homme.

Selim-Kàchef, le dernier qui est venu du Bahyreh, m'est représenté comme un homme extrêmement dangereux; faites-le rappeler; dites-lui que, comme je vais dans le Babyreh, je désire l'avoir avec moi à cause de ses connaissances locales; et, sur ce, faites-le embarquer sur une des demi-galères, en le consignant au commandant, et lui recommandant d'avoir pour lui quelques égards, mais que cependant il en répond comme d'une chose capitale.

Faites fusiller les prisonniers qui se permettraient le moindre mouvement.

Fixez vos yeux sur les approvisionnements de la citadelle, de l'hôpital d'Ibrahim-Bey, de Gyzeh et des petits forts.

Faites connaître au divan que, vu les troubles survenus dans le Bahyreh et le grand nombre de mécontents qui s'y trouvent, j'ai jugé à propos de m'y rendre moi-même.

Quant aux bâtiments qu'ils pourraient savoir être sur la côte, dites que vous croyez que ce sont des Anglais, et que l'on dit que la paix est faite entre les deux puissances. Dites que vous savez que je leur ai écrit, et, sur ce, demandez-leur s'ils ont reçu ma lettre. Montrez-leur ma proclamation aux habitants du Bahyreh. Amusez-les avec l'expédition du général Menou aux lacs Natroun, et du général Destaing à Maryout.

BONAPARTE.

Dépôt de la guerre.

4289. — AU GÉNÉRAL MARMONT.

Quartier général, Terràneh, 29 messidor an VII (17 juillet 1799).

J'ai reçu, Citoyen Général, votre lettre du 24, à la pointe du jour, de Rosette. Je n'ai eu aucune sollicitude pour Alexandrie. Soutenez Rosette. Je pense que vous serez posté à Aboukir, comme vous me l'annonciez, pour tomber sur les flancs de l'ennemi, s'il osait débarquer entre Aboukir et Rosette pour tenter un coup de main.

Des troupes arrivent ce soir à El-Rahmànyeh. Je couche ici ce soir avec l'armée. Je serai le 1er thermidor, au soir, à El-Rahmànyeh.

J'ai fait mettre garnison et des canons dans les couvents des lacs Natroun.

Mourad-Bey, chassé, poursuivi de tous côtés, s'est retiré dans le Fayoum ; il a avec lui une centaine de Mameluks, 50 Arabes et 40 hommes, tous exténués de fatigue et dans le dernier délabrement.

Vous avez sans doute appris que, le 24 du mois, le général Lagrange est arrivé à la pointe du jour dans les ouàdys situées dans le désert, entre Suez, la Syrie et Belbeys, a surpris 200 Mameluks, tué Osman-Bey el-Cherqàouy, un des coryphées du pays, et pris 700 chameaux.

BONAPARTE.

Collection Napoléon.

4290. — AU GÉNÉRAL KLEBER.

Quartier général, El-Rahmànyeh, 2 thermidor an VII (20 juillet 1799).

Nous arrivons à El-Rahmànyeh, Citoyen Général ; l'adjudant général Jullien m'apprend que l'avant-garde de votre division arrive à Rosette, et que vous-même n'en êtes pas éloigné avec le reste de votre division.

Il paraît que l'ennemi a décidément débarqué à Aboukir, et est dans ce moment maître de la redoute.

Ma ligne d'opération sera Alexandrie, Birket[1] et Rosette. Je me tiendrai avec la masse de l'armée à Birket. Le général Marmont est à Alexandrie, et vous vous trouverez à Rosette, l'un et l'autre ayant à peu près autant de monde; de sorte que vous vous trouvez former la droite, le général Marmont la gauche, et je suis au centre. Si l'ennemi est en force, je me battrai dans un bon champ de bataille, ayant avec moi ou ma droite ou ma gauche; celle des deux qui ne pourra pas être avec moi, je tâcherai qu'elle puisse arriver pour servir de réserve.

Birket est à une lieue de la hauteur de Lelohà et à une lieue du village de Besentouày, village assez considérable. Prenez tous les renseignements nécessaires sur la situation d'Edkou, village sur la route de Rosette à Aboukir, par rapport à Birket, et tâchez de vous organiser de manière à pouvoir, au premier ordre, vous porter le plus promptement possible à Edkou ou à Birket; et, comme il serait possible que nos communications fussent interceptées, tâchez d'avoir beaucoup de monde en campagne pour savoir ce que je fais et où je suis, afin que, s'il arrivait des cas où il n'y eût pas d'inconvénient à un mouvement, et où des avis vous feraient penser que j'ai dû vous ordonner de le faire, vous le fassiez.

Vous trouverez à Rosette quelques pièces de campagne dont vous pourrez vous servir.

Je vous envoie quatre copies de cette lettre, afin qu'elle vous parvienne.

Quelque chose qui arrive, je compte entièrement sur la bravoure des 16 à 18,000 hommes[2] que vous avez avec vous. Je ne pense pas que l'ennemi en aurait autant, quand même ses cent bâtiments seraient chargés de troupes.

BONAPARTE.

Collection Napoléon.

_____

4291. — AU GÉNÉRAL MURAT.

Quartier général, El-Rahmânyeh, 2 thermidor an VII (20 juillet 1799).

Il est ordonné au général Murat de se tenir prêt à partir aujour-

_____

[1] Birket-Gheytâs.

[2] Dans la prévision que ses dépêches pourraient être interceptées, le général Bonaparte exagère à dessein le chiffre de ses forces.

d'hui à deux heures après midi, de faire prendre du pain à sa troupe jusqu'au 6 inclusivement, de faire prendre par ses attelages et servir par ses canonniers une pièce de 3 autrichienne qui se trouve au fort d'El-Rahmànyeh.

Le général Murat est prévenu qu'il aura avec lui les grenadiers de la 69ᵉ, et l'ingénieur Picault pour faire des puits où il sera nécessaire.

Par ordre du général en chef.

Dépôt de la guerre.

4292. — AU GÉNÉRAL MURAT.

Quartier général, El-Rahmànyeh, 2 thermidor an VII (20 juillet 1799).

Le général en chef ordonne au général Murat de se porter avec la cavalerie, 3 pièces de canon, les grenadiers et le 1ᵉʳ bataillon de la 69ᵉ, commandés par le chef de brigade, et les dromadaires, au village de Besentouây; de prendre là des renseignements sur tout ce qui se passe à Aboukir, d'envoyer des espions pour être prévenu des mouvements des ennemis, et d'expédier sur-le-champ des courriers au général Marmont avec la lettre ci-jointe. Il lui expédiera en outre plusieurs autres courriers pour lui faire part que l'armée, forte de plus de 60,000 hommes, est arrivée à El-Rahmànyeh, que le général Kleber, avec une colonne de 15 à 16,000 hommes, est arrivé à Rosette; qu'étant venue en quatre jours du Caire, un jour de repos est nécessaire à El-Rahmànyeh, et que lui a pris les devants, avec une bonne avant-garde, pour reconnaître l'ennemi et pouvoir instruire le général en chef de tout ce qui se passe; que son intention étant de réunir toute sa cavalerie, il désire que le général Marmont envoie à Birket les dromadaires et toute la cavalerie qui est à Alexandrie, qui mèneront avec eux deux bonnes pièces de 8 bien approvisionnées; qu'ayant entendu dire, dans ce pays, que l'ennemi avait débarqué à Aboukir, le général en chef désirerait connaître si la redoute et le fort tenaient encore, et que c'était surtout pour le cas où le fort ne tiendrait plus qu'il désirait qu'il fît partir sa cavalerie et les dromadaires pour rejoindre l'armée.

Le général Murat s'assurera de la quantité d'eau qui existe à Birket et sur la route d'Alexandrie. Il fera nettoyer ou creuser les puits. Il tâchera, demain avant le jour, de tendre des embuscades aux différents points du lac où l'ennemi pourrait avoir envoyé des canots, soit pour faire de l'eau, soit pour communiquer avec l'intérieur du pays. Il fera rechercher avec le plus grand soin la paille et l'orge, soit à Birket, soit sur la route de Birket à Alexandrie. Il fera transporter de Besentouày à Birket, et même à la hauteur de Lelohà, la plus grande quantité d'orge et de paille, afin que, l'armée s'y rendant, la subsistance des chevaux soit assurée.

Si le général Murat apprenait que le général Marmont se fût porté sur Aboukir, et qu'il fût sur le point d'en venir aux mains, il s'y porterait, comme de raison, pour l'appuyer. S'il apprenait que le fort d'Aboukir tînt toujours et que le général Màrmont n'ait pu sortir de sa place, il pousserait un corps de dromadaires et de cavalerie pour communiquer avec Alexandrie et faire en sorte que, demain au soir, le général en chef soit au fait de la situation des choses et puisse prendre un parti définitif.

Le général en chef recommande au général Murat de ménager son infanterie déjà très-fatiguée, de ne la faire servir que comme corps de réserve. En cas d'événement, le général Murat enverra au général en chef la note des villages par où il passera et par où il enverra ses courriers, afin que les reconnaissances et tout ce qui pourrait partir du quartier général se rencontrent. Il expédiera souvent des courriers au général en chef.

Par ordre du général en chef.

Dépôt de la guerre.

4293. — AU GÉNÉRAL MARMONT, a ALEXANDRIE.

Quartier général, El-Rahmânyeh, 2 thermidor an VII (20 juillet 1799).

Les divisions Rampon et Lannes, Citoyen Général, achèvent d'arriver aujourd'hui. Le général Murat, avec la 69ᵉ, la cavalerie, un escadron de dromadaires et de l'artillerie, sera cette nuit sur la hauteur de Lelohà.

Si l'ennemi a pris Aboukir, envoyez la cavalerie et les dromadaires à Birket, avec deux pièces de 8 bien approvisionnées, mon intention étant, au préalable, de réunir toute la cavalerie de l'armée.

Si l'ennemi n'a pas pris Aboukir, mais qu'il y ait une nécessité imminente de le secourir, partez; le général Murat a ordre de vous seconder.

Si Aboukir peut attendre encore que je prenne un parti moi-même, faites en sorte que j'aie demain au soir des nouvelles positives de la situation des choses. Je n'attends que ce rapport et la journée de demain, nécessaire pour le repos de la troupe, pour marcher. Dans ce dernier cas, préparez votre artillerie de campagne et les obusiers.

Dans tous les cas, vous recevrez un renfort de canonniers.

Les rassemblements du Bahyreh ayant été absolument détruits, Mourad-Bey poursuivi, réduit à une poignée de monde, ne sachant où se réfugier, je regarde l'opération des ennemis comme entièrement manquée.

BONAPARTE.

Dépôt de la guerre.

4294. — AU GÉNÉRAL DUGUA, au caire.

Quartier général, El-Rahmânyeh, 2 thermidor an VII (20 juillet 1799),
8 heures du soir.

Il paraît, Citoyen Général, que les Turcs nous ont pris le mauvais fort d'Aboukir. Le général en chef a besoin de toutes ses forces pour attaquer l'ennemi. Il vous ordonne de tâcher de réunir 300 hommes et plus des 18ᵉ, 32ᵉ, 13ᵉ et 69ᵉ demi-brigades, qui, d'après les états de situation qui nous sont remis, sont restés au Caire, quoique en état de marcher. La 18ᵉ a 70 hommes restés faute d'armes, 149 convalescents, dont beaucoup en état de marcher. La 32ᵉ a 49 hommes restés au Caire sans permission et 169 convalescents, dont beaucoup sont en état de marcher. Il en est de même des 13ᵉ et 69ᵉ.

Faites passer une revue exacte de tous les hommes en état de marcher appartenant à ces demi-brigades, et envoyez-nous-les par terre, à grandes journées.

Le général Fugière, qui est arrivé ici, a prévenu le général en chef qu'il avait envoyé au Caire une cinquantaine de chevaux de remonte. Le général en chef pense qu'au moment où vous recevrez cette lettre ils seront équipés; s'ils ne l'étaient pas, donnez les ordres les plus précis pour qu'ils le soient sur-le-champ, et envoyez-nous, le plus promptement possible, ces 50 hommes de cavalerie et tous les autres disponibles.

J'espère, mon cher Général, que nous donnerons aux Turcs une leçon qui assurera à la France la possession de l'Égypte.

Nous recevons des nouvelles d'Alexandrie du général Marmont, d'hier soir; tout y est parfaitement bien disposé.

L'adjudant général Jullien est à Rosette, où tout est parfaitement tranquille et dans une position très-respectable.

Tout le pays est tranquille et a peu de confiance dans les moyens de la flotte turque.

Par ordre du général en chef.

Soit avec la cavalerie, soit avec l'infanterie, envoyez-nous *tous* les dromadaires disponibles.

Le général en chef ordonne que vous fassiez distribuer des *fusils*, qui sont à Gyzeh, à tous les hommes des demi-brigades qui sont à l'armée en état de rejoindre et qui n'en auraient pas; enfin, mon cher Général, envoyez-nous le plus d'hommes possible.

Dépôt de la guerre.

4295. — AU GÉNÉRAL DUGUA, au caire.

Quartier général, El-Rahmânyeh, 3 thermidor an VII (21 juillet 1799).

Tous les drogmans, Citoyen Général, nous ont manqué. Ces messieurs ont probablement assez volé. Je vous prie de faire arrêter le citoyen Braswich, et en général tous les drogmans des généraux qui sont ici, de les embarquer sur une djerme armée et de les envoyer à El-Rahmânyeh.

Le citoyen Poussielgue a deux jeunes gens de ceux que j'avais amenés de France; je vous prie de m'envoyer le plus intelligent.

BONAPARTE.

Dépôt de la guerre.

4296. — AU DIVAN DU CAIRE.

Quartier général, El-Rahmânyeh, 3 thermidor an VII (21 juillet 1799).

Il n'y a pas d'autre dieu que Dieu, et Mahomet est son prophète!

Au divan du Caire, choisi parmi les gens les plus sages, les plus instruits et les plus éclairés. Que le salut du Prophète soit sur eux!

Je vous écris cette lettre pour vous faire connaître qu'après avoir fait occuper les lacs Natroun et parcouru le Bahyreh, pour rendre la tranquillité à ce malheureux peuple et punir mes ennemis, nous nous sommes rendu à El-Rahmânyeh; nous avons accordé un pardon général à la province, qui est aujourd'hui dans une situation parfaitement tranquille.

Quatre-vingts bâtiments petits et gros se sont présentés pour attaquer Alexandrie; mais, ayant été accueillis par des bombes et des boulets, ils ont été mouiller à Aboukir, où ils commencent à débarquer. Je les laisse faire, parce que mon intention est, lorsqu'ils seront tous débarqués, de les attaquer, de tuer tout ce qui ne voudra pas se rendre, et de laisser la vie aux autres pour les mener prisonniers, ce qui sera un beau spectacle pour la ville du Caire. Ce qui avait conduit cette flotte ici était l'espoir de se réunir aux Arabes et aux Mameluks pour piller et dévaster l'Égypte. Il y a sur cette flotte des Russes, qui ont en horreur ceux qui croient à l'unité de Dieu, parce que, selon leurs mensonges, ils croient qu'il y en a trois. Mais ils ne tarderont pas à voir que ce n'est pas le nombre des dieux qui fait la force, et qu'il n'y en a qu'un seul, père de la victoire, clément et miséricordieux, combattant toujours pour les bons, confondant les projets des méchants, et qui, dans sa sagesse, a décidé que je viendrais en Égypte pour en changer la face et substituer à un régime dévastateur un régime d'ordre et de justice. Il donne par là une marque de sa toute-puissance, car ce que n'ont jamais pu faire ceux qui croyaient à trois dieux, nous l'avons fait, nous qui croyons qu'un seul gouverne la nature et l'univers.

Et, quant aux musulmans qui pourraient se trouver avec eux, ils sont réprouvés, puisqu'ils se sont alliés, contre l'ordre du Prophète, à des puissances infidèles et à des idolâtres. Ils ont donc perdu la protection qui leur aurait été accordée; ils périront misérablement. Le musulman qui est embarqué sur un bâtiment où est arborée la croix, celui qui, tous les jours, entend blasphémer contre le seul Dieu, est pire qu'un infidèle même. Je désire que vous fassiez connaître ces choses aux différents divans de l'Égypte, afin que les mal-intentionnés ne troublent pas la tranquillité des différents villages, car ils périraient comme Damanhour et tant d'autres qui ont, par leur mauvaise conduite, mérité ma vengeance.

Que le salut de paix soit sur tous les membres du divan!

BONAPARTE.

Dépôt de la guerre.

4297. — AU DIVAN DE ROSETTE.

Quartier général, El-Rahmânyeh, 3 thermidor an VII (21 juillet 1799).

Je vous écris cette lettre pour vous faire connaître que je suis arrivé à El-Rahmânyeh, et que je me dispose à me porter contre ceux qui voudraient troubler la tranquillité de l'Égypte. Depuis assez long-temps l'Égypte a été sous le pouvoir des Mameluks et des Osmanlis, qui ont tout détruit et l'ont pillée. Dieu l'a remise en mon pouvoir afin que je lui fasse reprendre son ancienne splendeur. Pour accom-plir ses volontés, il m'a donné la force nécessaire pour anéantir tous mes ennemis. Je désire que vous teniez note de tous les hommes qui, dans cette circonstance, se conduiraient mal, afin de pouvoir les châtier exemplairement. Je désire également que vous me fassiez passer, deux fois par jour, des exprès, pour me faire savoir ce qui se passe, et que vous envoyiez à Aboukir des gens intelligents pour en être instruits.

Le général Abdallah Menou va se rendre à Rosette.

BONAPARTE.

Recueil de pièces officielles.

4298. — AU DIVAN DE ROSETTE.

Quartier général, El-Rahmânyeh, 3 thermidor an VII (21 juillet 1799).

Dieu est grand et miséricordieux!

Au divan de Rosette, choisi parmi les plus sages et les plus justes.

J'ai reçu votre lettre; j'en ai compris le contenu. J'ai appris avec plaisir que vous aviez les yeux ouverts pour maintenir tout le monde de la ville de Rosette dans le bon ordre. Le général Menou part ce soir avec un bon corps de troupes. Je porte moi-même mon quartier général à Birket, où je vous prie de m'envoyer les renseignements que vous pourriez avoir.

Faites une circulaire pour faire connaître à tous les villages de la province qu'heureux ceux qui se comporteront bien et contre qui je n'ai point de plaintes à porter, car ceux qui sont mes ennemis périront indubitablement.

Que le salut du Prophète soit sur vous!

BONAPARTE.

Recueil de pièces officielles.

4299. — AU GÉNÉRAL MENOU.

Quartier général, El-Rahmânyeh, 3 thermidor an VII (21 juillet 1799).

Arrivé à Rosette, Citoyen Général, votre première sollicitude sera de débarrasser le fort de tout ce qui l'encombre : vivres, artillerie, malades, etc., d'envoyer le tout à El-Rahmânyeh.

Le général Kleber doit avoir opéré son mouvement sur Rosette. Ma ligne d'opération est Alexandrie, Birket et Rosette. Il faut que vous désigniez d'abord une garnison raisonnable pour le fort, qu'avec le reste vous vous teniez toujours organisé pour pouvoir vous porter sur Birket, qui est le pivot de toutes mes opérations.

Faites partir demain au soir de Rosette 30 chameaux chargés de riz pour Birket et 10 chargés de biscuit; ce sera un grand service que vous nous rendrez; les chameaux retourneront et pourront faire un second voyage. Si vous pouviez aussi nous y faire passer 20,000 cartouches, cela nous rendrait un service essentiel. Les 100 hommes que vous chargerez de cette escorte formeront une première patrouille de Rosette à Birket.

Entretenez une correspondance très-active avec le général Kleber, et faites écrire par le divan de Rosette aux divans de Gharbyeh, de Menouf et de Damiette, pour leur donner les nouvelles telles qu'elles sont et détruire les faux bruits qui pourraient circuler.

Si l'ennemi faisait un mouvement en force sur Rosette, et que vous ne vous jugiez pas suffisant pour le culbuter, vous vous enfermeriez dans le fort, et vous attendriez qu'une colonne, partie de Birket, se portât sur Edkou, pour prendre l'ennemi en flanc et par les derrières; il s'en échappera fort peu. Si les bataillons de Damiette vous avaient joint, vous laisserez l'adjudant général Berthier dans le fort, et vous opérerez votre retraite sur Birket ou El-Rahmânyeh.

Dès l'instant que la cavalerie que j'attends sera arrivée, il y aura de très-fréquentes patrouilles de Birket à Edkou et Rosette.

Au reste, dans toutes les circonstances qui peuvent arriver, le principal but, si vous êtes attaqué sérieusement, c'est de défendre le fort de Rosette, afin que l'ennemi n'ait pas l'embouchure du Nil; le second but est d'empêcher l'ennemi d'arriver à Rosette, ce que vous ne pourriez faire qu'avec les forces qui viennent de Damiette; mais vous vous trouveriez à même, avec une pièce de campagne et votre garnison, de vous opposer à un détachement de 4 à 500 hommes qui voudraient piller Rosette; enfin, de vous trouver prêt, avec la colonne dont vous pouvez disposer, à me rejoindre sur le point de Birket.

BONAPARTE.

Dépôt de la guerre.

4300. — AU GÉNÉRAL MARMONT.

Quartier général, El-Rahmânyeh, 3 thermidor an VII (21 juillet 1799).

Un renfort de canonniers, Citoyen Général, quelques hommes épars de votre garnison, et, ce qui est plus précieux encore, le citoyen Faultrier, partent pour vous rejoindre.

Le général Murat, qui est parti hier pour reconnaître l'ennemi à Aboukir et prendre position à Birket, aura déjà communiqué avec vous et vous aura fait passer les dépêches.

Le général Menou part, dans l'instant même, pour prendre le commandement de Rosette et de la province.

Gardez-vous avec la plus grande vigilance; ne dormez que de jour, baraquez vos corps très à portée, faites battre la diane bien avant le jour, exigez qu'aucun officier, surtout officier supérieur, ne se déshabille la nuit; faites battre souvent la nuit l'assemblée ou toute autre sonnerie convenue, pour voir si tout le monde connaît bien le poste qui lui est désigné, et réservez la générale pour les alertes réelles. Il doit y avoir à Alexandrie une grande quantité de chiens dont vous pouvez aisément vous servir, en en liant un grand nombre à une petite distance de vos murailles. Relisez avec soin le règlement sur le service des places assiégées : c'est le fruit de l'expérience, il est rempli de bonnes choses.

L'état-major vous envoie les signaux convenus pour pouvoir communiquer pendant le siége ou le blocus, si le cas arrivait.

Si, d'Aboukir, ils vous écrivaient pour vous rendre, faites beaucoup d'honnêtetés au parlementaire, et faites-leur sentir que l'usage n'est pas de rendre une place avant qu'elle soit investie ; que, s'ils l'investissaient, alors vous pourriez devenir plus traitable ; poussez cette négociation aussi loin que vous pourrez, car je regarderais comme un grand bonheur que la facilité avec laquelle ils ont pris Aboukir pût les porter à vous bloquer : ils seraient alors perdus. Sous peu de jours j'aurai ici un millier d'hommes de cavalerie.

S'ils ne vous font point de propositions et que vous ayez une ouverture naturelle de traiter avec eux, vous pourriez les tâter. La transaction pourrait être alors de connaître la capitulation du fort d'Aboukir, les sûretés qu'on a données à la garnison de passer en France, et si on tiendra cette promesse ; ce qui naturellement vous mène à pouvoir faire sentir que vous les trouvez très-heureux.

BONAPARTE.

Dépôt de la guerre.

4301. — AU GÉNÉRAL DUGUA.

Quartier général, El-Rahmânyeh, 3 thermidor an VII (21 juillet 1799),
8 heures du soir.

Je reçois, Citoyen Général, votre lettre du 30 messidor ; j'attends avec la plus grande impatience la cavalerie que vous m'annoncez. Le général Reynier a dû vous envoyer tous les hommes du 14e qu'il a. Bessières m'assure qu'une trentaine de mes guides seraient disponibles ; on leur donnera des chevaux.

Écrivez à Détrès d'activer sa marche avec le plus de monde qu'il pourra ; la 32e et la 18e ont laissé, à elles deux, plus de 600 hommes au Caire. Si vous ne faites pas partir ces hommes de suite, je me trouverai avec fort peu de monde. Faites une revue scrupuleuse, et que tout ce qui appartient à la 22e, même le bataillon qui doit être arrivé de Beny-Soueyf, aux 18e, 32e, 13e et 69e, parte sans le moindre délai.

Le général Rampon aura sans doute, à l'heure qu'il est, dépassé le Caire. Il avait avec lui 60 hommes d'artillerie à cheval qu'il faut m'envoyer.

Faites partir le chef de bataillon d'artillerie Faure avec 100 canonniers, qui sont nécessaires pour jeter dans Alexandrie.

L'ennemi débarque toujours à Aboukir. J'ai trouvé ici et à Rosette des pièces de campagne. Je m'organise. J'ai été joint par les généraux Lanusse, Robin et Fugière; on a cependant laissé à Menouf une centaine d'hommes.

J'attends aujourd'hui, à midi, le général Menou, qui est de retour des lacs Natroun.

Vous trouverez ci-joint une lettre que vous remettrez au divan du Caire.

Que tous les envois que vous me faites soient toujours de 250 à 300 hommes, afin d'éviter toute espèce d'accident.

Je demande au payeur de nous envoyer 100,000 francs. Il sera bon alors, pour l'escorte, de profiter d'une occasion où vous aurez 400 hommes à nous envoyer. Je vous recommande de nous envoyer, jour par jour et même deux fois par jour, les hommes qui doivent nous rejoindre; vous en sentez l'importance; toutes les heures il peut y avoir une affaire décisive, et, dans le petit nombre de troupes que j'ai, 300 hommes ne sont pas une faible chance.

BONAPARTE.

Dépôt de la guerre.

4302. — AU GÉNÉRAL DUGUA, AU CAIRE.

Quartier général, El-Rahmânyeh, 4 thermidor an VII (22 juillet 1799).

L'escadre ennemie, Citoyen Général, a été renforcée de 30 bâtiments. Leur armée est en position devant Aboukir; je pars dans deux heures pour aller la reconnaître, et l'armée s'en approche aussi près que l'eau peut le permettre. J'attends aujourd'hui la cavalerie que vous m'avez annoncée par votre lettre du 30. Je désirerais bien que le chef de brigade Détrès pût la suivre immédiatement.

J'espère que le général Rampon mènera avec lui, indépendamment du détachement qu'il a, tout ce qui est resté au Caire de sa division et de celle de Lannes; il en est presque resté le tiers.

Si vous aviez des nouvelles qu'Ibrahim-Bey est en marche de Gaza, vous écririez au général Desaix de descendre. Il n'aura avec lui que 15 à 1800 hommes de cavalerie assez peu redoutable. Vous pourrez réunir, surtout si le général Desaix est descendu, un corps assez considérable pour pouvoir l'attaquer avec avantage au moment où il mettrait le pied sur les terres d'Égypte, ce qui pourrait être entre Belbeys et le Caire. Faites-vous rendre compte si Sâlheyeh est approvisionné; en tout cas, tenez vos forts le plus approvisionnés qu'il vous sera possible.

Dépôt de la guerre.

BONAPARTE.

4303. — AU GÉNÉRAL DESAIX.

Quartier général, El-Rahmânyeh, 4 thermidor an VII (22 juillet 1799).

L'ennemi a été renforcé de 30 bâtiments, Citoyen Général, ce qui fait 120 à 130 qui existent en ce moment dans la rade d'Aboukir. Il est maître de la redoute et du fort d'Aboukir depuis le 27 messidor.

Je pars aujourd'hui pour aller reconnaître la position qu'il occupe, et voir s'il est possible de l'attaquer et le culbuter dans la mer; car il me paraît qu'il ne veut pas se hasarder à cerner Alexandrie, et qu'il se contente, en attendant qu'il connaisse les mouvements d'Ibrahim-Bey et de Mourad-Bey, de se fortifier à la presqu'île d'Aboukir.

Je désirerais bien avoir la cavalerie que je vous ai demandée; si je reste en position devant lui, puisque sa position serait telle qu'il deviendrait impossible de l'attaquer, j'en aurai un besoin urgent.

Le général Friant sera sans doute à la suite de Mourad-Bey; vous vous serez réunis de manière à pouvoir promptement vous porter au Caire. Je désire que vous vous y portiez de votre personne, avec votre première colonne. Vous vous ferez remplacer à Beny-Soueyf par votre deuxième colonne.

Arrivé au Caire, vous réunirez ce qui s'y trouve de la division Reynier, pour vous trouver à même de marcher à Ibrahim-Bey, s'il prenait le désert sans toucher à El-A'rych ni à Qatyeh. Il devrait avoir, dans cette hypothèse, un millier de chameaux avec lui; et, dès l'instant qu'il aura touché aux terres d'Égypte, ce qui pourrait être entre Belbeys et le Caire, il faudrait marcher à lui. La garnison du Caire trouvera dans les forts un refuge certain qui contiendra la ville, quelque événement qu'il puisse arriver.

BONAPARTE.

Comm. par M. Pauthier.

4304. — AU GÉNÉRAL LANNES.

Quartier général, El-Rahmânyeh, 4 thermidor an VII (22 juillet 1799).

Il est ordonné au général Lannes de partir aujourd'hui, 4 thermidor, à deux heures après midi, pour se rendre au village de Samâdys, à trois lieues d'El-Rahmânyeh, sur la route de Birket.

Il repartira de Samâdys, avec toute sa division, ce soir, au lever de la lune, pour se rendre à Birket, où il prendra position et attendra de nouveaux ordres.

Le général Lannes doit avoir reçu l'ordre de faire prendre des vivres pour un jour de plus, c'est-à-dire jusqu'au 9 inclus. Il sera fait également une distribution de vinaigre.

34.

Le général Lannes laissera au fort d'El-Rahmânyeh les hommes hors d'état de marcher; il m'en fera remettre l'état.

Par ordre du général en chef.

Dépôt de la guerre.

4305. — ORDRE.

Quartier général, El-Rahmânyeh, 4 thermidor an VII (22 juillet 1799).

Ordre au général Lanusse de partir aujourd'hui avec la division du général Rampon, à deux heures et demie après midi, de suivre le mouvement de la division Lannes, et de se rendre à Samâdys, à trois lieues d'El-Rahmânyeh, sur la route de Birket.

Le général Lanusse repartira de Samâdys avec sa division ce soir, une demi-heure après le lever de la lune, pour se rendre au village de Besentouây, où il prendra position et attendra de nouveaux ordres.

Par ordre du général en chef.

Dépôt de la guerre.

4306. — AU GÉNÉRAL MARMONT.

Quartier général, El-Rahmânyeh, 4 thermidor an VII (22 juillet 1799).

Le général en chef vous ordonne, Citoyen Général, de tenir prêt à partir, dans la journée du 6 thermidor, le général Destaing, avec le plus ·de pièces de campagne qu'il vous sera possible et avec 900 hommes de troupes ayant pour quatre jours de vivres, et bien approvisionnés de cartouches, pour se joindre à l'armée, afin de chasser l'ennemi d'Aboukir.

Vous ferez préparer 30 chameaux chargés d'eau pour être prêts à partir le 6, d'après les ordres que vous pourrez recevoir.

Vous ferez, en outre, préparer des outres pour 30 autres chameaux.

Par ordre du général en chef.

Dépôt de la guerre.

4307. — AU GÉNÉRAL MENOU.

Quartier général, Birket, 5 thermidor an VII (23 juillet 1799).
à 2 heures après midi.

D'après les dispositions du général en chef, il est ordonné au général Menou de se trouver, le 7 thermidor, à quatre heures du matin, au lac Ma'dyeh, avec 3 ou 400 hommes et deux pièces de campagne. Il se placera de manière à ne pas pouvoir être inquiété du feu des bâtiments qui sont à la mer, à battre avec ses deux pièces les chaloupes canonnières qui seraient dans le lac, leur intercepter, s'il est possible, la sortie du lac, et les couler bas ou les obliger à l'évacuer, ce qui assurera la droite de l'armée qui attaquera Aboukir, et qui se trouverait appuyée le long de la côte marquée D G. Une fois qu'il aura réussi à remplir ce premier but, il placera son artillerie de manière à battre la partie formant la droite du promontoire où est située la redoute et le fort, afin que l'armée qui les attaquerait se trouve encore avoir sa droite libre, laquelle se trouverait appuyée le long de la côte A D. Le général Menou aura soin que les canonniers ne tirent pas sur l'armée, ce qui arriverait si on les laissait se livrer à leur ardeur. Le deuxième but rempli, il dirigera son artillerie de manière à battre les chaloupes qui entreraient et sortiraient du fort d'Aboukir. Si le général Menou pouvait se faire suivre par un mortier de 8 pouces et par une centaine de bombes, cela, bien dirigé, pourrait être du plus grand effet.

S'il n'y a point à Rosette d'officier d'artillerie, l'adjudant général Jullien, qui sort de ce corps, pourrait être chargé de la direction de cette artillerie.

Il faudrait au général Menou, pour remplir l'objet de son instruction, une pièce de 8 et un obusier, avec 300 coups pour chacune de ces bouches à feu. Le général en chef regrette de n'avoir pas le temps de pouvoir faire passer deux pièces de 12 de campagne. Si le premier jour on ne parvient qu'à acculer l'ennemi dans la redoute et dans le fort, et qu'il tienne toujours dans ces deux points, le général Menou fera venir de Rosette un nouveau mortier et une pièce de 24, pour faire, de son côté, à l'ennemi tout le mal possible.

Le général en chef ordonne au général de brigade Duvivier, qui doit être arrivé hier à El-Rahmânyeh, d'en faire partir 100 hommes de cavalerie pour Rosette, avec lesquels le général Menou pourra facilement surveiller les mouvements de la côte. Au reste, dans le cas où l'ennemi parviendrait à débarquer un corps de troupes entre lui et Rosette, le général Menou se trouvera toujours avoir sa retraite assurée sur Birket.

Le général Menou attendra, pour se démasquer à l'ennemi, qu'il entende la canonnade qui lui fera connaître que l'armée attaque : car il serait très-possible que le général en chef, après avoir pris connaissance de la position de l'ennemi, fît différentes manœuvres.

Si le général Kleber était arrivé à Rosette, il lui communiquerait le présent ordre, pour que, s'il a le temps d'être arrivé au premier puits qui se trouve entre Alexandrie et Aboukir pour le 7 de ce mois, il s'y rende avec sa division, ayant soin de prendre des vivres jusqu'au 10 au soir; et, dans le cas où le général Kleber n'aurait pas le temps nécessaire, il marcherait avec le général Menou pour remplir l'objet de son instruction; mais le général Kleber ferait passer 500 hommes de sa division à Birket, où ils recevraient une destination.

Si le général Kleber et ses troupes marchent avec le général Menou, au lieu d'attendre le bruit de l'attaque d'Aboukir par l'armée pour se démasquer, il commencerait à trois heures du matin. Le général en chef attendrait alors, pour commencer son attaque, que la canonnade faite sur la droite du lac ait déjà eu l'effet d'obliger l'ennemi à sortir les chaloupes canonnières qu'il a placées dans le lac.

Par ordre du général en chef.

Dépôt de la guerre.

4308. — AU GÉNÉRAL MARMONT.

Quartier général, Alexandrie, 6 thermidor an VII (24 juillet 1799).

Le général en chef ordonne au général Marmont de faire partir aujourd'hui à midi le bataillon de la 61ᵉ demi-brigade et un de la 75ᵉ, avec des vivres pour cinq jours et 60 cartouches par homme, pour se rendre au puits entre Aboukir et Alexandrie, où ils seront aux ordres du général Destaing.

Le général Marmont fera partir un détachement de 80 marins, commandé par un officier de marine, qui se rendra sur le bord de la mer, à une position intermédiaire entre le puits, moitié chemin d'Aboukir à Alexandrie. Cet officier fera part au général Marmont, ou au général en chef qui sera au puits, de tous les mouvements qui pourraient se passer sur la côte. Cet officier enverra ce soir une patrouille de dix hommes au quartier général, au puits, afin de reconnaître l'endroit où sera établi le quartier général.

Le général Marmont enverra plusieurs fois, dans la journée de demain 7, des patrouilles de 30 marins, qui iront jusqu'au quartier général et jusqu'au poste de marine intermédiaire, afin de faciliter les communications entre la ville et le quartier général.

Le général Marmont aura soin que les patrouilles de cavalerie venant de l'armée, pour battre les routes, n'entrent pas dans la ville; il leur donnera aux portes tout ce dont elles pourraient avoir besoin.

Il donnera l'ordre au commandant Faultrier de faire partir, à dix heures, tout l'équipage d'artillerie, lequel attendra de nouveaux ordres à un quart de lieue en arrière du puits, et sera placé de manière à ne pas encombrer la route et à pouvoir facilement se porter en avant ou en arrière. Il sera approvisionné de tous les outils nécessaires pour pouvoir promptement établir une batterie.

Le citoyen Cretin fera marcher tous les sapeurs de la place disponibles et fera porter les outils, afin de pouvoir promptement établir les retranchements et les batteries qui seraient nécessaires.

Tous les individus et objets du génie marcheront avec le parc.

Le quartier général fournira dix chameaux pour l'artillerie; le reste sera pour les vivres.

Le quartier général fournira encore cinq chameaux pour porter les outils et les sacs à terre du génie.

Par ordre du général en chef.

Dépôt de la guerre.

4309. — AU GÉNÉRAL GANTEAUME.

Quartier général, au puits entre Alexandrie et Aboukir, 6 thermidor an VII
(24 juillet 1799), 9 heures du soir.

D'après les dispositions du général en chef, vous voudrez bien, Citoyen Général, ordonner aux 100 marins, demandés par le général en chef pour observer sur la côte entre Alexandrie et Aboukir, de prendre position à la maison où sont le dépôt et l'hôpital de l'armée, qui sera également le dépôt général de l'artillerie. Ce corps de marins exercera une grande surveillance le long de la côte.

Le général en chef ordonne que le général Ganteaume ait, pendant toute l'affaire, une attention toute particulière sur les bâtiments qui pourraient se placer pour inquiéter l'armée; il en préviendrait sur-le-champ le général en chef.

Par ordre du général en chef.

Dépôt de la guerre.

4310. — AU GÉNÉRAL MURAT.

Quartier général, au puits entre Alexandrie et Aboukir, 6 thermidor an VII
(24 juillet 1799), 9 heures du soir.

D'après les dispositions du général en chef, je vous préviens, Citoyen Général, que vous commanderez l'avant-garde de l'armée, composée de toute la cavalerie, hormis deux escadrons destinés à prendre position sur vos derrières, des quatre bataillons d'infanterie commandés par le général Destaing, et de vos trois pièces d'artillerie. L'avant-garde se mettra en marche à deux heures du matin pour attaquer l'ennemi, et marchera sans tambours.

Il est prévenu que la division Lannes forme la droite de l'armée, la division Lanusse la gauche.

Le général en chef a ordonné qu'il soit distribué, ce soir, une ration d'eau-de-vie à chaque homme.

Par ordre du général en chef.

Dépôt de la guerre.

4311. — ORDRE.

Quartier général, au puits entre Alexandrie et Aboukir, 6 thermidor an VII
(24 juillet 1799), 9 heures du soir.

Ordre au général Murat de désigner un escadron qui, avec tous les dromadaires, sera aux ordres d'un officier qu'il nommera ; de faire faire des patrouilles sur la route d'Alexandrie, le long de la mer et du lac, pour assurer les derrières de l'armée ; il informerait le général en chef du moindre mouvement ennemi. Il sentira combien un corps de Mameluks ou d'Arabes, qui se présenterait sur nos derrières, produirait un mauvais effet moral.

Par ordre du général en chef.

Dépôt de la guerre.

4312. — AU GÉNÉRAL KLEBER.

Quartier général, au puits entre Alexandrie et Aboukir, 6 thermidor an VII
(24 juillet 1799).

Je vous préviens, Citoyen Général, que votre division est chargée de former la réserve de l'armée qui attaque demain l'ennemi ; vous ferez prévenir le général en chef de votre arrivée sur Aboukir, où il sera.

Par ordre du général en chef.

Dépôt de la guerre.

4313. — AU GÉNÉRAL DAVOUT.

Quartier général, au puits entre Alexandrie et Aboukir, 7 thermidor an VII
(25 juillet 1799).

Le général en chef vous ordonne, Citoyen Général, de réunir tout ce que vous pourrez des corps de cavalerie qui composent votre brigade, d'y joindre les dromadaires et d'aller prendre position à la naissance de la presqu'île, entre la position actuelle du quartier général et Alexandrie, la droite à la mer, la gauche au lac, afin d'éclairer les mouvements des Arabes et d'entretenir la communication de l'armée avec Alexandrie. Vous pousserez, à cet effet, des patrouilles tant sur la route d'Alexandrie et le long de la mer que du côté du lac.

Par ordre du général en chef.

Dépôt de la guerre.

4314. — AU GÉNÉRAL DUGUA, AU CAIRE.

Au camp de l'ambulance, 8 thermidor an VII (26 juillet 1799), 7 heures du matin.

Hier, à sept heures du matin, nous nous sommes trouvés devant l'ennemi, qui avait pris position à une lieue en avant du fort d'Aboukir; nous l'avons attaqué, complétement battu; nous avons pris ses redoutes, tous ses retranchements, le camp, et noyé 10 à 12,000 personnes dans la mer. Nous avons pris le général en chef de terre et de mer, qui est blessé à la main; il s'appelle Hussein Seid Moustafa-Pacha; je le conduirai au Caire avec moi. Nous avons eu 100 hommes tués et 400 blessés; de ces derniers sont le général Murat, le général Fugière, le chef de brigade Cretin, le chef de brigade Morangier; parmi les premiers sont le chef de brigade Duvivier, l'adjudant général Leturcq et mon aide de camp Guibert. Le fort tient encore. S'il n'y a rien de nouveau de votre côté, arrêtez le mouvement que j'avais ordonné au général Desaix, et que lui-même remonte à Beny-Soueyf.

BONAPARTE.

Comm. par M. Pauthier.

4315. — AU GÉNÉRAL BERTHIER.

Au camp du puits entre Alexandrie et Aboukir, 8 thermidor an VII
(26 juillet 1799).

Donnez les ordres au commandement d'El-Rahmânyeh de retenir toutes les troupes qui se rendraient des différentes parties de l'Égypte sur l'armée, vu que, l'ennemi ayant été battu, elles deviennent inutiles. Elles attendront à El-Rahmânyeh jusqu'à nouvel ordre.

BONAPARTE.

Dépôt de la guerre.

4316. — AU GÉNÉRAL DUGUA, au caire.

Quartier général, devant Aboukir, 9 thermidor an VII (27 juillet 1799).

L'état-major vous aura instruit du résultat de la bataille d'Aboukir : c'est une des plus belles que j'aie vues. De l'armée ennemie débarquée, pas un homme ne s'est échappé.

Le bataillon de la 85e part de Rosette pour se rendre au Caire.

Aux moindres nouvelles de Syrie, réunissez toutes les troupes de la division Reynier à Belbeys.

J'écris au général Desaix de retourner dans la haute Égypte.

Le général Lanusse se rend à Menouf.

Le général Kleber sera à Damiette lorsque vous recevrez cette lettre.

Je resterai ici quelques jours pour débrouiller ce chaos d'Alexandrie. Au moindre événement, je puis être au Caire dans trois jours.

Comme il est possible que je passe par Rosette, envoyez-y par duplicata les dépêches importantes que vous m'adresseriez.

Je pense rester à Alexandrie jusqu'au 12.

BONAPARTE.

Dépôt de la guerre.

4317. — AU GÉNÉRAL DESAIX.

Quartier général, devant Aboukir, 9 thermidor an VII (27 juillet 1799).

Vous aurez appris par l'état-major les succès de la bataille d'Aboukir. De 15,000 hommes qui étaient débarqués, 1,000 sont restés sur le champ de bataille, 8,000 se sont noyés en voulant rejoindre à la nage une escadre qui était si éloignée que pas un n'a pu arriver. 5,000 sont cernés dans le château d'Aboukir; six mortiers tirent dessus; 500 de ces hommes se sont hier noyés en voulant rejoindre leur escadre. Il y a déjà eu plusieurs parlementaires pour se rendre, mais ils sont dans la plus grande anarchie. Le pacha est prisonnier. C'est le si célèbre Moustafa, qui a battu les Russes plusieurs fois la campagne passée. Nous avons pris plus de 200 drapeaux et 40 canons de campagne, la plupart de 4, de modèle français. Le général Fugière et le général Murat, les chefs de brigade Morangier et Cretin ont été blessés; ce dernier est mort. Le chef de brigade Duvivier a été tué, ainsi que l'adjudant général Leturcq et mon aide de camp Guibert. La cavalerie s'est couverte de gloire. Nous avons eu 100 hommes tués et 400 blessés. Si vous êtes au Caire, retournez le plus tôt possible dans la haute Égypte pour y achever la levée des impositions et des 600 dromadaires, pour recommander surtout de faire filer les hommes du 7e de hussards, du 3e, du 14e et du 15e de dragons.

BONAPARTE.

Comm. par M. Pauthier.

4318. — AU GÉNÉRAL MARMONT.

Quartier général, devant Aboukir, 9 thermidor an VII (27 juillet 1799).

Il y a dans le fort 2 ou 3,000 hommes, dont la moitié veut se rendre et l'autre moitié ne le veut pas; plus de 500 se sont hier jetés à l'eau et se sont noyés.

Les chaloupes canonnières ennemies font un grand feu sur nous.

Faites-nous passer, le plus tôt possible, deux mortiers de 12 pouces, à la Gomer, avec 200 bombes. Il faudrait que tout cela fût débarqué le plus près possible de l'endroit où nous sommes. Envoyez-nous aussi deux pièces de 24 de siége avec un gril à boulets rouges, et

250 coups à tirer par pièce. Envoyez-nous avec cela tous les canonniers dont vous pourrez disposer.

BONAPARTE.

Dépôt de la guerre.

4319. — AU GÉNÉRAL MENOU.

Quartier général, devant Aboukir, 9 thermidor an VII (27 juillet 1799).

La place d'Aboukir est un poste important ; je n'ai pas cru pouvoir la confier en de meilleures mains que celles de l'adjudant général Jullien.

Le bataillon de la 69e va se rendre auprès de vous pour remplacer celui de la 85e, qu'il est très-urgent de faire passer au Caire.

Dix-huit vaisseaux de guerre français ont passé de Brest à Toulon, où ils sont bloqués par l'escadre anglaise. L'hiver les fera arriver.

Restez à votre position jusqu'à ce que le fort soit pris. La moitié de la garnison veut se rendre, et l'autre moitié aime mieux se noyer. Ce sont des animaux avec lesquels il faut beaucoup de patience. Au reste, la reddition ne nous coûtera que des boulets.

BONAPARTE.

Collection Napoléon

4320. — AU GÉNÉRAL REYNIER.

Quartier général, devant Aboukir, 9 thermidor an VII (27 juillet 1799).

Vous aurez reçu en route, Citoyen Général, l'ordre de retourner dans le Charqyeh.

Ne perdez pas un instant, puisque l'inondation approche, pour lever les impositions.

L'ennemi avait débarqué 15,000 hommes à Aboukir : pas un ne s'est échappé ; plus de 8,000 hommes se sont noyés en voulant rejoindre les bâtiments ; leurs cadavres ont été jetés sur la côte au même endroit où furent, l'année dernière, jetés les cadavres anglais et français.

Le pacha a été fait prisonnier.

BONAPARTE.

P. S. L'on m'assure que le grand vizir, avec 8,000 hommes, est arrivé à Damas, et qu'il avait le projet de se rendre dans le Charqyeh. Aux moindres nouvelles que vous en auriez, réunissez toute votre division à Belbeys.

Ayez soin que Sâlheyeh soit approvisionné ; faites-y une visite pour activer les travaux, de manière que les trois redoutes soient à l'abri d'un coup de main.

Je donne ordre qu'on vous fasse passer d'El-Rahmânyeh un obusier et une pièce de 8. Nous ne manquons pas de pièces de 4, car nous en avons pris trente à l'ennemi.

Nous avons eu 100 hommes tués et 400 blessés ; Murat, Fugière, Morangier, sont des seconds ; Leturcq, Cretin, Duvivier et mon aide de camp Guibert sont des premiers.

Le bataillon de la 85e, qui est à Rosette, va retourner au Caire.

Dépôt de la guerre.

4321. — AU GÉNÉRAL LANNES.

Quartier général, devant Aboukir, 9 thermidor an VII (27 juillet 1799).

Le général en chef ordonne, Citoyen Général, qu'il soit établi, cette nuit, deux batteries, chacune armée de deux pièces de 24 et d'un mortier de 12 pouces. Le but de ces deux batteries sera d'empêcher les chaloupes canonnières d'approcher de la rive droite et de la rive gauche de l'isthme. Ces mortiers auront le double but de battre la mer et le fort d'Aboukir.

Le général en chef ordonne également qu'il sera établi deux autres mortiers de 10 pouces pour battre le fort ; ce qui, avec les deux mortiers de 12 pouces et les trois de 10 pouces, fera sept mortiers, qui battront le fort et qui tireront 120 bombes chacun par vingt-quatre heures.

Le général en chef désire que l'on tâche d'occuper, cette nuit, la partie du village qui est auprès du fort. Si l'on juge que nous pourrions y perdre du monde, on tâchera d'y mettre le feu avec des obus ou autrement.

Une fois que l'ennemi se sera retiré de cette partie du village, l'on placera une batterie sur le mamelon qui est derrière, l'on abattra le pont et l'on rasera toute la muraille de la gorge du fort.

J'ai donné les ordres qui concernent les commandants du génie et d'artillerie, mais donnez ceux nécessaires pour leur prompte exécution.

Vous avez à vos ordres, avec votre division, la division Rampon et le 15e de dragons.

Le général en chef part pour Alexandrie, où il a des ordres à donner ; vous lui ferez donner, par terre et par mer, des nouvelles de tout ce qui se passera.

Par ordre du général en chef.

Dépôt de la guerre.

4322. — ORDRE DU JOUR.

Quartier général, devant Aboukir, 9 thermidor an VII (27 juillet 1799).

Le général en chef, voulant donner une marque de sa satisfaction à la brigade de cavalerie du général Murat, qui s'est couverte de gloire à la bataille d'Aboukir, ordonne au commandant d'artillerie de remettre à cette brigade les deux pièces de campagne anglaises qui avaient été envoyées par la cour de Londres en présent à Constantinople et qui ont été prises à la bataille.

Sur chaque canon il sera gravé le nom des trois régiments qui composaient cette brigade, le 7e de hussards, les 3e et 14e de dragons, ainsi que le nom du général Murat et celui de l'adjudant général Roize; il sera écrit sur la volée : *Bataille d'Aboukir*.

Par ordre du général en chef.

Dépôt de la guerre.

4323. — AU DIRECTOIRE EXÉCUTIF.

Quartier général, Alexandrie, 10 thermidor an VII (28 juillet 1799).

Citoyens Directeurs, je vous ai annoncé, par ma dépêche du 21 floréal, que la saison des débarquements m'avait décidé à quitter la Syrie.

Le débarquement a effectivement eu lieu le 23 messidor; 100 voiles, dont plusieurs de guerre, se présentèrent devant Alexandrie et mouillèrent à Aboukir. Le 27, l'ennemi débarque, prend d'assaut et avec une intrépidité singulière la redoute et le fort d'Aboukir, met à terre son artillerie de campagne, et, renforcé par 50 voiles, prend position, sa droite appuyée à la mer, sa gauche au lac Ma'dyeh, sur de très-belles collines.

Je pars de mon camp des Pyramides le 27; j'arrive le 1er thermidor à El-Rahmânyeh, je marche sur Birket-Gheytâs, qui devient le centre de mes opérations, d'où je me porte en présence de l'ennemi le 7 thermidor, à six heures du matin.

Le général Murat commande l'avant-garde; il fait attaquer la droite de l'ennemi par le général Destaing; le général de division Lannes attaque la gauche; le général Lanusse soutient l'avant-garde. Une belle plaine de 400 toises séparait les ailes de l'armée ennemie; la cavalerie y pénètre; elle se porte avec la plus grande rapidité sur les derrières de la droite et de la gauche : l'une et l'autre se trouvent coupées de la seconde ligne. Les ennemis se jettent à l'eau pour tâcher de gagner les barques qui étaient à trois quarts de lieue en mer; ils se noient tous, spectacle le plus horrible que j'aie vu.

Nous attaquons alors la seconde ligne, qui occupait une position formidable, un village crénelé en avant, une redoute au centre et des retranchements qui la liaient à la mer; plus de 30 chaloupes canonnières la flanquaient. Le général Murat force le village; le général Lannes attaque la gauche en longeant la mer; le général Fugière se porte, en colonnes serrées, sur la droite de l'ennemi. L'attaque et la défense deviennent vives. La cavalerie décide encore la victoire; elle charge l'ennemi, se porte rapidement sur le derrière de la droite et en fait une horrible boucherie. Le chef de bataillon de la 69ᵉ, Bernard, et le citoyen Baille, capitaine des grenadiers de cette demi-brigade, se sont couverts de gloire. La redoute est prise, et, les hussards s'étant encore placés entre le fort d'Aboukir et cette seconde ligne, l'ennemi est obligé de se jeter à l'eau, poursuivi par notre cavalerie : tout se noya. Nous investissons alors le fort, où était la réserve renforcée par les fuyards les plus lestes; ne voulant point perdre de monde, je fais placer six mortiers pour les bombarder. Le rivage, où les courants ont porté l'année dernière les cadavres anglais et français, est couvert de cadavres ennemis; on en a déjà compté plus de 6,000; 3,000 ont été enterrés sur le champ de bataille. Ainsi, pas un seul homme de cette armée ne se sera échappé lorsque le fort se sera rendu, ce qui ne peut tarder.

Deux cents drapeaux, les bagages, les tentes, quarante pièces de campagne, Hussein Moustafa, pacha d'Anatolie, cousin germain de l'ambassadeur turc à Paris, commandant en chef l'expédition, prisonnier avec tous ses officiers : voilà les fruits de la victoire.

Nous avons eu 100 hommes tués, 500 blessés; parmi les premiers, l'adjudant général Leturcq, le chef de brigade Duvivier, le chef de brigade Cretin, mon aide de camp Guibert; les deux premiers étaient deux excellents officiers de cavalerie, d'une bravoure à toute épreuve, que le sort de la guerre avait longtemps respectés; le troisième était l'officier du génie que j'aie connu qui possédait le mieux cette science difficile et dans laquelle les moindres bévues ont tant d'influence sur le résultat des campagnes et les destinées d'un État; j'avais beaucoup d'amitié pour le quatrième. Les généraux Murat et Fugière, le chef de brigade Morangier ont été blessés.

Le gain de cette bataille, qui aura tant d'influence sur la gloire de la République, est dû principalement au général Murat. Je vous demande pour ce général le grade de général de division; sa brigade de cavalerie a fait l'impossible.

Le chef de brigade Bessières, à la tête des guides, a soutenu la réputation de son corps. L'adjudant général de cavalerie Roize a manœuvré avec le plus grand sang-froid. Le général Junot a eu son habit criblé de balles.

Je vous enverrai, dans quelques jours, de plus grands détails, avec l'état des officiers qui se sont distingués.

J'ai fait présent au général Berthier, de la part du Directoire, d'un poignard d'un beau travail, pour marque de satisfaction des services qu'il n'a cessé de rendre pendant la campagne.

BONAPARTE.

Dépôt de la guerre.

4324. — AU CITOYEN FAULTRIER.

Quartier général, Alexandrie, 10 thermidor an VII (28 juillet 1799).

Indépendamment, Citoyen Général, des quatre pièces de 24, des deux mortiers à la Gomer de 12 pouces, et des deux mortiers de 10 pouces à grande portée, j'ordonne qu'on vous fasse encore passer deux pièces de 24. Il faut les placer de manière à raser les maisons qui sont hors du fort. Arrangez-vous de manière à tirer 120 bombes par mortier dans vingt-quatre heures : c'est le seul moyen d'avoir quelque bon résultat.

J'ordonne qu'on fasse partir 150 marins pour servir aux travaux. Il faut décidément éloigner les chaloupes canonnières, raser les maisons du village, et, de vos sept mortiers, accabler le fort de bombes. J'espère que, dans la matinée de demain, tout ce résultat sera rempli. Vous aurez par là rendu un grand service.

BONAPARTE.

Collection Napoléon.

4325. — AU GÉNÉRAL MENOU.

Quartier général, Alexandrie, 10 thermidor an VII (28 juillet 1799).

Le général en chef ordonne au général de division Menou de se rendre sur-le-champ de sa personne à Aboukir, pour prendre le commandement de la division du général Lannes, qui vient d'être blessé. Le général Menou aura le commandement sur la division Rampon; il aura également à ses ordres le général de brigade Davout, qui commande le 15ᵉ de dragons.

L'intention du général en chef est que le général Menou fasse faire le service de tranchée au général de brigade Davout.

Si le bataillon de la 25ᵉ demi-brigade n'est pas parti, le général en chef autorise le général Menou à l'amener avec lui.

Le général Rampon et le chef de brigade Faultrier mettront le général Menou au fait de notre position devant Aboukir; il doit activer la confection des batteries et ordonner que les mortiers fassent un feu très-vif sur le fort. Le général Menou se trouve commander en chef toutes les troupes qui sont devant Aboukir.

Par ordre du général en chef.

Dépôt de la guerre.

4326. — ORDRE DU JOUR.

Quartier général, Alexandrie, 10 thermidor an VII (28 juillet 1799).

Le général en chef ordonne que le fort de l'Observation à Alexandrie sera appelé fort Cretin, et le fort du Général sera appelé fort Caffarelli.

Par ordre du général en chef.

Dépôt de la guerre.

4327. — ORDRE DU JOUR.

Quartier général, Alexandrie, 12 thermidor an VII (30 juillet 1799).

Le général en chef ordonne que le fort Triangulaire, à Alexandrie, sera appelé fort Duvivier, et que le fort des Bains portera le nom de fort Leturcq.

Par ordre du général en chef.

Dépôt de la guerre.

4328. — ORDRE.

Quartier général, Alexandrie, 14 thermidor an VII (1er août 1799).

ARTICLE 1er. — Il sera fourni au commandement du génie, pour les travaux d'Alexandrie, d'Aboukir et des tours à établir à El-Beydah et à Birket, 30,000 francs par mois; 15,000 seront fournis sur les fonds provenant de l'arrondissement, et 15,000 seront envoyés du Caire.

. ART. 2. — 1° On achèvera la redoute du fort des Bains qui est revêtue.

2° On occupera la tour des Romains.

3° On établira le fort de Pompée.

4° On formera une enceinte depuis le fort Cretin jusqu'à la tour de Pompée, de manière que le fort Cretin et la tour de Pompée flanquent cette enceinte.

5° On achèvera le fort des Bains tel que le projet en a été laissé par le citoyen Cretin.

6° On établira une enceinte, en bonne muraille, derrière la montagne du fort Caffarelli, et depuis la tour du Kâchef on ira droit à la mer.

7° On établira au puits d'El-Beydah une tour de 18 pieds de haut; on placera sur la plate-forme une pièce de canon de 6.

8° On établira une pareille tour à Birket, sur la hauteur, à peu près à 2 ou 300 toises de ce village.

9° On organisera le puits d'El-Beydah de manière qu'il y ait des abreuvoirs et qu'il produise toute l'eau qu'il est susceptible de produire.

10° On rasera les deux villages d'Aboukir de manière qu'il ne reste pas une seule maison.

11° On établira sur la hauteur des puits d'Aboukir, sur laquelle était appuyée la gauche de l'ennemi, un fort pareil au fort Cretin, et, à l'extrémité de la chaussée où était la batterie Picot, une bonne batterie fermée.

12° S'il arrivait que l'on rencontrât des difficultés majeures à construire un fort sur la hauteur des puits, on mettrait sur-le-champ la main à le construire à l'endroit où est située la redoute. Il faudrait qu'il eût trois batteries basses : une à l'endroit où est aujourd'hui le fort d'Aboukir, les autres à droite et à gauche de l'isthme, de manière à empêcher les chaloupes canonnières de venir le battre; et, comme la batterie située où est le fort d'Aboukir se trouverait très-éloignée du fort, on y laissera subsister, à la gorge, le fossé, avec un simple mûr de clôture de 2 à 3 pieds d'épaisseur, et l'on donnera un relief tel à une des batteries du nouveau fort, qu'elle découvre entièrement dans la batterie, de manière qu'il soit impossible de s'y loger tant qu'on ne sera pas maître du fort. Je laisse à une commission composée des citoyens Sorbier, Bertrand, commandant le génie, du chef de brigade Faultrier, du général Marmont et de l'adjudant général Jullien, à décider définitivement lequel de ces projets doit être adopté. La commission m'enverra copie du procès-verbal de la séance tenue à cet effet, et l'on travaillera, sans le moindre retard, à l'exécution du projet qui aura été arrêté.

BONAPARTE.

Dépôt de la guerre.

4329. — ORDRE DU JOUR.

Quartier général, Alexandrie, 14 thermidor an VII (1ᵉʳ août 1799).

Le nom d'Aboukir était funeste à tout Français; la journée du 7 thermidor l'a rendu glorieux. La victoire que l'armée vient de remporter accélère son retour en Europe.

Nous avons conquis Mayence et la limite du Rhin, en envahissant une partie de l'Allemagne. Nous venons de reconquérir aujourd'hui nos établissements aux Indes et ceux de nos alliés. Par une seule

opération, nous avons remis dans les mains du Gouvernement le pouvoir d'obliger l'Angleterre, malgré ses triomphes maritimes, à une paix glorieuse pour la République.

Nous avons beaucoup souffert; nous avons eu à combattre des ennemis de toute espèce; nous en aurons encore à vaincre; mais enfin le résultat sera digne de nous et nous méritera la reconnaissance de la patrie.

BONAPARTE.

Dépôt de la guerre.

4330. — AU GÉNÉRAL MENOU.

Quartier général, Alexandrie, 15 thermidor an VII (2 août 1799).

Le général en chef vient de recevoir la lettre par laquelle vous lui apprenez la nouvelle de la reddition d'Aboukir. Il ordonne que vous choisissiez sur-le-champ 200 des principaux officiers turcs, y compris le fils du pacha, son kyàya, et les domestiques qu'ils peuvent avoir; vous les remettrez au général Rampon; il vous en donnera un reçu et les conduira à El-Rahmânyeh sous l'escorte de sa division, qui, d'après l'ordre ci-joint que vous lui remettrez, partira ce soir ou demain, une heure avant le jour.

Vous laisserez 600 prisonniers turcs forts et robustes, que vous enverrez sous escorte au général de brigade Marmont, à Alexandrie, où ils resteront pour être employés aux travaux de la place. Vous préférerez ceux qui ne savent point parler arabe.

Vous choisirez 250 autres prisonniers turcs que vous garderez au fort d'Aboukir, que vous emploierez sur-le-champ à faire enterrer les morts et à soigner les blessés turcs, pour lesquels le général en chef envoie un parlementaire au commandant anglais pour lui proposer de les reprendre. Ces 250 prisonniers seront également employés à abattre les maisons du village d'Aboukir, qui est une des premières opérations dont on doive s'occuper.

Vous réunirez le reste des prisonniers, après avoir choisi ceux demandés ci-dessus; vous les remettrez au général Robin, sur son reçu. Ce général est chargé de les emmener avec lui à El-Rahmânyeh, sous l'escorte de la 22e et de la 13e demi-brigade, ainsi que vous le verrez par l'ordre ci-joint, que je vous prie de lui remettre.

Vous aurez soin qu'on ôte aux prisonniers turcs leurs pistolets et autres armes.

Vous aurez soin de faire porter aux blessés turcs qui restent au fort de l'eau, et de leur faire donner tous les secours qui dépendront de vous.

Le général en chef ordonne que vous restiez à Aboukir jusqu'à nouvel ordre avec la 4e demi-brigade d'infanterie légère et le bataillon de la 69e.

Le général Davout a également l'ordre de rester à vos ordres avec sa brigade. Vous recevrez une instruction particulière du général en chef sur ce que vous aurez à faire.

Par ordre du général en chef.

Dépôt de la guerre.

4331. — AU GÉNÉRAL DUGUA, au caire.

Quartier général, Alexandrie, 15 thermidor an VII (2 août 1799).

Le fort d'Aboukir, Citoyen Général, où l'ennemi avait sa réserve pendant la bataille, et qui avait été renforcé par quelques fuyards, vient de se rendre. Nous n'avons pas cessé de lui jeter des bombes avec sept mortiers, et nous l'avons entièrement rasé avec huit pièces de 24. Nous avons fait 2,500 prisonniers, parmi lesquels se trouvent le fils du pacha et plusieurs de leurs grands; indépendamment de cela, il y a un grand nombre de blessés et une quantité infinie de cadavres. Ainsi, de 15 à 18,000 hommes qui avaient débarqué en Égypte, pas un n'a échappé; tout a été tué dans les différentes batailles, noyé ou fait prisonnier. Je laisse un millier de ces derniers pour les travaux d'Alexandrie; le reste file sur le Caire.

Le 18, nous serons tous à El-Rahmânyeh.

Faites mettre les Anglais au fort Sulkowski; faites préparer un logement à la citadelle pour le pacha, son fils, le grand trésorier, une trentaine de grands, et à peu près 200 officiers, du grade de colonel jusqu'à celui de capitaine. S'il est nécessaire, vous pourrez mettre les prisonniers arabes dans un autre fort. Quant aux soldats, j'en enverrai du Caire à Damiette, Belbeys, Sâlheyeh, pour les travaux.

Dix-huit vaisseaux de guerre et l'escadre de Brest sont depuis deux mois à Toulon; ils sont bloqués par l'escadre anglaise. Les marins prétendent ici qu'ils arriveront en toute sûreté au mois de novembre.

Il doit vous être arrivé des cartouches et beaucoup d'artillerie que j'ai ordonné d'envoyer de Rosette au Caire.

BONAPARTE.

Collection Napoléon.

35.

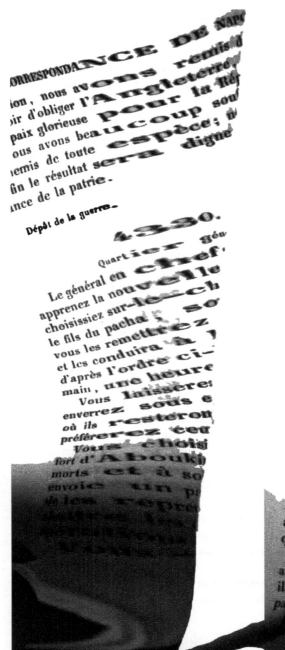

ORRESPONDANCE DE NAP
ion, nous avons remis
oir d'obliger l'Angleterre
paix glorieuse pour la Ré
ous avons beaucoup sou
emis de toute espèce;
fin le résultat sera digne
nce de la patrie.

Dépôt de la guerre.

4330.

Quartier géu
Le général en Chef
apprenez la nouvelle
choisissiez sur-le-ch so
le fils du pacha
vous les remettrez
et les conduira à
d'après l'ordre ci-
main, une heure
Vous laissere
enverrez sous e
où ils resteron
préférerez ceu
Vous choisi
fort d'Aboukî
morts et à so
envoie un pa
de les repre

Vous de
l'on fasse à
Commenc
raser la mos
l'emplacemer
Faites com
nou et le cito
défendre le pa
crois que la ba
d'un fossé et d'u

Avant de parti
la défense d'Abou
les différents offici
des ouvrages que j'

Comm. par M. Amédé

4333

Quartier géne
Vous devez avoir reç
relativement aux troupe
aux prisonniers. Dans la
qu'un bataillon de la 69
rents détachements d'artill
molir les deux villages. Fa
Alexandrie, hormis quatre
deux mortiers à la Gomer;
Caire, la pièce de 8 et l'obu
Rosétte toutes les pièces de 4
hormis deux, qui resteront à Al
arriveront à Rosette on les fass
que l'on gardera pour le service
Faites rétablir le ponton pou
armer de deux pièces de 12 ou d
il est nécessaire qu'elle soit à l'abr
par faire faire
batterie par u
mettre dans u
ra sur Rosette.

nibles et fera porter les outils, afin de pouvoir promptement établir les retranchements et les batteries qui seraient nécessaires.

Tous les individus et objets du génie marcheront avec le parc.

Le quartier général fournira dix chameaux pour l'artillerie; le reste sera pour les vivres.

Le quartier général fournira encore cinq chameaux pour porter les outils et les sacs à terre du génie.

Par ordre du général en chef.

Dépôt de la guerre.

_____

4309. — AU GÉNÉRAL GANTEAUME.

Quartier général, au puits entre Alexandrie et Aboukir, 6 thermidor an VII (24 juillet 1799), 9 heures du soir.

D'après les dispositions du général en chef, vous voudrez bien, Citoyen Général, ordonner aux 100 marins, demandés par le général en chef pour observer sur la côte entre Alexandrie et Aboukir, de prendre position à la maison où sont le dépôt et l'hôpital de l'armée, qui sera également le dépôt général de l'artillerie. Ce corps de marins exercera une grande surveillance le long de la côte.

Le général en chef ordonne que le général Ganteaume ait, pendant toute l'affaire, une attention toute particulière sur les bâtiments qui pourraient se placer pour inquiéter l'armée; il en préviendrait sur-le-champ le général en chef.

Par ordre du général en chef.

Dépôt de la guerre.

_____

4310. — AU GÉNÉRAL MURAT.

Quartier général, au puits entre Alexandrie et Aboukir, 6 thermidor an VII (24 juillet 1799), 9 heures du soir.

D'après les dispositions du général en chef, je vous préviens, Citoyen Général, que vous commanderez l'avant-garde de l'armée, composée de toute la cavalerie, hormis deux escadrons destinés à prendre position sur vos derrières, des quatre bataillons d'infanterie commandés par le général Destaing, et de vos trois pièces d'artillerie. L'avant-garde se mettra en marche à deux heures du matin pour attaquer l'ennemi, et marchera sans tambours.

Il est prévenu que la division Lannes forme la droite de l'armée, la division Lanusse la gauche.

Le général en chef a ordonné qu'il soit distribué, ce soir, une ration d'eau-de-vie à chaque homme.

Par ordre du général en chef.

Dépôt de la guerre.

opération, nous avons remis dans les mains du Gouvernement le pouvoir d'obliger l'Angleterre, malgré ses triomphes maritimes, à une paix glorieuse pour la République.

Nous avons beaucoup souffert; nous avons eu à combattre des ennemis de toute espèce; nous en aurons encore à vaincre; mais enfin le résultat sera digne de nous et nous méritera la reconnaissance de la patrie.

BONAPARTE.

Dépôt de la guerre.

_____

4330. — AU GÉNÉRAL MENOU.

Quartier général, Alexandrie, 15 thermidor an VII (2 août 1799).

Le général en chef vient de recevoir la lettre par laquelle vous lui apprenez la nouvelle de la reddition d'Aboukir. Il ordonne que vous choisissiez sur-le-champ 200 des principaux officiers turcs, y compris le fils du pacha, son kyâya, et les domestiques qu'ils peuvent avoir; vous les remettrez au général Rampon; il vous en donnera un reçu et les conduira à El-Rahmânyeh sous l'escorte de sa division, qui, d'après l'ordre ci-joint que vous lui remettrez, partira ce soir ou demain, une heure avant le jour.

Vous laisserez 600 prisonniers turcs forts et robustes, que vous enverrez sous escorte au général de brigade Marmont, à Alexandrie, où ils resteront pour être employés aux travaux de la place. Vous préférerez ceux qui ne savent point parler arabe.

Vous choisirez 250 autres prisonniers turcs que vous garderez au fort d'Aboukir, que vous emploierez sur-le-champ à faire enterrer les morts et à soigner les blessés turcs, pour lesquels le général en chef envoie un parlementaire au commandant anglais pour lui proposer de les reprendre. Ces 250 prisonniers seront également employés à abattre les maisons du village d'Aboukir, qui est une des premières opérations dont on doive s'occuper.

Vous réunirez le reste des prisonniers, après avoir choisi ceux demandés ci-dessus; vous les remettrez au général Robin, sur son reçu. Ce général est chargé de les emmener avec lui à El-Rahmânyeh, sous l'escorte de la 22e et de la 13e demi-brigade, ainsi que vous le verrez par l'ordre ci-joint, que je vous prie de lui remettre.

Vous aurez soin qu'on ôte aux prisonniers turcs leurs pistolets et autres armes.

Vous aurez soin de faire porter aux blessés turcs qui restent au fort de l'eau, et de leur faire donner tous les secours qui dépendront de vous.

Le général en chef ordonne que vous restiez à Aboukir jusqu'à nouvel ordre avec la 4ᵉ demi-brigade d'infanterie légère et le bataillon de la 69ᵉ.

Le général Davout a également l'ordre de rester à vos ordres avec sa brigade. Vous recevrez une instruction particulière du général en chef sur ce que vous aurez à faire.

Par ordre du général en chef.

Dépôt de la guerre.

4331. — AU GÉNÉRAL DUGUA, AU CAIRE.

Quartier général, Alexandrie, 15 thermidor an VII (2 août 1799).

Le fort d'Aboukir, Citoyen Général, où l'ennemi avait sa réserve pendant la bataille, et qui avait été renforcé par quelques fuyards, vient de se rendre. Nous n'avons pas cessé de lui jeter des bombes avec sept mortiers, et nous l'avons entièrement rasé avec huit pièces de 24. Nous avons fait 2,500 prisonniers, parmi lesquels se trouvent le fils du pacha et plusieurs de leurs grands; indépendamment de cela, il y a un grand nombre de blessés et une quantité infinie de cadavres. Ainsi, de 15 à 18,000 hommes qui avaient débarqué en Égypte, pas un n'a échappé; tout a été tué dans les différentes batailles, noyé ou fait prisonnier. Je laisse un millier de ces derniers pour les travaux d'Alexandrie; le reste file sur le Caire.

Le 18, nous serons tous à El-Rahmânyeh.

Faites mettre les Anglais au fort Sulkowski; faites préparer un logement à la citadelle pour le pacha, son fils, le grand trésorier, une trentaine de grands, et à peu près 200 officiers, du grade de colonel jusqu'à celui de capitaine. S'il est nécessaire, vous pourrez mettre les prisonniers arabes dans un autre fort. Quant aux soldats, j'en enverrai du Caire à Damiette, Belbeys, Sâlheyeh, pour les travaux.

Dix-huit vaisseaux de guerre et l'escadre de Brest sont depuis deux mois à Toulon; ils sont bloqués par l'escadre anglaise. Les marins prétendent ici qu'ils arriveront en toute sûreté au mois de novembre.

Il doit vous être arrivé des cartouches et beaucoup d'artillerie que j'ai ordonné d'envoyer de Rosette au Caire.

BONAPARTE.

Collection Napoléon.

4311. — ORDRE.

Quartier général, au puits entre Alexandrie et Aboukir, 6 thermidor an VII
(24 juillet 1799), 9 heures du soir.

Ordre au général Murat de désigner un escadron qui, avec tous
les dromadaires, sera aux ordres d'un officier qu'il nommera; de faire
faire des patrouilles sur la route d'Alexandrie, le long de la mer et du
lac, pour assurer les derrières de l'armée; il informerait le général
en chef du moindre mouvement ennemi. Il sentira combien un corps
de Mameluks ou d'Arabes, qui se présenterait sur nos derrières, produirait un mauvais effet moral.

Par ordre du général en chef.

Dépôt de la guerre.

4312. — AU GÉNÉRAL KLEBER.

Quartier général, au puits entre Alexandrie et Aboukir, 6 thermidor an VII
(24 juillet 1799).

Je vous préviens, Citoyen Général, que votre division est chargée
de former la réserve de l'armée qui attaque demain l'ennemi; vous
ferez prévenir le général en chef de votre arrivée sur Aboukir, où
il sera.

Par ordre du général en chef.

Dépôt de la guerre.

4313. — AU GÉNÉRAL DAVOUT.

Quartier général, au puits entre Alexandrie et Aboukir, 7 thermidor an VII
(25 juillet 1799).

Le général en chef vous ordonne, Citoyen Général, de réunir tout
ce que vous pourrez des corps de cavalerie qui composent votre brigade, d'y joindre les dromadaires et d'aller prendre position à la
naissance de la presqu'île, entre la position actuelle du quartier
général et Alexandrie, la droite à la mer, la gauche au lac, afin
d'éclairer les mouvements des Arabes et d'entretenir la communication de l'armée avec Alexandrie. Vous pousserez, à cet effet, des
patrouilles tant sur la route d'Alexandrie et le long de la mer que du
côté du lac.

Par ordre du général en chef.

Dépôt de la guerre.

4314. — AU GÉNÉRAL DUGUA, AU CAIRE.

Au camp de l'ambulance, 8 thermidor an VII (26 juillet 1799), 7 heures du matin.

Hier, à sept heures du matin, nous nous sommes trouvés devant
l'ennemi, qui avait pris position à une lieue en avant du fort d'Abou-

kir; nous l'avons attaqué, complétement battu; nous avons pris ses redoutes, tous ses retranchements, le camp, et noyé 10 à 12,000 personnes dans la mer. Nous avons pris le général en chef de terre et de mer, qui est blessé à la main; il s'appelle Hussein Seid Moustafa-Pacha; je le conduirai au Caire avec moi. Nous avons eu 100 hommes tués et 400 blessés; de ces derniers sont le général Murat, le général Fugière, le chef de brigade Cretin, le chef de brigade Morangier; parmi les premiers sont le chef de brigade Duvivier, l'adjudant général Leturcq et mon aide de camp Guibert. Le fort tient encore. S'il n'y a rien de nouveau de votre côté, arrêtez le mouvement que j'avais ordonné au général Desaix, et que lui-même remonte à Beny-Soueyf.

BONAPARTE.

Comm. par M. Pauthier.

4315. — AU GÉNÉRAL BERTHIER.

Au camp du puits entre Alexandrie et Aboukir, 8 thermidor an VII (26 juillet 1799).

Donnez les ordres au commandement d'El-Rahmânyeh de retenir toutes les troupes qui se rendraient des différentes parties de l'Égypte sur l'armée, vu que, l'ennemi ayant été battu, elles deviennent inutiles. Elles attendront à El-Rahmânyeh jusqu'à nouvel ordre.

BONAPARTE.

Dépôt de la guerre.

4316. — AU GÉNÉRAL DUGUA, au caire.

Quartier général, devant Aboukir, 9 thermidor an VII (27 juillet 1799).

L'état-major vous aura instruit du résultat de la bataille d'Aboukir : c'est une des plus belles que j'aie vues. De l'armée ennemie débarquée, pas un homme ne s'est échappé.

Le bataillon de la 85e part de Rosette pour se rendre au Caire.

Aux moindres nouvelles de Syrie, réunissez toutes les troupes de la division Reynier à Belbeys.

J'écris au général Desaix de retourner dans la haute Égypte.

Le général Lanusse se rend à Menouf.

Le général Kleber sera à Damiette lorsque vous recevrez cette lettre.

Je resterai ici quelques jours pour débrouiller ce chaos d'Alexandrie. Au moindre événement, je puis être au Caire dans trois jours.

4332. — AU CITOYEN BERTRAND.

Quartier général, Alexandrie, 15 thermidor an VII (2 août 1799).

Vous devez avoir reçu, Citoyen, une note de ce que je désire que l'on fasse à Aboukir.

Commencez au préalable par faire abattre les deux villages, par raser la mosquée et tous les bâtiments du fort, en n'y laissant que l'emplacement d'une batterie.

Faites construire, sur un emplacement choisi avec le général Menou et le citoyen Faultrier, une batterie de deux pièces de 16, pour défendre le passage du lac et empêcher les bâtimen approcher. Je crois que la batterie Picot est propre à cet objet. Faites-la entourer d'un fossé et d'un mur crénelé, ou tout autre ouvrage convenable.

Avant de partir de ces contrées, je désire que vous assayiez bien la défense d'Aboukir, et que vous vous concertiez à Alexandrie avec les différents officiers du génie qui s'y trouvent, pour la construction des ouvrages que j'ai ordonnés.

BONAPARTE.

Comm. par M. Amédée Thayer.

4333. — AU GÉNÉRAL MENOU.

Quartier général, Alexandrie, 15 thermidor an VII (2 août 1799).

Vous devez avoir reçu, Citoyen Général, les ordres de l'état-major relativement aux troupes qui sont actuellement sous vos ordres, et aux prisonniers. Dans la journée de demain, il ne vous restera plus qu'un bataillon de la 69ᵉ, les trois bataillons de la 4ᵉ légère et différents détachements d'artillerie. Faites sur-le-champ travailler à démolir les deux villages. Faites déblayer toute l'artillerie de siége sur Alexandrie, hormis quatre pièces de 24, qui resteront à Aboukir, et deux mortiers à la Gomer; faites embarquer à Rosette, pour le Caire, la pièce de 8 et l'obusier qui s'y trouvent. Faites évacuer sur Rosette toutes les pièces de 4 ou de 3 qui ont été prises sur les Turcs, hormis deux, qui resteront à Aboukir; ordonnez qu'à mesure qu'elles arriveront à Rosette on les fasse partir pour le Caire, hormis deux, que l'on gardera pour le service de Rosette.

Faites rétablir le ponton pour servir au passage du lac. Faites armer de deux pièces de 12 ou de 16 la batterie Picot, et, comme il est nécessaire qu'elle soit à l'abri d'un coup de main, commencez par faire fermer cette batterie par un fossé et un mur crénelé.

Faites recueillir et mettre dans un magasin toutes les tentes; avec le temps on les évacuera sur Rosette.

Quant aux blessés, j'ai écrit par un parlementaire aux Anglais de venir les reprendre; je vous ferai connaître leur réponse. Pour actuellement, faites-les réunir ensemble sous quelques tentes ou dans une mosquée.

Je désire que vous restiez encore quelques jours à Aboukir, pour mettre les travaux en train et tout réorganiser dans cette partie.

Ordonnez à l'adjudant général Jullien de se rendre à Aboukir. Vous lui laisserez le commandement lorsque vous verrez les choses dans un état satisfaisant.

BONAPARTE.

Dépôt de la g...

4334. — AU DIRECTOIRE EXÉCUTIF.

Quartier général, Alexandrie, 17 thermidor an VII (4 août 1799).

Citoyens Directeurs, le 8 thermidor, je fis sommer le château d'Aboukir de se rendre. Le fils du pacha, son kyâya et tous les officiers voulaient capituler, mais ils n'étaient plus écoutés des soldats.

Le 9, on continua le bombardement; le 10, plusieurs batteries furent établies sur la droite et la gauche de l'isthme. Plusieurs chaloupes canonnières furent coulées bas; une frégate fut démâtée et prit le large.

Le 10, l'ennemi, commençant à manquer de vivres, se fortifia dans quelques maisons du village qui touche le fort. Le général Lannes, y étant accouru, fut blessé à la jambe. Le général Menou le remplaça dans le commandement du siége. Le 12, le général Davout était de tranchée; il s'empara de toutes les maisons où était logé l'ennemi, et le jeta dans le fort, après lui avoir tué beaucoup de monde. La 22e d'infanterie légère et le chef de brigade Magny, qui a été légèrement blessé, se sont parfaitement conduits.

Le 15, le général Robin était de tranchée; nos batteries étaient sur la contrescarpe; nos mortiers faisaient un feu très-vif; le château n'était plus qu'un monceau de pierres; l'ennemi n'avait point de communication avec l'escadre; il mourait de soif et de faim : il prit le parti, non de capituler, ces gens-ci n'entendant pas cela, mais de jeter ses armes et de venir en foule embrasser les genoux du vainqueur. Le fils du pacha, son kyâya et 2,000 hommes ont été faits prisonniers. On a trouvé dans le château 300 blessés et 1,800 cadavres. Il y a tel de nos boulets qui a tué jusqu'à six hommes. Dans les premières vingt-quatre heures de la sortie de la garnison turque, il est mort plus de 400 prisonniers pour avoir trop bu et mangé avec trop d'avidité.

Je donne ordre qu'on vous fasse passer d'El-Rahmânyeh un obusier et une pièce de 8. Nous ne manquons pas de pièces de 4, car nous en avons pris trente à l'ennemi.

Nous avons eu 100 hommes tués et 400 blessés ; Murat, Fugière, Morangier, sont des seconds ; Leturcq, Cretin, Duvivier et mon aide de camp Guibert sont des premiers.

Le bataillon de la 85°, qui est à Rosette, va retourner au Caire.

Dépôt de la guerre.

_____

4321. — AU GÉNÉRAL LANNES.

Quartier général, devant Aboukir, 9 thermidor an VII (27 juillet 1799).

Le général en chef ordonne, Citoyen Général, qu'il soit établi, cette nuit, deux batteries, chacune armée de deux pièces de 24 et d'un mortier de 12 pouces. Le but de ces deux batteries sera d'empêcher les chaloupes canonnières d'approcher de la rive droite et de la rive gauche de l'isthme. Ces mortiers auront le double but de battre la mer et le fort d'Aboukir.

Le général en chef ordonne également qu'il sera établi deux autres mortiers de 10 pouces pour battre le fort ; ce qui, avec les deux mortiers de 12 pouces et les trois de 10 pouces, fera sept mortiers, qui battront le fort et qui tireront 120 bombes chacun par vingt-quatre heures.

Le général en chef désire que l'on tâche d'occuper, cette nuit, la partie du village qui est auprès du fort. Si l'on juge que nous pourrions y perdre du monde, on tâchera d'y mettre le feu avec des obus ou autrement.

Une fois que l'ennemi se sera retiré de cette partie du village, l'on placera une batterie sur le mamelon qui est derrière, l'on abattra le pont et l'on rasera toute la muraille de la gorge du fort.

J'ai donné les ordres qui concernent les commandants du génie et d'artillerie, mais donnez ceux nécessaires pour leur prompte exécution.

Vous avez à vos ordres, avec votre division, la division Rampon et le 15° de dragons.

Le général en chef part pour Alexandrie, où il a des ordres à donner ; vous lui ferez donner, par terre et par mer, des nouvelles de tout ce qui se passera.

Par ordre du général en chef.

Dépôt de la guerre.

4322. — ORDRE DU JOUR.

Quartier général, devant Aboukir, 9 thermidor an VII (27 juillet 1799).

Le général en chef, voulant donner une marque de sa satisfaction à la brigade de cavalerie du général Murat, qui s'est couverte de gloire à la bataille d'Aboukir, ordonne au commandant d'artillerie de remettre à cette brigade les deux pièces de campagne anglaises qui avaient été envoyées par la cour de Londres en présent à Constantinople et qui ont été prises à la bataille.

Sur chaque canon il sera gravé le nom des trois régiments qui composaient cette brigade, le 7ᵉ de hussards, les 3ᵉ et 14ᵉ de dragons, ainsi que le nom du général Murat et celui de l'adjudant général Roize ; il sera écrit sur la volée : *Bataille d'Aboukir.*

Par ordre du général en chef.

Dépôt de la guerre.

4323. — AU DIRECTOIRE EXÉCUTIF.

Quartier général, Alexandrie, 10 thermidor an VII (28 juillet 1799).

Citoyens Directeurs, je vous ai annoncé, par ma dépêche du 21 floréal, que la saison des débarquements m'avait décidé à quitter la Syrie.

Le débarquement a effectivement eu lieu le 23 messidor ; 100 voiles, dont plusieurs de guerre, se présentèrent devant Alexandrie et mouillèrent à Aboukir. Le 27, l'ennemi débarque, prend d'assaut et avec une intrépidité singulière la redoute et le fort d'Aboukir, met à terre son artillerie de campagne, et, renforcé par 50 voiles, prend position, sa droite appuyée à la mer, sa gauche au lac Ma'dyeh, sur de très-belles collines.

Je pars de mon camp des Pyramides le 27 ; j'arrive le 1ᵉʳ thermidor à El-Rahmânyeh, je marche sur Birket-Gheytâs, qui devient le centre de mes opérations, d'où je me porte en présence de l'ennemi le 7 thermidor, à six heures du matin.

Le général Murat commande l'avant-garde ; il fait attaquer la droite de l'ennemi par le général Destaing ; le général de division Lannes attaque la gauche ; le général Lanusse soutient l'avant-garde. Une belle plaine de 400 toises séparait les ailes de l'armée ennemie ; la cavalerie y pénètre ; elle se porte avec la plus grande rapidité sur les derrières de la droite et de la gauche : l'une et l'autre se trouvent coupées de la seconde ligne. Les ennemis se jettent à l'eau pour tâcher de gagner les barques qui étaient à trois quarts de lieue en mer ; ils se noient tous, spectacle le plus horrible que j'aie vu.

Nous attaquons alors la seconde ligne, qui occupait une position formidable, un village crénelé en avant, une redoute au centre et des retranchements qui la liaient à la mer ; plus de 30 chaloupes canonnières la flanquaient. Le général Murat force le village ; le général Lannes attaque la gauche en longeant la mer ; le général Fugière se porte, en colonnes serrées, sur la droite de l'ennemi. L'attaque et la défense deviennent vives. La cavalerie décide encore la victoire ; elle charge l'ennemi, se porte rapidement sur le derrière de la droite et en fait une horrible boucherie. Le chef de bataillon de la 69e, Bernard, et le citoyen Baille, capitaine des grenadiers de cette demi-brigade, se sont couverts de gloire. La redoute est prise, et, les hussards s'étant encore placés entre le fort d'Aboukir et cette seconde ligne, l'ennemi est obligé de se jeter à l'eau, poursuivi par notre cavalerie : tout se noya. Nous investissons alors le fort, où était la réserve renforcée par les fuyards les plus lestes ; ne voulant point perdre de monde, je fais placer six mortiers pour les bombarder. Le rivage, où les courants ont porté l'année dernière les cadavres anglais et français, est couvert de cadavres ennemis ; on en a déjà compté plus de 6,000 ; 3,000 ont été enterrés sur le champ de bataille. Ainsi, pas un seul homme de cette armée ne se sera échappé lorsque le fort se sera rendu, ce qui ne peut tarder.

Deux cents drapeaux, les bagages, les tentes, quarante pièces de campagne, Hussein Moustafa, pacha d'Anatolie, cousin germain de l'ambassadeur turc à Paris, commandant en chef l'expédition, prisonnier avec tous ses officiers : voilà les fruits de la victoire.

Nous avons eu 100 hommes tués, 500 blessés ; parmi les premiers, l'adjudant général Leturcq, le chef de brigade Duvivier, le chef de brigade Cretin, mon aide de camp Guibert ; les deux premiers étaient deux excellents officiers de cavalerie, d'une bravoure à toute épreuve, que le sort de la guerre avait longtemps respectés ; le troisième était l'officier du génie que j'aie connu qui possédait le mieux cette science difficile et dans laquelle les moindres bévues ont tant d'influence sur le résultat des campagnes et les destinées d'un État ; j'avais beaucoup d'amitié pour le quatrième. Les généraux Murat et Fugière, le chef de brigade Morangier ont été blessés.

Le gain de cette bataille, qui aura tant d'influence sur la gloire de la République, est dû principalement au général Murat. Je vous demande pour ce général le grade de général de division ; sa brigade de cavalerie a fait l'impossible.

Le chef de brigade Bessières, à la tête des guides, a soutenu la réputation de son corps. L'adjudant général de cavalerie Roize a manœuvré avec le plus grand sang-froid. Le général Junot a eu son habit criblé de balles.

Je vous enverrai, dans quelques jours, de plus grands détails, avec l'état des officiers qui se sont distingués.

J'ai fait présent au général Berthier, de la part du Directoire, d'un poignard d'un beau travail, pour marque de satisfaction des services qu'il n'a cessé de rendre pendant la campagne.

BONAPARTE.

Dépôt de la guerre.

4324. — AU CITOYEN FAULTRIER.

Quartier général, Alexandrie, 10 thermidor an VII (28 juillet 1799).

Indépendamment, Citoyen Général, des quatre pièces de 24, des deux mortiers à la Gomer de 12 pouces, et des deux mortiers de 10 pouces à grande portée, j'ordonne qu'on vous fasse encore passer deux pièces de 24. Il faut les placer de manière à raser les maisons qui sont hors du fort. Arrangez-vous de manière à tirer 120 bombes par mortier dans vingt-quatre heures : c'est le seul moyen d'avoir quelque bon résultat.

J'ordonne qu'on fasse partir 150 marins pour servir aux travaux. Il faut décidément éloigner les chaloupes canonnières, raser les maisons du village, et, de vos sept mortiers, accabler le fort de bombes. J'espère que, dans la matinée de demain, tout ce résultat sera rempli. Vous aurez par là rendu un grand service.

BONAPARTE.

Collection Napoléon.

4325. — AU GÉNÉRAL MENOU.

Quartier général, Alexandrie, 10 thermidor an VII (28 juillet 1799).

Le général en chef ordonne au général de division Menou de se rendre sur-le-champ de sa personne à Aboukir, pour prendre le commandement de la division du général Lannes, qui vient d'être blessé. Le général Menou aura le commandement sur la division Rampon; il aura également à ses ordres le général de brigade Davout, qui commande le 15e de dragons.

L'intention du général en chef est que le général Menou fasse faire le service de tranchée au général de brigade Davout.

Si le bataillon de la 25e demi-brigade n'est pas parti, le général en chef autorise le général Menou à l'amener avec lui.

Le général Rampon et le chef de brigade Faultrier mettront le général Menou au fait de notre position devant Aboukir; il doit activer la confection des batteries et ordonner que les mortiers fassent un feu très-vif sur le fort. Le général Menou se trouve commander en chef toutes les troupes qui sont devant Aboukir.

Par ordre du général en chef.

Dépôt de la guerre.

4326. — ORDRE DU JOUR.

Quartier général, Alexandrie, 10 thermidor an VII (28 juillet 1799).

Le général en chef ordonne que le fort de l'Observation à Alexandrie sera appelé fort Cretin, et le fort du Général sera appelé fort Caffarelli.

Par ordre du général en chef.

Dépôt de la guerre.

4327. — ORDRE DU JOUR.

Quartier général, Alexandrie, 12 thermidor an VII (30 juillet 1799).

Le général en chef ordonne que le fort Triangulaire, à Alexandrie, sera appelé fort Duvivier, et que le fort des Bains portera le nom de fort Leturcq.

Par ordre du général en chef.

Dépôt de la guerre

4328. — ORDRE.

Quartier général, Alexandrie, 14 thermidor an VII (1ᵉʳ août 1799).

ARTICLE 1ᵉʳ. — Il sera fourni au commandement du génie, pour les travaux d'Alexandrie, d'Aboukir et des tours à établir à El-Beydah et à Birket, 30,000 francs par mois; 15,000 seront fournis sur les fonds provenant de l'arrondissement, et 15,000 seront envoyés du Caire.

ART. 2. — 1° On achèvera la redoute du fort des Bains qui est revêtue.

2° On occupera la tour des Romains.

3° On établira le fort de Pompée.

4° On formera une enceinte depuis le fort Cretin jusqu'à la tour de Pompée, de manière que le fort Cretin et la tour de Pompée flanquent cette enceinte.

5° On achèvera le fort des Bains tel que le projet en a été laissé par le citoyen Cretin.

6° On établira une enceinte, en bonne muraille, derrière la montagne du fort Caffarelli, et depuis la tour du Kâchef on ira droit à la mer.

7° On établira au puits d'El-Beydah une tour de 18 pieds de haut; on placera sur la plate-forme une pièce de canon de 6.

8° On établira une pareille tour à Birket, sur la hauteur, à peu près à 2 ou 300 toises de ce village.

9° On organisera le puits d'El-Beydah de manière qu'il y ait des abreuvoirs et qu'il produise toute l'eau qu'il est susceptible de produire.

10° On rasera les deux villages d'Aboukir de manière qu'il ne reste pas une seule maison.

11° On établira sur la hauteur des puits d'Aboukir, sur laquelle était appuyée la gauche de l'ennemi, un fort pareil au fort Cretin, et, à l'extrémité de la chaussée où était la batterie Picot, une bonne batterie fermée.

12° S'il arrivait que l'on rencontrât des difficultés majeures à construire un fort sur la hauteur des puits, on mettrait sur-le-champ la main à le construire à l'endroit où est située la redoute. Il faudrait qu'il eût trois batteries basses : une à l'endroit où est aujourd'hui le fort d'Aboukir, les autres à droite et à gauche de l'isthme, de manière à empêcher les chaloupes canonnières de venir le battre; et, comme la batterie située où est le fort d'Aboukir se trouverait très-éloignée du fort, on y laissera subsister, à la gorge, le fossé, avec un simple mûr de clôture de 2 à 3 pieds d'épaisseur, et l'on donnera un relief tel à une des batteries du nouveau fort, qu'elle découvre entièrement dans la batterie, de manière qu'il soit impossible de s'y loger tant qu'on ne sera pas maître du fort. Je laisse à une commission composée des citoyens Sorbier, Bertrand, commandant le génie, du chef de brigade Faultrier, du général Marmont et de l'adjudant général Jullien, à décider définitivement lequel de ces projets doit être adopté. La commission m'enverra copie du procès-verbal de la séance tenue à cet effet, et l'on travaillera, sans le moindre retard, à l'exécution du projet qui aura été arrêté.

BONAPARTE.

Dépôt de la guerre.

4329. — ORDRE DU JOUR.

Quartier général, Alexandrie, 14 thermidor an VII (1ᵉʳ août 1799).

Le nom d'Aboukir était funeste à tout Français; la journée du 7 thermidor l'a rendu glorieux. La victoire que l'armée vient de remporter accélère son retour en Europe.

Nous avons conquis Mayence et la limite du Rhin, en envahissant une partie de l'Allemagne. Nous venons de reconquérir aujourd'hui nos établissements aux Indes et ceux de nos alliés. Par une seule

opération, nous avons remis dans les mains du Gouvernement le pouvoir d'obliger l'Angleterre, malgré ses triomphes maritimes, à une paix glorieuse pour la République.

Nous avons beaucoup souffert; nous avons eu à combattre des ennemis de toute espèce; nous en aurons encore à vaincre; mais enfin le résultat sera digne de nous et nous méritera la reconnaissance de la patrie.

BONAPARTE.

Dépôt de la guerre.

4330. — AU GÉNÉRAL MENOU.

Quartier général, Alexandrie, 15 thermidor an VII (2 août 1799).

Le général en chef vient de recevoir la lettre par laquelle vous lui apprenez la nouvelle de la reddition d'Aboukir. Il ordonne que vous choisissiez sur-le-champ 200 des principaux officiers turcs, y compris le fils du pacha, son kyâya, et les domestiques qu'ils peuvent avoir; vous les remettrez au général Rampon; il vous en donnera un reçu et les conduira à El-Rahmânyeh sous l'escorte de sa division, qui, d'après l'ordre ci-joint que vous lui remettrez, partira ce soir ou demain, une heure avant le jour.

Vous laisserez 600 prisonniers turcs forts et robustes, que vous enverrez sous escorte au général de brigade Marmont, à Alexandrie, où ils resteront pour être employés aux travaux de la place. Vous préférerez ceux qui ne savent point parler arabe.

Vous choisirez 250 autres prisonniers turcs que vous garderez au fort d'Aboukir, que vous emploierez sur-le-champ à faire enterrer les morts et à soigner les blessés turcs, pour lesquels le général en chef envoie un parlementaire au commandant anglais pour lui proposer de les reprendre. Ces 250 prisonniers seront également employés à abattre les maisons du village d'Aboukir, qui est une des premières opérations dont on doive s'occuper.

Vous réunirez le reste des prisonniers, après avoir choisi ceux demandés ci-dessus; vous les remettrez au général Robin, sur son reçu. Ce général est chargé de les emmener avec lui à El-Rahmânyeh, sous l'escorte de la 22e et de la 13e demi-brigade, ainsi que vous le verrez par l'ordre ci-joint, que je vous prie de lui remettre.

Vous aurez soin qu'on ôte aux prisonniers turcs leurs pistolets et autres armes.

Vous aurez soin de faire porter aux blessés turcs qui restent au fort de l'eau, et de leur faire donner tous les secours qui dépendront de vous.

Le général en chef ordonne que vous restiez à Aboukir jusqu'à nouvel ordre avec la 4ᵉ demi-brigade d'infanterie légère et le bataillon de la 69ᵉ.

Le général Davout a également l'ordre de rester à vos ordres avec sa brigade. Vous recevrez une instruction particulière du général en chef sur ce que vous aurez à faire.

Par ordre du général en chef.

Dépôt de la guerre.

4331. — AU GÉNÉRAL DUGUA, AU CAIRE.

Quartier général, Alexandrie, 15 thermidor an VII (2 août 1799).

Le fort d'Aboukir, Citoyen Général, où l'ennemi avait sa réserve pendant la bataille, et qui avait été renforcé par quelques fuyards, vient de se rendre. Nous n'avons pas cessé de lui jeter des bombes avec sept mortiers, et nous l'avons entièrement rasé avec huit pièces de 24. Nous avons fait 2,500 prisonniers, parmi lesquels se trouvent le fils du pacha et plusieurs de leurs grands; indépendamment de cela, il y a un grand nombre de blessés et une quantité infinie de cadavres. Ainsi, de 15 à 18,000 hommes qui avaient débarqué en Égypte, pas un n'a échappé; tout a été tué dans les différentes batailles, noyé ou fait prisonnier. Je laisse un millier de ces derniers pour les travaux d'Alexandrie; le reste file sur le Caire.

Le 18, nous serons tous à El-Rahmànyeh.

Faites mettre les Anglais au fort Sulkowski; faites préparer un logement à la citadelle pour le pacha, son fils, le grand trésorier, une trentaine de grands, et à peu près 200 officiers, du grade de colonel jusqu'à celui de capitaine. S'il est nécessaire, vous pourrez mettre les prisonniers arabes dans un autre fort. Quant aux soldats, j'en enverrai du Caire à Damiette, Belbeys, Sâlheyeh, pour les travaux.

Dix-huit vaisseaux de guerre et l'escadre de Brest sont depuis deux mois à Toulon; ils sont bloqués par l'escadre anglaise. Les marins prétendent ici qu'ils arriveront en toute sûreté au mois de novembre.

Il doit vous être arrivé des cartouches et beaucoup d'artillerie que j'ai ordonné d'envoyer de Rosette au Caire.

BONAPARTE.

Collection Napoléon.

35.

4332. — AU CITOYEN BERTRAND.

Quartier général, Alexandrie, 15 thermidor an VII (2 août 1799).

Vous devez avoir reçu, Citoyen, une note de ce que je désire que l'on fasse à Aboukir.

Commencez au préalable par faire abattre les deux villages, par raser la mosquée et tous les bâtiments du fort, en n'y laissant que l'emplacement d'une batterie.

Faites construire, sur un emplacement choisi avec le général Menou et le citoyen Faultrier, une batterie de deux pièces de 16, pour défendre le passage du lac et empêcher les bâtimen approcher. Je crois que la batterie Picot est propre à cet objet. Faites-la entourer d'un fossé et d'un mur crénelé, ou tout autre ouvrage convenable.

Avant de partir de ces contrées, je désire que vous assayiez bien la défense d'Aboukir, et que vous vous concertiez à Alexandrie avec les différents officiers du génie qui s'y trouvent, pour la construction des ouvrages que j'ai ordonnés.

BONAPARTE.

Comm. par M. Amédée Thayer.

4333. — AU GÉNÉRAL MENOU.

Quartier général, Alexandrie, 15 thermidor an VII (2 août 1799).

Vous devez avoir reçu, Citoyen Général, les ordres de l'état-major relativement aux troupes qui sont actuellement sous vos ordres, et aux prisonniers. Dans la journée de demain, il ne vous restera plus qu'un bataillon de la 69ᵉ, les trois bataillons de la 4ᵉ légère et différents détachements d'artillerie. Faites sur-le-champ travailler à démolir les deux villages. Faites déblayer toute l'artillerie de siége sur Alexandrie, hormis quatre pièces de 24, qui resteront à Aboukir, et deux mortiers à la Gomer; faites embarquer à Rosette, pour le Caire, la pièce de 8 et l'obusier qui s'y trouvent. Faites évacuer sur Rosette toutes les pièces de 4 ou de 3 qui ont été prises sur les Turcs, hormis deux, qui resteront à Aboukir; ordonnez qu'à mesure qu'elles arriveront à Rosette on les fasse partir pour le Caire, hormis deux, que l'on gardera pour le service de Rosette.

Faites rétablir le ponton pour servir au passage du lac. Faites armer de deux pièces de 12 ou de 16 la batterie Picot, et, comme il est nécessaire qu'elle soit à l'abri d'un coup de main, commencez par faire fermer cette batterie par un fossé et un mur crénelé.

Faites recueillir et mettre dans un magasin toutes les tentes; avec le temps on les évacuera sur Rosette.

Quant aux blessés, j'ai écrit par un parlementaire aux Anglais de venir les reprendre; je vous ferai connaître leur réponse. Pour actuellement, faites-les réunir ensemble sous quelques tentes ou dans une mosquée.

Je désire que vous restiez encore quelques jours à Aboukir, pour mettre les travaux en train et tout réorganiser dans cette partie.

Ordonnez à l'adjudant général Jullien de se rendre à Aboukir. Vous lui laisserez le commandement lorsque vous verrez les choses dans un état satisfaisant.

BONAPARTE.

Dépôt de la g.· .A.

4334. — AU DIRECTOIRE EXÉCUTIF.

Quartier général, Alexandrie, 17 thermidor an VII (4 août 1799).

Citoyens Directeurs, le 8 thermidor, je fis sommer le château d'Aboukir de se rendre. Le fils du pacha, son kyâya et tous les officiers voulaient capituler, mais ils n'étaient plus écoutés des soldats.

Le 9, on continua le bombardement; le 10, plusieurs batteries furent établies sur la droite et la gauche de l'isthme. Plusieurs chaloupes canonnières furent coulées bas; une frégate fut démâtée et prit le large.

Le 10, l'ennemi, commençant à manquer de vivres, se fortifia dans quelques maisons du village qui touche le fort. Le général Lannes, y étant accouru, fut blessé à la jambe. Le général Menou le remplaça dans le commandement du siége. Le 12, le général Davout était de tranchée; il s'empara de toutes les maisons où était logé l'ennemi, et le jeta dans le fort, après lui avoir tué beaucoup de monde. La 22e d'infanterie légère et le chef de brigade Magny, qui a été légèrement blessé, se sont parfaitement conduits.

Le 15, le général Robin était de tranchée; nos batteries étaient sur la contrescarpe; nos mortiers faisaient un feu très-vif; le château n'était plus qu'un monceau de pierres; l'ennemi n'avait point de communication avec l'escadre; il mourait de soif et de faim : il prit le parti, non de capituler, ces gens-ci n'entendant pas cela, mais de jeter ses armes et de venir en foule embrasser les genoux du vainqueur. Le fils du pacha, son kyâya et 2,000 hommes ont été faits prisonniers. On a trouvé dans le château 300 blessés et 1,800 cadavres. Il y a tel de nos boulets qui a tué jusqu'à six hommes. Dans les premières vingt-quatre heures de la sortie de la garnison turque, il est mort plus de 400 prisonniers pour avoir trop bu et mangé avec trop d'avidité.

Ainsi, cette affaire d'Aboukir coûte à la Porte 18,000 hommes et une grande quantité de canons.

Pendant les quinze jours qu'a duré cette expédition, j'ai été très-satisfait de l'esprit des habitants de l'Égypte; personne n'a remué, et tout le monde a continué de vivre comme à l'ordinaire.

Les officiers du génie Bertrand et Liédot, et le commandant de l'artillerie Faultrier, se sont comportés avec la plus grande distinction.

BONAPARTE.

Depuis le 5 nivôse, je n'ai point eu de vos nouvelles.

Dépôt de la guerre.

_____

4335. — AU GÉNÉRAL DESTAING.

Quartier général, El-Rahmànyeh, 20 thermidor an VII (7 août 1799).

Vous avez mal fait, Citoyen Général, d'attaquer les Henâdy, et vous avez encore bien plus mal calculé de penser que je vous enverrais de la cavalerie pour une attaque que j'ignorais et qui était contre mes intentions. Je ne vois pas effectivement pourquoi aller sans artillerie, presque sans cavalerie, attaquer des tribus nombreuses qui sont toujours à cheval, et qui ne nous disaient rien. Puisque vous pensiez que je ne devais pas tarder à arriver à El-Rahmànyeh avec la cavalerie, il était bien plus simple de l'attendre. Je n'ai reçu votre lettre que près d'El-Rahmànyeh, et j'avais alors envoyé le général Andréossy avec toute la cavalerie et deux pièces de canon à la poursuite des Aoulàd-A'ly. Je ne sais pas s'il les rencontrera et ce qu'il fera. Vous nous avez fait perdre une occasion que nous ne retrouverons que difficilement. Nous nous étions cependant bien expliqués à Alexandrie de commencer à traiter avec les Henâdy, pour pouvoir les surprendre ensuite avec la cavalerie. J'imagine que les Arabes seront actuellement bien loin dans le désert. Au reste, je laisse l'ordre à El-Rahmànyeh,, au général Andréossy, de protéger, avec la cavalerie et les dromadaires, les opérations qui pourraient être nécessaires pour éloigner les Arabes, en supposant qu'ils ne seraient pas acculés dans le désert.

BONAPARTE.

Collection Napoléon.

_____

4336. — AU GÉNÉRAL KLEBER, a damiette.

Quartier général, au Caire, 24 thermidor an VII (11 août 1799).

J'arrive à l'instant, Général, au Caire. Le maudit château d'Aboukir nous a occupés six jours. Nous avons fini par y avoir huit mortiers et six pièces de 24. Chaque coup de canon tuait cinq à six hommes. Enfin ils sont sortis le 15 en foule, sans capitulation, et jetant leurs armes; 400 sont morts dans les premières vingt-quatre heures de leur sortie; il y avait six jours que ces enragés buvaient de l'eau de la mer. On a trouvé dans le fort 1,800 cadavres; nous avons en notre pouvoir à peu près autant de prisonniers, parmi lesquels le fils du pacha et les principaux officiers.

On va vous envoyer des pièces de campagne, afin que vous en ayez six à votre disposition. Procurez-vous des chevaux.

Rien de bien intéressant d'aucun côté.

Je vous enverrai, demain ou après, une grande quantité de gazettes anglaises où vous verrez d'étranges choses.

BONAPARTE.

Collection Napoléon.

4337. — AU GÉNÉRAL DESAIX.

Quartier général, au Caire, 24 thermidor an VII (11 août 1799).

J'ai été peu satisfait, Citoyen Général, de toutes vos opérations pendant le mouvement qui vient d'avoir lieu. Vous avez reçu l'ordre de vous porter au Caire, et vous n'en avez rien fait. Tous les événements qui peuvent survenir ne doivent jamais empêcher un militaire d'obéir; et le talent, à la guerre, consiste à lever les difficultés qui peuvent rendre difficile une opération, et non pas à la faire manquer. Je vous dis ceci pour l'avenir.

BONAPARTE.

Collection Napoléon.

4338. — AU GÉNÉRAL DESAIX.

Quartier général, au Caire, 24 thermidor an VII (11 août 1799).

Les provinces du Fayoum, de Minyeh et de Beny-Soueyf, Citoyen Général, n'ont jamais dû fournir aux besoins de votre division, puisque même l'administration ne vous en a pas été confiée. Je vous prie de ne vous mêler d'aucune manière de l'administration de ces provinces.

BONAPARTE.

Collection Napoléon.

4339. — AU GÉNÉRAL DESAIX.

Quartier général, au Caire, 24 thermidor an VII (11 août 1799).

Vous m'avez fait connaître, Citoyen Général, à mon retour de Syrie, que vous alliez faire passer 150,000 livres au payeur général.

Vous m'apprenez, par une de vos dernières lettres, que l'ordre du
jour qui ordonne le payement de thermidor et fructidor vous empêchait d'exécuter ce versement. Cet ordre ne devait pas regarder votre
division, puisqu'elle n'est arriérée que de ces deux mois, tandis
que tout le reste de l'armée, indépendamment de ces deux mois,
l'est encore de sept autres mois; et ce n'est avoir ni zèle pour la
chose publique, ni considération pour moi, que de ne voir, surtout
dans une opération de la nature de celle-ci, que le point où l'on se
trouve.

D'ailleurs, l'organisation de la République veut que tout l'argent
soit versé dans les coffres des préposés du payeur général, pour n'en
sortir que par son ordre. Le payeur général n'aurait jamais donné
un ordre qui favorisât un corps de troupes plutôt qu'un autre.

Il est nécessaire que le payeur de votre division envoie, dans le
plus court délai, au payeur général, l'état des recettes et dépenses;
je vous prie de m'en envoyer un pareil. Vous sentez combien il est
essentiel, pour l'ordre, que l'on connaisse toute la comptabilité de
l'armée. Je sais que vous vous êtes empressé d'y mettre tout l'ordre
que l'on peut désirer.

BONAPARTE.

Comm. par M. Pauthier.

_____

4340. — AU GÉNÉRAL BERTHIER.

Quartier général, au Caire, 24 thermidor an VII (11 août 1799).

Je vous prie, Citoyen Général, de mettre à l'ordre du jour de
demain que je suis extrêmement mécontent du général Zajonchek,
qui a mis de la négligence dans l'exécution de l'ordre réitéré de faire
partir pour le quartier général le bataillon de la 22e d'infanterie
légère. Le général Zajonchek, commandant une province directement
sous mes ordres, n'a aucune excuse à alléguer. Vous voudrez bien
lui ordonner de garder vingt-quatre heures les arrêts forcés. Immédiatement après la réception du présent ordre, il fera embarquer et
partir pour le Caire le bataillon de la 22e d'infanterie légère.

BONAPARTE.

Dépôt de la guerre.

_____

4341. — AU GÉNÉRAL DESAIX.

Quartier général, au Caire, 24 thermidor an VII (11 août 1799).

J'ai reçu, Citoyen Général, votre lettre du 18 thermidor. J'approuve complétement les projets que vous avez formés. Vous n'aurez
effectivement achevé votre opération de la haute Égypte qu'en détrui-

sant Mourad-Bey. Il est devenu si petit, qu'avec quelques centaines d'hommes montés sur des chameaux, vous pourrez le pousser dans le désert et en venir à bout.

Je vous ai demandé le bataillon de la 61°, afin de reformer cette demi-brigade et lui donner quelques jours de repos à Rosette. Dès l'instant que vous serez venu à bout de Mourad-Bey, je ferai relever toutes vos troupes. Je prépare à cet effet la 13° et une autre demi-brigade. Je serai d'ailleurs fort aise d'avoir vos troupes s'il arrivait quelque événement sur la lisière de la Syrie et sur la côte. Les nouvelles que j'ai de Gaza ne me font pas penser que l'ennemi veuille rien entreprendre. Ce n'est pas une chose aisée. Il n'y aurait de sensé pour lui que de s'emparer d'El-A'rych, et, lorsqu'il l'aurait pris, il n'aurait fait qu'un pas. Quant à l'opération de traverser le désert, il faut rester cinq jours et même sept sans eau. Il serait difficile, même impossible, de transporter de l'artillerie, ce qui les mettrait hors d'état de prendre même une maison.

Je donne ordre qu'on vous envoie quatre pièces de 3 vénitiennes, qui sont extrêmement légères. Je vous laisse la 21°, la 88°, le 22° et la 20°.

Dès l'instant que l'inondation aura un peu couvert l'Égypte, j'enverrai le général Davout, comme cela avait été mon projet, avec un corps de cavalerie et d'infanterie, pour commander les provinces du Fayoum, de Minyeh et de Beny-Soueyf. Jusqu'alors laissez-y des corps de troupes. Arrangez-vous de manière que vous soyez maître de ne laisser qu'une centaine d'hommes à Qoseyr, que Qeneh puisse contenir tous vos embarras, et que vous puissiez, en cas d'une invasion sérieuse, reployer rapidement et successivement toutes vos troupes sur le Caire.

Faites filer sur le Caire toutes les carcasses de barques, avisos ou bricks appartenant aux Mameluks; nous les emploierons pour la défense des bouches du Nil.

J'ai reçu des gazettes anglaises jusqu'au 10 juin. La guerre a été déclarée le 13 mars par la France à l'Empereur. Plusieurs batailles ont été livrées. Jourdan a été battu à Feldkirch, dans la Forêt Noire, et a repassé le Rhin. Scherer, auquel on avait confié le commandement de l'armée d'Italie, a été battu à Rivoli, et a repassé le Mincio et l'Oglio. Mantoue était bloquée. Lors de ces affaires, les Russes n'étaient point encore arrivés. Le prince Charles commandait contre Jourdan, et M. Kray contre Scherer.

L'escadre française, forte de 22 vaisseaux de guerre et 18 frégates, est partie de Brest dans les premiers jours d'avril, est arrivée au détroit, a présenté le combat aux Anglais, qui n'avaient que 18 vaisseaux, et est entrée à Toulon. Elle a été jointe par 3 vaisseaux espagnols. L'escadre espagnole est sortie de Cadix et est entrée à Carthagène. Elle est forte de 27 vaisseaux de guerre, dont quatre à trois ponts. Une nouvelle escadre anglaise est, peu de jours après, entrée dans la Méditerranée, et s'est réunie à Jervis et à Nelson. Ces escadres réunies doivent monter à plus de 50 vaisseaux. Les Anglais bloquent Toulon et Carthagène. Le ministre de la marine Bruix commande l'escadre française. A la première occasion, je vous enverrai tous ces journaux. Corfou a été pris par famine. La garnison a été conduite en France. Malte est ravitaillée pour deux ans.

BONAPARTE.

Comm. par M. Pauthier.

4342. — AU GÉNÉRAL MARMONT.

Quartier général, au Caire, 25 thermidor an VII (12 août 1799).

Je donne ordre, Citoyen Général, que les deux demi-galères et la chaloupe canonnière *la Victoire* se rendent à Rosette, pour concourir à la défense du Boghâz, afin d'être en mesure, si M. Smith, ce que je ne crois pas, voulait tenter quelque chose avec ses chaloupes canonnières. Cet homme est capable de toutes les folies.

Vous sentez qu'il est nécessaire qu'un aussi grand nombre de bâtiments soient commandés par un homme de tête. Si le commandant des armes à Rosette n'avait pas le talent et le courage nécessaires, tâchez de trouver à Alexandrie un officier qui ait la grande main à cette défense. La faible garnison de Rosette fait que la défense du Nil est spécialement confiée à la flottille.

BONAPARTE.

Dépôt de la guerre.

4343. — AU CONTRE-AMIRAL GANTEAUME.

Quartier général, au Caire, 25 thermidor an VII (12 août 1799).

J'envoie, Citoyen Général, 25,000 francs pour la marine d'Alexandrie. J'écris à l'ordonnateur pour que l'on travaille avec la plus grande activité à établir un véritable phare, qu'on découvre de très-loin et qui puisse être utile, cet hiver, à des frégates ou même à une escadre française.

Je mets toujours le plus grand intérêt à avoir pour le mois d'octobre *la Leoben*, armée au moins de manière qu'elle n'ait rien à craindre de ces corvettes turques portant du 8, ni des corsaires; je désirerais que l'on pût y placer au moins six pièces de 18.

Je pars le 28 pour me rendre à Menouf, d'où je partirai le 1ᵉʳ fructidor. Il est probable que, le 1ᵉʳ au soir ou au plus tard le 2, je serai vis-à-vis d'El-Rahmânyeh ; je désire que l'officier qui vous porte cette lettre soit de retour pour le 1ᵉʳ fructidor, au soir, à El-Rahmânyeh, avec vos dépêches, ce qui me décidera à passer le Nil à El-Rahmânyeh, et à me rendre de suite au puits d'Aboukir ou à Rosette, et de là à Aboukir. Comme cet officier ne se doute pas que je serai à El-Rahmânyeh, ne lui dites rien ; donnez-lui simplement votre paquet en lui recommandant de me le remettre en mains propres.

Vous recevrez une centaine de drapeaux et les trois queues du pacha ; tenez-les d'abord chez vous, et puis faites-les embarquer clandestinement. Peut-être même serait-il bon de les faire embarquer sur un aviso que vous diriez être destiné pour France.

Si l'officier part d'Alexandrie dans la journée du 1ᵉʳ, expédiez-m'en un autre le 2 au matin. Vous adresseriez alors votre lettre à l'officier des guides à El-Rahmânyeh, en lui recommandant de me la remettre en mains propres.

BONAPARTE.

Comm. par Mᵐᵉ la comtesse Ganteaume.

4344. — AU GÉNÉRAL LANUSSE.

Quartier général, au Caire, 25 thermidor an VII (12 août 1799).

Je vous prie, Citoyen Général, de garder mes guides et mes équipages. Je n'ai pas pu me rendre à Menouf, vu le désir que j'avais de prendre connaissance des affaires du Caire et de mettre tout en train : car, selon l'usage des Turcs, ils ne payent rien et ne croient pas à la victoire jusqu'à mon arrivée ; mais je compte, dans deux jours, débarquer au Ventre-de-la-Vache et vous aller trouver à Menouf.

Je vous ferai prévenir vingt-quatre heures d'avance.

BONAPARTE.

Collection Napoléon.

4345. — AU CITOYEN POUSSIELGUE.

Quartier général, au Caire, 25 thermidor an VII (12 août 1799),

Vous voudrez bien, Citoyen Administrateur, faire signifier à la femme de Hassan-Bey que si, dans la journée de demain, elle n'a pas payé ce qui reste dû de sa contribution, elle sera arrêtée et tous ses effets confisqués.

Vous prendrez toutes les mesures pour accélérer le payement de Hadji-Hussein.

Les juifs n'ont encore payé que 20,000 francs; que dans la journée de demain ils en aient payé 30 autres.

Parmi ceux qui doivent, il y en a auxquels il ne faudrait qu'une simple lettre pour les faire payer : entre autres Rosetti, Caffe, Calvi et tous les individus de l'armée. Il y a de la négligence la plus coupable de la part de l'administration des finances.

Mon intention n'est point d'accepter pour comptant, sur le compte des fermages des Coptes, les différents emprunts que je leur ai faits, et que je solderai en temps et lieu. Vous ferez demander, à titre d'emprunt, aux six principaux négociants damasquins, 100,000 francs, qui devront être payés dans la journée de demain, et vous leur ferez connaître que mon intention est de les solder en blé.

Faites-moi un rapport sur les affaires du tabac de Rosette. Les renseignements que j'ai eus sont que cela a dû rapporter 14 à 15,000 francs. Faites-moi connaître ce qu'ont produit et ce que doivent les provinces de Gyzeh et du Caire.

Faites-moi également connaître ce qu'ont rendu les douanes de Suez et de Qoseyr, depuis que nous sommes en Égypte, et ce qui serait dû de ces deux douanes.

BONAPARTE.

Comm. par Mme de la Morinière.

4346. — AU GÉNÉRAL DESAIX.

Quartier général, au Caire, 26 thermidor an VII (13 août 1799).

Je vous envoie, Citoyen Général, un sabre d'un très-beau travail, sur lequel j'ai fait graver, *Conquête de la haute Égypte*, qui est due à vos bonnes dispositions et à votre constance dans les fatigues. Voyez-y, je vous prie, une preuve de mon estime et de la bonne amitié que je vous ai vouée.

BONAPARTE.

Collection Napoléon.

4347. — AU GÉNÉRAL VEAUX.

Quartier général, au Caire, 26 thermidor an VII (13 août 1799).

Je suis très-peiné, Citoyen Général, d'apprendre que vos blessures vont mal; je vous engage à passer le plus tôt possible en France; je donne tous les ordres que vous désirez, pour vous en faciliter les moyens; j'écris au Gouvernement conformément à vos désirs : vous avez été blessé au poste d'un brave qui veut redonner de l'élan à des troupes qu'il voit chanceler. Vous ne devez pas douter que, dans toutes les circonstances, je ne prenne le plus vif intérêt à ce qui vous regarde.

BONAPARTE.

Collection Napoléon.

4348. — AU GÉNÉRAL BERTHIER.

Quartier général, au Caire, 27 thermidor an VII (14 août 1799).

Vous voudrez bien donner l'ordre au général Rampon de partir ce soir, à six heures, avec 300 hommes de cavalerie, en prenant tout ce qui est disponible à Boulâq ou au Caire, le chef de bataillon grec Barthélemy, les janissaires de la province d'Atfyeh et de Qelyoub, pour arriver demain avant le jour à El-Gezyreh, l'investir, tuer tous les Arabes Bily et A'ydy qu'il pourra trouver, et mener au Caire leurs bestiaux et leurs femmes.

Vous donnerez rendez-vous à la cavalerie, à Barthélemy et aux janissaires au fort Sulkowski, d'où il faut qu'ils partent au plus tard à huit heures du soir.

BONAPARTE.

Dépôt de la guerre.

4349. — AU GÉNÉRAL DUGUA.

Quartier général, au Caire, 27 thermidor an VII (14 août 1799).

Je vous prie, Citoyen Général, de faire arrêter tous les hommes de la caravane du Maroc qui seraient restés en arrière; et que les Moghrebins venant à Qoseyr ne s'arrêtent qu'un jour et filent pour leur pays, sans passer par Alexandrie.

BONAPARTE.

Collection Napoléon.

4350. — AU CHEIK EL-A'RYCHY CADI-A'SKIAR,
DISTINGUÉ PAR SA SAGESSE ET SA JUSTICE.

Quartier général, au Caire, 27 thermidor an VII (14 août 1799).

Nous vous faisons connaître que notre intention est que vous ne confiiez la place de cadi à aucun Osmanli; vous ne confirmerez, dans les provinces, pour la place de cadi, que des Égyptiens.

BONAPARTE.

Collection Napoléon.

4351. — ORDRE.

Quartier général, au Caire, 27 thermidor an VII (14 août 1799).

ARTICLE 1er. — Les employés des administrations de l'armée seront réduits au moindre nombre possible.

ART. 2. — Les administrations des subsistances et des transports militaires sont réunies.

ART. 3. — L'ordonnateur en chef donnera de nouveaux brevets, en date du 1er fructidor, à tous les employés de l'administration de l'armée qu'il conservera; les anciens brevets n'auront plus aucune valeur.

ART. 4. — Le payeur ne soldera, à dater du 1er fructidor, des appointements sur la présentation des brevets de l'ordonnateur en chef, que jusqu'à concurrence des sommes ci-après, savoir, par mois :

Pour les appointements des employés aux subsistances et transports militaires. . . . . 12,000 fr.

Pour les appointements des employés aux postes militaires. 1,500

Pour les appointements des employés des hôpitaux.   7,000

Pour les appointements des employés de l'habillement.   1,200

ART. 5. — Tous les employés qui se trouveraient réformés seront placés dans les cadres militaires d'infanterie ou de cavalerie, à leur choix.

BONAPARTE.

Dépôt de la guerre.

——————

4352. — ORDRE.

Quartier général, au Caire, 27 thermidor an VII (14 août 1799).

ARTICLE 1er. — Les employés de l'administration des finances, de l'enregistrement et de la Monnaie, seront réduits au moindre nombre possible.

ART. 2. — Le payeur ne soldera les appointements que sur un nouveau brevet qui leur sera donné, en date du 1er fructidor, par l'administrateur des finances.

ART. 3. — Le payeur ne soldera d'appointements aux employés de l'administration des finances, de l'enregistrement et de la Monnaie, que jusqu'à concurrence de 15,000 francs pour tout, par mois.

ART. 4. — Le payeur organisera la trésorerie de manière que les employés coûtent moins de 7,000 livres par mois.

ART. 5. — Tous les employés réformés seront mis dans les cadres des corps de cavalerie ou d'infanterie, à leur choix.

BONAPARTE.

Dépôt de la guerre.

4353. — ARRÊTÉ.

Quartier général, au Caire, 27 thermidor an VII (14 août 1799).

ARTICLE 1er. — Il sera formé deux commissions de membres de la commission des arts, composées ainsi qu'il suit :

ART. 2. — La première commission, composée des citoyens Costaz, Nouet, Méchain, Coutelle, Coquebert, Savigny, Ripault, Balzac, Corabœuf, Lenoir, Labate, Lepère, architecte, Saint-Genis, Viard.

ART. 3. — La seconde commission, composée des citoyens Fourier, Parseval, Villoteau, Delile, Geoffroy, Lepère, ingénieur, Redouté, Lacipière, Chabrol, Arnollet, Vincent.

ART. 4. — La première commission partira pour se rendre dans la haute Égypte, demain 28, et visiter tous les monuments qui nous restent de l'antiquité.

La seconde commission partira le 1er du mois de fructidor pour la haute Égypte.

ART. 5. — Il sera fourni à l'une et à l'autre commission une barque armée, avec une bonne garnison prise au dépôt de la 21e demi-brigade. Le citoyen Costaz sera le commandant de la première commission, et le citoyen Fourier de la seconde. L'officier commandant l'escorte et l'officier de marine commandant le bâtiment ne recevront des ordres que d'eux.

ART. 6. — Les commandants des commissions correspondront avec moi toutes les fois qu'ils auront visité des monuments qui leur auront fourni des observations ou descriptions nouvelles.

BONAPARTE.

Dépôt de la guerre.

4354. — ORDRE.

Quartier général, au Caire, 27 thermidor an VII (14 août 1799).

Le général en chef s'étant fait représenter le marché passé par l'ordonnateur Sucy, qui règle à 28 deniers par ration de pain le prix de la manutention; considérant qu'avec 28 deniers on aurait non-seulement de quoi payer la manutention, mais encore de quoi payer la valeur de la ration entière; sur le rapport de l'ordonnateur d'Aure, ordonne que les comptes de l'agent en chef des subsistances ne seront arrêtés qu'à raison de 12 deniers par ration, et ce, à commencer de l'entrée de l'armée en Égypte.

BONAPARTE.

Dépôt de la guerre.

4355. — AU CONTRE-AMIRAL GANTEAUME.

Quartier général, au Caire, 28 thermidor an VII (15 août 1799).

Je reçois, Citoyen Général, votre lettre du 23. Je vous envoie une caisse de café et de sucre, du vin et du rhum. J'ai fait écrire dessus, *Pour Monsieur Smith ;* vous les ferez déposer chez vous jusqu'à nouvel ordre.

J'écris, à El-Rahmânyeh, à l'officier de guides que je vous ai expédié il y a quelques jours, de se rendre à Menouf, où je serai ; je ne partirai de Menouf que lorsqu'il sera arrivé.

Je ne partirai d'ici, au plus tôt, que le 1er fructidor. Si le 2, 3 ou 4 fructidor, vous aviez quelque chose de nouveau, expédiez-moi un de vos adjudants à Menouf ; car, si l'officier ne me portait rien de nouveau, j'attendrais, avant de partir de Menouf, l'arrivée de votre adjudant.

BONAPARTE.

Comm. par Mme la comtesse Ganteaume.

4356. — AU GÉNÉRAL KLEBER, A DAMIETTE.

Quartier général, au Caire, 28 thermidor an VII (15 août 1799).

Je reçois à l'instant, Citoyen Général, votre lettre du 26, à six heures du matin ; l'Arabe qui l'a apportée me dit être parti à neuf heures.

Je suis instruit qu'un grand nombre de bâtiments de ceux qui étaient à Aboukir en sont partis le 25, et, si ce ne sont pas ceux-là qui viennent faire de l'eau au Boghâz, ce sont des bâtiments qui étaient mouillés à Alexandrette et que le bruit des premiers succès d'Aboukir aura fait mettre à la voile.

Le bataillon de la 25e est parti pour vous rejoindre.

Je vous envoie la demi-galère *l'Amoureuse.*

Vous pouvez disposer du général Vial, qui est dans le Gharbyeh avec un bataillon de la 32e ; il a avec lui une pièce de canon.

La cavalerie qui était à Alexandrie, qui arrive à l'instant, se reposera la journée de demain, et, si cela est nécessaire, je la ferai partir sur-le-champ.

Quelque chose que ce convoi puisse être, je ne doute pas que vous n'ayez eu le temps de réunir votre division et de vous mettre bien en mesure.

J'ai des nouvelles de Syrie à peu près conformes aux vôtres. Ibrahim-Bey a avec lui 250 Mameluks à cheval et 150 à pied, 500 hommes à cheval de Djezzar et 600 hommes à pied. Elfy-Bey n'a avec lui que 30 Mameluks. Une partie des Arabes cherche, comme à l'ordinaire, les moyens de piller.

J'espère recevoir de vous, dans la journée de demain, des renseignements positifs sur cette flotte : qu'ils mettent trois jours à débarquer, comme ils ont fait à Aboukir, et je ne suis plus en peine de rien.

Je fais partir le chef de bataillon Ruty pour commander votre artillerie.

BONAPARTE.

Collection Napoléon.

4357. — AU GÉNÉRAL DESAIX.

Quartier général, au Caire, 28 thermidor an VII (15 août 1799).

J'ai reçu, Citoyen Général, un grand nombre de lettres de vous, qui avaient été me chercher à Alexandrie et Aboukir et qui sont de retour.

Vous aurez déjà reçu différentes lettres par lesquelles je vous fais connaître que vous pouvez rentrer dans vos positions de la haute Égypte et détruire Mourad-Bey. Je vous laisse le maître de lui accorder toutes les conditions de paix que vous croirez utiles. Je lui donnerais son ancienne ferme près Gyzeh; mais il ne pourrait jamais avoir avec lui plus de 10 hommes armés. Cependant, si vous pouviez nous en débarrasser, cela vaudrait beaucoup mieux que tous ces arrangements.

BONAPARTE.

Comm. par M. Pauthier.

4358. — AU SULTAN DU MAROC.

Au Caire, 28 thermidor an VII (15 août 1799).

Il n'y a d'autre dieu que Dieu, et Mahomet est son prophète !
Au nom de Dieu clément et miséricordieux !

Au sultan du Maroc, serviteur de la sainte Kasbah, puissant parmi les rois, et fidèle observateur de la loi du vrai prophète.

Nous profitons du retour des pèlerins du Maroc pour vous écrire cette lettre et vous faire connaître que nous leur avons donné toute l'assistance qui était en nous, parce que notre intention est de faire, dans toutes les occasions, ce qui peut vous convaincre de l'estime que nous avons pour vous. Nous vous recommandons, en échange, de bien traiter tous les Français qui sont dans vos États ou que le commerce pourrait y appeler.

BONAPARTE.

Collection Napoléon.

4359. — AU BEY DE TRIPOLI.

Au Caire, 28 thermidor an VII (15 août 1799).

Il n'y a d'autre dieu que Dieu, et Mahomet est son prophète!
Au nom de Dieu clément et miséricordieux!

Au bey de Tripoli, serviteur de la sainte Kasbah, le modèle des beys, fidèle observateur de la loi du vrai prophète.

Nous profitons de l'occasion qui se présente pour vous recommander de bien traiter tous les Français qui sont dans vos États, parce que notre intention est de faire dans toutes les occasions tout ce qui pourra vous être agréable et de vivre en bonne intelligence avec vous.

BONAPARTE.

Collection Napoléon.

4360. — ORDRE DU JOUR.

Quartier général, au Caire, 28 thermidor an VII (15 août 1799).

Le général en chef, sur le rapport qui lui a été fait par l'ordonnateur d'Aure, ordonne qu'il soit donné 3,000 livres de gratification aux chirurgiens qui ont pansé les blessés à la bataille d'Aboukir.

BONAPARTE.

Dépôt de la guerre.

4361. — AU GÉNÉRAL SONGIS, COMMANDANT L'ARTILLERIE [1].

Quartier général, au Caire, 29 thermidor an VII (16 août 1799).

Je vous préviens, Citoyen Général, que, sur l'ordre du jour d'hier, le général en chef a porté l'habillement de l'armée au double de ce qui lui est réellement accordé, ce qui est pour l'opinion publique, en faisant croire en Europe la force effective de l'armée au double de ce qu'elle est.

Prévenez les corps que ceux auxquels il est accordé une quantité doivent ne compter que sur la moitié, qui leur est réellement accordée.

Par ordre du général en chef.

Dépôt de la guerre.

4362. — ORDRE.

Quartier général, au Caire, 29 thermidor an VII (16 août 1799).

Les commandants des provinces feront connaître, par une circulaire en arabe, qui sera envoyée dans tous les villages, la pompe avec laquelle la fête du Prophète a été célébrée au Caire.

Depuis mémoire d'homme, on n'en avait pas vu d'aussi brillante.

[1] En remplacement du général Dommartin, mort à Rosette le 22 thermidor.

Toute l'armée qui était au Caire, éclairée par une grande quantité de flambeaux, est allée rendre visite au cheik El-Bekry ; le général en chef y avait dîné, ainsi que Moustafa-Pacha et tous les principaux officiers faits prisonniers à la bataille d'Aboukir. Le général en chef a assisté à la lecture qui a été faite de différents poëmes arabes en l'honneur du Prophète, après quoi, au milieu des grands cheiks, il a fait faire la prière et s'est fait réciter la généalogie du Prophète. Le pacha et tous les prisonniers turcs ne revenaient pas de leur surprise de voir le respect que les Français avaient pour l'islamisme et la loi du plus saint des prophètes.

Le général en chef voulant donner une preuve de sa satisfaction au cheik Gariany, commandant d'Alexandrie, et au cheik El-Messiry, président du divan d'Alexandrie, hommes recommandables par leur sagesse et leur piété, les a fait revêtir chacun d'une pelisse d'une grande valeur.

Le présent ordre du jour sera traduit en arabe, imprimé, et il en sera envoyé trente copies à chaque commandant de province.

BONAPARTE.

Dépôt de la guerre.

4363. — AU GÉNÉRAL KLEBER, A DAMIETTE.

Quartier général, au Caire, 30 thermidor an VII (17 août 1799).

Je renvoie, Citoyen Général, l'effendi pris à Aboukir, à Constantinople, avec une longue lettre pour le grand vizir : c'est une ouverture de négociation que je fais. Faites-le partir sur une djerme pour Chypre ; traitez-le bien, mais qu'il ait peu de communications. Faites la plus grande ostension de forces que vous pourrez.

BONAPARTE.

Collection Napoléon.

4364. — AU GRAND VIZIR.

Quartier général, au Caire, 30 thermidor an VII (17 août 1799).

Au grand vizir, grand parmi les grands éclairés et sages, seul dépositaire de la confiance du plus grand des sultans.

J'ai l'honneur d'écrire à Votre Excellence, par l'effendi qui a été fait prisonnier à Aboukir et que je lui renvoie, pour lui faire connaître la véritable situation de l'Égypte et entamer entre la Sublime Porte et la République française des négociations qui puissent mettre fin à la guerre qui se trouve exister pour le malheur de l'un et de l'autre État.

Par quelle fatalité la Porte et la France, amies de tous les temps

36.

et dès lors par habitude, amies par l'éloignement de leurs frontières, la France ennemie de la Russie et de l'Empereur, la Porte ennemie de la Russie et de l'Empereur, sont-elles cependant en guerre?

Comment Votre Excellence ne sentirait-elle pas qu'il n'y a pas un Français de tué qui ne soit un appui de moins pour la Porte?

Comment Votre Excellence, si éclairée dans la connaissance de la politique et des intérêts des divers États, pourrait-elle ignorer que la Russie et l'empereur d'Allemagne se sont plusieurs fois entendus pour le partage de la Turquie, et que ce n'a été que l'intervention de la France qui l'a empêché?

Votre Excellence n'ignore pas que le vrai ennemi de l'islamisme est la Russie. L'empereur Paul Iᵉʳ s'est fait grand maître de Malte, c'est-à-dire a fait vœu de faire la guerre aux musulmans. N'est-ce pas lui qui est le chef de la religion grecque, c'est-à-dire des plus nombreux ennemis qu'ait l'islamisme?

La France, au contraire, a détruit les chevaliers de Malte, rompu les chaînes des Turcs qui étaient détenus en esclavage, et croit, comme l'ordonne l'islamisme, qu'il n'y a qu'un seul Dieu.

Ainsi donc la Sublime Porte a déclaré la guerre à ses véritables amis et s'est alliée à ses véritables ennemis!

Ainsi donc la Sublime Porte, qui a été l'amie de la France tant que cette puissance a été chrétienne, lui a fait la guerre dès l'instant que la France, par sa religion, s'est rapprochée de la croyance musulmane!

La Russie et l'Angleterre ont trompé la Sublime Porte; elles ont intercepté nos courriers par lesquels nous lui faisions part de l'expédition d'Égypte, et l'ont représentée comme le commencement de l'envahissement de l'empire musulman : comme si je n'avais pas toujours déclaré que l'intention de la République française était de détruire les Mameluks, et non de faire la guerre à la Sublime Porte, était de nuire aux Anglais, et non à son grand et fidèle allié l'empereur Sélim.

La conduite que j'ai tenue avec tous les gens de la Porte qui étaient en Égypte, envers les bâtiments du Grand Seigneur, envers les bâtiments de commerce portant le pavillon ottoman, n'est-elle pas un sûr garant des intentions pacifiques de la République française?

La Sublime Porte a déclaré la guerre, dans le mois de janvier, à la République française avec une précipitation inouïe, sans attendre l'arrivée de l'ambassadeur Descorches, qui déjà était parti de Paris pour se rendre à Constantinople, sans me demander aucune explication, ni répondre à aucune des avances que j'ai faites.

J'ai cependant espéré, quoique sa déclaration de guerre me fût parfaitement connue, pouvoir la faire revenir, et j'ai, à cet effet, envoyé le citoyen Beauchamp, cousul de la République, sur la caravelle. Pour toute réponse, on l'a emprisonné; pour toute réponse, on a créé des armées, on les a réunies à Gaza et on leur a ordonné d'envahir l'Égypte. Je me suis trouvé alors obligé de passer le désert, préférant faire la guerre en Syrie à ce que l'on me la fît en Égypte.

Mon armée est forte, parfaitement disciplinée et approvisionnée de tout ce qui peut la rendre victorieuse des armées, fussent-elles aussi nombreuses que les sables de la mer. Des citadelles et des places fortes hérissées de canons se sont élevées sur les côtes et sur les frontières du désert; je ne crains donc rien, et je suis ici invincible; mais je dois à l'humanité, à la vraie politique, au plus ancien comme au plus vrai des alliés, l'empereur Sélim, la démarche que je fais.

Ce que la Sublime Porte n'atteindra jamais par la force des armes, elle peut l'obtenir par une négociation. Je battrai toutes les armées lorsqu'elles projetteront l'envahissement de l'Égypte, mais je répondrai d'une manière conciliante à toutes les ouvertures de négociations qui me seraient faites. La République française, dès l'instant que la Sublime Porte ne fera plus cause commune avec nos ennemis, la Russie et l'Empereur, fera tout ce qui sera en elle pour rétablir la bonne intelligence et lever tout ce qui pourrait être un sujet de désunion entre les deux États.

Cessez donc des armements dispendieux et inutiles. Vos ennemis ne sont pas en Égypte; ils sont sur le Bosphore, ils sont à Corfou, ils sont aujourd'hui, par votre extrême imprudence, au milieu de l'Archipel.

Radoubez et réarmez vos vaisseaux; reformez vos équipages d'artillerie; tenez-vous prêts à déployer bientôt l'étendard du Prophète, non contre la France, mais contre les Russes et les Allemands, qui rient de la guerre insensée que nous nous faisons, et qui, lorsqu'ils vous auront affaiblis, lèveront la tête et déclareront bien haut les prétentions qu'ils ont déjà.

Vous voulez l'Égypte, dit-on; mais l'intention de la France n'a jamais été de vous l'ôter.

Chargez votre ministre à Paris de vos pleins pouvoirs, ou envoyez quelqu'un chargé de vos intentions et de vos pleins pouvoirs en Égypte. On peut, en deux heures d'entretien, tout arranger. C'est ¹ seul moyen de rasseoir l'empire musulman, en lui donnant la fo contre ses véritables ennemis, et de déjouer leur projet perfide, qui, malheureusement, leur a déjà si fort réussi.

Dites un mot, nous fermerons la mer Noire à la Russie et nous cesserons d'être le jouet de cette puissance ennemie, que nous avons tant de sujets de haïr, et je ferai tout ce qui pourra vous convenir.

Ce n'est pas contre les musulmans que les armées françaises aimeraient à déployer et leur tactique et leur courage; mais c'est, au contraire, réunies à des musulmans qu'elles doivent un jour, comme cela a été de tout temps, chasser leur ennemi commun.

Je crois en avoir assez dit par cette lettre à Votre Excellence. Elle peut faire venir auprès d'elle le citoyen Beauchamp, que l'on m'assure être détenu dans la mer Noire. Elle peut prendre tout autre moyen pour me faire connaître ses intentions.

Quant à moi, je tiendrai pour le plus beau jour de ma vie celui où je pourrai contribuer à faire terminer une guerre à la fois impolitique et sans objet.

Je prie Votre Excellence de croire à l'estime et à la considération distinguée que j'ai pour elle.

BONAPARTE.

Dépôt de la guerre.

4365. — AU GÉNÉRAL MARMONT.

Quartier général, au Caire, 30 thermidor an VII (17 août 1799).

J'ai voulu, Citoyen Général, conclure un marché avec des Francs qui devaient me fournir 24,000 aunes de drap; je comptais les avoir pour 20 francs et payer moitié en argent, moitié en riz ou en blé. Ayant accaparé tous les draps du pays, ils sentent qu'ils sont à même de me faire les conditions qu'ils veulent. Il est cependant indispensable que j'habille l'armée; voici le parti auquel je me résous.

Vous ferez venir chez vous les négociants toscans et impériaux qui ont plus de 20,000 aunes de drap de toutes les couleurs à Alexandrie ou à Rosette. Vous leur ferez connaître que la guerre a été déclarée par la République française à l'Empereur et au grand-duc de Toscane; que les lois constantes de tous les pays vous autorisent à confisquer leurs bâtiments marchands et mettre le scellé sur leurs magasins; que cependant je veux bien leur accorder une faveur particulière, et ne point les comprendre dans cette mesure générale; mais que j'ai besoin de 24,000 aunes de drap pour habiller mon armée; qu'il est nécessaire qu'ils fassent de suite la déclaration du drap qu'ils ont; qu'ils en consignent 24,000 aunes, soit à Alexandrie, soit à Rosette. Ils seront consignés au commissaire des guerres, qui les fera partir en toute diligence pour le Caire; le procès-verbal en sera fait, et les draps estimés et payés selon l'estimation, sans que le maximum de l'aune passe 18 francs. Un de ces négociants, chargé de pouvoirs des autres, se rendra au Caire pour conférer avec l'ordonnateur en chef et s'arranger pour le mode de payement.

Si, au lieu de se prêter à cette mesure de bonne gràce, ces messieurs faisaient les récalcitrants, vous ferez mettre le scellé sur leurs effets, papiers et maisons; vous les ferez mettre dans une maison de sûreté; vous ferez abattre les armes de l'Empereur et de Toscane, et vous en donnerez avis à l'ordonnateur de la marine, pour qu'il confisque tous les bâtiments appartenant aux Impériaux, Toscans et Napolitains : je préfère la première mesure à la deuxième.

BONAPARTE.

Collection Napoléon.

4366. — AU GÉNÉRAL ZAJONCHEK, A BENY-SOUEYF.

Quartier général, au Caire, 30 thermidor an VII (17 août 1799).

Vous n'êtes soumis en rien, Citoyen Général, au général Desaix pour l'administration de la province. Vous regarderez comme nuls tous les ordres qu'il vous donnerait à ce sujet. Vous avez eu tort de lui laisser prendre de l'argent. Vous verrez, par l'ordre du jour, que mon intention est de n'accorder aucune indemnité sur le myry; faites-le percevoir avec la plus grande rigueur.

BONAPARTE.

Collection Napoléon.

4367. — AU DIVAN DU CAIRE.

Quartier général, au Caire, 30 thermidor an VII (17 août 1799).

Je pars demain pour me rendre à Menouf, d'où je ferai différentes tournées dans le Delta, afin de voir par moi-même les injustices qui pourraient être commises, et prendre connaissance et des hommes et du pays.

Je vous recommande de maintenir la confiance parmi le peuple. Dites-lui souvent que j'aime les musulmans et que mon intention est de faire leur bonheur. Faites-leur connaître que j'ai pour conduire les hommes les plus grands moyens, la persuasion et la force; qu'avec l'une je cherche à me faire des amis, qu'avec l'autre je détruis mes ennemis.

Je désire que vous me donniez le plus souvent possible de vos nouvelles, et que vous m'informiez de la situation des choses.

Collection Napoléon.

BONAPARTE.

4368. — ORDRE DU JOUR.

Quartier général, au Caire, 1er fructidor an VII (18 août 1799).

Le mois de thermidor sera soldé à l'armée.

Le myry et les autres impositions, tant dans les provinces de la haute Égypte que de la basse, seront payés sans aucune déduction, sous quelque prétexte que ce soit; les chevaux qui ont été requis doivent être considérés comme une augmentation d'impositions.

Quant aux cheiks-el-beled qui présenteront des reçus des Mameluks, auxquels ils prétendraient avoir payé le myry, non-seulement on n'y aura aucun égard, mais ils seront menacés de châtiment.

Ce n'est pas lorsque, dans plusieurs provinces, on a été obligé d'augmenter les impositions pour subvenir aux dépenses de l'armée, que certains commandants de provinces doivent accorder ces facilités ruineuses pour le trésor public.

L'intendant général enverra cet ordre du jour aux intendants des provinces, et leur fera connaître qu'ils seront personnellement responsables des décharges qu'ils auraient accordées, quelles que soient les autorisations dont ils seraient munis, vu qu'elles ne leur seront point passées en compte, et qu'ils seront obligés de les payer de leur argent. Toutes les décharges qui auraient été accordées seront regardées comme nulles, et les villages contraints à payer.

BONAPARTE.

Dépôt de la guerre.

4369. — AU GÉNÉRAL KLEBER, A DAMIETTE.

Quartier général, Menouf, 2 fructidor an VII (19 août 1799).

Je reçois, Citoyen Général, votre lettre du 27. Je suis à peu près certain qu'il n'y a dans la Méditerranée aucun armement considérable dirigé contre nous. Ainsi, les 24 bâtiments mouillés devant Damiette, ou sont les mêmes qui étaient à Aboukir et ont quitté cette rade, ou c'est une arrière-garde que le pacha attendait et qui porte fort peu de monde.

La division Reynier, réorganisée avec une bonne artillerie, se portera contre ce qui pourrait venir du côté de la Syrie. Je destine pour le même objet les 1,000 ou 1,200 hommes de cavalerie que j'ai au Caire prêts à marcher.

Je me rends à Rosette, où je me trouverai bien au fait de tous les mouvements de la côte depuis la Tour des Arabes jusqu'à El-A'rych. Si vous avez besoin de quelque secours, je vous ferai passer des troupes qui se trouvent dans le Bahyreh et à Alexandrie, désirant tenir intactes les divisions Reynier, Bon et Lannes, pour s'opposer à ce qui pourrait venir par terre, quoique les derniers renseignements que j'ai me tranquillisent entièrement. J'ai le 15ᵉ de dragons et différents détachements de cavalerie dans le Bahyreh.

Vous recevrez une lettre le 3 ou le 4; partez, je vous prie, sur-le-champ, pour vous rendre, de votre personne, à Rosette, si vous ne voyez aucun inconvénient à vous absenter de Damiette; sans quoi, envoyez-moi un de vos aides de camp : je désirerais qu'il pût arriver à Rosette dans la journée du 7. J'ai à conférer avec vous sur des affaires extrêmement importantes.

Vous devez avoir reçu l'effendi ou commissaire de l'armée fait prisonnier à Aboukir et que j'envoie à Constantinople.

BONAPARTE.

Collection Napoléon.

4370. — AU GÉNÉRAL DUGUA, AU CAIRE.

Quartier général, Menouf, 2 fructidor an VII (19 août 1799).

Je reçois, Citoyen Général, votre lettre d'hier matin. Comme le 25 au matin la plus grande partie des voiles qui étaient à Aboukir sont parties, j'ai tout lieu de penser que ce sont celles-là qui ont paru devant Damiette pour faire de l'eau. Au reste, ce n'est rien de considérable. Y aurait-il les 150 bâtiments qui étaient à Aboukir, avec l'avantageuse localité de Damiette, Kleber a autant de monde qu'il lui en faut pour y résister. La seule chose qu'il est nécessaire de surveiller, ce sont les frontières de l'Asie. Il faut donc faire l'impossible pour avoir beaucoup de cavalerie, la tenir toujours prête à pouvoir partir avec la 85ᵉ et se joindre à Belbeys au général Reynier.

Renvoyez-y, dans le plus court délai, le reste de la 9ᵉ, afin que le général Reynier l'organise à Belbeys même. Quant à l'artillerie, le général Reynier doit, en vingt-quatre heures, se procurer les chevaux nécessaires. Envoyez-lui exprès sur exprès, pour lui faire connaître que les canons, attelages, charretiers, tout est prêt; qu'il se dépêche donc d'envoyer les chevaux. Je vous autorise à faire atteler, par tous les chevaux de réforme de la cavalerie, le plus possible des pièces que l'on destine à la division Reynier, et envoyez-les à Belbeys. Je sais que ces chevaux crèveront probablement de la fatigue, mais n'importe; le général Reynier les remplacera. Je vous autorise à prendre, dans les différents régiments de cavalerie, 20 chevaux français, non de réforme, pour achever d'atteler l'artillerie de la division Reynier. Le général Reynier remplacera ces chevaux par 20 autres qu'il fera venir de sa province. J'espère que ces deux moyens réunis vous mettront à même d'envoyer au général Reynier les pièces qui lui manquent pour compléter l'artillerie de sa division.

Je désire que vous organisiez promptement la 22e et que vous complétiez l'artillerie de la division Lannes ; il lui faut six pièces, il en a, je crois, cinq ; il s'agit donc de lui en fournir une.

Il faut également compléter la division Rampon, qui, compris les pièces des généraux Lanusse et Vial, a quatre pièces : il lui en faut deux. Prévenez Rampon qu'il est nécessaire qu'il fasse des courses dans sa province et qu'il se procure des chevaux pour atteler son artillerie.

Ainsi donc je compte que, dans une décade, j'aurai l'artillerie des trois divisions bien attelée, bien approvisionnée et composée, pour chacune, de six pièces de canon.

La cavalerie n'a que deux pièces de 3 ; si le général d'artillerie pouvait fournir les deux autres, procurez-lui les attelages.

Je vous autorise, pour pourvoir à tous ces attelages, à requérir 50 bons chevaux dans les moulins. Nous avons déjà fait cela cinq à six fois, et nous nous en sommes bien trouvés. Quant au payement, dites-leur qu'ils seront soldés à mon retour.

Désirant m'assurer par moi-même des mouvements de la côte et être à même de combiner le rapport qu'il pourrait y avoir entre l'augmentation de voiles qui pourraient paraître à Damiette avec celles qui disparaîtraient d'Aboukir, je vais voir s'il m'est possible de descendre par les canaux jusqu'à Bourlos. J'enverrai prendre mes dépêches à Rosette, où vous pourrez m'adresser tout ce qu'il y aurait de nouveau, et, s'il y avait quelque chose de très-urgent, envoyez-moi des triplicata à Rosette, Menouf et Damiette.

BONAPARTE.

Dépôt de la guerre.

4371. — ORDRE DU JOUR.

Quartier général, Menouf, 2 fructidor an VII (19 août 1799).

Il existait, il y a plus de cinquante ans, une digue à El-Fara'ounyeh, qu'il était d'usage de couper au moment où le Nil diminuait, et de fermer au moment où il augmentait. Depuis on a librement laissé passer les eaux par le canal de Menouf. Depuis quatre à cinq ans, au contraire, on a rétabli la digue à El-Fara'ounyeh, que l'on n'a plus coupée, et les eaux passaient entièrement dans la branche de Damiette ; ce qui a diminué l'inondation du Delta et du Bahyreh, mais a considérablement augmenté celle des provinces de Charqyeh, Damiette, Mansourah et Qelyoub.

Les commandants de ces provinces réuniront les gens les plus instruits de leur province, et se feront remettre des notes :

1° Sur la quantité de terrain qui n'était pas arrosée il y a cinq ou six ans, lorsque la digue d'El-Fara'ounyeh n'existait pas ;

2° Sur la quantité de terrain qui se trouve aujourd'hui inondée par l'établissement de la digue d'El-Fara'ounyeh ;

3° Enfin sur le tort que faisait à leurs provinces l'usage plus ancien d'ouvrir cette digue au moment où le Nil commençait à baisser.

Les commandants des provinces de Menouf, Bahyreh, Gharbyeh, Rosette, Alexandrie, se feront également remettre des notes :

1° Sur la quantité de terrain qui était inondée avant l'établissement de la digue d'El-Fara'ounyeh ;

2° Sur celle devenue inculte par l'établissement de cette digue ;

3° Enfin sur le bien que produisait, dans ces provinces, l'usage plus ancien de couper cette digue au moment où le Nil commençait à baisser.

Le commandant de la province de Menouf se fera remettre un état des dépenses que l'on était d'usage de faire, toutes les années, pour couper et refermer cette digue.

Le citoyen Lepère, ingénieur en chef des ponts et chaussées, recueillera tous les renseignements sur cette importante question, afin d'en faire un rapport dans l'année.

Il fera aussi observer, avec le plus grand soin, les autres canaux qui paraissent avoir une tendance à porter les eaux de la branche de Damiette dans celle de Rosette.

Par ordre du général en chef.

Dépôt de la guerre.

_____

4372. — AU GÉNÉRAL MENOU, a rosette.

Quartier général, à 3 lieues d'El-Rahmânyeh, 3 fructidor an VII
(20 août 1799), 5 heures après midi.

Il est ordonné au général de division Menou de partir de Rosette une demi-heure après la réception du présent ordre, pour se rendre, de sa personne, à la fontaine entre Alexandrie et Aboukir, où était le quartier général le jour de la bataille d'Aboukir.

J'ai à communiquer au général Menou des ordres qui sont de la première importance. Il faut que le général Menou soit rendu demain 4 fructidor, à deux heures après midi, à la fontaine entre Alexandrie et Aboukir.

Cet ordre est du général Menou à moi ; il ne doit pas en donner communication.

Par ordre du général en chef.

Le général Menou aura avec lui son escorte, qu'il laissera à Aboukir.

Dépôt de la guerre.

4373. — AU GÉNÉRAL MENOU.

Quartier général, Alexandrie, 5 fructidor an VII (22 août 1799).

Vous vous rendrez de suite à Alexandrie, Citoyen Général; vous prendrez le commandement d'Alexandrie, de Rosette et du Bahyreh.

Je pars ce soir pour France.

Le général Kleber doit être rendu, dans deux ou trois jours, à Rosette. Vous lui ferez passer le pli ci-joint, dont je vous envoie un double que vous lui ferez passer par une occasion très-sûre.

Le général Marmont part avec moi. Je vous prie, pour empêcher les faux bruits, d'envoyer au général Kleber un bulletin de notre navigation, jusqu'à ce qu'on n'ait plus connaissance des frégates.

Vous préviendrez le général Kleber que la djerme *la Boulonnaise* est à El-Rahmànyeh.

Je laisse 180 chevaux des guides à cheval, sellés, que vous ferez passer au Caire pour monter le reste des guides et la cavalerie.

Vous ne ferez partir la lettre ci-jointe, pour le général Dugua et pour le Caire, que quarante-huit heures après que les frégates auront disparu.

BONAPARTE.

Dépôt de la guerre.

4374. — AU GÉNÉRAL KLEBER.

Quartier général, Alexandrie, 5 fructidor an VII (22 août 1799).

Vous trouverez ci-joint, Citoyen Général, un ordre pour prendre le commandement en chef de l'armée. La crainte que la croisière anglaise ne reparaisse d'un moment à l'autre me fait précipiter mon départ de deux ou trois jours.

Je mène avec moi les généraux Berthier, Lannes, Murat, Andréossy et Marmont, les citoyens Monge et Berthollet.

Vous trouverez ci-joints les papiers anglais et de Francfort jusqu'au 10 juin; vous y verrez que nous avons perdu l'Italie; que Mantoue, Turin et Tortone sont bloqués. J'ai lieu d'espérer que la première de ces places tiendra jusqu'à la fin de novembre. J'ai l'espérance, si la fortune me sourit, d'arriver en Europe avant le commencement d'octobre. Vous trouverez ci-joint un chiffre pour correspondre avec le Gouvernement et un autre pour correspondre avec moi.

Je vous prie de faire partir, dans le courant d'octobre, Junot ainsi que les effets que j'ai laissés au Caire et mes domestiques. Cependant je ne trouverais pas mauvais que vous engageassiez à votre service ceux qui vous conviendraient.

L'intention du Gouvernement est que le général Desaix parte pour l'Europe dans le courant de novembre, à moins d'événements majeurs.

La commission des arts passera en France sur un parlementaire que vous demanderez à cet effet, conformément au cartel d'échange, dans le courant de novembre, immédiatement après qu'ils auront achevé leur mission. Ils sont, dans ce moment-ci, occupés à ce qui reste à faire, à visiter la haute Égypte. Cependant, ceux que vous jugeriez pouvoir vous être utiles, vous les mettriez en réquisition sans difficulté.

L'effendi fait prisonnier à Aboukir est parti pour se rendre à Damiette. Je vous ai écrit de l'envoyer en Chypre. Il est porteur, pour le grand vizir, de la lettre dont vous trouverez ci-joint la copie.

L'arrivée de notre escadre de Brest à Toulon et de l'escadre espagnole à Carthagène ne laisse aucune espèce de doute sur la possibilité de faire passer en Égypte les fusils, les sabres, pistolets, fers coulés dont vous avez besoin et dont j'ai l'état le plus exact, avec une quantité de recrues suffisante pour réparer les pertes de deux campagnes. Le Gouvernement vous fera connaître alors, lui-même, ses intentions, et moi-même, comme homme public et comme particulier, je prendrai des mesures pour vous faire avoir fréquemment des nouvelles.

Si, par des événements incalculables, toutes les tentatives étaient infructueuses, et qu'au mois de mai vous n'ayez reçu aucun secours ni nouvelles de France, et si, cette année, malgré toutes les précautions, la peste était en Égypte et vous tuait plus de 1,500 hommes, perte considérable, puisqu'elle serait en sus de celle que les événements de la guerre vous occasionneraient journellement, je pense que, dans ce cas, vous ne devez point vous hasarder à soutenir la campagne prochaine, et que vous êtes autorisé à conclure la paix avec la Porte Ottomane, quand bien même l'évacuation de l'Égypte devrait en être la condition principale. Il faudrait simplement éloigner l'exécution de cette condition, si cela était possible, jusqu'à la paix générale.

Vous savez apprécier aussi bien que personne, Citoyen Général, combien la possession de l'Égypte est importante à la France. Cet empire turc, qui menace ruine de tous côtés, s'écroule aujourd'hui, et l'évacuation de l'Égypte par la France serait un malheur d'autant plus grand que nous verrions, de nos jours, cette belle province en d'autres mains européennes.

Les nouvelles des succès ou des revers qu'aurait la République en Europe doivent aussi entrer puissamment dans vos calculs.

Si la Porte répondait aux ouvertures de paix que je lui ai faites, avant que vous n'eussiez reçu de mes nouvelles de France, vous devez déclarer que vous avez tous les pouvoirs que j'avais, entamer la négociation, persister toujours dans l'assertion que j'ai avancée que l'intention de la France n'a jamais été d'enlever l'Égypte à la Porte, demander que la Porte sorte de la coalition et nous accorde le commerce de la mer Noire, et enfin six mois de suspension d'hostilités, afin que, pendant ce temps-là, l'échange des ratifications puisse avoir lieu.

Supposant que les circonstances soient telles que vous croyiez devoir conclure ce traité avec la Porte, vous ferez sentir que vous ne pouvez pas le mettre à exécution qu'il ne soit ratifié; et, selon l'usage de toutes les nations, l'intervalle entre la signature d'un traité et sa ratification doit toujours être une suspension d'hostilités.

Vous connaissez, Citoyen Général, quelle est ma manière de voir sur la politique intérieure de l'Égypte; quelque chose que vous fassiez, les chrétiens seront toujours nos amis. Il faut les empêcher d'être trop insolents, afin que les Turcs n'aient pas contre nous le même fanatisme que contre les chrétiens, ce qui nous les rendrait irréconciliables. Il faut endormir le fanatisme en attendant qu'on puisse le déraciner. En captivant l'opinion des grands cheiks du Caire, on a l'opinion de toute l'Égypte et de tous les chefs que ce peuple peut avoir. Il n'y en a aucun moins dangereux pour nous que des cheiks qui sont peureux, ne savent pas se battre, et qui, comme tous les prêtres, inspirent le fanatisme sans être fanatiques.

Quant aux fortifications, Alexandrie et El-A'rych, voilà les deux clefs de l'Égypte. J'avais le projet de faire établir, cet hiver, des redoutes de palmiers : deux depuis Sâlheyeh à Qatyeh, deux de Qatyeh à El-A'rych; une de ces dernières se serait trouvée à l'endroit où le général Menou a trouvé de l'eau potable.

Le général de brigade Sanson, commandant le génie, et le général de brigade Songis, commandant l'artillerie de l'armée, vous mettront au fait chacun de ce qui regarde son arme.

Le citoyen Poussielgue a été exclusivement chargé des finances; je l'ai reconnu travailleur et homme de mérite. Il commence à avoir quelques renseignements sur le chaos de l'administration de ce pays.

J'avais le projet, si aucun événement ne survenait, de tâcher d'établir, cet hiver, un nouveau système d'impositions, ce qui aurait permis de se passer, à peu près, des Coptes. Cependant, avant de l'entreprendre, je vous conseille d'y réfléchir longtemps; il vaut mieux entreprendre cette opération un peu trop tard qu'un peu trop tôt.

Des vaisseaux de guerre français paraîtront indubitablement cet hiver à Alexandrie ou à Bourlos ou à Damiette. Faites construire une batterie ou une tour à Bourlos. Tâchez de réunir 5 ou 600 Mameluks que, lorsque les vaisseaux français seront arrivés, vous ferez arrêter dans un jour au Caire ou dans les autres provinces et embarquer pour la France. Au défaut des Mameluks, des otages d'Arabes, des cheiks-el-beled qui, par une raison quelconque, se trouveraient arrêtés, pourraient y suppléer. Ces individus, arrivés en France, y seraient retenus un ou deux ans, verraient la grandeur de la nation, prendraient de nos mœurs et de notre langue, et, de retour en Égypte, nous formeraient autant de partisans.

J'avais déjà demandé à plusieurs fois une troupe de comédiens; je prendrai un soin particulier de vous en envoyer. Cet article est très-important pour l'armée et pour commencer à changer les mœurs du pays.

La place importante que vous allez occuper en chef va vous mettre à même de déployer les talents que la nature vous a donnés; l'intérêt de ce qui se passe ici est vif, et les résultats en seront immenses sur le commerce et la civilisation; ce sera l'époque d'où dateront de grandes révolutions.

Accoutumé à voir la récompense des peines et des travaux de la vie dans l'opinion de la postérité, j'abandonne l'Égypte avec le plus grand regret. L'intérêt de la patrie, sa gloire, l'obéissance, les événements extraordinaires qui viennent de s'y passer, me décident seuls à passer au milieu des escadres ennemies pour me rendre en Europe. Je serai d'esprit et de cœur avec vous; vos succès me seront aussi chers que ceux où je me trouverais moi-même, et je regarderai comme mal employés tous les jours de ma vie où je ne ferai pas quelque chose pour l'armée dont je vous laisse le commandement, et pour consolider le magnifique établissement dont les fondements viennent d'être jetés.

L'armée que je vous confie est toute composée de mes enfants; j'ai eu, dans tous les temps, même au milieu de leurs plus grandes peines, des marques de leur attachement; entretenez-les dans ces sentiments; vous le devez par l'estime et l'amitié toute particulière que j'ai pour vous, et pour l'attachement vrai que je leur porte.

Dépôt de la guerre.   BONAPARTE.

4375. — AU GÉNÉRAL KLEBER.

Quartier général, Alexandrie, 5 fructidor an VII (22 août 1799).

Il est ordonné au général Kleber de prendre le commandement en chef de l'armée d'Orient, le Gouvernement m'ayant appelé auprès de lui.

BONAPARTE.

Victoires et conquêtes.

4376. — AU GÉNÉRAL DUGUA, au caire.

Quartier général, Alexandrie, 5 fructidor an VII (22 août 1799).

Quand vous lirez ceci, Citoyen Général, je serai au milieu de la vaste mer. Les circonstances où se trouve la France m'ont fait un devoir impérieux de m'y rendre. C'est d'ailleurs le seul moyen de faire aller à bien cet établissement et les individus de l'armée. Kleber a de l'estime et de l'amitié pour vous. Dans le courant de l'hiver, vous êtes sûr qu'il arrivera des bâtiments de guerre français, sur lesquels vous pourrez vous embarquer pour reprendre votre poste au Corps législatif. Ainsi donc, employez votre talent et votre fermeté à maintenir la tranquillité dans cette grande ville, à la fois le centre de l'Égypte et de l'armée.

Croyez que, dans quelque circonstance que le sort me place, je conserverai toujours pour vous l'estime et l'amitié que vous m'avez inspirées.

BONAPARTE.

Dépôt de la guerre.

4377. — AU DIVAN DU CAIRE,
CHOISI PARMI LES PLUS ÉCLAIRÉS ET LES PLUS SAGES.

Quartier général, Alexandrie, 5 fructidor an VII (22 août 1799).

Ayant été instruit que mon escadre était prête et qu'une armée formidable était embarquée dessus; convaincu, comme je vous l'ai plusieurs fois dit, que, tant que je ne frapperai pas un coup qui écrase à la fois tous mes ennemis, je ne pourrai jouir tranquillement et paisiblement de la possession de l'Égypte, la plus belle partie du monde, j'ai pris le parti d'aller me mettre à la tête de mon escadre, laissant le commandement, en mon absence, au général Kleber, homme d'un mérite distingué et auquel j'ai recommandé d'avoir pour les ulémas et les cheiks la même amitié que moi. Faites ce qu'il vous sera possible pour que le peuple de l'Égypte ait en lui la même confiance qu'il avait en moi, et qu'à mon retour, qui sera dans deux ou trois mois, je sois content du peuple d'Égypte, et que je n'aie que des louanges et des récompenses à donner aux cheiks.

BONAPARTE.

Dépôt de la guerre.

4378. — AU CITOYEN POUSSIELGUE.

Quartier général, Alexandrie, 5 fructidor an VII (22 août 1799).

Les événements majeurs qui se sont passés en Europe depuis le 15 mars au 15 juin m'ont fait un devoir impérieux de m'y rendre le plus promptement possible.

J'espère, avec un peu de fortune, y arriver avant la prise de Mantoue.

Le général Kleber, qui prend le commandement de l'armée, vous estime et vous aime.

Je ferai connaître au Gouvernement les services que vous rendez journellement dans ce pays. Dans toutes les circonstances, vous pouvez compter sur le désir que j'ai de faire quelque chose qui vous soit agréable.

BONAPARTE.

Comm. par Mme de la Morinière.

4379. — AU GÉNÉRAL JUNOT.

Quartier général, Alexandrie, 5 fructidor an VII (22 août 1799).

Lorsque tu recevras cette lettre, je serai bien loin de l'Égypte. J'ai regretté de ne pouvoir t'emmener avec moi ; tu t'es trouvé trop éloigné du lieu de l'embarquement. Je donne ordre à Kleber de te faire partir dans le courant d'octobre. Enfin, dans quelque lieu et dans quelque circonstance que nous nous trouvions, crois à la continuation de la tendre amitié que je t'ai vouée.

Salut et amitié.

BONAPARTE.

Comm. par M. le duc d'Abrantès.

4380. — A L'ARMÉE.

Quartier général, Alexandrie, 5 fructidor an VII (22 août 1799).

Les nouvelles d'Europe m'ont décidé à partir pour France.

Je laisse le commandement de l'armée au général Kleber.

L'armée aura bientôt de mes nouvelles ; je ne puis en dire davantage. Il me coûte de quitter les soldats auxqnels je suis le plus atta-

V.   37

ché ; mais ce ne sera que momentanément, et le général que je leur laisse a la confiance du Gouvernement et la mienne.

BONAPARTE.

Dépôt de la guerre.

4381. — AU COMMANDANT DES ARMES A TOULON.

Fréjus, 17 vendémiaire an VIII (9 octobre 1799).

L'armée d'Égypte, Citoyen Commandant, est depuis plus de six mois sans nouvelles d'Europe. Elle a le plus grand intérêt à en recevoir. Je vous prie d'expédier le plus tôt possible un aviso avec les *Moniteur* et autres papiers des six derniers mois. C'est le général Kleber qui a le commandement en chef de l'armée d'Égypte.

Je vous prie également d'annoncer à ce général que je suis arrivé à Fréjus le 17 vendémiaire.

BONAPARTE.

Comm. par M. Baudin.

4382. — AU DIRECTOIRE EXÉCUTIF.

Aix, 18 vendémiaire an VIII (10 octobre 1799).

Citoyens Directeurs, depuis mon départ de France je n'ai reçu qu'une seule fois de vos dépêches ; elles me sont arrivées le 5 germinal, devant Acre ; elles étaient datées du 14 brumaire et 5 nivôse ; elles me donnaient la nouvelle de nos succès contre Naples, ce qui me faisait conjecturer une guerre prochaine sur le continent ; et dès lors j'ai pressenti que je ne devais pas rester longtemps éloigné de France. Mais, si j'avais détruit dans ma campagne de Syrie les armées qui menaçaient d'envahir l'Égypte en traversant le désert, il me restait à voir l'issue de l'expédition maritime qui se préparait avec beaucoup d'activité dans la mer Noire. Le débarquement ne pouvait s'opérer qu'a Alexandrie ou à Damiette. Je confiai au général Kleber la défense des côtes de Damiette, et me tins prêt à me porter sur Alexandrie. Vous avez vu dans mes dernières dépêches l'issue de la bataille d'Aboukir. L'Égypte, à l'abri de toute invasion, est entièrement à nous.

Je me procurai, à l'issue de plusieurs conférences diplomatiques, les gazettes d'Angleterre jusqu'au 6 juin, par lesquelles je fus instruit des défaites de Jourdan, en Allemagne, et de Scherer, en Italie. Je partis sur-le-champ, à l'heure même, avec les frégates *la Muiron* et *la Carrère*, quoique mauvaises marcheuses. Je n'ai pas pensé devoir calculer les dangers ; je devais me trouver où ma présence pouvait être le plus utile. Animé de ces sentiments, je me serais enveloppé dans mon manteau et serais parti sur une barque, si je n'eusse pas eu de frégates.

J'ai laissé l'Égypte bien organisée et sous les ordres du général Kleber. Elle était déjà toute sous l'eau, et le Nil était plus beau qu'il ne l'avait été depuis cinquante ans.

J'ai traversé plusieurs croisières anglaises : j'ai des obligations à l'activité et aux bonnes manœuvres du contre-amiral Ganteaume d'avoir débarqué à Fréjus sans aucune espèce d'accident. Je serais à Paris presque en même temps que ce courrier; mais l'air sec et froid qu'il fait ici me saisit et me fatigue extrêmement : ce qui m'occasionne un retard de trente ou quarante heures.

BONAPARTE.

Archives de l'Empire.

4383. — RETOUR DU GÉNÉRAL BONAPARTE EN EUROPE.

25 vendémiaire an VIII (15 octobre 1799).

Après la bataille d'Aboukir, 4 à 500 Turcs blessés restèrent au pouvoir des Français. Le général en chef jugea à propos de les renvoyer à Patrona-Bey, vice-amiral de l'escadre turque.

Cela donna lieu à des communications fréquentes entre les Français et l'escadre anglaise et turque. Le citoyen Descorches, enseigne de vaisseau, chargé de conduire le parlementaire qui portait les blessés, rapporta les journaux anglais et de Francfort jusqu'au 10 juin. Ils annonçaient les revers de l'armée d'Italie, sa retraite derrière le Tanaro, et l'évacuation d'une partie de la Suisse. La résolution fut prise sur-le-champ de passer en Europe; mais le contre-amiral Ganteaume et le chef de division Dumanoir pensèrent qu'il était presque impossible d'échapper à l'escadre anglaise avec de mauvaises frégates, et dans la saison où nous nous trouvions, tant que le port serait bloqué.

Le général en chef se rendit au Caire, laissant à Alexandrie le contre-amiral Ganteaume, avec l'ordre de préparer les frégates et de le faire prévenir, par un dromadaire, de l'éloignement de l'escadre anglaise des parages d'Alexandrie.

Le 30 thermidor, à six heures du soir, le contre-amiral Ganteaume fit part que les escadres anglaise et turque avaient fait voile pour Chypre. A neuf heures du soir, l'ordre fut expédié à tous ceux qui devaient être du voyage de se tenir prêts à minuit, pour accompagner le général en chef dans une tournée qu'il devait faire dans la basse Égypte.

37.

Le général Kleber était à Damiette; le général en chef lui donna rendez-vous à Alexandrie.

Le général Menou était à Rosette; le général en chef lui donna rendez-vous sur la plage d'Aboukir. Le 5 fructidor, à cinq heures du soir, le général en chef l'y trouva. Il lui fit part de son projet et lui donna le commandement d'Alexandrie.

Le général Kleber n'arrivait pas; le contre-amiral Ganteaume, instruit que le général en chef était parti du Caire, avait fait mettre en rade, à une lieue au large, les deux frégates *la Muiron* et *la Carrère*. Une corvette ennemie vint les observer, le 5 fructidor, à six heures du soir, jusqu'à deux portées de canon. Le général en chef résolut de partir dans la nuit; il ne se donna que le temps de faire venir les bateaux nécessaires pour embarquer ceux qui étaient du voyage. Il remit toutes les instructions au général Menou, pour les faire passer au général Kleber, et partit.

Les vents, soufflant constamment du nord-ouest, forçaient à courir des bordées au nord-est et sur la côte d'Afrique, et telle fut la contrariété du temps, que nous ne fîmes que cent lieues en vingt jours. Cette longue navigation était toutefois exempte du danger des croisières ennemies; nous tenant toujours entre les 32° et 33° degrés de latitude, et à peu de distance des côtes d'Afrique, nous étions dans des parages sinon inconnus, du moins très-peu fréquentés par les marins, et très-éloignés de la route que suivent ordinairement les navires pour se rendre d'Europe en Égypte.

Nous attendions avec une vive impatience les vents de l'équinoxe; nous comptions sur leur violence pour passer le cap Bon et échapper à la croisière anglaise, que nous devions craindre d'y rencontrer.

Le 25 fructidor, le vent d'est commença à souffler. Le 30, nous eûmes doublé le cap d'Ocre, et, le 4° complémentaire, passé le golfe de la Syrte; dans la nuit du 6° complémentaire au 1er vendémiaire, nous passâmes près de la Lampedusa, et, le 1er vendémiaire, nous découvrîmes la Pantellaria. Ce jour, anniversaire de la fondation de la République, fut célébré à bord des deux frégates. Sur le soir, le calme nous prit à deux lieues du château de Gallipoli; mais, vers onze heures, le vent d'est commença à souffler bon frais; nous doublâmes le cap Bon dans la nuit, et, le 2 vendémiaire, à midi, nous étions par le travers de Bizerte.

Le vent continuant à nous être favorable, nous nous trouvâmes, le 4 vendémiaire, par le travers du golfe d'Oristano, en Sardaigne. Le 5, nous découvrîmes le cap Falcone, et, le 7, nous eûmes dépassé les bouches de Bonifacio.

Le contre-amiral Ganteaume envoya *la Revanche* prendre langue à Ajaccio. Privés depuis si longtemps des nouvelles d'Europe, nous étions incertains même sur le sort de la Corse. Le 8 vendémiaire au soir, nous entrâmes dans le golfe d'Ajaccio. N'ayant encore aucune nouvelle de *la Revanche*, et ne voulant pas, la nuit, par un vent grand frais, rester dans le golfe, on vira de bord, et les frégates gagnèrent le large.

Le 9 au matin, le vent nord-ouest (mistral) souffla avec violence et nous força à retourner à Ajaccio. Il était à craindre, en effet, qu'un accident arrivé à des frégates mal gréées et mal mâtées ne nous rejetât dans des parages d'où la fortune nous avait fait sortir sans rencontrer d'ennemis.

En entrant dans le golfe d'Ajaccio, nous trouvâmes *la Revanche*, qui, pour s'abriter, avait jeté l'ancre près de la côte; on lui fit des signaux, elle répondit par les siens que la Corse était toujours française, et vint ensuite nous donner des nouvelles plus détaillées. Les frégates alors entrèrent à pleines voiles dans le port.

Ce fut à Ajaccio que nous apprîmes la suite de nos revers en Italie, la prise de Mantoue, les batailles de Novi, de la Trebbia, la descente des Anglo-Russes en Batavie et les événements de prairial.

Les vents, soufflant constamment du nord-ouest, nous retinrent dans le port d'Ajaccio depuis le 9 jusqu'au 15 vendémiaire. Dans cet intervalle nous essayâmes une fois de sortir, mais les vents nous forcèrent de nouveau à rentrer dans le port.

En partant d'Alexandrie, le général Bonaparte avait fait suivre les frégates par deux avisos, *la Revanche* et *l'Indépendant*. Il fit préparer en Corse une gondole avec de bons rameurs, qui fut amarrée à *la Muiron;* dans le cas où l'on eût rencontré les ennemis, il était facile à un de ces trois bâtiments de leur échapper.

Enfin, le 15 vendémiaire, à sept heures du soir, nous mîmes à la voile, et, le 16 au soir, nous aperçûmes les côtes de France. Au moment où le soleil se couchait, la vigie découvrit une voile. L'adjudant du contre-amiral Ganteaume monta sur le grand mât, et aperçut huit à dix voiles qu'il assura être des vaisseaux de ligne anglais. Le contre-amiral Ganteaume, pensant que nous avions été vus, crut devoir engager le général Bonaparte à retourner en Corse; mais le général persista à faire route pour France. Le contre-amiral ordonna le branle-bas général et mit le cap au nord-nord-ouest. A minuit, nous touchions les côtes de France; mais la grande obscurité de la nuit nous empêcha de voir où nous étions; on mit en panne pour attendre le jour: il parut, et nous fit distinguer le cap Taillat, entre les îles d'Hyères et Fréjus. Il fut décidé qu'on entrerait à Fréjus, et, le 17 vendémiaire, à dix heures du matin, nous jetâmes l'ancre dans ce port.

L'enthousiasme fut universel lorsqu'on apprit que le général Bonaparte était à bord des frégates. Là comme en Corse, malgré les observations et les instances les plus pressantes sur le danger qui pouvait résulter de la non-observance de la quarantaine, les deux frégates furent en un instant remplies de monde. La Santé nous déclara exempts de faire quarantaine, et à midi nous touchâmes le sol de France, le quarante-septième jour de notre départ d'Alexandrie.

Le même jour, le général Bonaparte partit pour Paris; il reçut sur toute la route les témoignages de l'allégresse publique et de la confiance qu'inspirait son retour inattendu. Il arriva à Paris le 23 vendémiaire.

Recueil de pièces officielles.

FIN DU CINQUIÈME VOLUME.

TABLE

DES PIÈCES CONTENUES DANS CE VOLUME.

Nᵒˢ des PIÈCES	DATES	DESTINATAIRES	SOMMAIRE DES PIÈCES	PAG.
	1798.			
3600	10 novem. Le Caire.	Berthier.	Défense aux Européens de servir comme domestiques ; ordre de les incorporer dans l'armée.	125
3601	11 novem. Le Caire.	....	Proposition faite par Bonaparte à l'Institut pour l'étude de la culture du blé en Egypte.	126
3602	11 novem. Le Caire.	Caffarelli.	Ordres et recommandations pour lever les plans des lacs Bourlos et Ma'dyeh	126
3603	11 novem. Le Caire.	Le même.	Mission à donner à des astronomes pour déterminer divers points.	127
3604	11 novem. Le Caire.	Menou.	Instructions : accueil à faire aux bâtiments et parlementaires turcs à Alexandrie.	127
3605	11 novem. Le Caire.	Berthier.	Ordre d'abolir la bastonnade comme moyen d'obtenir des révélations	128
3606	12 novem. Le Caire.	Marmont.	Réponse à une lettre sur les fortifications d'Alexandrie ; confirmation des plans adoptés.	128
3607	12 novem. Le Caire.	Caffarelli.	Demande d'avis sur les fortifications d'Alexandrie ; ordre d'activer les travaux.	130
3608	12 novem. Le Caire.	Menou.	Reproches à Dumanoir des réponses faites à un parlementaire anglais ; réserve recommandée.	130
3609	12 novem. Le Caire.	Desaix.	Avis du départ de Denon pour la haute Egypte ; nouvelles attendues.	131
3610	12 novem. Le Caire.	....	Ordre : propriétés mises à la disposition de l'administration de l'Institut.	131
3611	12 novem. Le Caire.	Sucy.	Grains et fourrages à livrer pour la ménagerie de l'Institut.	131
3612	13 novem. Le Caire.	Dugua.	Avis et recommandations. Ordre d'envoyer au Caire des Napolitains capturés sur le lac Bourlos.	131
3613	13 novem. Le Caire.	Caffarelli.	État des travaux de fortification à Belbeys ; construction projetée de casernes.	132
3614	13 novem. Le Caire.	Le même.	Ordre de faire faire des jeux de boules et de les envoyer aux troupes de Reynier et de Desaix.	132
3615	14 novem. Le Caire.	Ganteaume.	Projet d'organisation des forces navales d'Alexandrie en trois divisions ; travail demandé.	132
3616	14 novem. Le Caire.	Leclerc.	Ordre de réprimer des Arabes empêchant la culture des terres près de Myt-Ghamar.	133
3617	14 novem. Le Caire.	Reynier.	Détachements de cavalerie à réunir à Boulâq ; ordre pour des réquisitions de chevaux.	134
3618	14 novem. Le Caire.	Caffarelli.	Ordres à donner pour l'ouverture de routes praticables à l'artillerie	134
3619	14 novem. Le Caire.	Poussielgue.	Ordre de prendre, pour la caisse de l'armée, dix actions d'une société de commerce.	134
3620	14 novem. Le Caire.	Bessières.	Logement chez le général en chef mis à la disposition de Bessières malade.	135
3621	14 novem. Le Caire.	....	Ordre du jour : le citoyen d'Aure chargé des fonctions d'ordonnateur en chef.	135
3622	15 novem. Le Caire.	Berthier.	Ordres d'envois à Desaix ; rappel d'ordres pour la cavalerie et les malades. Avis...	135

N^{os} des PIÈCES	DATES	DESTINATAIRES	SOMMAIRE DES PIÈCES	PAG.
	1798.			
3645	19 novem. Le Caire.	. . . .	Ordre du jour : inspection et travaux ordonnés à Gyzeh ; recommandations pour la remonte	148
3646	20 novem. Le Caire.	Menou.	Reproches : chaloupes an laises à surprendre au Boghâs . . . . §	150
3647	20 novem. Le Caire.	Dugua.	Ordre d'activer les travaux de fortification à Lesbé ; demande de renseignements à ce sujet	150
3648	20 novem. Le Caire.	Desaix.	Demande de chevaux et de djermes. Avis. Envoi de gazettes anglaises et françaises.	150
3649	21 novem. Le Caire.	Le Directoire exécutif.	Attente d'un débarquement à Alexandrie. Nouvelles du Levant. État de l'armée et de la marine	151
3650	21 novem. Le Caire.	Le même.	Prière de faire toucher à la citoyenne Desgenettes, à Paris, une gratification accordée à son mari	152
3651	21 novem. Le Caire.	Berthier.	Ordres pour Menou, Murat, Fugière ; chevaux, contributions à requérir ; cavalerie à réunir à Boulâq	152
3652	21 novem. Le Caire.	Dommartin.	Demande d'un modèle d'esponton pour armer les officiers d'infanterie	153
3653	21 novem. Le Caire.	Berthier.	Aveugles et blessés envoyés à Alexandrie pour y être embarqués	153
3654	21 novem. Le Caire.	. . . .	Ordre : commission chargée de faire un projet d'organisation pour un hôpital civil au Caire	153
3655	21 novem. Le Caire.	Caffarelli.	Demande d'un projet pour rendre le Khalyg navigable toute l'année	153
3656	22 novem. Le Caire.	. . . .	Sauvegarde accordée aux Albanais abandonnant le camp de Mourad-Bey	154
3657	23 novem. Le Caire.	Cheik El-Missiri.	Tranquillité à maintenir dans Alexandrie ; espoir d'y rétablir la prospérité du commerce	154
3658	23 novem. Le Caire.	Marmont.	Réponse à des objections contre les travaux ordonnés au fort d'Aboukir	155
3659	23 novem. Le Caire.	Menou.	Ile près de Rosette à reconnaître. Ordre de faire attaquer des chaloupes anglaises . . .	155
3660	23 novem. Le Caire.	Le même.	Sévérité à prescrire au conseil militaire de Rosette contre les dilapidateurs	155
3661	23 novem. Le Caire.	Leclerc.	Recommandations. Agent d'Ibrahim-Bey à prendre ; tribus arabes à surveiller	156
3662	23 novem. Le Caire.	Berthier.	Ordre à Davout de surprendre une tribu arabe dans le Delta ; croisière sur le Nil pour le soutenir	157
3663	23 novem. Le Caire.	Le même.	Sabre d'honneur à remettre au chef de brigade Sanson pour ses services en Italie et en Egypte	157
3664	23 novem. Le Caire.	Le même.	Détail de manœuvre militaire à modifier d'après l'ancienne ordonnance	157
3665	23 novem. Le Caire.	Poussielgue.	Ordre de saisir des magasins de bois à Boulâq ; estimation et indemnités	158

Nᵒˢ des PIÈCES	DATES	DÉSTINATAIRES	SOMMAIRE DES PIÈCES	PAG.
	1799.			
3910	28 janvier. Le Caire.	Ganteaume.	Lettre à écrire aux commandants des frégates de l'île de France croisant devant Aden..	283
3911	28 janvier. Le Caire.	. . . .	Ordre : vivres à transporter par mer de Damiette à Gaza ; conseil chargé de l'exécution.	283
3912	28 janvier. Le Caire.	Berthier.	Aveugles renvoyés en France ; ordres pour leur départ.	284
3913	28 janvier. Le Caire.	Ganteaume.	Ordre de revenir au Caire ; expédition sur Qoseyr à confier à un officier ; avis.	284
3914	29 janvier. Le Caire.	Berthier.	Établissement de l'armée à Rosette à faire transporter dans un fort.	285
3915	29 janvier. Le Caire.	Le même.	Ordres pour des mouvements de troupes. Soldats venant d'Alexandrie à mettre en quarantaine	285
3916	29 janvier. Le Caire.	Le même.	Ordres à donner pour envoyer de Rosette à Qatyeh trois compagnies de grenadiers..	286
3917	29 janvier. Le Caire.	. . . .	Ordre : vivres à embarquer, sur divers bâtiments, à Boulâq et à Damiette.	287
3918	29 janvier. Le Caire.	Reynier.	Autorisation d'emmener avec l'expédition des cheiks arabes	287
3919	30 janvier. Le Caire.	Le Divan du Caire.	Désir du général en chef de voir le Ramazán célébré avec pompe.	287
3920	30 janvier. Le Caire.	. . . .	Ordre : province de Gyzeh réunie à une partie de celle de Qelyoub pour former une province du Caire.	288
3921	30 janvier. Le Caire.	. . . .	Ordre : provinces de Menouf et de Qelyoub réunies sous le commandement de Lanusse	288
3922	30 janvier. Le Caire.	. . . .	Ordre : provinces de Gharbyeh et de Mansourah réunies sous le commandement de Fugière.	288
3923	30 janvier. Le Caire.	. . . .	Ordre : provinces de Beny-Soueyf et du Fayoum réunies sous le commandement de Zajonchek.	289
3924	30 janvier. Le Caire.	Berthier.	Ordre de donner des tambours au régiment des dromadaires.	289
3925	30 janvier. Le Caire.	Menou.	Ordre pour le départ du citoyen Casabianca retournant en France.	289
3926	30 janvier. Le Caire.	Poussielgue.	Ordre de conserver à la femme de Mourad-Bey les biens d'Ali-Bey, son premier mari ; motif.	290
3927	31 janvier. Le Caire.	Berthier.	Ordres à Reynier et à Kleber pour un mouvement sur El-A'rych ; instructions à leur donner	290
3928	31 janvier. Caire.	Kleber.	Avis et recommandations. Lettre à écrire à Abd-Ullah-Pacha. Mouvements de l'armée.	291
	?vrier. Caire.	Berthier.	Ordre du jour pour la marche de l'émir-hadjy et d'une compagnie turque à la suite de l'armée.	292
	?vrier. Caire.	. . . .	Ordre réglant les avances à faire par les marchands de riz pour la culture des rizières.	293

N°ˢ des PIÈCES	DATES	DESTINATAIRES	SOMMAIRE DES PIÈCES	PAG.
	1799.			
4229	28 juin. Le Caire.	Poussielgue.	Donation d'une maison à Kleber. Maison de Mameluks à donner au cheik El-Cherqâouy.	487
4230	29 juin. Le Caire.	Dugua.	Ordre de faire mettre en liberté le fils du cadi détenu à la citadelle	488
4231	29 juin. Le Caire.	. . . .	Ordre : corps des ponts et chaussées placé sous les ordres du citoyen Lepère	488
4232	29 juin. Le Caire.	Poussielgue.	Renseignements à prendre sur des esclaves noirs que le général en chef désire acheter.	488
4233	30 juin. Le Caire.	Murat.	Avis et instructions pour une expédition dans le Bahyreh ; Destaing et Marmont aux ordres de Murat	488
4234	30 juin. Le Caire.	Le Chérif de la Mecque.	Demande d'envois de marchandises. Prière de faire parvenir les lettres ci-après	490
4235	30 juin. Le Caire.	Le Sultan du Darfour.	Promesse de protection pour la caravane du Darfour ; demande d'envoi de jeunes esclaves noirs	490
4236	30 juin. Le Caire.	Le Commandant de l'île de France, de la Réunion.	Avis de l'occupation de Suez et de Qoseyr par les Français. Nouvelles et demandes.	491
4237	30 juin. Le Caire.	Le Commandant de l'île de France.	Prière de payer au chérif de la Mecque des lettres de change tirées sur le payeur de l'île de France	491
4238	30 juin. Le Caire.	. . . .	Ordre pour l'investiture des cadis des provinces par le premier cadi le Caire.	492
4239	1ᵉʳ juillet. Le Caire.	Marmont.	Envoi de fonds pour Alexandrie. Expédition de Murat dans le Bahyreh de concert avec les Henâdy	492
4240	1ᵉʳ juillet. Le Caire.	Kleber.	Avis du départ d'Hassan-Toubâr pour Damiette ; mesures prises pour répondre de sa fidélité	493
4241	1ᵉʳ juillet. Le Caire.	Berthier.	Commission chargée de faire le dépouillement des papiers laissés par le général Caffarelli	493
4242	2 juillet. Le Caire.	Le même.	Projet de Mourad-Bey de se rendre dans le Bahyreh ; avis et ordres à donner à Murat.	494
4243	2 juillet. Le Caire.	Desaix.	Inquiétudes causées par les mouvements du Bahyreh et Mourad-Bey ; demande de cavalerie ; nouvelles.	494
4244	3 juillet. Le Caire.	Berthier.	Ordre à Friant de se porter à Atfyeh contre des Mameluks ; avis.	495
4245	3 juillet. Le Caire.	Friant.	Compliments ; expédition à faire dans la province d'Atfyeh ; avis	495
4246	3 juillet. Le Caire.	Reynier.	Promesse de cavalerie pour une expédition dans l'Ouâdy ; recommandation pour la levée du myry	496
4247	3 juillet. Le Caire.	Le même.	But de l'établissement d'une redoute à Myt-Ghamar ; ordre pour la défense du canal de Moueys	496
4248	3 juillet. Le Caire.	Berthier.	Inscriptions à faire graver sur des sabres destinés à Desaix, Belliard et Friant	497
4249	3 juillet. Le Caire.	Poussielgue.	Donation à Desaix de la maison habitée par ce général	497

FIN DE LA TABLE.